W0191541

Zusätzliche digitale Inhalte für Sie!

Zu diesem Buch stehen Ihnen kostenlos folgende digitale Inhalte zur Verfügung:

- @ Online-Version ✓
- 🎓 Online-Training
- 🔄 Aktualisierung im Internet
- ⬇ Zusatz-Downloads
- 📱 App
- 📄 Digitale Lernkarten
- ☐ WissensCheck

Schalten Sie sich das Buch inklusive Mehrwert direkt frei.

Scannen Sie den QR-Code **oder** rufen Sie die Seite **www.nwb.de** auf. Geben Sie den Freischaltcode ein und folgen Sie dem Anmeldedialog. Fertig!

Ihr Freischaltcode

BUJU-KGKN-WJTT-KIBJ-CPVX-PF

Vereinsrecht

Ein Leitfaden für Vereine
und ihre Mitglieder

Von
Rechtsanwalt D. Burhoff, RiOLG a.D., Münster/Augsburg

10. Auflage

ISBN 978-3-482-**42980**-4

10. Auflage 2018

© NWB Verlag GmbH & Co. KG, Herne 2018
www.nwb.de

Satz: Reemers Publishing Services GmbH, Krefeld
Druck: Elanders GmbH, Waiblingen

Vorwort

Die freie Zeit des Einzelnen nimmt zu. Deshalb steigen die Mitgliederzahlen in Vereinen, die insbesondere als Sport- oder sonstiger Freizeitverein über Freizeitangebote verfügen. Fast 60% aller Bundesbürger sind in einem Verein Mitglied. Nach der Vereinsstatistik 2014 gab es Ende 2014 rund 600.000 eingetragene Vereine. Das sind rund 50.000 mehr als zum Zeitpunkt der ersten Statistik im Sommer 2001. Damit kommen rund 7.500 eingetragene Vereine auf eine Million Einwohner/innen. Oder: Pro 1.000 Bundesbürger gibt es mehr als sieben Vereine. Den größten Anteil am Vereinsaufkommen haben wohl noch immer die Sportvereine, in denen sog. olympische Sportarten betrieben werden, mit mehr als 20 Millionen Mitgliedern, allerdings hat es hier in den letzten Jahren weniger Neugründungen gegeben. Die Automobilclubs haben im Übrigen mehr als 13 Millionen Mitglieder. Ihnen folgen mit rund 8,5 Millionen Mitgliedern die Jugendvereine. Angewachsen ist in den letzten Jahren die Zahl der Förder- und Freizeitvereine. Die meisten neuen Vereine wurden in den Handlungsfeldern Soziales und Freizeit gegründet; den größten relativen Zuwachs gab es in der letzten Zeit bei den Vereinen, die sich in den Bereichen Umwelt, Naturschutz, Tierschutz oder Kultur engagieren.

Der Nutzen der Mitgliedschaft in einem Verein hängt u. a. entscheidend vom Wissen um die eigenen Rechte ab. Dieses Wissen will das vorliegende Buch insbesondere dem Vereinsmitglied als juristischen Laien vermitteln, der selbst Kenntnis über seine rechtliche Position in einem Verein erlangen soll. Die Schrift wendet sich aber auch an Vereinsvorstände, denen die im Vereinsleben auftauchenden rechtlichen Zweifelsfragen beantwortet werden sollen. Schließlich werden auch die, die beruflich als Juristen mit Vereinen als Rechtsanwalt oder auch als Rechtspfleger befasst sind, einen schnellen Überblick über die vereinsrechtlichen Probleme finden.

Dargestellt wird im Wesentlichen die sog. herrschende Meinung. Wer sich über den vorliegenden Leitfaden hinaus unterrichten will, findet u. a. in Sauter/Schweyer/Waldner, Der eingetragene Verein, 20. Aufl. 2016; in Stöber/Otto, Handbuch zum Vereinsrecht, 11. Aufl. 2016 und in Reichert/Dauernheim/Schimke, Handbuch des Vereins- und Verbandsrechts, 13. Aufl. 2016, wissenschaftlich fundierte Darstellungen unter Auseinandersetzung mit den Meinungen des Schrifttums und der Rechtsprechung. Darauf verzichtet der „Leitfaden", da er das Ziel hat, die für die Vereine und ihre Mitglieder sichersten Wege aufzuzeigen.

Die im Herbst 1989 erschienene **1. Auflage** ist weitgehend zustimmend aufgenommen worden. Die **2. Auflage,** die Anfang 1994 erschienen ist, habe ich um den Teil „Vereine und Steuerrecht" erweitert, der Vereinsmitgliedern, insbesondere aber den im Verein verantwortlich Tätigen einen Überblick über die für Vereine geltenden steuerrechtlichen Vorschriften geben will. Eine eingehende Darstellung der steuerrechtlichen Problematik findet sich bei Schleder, Steuerrecht der Vereine, 12. Aufl. 2018. In die 1997 erschienene **3. Auflage** ist der Teil „Vereine und Sponsoring" aufgenommen worden, der einen Überblick über die mit dem Sponsoring zusammenhängenden Fragen, die immer mehr an Bedeutung gewinnen, geben soll. Die **4. Auflage** ist im Textteil weiter aufgelockert worden. Neu aufgenommen worden sind die durch Kästen und Schattierungen hervorgehobenen „Hinweise", die auf das in dem jeweiligen Zusammenhang besonders zu Beachtende oder besonders Wichtige hinweisen. Damit ist eine noch schnellere Information möglich. In der **5. Auflage** sind viele Hinweise und Fragen verarbeitet, die sich aus meiner Teilnahme am Forum bei www.nonprofit-management.de ergeben haben. Immer, wenn ich eine der dort aufgeworfenen Fragen mit meinem Leitfaden nicht habe beantworten können, ist die entsprechende Passage überarbeitet bzw. erweitert worden. Dies habe ich in der **6. Auflage** fortgesetzt und zudem die Ausführungen aktualisiert und überarbeitet. Ich hoffe, dass sich der eine oder andere Teilnehmer des Forums an der einen oder anderen Stelle mit seinen Fragen wiederfindet. Auch während des Erscheinungszeitraums der 6. Auflage habe ich viele Zuschriften von Nutzern des Buches erhalten. Die aufgeworfenen Fragen habe ich, wenn mir das sinnvoll erschien, in die **7. Auflage** eingearbeitet, sowie die sich aus dem Gesetz zur weiteren Stärkung des bürgerschaftlichen Engagements v. 10. 10. 2007 (BGBl I, S. 2332) ergebenden Änderungen. In der **8. Auflage** sind 2011 vor allem die seit dem Erscheinen der 7. Auflage durch das „Gesetz zur Begrenzung der Haftung von ehrenamtlich tätigen Vereinsvorständen" v. 28. 9. 2009 (BGBl I, S. 3161) und die durch das „Gesetz zur Erleichterung elektronischer Anmeldungen zum Vereinsregister und anderer vereinsrechtlicher Änderungen" v. 24. 9. 2009 (BGBl I, S. 3145) in Kraft getretenen Änderungen berücksichtigt worden. Außerdem habe ich die wiederum zahlreichen Zuschriften und Anmerkungen von Lesern und Nutzern eingearbeitet, wodurch m. E. die Praxistauglichkeit noch weiter erhöht worden ist. In der **9. Auflage** waren Aktualisierungen und Ergänzungen aufgrund des „Gesetzes zur Stärkung des Ehrenamtes" v. 21. 3. 2013 (vgl. BGBl I, S. 556) erforderlich. Dieses hat Änderungen bei der Vergütung für Vorstandstätigkeiten und (weitere) Haftungsbegrenzungen für Organmitglieder, besondere Vertreter und Vereinsmitglieder gebracht. Außerdem sind die Regelungen zur Gemeinnützigkeit und weitere steuerliche Vorschriften geändert worden.

Während des Erscheinungszeitraums der 9. Auflage habe ich erneut viele Zuschriften von Nutzern des Buches erhalten. Die aufgeworfenen Fragen habe ich meist in die **10. Auflage** eingearbeitet. Die seit Erscheinen der 9. Auflage ergangene und veröffentlichte Rechtsprechung und Literatur zu vereinsrechtlichen Fragen ist ebenfalls berücksichtigt. Die in Teil D. aufgenommenen Muster, auf die im Text hingewiesen wird, ste-

hen nach wie vor im Internet zum D...
burhoff.de → Bücher → Vereinsrecht →

...bereit. Sie finden sie unter http://www.
...um Download.

Die veröffentlichte Rechtsprechung und ...
rücksichtigt.

...weitgehend bis August 2018 be-

Von einem Abdruck der einschlägigen Gese...
sehen; die jeweils aktuelle Fassung der Gesetze...

...ab der 10. Auflage abge-
...net abgefragt werden.

Ich hoffe, dass es mir mit der Aktualisierung de...
Vereinen und den in ihnen Tätigen bei ihrer Arbeit...
Kritik nehme ich gern entgegen. Beides kann helfen, ...iederum gelungen ist,
zu gestalten. Wer will, kann mir unter: „vereinsrecht@...in. Anregungen und
Ich bitte aber um Nachsicht, dass ich schon aus haftu...flage noch besser
Einzelberatungen durchführe. ...E-Mail schicken.

Münster, im August 2018 ...ünden keine

Burhoff

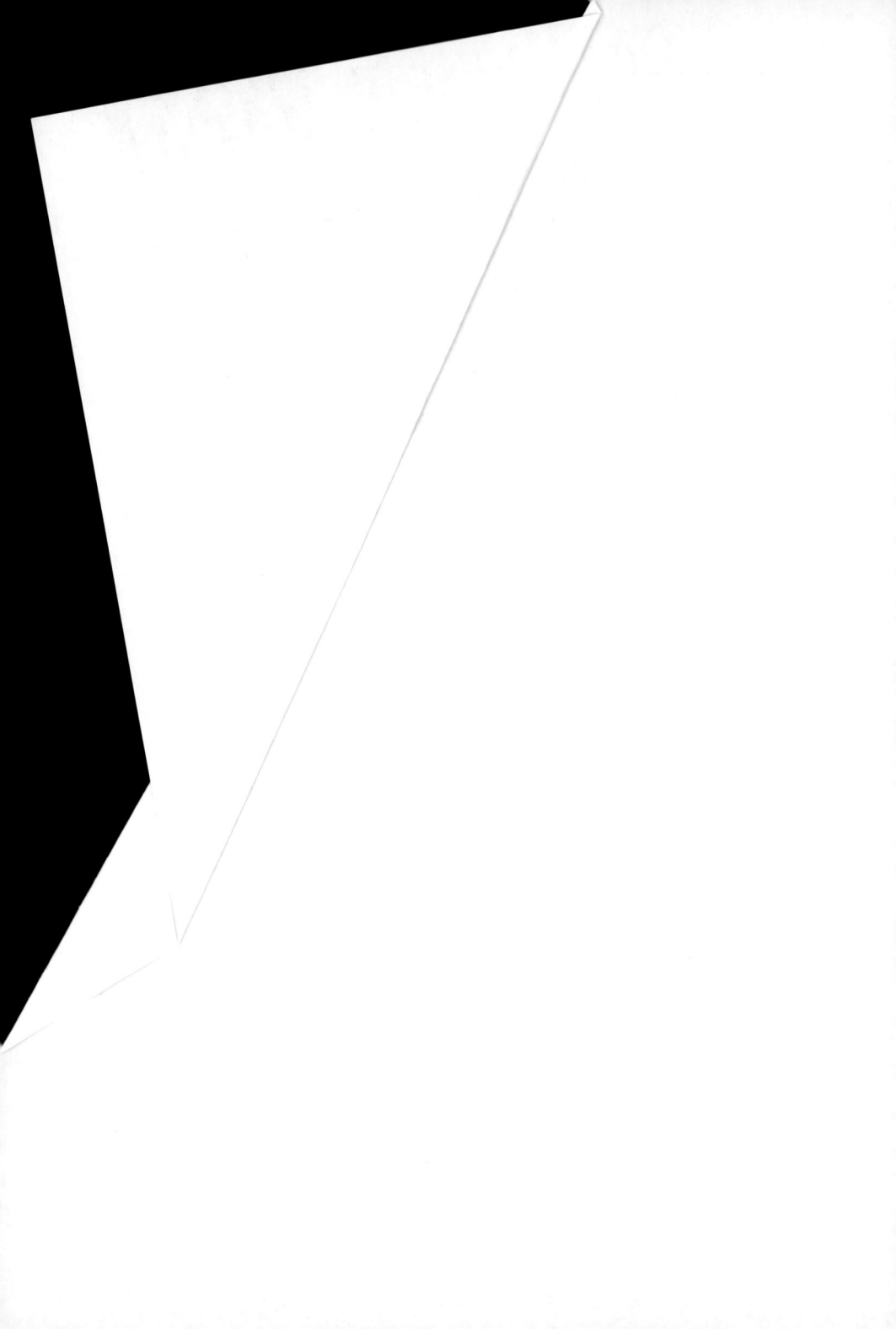

INHALTSVERZEICHNIS

LITERATURVERZEICHNIS

Ott, Die Vereinssatzung, 2. Auflage, München 1996

Otto, in: jurisPK-BGB, 8. Auflage 2017 (zitiert: Otto, jurisPK, § und Rz.)

Palandt, Bürgerliches Gesetzbuch, Kurzkommentar, 76. Auflage, München 2017 (zitiert: Palandt/ Bearbeiter, § und Rz.)

Prütting/Wegen/Weinreich, BGB Kommentar, 13. Auflage, Köln 2018 (zitiert: Prütting/Wegen/ Weinreich/Bearbeiter, § und Rz.)

Reichert/Dauernheim/Schimke, Handbuch Vereins- und Verbandsrecht, 13. Auflage, Neuwied 2016 (zitiert Reichert u. a., Rz.)

Röcken, Vereinssatzungen, Strukturen und Muster erläutert für die Vereinspraxis (zitiert: Röcken, Rz.)

Sauter/Schweyer/Waldner, Der eingetragene Verein, 20. Auflage, München 2016 (zitiert: Sauter/ Schweyer/Waldner, Rz.)

Schleder, fortgeführt von Myßen, Feierabend, Kerst und Emser, Steuerrecht der Vereine, 12. Auflage, Herne 2018 (zitiert: Schleder, Rz.)

Schöpflin in: BeckOK BGB, 41. Ed. 1.11.2016 (zitiert: BeckOK BGB/Schöpfling, § und Rz.)

Soergel, Kommentar zum Bürgerlichen Gesetzbuch, begründet von Soergel, neu herausgegeben von Siebert, 13. Auflage, Stuttgart 2000 ff. (zitiert: Soergel/Hadding, § und Rz.)

Stöber/Otto, Handbuch zum Vereinsrecht, 11. Auflage, Köln 2016 (zitiert: Stöber/Otto, Rz.)

ABKÜRZUNGSVERZEICHNIS

A

a.	auch/aber
a. A.	anderer Ansicht
a. a. O.	am angegebenen Ort
Abs.	Absatz
a. E.	am Ende
AEAO	Anwendungserlass Abgabenordnung
a. F.	alte Fassung
AG	Amtsgericht/Aktiengesellschaft
AGG	Allgemeines Gleichbehandlungsgesetz v. 14. 6. 2006 (BGBl I S. 1897)
AktG	Aktiengesetz
AnwBl	Anwaltsblatt (Zeitschrift; Jahr und Seite)
Anm.	Anmerkung
AO	Abgabenordnung
ArbGG	Arbeitsgerichtsgesetz
ArbuR	Arbeit und Recht (Zeitschrift; Jahr und Seite)
Art.	Artikel

B

BAG	Bundesarbeitsgericht
BayObLG	Bayerisches Oberstes Landesgericht
BayObLGZ	Entscheidungen des Bayerischen Obersten Landesgerichts in Zivilsachen (Zeitschrift; Jahr und Seite)
BB	Der Betriebs-Berater (Zeitschrift; Jahr und Seite)
BetrAVG	Gesetz zur Verbesserung der betrieblichen Altersversorgung
Betrieb	Der Betrieb (Zeitschrift; Jahr und Seite)
BezG	Bezirksgericht
BFH	Bundesfinanzhof
BGB	Bürgerliches Gesetzbuch
BGBl	Bundesgesetzblatt
BGH	Bundesgerichtshof
BGHZ	Entscheidungen des Bundesgerichtshofs in Zivilsachen (Band und Seite)
BMF	Bundesministerium der Finanzen
BR-Drucks.	Bundesratsdrucksache
BSG	Bundessozialgericht
BStBl	Bundessteuerblatt
BT-Drucks.	Bundestagsdrucksache

BtPrax	Betreuungsrechtliche Praxis (Zeitschrift; Jahr und Seite)
BuW	Betrieb und Wirtschaft (Zeitschrift; Jahr und Seite)
BVerwG	Bundesverwaltungsgericht
BZRG	Bundeszentralregistergesetz

C

CaS	Causa Sport (Zeitschrift; Jahr und Seite)

D

d. h.	das heißt
DNotZ	Deutsche Notar-Zeitschrift (Zeitschrift; Jahr und Seite)
DSGVO	Datenschutzgrundverordnung
DStR	Deutsches Steuerrecht (Zeitschrift; Jahr und Seite)
DtZ	Deutsch-Deutsche Rechts-Zeitschrift (Jahr und Seite)
DVBl	Deutsches Verwaltungsblatt (Zeitschrift; Jahr und Seite)
DWW	Deutsche Wohnungswirtschaft (Zeitschrift; Jahr und Seite)

E

EFG	Entscheidungen der Finanzgerichte (Zeitschrift; Jahr und Seite)
ErbStB	Der Erbschaft-Steuer-Berater (Zeitschrift; Jahr und Seite)
EStG	Einkommensteuergesetz
EStR	Einkommensteuer-Richtlinien
Einzelh.	Einzelheiten
EuGH	Europäischer Gerichtshof
EuV	Europäischer Verein

F

FA	Finanzamt
FamFG	Gesetz über das Verfahren in Familiensachen und in den Angelegenheiten der freiwilligen Gerichtsbarkeit v. 17. 12. 2008 (BGBl I, S. 2586)
ff.	folgende
FG	Finanzgericht
FGG	Gesetz über die Angelegenheiten der freiwilligen Gerichtsbarkeit
FGO	Finanzgerichtsordnung
FGPrax	Praxis der freiwilligen Gerichtsbarkeit, vereinigt mit OLGZ (Zeitschrift; Jahr und Seite)
FR	Finanz-Rundschau (Zeitschrift; Jahr und Seite)

G

GA	Goldammer's Archiv für Strafrecht (Zeitschrift; Jahr und Seite)
gem.	gemäß

GenG	Gesetz betr. die Erwerbs- und Wirtschaftsgenossenschaften
GmbHG	Gesetz betr. die Gesellschaften mit beschränkter Haftung
GG	Grundgesetz für die Bundesrepublik Deutschland
GNotKG	Gesetz über Kosten der freiwilligen Gerichtsbarkeit für Gerichte und No-tare (Gerichts- und Notarkostengesetz).
grds.	grundsätzlich
GrEStG	Grunderwerbsteuergesetz
GrStG	Grundsteuergesetz
GWB	Gesetz gegen Wettbewerbsbeschränkungen

H

HGB	Handelsgesetzbuch
h. M.	herrschende Meinung
HWiG	Gesetz über den Widerruf von Haustürgeschäften und ähnlichen Ge-schäften (Haustürwiderrufsgesetz)

I

i. d. F.	in der Fassung
i. d. R.	in der Regel
i. S. (v.)	im Sinn(e) (von)
i. V. m.	in Verbindung mit

J

JurBüro	Das juristische Büro (Zeitschrift; Jahr und Seite)
JuS	Juristische Schulung (Zeitschrift; Jahr und Seite)
JZ	Juristenzeitung (Zeitschrift; Jahr und Seite)

K

KG	Kammergericht (Berlin)
KGR	Rechtsprechung des Kammergerichts (Zeitschrift; Jahr und Seite)
KostO	Kostenordnung
KStG	Körperschaftsteuergesetz
KSzW	Kölner Schrift zum Wirtschaftsrecht (Zeitschrift, Jahr und Seite)
KunstUrhG	Gesetz betreffend das Urheberrecht an Werken der bildenden Künste und der Photographie (Kunsturhebergesetz)

L

LAG	Landesarbeitsgericht
LfSt	Landesamt für Steuern
LG	Landgericht
Lit.	Literatur

Ls.	Leitsatz
LStR	Lohnsteuer-Richtlinien

M

MarkenR	Markenrecht (Zeitschrift; Jahr und Seite)
MDR	Monatsschrift für Deutsches Recht (Zeitschrift; Jahr und Seite)
m.	mit
MiLoG	Mindestlohngesetz
MMR	MultiMedia und Recht (Zeitschrift; Jahr und Seite)
m. w. N.	mit weiteren Nachweisen

N

Nds.Rpfl.	Niedersächsische Rechtspflege (Zeitschrift; Jahr und Seite)
NJ	Neue Justiz (Zeitschrift; Jahr und Seite)
NJW	Neue Juristische Wochenschrift (Zeitschrift; Jahr und Seite)
NJW-RR	NJW-Rechtsprechungs-Report (Zeitschrift; Jahr und Seite)
NJWE-VHR	NJW-Entscheidungsdienst Versicherungs-/Haftungsrecht (Zeitschrift; Jahr und Seite)
NotBZ	Zeitschrift für die notarielle Beratungs- und Beurkundungspraxis (Zeitschrift; Jahr und Seite)
npoR	Zeitschrift für das Recht der Non Profit Organisationen (Onlinezeitschrift; Jahr und Seite)
NVwZ	Neue Zeitschrift für Verwaltungsrecht (Zeitschrift; Jahr und Seite)
NVwZ-RR	Neue Zeitschrift für Verwaltungsrecht Rechtsprechungs-Report (Zeitschrift; Jahr und Seite)
NWB	Neue Wirtschafts-Briefe (Fach und Seite)
NWB EN-Nr.	Neue Wirtschafts-Briefe Eilnachrichten Nr.(/Jahr)
NZA	Neue Zeitschrift für Arbeitsrecht (Zeitschrift; Jahr und Seite)
NZG	Neue Zeitschrift für Gesellschaftsrecht (Zeitschrift; Jahr und Seite)
NZM	Neue Zeitschrift für Miet- und Wohnungsrecht (Zeitschrift; Jahr und Seite)

O

OFD	Oberfinanzdirektion
OHG	offene Handelsgesellschaft
OLG	Oberlandesgericht
OLGE	Sammlung der Rechtsprechung der Oberlandesgerichte (Band und Seite)
OLG NL	OLG-Rechtsprechung Neue Länder (Zeitschrift; Jahr und Seite)
OLGR	OLG-Report (Zeitschrift; getrennt für jedes OLG; Jahr und Seite)
OLGZ	Entscheidungen der Oberlandesgerichte in Zivilsachen (Zeitschrift; Jahr und Seite)

P

PartG	Parteiengesetz
PStR	Praxis Steuerstrafrecht (Zeitschrift; Jahr und Seite)

R

RDG	Gesetz über außergerichtliche Rechtsdienstleistungen
Rbeistand	Rechtsbeistand (Zeitschrift; Jahrgang und Seite)
Rdn.	Randnummer
RdJ	Recht der Jugend und des Bildungswesens (Zeitschrift; Jahr und Seite)
RG	Reichsgericht
RGZ	Entscheidungen des Reichsgerichts in Zivilsachen (Band und Seite)
RNotZ	Rheinische Notarzeitschrift (Zeitschrift; Jahr und Seite)
Rpfleger	Der Deutsche Rechtspfleger (Zeitschrift; Jahr und Seite)
RRa	Reiserecht aktuell
r+s	Recht und Schaden (Zeitschrift; Jahr und Seite)
RVG	Rechtsanwaltsvergütungsgesetz
RVO	Reichsversicherungsordnung
Rz.	Randziffer

S

S.	Satz
s.	siehe
SchlHAnz	Schleswig-Holsteinische Anzeigen (Zeitschrift; Jahr und Seite)
SigG	Signaturgesetz
SGB	Sozialgesetzbuch
SGb	Die Sozialgerichtsbarkeit (Zeitschrift; Jahr und Seite)
SGG	Sozialgerichtsgesetz
SpuRt	Sport und Recht (Zeitschrift; Jahr und Seite)
StBerG	Steuerberatungsgesetz
StGB	Strafgesetzbuch
StPO	Strafprozessordnung
str.	streitig
st. Rspr.	ständige Rechtsprechung

U

UStB	Umsatzsteuerberater (Zeitschrift; Jahr und Seite)
UStG	Umsatzsteuergesetz
UmwG	Umwandlungsgesetz

V

VAG	Versicherungsaufsichtsgesetz

VB	VereinsBrief (Zeitschrift; Monat/Jahr und Seite)
VBG	Verwaltungsberufsgenossenschaft
VereinsG	Gesetz zur Regelung des öffentlichen Vereinsrechts (Vereinsgesetz)
VereinsRÄndG	Gesetz zur Erleichterung elektronischer Anmeldungen zum Vereinsregister und anderer vereinsrechtlicher Änderungen v. 24. 9. 2009 (BGBl, S. 3145)
VermG	Gesetz zur Regelung offener Vermögensfragen
VersR	Versicherungsrecht (Zeitschrift; Jahr und Seite)
VGH	Verwaltungsgerichtshof
vgl.	vergleiche
VRV	Vereinsregisterverordnung
VuR	Verbraucher und Recht (Zeitschrift; Jahr und Seite)
VV	Vergütungsverzeichnis

W

WiB	Wirtschaftsrechtliche Beratung (Zeitschrift; Jahr und Seite)
WPM	Wertpapiermitteilungen Teil IV B (Zeitschrift; Jahr und Seite)
WuW	Wirtschaft und Wettbewerb (Zeitschrift; Jahr und Seite)

Z

ZAP	Zeitschrift für die Anwaltspraxis (Fach und Seite)
ZEuP	Zeitschrift für Europäisches Privatrecht (Zeitschrift; Jahr und Seite)
ZfRV	Zeitschrift für Rechtsvergleichung (Zeitschrift; Jahr und Seite)
zfs	Zeitschrift für Schadensrecht (Zeitschrift; Jahr und Seite)
ZHR	Zeitschrift für das gesamte Handels- und Wirtschaftsrecht (Zeitschrift; Band und Seite)
Ziff.	Ziffer
ZIP	Zeitschrift für Wirtschaftsrecht (Zeitschrift; Jahr und Seite)
ZOV	Zeitschrift für offene Vermögensfragen (Zeitschrift; Jahr und Seite)
ZPO	Zivilprozessordnung
ZStV	Zeitschrift für Stiftungs- und Vereinswesen (Zeitschrift; Jahr und Seite)
ZZP	Zeitschrift für Zivilprozess (Band und Seite)

A. Der eingetragene Verein

I. Was ist ein Verein?

1. Begriff „Verein"

Das Bürgerliche Gesetzbuch enthält zwar in den §§ 21 ff. BGB Vorschriften, die das Vereinsrecht regeln, eine Definition des Begriffs „Verein" ist jedoch nicht enthalten. Die Definition des § 2 des Gesetzes zur Regelung des öffentlichen Vereinsrechts (Vereinsgesetz) gilt nur im Bereich des öffentlichen Rechts. Daher hat die Rechtsprechung den Begriff des „Vereins" für den Bereich des Zivilrechts klären müssen. Danach ist – schon nach der Rechtsprechung des Reichsgerichts – ein Verein ein auf gewisse Dauer angelegter, **körperschaftlich organisierter Zusammenschluss** einer Anzahl von Personen, die ein gemeinschaftliches Ziel verfolgen (RGZ 140 S. 143). Eine körperschaftliche Organisation liegt vor, wenn die sich zusammenschließenden Einzelpersonen künftig als eine Einheit auftreten wollen, die einen Gesamtnamen führt, durch einen Vorstand vertreten wird und ihren Willen grds. durch Beschlussfassung der Mitglieder nach Stimmenmehrheit äußert. Zum Wesen des Vereins gehört außerdem, dass ein Wechsel im Mitgliederbestand stattfinden kann (§ 58 Nr. 1 BGB). 1

2. Gesetzesänderungen/-vorhaben

Das Vereinsrecht ist ein verhältnismäßig **statisches Rechtsgebiet**, in dem **nur selten** Gesetzesänderungen vorgenommen werden. In den vergangenen Jahren sind allerdings umfangreichere (Teil-)Reformen durchgeführt worden: 2

▶ In Kraft getreten ist am 3. 10. 2009 das „Gesetz zur **Begrenzung** der **Haftung** von **ehrenamtlich** tätigen **Vereinsvorständen"** v. 28. 9. 2009 (BGBl I S. 3161; vgl. dazu BR-Drucks. 399/08 v. 2. 6. 2008; wegen der Einzelheiten s. Rz. 589). Außerdem ist am 30. 9. 2009 das „Gesetz zur Erleichterung **elektronischer Anmeldungen** zum Vereinsregister und anderer vereinsrechtlicher Änderungen" v. 24. 9. 2009 (BGBl I S. 3145) in Kraft getreten (vgl. BT-Drucks. 16/12813 = BR-Drucks. 179/09). Diese beiden Gesetze haben neben der Haftungsbegrenzung für den ehrenamtlich tätigen Vorstand (vgl. § 31a BGB und dazu die Rz. 589 ff.) die elektronische Anmeldung zum Vereinsregister gebracht (vgl. § 14 Abs. 4 FamFG bzw. § 387 Abs. 1, 4 und 5 FamFG). Zudem sind einige weitere Änderungen vorgenommen worden, vgl. z. B. die Änderungen in § 26 BGB und dazu die Rz. 548 ff. bzw. in § 43 BGB und dazu die Rz. 819 f. (eingehend zu den Vereinsrechtsreform[en] Terner, DNotZ 2010 S. 5). Außerdem sind die BGB-Vorschriften an den modernen Sprachgebrauch angepasst worden.

▶ Am 29. 3. 2013 ist das „**Gesetz** zur **Stärkung** des **Ehrenamtes**" v. 21. 3. 2013 in Kraft getreten (vgl. BGBl I S. 556). Dieses hat Änderungen bei der Vergütung für Vorstandstätigkeiten (vgl. dazu Rz. 649) und (weitere) Haftungsbegrenzungen für Organmitglieder, besondere Vertreter und Vereinsmitglieder (vgl. Rz. 306, 584 ff., 730 ff.) gebracht (zum Inkrafttreten und zur Frage, ob ggf. Satzungsänderungen erforderlich sind, s. Rz. 651). Außerdem hat das Gesetz die Regelungen zur Gemeinnützigkeit und weitere steuerliche Vorschriften geändert, wozu z.B. die Anhebung der steuerfreien Übungsleiter- und Ehrenamtspauschalen auf 2.400 € bzw. 720 € gehört (wegen der Einzelheiten s. Rz. 920 ff.).

3 Darüber hinaus liegen/lagen zum Teil seit längerem − **folgende Gesetzesentwürfe** vor:

▶ Das Land Baden-Württemberg hatte bereits Anfang 2006 einen **Gesetzentwurf** zur **Vereinsrechtsreform** im Bundesrat eingebracht (vgl. BR-Drucks. 99/06 v. 3. 2. 2006). Dieser sieht/sah auch für das Vereinsrecht ein System freier Körperschaftsbildung vor, was z. B. § 54 BGB überflüssig machen würde (vgl. zum nicht eingetragenen Verein Rz. 886 ff.). Die Eintragung des Vereins in das Vereinsregister wäre nur noch eine Option, ihre Bedeutung beschränkte sich auf die Publizitätsfunktionen des Registers und die Umwandlungsfähigkeit nach dem Umwandlungsgesetz. Für den nicht eingetragenen und nicht wirtschaftlich tätigen Verein sollen nach dem Entwurf die §§ 24 bis 53 BGB unmittelbar gelten. Er würde nach Auffassung des Gesetzentwurfs damit grundbuchfähig (wegen weiterer Einzelheiten der Entwürfe s. Heermann, ZHR 2006 S. 247 ff.; krit. Lepsius, JZ 2006 S. 998; Otto, jurisPK, § 21 BGB Rz. 13 f., s. auch Rz. 888). Dieser Entwurf ist im Bundesrat an den federführenden Rechtsausschuss verwiesen worden. Eine Beratung des Entwurfs ist bislang nicht erfolgt.

▶ Die Bundesregierung hatte den Entwurf für ein „**Gesetz** zur **Erleichterung unternehmerischer Initiativen** aus **bürgerschaftlichem Engagement** und zum Bürokratieabbau bei Genossenschaften" (BT-Drucks. 18/11506) vorgelegt (vgl. dazu Wickert, NWB 10/2017 S. 732; s. auch Leuschner, npoR 2016 S. 99; VB 5/2017 S. 10 f.). Der sah u.a. ein Änderung des § 21 BGB vor und sollte das Hemmnis, das § 21 BGB nach der alten Rechtslage vor dem Kita-Beschluss des BGH v. 16. 5. 2017 (u.a. NJW 2017 S. 1943) für unternehmerische Initiativen aus bürgerschaftlichem Engagement aufgebaut hat − eingetragene Vereine dürfen nur einen ideellen Satzungszweck verfolgen (vgl. Rz. 54 ff. und KG, MDR 2016 S. 403 = DStR 2016 S. 1173 = Rpfleger 2016 S. 423; FGPrax 2016 S. 115 = NZG 2016 S. 989) − beseitigen. Vorgesehen war eine Neufassung des § 22 BGB − „Wirtschaftliche Vereine". Denen sollte Rechtsfähigkeit verliehen werden können, wenn es dem Verein unzumutbar ist, seine Zwecke in der Rechtsform einer Kapitalgesellschaft oder Genossenschaft zu verfolgen. Das entsprach inhaltlich § 22 BGB in der Auslegung durch die Rechtsprechung (BVerwG, NJW 1979 S. 2261 ff.). In § 22 Abs. 2 BGB-E sollte eine Verordnungsermächtigung für das BMJV geschaffen werden, die es ermöglichen soll, zur Förderung bürgerschaftlichen Engagements für Vereine, deren Zweck auf einen wirtschaftlichen Geschäftsbetrieb von geringerem Umfang gerichtet ist, wie z. B. für Vereine zum Betrieb eines Dorfladens, die Voraussetzungen für die Verleihung der Rechtsfähigkeit näher zu bestimmen und ein Recht auf Verleihung der Rechtsfähigkeit bei Vorliegen der Voraussetzungen zu begründen. Diese Änderung ist dann nach dem Kita-Beschluss des BGH nicht weiterverfolgt worden (s. BT-Drucks. 18/12998).

3. Vereinsgesetz

Nach **Art. 9 Abs. 1 GG** haben alle Deutschen das Recht, Vereine und Gesell-   4
schaften zu bilden. Dieser Grundsatz gilt jedoch nicht uneingeschränkt. So sind Vereinigungen, deren Zweck den Strafgesetzen zuwiderläuft oder die sich gegen die verfassungsmäßige Ordnung der Bundesrepublik Deutschland richten, verboten. Diese Verfassungswidrigkeit ist entweder durch das zuständige Landesministerium oder das Bundesinnenministerium festzustellen, wogegen Widerspruch eingelegt und auch von einem Vereinsmitglied das Verwaltungsgericht angerufen werden kann (VGH Mannheim, NJW 1990 S. 61; vgl. aber BVerwG, Urteil v. 4. 11. 2016 – 1 A 5/15). Die Einzelheiten sind im Vereinsgesetz geregelt; auf sie soll hier nicht weiter eingegangen werden (vgl. zu den Voraussetzungen für ein Vereinsverbot u.a. BVerwGE 153 S. 211 [Vereinsverbot wegen Völkerverständigungswidrigkeit]; NJW 1995 S. 2505 [Verbot des Vereins „Wiking-Jugend"]; DVBl 2005 S. 590 [Verbot eines Vereins, dessen Ziele sich gegen die Völkerverständigung richten]).

4. Europäischer Verein

In der Europäischen Gemeinschaft ist/war ein Europäischer Verein (EUV) vor-   5
gesehen (vgl. Vorschlag für EG-VO im ABl Nr. C 236 v. 31. 8. 1993), mit dem die aktive Teilnahme am Leben der Gemeinschaft erleichtert und gefördert werden sollte. Der EUV hat jedoch in der Praxis **keine große Rolle** gespielt (s. dazu Neßler, ZfRV 2000 S. 1; Steding, BuW 1999 S. 545; Hopt, ZIP 2005 S. 461; Otto, jurisPK, § 21 Rz. 7 ff.). Inzwischen ist das Gesetzgebungsverfahren von der EU-Kommission offenbar aufgegeben worden (vgl. dazu krit. Terner, ZEuP 2007 S. 96; zu allem eingehend(er) BeckOK BGB/Schöpflin, § 21 BGB Rz. 73 bis 74).

II. Stellung des Vereins im Rechtsverkehr

1. Rechts- und Geschäftsfähigkeit

a) Rechtsfähigkeit

6 Der eingetragene Verein ist **juristische Person**. Er besitzt damit wie jede natürliche Person rechtliche Selbständigkeit, ist **rechtsfähig** und kann Träger von Rechten und Pflichten sein. Die Rechtsfähigkeit stellt den Verein auf eine Stufe mit der natürlichen Person. Er wird im Rechtsverkehr als tatsächlich vorhandenes Wesen behandelt. Er ist reale Verbandspersönlichkeit und handelt durch seine Organe. Der Verein ist der natürlichen Person jedoch nicht in allen Belangen gleichgestellt. Die Rechtsfähigkeit wirkt sich im Wesentlichen nur im vermögensrechtlichen Bereich aus, nicht jedoch, soweit der Natur der Sache nach nur ein Mensch Träger von Rechten und Pflichten sein kann (zum Verzicht auf die Rechtsfähigkeit des eingetragenen Vereins s. Schäfer, RNotZ 2008 S. 22). Im Einzelnen gilt:

b) Parteifähigkeit/PKH

7 Der Verein ist **parteifähig**, er kann also klagen und verklagt werden (§ 50 ZPO; s. aber BGH, NJW 1995 S. 516 [kein Recht eines zum Schutz von Kleinaktionären gegründeten Vereins, abgetretene Aktionärsansprüche im eigenen Namen geltend zu machen, da die Abtretung wegen Verstoßes gegen das Rechtsberatungsgesetz nichtig ist]). Gibt die Satzung des eingetragenen Vereins einzelnen vom Wechsel ihrer Mitglieder unabhängigen **Vereinsabteilungen** eigene handlungsfähige Organe, einen eigenen Namen und spricht sie ihnen mit Außenwirkung eigenständige Aufgaben zu, so können die Untergliederungen als nicht eingetragene Vereine selbst rechtsfähig und damit im Prozess aktiv parteifähig sein (BGH, NJW 2008 S. 69 = SpuRt 2008 S. 70 = NZG 2007 S. 826; NJW-RR 2013 S. 604 = MDR 2013 S. 607 = NZG 2013 S. 466).

8 Unter den Voraussetzungen des § 116 Abs. 1 Nr. 2 ZPO hat der Verein ggf. einen **Anspruch** auf **Prozesskostenhilfe** (PKH) nach den §§ 114 ff. ZPO, wenn die Prozesskosten weder vom Verein noch von den Vereinsmitgliedern aufgebracht werden können (vgl. dazu eingehend Röcken, VB 6/2015 S. 13). **Bedürftigkeit** i. S. der PKH-Vorschriften liegt nicht vor, wenn trotz der Erwirtschaftung von Verlusten dem Verein ausreichende liquide Mittel für eine Prozessführung zur Verfügung stehen (LAG Köln, Beschluss v. 28. 1. 2010 – 5 Ta 433/09). Ggf. muss der Verein rechtzeitig Rücklagen bilden (KGR Berlin 2007 S. 251). Ob die Vereinsmitglieder als „wirtschaftlich Beteiligte" i. S. des § 116 Satz 1 Nr. 2 ZPO angesehen werden müssen, es also auch darauf ankommt, ob

auch sie nicht in der Lage sind, die erforderlichen Kosten aufzubringen, ist in Rechtsprechung und Literatur nicht eindeutig geklärt, wird aber von der h. M. aber wohl bejaht (OLG Frankfurt/Main, MDR 2016 S. 670 = NZV 2016 S. 1386 m. w. N. aus der Literatur; OVG Münster, NJW 2005 S. 3512; OVG Bautzen, Beschluss v. 2. 2. 2015 – 5 D 20/14; a. A. wohl Röcken, VB 6/2015 S. 13 f. unter Hinweis auf AG Sulingen, Beschluss v. 6. 1. 2012 – 12 II 287/11). Nach Auffassung des OLG Hamburg (NJW-RR 1987 S. 894) kommt es aber bei einem gemeinnützigen Verein, der Jugendarbeit leistet und dessen erforderliche Mittel im Wesentlichen die öffentliche Hand zur Verfügung stellt, auf die Vermögensverhältnisse der Mitglieder nicht an. Es muss für die Gewährung von PKH an einen Verein außerdem ein **allgemeines Interesse** an dem **Rechtsstreit** bestehen. Das setzt voraus, dass die erstrebte Entscheidung des Gerichts größere Kreise der Bevölkerung ansprechen und soziale Auswirkungen nach sich ziehen würde (BGH, Beschluss v. 3.4.1987 – V ZR 160/85; KGR Berlin 2007 S. 251; OLG Brandenburg, Beschluss v. 24.2.2014 – 2 W 8/13; OLG Frankfurt/Main, a. a. O.; LSG NRW, Beschluss v. 11.8.2009 – L 8 B 8/09 R). Das ist z. B. anzunehmen, wenn der Verein ohne die Bewilligung von PKH und ohne die Durchführung des Rechtsstreits behindert würde, der Allgemeinheit dienende Aufgaben zu erfüllen oder wenn von der Durchführung des Prozesses die Existenz eines Unternehmens abhängt, an dessen Erhaltung wegen der großen Zahl der von ihm beschäftigten Arbeitnehmer ein allgemeines Interesse besteht (LSG NRW, a. a. O.), das hat das OLG Frankfurt/Main, (a. a. O.) für die Klage eines Karnevalsvereins aus einem Kaufvertrag für Gardekostüme verneint.

c) Vermögensrechte

Dem Verein ist der **Erwerb** eigenen **Vermögens** möglich, auch kann er **Erbe** und **Vermächtnisnehmer** sein. Der Verein kann als Inhaber eines dinglichen Rechts, wie z. B. Eigentum, Grundschuld, im Grundbuch eingetragen werden, d. h. er ist **grundbuchfähig** (zur „Grundbuchfähigkeit" des nicht rechtsfähigen Vereins s. Rz. 896). Über sein Vermögen kann bei Überschuldung oder Zahlungseinstellung das **Insolvenzverfahren** eröffnet werden (§ 11 Abs. 1 InsO; zur Auflösung des Vereins durch Eröffnung des Insolvenzverfahrens s. Rz. 812 f.); im Insolvenzverfahren kann er zum Mitglied eines Gläubigerausschusses bestellt werden. Auch kann er selbst Mitglied, auch Vorstandsmitglied, eines anderen Vereins oder einer Handelsgesellschaft werden. Der Verein hat das Recht, gemäß § 12 BGB **Schutz** seines Namens zu beanspruchen, und, wenn dieses Recht verletzt wird, Schadensersatz geltend zu machen (§ 823 BGB; zum **Namen** des Vereins Rz. 81 ff.).

9

10   Der Verein ist Inhaber des **Hausrechts** betreffend der Vereinsanlagen und -einrichtungen. Dieses kann er gegenüber Dritten ausüben (zur Ausübung des Hausrechts bzw. zum beschränkten Zugang – nur gegen Entgelt – s. BGHZ 165 S. 162 = NJW 2006 S. 377). Grds. kann er ein Hausverbot auch dann erteilen, wenn dafür kein berechtigter Grund besteht. Etwas anderes gilt, wenn die Vereinsanlagen für den allgemeinen Publikumsverkehr geöffnet worden sind oder Veranstaltungen durchgeführt werden, die ersichtlich nicht nur Mitgliedern zugänglich sind. Dann darf das Hausrecht nicht willkürlich ausgeübt werden (vgl. zur Ausübung des Hausrechts eines Golfclubs für den Golfplatz gegenüber den Mitgliedern anderer Golfclubs, denen der Spielbetrieb untersagt worden ist (LG Bielefeld, Urteil v. 18. 1. 2005 – 20 S 137/04 und dazu BGH, Beschluss v. 20. 10. 2005 – V ZR 39/05; LG Köln, Urteil v. 11. 2. 2009 – 4 O 312/08 m. w. N.). Das Hausrecht kann auch dann nicht ausgeübt werden, wenn das Betreten/die Benutzung der Vereinsanlagen für die Teilnahme an einem (allgemein zugänglichen) Wettkampf erforderlich ist (BGH, a. a. O. für die Teilnahme an einem [Golf-]Turnier). Bei **Sportveranstaltungen** kann der Verein als Veranstalter ggf. das Recht zum Fotografieren beschränken (Stichwort: „Recht am eigenen Bild"). Allerdings ist § 23 Abs. 1 Nr. 3 KunstUrhG zu beachten.

11   Ist der Verein im Rahmen eines Zweckbetriebs (vgl. dazu Rz. 985) wirtschaftlich tätig, gelten für ihn die allgemeinen **Firmierungs-** und **Impressumspflichten.** Der Verein sollte daher im Hinblick auf § 5 UWG – keine irreführenden geschäftlichen Handlungen – in seine geschäftliche Kommunikation den vollständigen Vereinsnamen, seinen Sitz mit vollständiger Adresse und Vereinsregister und Registernummer aufnehmen. Bietet der Verein auf einer Webseite/**Homepage** Waren an, gilt für ihn die Pflicht zur **Anbieterkennzeichnung** nach dem Rundfunkstaatsvertrag und dem Telemediengesetz (vgl. § 5 TMG, § 55 RStV; dazu LG Essen, VuR 2013 S. 61). Wird diese nicht erfüllt, kann der Verein von einem Mitbewerber auf Unterlassung in Anspruch genommen werden (vgl. auch LG Neuruppin, Urteil v. 9. 12. 2014 – 5 O 199/14 [nicht, wenn nur das Registergericht und die Registernummer nicht angegeben sind]). Reine **Spendensammelvereine** sind von dieser Verpflichtung nicht betroffen. Denn allein die Werbung für Spenden ist keine geschäftliche Handlung i. S. des § 2 UWG.

HINWEIS:

Vereine sollten daher ggf. folgende Angaben auf ihrer Homepage machen:

▶ Name des Vereins mit e. V. Zusatz, obwohl Letzteres nach Auffassung des LG Essen (a. a. O.) nicht erforderlich ist,

▶ vollständige Postanschrift des Vereins (kein Postfach!),

► Name der Vorstandsmitglieder i. S. des BGB, zumindest einer mit Vor- und Nachname, elektronischer Kontaktadresse und Telefonnummer,

► Angabe einer E-Mail-Adresse,

► Angabe eines weiteren Kommunikationsmittels (z. B. Telefonnummer),

► zuständiges AG/Vereinsregister und Registernummer (vgl. aber LG Neuruppin, a. a. O.),

► Umsatzsteueridentifikationsnummer (nicht Steuernummer!), falls vorhanden.

Diese Angaben sollten an einer leicht auffindbaren Stelle platziert werden. I. d. R. wird es sich anbieten auf der Startseite der Homepage einen Link zum Impressum zu setzen und dort dann die Angaben aufzuführen.

Nach Ausscheiden eines Vereinsmitglieds aus einem Amt hat dieses ein Recht auf Löschung von Angaben zu seiner Person auf der Homepage des Vereins (LG Frankfurt/Main, Beschluss v. 1.6.2018 – 2-03 T 4/18, VB 8/2018 S. 2).

d) Familienrecht u.a.

Im **familienrechtlichen Bereich** ist hingegen die Rechtsfähigkeit des Vereins **nicht** gegeben, so dass er z. B. kein Kind annehmen kann. Auch hat der Verein keinen **Wohnsitz**, sondern einen „Sitz" (zum Vereinssitz s. Rz. 77 ff.).   12

e) Grundrechtsfähigkeit

Die **Grundrechte** des Grundgesetzes gelten gemäß Art. 19 Abs. 3 GG für den Verein nur, soweit sie ihrem Wesen nach auf ihn anwendbar sind. Das gilt vor allem für Art. 9 Abs. 1 GG – die sog. **Vereinigungsfreiheit**; sie gewährleistet den Vereinen Schutz vor staatlichem Eingriff in den Kernbereich ihres Bestands und ihrer Tätigkeit (s. unten auch BVerfGE 84 S. 372 = NJW 1992 S. 549). Dazu gehören das Recht auf Entstehen, Bestehen und vereinsmäßige Betätigung (vgl. aber BVerfG, NJW 2015 S. 612 [Rauchverbot für öffentlich zugängliche Räumlichkeiten eines „Rauchervereins" berührt nicht den Schutzbereich der Vereinigungsfreiheit]). Darüber hinaus ist die Anwendbarkeit anerkannt für den **Gleichheitsgrundsatz** des Art. 3 GG, für das Recht auf den gesetzlichen Richter, für die Namensführung und die satzungsgemäße Betätigung. Auch kann einem (eingetragenen gemeinnützigen) Verein das sich aus Art. 12 Abs. 1 GG ergebende Grundrecht der Berufsfreiheit zustehen (ständige Rechtsprechung seit BVerfG, NJW 1967 S. 974; s. zuletzt BVerwG, NJW 1994 S. 2166 m. w. N. aus der Rechtsprechung [für eine Tätigkeit im Bereich der Schulung und Ausbildung von Fahrerlaubnisbewerbern, mit der Kenntnisse in der Versorgung Unfallverletzter und in Erster Hilfe vermittelt werden]). Dem Verein steht zudem auch das **allgemeine Persönlichkeitsrecht** zu (Art. 2 GG). Wird   13 dieses durch eine unwahre Tatsachenbehauptung verletzt, z. B., dass Vereinsvermögen für private Zwecke bzw. zur Vermehrung des Vermögens des Vereinsvorsitzenden verwendet worden sei, kann der Verein einen **Unterlassungsanspruch** geltend machen (vgl. LG Hamburg, Urteil v. 19. 2. 2010 – 325 O 316/09). Eine Geldentschädigung für die Verletzung in seinem allgemeinen Persönlichkeitsrecht wird von der h. M. für den Verein als juristische Personen jedoch grds. abgelehnt, insbesondere weil dieser keine Psyche besitzt und keine Genugtuung empfinden kann (vgl. BGHZ 78 S. 24, 27 f. = NJW 1980 S. 2807; OLG Stuttgart, MDR 1979 S. 671 [für eine KG]; OLG München, OLGR 1996 S. 217 f. [Ls.]; für einen Verein; OLG Frankfurt/Main, Urteil v. 18. 3. 2013 – 1 U 215/11; Palandt/Sprau, § 823 Rz. 93). Ggf. kann aber eine Geldentschädigung zugunsten des Vereins ausnahmsweise dann in Betracht kommen, wenn deren Genugtuungsbedürfnis durch die Entschädigung des gleichzeitig persönlich Betroffenen nicht Rechnung getragen werden kann (vgl. dazu BGHZ 78 S. 274, 280 = NJW 1981 S. 675). Schließlich hat der Verein auch das Recht auf **freie Meinungsäußerung** (Art. 5 GG). So kann also z. B. ein Sportverband auf seiner Website eine Liste mit den Namen der Personen, gegen die sein Disziplinarausschuss Sanktionen verhängt hat und die auch Angaben über die Disziplinarmaßnahmen enthält, veröffentlichen, sofern die Tatsachenbehauptungen in dieser Veröffentlichung der Wahrheit entsprechen (OLG Karlsruhe, SpuRt 2009 S. 204).

f) Straf-/Bußgeldfähigkeit

14 Der Verein kann nicht Straftäter sein, er ist also **nicht straffähig.** Ebenso wenig muss er für kriminelle Handlungen einstehen, es sei denn, sie haben vermögensrechtliche Auswirkungen (wegen der Haftung des Vereins s. Rz. 745 ff.). Der Verein kann also für den Betrug, die Untreue oder die Unterschlagung seines Vorstands nicht mit Freiheits- oder Geldstrafe bestraft werden. Eine **Ausnahme** gilt, wenn der Vorstand oder eines seiner Mitglieder eine **Ordnungswidrigkeit** nach dem Wirtschaftsstrafgesetz, dem Gesetz über Ordnungswidrigkeiten oder dem Gesetz gegen Wettbewerbsbeschränkungen begangen hat, durch die typische Vereinspflichten verletzt worden sind oder durch die der Verein bereichert worden ist. Dann kann gegen den Verein eine Geldbuße festgesetzt werden, die gemäß § 30 Abs. 2 Nr. 1 OWiG im Fall einer vorsätzlichen Tat bis zu 1.000.000 € und bei nur fahrlässigem Handeln nach § 30 Abs. 2 Nr. 2 OWiG 500.000 € beträgt.

g) Geschäftsfähigkeit

Von der Rechtsfähigkeit (vgl. oben Rz. 6) zu unterscheiden ist die **Geschäfts** 15
fähigkeit. Das ist die Fähigkeit, selbständig voll wirksam am Rechtsleben teilzunehmen, indem insbesondere Rechtsgeschäfte und Verträge abgeschlossen
werden. Der Verein als solcher besitzt diese Fähigkeit nicht, da er selbst nicht
handeln kann. Für die Teilnahme am Rechtsverkehr muss er sich natürlicher
Personen bedienen, und zwar der Personen, denen nach der Organisation in
der Satzung die Vertretung nach außen zukommt. Das sind der Vorstand oder
andere satzungsmäßig berufene Vertreter.

> HINWEIS:
>
> Der Vorstand ist Organ und damit Teil der juristischen Person „Verein". Das Handeln
> des Vorstands ist eigenes Handeln des Vereins, für das er haftet. Der Vorstand ist nicht
> bloß Repräsentant oder rechtsgeschäftlich bestellter Vertreter (§ 164 BGB), sondern
> Glied der juristischen Person. Ebenso wie die Hand ein Glied des menschlichen Körpers
> ist, mit dem der Mensch handelt, ist der Vorstand das nach außen handelnde Organ
> des Vereins.

Die rechtliche Selbständigkeit, d. h. die Rechtsfähigkeit, erlangt der Verein nicht 16
schon mit der Gründung (s. Rz. 24), sondern entweder erst durch die Eintragung ins Vereinsregister gemäß § 21 BGB oder durch die staatliche Verleihung
gemäß § 22 BGB, die beim wirtschaftlichen Verein von besonderer Bedeutung
ist (s. Rz. 54 ff.).

2. Anwendungsbereich der vereinsrechtlichen Vorschriften

Die §§ 21 bis 53 BGB sind auf alle rechtsfähigen Vereine anwendbar, ohne 17
Rücksicht auf Größe und Bedeutung des Vereins. Sie gelten weitgehend auch
für den nichtrechtsfähigen Verein (s. zum nichtrechtsfähigen Verein Rz. 886 ff.).
Für Handelsgesellschaften, Genossenschaften und den Versicherungsverein
auf Gegenseitigkeit sind in erster Linie die einschlägigen Sondergesetze wie
AktG, GmbHG, GenG, VAG maßgebend. Soweit diese Lücken enthalten, finden
die Vorschriften des Vereinsrechts Anwendung. Dementsprechend erstreckt
sich der Anwendungsbereich der § 29 (Notvorstand), § 30 (besonderer Vertreter), § 31 (Haftung für Organe) und § 35 (Sonderrechte) auf alle juristischen
Personen des Privatrechts (Palandt/Ellenberger, vor § 21 Rz. 16).

Die **politischen Parteien** sind durchweg als rechtsfähige oder nichtrechtsfähige 18
Vereine organisiert (zum Begriff der politischen Partei s. BVerwG, NJW 1993
S. 3213). Für sie gilt aber in erster Linie das **Parteiengesetz**, das für eine Reihe
von wichtigen Fragen (Namensrecht, aktive Parteifähigkeit, demokratische Organisation, Gebietsverbände, Aufnahme, Austritt und Ausschluss von Mitglie

dern) **Sonderregelungen** enthält. Ergänzend werden die §§ 21 ff. BGB angewendet.

19 **Religiöse Vereine**, die Religionsgesellschaften i. S. des Art. 140 GG sind, können ihre Angelegenheiten nach ihrem religiösen Selbstverständnis ordnen (BayObLGZ 1987 S. 170). Ihre Regelungsbefugnis beruht nicht auf § 25 BGB, sondern ist originär. Sie unterliegen der staatlichen Gründungskontrolle (v. Camphausen, NJW 1990 S. 887, 2670; Rpfleger 1989 S. 349; kritisch Kopp, NJW 1989 S. 2497), müssen einen Vorstand haben und den Zusatz „e. V." führen (BayObLG, a. a. O.). Bei der Gründung sind sie ggf. nicht an die Einhaltung der gesetzlichen Mindestmitgliederzahl von sieben Gründungsmitgliedern (s. § 56 BGB; vgl. dazu Rz. 24) gebunden, es sei denn, der Verein wäre offensichtlich nicht in der Lage, sich – wegen der geringen Gründungsmitgliederzahl – eine körperschaftliche Organisation zu geben (OLG Hamm, NJW-RR 1997 S. 1397 m. w. N. [für Gründung eines Vereins nur durch die in den fünf nordrheinwestfälischen Diözesen vorhandenen Religionslehrerverbände]). Die religiösen Vereine können auch ihre Satzung ohne Bindung an bestehende vereinsrechtliche Vorschriften gestalten, soweit der Innenbereich des vereinsrechtlichen Zusammenschlusses betroffen ist (OLG Köln, Rpfleger 1992 S. 112 = NJW 1992 S. 1048). **Einschränkungen** der Vereinsautonomie, die sich aus der Organisation als Teil einer Religionsgemeinschaft ergeben, etwa bei Satzungsänderungen, Rechtsstellung, Ausschluss von Mitgliedern und Auflösung, sind ebenfalls **zulässig** (BVerfG, NJW 1991 S. 2623, 2625; OLG Köln, a. a. O. [für vorherige Zustimmung zu bestimmten Rechtsgeschäften oder zur Auflösung des Vereins]; OLG Frankfurt/Main, NJW-RR 1997 S. 482 [für Beschränkung der Beteiligung an der Willensbildung auf eine bestimmte Gruppe von Mitgliedern]; OLG Düsseldorf, Rpfleger 2009 S. 239 = NZG 2009 S. 1227 [Zustimmung zur Satzungsänderung durch das Presbyterium bei einem der evangelischen Kirche nahestehenden Verein]; s. auch Schockenhoff, NJW 1992 S. 1013; kritisch Flume, JZ 1992 S. 238 ff.). Zulässig ist auch eine Regelung, wonach kirchliche Funktionsträger „geborene" Mitglieder im Verein sind (OLG Hamm, NJW-RR 1995 S. 119; s. auch Rz. 104 ff.).

3. Vereine in den neuen Bundesländern

20 In der ehemaligen DDR ist noch am 21. 2. 1990 das Gesetz über Vereinigungen – Vereinigungsgesetz – (GBl I Nr. 10 S. 75) in Kraft getreten (zur Rechtslage in der früheren DDR bis zum 20. 2. 1990 s. Reichert u.a., Rz. 6497 ff.; zum Begriff der Rechtsnachfolge i. S. des § 2 Abs. 1 Satz 1 VermG im Hinblick auf einen neu gegründeten Verein s. VG Meiningen, ZOV 1995 S. 227). In diesem Gesetz

wurde die Bildung von erlaubten Vereinigungen als frei bezeichnet, sie bedurfte nach § 2 Abs. 1 des Gesetzes keiner Genehmigung. Die Vereinigungen, die am 21. 2. 1990 aufgrund staatlicher Anerkennung oder des Erlasses von Rechtsvorschriften Rechtsfähigkeit erlangt hatten, mussten innerhalb von sechs Monaten bei dem zuständigen Kreisgericht den Antrag auf Registrierung stellen, anderenfalls ging nach § 22 Abs. 2 des Gesetzes die Rechtsfähigkeit verloren.

Nach Art. 231 § 2 Abs. 1 EGBGB i. d. F. des Einigungsvertrags v. 31. 8. 1990   21
(BGBl II S. 889) bestehen rechtsfähige Vereinigungen, die nach dem Recht der ehemaligen DDR (s. oben) vor dem Wirksamwerden des Beitritts am 3. 10. 1990 entstanden sind, fort (s. zur Identität zwischen einer Betriebssportgemeinschaft der DDR und einem nach dem 2. 10. 1990 eingetragenen Verein auch AG Berlin-Köpenick, VIZ 1998 S. 38). Zielsetzung dieser Regelung im Einigungsvertrag war zunächst der **Bestandsschutz** der nach dem Recht der ehemaligen DDR wirksam entstandenen Vereinigungen, die in ihren Grundzügen den Vereinen i. S. der §§ 21 ff. BGB entsprechen (zum Fortbestand rechtsfähiger Vereinigungen nach dem Einigungsvertrag s. Nissel, DtZ 1991 S. 239).

Im Zuge der Rechtsangleichung wurden nach den im Einigungsvertrag getroffenen Regelungen rechtsfähige Vereinigungen i. S. des Vereinigungsgesetzes in   22
die Rechtsform der **rechtsfähigen Vereine** i. S. des BGB überführt. Auf sie sind gemäß Art. 231 § 2 Abs. 2 EGBGB i. d. F. des Einigungsvertrags ab 3. 10. 1990, dem Tage des Beitritts, die §§ 21 bis 79 BGB anzuwenden. Das bedeutet u.a., dass sie die Bezeichnung „eingetragener Verein" führen. Auf **nichtrechtsfähige** Vereine findet § 54 BGB Anwendung. Für den fortbestehenden DDR-Verein gelten im Übrigen die allgemeinen Regeln. Es ist also z. B. die Verschmelzung mit anderen Vereinen bzw. ein liquidationsloser Vermögensübergang nur nach Maßgabe der allgemeinen Grundsätze möglich (BGH, NZM 2005 S. 475).

Zur **Überleitung** der sich aus §§ 8 Abs. 2, 17 DDR-Vereinigungsgesetzes ergebenden **Organhaftung** bestimmt Art. 231 § 4 EGBGB, dass § 31 BGB nur auf   23
solche Handlungen anzuwenden ist, die nach dem 2. 10. 1990 begangen wurden. Bei einem pflichtwidrigen Handeln, das vor und nach dem genannten Stichtag liegt (z. B. eine Verletzung der Aufsichtspflicht), ist entscheidend, welche Teilhandlung für den Schaden ursächlich war. Lässt sich das nicht (mehr) aufklären, gilt das Haftungsrecht der DDR weiter (Palandt/Ellenberger, 74. Aufl., Art. 231 § 4 EGBGB Rz. 3 auf der Palandt-Homepage unter www. palandt.beck.de).

III. Wie entsteht der eingetragene Verein?

1. Gründungsakt

24 Für die Gründung des Vereins erforderlich ist zunächst, dass die Regelungen, die für den künftigen Verein verbindlich sein sollen, in einer **Satzung** niedergelegt werden. Während des Gesetzgebungsverfahrens zum VereinsRÄndG hatte der Rechtsausschuss des Bundesrats vorgeschlagen zu prüfen, „ob unter Verwendung einer Mustersatzung ein vereinfachtes Verfahren zur Vereinsgründung eingeführt werden kann" (vgl. BR-Drucks. 179/10 S. 5). Die Bundesregierung hatte in ihrer Gegenäußerung eine Prüfung dieses Vorschlags zugesagt (vgl. BT-Drucks. 16/12813 S. 22). Zur Schaffung einer Mustersatzung ist es dann aber im weiteren Verlauf des Gesetzgebungsverfahrens nicht gekommen (krit. zu diesem „Vorhaben" Terner, DNotZ 2010 S. 19 f.).

> **HINWEIS:**
>
> Die Satzung muss in Deutsch abgefasst sein. Das Vereinsregister, in das sie eingetragen wird, wird in Deutsch geführt (§ 488 Abs. 3 FamFG; § 184 GVG; § 9 VRV). Unter „Deutsch" versteht die obergerichtliche Rechtsprechung Hochdeutsch (BGH, NJW 2003 S. 671; s. aber auch LG Osnabrück, Rpfleger 1965 S. 304).

25 Eigentlicher **Gründungsakt** ist dann die Einigung der Gründungsmitglieder, dass die Satzung verbindlich sein, der Verein ins Vereinsregister eingetragen und somit Rechtsfähigkeit erhalten soll. Ohne Einigung über die Satzung gibt es keinen Verein. D. h.: Solange die Satzung nicht verbindlich beschlossen worden ist, kann z. B. der Vorstand des Vereins nicht gewählt werden.

> **HINWEIS:**
>
> Für die Umwandlung eines nicht eingetragenen Vereins in einen „e. V." gilt: In dem Fall ist eine Mitgliederversammlung einzuberufen, auf der die Änderung der Satzung dahin beschlossen werden muss, dass der Verein nun ins Vereinsregister eingetragen werden soll. Für die Mitgliederversammlung gelten hinsichtlich der Voraussetzungen für die Einberufung und der Beschlussfähigkeit die allgemeinen Regeln der Satzung (zur Umwandlung eines e. V. in eine Stiftung s. Voigt de Oliveira/Becker, DStR 2013 S. 2554 ff.).

26 Dieser von den Vereinsgründern geschlossene Vertrag bedarf grds. keiner Form. **Praktisch** ist aber wegen § 59 Abs. 2 Nr. 1 BGB, wonach bei der Anmeldung die Satzung in Ur- und Abschrift beizufügen ist, die Einhaltung der **Schriftform** notwendig. An dem Vertrag beteiligen müssen sich mindestens zwei Personen (zur Frage, ob alle Gründungsmitglieder die Satzung des Vereins unterschreiben müssen, Orth, ZStV 2016 S. 228).

Da aber die Eintragung nach § 56 BGB grds. nur erfolgen soll, wenn der Verein mindestens sieben Mitglieder hat, ist es sinnvoll, mit der Gründung so lange zu warten, bis sich mindestens sieben Personen daran beteiligen (zur Ausnahme bei einem religiösen Verein s. oben Rz. 19).

Neben natürlichen Personen können **auch juristische Personen,** wie z. B. ein anderer rechtsfähiger Verein, als Gründer auftreten. Setzen sich die Gründungsmitglieder aus natürlichen und juristischen Personen (z. B. GmbH) zusammen und werden die juristischen Personen von den natürlichen Personen beherrscht und repräsentiert, so ist für die Mindestzahl von sieben Mitgliedern nur die Zahl der natürlichen Personen maßgebend (OLG Köln, NJW 1989 S. 173; OLG Stuttgart, Rpfleger 1983 S. 318). Das gilt auch, wenn der Verein als Dachverband andere Vereine zu Mitgliedern hat (LG Hamburg, Rpfleger 1981 S. 198; a. A. LG Mainz, MDR 1978 S. 312). Auch ein nichtrechtsfähiger Verein kann Vereinsgründer sein (LG Duisburg, JW 1933 S. 2167). **27**

Bei der Gründung müssen die **Gründer geschäftsfähig,** also i. d. R. achtzehn Jahre alt sein. Sie dürfen weder entmündigt noch geisteskrank sein. Ist ein Gründer beschränkt geschäftsfähig, also sieben, aber noch nicht achtzehn Jahre alt, kann er sich an der Gründung beteiligen, wenn er dadurch lediglich einen rechtlichen Vorteil erlangt (§ 107 BGB). **28**

BEISPIEL: ▸ Es soll ein Sportverein mit einer Jugendabteilung gegründet werden. Folgende Satzungsbestimmungen sind vorgesehen: Die Mitglieder der Jugendabteilung werden kostenlos für eine bestimmte Sportart ausgebildet, Vereinsbeiträge in Geld sind nicht zu leisten, auf der Mitgliederversammlung sind sie nur teilnahme-, nicht aber stimmberechtigt. Einen solchen Verein können sechs Erwachsene und ein 17-Jähriger gründen (Reichert u.a., Rz. 71).

Da der Minderjährige wegen der Mitgliedschaftspflichten meist aber nicht lediglich einen rechtlichen Vorteil erlangt, bedarf er, wenn er bei einer Vereinsgründung mitwirken soll/will, i. d. R. der **Zustimmung** seines **gesetzlichen Vertreters** (so auch Stöber/Otto, Rz. 25). Die Regelung in **§ 110 BGB** (sog. Taschengeldparagraf) hilft häufig nicht, da das Mitglied normalerweise nicht nur einen finanziellen Beitrag zu erbringen hat (vgl. auch Hofmann, Zum Vereinsbeitritt Minderjähriger, Rpfleger 1986 S. 5; zum Eintritt Minderjähriger in einen rechtsfähigen Verein s. Rz. 172; zur Teilnahme von Minderjährigen an der Mitgliederversammlung s. Rz. 454, 484). **29**

Auch ein **Betreuter** kann an der Vereinsgründung teilnehmen. Wenn er jedoch zur Beitrittserklärung nach § 1903 Abs. 1 BGB der Einwilligung des Betreuers bedarf — sog. Einwilligungsvorbehalt —, kann er sich auch nur mit dessen Ein- **30** willigung an der Vereinsgründung beteiligen (Stöber/Otto, Rz. 25). Bei volljährigen Geschäftsunfähigen (z. B. geistig Behinderten), die unter Betreuung stehen, hilft auch nicht die Vorschrift des **§ 105a BGB**, die die Wirksamkeit von Geschäften des täglichen Lebens regelt (vgl. dazu Casper, NJW 2002 S. 3425). Eine Vereinsgründung ist nicht als ein „Geschäft des täglichen Lebens" anzusehen. Das sind nach der Gesetzesbegründung (vgl. BT-Drucks. 14/9266 S. 43) vor allem der Erwerb von Gegenständen des täglichen Bedarfs und die Inanspruchnahme von einfachen Dienstleistungen.

31   Bei der Vereinsgründung kann sich einer der Gründer durch eine andere (natürliche) Person **vertreten** lassen. Wird dafür eine schriftliche Vollmacht ausgestellt, muss diese sich auf den Gründungsakt beziehen, also z. B. „Vollmacht zur Teilnahme an der Gründung des Vereins ...". Der Vertreter kann dann i. d. R. nicht selbst auch Gründungsmitglied werden; dem steht § 181 BGB und das Verbot des Insichgeschäfts entgegen. Davon kann der Vertreter aber befreit werden. Für die Wirksamkeit der Vollmacht zur Mitwirkung bei der Vereinsgründung ist nicht von Bedeutung, ob der Vertretene die Tagesordnung der Vereinsgründungsversammlung gekannt hat (OLG Hamm, Urteil v. 14.2.2007 – 8 U 110/06).

2. Mängel des Gründungsakts

32   Ist die Willenserklärung eines Gründers beim Gründungsakt nichtig, z. B. weil er geschäftsunfähig ist, hat dies auf die Wirksamkeit der Gründung nur dann Einfluss, wenn mit dem Wegfall dieses Gründers die Mindestzahl von zwei Personen, die rechtlich einwandfreie Erklärungen abgegeben haben, nicht mehr gegeben ist (Sauter/Schweyer/Waldner, Rz. 12 m. w. N.). Wird die Gründungserklärung von einem Gründer wegen Irrtums, Täuschung oder Drohung gemäß §§ 119, 123 BGB angefochten, wird davon der Gründungsakt selbst nicht berührt, wenn der Verein bereits eingetragen ist oder seine Tätigkeit nach außen hin aufgenommen hat. Die Nichtigkeits- und Anfechtungsgründe können nur mit **zukünftiger Wirkung** geltend gemacht werden. Diese Geltendmachung hat lediglich die Wirkung einer **Austrittserklärung** (Sauter/Schweyer/Waldner, a. a. O.; Stöber/Otto, Rz. 27).

33   Verstößt der Gründungsvertrag gegen ein **gesetzliches Verbot** (§ 134 BGB) oder gegen die **guten Sitten** (§ 138 BGB), ist er unheilbar nichtig (zur Anwendbarkeit der Vorschriften KG, Rpfleger 2012 S. 212; zum Vereinszweck s. auch Röcken, ZStV 2013 S. 66; vgl. noch Rz. 70 ff.). Das gilt für folgende

BEISPIELE:

- bei einem Verein, der entgeltlich **Wohnungsvermittlung** betreiben will (LG Karlsruhe, Rpfleger 1984 S. 22),

- bei einem Verein von **Strafgefangenen**, der ohne Genehmigung der Anstaltsleitung die Aufgabe einer **Insassenvertretung** übernehmen soll (BayObLGZ 1981 S. 289; OLG Karlsruhe, Rpfleger 1983 S. 405).

- bei einem als **steuerbegünstigte Unterstützungskasse** angelegten Verein, der die dafür bestehenden Anforderungen des BetrAVG nicht erfüllt (LG Braunschweig, NJW-RR 2000 S. 333 = Rpfleger 2000 S. 116),

- bei einem Verein, dessen Vereinszweck „Praktizierung der partnerschaftlichen Liebe zum Tier" sein soll (KG, Rpfleger 2012 S. 212 [Verstoß gegen § 134 BGB i. V. mit § 17 TierSchutzG]; Beschluss v. 3. 12. 2012 – 12 W 69/12),

- bei einem **studentischen Verein**, dessen Zweck die **unentgeltliche außergerichtliche Rechtsberatung** von Studenten einer Universität und aller Bürger durch Studenten ist wegen Verstoßes gegen § 7 RDG (OLG Brandenburg, NJW 2015 S. 1122 = MDR 2014 S. 1400 = FGPrax 2015 S. 21 m. abl. Anmerkung Dietlein/Hannemann NJW 2015 S. 1123, die § 6 RDG für einschlägig und die studentische Rechtsberatung als erlaubt ansehen), wobei der Verein ggf. dann eingetragen werden kann, wenn er nachweist, dass eine ordnungsgemäße Beratung erfolgen und der Verein das finanzielle Risiko aus eine Falschberatung auffangen kann,

- **nicht** hingegen bei einem Verein, der nach seiner Satzung **Meisterschaften** und Turniere im **Meeresangeln** durchführt, da die Strafbarkeit des Wettbewerbsfischens nicht feststeht (LG Hamburg, NJW-RR 1991 S. 892).

- Ein Verstoß gegen die guten Sitten kann aber auch vorliegen, wenn nach der Satzung **Fremdeinfluss** derart **überwiegt**, dass der Verein zu einer eigenen selbständigen Willensbildung nicht mehr in der Lage ist, sondern eine unselbständige Verwaltungsstelle eines Dritten darstellt (OLG Köln, Rpfleger 1992 S. 112 = NJW 1992 S. 1048; LG Bonn, Rpfleger 1991 S. 157, jeweils für einen kirchlichen Verein; s. auch OLG Celle, NJW-RR 1995 S. 1273, wenn die Geschicke des Vereins nach der Satzung ausschließlich von bestimmten Mitgliedern gestaltet werden).

Die **Nichtigkeit einzelner Bestimmungen** der Satzung hat nicht unbedingt die Nichtigkeit der gesamten Satzung zur Folge. § 139 BGB gilt für vereinsrechtliche Normen also nicht. Bei ihnen ist die Rechtsfolge der Teilnichtigkeit danach zu beurteilen, ob der verbleibende Teil nach dem Vereinszweck und den satzungsmäßigen Mitgliederbelangen eine in sich sinnvolle Regelung des Vereinslebens darstellt. An die Stelle der nichtigen Satzungsbestimmungen treten ggf. die gesetzlichen Regelungen (vgl. BGHZ 47 S. 172 = MDR 1967 S. 564; Reichert u.a., Rz. 455; eingehend zur Nichtigkeit Stöber/Otto, Rz. 58). 34

3. Von der Gründung zur Eintragung – Vorverein

35 Mit der Einigung der Gründungsmitglieder über die Satzung ist zwar ein wesentlicher Schritt zur Entstehung des Vereins getan, diese ist aber noch nicht vollendet. Da es zum Wesen des Vereins gehört, dass er körperschaftlich organisiert ist, muss ihm das wesentliche Organ gegeben werden, das ihn erst handlungsfähig macht. Die Gründer müssen deshalb den ersten Vorstand des Vereins bestellen, und zwar gemäß der gerade von ihnen aufgestellten Satzung (zur Reihenfolge s. oben Rz. 24). D. h.: Zur Wahl ist die von der Satzung vorgesehene Stimmenmehrheit erforderlich. Es müssen so viele Vorstandsmitglieder gewählt werden, wie die Satzung vorsieht (OLG Hamm, Rpfleger 1983 S. 487 m. w. N.; Sauter/Schweyer/Waldner, Rz. 15; a. A. Stöber/Otto, Rz. 373); erst dann ist der Vorstand als Organ gebildet und damit die Gründungsphase abgeschlossen. Das ist ebenso wie der Hergang der Gründung in einer **Niederschrift** (s. Gründungsprotokoll im Anhang Rz. 1095) festzuhalten, deren Abschrift später mit der Anmeldung des Vereins beim Amtsgericht vorgelegt werden muss (§ 59 Abs. 2 Nr. 2 BGB).

36 Mit der Bestellung des Vorstands ist der Verein errichtet, als **rechtsfähiger Verein** entsteht er jedoch **erst mit** der **Eintragung**. In dem dazwischen liegenden Zeitraum liegt ein sog. Vorverein vor, der meist ein nichtrechtsfähiger Verein ist. Dieser wird durch den Vorstand vertreten, der sich i. d. R. darauf beschränkt, unverzüglich für die Eintragung in das Vereinsregister zu sorgen. Die Tätigkeit des Vorstands kann jedoch (ausnahmsweise) auch darüber hinausgehen. Werden dadurch bereits Rechte und Pflichten des Vorvereins begründet, gehen diese später automatisch auf den eingetragenen Verein über, da er mit dem Vorverein identisch ist (BGH, WPM 1978 S. 115, 116; Stöber/Otto, Rz. 31; Sauter/Schweyer/Waldner, Rz. 14 [Vollmacht beschränkt sich i. d. R. auf die Gründungsgeschäfte]). Das Vermögen des Vorvereins geht ohne Weiteres auf den eingetragenen Verein als Rechtsnachfolger über, besondere Übertragungsakte sind nicht notwendig. So ist z. B. bei Grundstücken eine Auflassung nicht nötig, sondern es muss lediglich das Grundbuch berichtigt werden (§ 894 BGB).

37 Zu **unterscheiden** vom Vorverein, der entgegen der Bezeichnung nicht immer Verein im rechtlichen Sinne ist, ist die sog. **Vorgründungsgesellschaft**. Bei einem entsprechenden Bindungswillen der Gründungsmitglieder kann nämlich in der Zeit bis zur Feststellung der Satzung als **Vorstufe** des Vorvereins eine BGB-Gesellschaft **zur Vereinsgründung, die sog. Vorgründungsgesellschaft,** bestehen. Diese liegt z. B. vor, wenn der „Vorverein" nicht vom Mitgliederwechsel unabhängig sein soll. In der Praxis ist das meist der Fall, wenn ein sog. Grün-

dungskonsortium besteht, dessen Mitglieder unter sich bleiben wollen und dessen Aufgabe sich allein in der Gründung des Vereins erschöpfen soll. Für eine solche Vorgründungsgesellschaft gelten die Regeln der BGB-Gesellschaft nach §§ 705 ff. BGB. Die Gründer/Mitglieder haften als BGB-Gesellschafter persönlich und unbeschränkt. Rechte und Pflichten gehen nicht unmittelbar auf den späteren Verein über. Die Gründungsgesellschafter sind in ihrem Geschäftsbereich auf die sog. Gründungsgeschäfte beschränkt. Nur für diese, die unmittelbar zur Schaffung des Vereins gehören, haftet der eingetragene Verein nach der Eintragung. Werden Geschäfte vorgenommen, die bereits zum späteren Vereinsleben gehören, haftet aus diesen Verpflichtungen der eingetragene Verein nicht; es haften nur die Mitglieder der Gründungsgesellschaft (BGH, NJW 1998 S. 1645; NJW 2001 S. 748).

> **BEISPIEL:** Sieben Wanderer wollen einen Wanderklub gründen. Die Formalitäten sollen durch einen Rechtsanwalt erledigt werden. Außerdem beschließen die Gründer, ein Darlehen zum Kauf eines Kleinbusses aufzunehmen, mit dem die Wanderer sich zu den Startorten fahren lassen wollen. Der eingetragene Verein haftet später nur für die Anwaltskosten, da nur sie aus einem Gründungsgeschäft stammen. Für das Darlehen haftet er nicht, da dieses schon dem späteren Vereinsleben zuzurechnen ist.

4. Anmeldung zum Vereinsregister

Die Rechtsfähigkeit erlangt der Verein erst durch die Eintragung ins Vereinsregister (§ 21 BGB). Dazu ist der Verein vom Vorstand anzumelden. Nach dem – durch das VereinsRÄndG geänderten – **§ 77 BGB** sind die Anmeldungen zum Vereinsregister von **Mitgliedern** des **Vorstands**, „die insoweit zur **Vertretung** des Vereins **berechtigt** sind", anzugeben. Dieser Wortlaut ist eindeutig. Er gilt für alle Anmeldungen, also auch für die „Erstanmeldung" (s. jetzt auch Palandt/Ellenberger, § 77 Rz. 1; Stöber/Otto, a. a. O.; BT-Drucks. 16/12813 S. 14). Welche Vorstandsmitglieder den Verein wirksam anmelden können, bestimmt sich also nach den für den Vorstand geltenden Vertretungsregelungen (vgl. dazu Rz. 548 ff.). **38**

> **BEISPIEL:** Besteht der Vorstand aus drei Mitgliedern, von denen jedes Einzelvertretungsbefugnis hat, kann jedes Vorstandsmitglied allein den Verein anmelden. Wird der Verein nach der Satzung von jeweils zwei Vorstandsmitgliedern gemeinsam vertreten, müssen auch zwei die Anmeldung vornehmen (s. auch BR-Drucks., a. a. O.).

Durch die Änderung des § 77 BGB hat sich die in der Vergangenheit bestehende **Streitfrage**, ob es bei einem mehrköpfigen Vorstand ausreichend ist, wenn die Anmeldung nur von so vielen Vorstandsmitgliedern vorgenommen wird, wie nach der Satzung oder dem Gesetz zur Vertretung des Vereins erforderlich sind, **erledigt**. Diese war im Übrigen von der wohl h. M. bejaht worden **39** (vgl. Sauter/Schweyer/Waldner, Rz. 15 m. w. N. zur a. A.; Stöber/Otto, Rz. 1224 ff.; zuletzt u.a. OLG Hamm, NJW-RR 2000 S. 698 f. = Rpfleger 2000 S. 277 m. w. N.; so auch BGH, NJW 1986 S. 1033 = Rpfleger 1986 S. 184 für die Anmeldung einer Satzungsänderung).

40 Die Anmeldung muss gemäß § 77 BGB in **öffentlich beglaubigter Form** erfolgen, es ist also der Gang zum Notar notwendig. Die Unterschriften müssen vor ihm abgegeben werden. Lassen sich vertretungsberechtigte Vorstandsmitglieder bei der Anmeldung ggf. vertreten, was auch durch ein anderes Vorstandsmitglied möglich ist, muss die Vollmacht ebenfalls notariell beglaubigt sein. Bei der Eintragung sind nicht nur die Mitglieder des Vorstands, sondern auch ihre Vertretungsmacht anzugeben (§ 64 Satz 2 BGB, zur Vertretungsmacht s. unten Rz. 548 ff.).

> **HINWEIS:**
>
> Ist die Anmeldung von mehreren Vorstandsmitgliedern vorzunehmen, müssen diese nicht gleichzeitig vor dem Notar anwesend sein, sondern können die erforderlichen Unterschriften auch zu unterschiedlichen Zeiten leisten. Dadurch entstehen aber mehrfache Kosten, so dass sich diese Verfahrensweise schon aus diesem Grund nicht empfiehlt.

41 **Beigefügt** werden muss der Anmeldung gemäß § 59 Abs. 2 BGB eine **Abschrift** der **Satzung** sowie eine Abschrift der **Urkunden** über die **Bestellung** des **Vorstands** (s. Anhang Rz. 1095). Die Abschrift der Satzung muss allerdings so beschaffen sein, dass alle Eintragungsvoraussetzungen, die sich auf die Satzung beziehen, vom Registergericht überprüft werden können. Insbesondere muss aufgrund der Abschrift festgestellt werden können, ob die Satzung den Anforderungen des § 59 Abs. 3 BGB genügt. Aus der Abschrift muss also ersichtlich sein, wann die Satzung errichtet und von wem – mindestens sieben Mitgliedern – sie unterzeichnet wurde. Eine notarielle Beglaubigung der Abschrift ist nicht vorgesehen. Davon hat das VereinsRÄndG bei der Neufassung des § 59 Abs. 2 BGB abgesehen, um die Anmeldung für die Vereine nicht unnötig zu erschweren und zu verteuern (BT-Drucks. 16/12813 S. 12).

42 Im **Anmeldeverfahren** kann das **Registergericht Beanstandungen** erheben (vgl. auch Rz. 843 f.). Das Registergericht hat die Satzung aber nicht einer Zweckmäßigkeitsprüfung zu unterziehen. Es hat die Satzung nur daraufhin zu überprüfen, ob sie den gesetzlichen Erfordernissen entspricht und in ihr alle Rechtsverhältnisse des Vereins ohne Gesetzesverstoß geregelt sind. Der Prüfungsbefugnis des Registergerichts unterliegen im Hinblick auf die Satzungsautonomie des Vereins auch nicht solchen Regelungen der Satzung, die lediglich vereinsinterne Bedeutung haben (OLG Hamm, NZG 2010 S. 1114 = NJW-RR

2011 S. 39). **Fraglich** ist, ob das Prüfungsrecht des Registergerichts darüber hinaus auch eine sog. **Inhaltskontrolle** der Vereinssatzung nach den für AGB geltenden §§ 307 ff. BGB umfasst oder ob diese allein einem späteren Prozessgericht in einer Streitigkeit zwischen dem Verein und seinen Organen bzw. dem Verein und seinem Mitglied vorbehalten ist. Die Inhaltskontrolle wird in der Literatur m. E. zutreffend abgelehnt (vgl. Fleck, Rpfleger 2009 S. 58; vgl. auch Palandt/Ellenberger, § 25 Rz. 9; zuletzt BGHZ 207 S. 144 = NZG 2015 S. 1282 = SpuRt 2015 S. 21 für Nominierungsrichtlinien eines Sportverbands), da das Eintragungsverfahren nicht dem Individualschutz dient wie eine AGB-Kontrolle (zur Prüfung von bloßen Ordnungsvorschriften im Vereinsrecht allgemein s. OLG Düsseldorf, Rpfleger 2010 S. 271 = FGPrax 2010 S. 43 und OLG Celle, Rpfleger 2010 S. 670 = FGPrax 2010 S. 303).

> **HINWEIS:**
>
> Beanstandet das Registergericht die Satzung, weil ein Mangel vorliegt, und ist deshalb eine Abänderung oder Ergänzung der Satzung erforderlich, ist dafür nur die in der Satzung bestimmte Mehrheit oder, falls eine entsprechende Regelung fehlt, die Mehrheit von 3/4 der abgegebenen gültigen Stimmen (§ 33 Abs. 1 Satz 1 BGB) erforderlich. Es handelt sich nicht um eine Abänderung des Gründungsvertrags, für den ein einstimmiger Beschluss erforderlich wäre.
>
> Die Vereinssatzung kann dem Vorstand (bei Gründung) gestatten, vom Registergericht angeregte Beanstandungen des Wortlauts der Satzung nachzukommen und den Wortlaut zu ändern, obwohl auch die dies gestattende Satzungsbestimmung erst mit der Eintragung wirksam wird (BayObLGZ 1992 S. 16, 20 = NJW-RR 1992 S. 802 f.; Sauter/Schweyer/Waldner, Rz. 139a).

Entspricht die Anmeldung nicht den gesetzlichen Erfordernissen, kann der Verein nicht in das Vereinsregister eingetragen werden. Die Anmeldung wird dann entweder unter Angabe von Gründen zurückgewiesen (vgl. dazu LG Hamburg, NJW-RR 1991 S. 892), oder es wird den Anmeldenden mit einer **Zwischenverfügung** (§ 382 Abs. 4 FamFG) Gelegenheit gegeben, die bestehenden Hindernisse zu beseitigen. In beiden Fällen kann vom Vorverein, der beteiligtenfähig ist (BayObLG, Rpfleger 1991 S. 207; KG, DStR 2012 S. 1195; OLG Jena, NJW-RR 1994 S. 698 = OLG NL 1994 S. 44 m. Anm. Werner; OLG Karlsruhe, MDR 2012 S. 173 = Justiz 2012 S. 90 = Rpfleger 2012 S. 213 [Ls.]; Bumiller/Harders/Schwamb, FamFG, 11. Aufl. 2015, § 59 Rz. 37), gegen die Entscheidung des zuständigen Rechtspflegers das Rechtsmittel der **Beschwerde** eingelegt werden (§ 11 Abs. 1 RPflegerG i. V. mit § 58 FamFG). Es gelten die (allgemeinen) Vorschriften der §§ 58 ff. FamFG. Die **Beschwerdefrist** beträgt also **einen Monat** (§ 63 Abs. 1 FamFG); sie beginnt mit der schriftlichen Bekanntgabe der ablehnenden Entscheidung an den Verein (§ 63 Abs. 3 FamFG). Die Beschwerde ist

43

beim Amtsgericht durch Einreichung einer Beschwerdeschrift oder zur Niederschrift der Geschäftsstelle einzulegen (vgl. wegen der Einzelheiten § 64
FamFG). Wird die Beschwerde zurückgewiesen, so kann diese Entscheidung
nach §§ 70 ff. FamFG ggf. mit der **Rechtsbeschwerde** angegriffen werden.
Auch hier gilt eine **Einlegungsfrist** von **einem Monat**. Die Rechtsbeschwerde
ist an besondere Zulässigkeitsvoraussetzungen gebunden (vgl. § 70 FamFG).

44 Ist die Anmeldung eines Vereins rechtskräftig zurückgewiesen, ist eine **erneute
Anmeldung** des Vereins in das Vereinsregister wegen Fehlens eines Rechts-
schutzbedürfnisses **unzulässig**, wenn sie ausdrücklich nur auf die Tatsachen
der früheren Anmeldung gestützt wird und die Beschwerde gegen die Zurückweisung der früheren Anmeldung erfolglos geblieben ist. Etwas anderes kann
allenfalls dann gelten, wenn die früheren Entscheidungen offensichtlich unrichtig gewesen sind oder eine Änderung der Sachlage eine Neubescheidung
gebietet (KG, FGPrax 2005 S. 130 = NZG 2006 S. 557 [Ls.]).

5. Eintragung

45 Entspricht die Anmeldung den gesetzlichen Anforderungen und erhebt das
Registergericht keine Beanstandungen, erfolgt die **Eintragung** des Vereins. Ge-
gen die Eintragung steht Dritten nicht das Recht der Beschwerde zu (§ 383
Abs. 3 FamFG), und zwar auch dann nicht, wenn sie mit der Beschwerde den
Satzungszweck des Vereins für gesetz- oder sittenwidrig halten (OLG Hamm,
FGPrax 2005 S. 226).

46 Im **Vereinsregister** erscheinen Name, Sitz, Tag der Gründung des Vereins sowie
die Namen der Vorstandsmitglieder. **Einzutragen** ist auch die Vertretungsmacht der Vorstandsmitglieder, und zwar auch dann, wenn sie der gesetzlichen Regelung in § 26 BGB entspricht (vgl. dazu Rz. 548). Soll entgegen dem
Grundsatz der gesetzlich unbeschränkten Vertretungsmacht des Vorstands die
Vertretungsmacht des Vorstands eingeschränkt werden oder innerhalb des
mehrköpfigen Vorstands nach Mehrheitsprinzip abgestimmt werden, müssen
diese Satzungsbestimmungen ebenfalls durch Eintragung öffentlich bekannt
gemacht werden (§ 64 BGB; vgl. zur Beschränkung der Vertretungsmacht des
Vorstands Rz. 567 ff.). Ein ausdrücklich bestellter besonderer Vertreter nach
§ 30 BGB, dem Vertretungsmacht zusteht, muss ebenfalls in das Vereinsregister eingetragen werden (OLG Zweibrücken, NZG 2013 S. 907; zum besonderen
Vertreter s. Rz. 721 ff.; zu allem Palandt/Ellenberger, § 64 Rz. 1 m. w. N.).

47 Mit der Eintragung erhält der Name des Vereins den Zusatz „eingetragener
Verein" (§ 65 BGB). Der Name, der Sitz des Vereins und der Tag der Eintragung
werden vom Amtsgericht bekannt gemacht, und zwar nach den Änderungen

durch das VereinsRÄndG gemäß § 66 Abs. 1 BGB nur noch auf elektronischem Weg „in dem von den Landesjustizverwaltungen bestimmten elektronischen Informations- und Kommunikationssystem". Nach § 21 BGB hat die **Eintragung konstitutive Wirkung**, d. h. sie ist auch dann gültig, wenn sie zu Unrecht oder fehlerhaft vorgenommen wurde, z. B. wenn die Mindestmitgliederzahl von sieben nicht erreicht ist (BGH, NJW 1983 S. 993; OLG Düsseldorf, NJW 1990 S. 328).

6. Kosten im Eintragungsverfahren

Im Eintragungsverfahren entstehen **Kosten,** und zwar beim **Notar** für die notarielle Beglaubigung der Anmeldung sowie beim **Amtsgericht** die Eintragungsgebühr für die Eintragung des Vereins ins Vereinsregister und für die Bekanntmachung der Eintragung. Die Höhe der Gebühren richtet sich nach dem Geschäftswert, der – je nach den Umständen – bis zu 1.000.000 € angenommen werden kann. Er wird nach § 36 Abs. 2 GNotKG, unter Berücksichtigung aller Umstände des Einzelfalls, insbesondere des Umfangs und der Bedeutung der Sache und der Vermögens- und Einkommensverhältnisse des Vereins, nach billigem Ermessen bestimmt (vgl. dazu auch OLG München, Rpfleger 2006 S. 287 = FGPrax 2006 S. 86). Im Normalfall beträgt er nach § 36 Abs. 1 und 3 GNotKG, 5.000 €. Er kann jedoch auch niedriger angenommen werden, so z. B. bei sozialen oder gemeinnützigen Zwecken (BayObLG, Rpfleger 1960 S. 187; vgl. zu Einzelheiten Sauter/Schweyer/Waldner, Rz. 616 ff.; Stöber/Otto, Rz. 1469 ff.).

48

HINWEIS:

Die beim Amtsgericht und beim Notar anfallenden Kosten sind bei einem Regelwert von 5.000 € nicht sehr hoch. Für die Ersteintragung des Vereins fällt nach der Nr. 13100 VV GNotKG, eine Gebühr von 75 € an. Entwirft der Notar eine Vereinsregisteranmeldung, fällt nach Nr. 21201 Nr. 5 i. V. mit Nr. 2100 VV GNotKG, eine Gebühr i. H. von 0,5 an, bei einem Geschäftswert von 5.000 € als 22,50 €, mithin also die Mindestgebühr von 30 €. Beglaubigt der Notar nur eine oder mehrere Unterschriften unter der Vereinsregisteranmeldung, ohne dass er eine Entwurfstätigkeit entfaltet, fällt für die Beglaubigung nur die 0,2 Gebühr nach Nr. 25100 VV GNotKG, an. Die beträgt mindestens 20 €.

Für Vereine, die gemeinnützigen oder mildtätigen Zwecken dienen (vgl. dazu Rz. 945 ff.), kann in einzelnen Bundesländern eine Befreiung von den Eintragungsgebühren/-kosten in Betracht kommen. Ob das der Fall ist, erfährt man beim Notar oder beim Finanzamt, an das man sich wegen des zur Erlangung der Gebührenbefreiung erforderlichen Freistellungsbescheids ohnehin wenden muss.

IV. Was muss die Vereinssatzung regeln?

1. Allgemeines

49 Bevor man sich über den notwendigen oder erwünschten Inhalt der Vereinssatzung Gedanken macht, sind die **Begriffe** der Vereinsverfassung und der Vereinssatzung zu **klären**. Diese sind nicht inhaltsgleich.

50 Die **Vereinsverfassung** ist die **rechtliche Grundordnung des Vereins** (Palandt/ Ellenberger, § 25 Rz. 1). Zu ihr gehören nach der Rechtsprechung des BGH (s. NJW 1967 S. 1268) die Bestimmungen über Namen, Zweck und Sitz, über Erwerb, Verlust und Inhalt der Mitgliedschaft, über Aufgaben und Arbeitsweise der Vereinsorgane sowie die Grundregeln über die Beitragspflicht (BGH, NJW 1989 S. 1724; 1995 S. 2981 [für einen Verein, der durch seine Beiträge umfangreiche Leistungen an die Mitglieder finanziert]). Die Verfassung enthält somit die das Vereinsleben bestimmenden Grundentscheidungen. Sie wird zunächst festgelegt durch die **zwingenden Normen** des **Vereinsrechts**. Das sind die in den §§ 26 ff. BGB enthaltenen Vorschriften, die nach § 40 BGB nicht durch die Satzung abgeändert werden dürfen. Zwingendes Recht können aber auch ungeschriebene Rechtsgrundsätze sein, wie z. B. der Grundsatz der Gleichbehandlung der Mitglieder. Die Vereinsverfassung wird weiter festgelegt durch die vom Verein erlassene **Satzung** und schließlich, soweit die Satzung keine abweichenden Regelungen getroffen hat, durch die ergänzend geltenden dispositiven, d. h. nachgiebigen Vorschriften des BGB. Neben der Satzung sind sog. **Vereinsordnungen** zulässig, in die häufig Regelungen ausgelagert werden, deren Aufnahme in die Satzung diese unübersichtlich machen würde. Das sind z. B. bei Sportvereinen Spielordnungen, Schiedsrichterordnungen aber auch Dopingregeln (OLG München, NJW 1996 S. 966) oder Wettkampfsperren (OLG Frankfurt/Main, SpuRt 2001 S. 159 f.) oder Kleiderordnungen (vgl. dazu LG Duisburg, Urteil v. 5.3.2015 – 8 O 211/14). Auch diese regeln das innere Vereinsleben und müssen daher, wenn sie verbindlich sein sollen, Satzungscharakter haben (Reichert, Spurt 2008 S. 7; s. auch Rz. 242 ff.).

51 Daneben kann es auch noch ein „**vereinsrechtliches Gewohnheitsrecht**" geben, das darauf beruhen kann, dass in der Vergangenheit bestimmte Abläufe immer in einer bestimmten, ggf. nicht in der Satzung geregelten, Art und Weise eingehalten worden sind (vgl. dazu auch OLG Frankfurt/Main, WM 1985 S. 1466). Das ist in der Praxis häufig für die mit der Entlastung des Vorstands zusammenhängenden Fragen (vgl. dazu Rz. 683) oder auch für die Frage, wie zur Mitgliederversammlung eingeladen wird, der Fall. Auch die Anforderungen an das Vorstandsamt können auf einer ständigen Übung beruhen, wenn man

z. B. in der Vergangenheit immer davon ausgegangen ist, dass nur Vereinsmitglieder gewählt werden können (vgl. aber OLG Düsseldorf, Beschluss v. 9.2.2016 – 3 Wx 4/16, VB 6/2016 S. 1). Allgemeine Aussagen, wie lange eine bestimmte Übung/ein bestimmtes Verfahren eingehalten bzw. praktiziert worden sein muss, um von einem „vereinsrechtlichen Gewohnheitsrecht" sprechen zu können, gibt es nicht. Sie lassen sich auch nicht allgemeinverbindlich treffen. Jedenfalls wird man von einem Gewohnheitsrecht aber dann ausgehen können, wenn ein längerer Zeitraum vorliegt, in dem bestimmte Dinge immer gleich behandelt worden sind. Wird davon dann aber abgewichen, lässt sich für die Zukunft jedoch nicht mehr von einem „vereinsrechtlichen Gewohnheitsrecht" sprechen.

Die **Vereinssatzung** ist also **Teil der Vereinsverfassung.** Vereinsbestimmungen, die wesentliche, das Vereinsleben bestimmende Grundentscheidungen enthalten, sind nur wirksam, wenn sie in der Satzung enthalten sind (Sauter/ Schweyer/Waldner, Rz. 34). Die Satzungsbestimmungen werden in der Satzungsurkunde, die bei der Anmeldung beim Amtsgericht eingereicht wird, zusammengefasst. Durch sie wird Inhalt und Umfang der Satzung verbindlich festgestellt. Bestimmungen, die nicht in der Satzungsurkunde enthalten sind, gehören nicht zur Satzung. Zu **Satzungsmustern** s. Anhang Rz. 1090 ff. 52

HINWEIS:

Zur Rechtsnatur der Satzung ist festzuhalten: Sie ist zunächst ein von den Vereinsgründern geschlossener Vertrag, der sich aber mit der Entstehung des Vereins von den Personen der Gründer löst. Sie wird dann rechtlich unabhängig und Bestandteil der körperschaftlichen Verfassung des Vereins (Palandt/Ellenberger, § 25 Rz. 3).

Erweisen sich Teile der Satzung als unwirksam oder undurchführbar, können sie durch das dispositive Vereinsrecht des BGB ergänzt werden (KG, Rpfleger 2007 S. 82 = FGPrax 2007 S. 30).

Die Vereinssatzung kann bei Unklarheiten **ausgelegt** werden. Sie darf aber nur aus sich heraus und nur einheitlich ausgelegt werden, da sie auch für künftige Mitglieder und für die Rechtsbeziehungen zu Dritten maßgebend ist (BGH, NJW 1989 S. 1212; 1991 S. 1727; 1997 S. 3368). Die Auslegung hat sich am Zweck des Vereins und den berechtigten Interessen der Mitglieder auszurichten. Außerhalb der Satzung liegende Umstände dürfen nur dann berücksichtigt werden, wenn deren Kenntnis allgemein bei den Betroffenen erwartet werden kann (BayObLG, FGPrax 2001 S. 30). Daher sind die subjektiven Interessen und Ziele der Gründer und die Entstehungsgeschichte i. d. R. nicht zu berücksichtigen, wohl aber eine ständige Übung im Vereinsleben. 53

Bei der Auslegung der Satzung eines Vereins kann unter besonderen Umständen ausnahmsweise auch eine ständige Übung (ergänzend) berücksichtigt werden. Eine solche Übung kann – wegen der Allgemeingültigkeit der Satzung und der Bindungswirkung auch künftiger Mitglieder – aber grds. nur dann berücksichtigt werden, wenn sie zum einen als allgemein bekannt vorausgesetzt werden kann, zum anderen auch nicht dem ausdrücklichen bzw. eindeutigen – jedenfalls durch Auslegung eindeutig ermittelbaren – Satzungszweck und Wortlaut entgegensteht (AG Helmstedt, SpuRt 2017 S. 205 m. Anm. Cherkek, SpuRt 2017 S. 208). Da Vereinsmitglieder keinen Anspruch auf Beibehaltung einer satzungswidrigen Praxis haben, können diese sich auch nicht auf einen Bestands- bzw. Vertrauensschutz berufen.

2. Vereinszweck

a) Wirtschaftlicher/nicht wirtschaftlicher Verein

54 Von entscheidender Bedeutung für die Frage der Rechtsfähigkeit ist der in der Satzung festgelegte Vereinszweck, da nach § 21 BGB nur die Vereine in das **Vereinsregister eingetragen** werden (müssen), „deren Zweck **nicht** auf einen **wirtschaftlichen** Geschäftsbetrieb gerichtet ist" (zum Vereinszweck Röcken, ZStV 2013 S. 66 ff.). Das sind die sog. Idealvereine. Vereinszweck ist der den Charakter des Vereins festlegende oberste Leitsatz der Vereinstätigkeit (BGH, NJW 1986 S. 1033 = Rpfleger 1986 S. 184; BayObLG, NJW-RR 2001 S. 1260; OLG Hamm, Rpfleger 2012 S. 86 = FGPrax 2012 S. 36; NZG 2013 S. 388; zum Begriff des Vereinszwecks s. auch unten Rz. 238; zur ggf. erfolgenden Löschung s. Rz. 65).

55 Verfolgt der Verein hingegen einen **wirtschaftlichen Zweck**, kommt nur die **Verleihung** der Rechtsfähigkeit durch die Verwaltungsbehörde nach § 22 BGB in Betracht (zur Abgrenzung der Vereinsarten Beuthien, Rpfleger 2016 S. 65 ff.; s. aber auch Rz. 54 ff.).

BEISPIEL: ▶ Taxiunternehmer schließen sich zusammen, um die Interessen des Einzelnen gegenüber Behörden besser vertreten zu können. Außerdem soll ein gemeinsamer Dienstbetrieb ausgestaltet, gefördert und durchgeführt werden. Hier kommt eine andere Rechtsform für die Erlangung der Rechtsfähigkeit nicht in Betracht. Deshalb kann hier die Rechtsfähigkeit nach § 22 BGB verliehen werden (BVerwG, NJW 1979 S. 2265).

56 Die Frage hatte in der letzten Zeit vor allem Bedeutung erlangt bei der **Einordnung** des **Kindergartenvereins** (s. dazu einerseits – kein wirtschaftlicher Zweck – BGH, NJW 2017 S. 1943 = MDR 2017 S. 709; OLG Brandenburg, NZG 2015 S. 922 = MDR 2015 S. 902 = FGPrax, 2015 S. 258 = Rpfleger 2016 S. 107; OLG Stuttgart, Beschluss v. 3.12.2014 – 8 W 447/14 – und andererseits – wirtschaftlicher Zweck KG, DNotZ 2011 S. 632 = ZStV 2012 S. 62; MDR 2016 S. 403 = DStR 2016 S. 1173

= Rpfleger 2016 S. 423 = ZStV 2016 S. 129; FGPrax 2016 S. 115 = NZG 2016 S. 989; s. auch noch OLG Schleswig, SchlHA 2013 S. 231 = ZStV 2013 S. 142 [Umstände des Einzelfalls maßgeblich]; zur Satzungs- und Rechtsformgestaltung in den Fällen VB 2013 S. 15 ff.; s. auch Rz. 66).

HINWEIS:

Der „wirtschaftliche Verein" ist/war in der Diskussion. Diese hat sich aber durch den Kita-Beschluss des BGH, (NJW 2017 S. 1943 = MDR 2017 S. 709) beruhigt. Die entsprechenden Gesetzesvorhaben sind aufgegeben worden (vgl. oben Rz. 3; Leuschner, NJW 2007 S. 1919).

Die **Verleihung** der **Rechtsfähigkeit** darf nur erfolgen, wenn es für die Mitglie-   57
der unzumutbar ist, sich in einer anderen rechtlichen Form zu organisieren, um die Rechtsfähigkeit zu erlangen, ferner dann, wenn die Rechtsform des wirtschaftlichen Vereins durch bundesgesetzliche Sonderregelungen, wie z. B. § 3 MarktstrukturG und § 5 Gesetz über forstwirtschaftliche Zusammenschlüsse, ausdrücklich zugelassen ist (BVerwG, NJW 1979 S. 2265). Auch für den wirtschaftlichen Verein gilt grds. die Regelung des § 31a BGB, allerdings wird sie, da i. d. R. bei wirtschaftlichen Vereinen der Vorstand sein Amt nicht ehrenamtlich bzw. nicht gegen eine nur geringe Vergütung ausübt, in der Praxis in diesem Bereich keine große Bedeutung erlangen (vgl. Schöpflin, Beck-OK, § 31a Rz. 2; Reuter, NZG 2009 S. 1368, 1369; zu § 31a BGB s. Rz. 589 ff.).

Welche **Verwaltungsbehörde** für die Verleihung **zuständig** ist, bestimmt sich   58
nach Landesrecht. Zuständig sind in fast allen Bundesländern höhere Verwaltungsbehörden (s. die Zusammenstellung bei Soergel-Hadding, § 22 BGB Rz. 48).

b) Wirtschaftlicher Geschäftsbetrieb

aa) Unternehmerische Teilnahme am Wirtschafts- und Rechtsverkehr

Für die Unterscheidung zwischen „nicht wirtschaftlichem Verein" und „wirt-   59
schaftlichem Verein" kommt es also darauf an, ob der Verein(-szweck) auf einen wirtschaftlichen Geschäftsbetrieb ausgerichtet ist. Dieser Begriff ist also zunächst zu klären. Dabei sind zwei Fragen **streng** zu unterscheiden: Einmal geht es um den **Zweck** des Vereins als die Aufgabe, die ihm die Satzung stellt. Dies kann eine wirtschaftliche oder eine nicht wirtschaftliche sein. Die zweite Frage ist, ob sich die in Aussicht genommene Art und Weise der satzungsmäßigen **Betätigung** des Vereins als „wirtschaftlicher Geschäftsbetrieb" darstellt oder nicht. Für die Abgrenzung, ob es sich um einen wirtschaftlichen oder nicht wirtschaftlichen Verein handelt, ist die zweite Frage, also nicht das Ziel, sondern die **objektive Tätigkeit** des Vereins **maßgebend** (Palandt/Ellenberger, § 21 Rz. 2 ff.; Reichert u.a., Rz. 129 ff.; Beuthien, Rpfleger 2016 S. 65 ff.; s. auch KG,

DNotZ 2011 S. 634 = Rpfleger 2011 S. 445 [Ls.; Verein zur Durchführung regel-mäßiger Filmvorführungen/Filmfestivals]; OLG Düsseldorf, Rpfleger 1996 S. 291 = NJW-RR 1996 S. 989; OLG Hamm, Rpfleger 2003 S. 370 = NJW-RR 2003 S. 898 m. Anm. Terner, Rpfleger 2003 S. 537; OLG Karlsruhe, MDR 2012 S. 173 = Justiz 2012 S. 90 = Rpfleger 2012 S. 213 [Ls.]; LG Chemnitz, DNotZ 1994 S. 412; zum **Kindergartenverein** s. BGH, NJW 2017 S. 1943 = MDR 2017 S. 709; KG, DNotZ 2011 S. 632 = ZStV 2012 S. 62 [Kindergartenverein]; OLG Schleswig, FGPrax 2012 S. 212 = Rpfleger 2012 S. 693 = NZG 2013 S. 145; SchlHA 2013 S. 231 = ZStV 2013 S. 142 [Kindertagesstätte]).

(1) Teilnahme am Wirtschafts- und Rechtsverkehr

60 Was ist nun unter einem „wirtschaftlichen Geschäftsbetrieb" zu verstehen? Der **Begriff** ist wenig klar und hat daher in der Vergangenheit in Rechtspre-chung und Literatur zu einer Vielzahl von unterschiedlichen Abgrenzungsvor-schlägen geführt. Die neuere inzwischen wohl h. M. sieht das (entscheidende) **Abgrenzungskriterium** darin, dass der wirtschaftliche Verein **wie** ein **Unterneh-mer am Wirtschafts- und Rechtsverkehr** teilnimmt (so u.a. BGH, NJW 2017 S. 1943 = MDR 2017 S. 709 m. Anm. Leuschner, NJW 2017 S. 1919; BayObLG, NJW-RR 1999 S. 765 = Rpfleger 1998 S. 345; KG, DNotZ 2011 S. 634 = Rpfleger 2011 S: 445; DStR 2012 S. 1195; Rpfleger 2014 S. 683 = FGPrax 2014 S. 270; NZG 2016 S. 1352 = DStR 2016 S. 2765 = MDR 2017 S. 160; ähnlich BGHZ 45 S. 398; s. auch OLG Düsseldorf, Rpfleger 1996 S. 291 = NJW-RR 1996 S. 989; NJW-RR 1998 S. 683; OLG Jena, Beschluss v. 30.10.2012 – 9 W 415/12; OLG Karlsruhe, MDR 2012 S. 173 = Justiz 2012 S. 90 = Rpfleger 2012 S. 213 [Ls.]; OLG Schleswig, NJW 2001 S. 1478; Rpfleger 2010 S. 669 = MDR 2010, S. 1408; FGPrax 2011 S. 34; OLG Zweibrücken, NJW-Spezial 2014 S. 112 [für einen Ver-ein, der ein Fitnessstudio betreiben will]; LG Erfurt, Beschluss v. 18.7.2007 – 2 T 147/07; zu allem Palandt/Ellenberger, § 21 Rz. 3 ff.; Reichert u.a., Rz. 129 ff.; Beuthien, Rpfleger 2016 S. 65 ff.). Der BGH (NJW 2017 S. 1943 = MDR 2017 S. 709) hat zwar betreffend einen Kindergartenverein u.a. bei seiner Definition darauf abgestellt, ob die Mitglieder Gewinn erzielen wollen, das dann aber in der Entscheidung „nicht umgesetzt, da bei dem zu beurteilenden Verein eine Gewinnerzielungsabsicht gerade nicht vor lag (vgl. dazu auch Leuschner, NJW 2017 S. 1919, 1921). Im Vordergrund steht bei der Frage der Einordnung des Vereins die Sicherheit des Rechtsverkehrs, insbesondere des Gläubigerschutzes (OLG Schleswig, FGPrax 2012 S. 212 = Rpfleger 2012 S. 693 = NZG 2013 S. 145; zum [fraglichen] Gläubigerschutz beim Kindertagesstättenverein/Kindergar-tenverein OLG Schleswig, SchlHA 2013 S. 231 = ZStV 2013 S. 142). Danach sollen Vereine mit wirtschaftlicher Zielsetzung primär auf die dafür zur Ver-

fügung stehenden handelsrechtlichen Formen verwiesen werden (BGH, NJW 1986 S. 3201; OLG Hamm, NJW-RR 2008 S. 350 = Rpfleger 2008 S. 141; vgl. aber BGH, NJW 2017 S. 1943 = MDR 2017 S. 709; LG Erfurt, a. a. O.). Auszugehen ist zunächst von der Satzung (OLG Hamm, a. a. O.; s. auch OLG Schleswig, a. a. O. für den Kindertagesstättenverein). Allerdings ist nicht allein deren Wortlaut maßgebend, sondern die tatsächlich ausgeübte bzw. beabsichtigte Tätigkeit (KG, Rpfleger 2005 S. 199 = NZG 2005 S. 360; DNotZ 2011 S. 634 = Rpfleger 2011 S. 445 [Ls.; Verein zur Durchführung regelmäßiger Filmvorführungen/Filmfestivals]; OLG Hamm, a. a. O.; OLG Karlsruhe, MDR 2012 S. 173 = Justiz 2012 S. 90 = Rpfleger 2012 S. 213 [Ls.]; s. auch Terner, DNotZ 2011 S. 636 in der Anm. zu KG, a. a. O.). Dabei ist die Annahme eines Idealvereins nicht schon deshalb ausgeschlossen, weil der Verein irgendeine wirtschaftliche Betätigung vornimmt. Zur Erreichung seiner idealen Ziele darf der Verein auch unternehmerische Tätigkeiten entfalten, sofern diese dem nichtwirtschaftlichen Hauptzweck zu- und untergeordnet und Hilfsmittel zu dessen Erreichung sind (sog. Nebenzweckprivileg, vgl. BGHZ, 85 S. 84 = NJW 1983 S. 569; NJW 2017 S. 1943 = MDR 2017 S. 709 für den Kindergartenverein; KG, Rpfleger 2005 S. 199 = NZG 2005 S. 360; DNotZ 2011 S. 634 = Rpfleger 2011 S. 445; OLG Hamm, NJW-RR 2008 S. 350 = Rpfleger 2008 S. 141; NJW-RR 2017 S. 743 = NZG 2017 S. 625 für „Naturkindergarten"; OLG Frankfurt/Main, SpuRt 2011 S. 125 für Kletterhalle einer Sektion des Deutschen Alpenvereins; OLG Schleswig, a. a. O.; BVerwG, NJW 1997 S. 2265; s. auch Rz. 66). Dass sich aus dem Satzungszweck des Vereins ein Finanzbedarf ergibt, ist noch kein Hinweis darauf, dass der Verein im Hauptzweck eine wirtschaftliche Ausrichtung hat (KG, Rpfleger 2014 S. 683 = FGPrax 2014 S. 270). Letztlich ist der Zweck des Vereins von Bedeutung (BGH, NJW 2017 S. 1943 = MDR 2017 S. 709).

HINWEIS:

Ergibt sich aus der Satzung, dass der Verein auch die Aufnahme unternehmerischer Tätigkeit beabsichtigt, sollte er ggf. dem Registergericht durch entsprechende Beschreibung seiner Betätigung die Überzeugung verschaffen, dass die beabsichtigte oder bereits aufgenommene wirtschaftliche Tätigkeit dem ideellen Hauptzweck des Vereins untergeordnet ist (KG, MST 2016 S. 403 = Rpfleger 2016 S. 423; vgl. aber BGH, NJW 2017 S. 1943 = MDR 2017 S. 709).

(Mit)Entscheidend ist danach grds. ob der Verein **planmäßig Leistungen** gegen Entgelt **anbietet.** Dabei scheiden jedoch alle Leistungen aus, die mit der Verwaltung des Vereins und der Gestaltung des Vereinslebens zu tun haben wie z. B. Betrieb und Unterhaltung eines Vereinshauses, einer Vereinsgeschäftsstelle, Durchführung von Vereinsveranstaltungen (zum Nebenzweck s. auch BGH, NJW 2017 S. 1943 = MDR 2017 S. 709 [Kindergartenverein]; KG, Rpfleger 2005   61

S. 199 = NZG 2005 S. 77; DNotZ 2011 S. 632 = ZStV 2012 S. 62 [Kindergarten-verein]; OLG Schleswig, FGPrax 2012 S. 212 = Rpfleger 2012 S. 693 = NZG 2013 S. 145; SchlHA 2013 S. 231 = ZStV 2013 S. 142; OLG Frankfurt/Main, Spurt 2011 S. 125 [Kletterhalle]; OLG Zweibrücken, NJW-Spezial 2014 S. 112 zum steuerpflichtigen wirtschaftlichen Geschäftsbetrieb s. Rz. 989 ff.). Unerheblich sind auch die Tätigkeiten, die der Verein bei der Nachfrage nach Wirtschafts-gütern entwickelt. Bei der anbietenden Tätigkeit am Markt muss es sich nicht um eine kaufmännische Tätigkeit mit „Waren" im eigentlichen Sinn handeln. Ideelle Güter können ebenfalls vermarktet werden (OLG Düsseldorf, NJW 1983 S. 2574 und VG Stuttgart, NVwZ 1994 S. 612; VGH Mannheim, NJW 1996 S. 3359; s. aber auch BVerwG, NJW 1998 S. 1166 m. Anm. Karsten, NJW 1998 S. 1124 und Müller-Laube, JZ 1998 S. 788 [für eine religiöse Gemeinschaft – Scientology-Sekte –, die ideelle Güter nach Art von Wirtschaftsgütern vermark-tet]; so auch v. Camphausen, NJW 1990 S. 887, 2670). **Gewinnerzielungs-absicht** ist **nicht** notwendigerweise **Voraussetzung** für die Annahme eines wirtschaftlichen Geschäftsbetriebs (OLG Schleswig, SchlHA 2013 S. 231 = ZStV 2013 S. 142; s. wohl auch BGH, NJW 2017 S. 1943 = MDR 2017 S. 709; krit. Beuthien, Rpfleger 2016 S. 65 ff.). Ein Verein wurde ggf. früher auch dann als ein wirtschaftlicher angesehen, wenn es nicht um die Erzielung von Gewinn für sich selbst oder die Mitglieder geht, aber ein **umfangreicher Geschäfts-betrieb** eingerichtet ist (BGH, NJW-RR 1986 S. 417) oder die Leistung gegen ein Entgelt angeboten wird, wobei dieses auch in einem Vereinsbeitrag oder einer Umlage bestehen kann (OLG Schleswig, NJWE-MietR 1997 S. 40). Der BGH stellt aber jetzt den Zweck des Vereins in den Vordergrund (BGH, NJW 2017 S. 1943 = MDR 2017 S. 709). Der Zweck eines Vereins ist auch nicht allein deshalb auf einen wirtschaftlichen Geschäftsbetrieb gerichtet, weil der Verein nach seiner Satzung Richtlinien für die zusätzliche Altersversorgung der Mit-arbeiter seiner Mitglieder erstellen und geeignete Einrichtungen für die prakti-sche Durchführung schaffen will, indem insbesondere Rahmenverträge mit ei-nem kooperierenden Versicherungsunternehmen geschlossen werden (OLG Schleswig, Rpfleger 2010 S. 669 = MDR 2010 S. 1408).

(2) Beteiligung an anderen Unternehmen

62 Die **Beteiligung** des Vereins an einem **Unternehmen anderer Rechtsform** oder die Ausgliederung von unternehmerischer Tätigkeit durch Gründung von Toch-tergesellschaften begründet keinen wirtschaftlichen Geschäftsbetrieb, und zwar grds. auch dann nicht, wenn der Verein auf die unternehmerische Tätig-keit der Tochtergesellschaft einen beherrschenden Einfluss ausübt (BGH, NJW 1983 S. 569 für die vom ADAC gegründete Rechtsschutzversicherungs-AG; KG,

Rpfleger 2014 S. 683 = FGPrax 2014 S. 270; AG München, Beschluss v. 15. 9. 2016 – VR 2463 betreffend [beantragte] Löschung des FC Bayern München e.V. wegen Auslagerung des Ligasportbetriebs in eine AG]). Das wird auch für die Ausgliederung des wirtschaftlichen Geschäftsbetriebs der Lizenzspielerabteilung eines Fußballvereins auf eine selbständige Fußball-AG vertreten (s. dazu Steinbeck/Menke, NJW 1998 S. 2169; vgl. auch AG München, a. a. O.). Dagegen wird man die Beteiligung des Vereins als **Gesellschafter** an einer **offenen Handelsgesellschaft** oder als Komplementär an einer Kommanditgesellschaft als wirtschaftlichen Geschäftsbetrieb i. S. der §§ 21, 22 BGB ansehen müssen, wenn damit nicht nur eine vermögensverwaltende oder vermögensbildende Funktion verbunden ist (vgl. Sauter/Schweyer/Waldner, Rz. 46; zuletzt KG, Rpfleger 2014 S. 683 = FGPrax 2014 S. 270). Ein wirtschaftlicher Geschäftsbetrieb liegt auch vor, wenn sich die Tätigkeit des Vereins als **ausgelagerter Teilbetrieb** der gewerblichen Unternehmen der Vereinsmitglieder darstellt (sog. genossenschaftlicher Verein; BGHZ 45 S. 395, 397 [Taxizentrale]; Hans. OLG Bremen, Rpfleger 1988 S. 532 [Werbegemeinschaft]; OLG Düsseldorf, Rpfleger 1996 S. 291 = NJW-RR 1996 S. 989; 1998 S. 683; OLG Celle, NJW-RR 1996 S. 1502 [jeweils Immobilienbörse]; s. dazu eingehend Eyles, NJW 1996 S. 1994 ff.; OLG Hamm, Rpfleger 2000 S. 277 [Hauptzweck des Vereins liegt im Aushandeln von Einkaufskonditionen für seine Mitglieder]; LG Bremen, NJW-RR 2000 S. 1565) und/oder für diesen sog. Hilfsgeschäfte ausübt (OLG Celle, NJW-RR 1996 S. 1502; OLG Hamm, Rpfleger 1997 S. 166 [für eine Vereinigung von Notfallärzten]). Das gilt auch dann, wenn die anbietende/wirtschaftliche Tätigkeit des Vereins der Mittelbeschaffung für einen ideellen Versorgungszweck dient. Unschädlich ist es aber für einen nicht wirtschaftlichen Verein, wenn die unternehmerische Tätigkeit als Nebenverfolgungszweck in den Dienst des Hauptzwecks gestellt wird (OLG Schleswig, NJW-RR 2001 S. 1478). So kann z. B. die Förderung der Kultur einer (Hafen)Stadt durch die Veranstaltung eines jährlich stattfindenden (Hafen)Festes verwirklicht werden (OLG Schleswig, a. a. O.). Ähnlich hat das OLG Hamm, argumentiert, wenn die satzungsmäßige Tätigkeit des Vereins sich als Ausschnitt der Förderung eines übergeordneten Zwecks eines Dachvereins darstellt (OLG Hamm, Rpfleger 2003 S. 370 = NJW-RR 2003 S. 898 [für den Reisedienst des Kolpingwerks]).

HINWEIS:

Die steuerliche Anerkennung als gemeinnützig spricht gegen einen wirtschaftlichen Hauptzweck (BGH, NJW 2017 S. 1943 = MDR 2017 S. 709 für Kindergartenverein; OLG Hamm, NJW-RR 2008 S. 350 = Rpfleger 2008 S. 141; OLG Schleswig, SchlHA 2013 S. 231 = ZStV 2013 S. 142; vgl. aber KG, DStR 2012 S. 1195; Rpfleger 2014 S. 683 = FGPrax 2014 S. 270; MDR 2016 S. 403 = DStR 2016 S. 1173 = Rpfleger 2016 S. 423 = ZStV 2016 S. 129; FGPrax 2016 S. 115 = NZG 2016 S. 989; dazu Leuschner, NJW 2017 S. 1919, 1921).

(3) Sog. Innerer Markt

63 **Wirtschaftlich** betätigt sich – nach bisheriger Rechtsprechung (vgl. jetzt Beschluss v. 16. 5. 2017 – II ZB 7/16) – auch ein Verein, der in einem aus seinen Mitgliedern bestehenden **inneren Markt** planmäßig und dauerhaft **Leistungen** gegen ein Entgelt anbietet, wobei das Entgelt auch im Mitgliedsbeitrag enthalten sein kann (zu allem eingehend Reichert u.a., Rz. 150 ff. m. w. N.; OLG Schleswig, NJWE-MietR 1997 S. 40; LG Saarbrücken, Rpfleger 2000 S. 25; LG Erfurt, Beschluss v. 18. 7. 2007 – 2 T 147/07). Beispiele dafür sind Kreditreformvereine, Buchgemeinschaften, Einkaufszentralen für Beamte, Gewerkschaftsmitglieder oder Erwerbslose (s. zu den Einzelheiten Palandt/Ellenberger, § 21 Rz. 5). Es muss sich aber um Leistungen handeln, die i. d. R. auf einem äußeren Markt gegen ein Entgelt erworben werden und keinen mitgliedschaftlichen Charakter haben (zur Abgrenzung s. auch LG Gießen, Rpfleger 2000 S. 24). Deshalb bleibt der Tennisverein, der seinen Platz den Mitgliedern stundenweise gegen ein Entgelt zur Verfügung stellt, ein Idealverein (Palandt/Ellenberger, a. a. O.). Entsprechendes sollte auch für einen **Kindergartenverein** gelten (OLG Schleswig, MDR 2016 S. 403 = DStR 2016 S. 1173 = Rpfleger 2016 S. 423 = ZStV 2016 S. 129; FGPrax 2016 S. 115 = NZG 2016 S. 989; vgl. dazu aber OLG Brandenburg, NZG 2015 S. 922 = MDR 2015 S. 902 = FGPrax 2015 S. 258 = Rpfleger 2016 S. 107; OLG Schleswig, SchlHA 2013 S. 231 = ZStV 2013 S. 142); der BGH (vgl. NJW 2017 S. 1943 = MDR 2017 S. 709) hat auf diese Unterscheidung jedoch bei der Einordnung wirtschaftlicher/nicht wirtschaftlicher Verein, nicht (mehr) abgestellt. Der Schluss von den üblicherweise zu vergütenden Leistungen auf einen wirtschaftlichen Geschäftsbetrieb ist auch nicht unbedingt zwingend, da auch in unstreitigen Idealvereinen, wie z. B. Sportvereinen, Leistungen angeboten werden, die auch gegen Entgelt durch Unternehmen erbracht werden (KG, NJW-RR 2005 S. 339 = NZG 2005 S. 361). Für die Frage, ob es sich um ein unternehmerisches Angebot des Vereins gegenüber seinen Mitgliedern handelt, kann dann entscheidend sein, dass sich der Verein nach der Satzung aus Mitgliedsbeiträgen, Zuschüssen, Zuwendungen und Spenden finanziert und dass sich die Angebote dabei auch an Dritte wenden, die ohne Mitglied zu sein und den Mitgliedsbeitrag zu leisten, an den Veranstaltungen des Vereins teilnehmen, ohne zur Finanzierung des Vereins beitragen zu müssen (KG, a. a. O.).

64 **ZUSAMMENFASSUNG:**

Lässt sich also ein Verein unter eine der folgenden (Grund)Typen einordnen, handelt es sich um einen wirtschaftlichen Verein, dessen Eintragung im Vereinsregister dann ausgeschlossen ist (s. auch BayObLG, NJW-RR 1999 S. 765; KG, DNotZ 2011 S. 632 = ZStV 2012 S. 62; MDR 2016 S. 403 = DStR 2016 S. 1173 = Rpfleger 2016 S. 423 = ZStV 2016 S. 129; FGPrax 2016 S. 115 = NZG 2016 S. 989 [Kindergartenverein]; OLG Karlsruhe, MDR 2012 S. 173 = Justiz 2012 S. 90 = Rpfleger 2012 S. 213 [Ls.]):

- der unternehmerisch tätige Verein, der planmäßig-dauerhaft und entgeltlich an einem äußeren Markt anbietend tätig ist (vgl. oben Rz. 59; s. aber BGH, NJW 2017 S. 1943 = MDR 2017 S. 709),
- der unternehmerisch anbietende Verein mit planmäßig-entgeltlicher Tätigkeit in einem inneren Markt (vgl. oben Rz. 63 f.),
- der genossenschaftliche Verein (vgl. Rz. 63 f.).

(4) Maßgeblicher Zeitpunkt/Amtslöschung

Für die Frage, ob ein wirtschaftlicher oder ein „Idealverein" gegeben ist, kommt es grds. auf den **Zeitpunkt** der **Eintragung** an. Hat es sich zunächst um einen „Idealverein" gehandelt und nimmt dieser nach seiner Eintragung satzungswidrig einen wirtschaftlichen Geschäftsbetrieb auf, kann ihm (nur) im Verfahren nach § 43 Abs. 2 BGB die Rechtsfähigkeit entzogen bzw. das Verfahren der Amtslöschung (§ 395 FamFG) betrieben werden (wegen des Wandels vom „Idealverein" zum Wirtschaftsverein s. Oetker, NJW 1991 S. 385; wegen des Verfahrens s. KG, NJW-RR 1993 S. 188 m. w. N.; s. dazu auch Rz. 819 ff.). Dafür ist aber der **bloße Verdacht** auf einen „wirtschaftlichen Zweck" **nicht ausreichend** (KG, MDR 2016 S. 1099 = NZG 2016 S. 1155 = NJW-RR 2016 S. 1244 = Rpfleger 2017 S. 39). Zur Feststellung, ob der Zweck eines Vereins auf einen wirtschaftlichen Geschäftsbetrieb gerichtet ist, sind auch nicht nur die Angaben in der Satzung heranzuziehen, sondern auch die tatsächlichen Verhältnisse. Insoweit treffen den Vereinsvorstand Aufklärungspflichten. Das Amtsgericht darf von einem wirtschaftlichen Zweck aber nur ausgehen, wenn die entsprechenden Tatsachen feststehen (KG, a. a. O.).

65

HINWEIS:

Bei der Regelung in § 395 FamFG handelt es sich aber um eine Ermessensregelung. Die Löschung eines im Vereinsregister eingetragenen (wirtschaftlichen) Vereins ist ermessensfehlerhaft, wenn der Verein inzwischen seit fast 20 Jahren im Vereinsregister eingetragen ist und es zu einer Beeinträchtigung der Interessen der Mitglieder oder Dritter aufgrund der unzutreffenden Ausweisung als Idealverein nicht gekommen ist (OLG Brandenburg, Beschluss v. 8.7.2014 – 7 W 124/13, VB 12/2014 S. 2).

bb) Nebenzweck

Nach den oben angegebenen Abgrenzungskriterien müsste an sich jede unternehmerische Betätigung eines Vereins diesen zu einem wirtschaftlichen Verein mit der Folge machen, dass er nicht ins Vereinsregister eingetragen werden könnte. Das ist jedoch dann nicht der Fall, wenn die **unternehmerische Betätigung**, der wirtschaftliche Geschäftsbetrieb, im Rahmen einer ideellen Zielset-

66

zung des Vereins nur **Nebenzweck** und nicht Satzungszweck ist (vgl. auch BGHZ 85 S. 84; BGH, NJW 2017 S. 1943 = MDR 2017 S. 709 für den Kindergartenverein; KG, Rpfleger 2005 S. 199 = NZG 2005 S. 360; DStR 2012 S. 1195 [Verein zur Förderung von Klaviermusik]; OLG Brandenburg, NZG 2015 S. 922 = MDR 2015 S. 902 = FGPrax 2015 S. 258 = Rpfleger 2016 S. 107 [Kindergartenverein]; OLG Frankfurt/Main, SpuRt 2011 S. 125 [Kletterhalle]; OLG Hamm, NJW-RR 2017 S. 743 = NZG 2017 S. 625 für „Naturkindergarten"; OLG Karlsruhe, MDR 2012 S. 173 = Justiz 2012 S. 90 = Rpfleger 2012 S. 213 [Ls.]; OLG Köln, Beschluss v. 24. 5. 2016 – 2 Wx 78/16, VB 1/2017 S. 3 für Fitnessstudio eines großen Spartensportvereins; OLG Schleswig, FGPrax 2011 S. 34; OLG Stuttgart, Beschluss v. 3. 12. 2014 – 8 W 447/14 für kleinen **Kindergartenverein** mit nur 15 Plätzen und dazu Sdorra, npoR 2017 S. 45; eingehend zum Nebenzweckprivileg Beuthien, NZG 2015 S. 449). Von Bedeutung kann dann sein, wenn der Verein nach der Satzung ausschließlich gemeinnützige Zwecke verfolgt und das vom Finanzamt bestätigt worden ist (BGH, NJW 2017 S. 1943 = MDR 2017 S. 709; KG, a. a. O.; OLG Hamm, NJW-RR 2008 S. 350 = Rpfleger 2008 S. 141; zum Nebenzweck beim Kindergartenverein s. einerseits BGH, NJW 2017 S. 1943 = MDR 2017 S. 709 m. Anm. Leuschner, NJW 2017, 1919 ff.; OLG Schleswig, SchlHA 2013 S. 231 = ZStV 2013 S. 142 und andererseits KG, DNotZ 2011 S. 632 = ZStV 2012 S. 62). Ein Verein kann sich also zwar wirtschaftlich betätigen, nur darf das nicht Hauptzweck sein. Auch ein wirtschaftlicher Nebenzweck kann aber der Steuerpflicht unterliegen (vgl. Rz. 989 ff.). **Beispiele** sind z. B. die Buchhandlung eines religiösen Vereins, das Reisebüro eines Kulturvereins, ein Kindergartenverein (BGH, NJW 2017 S. 1943 = MDR 2017 S. 709; OLG Stuttgart, a. a. O.) oder auch der Restaurationsbetrieb eines Schwimmvereins in dessen Schwimmbad. Hier gilt das sog. **Nebenzweckprivileg** für Idealvereine. Voraussetzung für dessen Vorliegen ist, dass der Verein sich nach wie vor hauptsächlich ideell betätigt und die unternehmerische Betätigung letztlich nur eine **eindeutig untergeordnete Rolle** spielt (OLG Jena, Beschluss v. 30. 10.2012 – 9 W 415/12) oder sie die ideelle Betätigung ergänzt und sich als sinnvolles Mittel zur Förderung des Vereinszwecks darstellt (BGH, a. a. O.). Das Verhältnis der Einnahmen aus wirtschaftlichen und nichtwirtschaftlichen Tätigkeiten spielt nach Auffassung des OLG Frankfurt/Main keine Rolle (vgl. SpuRt 2011 S. 125 [Kletterhalle]; zur erforderlichen Eintragung von „Vereinen" ins Handelsregister OLG Frankfurt/Main, Beschluss v. 24. 1. 2017 – 20 W 290/14, npoR 2017 S. 250; OLG Köln, Beschluss v. 24. 5. 2016 – 2 Wx 78/16, VB 1/2017 S. 3).

HINWEIS:

Ist nach der Satzung eine wirtschaftliche Betätigung des zur Eintragung beim Vereinsregister angemeldeten Vereins nicht auszuschließen, verfolgt der Verein aber nach der Satzung ausschließlich gemeinnützige Zwecke und ist dies vom Finanzamt bestätigt worden, spricht dies nach wohl überwiegender Auffassung der Rechtsprechung dafür, dass die Unterhaltung eines wirtschaftlichen Geschäftsbetriebes nur Nebenzweck ist und damit der Eintragung nicht entgegen steht (vgl. z. B. BGH, NJW 2017 S. 1943 = MDR 2017 S. 709; KG, Rpfleger 2005 S. 199 = NZG 2005 S. 360; OLG Hamm, NJW-RR 2008 S. 350 = Rpfleger 2008 S. 141; OLG Schleswig, SchlHA 2013 S. 231 = ZStV 2013 S. 142; s. aber auch KG, DNotZ 2011 S. 632 = ZStV 2012 S. 62; DStR 2012 S. 1195; MDR 2016 S. 403 = DStR 2016 S. 1173 = Rpfleger 2016 S. 423 = ZStV 2016 S. 129; FGPrax 2016 S. 115 = NZG 2016 S. 989).

Bei der Prüfung gilt aber ein strenger Maßstab (vgl. dazu AG Passau, Rpfleger 1999 S. 410 [Nebenzweckprivileg verneint für einen sog. Internet-Verein, der selbständig einen Einwahlknoten betreibt und hierzu auch die notwendige personelle und technische Infrastruktur schafft]). Trotz des strengen Maßstabs wird das Nebenzweckprivileg aber auch (noch) auf Bundesligavereine angewendet (s. Literaturnachweise bei Palandt/Ellenberger, § 21 Rz. 7; dazu auch Steinbeck/Menke, NJW 1998 S. 2169; Koch, DB 2002 S. 1701).

---

c) Beispielsfälle

Folgende **Beispiele** aus der Rechtsprechung zur **Abgrenzung** wirtschaftlicher/   67
nicht wirtschaftlicher Verein lassen sich zusammenstellen (jeweils in alphabetischer Reihenfolge; s. auch Sauter/Schweyer/Waldner, Rz. 49 f.; Reichert
u.a., Rz. 125, 154, 159; Stöber/Otto; Rz. 79; Palandt/Ellenberger § 21 Rz. 9 f.):

<u>Nicht wirtschaftlicher Verein:</u>   68

▶ **Verein**, der die Arbeitnehmer der Mitgliedsunternehmen **arbeitsmedizinisch betreuen** und die Mitglieder **sicherheitstechnisch beraten** soll (LG Gießen, Rpfleger 2000 S. 24)

▶ **ärztlicher Laborverein**, sofern er nur für Mitglieder, nicht aber für Dritte tätig wird

▶ **Behindertensportverein**, auch wenn der Verein beabsichtigt, Fördergeld von Sozialversicherungsträgern in Anspruch zu nehmen, die für Teilnahme ihrer Versicherten an Sportveranstaltungen im Rahmen des organisierten Vereinssports mit der Maßgabe gewährt werden, dass deren Teilnahme nicht von einer Vereinsmitgliedschaft abhängig gemacht werden darf (OLG Hamm, NJW-RR 2008 S. 350 = Rpfleger 2008 S. 141)

▶ Verein zum **Betrieb** einer **Werkskantine** mit ausschließlich betriebsangehöriger Kundschaft (BayObLGZ 1973 S. 303)

▶ Verein zum **Betrieb** eines **Betriebsarztzentrums** (OLG Oldenburg, NJW 1976 S. 374)

▶ (sonstige) **betriebliche Sozialeinrichtungen** (LG Bonn, Rpfleger 1991 S. 423; a. A. LG Bielefeld, NJW-RR 2001 S. 1259)

▶ ggf. ein kleiner **Car-Sharing-Verein** zur Nutzung eines oder mehrerer Pkw durch die Mitglieder (LG Bremen, Rpfleger 1992 S. 67; vgl. dazu aber auch Schöner, BB 1996 S. 438)

▶ Sektion des **Deutschen Alpenvereins**, der auch eine von Nichtmitgliedern benutzbare Kletterhalle betreibt (OLG Frankfurt/Main, SpuRt 2011 S. 125)

▶ Verein zur **Förderung** des **Gesundheitswesens** durch Information und Aufklärung von Patienten/der Bevölkerung (KG, Rpfleger, 2014 S. 683 = FGPrax 2014 S. 270)

▶ Verein zur Förderung **gewerblicher Interessen** (RGZ 78 S. 80; s. aber OLG Hamm, Rpfleger 2000 S. 277)

▶ Verein zur **Förderung** und Weiterentwicklung eines bestimmten **Kreditkartensystems** in Deutschland (LG Frankfurt/Main, NJW 1996 S. 2039 m. Anm. Eyles, NJW 1996 S. 1994 und Jäger, WiB 1995 S. 751)

▶ Haus- und **Grundbesitzerverein** (RGZ 88 S. 333)

▶ Kassenärztliche Vereinigung (RGZ 83 S. 231)

▶ Kindergartenverein/Kindertagesstättenverein ([in der Vergangenheit] str.; vgl. einerseits u.a. BGH, NJW 2017 S. 1943 = MDR 2017 S. 709; OLG Brandenburg, NZG 2015 S. 922 = MDR 2015 S. 902 = FGPrax 2015 S. 258 = Rpfleger 2016 S. 107; OLG Schleswig, SchlHA 2013 S. 231 = ZStV 2013 S. 142 für eine Kindertagesstätte, wonach die Einordnung von den Umständen des Falles abhängt und allein daraus, dass die Personensorgeberechtigten einen angemessenen Beitrag zu den Kosten der Kindertageseinrichtungen zu entrichten haben, sich jedenfalls nicht ergibt, dass der Betrieb einer Kindertagesstätte als unternehmerische Tätigkeit einzuordnen ist; OLG Stuttgart, Beschluss v. 3. 12. 2014 – 8 W 447/14 für Waldorf-Kindergarten mit 15 Plätzen; vgl. andererseits KG, DNotZ 2011 S. 632 = ZStV 2012 S. 62; MDR 2016 S. 403 = DStR 2016 S. 1173 = Rpfleger 2016 S. 423 = ZStV 2016 S. 129; FGPrax 2016 S. 115 = NZG 2016 S. 989, wonach der Betrieb von Kindergärten und Kindertagesstätten gegen Entgelt eine unternehmerische Betätigung darstellt, auch wenn er ohne Gewinnerzielungsabsicht erfolgt und öffentlich bezuschusst wird; a. A. BGH, a. a. O.).

▶ Lohnsteuerhilfeverein (OLG Celle, NJW 1976 S. 197; s. auch BGH, NJW-RR 1989 S. 1515)

► Lotsenbetriebsverein (LG Aurich, MDR 1961 S. 144)

► Verein zur Minimierung von Umweltschäden durch Kraftfahrzeuge (LG Bremen, Rpfleger 1992 S. 67)

► Musikschulverein

► Mieterverein

► Verein/Reisedienst, dessen satzungsmäßige Tätigkeit sich als Ausschnitt der Förderung eines übergeordneten Zwecks eines Dachvereins (Kolpingwerk) darstellt (OLG Hamm, Rpfleger 2003 S. 370 = NJW-RR 2003 S. 898)

► Saunaverein bei bloßer Duldung des Zutritts von Nichtmitgliedern zu Vereinsräumen gegen ein von einem Dritten (Badbetreiber) vereinnahmtes Entgelt (OLG Schleswig, FGPrax 2011 S. 34 = SchlHA 2011 S. 89)

► betriebliche Unterstützungskasse, wenn Mitglieder auch die Arbeitnehmer sind (BayObLG, Rpfleger 1976 S. 56; KG, NZG 2016 S. 1352 = DStR 2016 S. 2765 = MDR 2017 S. 160; s. aber LG Braunschweig, NJW-RR 2000 S. 333 = Rpfleger 2000 S. 116: keine Eintragung bei nicht ausreichender Insolvenzsicherung und bei Verfolgung wirtschaftlicher Ziele, die mit dem Charakter einer Unterstützungskasse nicht vereinbar sind; s. auch noch LG Münster, Rpfleger 2008 S. 426)

► Warenhausverband (BayObLGZ 1953 S. 30)

Wirtschaftlicher Verein: 69

► **Abrechnungsstelle** für Angehörige der Heilberufe (OLG Hamm, Rpfleger 1981 S. 66)

► **Antennenverein** (in den neuen Bundesländern) zum Betreiben einer gemeinschaftlich errichteten Antennenanlage (LG Mühlhausen, DtZ 1996 S. 245; s. zur Eintragungsfähigkeit ehemaliger sog. ZGB-Gemeinschaften in das Vereinsregister s. auch Christoph, DtZ 1994 S. 234; Nissel, DtZ 1994 S. 239; Schubel, DtZ 1994 S. 132)

► Verein zum Betrieb eines Fitnessstudios (OLG Zweibrücken, NJW-Spezial 2014 S. 112)

► Verein zum **Betrieb** von **Skischleppliften** und Seilbahnen (OLG Stuttgart, OLGZ 1971 S. 465)

► **Verein**, dessen Hauptzweck darin liegt, zugunsten seiner gewerblichen Mitglieder bei herstellenden Unternehmen **Einkaufskonditionen** auszuhandeln (OLG Hamm, Rpfleger 2000 S. 277)

► **Einkaufszentrale** für Gewerkschaftsmitglieder (AG Alzenau, BB 1961 S. 8)

- ► **Erzeugergemeinschaft** i. S. des Marktstrukturgesetzes v. 16. 5. 1969 (BayObLGZ 1974 S. 242; OLG Schleswig, Rpfleger 1990 S. 303; a. A. Deselaers, Rpfleger 1990 S. 103)

- ► **Funktaxizentrale** (BGH, NJW 1966 S. 2007)

- ► **Garagenverein** in den neuen Bundesländern (OLG Brandenburg, Beschluss v. 8. 7. 2014 – 7 W 124/13, VB 12/2014 S. 2; LG Chemnitz, DtZ 1994 S. 158; DtZ 1994 S. 412; s. auch die Nachweise oben bei „Antennenverein")

- ► **Immobilienbörse,** die als ein für Immobilienmakler als Mitglieder gegründeter Verein die „Zusammenführung von Angebot und Nachfrage" sowie „die obligatorische Durchführung des Gemeinschaftsgeschäfts" bezweckt (OLG Düsseldorf, Rpfleger 1996 S. 291 = NJW-RR 1996 S. 989; s. auch OLG Celle, Nds.Rpfl. 1995 S. 164; s. auch „Sachwertorientierte Versorgungseinrichtung")

- ► nach früherer Rechtslage ggf. ein **Kindergartenverein** (KG, DNotZ 2011 S. 632 = ZStV 2012 S. 62; MDR 2016 S. 403 = DStR 2016 S. 1173 = Rpfleger 2016 S. 423 = ZStV 2016 S. 129; FGPrax 2016 S. 115 = NZG 2016 S. 989; a.A. OLG Brandenburg, NZG 2015 S. 922 = MDR 2015 S. 902 = FGPrax 2015 S. 258 = Rpfleger 2016 S. 107; OLG Schleswig, SchlHA 2013 S. 231 = ZStV 2013 S. 142; OLG Stuttgart, Beschluss v. 3. 12. 2014 – 8 W 447/14; vgl. dazu jetzt aber BGH, NJW 2017 S. 1943 = MDR 2017 S. 709; s. oben Rz. 66)

- ► **Nutzungsüberlassung** von **Immobilien/Grundstücken/Wegerechten** gegen Entgelt (OLG Jena, Beschluss v. 30. 10. 2012 – 9 W 415/12)

- ► **Inkassoverein** (LG Hagen, Rpfleger 1959 S. 348, str.)

- ► **Internet-Verein,** der selbständig einen Einwahlknoten betreibt und hierzu auch die notwendige personelle und technische Infrastruktur schafft (AG Passau, Rpfleger 1999 S. 401; zu solchen Vereinen s. auch OFD Münster, BB 1996 S. 6767)

- ► Verein zur **Förderung** von **Klaviermusik** durch „Veranstalten von Konzerten" und „Veröffentlichen von Klaviermusik", wenn der Aufwand für das Veranstalten von Konzerten und das Veröffentlichen von Klaviermusik über dem Aufwand für übrige Maßnahme auf diesem Gebiet liegt (KG, DStR 2012 S. 1195)

- ► Übernahme der **Kundenwerbung** für ein gewerbliches Unternehmen, auch wenn keine ausreichenden Anhaltspunkte dafür vorhanden sind, dass der Verein unternehmerisch am Markt oder gegenüber seinen Mitgliedern auftreten soll (KG, NJW-RR 2005 S. 339 = NZG 2005 S. 361)

▶ Verein der **Marktbeschicker**, der Standplätze auf einem Markt nicht nur seinen Mitgliedern, sondern auch außenstehenden Beschickern anbietet (LG Hanau, NJW-RR 2002 S. 102)

▶ **Mähdreschverein** (LG Lübeck, SchlHAnz 1962 S. 102)

▶ Verein, der den ärztlichen **Notfalldienst** seiner Mitglieder organisiert und abwickelt (OLG Hamm, NJW-RR 1997 S. 1530)

▶ **„Sachwertorientierte Versorgungseinrichtung"**, die Immobiliengeschäfte betreiben will (OLG Düsseldorf, NJW-RR 1998 S. 683)

▶ Verein, der als Hauptzweck ein vormals kommunal **geführtes öffentliches Schwimmbad fortführen** und gegen Eintrittsentgelt der Öffentlichkeit zugänglich machen will (OLG Karlsruhe, MDR 2012 S. 173 = Justiz 2012 S. 90 = Rpfleger 2012 S. 213 [Ls.]), auch wenn es nach der Vereinssatzung zwar nur Vereinsmitgliedern zur Verfügung stehen soll, Nichtmitglieder aber eine „Tagesmitgliedschaft" gegen ein Entgelt erwerben können, dessen Höhe den Eintrittspreisen öffentlicher Schwimmbäder entspricht

▶ **freie Sparkassen**

▶ **Sparkassenlotterieverein**, der gemeinsam mit Sparkassen Lotteriesparen durchführen will (LG Potsdam, Rpfleger 1994 S. 361)

▶ Verein, der als **Treuhänder** für eine **Wohnungseigentümergemeinschaft** eine Wohnung erwerben und unterhalten sowie für einen Hausmeister zur Verfügung stellen und ggf. an Dritte vermieten soll (OLG Frankfurt/Main, NJW-RR 2006 S. 1698 = Rpfleger 2006 S. 545)

▶ Verein mit dem Zweck, 27 **Wohnungen** zu **erwerben** und ohne Gewinnerzielungsabsicht kostengünstig an Mitglieder zu **vermieten** (OLG Schleswig, FGPrax 2012 S. 212 = Rpfleger 2012 S. 693 = NZG 2013 S. 145)

▶ Verein zur **Verwaltung** von **Wasserrechten** (LG Freiburg, Beschluss v. 28. 9. 2010 – 4 T 241/09)

▶ Verein zur Förderung der **Urlaubsgestaltung**, wenn letztlich die gewerbliche Nutzung eines Schiffes zugunsten des früheren Eigentümers das eigentliche Ziel ist (OLG Düsseldorf, Rpfleger 1979 S. 259)

▶ **Religiöse Gemeinschaft,** die ideelle Güter nach Art von Wirtschaftsgütern vermarktet (OLG Düsseldorf, NJW 1983 S. 2574; s. auch v. Camphausen, NJW 1990 S. 887, 2670; Kopp, NJW 1989 S. 2497 und die weiteren Nachweise bei Rz. 54); etwas **anderes** kann gelten, wenn der Verein seinen Mitgliedern in Verwirklichung seines idealen Zwecks Leistungen (Auditing, Seminare, Kurse) anbietet, die nicht unabhängig den von mitgliedschaftlichen

Beziehungen üblicherweise auch von anderen Anbietern erbracht werden können (VG Stuttgart, NVwZ-RR 2000 S. 162)

► Selbsthilfe-**Siedlergemeinschaft,** die durch einen Bauträger Eigenheime für ihre Mitglieder errichten lässt (LG Hagen, Rpfleger 1969 S. 297)

► **Technische Prüf-** und **Vertriebsstelle** des Schornsteinfegerhandwerks (LG Oldenburg, Rpfleger 1978 S. 371)

► Verein als **Treuhänder** einer Wohnungseigentümergemeinschaft mit dem Zweck, ihm gehörende Eigentumswohnungen und Tiefgaragenplätze an Dritte zu vermieten (BayObLG, Rpfleger 1985 S. 495)

► betriebliche **Unterstützungskasse/Gruppenunterstützungskasse,** wenn Mitglieder **ausschließlich Arbeitgeber** sind, die sich die Errichtung einer eigenen betriebs- oder unternehmensbezogenen Unterstützungskasse ersparen wollen (LG Bielefeld, Rpfleger 2001 S. 138; s. auch LG Braunschweig, NJW-RR 2000 S. 333 = Rpfleger 2000 S. 116)

► Verein zur finanziellen **Unterstützung** der **Mitglieder** beim **Hausbau** (LG Kassel, Rpfleger 1986 S. 228)

► Verein zur **Vergabe** von **Wohnrecht** an Ferienwohnungen (BayObLGZ 1989 S. 124)

► **Verkehrsverein** zur Förderung des Fremdenverkehrs und zur Vermittlung von Unterkünften für Feriengäste (OLG Celle, Rpfleger 1992 S. 66)

► Privatärztliche **Verrechnungsstelle** (LG Hagen, Rpfleger 1959 S. 348)

► Verein zur **Versorgung** der **Mitglieder** mit (Trink- und Brauch-)Wasser (BayObLGZ 1978 S. 87; NJW-RR 1999 S. 765 = Rpfleger 1998 S. 345)

► **Wasserversorgungsverein,** der seinen Mitgliedern Dienstleistungen gegen Entgelt (Mitgliedsbeiträge) anbietet (LG Lübeck, Rpfleger 2009 S. 29)

► **Werbegemeinschaft** (BayObLG, Rpfleger 1977 S. 20)

d) Gesetzwidriger Vereinszweck

70 Es ist bereits darauf hingewiesen, dass der Gründungsvertrag nicht gegen ein gesetzliches Verbot oder gegen die guten Sitten verstoßen darf, §§ 134, 138 BGB (s. Rz. 32 f.). Dasselbe gilt für den Zweck des Vereins. Liegt ein Verstoß vor, ist ggf. bereits der Gründungsakt nichtig und die Eintragung des Vereins in das Vereinsregister darf nicht erfolgen.

71 Als Vereinszwecke, die gegen das Gesetz verstoßen (§ 134 BGB) sind angesehen worden: Naturgemäß zunächst einmal diejenigen, die sich gegen Strafgesetze oder andere gesetzliche Verbote oder Gebote sowie gegen die verfassungs-

mäßige Ordnung richten. Das wäre z. B. bei Rechtsanwälten, Notaren und Ärzten der Fall, wenn diese eine **Praxisgemeinschaft** in der Rechtsform des Vereins bilden wollten. Denn das ist nach dem jeweiligen Standesrecht verboten. **Lohnsteuerhilfevereine** dürfen z. B. kein besonderes Entgelt für Hilfeleistungen verlangen; ein solches kann also in der Satzung nicht festgelegt werden. Auch ein Vereinszweck, der auf „Praktizierung der partnerschaftlichen Liebe zum Tier" gerichtet ist verstößt gegen das Gesetz (KG, Rpfleger 2012 S. 212 [Verstoß gegen § 134 BGB i. V. mit § 17 TierSchutzG]; Beschluss v. 3. 12. 2012 – 12 W 69/12).

Was als Vereinszweck gegen die guten Sitten verstößt (§ 138 BGB), ist nach der allgemein herrschenden Volksmeinung und den Anschauungen der Beteiligten zu beurteilen. Einen sittenwidrigen Zweck würde danach z. B. ein **Glücksspielklub** verfolgen. Das gilt auch für einen Verein, dessen satzungsmäßige Aufgabe u.a. die Eintreibung rückständiger Forderungen für Vereinsmitglieder ist, und zwar durch Einsatz von schwarz gekleideten Männern bei Schuldnern (LG Leipzig, NJ 1995 S. 264 [„Schwarze Schatten"]; LG Bonn, NJW-RR 1995 S. 1515 [„Schwarze Männer"]).   72

e) Vereinszweck und Gemeinnützigkeit

Der Vereinszweck (und die Betätigung des Vereins) sind entscheidend auch für die Frage, ob und in welchem Umfang Steuern zu entrichten sind. Für Vereine gibt es unterschiedliche steuerliche Vergünstigungen, die jedoch voraussetzen, dass der Verein gemeinnützig ist, also gemeinnützigen, **mildtätigen oder kirchlichen Zwecken** dient.   73

Hier soll allerdings die Frage, wann ein Verein gemeinnützig ist, nicht beantwortet, sondern nur auf Folgendes **hingewiesen** werden (s. auch Schleder, Rz. 61 ff.; Reichert u.a., Rz. 6876 ff.). Die steuerliche Anerkennung der Gemeinnützigkeit setzt nicht nur voraus, dass der Verein tatsächlich gemeinnützige Zwecke verfolgt, sondern er muss dies auch in seiner Satzung festlegen, sog. **formelle Satzungsmäßigkeit** (s. **Mustersatzungen** Anhang Rz. 1089 ff.). Dabei muss die Satzung so präzise gefasst sein, dass aus ihr unmittelbar entnommen werden kann, ob die Voraussetzungen der Gemeinnützigkeit erfüllt sind. Es **reicht** also **nicht** die **Bezugnahme** auf die Satzung eines anderen Vereins (BFH, BB 1989 S. 1476). Eine Ausnahme gilt, wenn es bei diesen Verweisen nicht um die Bestimmung des Vereinszwecks, sondern nur um die bei der Verwirklichung des Zwecks zu beachtenden Wettkampfregeln der nationalen oder internationalen Verbände geht.   74

In der Satzung muss vor allem zum **Ausdruck** kommen (vgl. zuletzt auch BFH/ NV 2018 S. 611 und dazu Fiand, NWB 2018 S. 1747),   75

1. dass der Verein **ausschließlich** und **unmittelbar** gemeinnützige Zwecke verfolgt, wobei diese im Einzelnen aufzuführen sind (zu Ausnahmen bei Fördervereinen s. § 58 Nr. 1 AO);

2. dass der Verein **selbstlos tätig** ist und nicht in erster Linie eigenwirtschaftliche Zwecke verfolgt;

3. dass die **Mittel** nur für **satzungsmäßige Zwecke** verwendet werden und die Mitglieder keine Gewinnanteile oder sonstige Zuwendungen aus Mitteln des Vereins erhalten (zu den Auswirkungen der Verwendung von Mitteln des Vereins zum Ausgleich von Verlusten auf die Gemeinnützigkeit s. Rz. 953);

4. dass der Verein keine Person durch Ausgaben, die dem Zweck des Vereins fremd sind, oder durch **unverhältnismäßig hohe Vergütungen begünstigt** (zur konkreten Formulierung FG Köln, Beschluss v. 24. 2. 1999 – 13 K 242/99);

5. dass bei Auflösung des Vereins oder bei Wegfall seines bisherigen Zwecks das Vermögen nur für steuerbegünstigte Zwecke verwendet werden darf (vgl. dazu BFHE 226 S. 445 = BStBl II 2010 S. 719 = DB 2009 S. 2245 und dazu BMF, Schreiben v. 7. 7. 2010 – IV C 4-S 0180/07/0001_01; zu den Sanktionen bei Änderung der Vermögensbindung s. Rz. 958).

> **HINWEIS:**
>
> Früher reichte es nach § 61 Abs. 2 AO, wenn aus zwingenden Gründen der künftige Verwendungszweck des Vermögens bei der Aufstellung der Satzung noch nicht genau angegeben werden konnte, aus, wenn in der Satzung bestimmt wurde, dass das Vermögen bei Auflösung oder Aufhebung des Vereins oder bei Wegfall seines bisherigen Zwecks zu steuerbegünstigten Zwecken zu verwenden ist und dass der künftige Beschluss der Vereins über die Verwendung erst nach Einwilligung des Finanzamts ausgeführt werden durfte. Diese Möglichkeit ist durch Aufhebung des § 61 Abs. 2 AO durch das Gesetz zur weiteren Stärkung des bürgerschaftlichen Engagements v. 10. 10. 2007 (BGBl I S. 2332) entfallen.
>
> Inzwischen ist der Anwendungserlass zur Abgabenordnung (AEAO) neu gefasst (vgl. AEAO v. 31. 1. 2014 – IV A 3 – S 0062/14/10002 [BStBl 2014 I S. 290] i. d. F. des BMF, Schreibens v. 26. 1. 2016 [BStBl 2016 I S. 155], zuletzt geändert durch BMF, Schreiben v. 12. 1. 2017 [BStBl 2017 I S. 51]) und sind zahlreiche ältere BMF, Schreiben aufgehoben worden. In der Anlage 1 zu § 60 AO des AEAO sind Musterformulierungen für den steuerlichen Teil der Vereinssatzung enthalten (vgl. auch Rz. 1089). Es empfiehlt sich diese Formulierungen der „Mustersatzung" wortgleich zur übernehmen und ggf. lediglich vom Aufbau und hinsichtlich der Reihenfolge abzuweichen. Allerdings ist es nicht erforderlich, dass die Mustersatzung wörtlich übernommen wird (vgl. BFH, Beschluss v. 7.2.2018 – V B 119/17, VB 6/2018 S. 1; FG Hessen, Urteil v. 28. 6. 2017 – 4 K 917/16, npoR 2018 S. 19).

Vereine, in deren Satzung die oben angegeben Sonderregelung noch (immer) enthalten ist/sein sollte, müssen unbedingt unverzüglich eine Satzungsänderung vornehmen. Mit der Streichung des Satzes 3 in der Nr. 1 zu § 60 AEAO a.f. ist nämlich zwingend die (Alt-) Satzung an die Anlage 1 zu § 60 AO anzupassen (vgl. auch Hanke/Tybussek, NWB 2012 S. 718, 719). Das entspricht auch der Rechtsprechung des BFH (vgl. BFHE 226 S. 445 = DB 2009 S. 2245). Denn dieser geht davon aus, dass Vergünstigungen für gemeinnützige Körperschaften, wie z. B. der ermäßigte Steuersatz nach § 12 Abs. 2 Nr. 8 UStG nur gewährt wird, wenn die Vereinssatzung die formellen Anforderungen an die sog. Vermögensbindung nach § 61 AO erfüllt. Dazu ist erforderlich, dass die Vereinssatzung eine Regelung sowohl hinsichtlich der Auflösung und der Aufhebung als auch bei Zweckänderung enthält. Mit der Änderung/dem Neuerlass des AEAO ist im Übrigen all denjenigen eine Absage erteilt worden, die die Umsetzung der Mustersatzung als nicht notwendig angesehen haben (vgl. Ullrich, DStR 2009 S. 2471; Hüttemann/Helios, DB 2009 S. 701; Hanke/Tybussek, NWB 2012 S. 718, 719).

Nicht erforderlich ist, dass die Satzung eine ausdrückliche Regelung darüber   76
enthält, unter welchen Voraussetzungen ein Bewerber um die Mitgliedschaft
abgelehnt werden kann (BFH, NJW 1998 S. 928 [Ls.] = DStR 1997 S. 1679 =
SpuRt 1997 S. 200). Es schadet der Annahme von Gemeinnützigkeit im Übrigen
auch nicht, wenn die Satzung eine Bestimmung enthält, wonach jedes Aufnahmegesuch von zwei Vereinsmitgliedern befürwortet werden muss (BFH, a. a. O.).
Zur Gemeinnützigkeit und zum Verein im Steuerrecht s. im Übrigen die Ausführungen in Rz. 920 ff.

3. Sitz des Vereins

a) Allgemeines

Der Sitz des Vereins entspricht dem Wohnsitz der natürlichen Person (§ 7 BGB).   77
Nach § 24 BGB gilt als Sitz des Vereins, wenn nichts anderes bestimmt ist, der
Ort, an welchem die **Verwaltung geführt** wird. Der Sitz des Vereins ist maßgebend für den Gerichtsstand (§ 17 Abs. 1 ZPO), für die Frage, welches Amtsgericht ihn in das Vereinsregister einträgt, sowie dafür, welche Behörde ggf. für
die Zulassung im Anmeldeverfahren zuständig ist.

b) Regelung in der Satzung

Der eingetragene Verein **muss** gemäß § 57 Abs. 1 BGB den Sitz in der **Satzung**   78
festlegen. Er kann ihn grds. frei bestimmen. Wählbar ist ein beliebiger Ort,
selbst wenn dort keinerlei Vereinstätigkeit ausgeübt werden soll, allerdings
sollte der Verein zu dem als Sitz gewählten Ort wenigstens einen Bezug haben,
also z. B. zumindest postalisch erreichbar sein (sowohl Sauter/Schweyer/Waldner, Rz. 65; a. A. wohl Stöber/Otto, Rz. 153 f. [jeder beliebige Ort wählbar];

s. auch LG Berlin, NJW-RR 1999 S. 335 [Rechtsmissbrauch, wenn der Verein an dem als Sitz gewählten Ort keine Aktivität entfaltet und auch keine Geschäftsstelle unterhält]). Besteht die Vereinsverwaltung an einem anderen Ort als dem Sitz des Vereins, so braucht dieser **Verwaltungssitz** in der Satzung nicht angegeben zu werden (Sauter/Schweyer/Waldner, Rz. 65). Als Sitz des Vereins muss nicht in jedem Fall eine bestimmte politische Gemeinde festgelegt werden, es kann auch ein Gemeinde-/Ortsteil mit eigenem Namen gewählt werden (OLG Hamm, Rpfleger 1977 S. 275; Röcken, Rz. 25). **Unzulässig** ist es aber, den jeweiligen Wohnsitz des 1. Vorsitzenden des Vereins oder einer anderen Person als Sitz des Vereins zu bestimmen, wenn dieser Wohnort in der Satzung nicht benannt ist; diese Satzungsbestimmung wäre zu unbestimmt (Palandt/ Ellenberger, § 24 Rz. 2; Sauter/Schweyer/Waldner, Rz. 66). Unzulässig ist nach h. M. in der Rechtsprechung auch ein **Doppelsitz** (vgl. OLG Hamburg, MDR 1972 S. 417; Palandt/Ellenberger, a. a. O.).

> **HINWEIS:**
>
> Die postalische Erreichbarkeit des Vereins an seinem Sitz wird man im Ergebnis nicht fordern können. Gemäß § 15 VRV ist der Vereinsvorstand auf Anforderung des Registergerichts (nur) zur Mitteilung einer ladungsfähigen Anschrift verpflichtet; es ist jedoch nicht vorausgesetzt, dass sich diese am Sitz des Vereins befinden müsste. Im allgemeinen Geschäftsverkehr spricht natürlich nichts gegen eine Postfachadresse als „postalischen Sitz" des Vereins (zu den erforderlichen Angaben nach § 5 TMG, § 55 RStV s. oben Rz. 11). Die Sitzwahl darf allerdings nicht rechtsmissbräuchlich sein (Stöber/Otto, Rz. 154).

c) Verlegung des Sitzes

79   Die **Verlegung** des Vereinssitzes ist **unproblematisch**. Sie erfolgt durch **Satzungsänderung**, die der Eintragung ins Vereinsregister bedarf (§ 71 Abs. 1 BGB). Die Sitzverlegung muss beim Gericht des bisherigen Sitzes angemeldet werden, das die Anmeldung an das Gericht des neuen Sitzes weiterleitet, das die Verlegung prüft und einträgt (vgl. § 6 VRV; zur Unzulässigkeit der Eintragung eines französischen Vereins, der seinen Sitz in die Bundesrepublik Deutschland verlegt, s. OLG Zweibrücken, NJW-RR 2006 S. 42 = Rpfleger 2006 S. 22). Ist in der Satzung das (für den alten) Vereinssitz zuständige Registergericht eingetragen, muss, wenn sich der Vereinssitz ändert, nicht unbedingt zugleich in der Satzung auch die Angabe zum Registergericht geändert werden (OLG Karlsruhe, NZG 2014 S. 109 = VB 11/2013 S. 2). Die Anpassung ist erst nach der Sitzverlegung erforderlich (OLG Karlsruhe, a. a. O.).

Von einer Sitzverlegung zu unterscheiden ist die bloße Änderung der Anschrift eines Vereins, z. B. durch Wechsel des Vereinslokals oder Umzug des 1. Vorsitzenden. Hier muss dem Amtsgericht lediglich die neue Anschrift mitgeteilt werden. Eine Sitzverlegung ist nicht erforderlich.

Es empfiehlt sich im Übrigen, wegen der mit einer Sitzverlegung verbundenen Formalitäten (Satzungsänderung und Eintragung) sowie der Kosten eine Sitzverlegung nur dann durchzuführen, wenn der Sitz des Vereins endgültig und auf Dauer an einen anderen Ort wechselt (Stöber/Otto, Rz. 155).

Der Verein verliert seine Rechtsfähigkeit nach deutschem Recht bei **Verlegung** des tatsächlichen Sitzes in das **Ausland** (sog. „Wegzugsfall"). Daher behandelt § 6 Abs. 3 VRV derartige Sitzverlegungen als Auflösung (zu Vereinen mit Auslandsbezug Stöber/Otto, Rz. 157 ff.).   80

4. Name des Vereins

a) Grundsätze des Namensrechts

Die Satzung des Vereins **muss** nach § 57 Abs. 1 BGB den Namen des Vereins enthalten, d. h. also, dass der Verein einen Namen führen muss. Dieser ist ebenso wie bei der natürlichen Person Ausdruck der Individualität und dient der Unterscheidung von anderen (juristischen) Personen. Der Name des eingetragenen Vereins steht unter dem Schutz von § 12 BGB (vgl. unten Rz. 98). Dieser Schutz umfasst nicht Gattungsbezeichnungen, umgangssprachliche Wendungen, wie z. B. „Hausbücherei" oder „....-Literaturhaus" und regionale Bezeichnungen (KG, MarkenR 2013 S. 204 [Palästinensische Ärzte- und Apothekervereinigung Deutschland e.V.]). Für den Schutz als Name nach § 12 BGB ist Verkehrsgeltung der Bezeichnung erforderlich, die z. B. weder für die Begriffe „Vereinigung", noch für die Berufsbezeichnung „Ärzte und Apotheker" noch für eine Standortangabe „Deutschland" gegeben ist (KG, a. a. O.).   81

Der Name kann sich vom Vereinszweck ableiten oder nach einem anderen, dem Verein wesentlichen Umstand bestimmen, also z. B. „Heimatverein A-Dorf" oder „Verein zur Förderung . . .". Der Name braucht bis auf den Zusatz „eingetragener Verein" nicht deutsch zu sein. Es kann auch ein **Phantasiename** gewählt werden, der aber noch als Name erkennbar sein muss. Die Aufnahme des Namens eines (Haupt-)Sponsors in den Vereinsnamen ist grds. zulässig; allerdings kann das auch in (Werbe-)Richtlinien untersagt werden (vgl. OLG Frankfurt/Main, OLGR Frankfurt 2009 S. 566 = CaS 2009, 152 m. teilw. abl. Anm. Heermann für die Ablehnung der Aufnahme in einen Landesverband einer Sportart wegen Verstoßes gegen entsprechende Werberichtlinien). Eine   82 nicht aussprechbare, kein Wort bildende Aneinanderreihung von Konsonanten kann allerdings nicht als Name eines Vereins im Vereinsregister eingetragen werden (OLG München, NJW-RR 2007 S. 187 für „K. S. S."; s. auch OLG Frankfurt/Main, NJW 2002 S. 2400 für „Firma – A.A.A.A.A.A."). Auch ist darauf zu achten, dass nicht ein Name gewählt wird, der durch das **Markenrecht** geschützt ist. Das ist für die Bezeichnungen „Athletik-Club Eintracht Frankfurt am Main e. V." und „AC Eintracht Frankfurt a. M." im Hinblick auf die Bezeichnung „Eintracht Frankfurt" angenommen worden (LG Frankfurt/Main, Urteil v. 24. 8. 2011 – 2-06 O 162/11).

83 Der Verein darf grds. nur einen Namen führen. Etwas anderes gilt nur dann, wenn der Verein im Rahmen des sog. Nebenzweckprivilegs für Idealvereine (s. Rz. 66) ein Handelsgeschäft übernommen hat. Dieses darf er unter der bisherigen Firma weiter betreiben.

84 Nach § 57 Abs. 2 BGB soll sich der Name des Vereins von den Namen der an demselben Ort oder in derselben Gemeinde bestehenden eingetragenen Vereine deutlich **unterscheiden** (Reichert u.a., Rz. 529; Stöber/Otto, Rz. 133; a. A. Sauter/Schweyer/Waldner, Rz. 58 [deutlich nicht erforderlich]). Unter Gemeinde ist die politische Gemeinde, die auch mehrere Orte umfassen kann, zu verstehen. Ohne Bedeutung ist es, ob der Zweck der Vereine gleich oder verschieden ist. Bei der Prüfung der Unterscheidbarkeit müssen die beiden Vereinsnamen in der vollständigen Form verglichen werden, wie sie im Vereinsregister eingetragen worden sind bzw. sollen. Die Namen unterscheiden sich dann deutlich, wenn nach dem Gesamteindruck und unter Berücksichtigung des Wortsinns einschließlich des Wort- und Klangbildes jede ernsthafte Gefahr einer Verwechslung ausgeschlossen ist (Reichert u.a., Rz. 532 m. w. N.; OLG Hamm, NJW-RR 2008 S. 350 = Rpfleger 2008 S. 141 für zusätzlichen Namensbestandteil „Mitte"). Werden gleichzeitig Vereine mit verwechselbarem oder gleichem Namen angemeldet, kann i. d. R. der Verein seinen Namen behalten, der zuerst in das Vereinsregister eingetragen worden ist (OLG Hamm, NZM 2006 S. 315 [Grundsatz der Priorität]). Der andere Verein muss seinen Namen ändern oder ggf. gegen den eingetragenen Verein auf Namensänderung klagen. Diese Klage wird aber nur dann Erfolg haben, wenn er der „ältere" Verein ist (s. auch LG Bonn, Rpfleger 1996 S. 463 zur verneinten Verwechselungsfähigkeit bei Vereinsnamen studentischer Verbindungen [einerseits „Bonner Burschenschaft G", andererseits „Turnerschaft G zu Bonn"]).

HINWEIS:

Tritt ein Ortsverein, dessen Name die bessere Priorität hat, aus einem überregionalen Verband aus, dessen Namensrecht prioritätsschwächer ist, hat dies aber nicht automatisch den Verlust des Rechts zur Führung seines Vereinsnamens zur Folge. Will der überregionale Verband sicherstellen, dass eine gemeinsame Bezeichnung allein bei ihm und seinen Untergliederungen verbleibt, muss er dies durch besondere Maßnahmen absichern. Eine entsprechende Regelung kann der Verband entweder satzungsmäßig verankern oder durch Absprachen mit den Beteiligten vereinbaren. Die bloße Absicht, ein einheitliches Verbandsauftreten gestalten zu wollen, reicht hierfür jedoch nicht aus (OLG Hamm, a. a. O. für „Haus und Grund".)

Ist der Verein bereits in das Vereinsregister eingetragen, ist eine **Änderung des Namens** auf jeden Fall eine **Satzungsänderung**, die der Eintragung ins Vereinsregister bedarf (§ 71 Abs. 1 BGB). Wird der Vereinsname noch im Gründungsstadium geändert, handelt es sich zwar auch um eine Satzungsänderung, die jedoch keiner besonderen Anmeldung bedarf. Es genügt vielmehr, im Anmeldeverfahren des neu gegründeten Vereins die geänderte Satzung einzureichen. **85**

b) Zusätze im Vereinsnamen

Auf den Namen des Vereins wird die Vorschrift des **§ 18 Abs. 2 HGB entsprechend** angewendet (s. dazu OLG Brandenburg, NJW-RR 2011 S. 621 = MDR 2011 S. 552 = FGPrax 2011 S. 1323; OLG Düsseldorf, Rpfleger 2004 S. 570; OLG Frankfurt/Main, NJW-RR 2002 S. 177; ZStV 2012 S. 25; OLG Köln, FGPrax 2006 S. 129). Allerdings sind mit Einführung des Handelsrechtsreformgesetzes und den damit verbundenen Neuregelungen die früher strengeren Anforderungen an das firmenrechtliche Irreführungsverbot gelockert worden (vgl. dazu Bokelmann, GmbHR 1998 S. 57). **86**

HINWEIS:

Der Grundsatz der (Firmen)Namenswahrheit bedeutet nach wie vor, dass der Vereinsname nicht geeignet sein darf, über Art, Zweck, Größe, Alter oder sonstige Verhältnisse des Vereins zu täuschen. Es genügt aber nicht mehr, wenn nur Einzelne irregeführt werden können, sondern es ist erforderlich, dass die „angesprochenen Verkehrskreise" getäuscht werden können. Auch muss die durch die mögliche Täuschung in Betracht kommende Irreführung von einer gewissen Bedeutung für die angesprochenen Verkehrskreise sein, wobei ein objektiver Maßstab aus der Sicht der durchschnittlichen Angehörigen des betroffenen Personenkreises und deren verständiger Würdigung anzulegen ist (OLG Brandenburg, a. a. O.; OLG Düsseldorf, a. a. O.; OLG Köln, FGPrax 2006 S. 129; s. auch Rz. 88).

---

87 Ein Vereinsname, der hiergegen **verstößt**, ist **unzulässig** und kann von Amts wegen gelöscht werden. Dadurch wird allerdings die Rechtsfähigkeit des Vereins nicht berührt (BGH, NJW 1984 S. 668).

88 Für die Frage, ob die **Möglichkeit** einer **Täuschung** der Öffentlichkeit besteht, ist grds. allein der Eindruck maßgebend, den der Name des Vereins unter Anlegung objektiver Maßstäbe bei der Allgemeinheit erweckt oder erwecken kann. Bei der Prüfung kommt es auf die allgemeine Verkehrsauffassung an (LG Lüneburg, BB 1979 S. 135 „Baugruppe"); die Überlegungen müssen sich im durchschnittlichen Rahmen halten. Nach der Neufassung des § 18 Abs. 2 HGB ist auch darauf abzustellen, ob sich aus der Verwendung des Namensbestandteils im Einzelfall konkrete Anhaltspunkte für eine Täuschungseignung ergeben (OLG Brandenburg, NJW-RR 2011 S. 621 = MDR 2011 S. 552 = FGPrax 2011 S. 1323 [falsche Jahreszahl im Vereinsnamen]; OLG Düsseldorf, Rpfleger 2004 S. 570; OLG Frankfurt/Main, ZStV 2012 S. 25; OLG Hamm, DB 1999 S. 2002 = Rpfleger 1999 S. 545; OLG Köln, FGPrax 2006 S. 129; eingehend zur Neuregelung des Firmenrechts auch Lutter/Welp, ZIP 1999 S. 1073). Die Prüfung des Registergerichts erstreckt sich auch auf die Täuschungseignung (OLG Köln, a. a. O.).

89 Aus der umfangreichen Rechtsprechung lassen sich folgende allgemeine **Grundsätze** ableiten (die Rechtsprechung ist zwar weitgehend zur alten Fassung des § 18 Abs. 2 HGB ergangen, sie dürfte aber im Wesentlichen auch weiterhin anwendbar sein).

90 Wird bei der Bildung eines Vereinsnamens der **Name** oder die Firmenbezeichnung **einer anderen Person** verwendet (z. B. bei einem Fanclub oder bei einer Interessengemeinschaft), so ist das unzulässig, wenn der Eindruck entsteht, es bestehe eine wirtschaftliche, sachliche oder personelle Verbindung, ohne dass diese tatsächlich vorhanden ist.

91 Die im Stamm gleichlautenden Namen von studentischen Verbindungen sind nicht verwechselungsfähig, wenn neben den Stammnamen ein **Namensbestandteil** mit **ausreichender Unterscheidungskraft** tritt (LG Bonn, Rpfleger 1996 S. 463 mit ablehnender Anm. Schmittmann [gemeinsamer Namensteil mit vorangestellten Bezeichnungen „Altherrenbund" und „Alt-Herren-Verband"]).

92 Bei der Verwendung der Bezeichnung **„Stiftung"** wird meist an einen gemeinnützigen oder wohltätigen Vereinszweck, zumindest aber an eine Stiftungsaufsicht gedacht (s. aber OLG Frankfurt/Main, NJW-RR 2002 S. 177). Auch die Bezeichnung **„Kammer"** erweckt den Eindruck einer öffentlich-rechtlichen Organisation und ist ohne einen klarstellenden Zusatz unzulässig (vgl. OLG

Dresden, WRP 2000 S. 1202; LG Traunstein, Urteil v. 22. 7. 2016 – 1 HK O 168/16 für „Deutsche Sachverständigenkammer"). Der Begriff **„Akademie"** ist nur in Ausnahmefällen zulässig, wenn es sich entweder um eine Vereinigung von Wissenschaftlern oder um eine Einrichtung handelt, die der Ausbildung oder Fortbildung dient. Der Begriff Akademie in einem Vereinsnamen kann aber jedenfalls nicht (allein) deshalb entsprechend § 18 Abs. 2 HGB beanstandet werden, weil der Verein keine akademische, d. h. hochschulähnliche Strukturen aufweist und nicht staatlich gefördert oder kontrolliert ist (KG, Rpfleger 2005 S. 199 = NZG 2005 S. 274).

Soll im Vereinsnamen die Bezeichnung **„Institut"** geführt werden, kommt es für die Zulässigkeit auf den Vereinszweck und auf die beabsichtigte Tätigkeit sowie auf die Qualifikation des Vereinspersonals an, da in der Öffentlichkeit i. d. R. die Annahme besteht, dass es sich bei einem „Institut" um eine wissenschaftliche Einrichtung mit entsprechend geschultem Personal handelt (zuletzt OLG Düsseldorf, Rpfleger 2004 S. 570). Die Rechtsprechung geht zudem davon aus, dass dem Vereinsnamen eine Tätigkeitsbezeichnung beizufügen ist (BayObLG, Rpfleger 1990 S. 407; KG, MDR 2012 S. 237 = FGPrax 2012 S. 32 = ZStV 2012 S. 183; s. auch noch zur Unzulässigkeit BayObLG, NJW- RR 1990 S. 1125 und BGH, NJW-RR 1987 S. 735 [Frage des Einzelfalls]). I. d. R. wird deshalb ein Verein, der die vorgenannten Voraussetzungen nicht erfüllt, entweder einen weiteren Namenskern oder Namen hinzufügen müssen (KG, a. a. O.; BayObLG, a. a. O.; LG Detmold, Rpfleger 1999 S. 333). Ein solcher Zusatz ist auch durch die Angabe eines Tätigkeitsbereichs möglich (KG, a. a. O.; LG Detmold, a. a. O.), der auf die Rechtsform hinweisende Zusatz „e. V." wird als nicht ausreichend angesehen (KG, a. a. O.). 93

Hinsichtlich des Namensbestandteils **„Verband"** ist früher u.a. darauf abgestellt worden, ob der Verein eine größere Zahl von Mitgliedern hat, oder ob sich in ihm mehrere Vereine zusammengeschlossen haben (zur Täuschungseignung bei „Fachverband" s. LG Bremen, Rpfleger 1989 S. 202; zur Frage der Irreführung bei Bezeichnung eines Berufsverbands als „Deutsche Heilpraktiker e. V. Bundesverband" s. BGH, NJW-RR 1987 S. 1178; zur Verwendung einer uneingeschränkten Berufsbezeichnung im Namen s. OLG Düsseldorf, OLG-Report Düsseldorf 1996 S. 68). Entscheidend sollte auch sein, ob sich aus dem Vereinsnamen ggf. ableiten lässt, dass es sich um einen Zusammenschluss aller Gruppen einer bestimmten Gesellschaftsschicht oder nur von Angehörigen eines bestimmten Berufs handelt. Insoweit ist die Rechtsprechung aber nach der Novellierung des § 18 Abs. 2 HGB inzwischen im Fluss. Vor allem das OLG Frankfurt/Main (NZG 2011 S. 1234; ZStV 2012 S. 25) geht davon aus, dass sich nicht mehr nur ein solcher Verein „Verband" nennen darf, der eine 94 größere oder bedeutende Anzahl von Mitgliedern im Sinne einer Mindestgrenze hat (vgl. dazu Reichert [12. Aufl.], Rz. 536 [mindestens 500] und anderenfalls zumindest einen Zusammenschluss verschiedener Vereine oder Körperschaften darstellen muss (vgl. auch KG, NJWE-WettbR 2000 S. 33). Es sei vielmehr auch bei der Verwendung des Begriffs „Verband" in einem Vereinsnamen auf den jeweiligen **Einzelfall** abzustellen und bei der Frage der Täuschungseignung von dem vollständigen Namen auszugehen.

95 Will ein Verein in seinem Namen eine **Jahreszahl** führen, was auch in abgekürzter Form zulässig sein kann (z. B. „Schalke 04" statt „Schalke 1904"), muss es sich i. d. R. um das wirkliche Gründungsjahr des Vereins selbst handeln (OLG Brandenburg, NJW-RR 2011 S. 621 = MDR 2011 S. 552 = FGPrax 2011 S. 1323; OLG Jena, Rpfleger 1998 S. 114). Anderenfalls wird es sich i. d. R. um eine Irreführung des Rechtsverkehrs handeln.

96 Bei einem geographischen **Zusatz** (z. B.: „Deutscher Verein ...") ist darauf zu achten, dass nicht hinsichtlich des Gebiets, auf das sich die Vereinstätigkeit erstreckt, oder hinsichtlich der Größe oder der Bedeutung des Vereins ein falsches Bild entsteht (vgl. OLG Celle, Rpfleger 1974 S. 222 [Zusatz: „hanseatischer ..."]; OLG Köln, FGPrax 2006 S. 129 [Zusatz: „Deutschland"]; s. auch für „Association Europa" LG Bremen, Rpfleger 1994 S. 362 m. w. N.; LG Mönchengladbach MDR 2009 S. 641); zum Ortzusatz im (Firmen-)Namen s. auch noch OLG Hamm, NZG 2013 S. 996). Allerdings sind z. B. die Namensbestandteile „Euro" oder „European" unbedenklich, sofern sich nicht im Einzelfall konkrete Anhaltspunkte für eine Täuschungseignung ergeben (OLG Hamm, DB 1999 S. 2002 = Rpfleger 1999 S. 545 [zum neuen Recht]).

BEISPIELE: ▶ Als **täuschende Vereinsnamen** sind angesehen worden:

- ▶ „Ärztlicher Arbeitskreis", wenn nur acht der Mitglieder Ärzte sind (OLG Karlsruhe, OLGZ 1982 S. 385)
- ▶ „Akademie für praktische Betriebswirtschaft" (OLG Bremen, NJW 1972 S. 164)
- ▶ „Aktionsgemeinschaft der deutschen Rechtsanwälte" für einen Verein mit unbedeutender Mitgliederzahl (OLG Hamm, OLGZ 1978 S. 431)
- ▶ „Die Gemeinde in ..." als Name einer Religionsgemeinde (LG Bonn, Rpfleger 1987 S. 205)
- ▶ „Deutsche Sachverständigenkammer" (LG Traunstein, Urteil v. 22. 7. 2016 – 1 HK = 168/16)
- ▶ „Dolmetscher-Institut" (OLG Düsseldorf, Rpfleger 2004 S. 570)
- ▶ „Europäische Wirtschaftskammer für Handel, Gewerbe und Industrie" (OLG Dresden, WRP 2000 S. 1202; vgl. aber OLG Frankfurt/Main, NZG 2011 S. 1234)

- „German-Omani General Association for Trade and Industry", wenn der Name des Vereins deshalb zu Täuschungen Anlass gibt, weil der Verein aus lediglich sieben Mitgliedern besteht (LG Tübingen, Rpfleger 1995 S. 258)
- „Hanseatischer ..." (OLG Celle, Rpfleger 1974 S. 222)
- „Immobilienbörse", da damit i. d. R. der Eindruck einer herausgehobenen Stellung am örtlichen Markt sowie eines besonders vielseitigen und preisgünstigen Angebots mit börsengleichem Umfang erweckt wird (OLG Düsseldorf, Rpfleger 1996 S. 291 = NJW-RR 1996 S. 989)
- „Institut für steuerwissenschaftliche Informatik" für einen Verein mit Sitz in einer Universitätsstadt, wobei es ohne Bedeutung ist, ob Vorstandsmitglieder auf dem Gebiet des Steuerrechts eine öffentliche Lehrbefugnis haben (BayObLG, NJW-RR 1990 S. 1125)
- „International Chamber of Commerce" für einen Verein, der keine Verbindungen zu staatlichen Stellen oder Organisationen der Wirtschaft hat (OLG Stuttgart, NJWE-WettbR 1996 S. 197 = WRP 1996 S. 945)
- „Internationaler Wassersport-Club" für einen kleinen lokalen Verein (LG Hagen, Rpfleger 1971 S. 428)
- „N-Vereinigung Deutschland e. V.", wenn dadurch der Eindruck eines Dachverbands hervorgerufen wird (OLG Köln, FGPrax 2006 S. 129; zur neuen Rechtsprechung hinsichtlich des Namensbestandteils „Verband" s. oben Rz. 94)
- „Olympia-Stiftung" für einen Verein, der keiner Stiftungsaufsicht unterliegt (BayObLG, NJW 1973 S. 249)
- „Privilegierte Schützengesellschaft" für einen Verein ohne Privilegien (BayObLGZ 1959 S. 290)
- „Sport-Schützen-Gesellschaft 1007", wenn die Zahl nicht mit der Jahreszahl der Gründung identisch ist (BayObLG, NJW 1972 S. 957)
- „Sozis gegen Filz" für eine Wählervereinigung, da zur Täuschung mit der SPD geeignet (BayObLG, NJW-RR 1990 S. 996)

Unbedenklich sind die Vereinsnamen: 97

- „Ärztetag für Medizin ohne Nebenwirkungen", da nicht ohne Weiteres ein Hinweis auf eine öffentlich-rechtliche Körperschaft angenommen werden könne (BayObLG, NJW 1992 S. 2362)
- „Anwalt des Kindes", wenn die Interessen von Kindern wahrgenommen werden (OLG Hamburg, NJW-RR 1991 S. 1005)
- der Namenszusatz „Euro" oder „European", sofern nicht im Einzelfall konkrete Anhaltspunkte für eine Täuschungseignung gegeben sind (OLG Hamm, DB 1999 S. 2002 = Rpfleger 2000 S. 545 [zum neuen Recht])
- „Europäischer Fachverband für ...", wenn die Tätigkeit des Vereins tatsächlich europäisch orientiert ist (OLG Frankfurt/Main, NZG 2011 S. 1234)
- „Griechische Gemeinde" für einen Verein, der die kulturellen und beruflichen Interessen seiner griechischen Mitglieder fördern will (BayObLGZ 1982 S. 282)

- ► „Heimatverein ...", auch wenn der Verein nicht die Pflege örtlicher Traditionen und Brauchtümer als Hauptzweck hat; ausreichend ist ein lokales Betätigungsfeld, in dem der Verein z. B. ortsansässige Einrichtungen fördert (OLG Jena, VB 7/2013 S. 1 [Ls.]).

- ► „Landesarbeitsgemeinschaft Bayern der ... e. V." (BayObLG, Rpfleger 1992 S. 397)

- ► der Namenszusatz „Rheinland" bei einem Tierschutzverein, da es sich nicht um ein gewerbliches Unternehmen handelt, bei dem gebietsbezogene Namenszusätze auf eine Sonderstellung des Geschäftszweiges in einer bestimmten Region hindeuten und daher zur Irreführung geeignet sind (LG Mönchengladbach, MDR 2009 S. 641)

- ► „Verband der ... X-berater", wenn bei der notwendigen Einzelfallbetrachtung und verständiger Würdigung durch einen durchschnittlichen Angehörigen des betroffenen Personenkreises die Bezeichnung nicht dazu geeignet ist, diesen über wesentliche Verhältnisse des Vereins „irrezuführen" (OLG Frankfurt/Main, ZStV 2012 S. 25).

c) Schutz des Vereinsnamens

98 Der Vereinsname steht unter dem **Schutz** des § 12 BGB. Der Verein kann also von jedem verlangen, dass er die Führung des gleichen Namens unterlässt, wenn durch die unbefugte Führung des Namens ein berechtigtes Interesse des Vereins verletzt wird (BGH, NJW 1970 S. 1270; NZM 2008 S. 902; OLG Hamm, NZM 2006 S. 315; OLG München, NJW 2002 S. 611; zum Fortbestand und **Namensschutz** altrechtlicher Schützengesellschaften in Thüringen LG Gera, NotBZ 2003 S. 399). Anspruchsgrundlage können § 12 BGB bzw. auch § 15 MarkenG sein, wenn die Namen im geschäftlichen Verkehr gebraucht werden (BGH und OLG Hamm, jeweils a. a. O. für „Haus und Grund"; LG Frankfurt/Main, Urteil v. 24. 8. 2011 – 2-06 O 162/11 für „Eintracht Frankfurt"). Entsteht dem Verein durch die unberechtigte Führung seines Namens ein Schaden, kann er gemäß § 823 Abs. 1 BGB Schadensersatz fordern, da es sich bei dem Namensrecht um „ein sonstiges Recht" i. S. von § 823 Abs. 1 BGB handelt (zum Namensrechtsvertrag bei Sportstätten Klingmüller, SpuRt 2002 S. 59).

d) Vereinsfarben/-wappen/-logo

99 Soll der Verein Vereinsfarben führen oder soll ein Wappen/Logo verwendet werden, kann auch darüber eine **Regelung** in der **Satzung** getroffen werden. Die Satzung könnte also bestimmen: „Die Vereinsfarben sind rot-weiß. Der Verein führt folgendes Wappen ..." (Röcken, Rz. 21). Werden Vereinsfarben und/oder -wappen/-logo geändert, muss dafür dann allerdings die Satzung geändert werden.

5. Bestimmung, dass der Verein ins Vereinsregister eingetragen werden soll

Nach § 57 Abs. 1 BGB muss sich aus der Satzung ergeben, dass der Verein   100
eingetragen werden soll. Die Satzung muss also den Willen der Vereinsgründer
erkennen lassen, einen rechtsfähigen Verein gründen zu wollen.

> **HINWEIS:**
>
> Üblich und zu empfehlen ist für die Satzung folgende Fassung der Bestimmung: „Der
> Verein soll in das Vereinsregister eingetragen werden. Nach der Eintragung führt er zu
> seinem Namen den Zusatz e. V."
>
> Ist in der Satzung auch noch das zuständige Registergericht erwähnt, muss, wenn sich
> der Vereinssitz später ändert, nicht unbedingt zugleich auch die Angabe zum Register-
> gericht geändert werden (OLG Karlsruhe, NZG 2014 S. 109 = VB 11/2013 S. 2; s. auch
> oben Rz. 79).

Fehlt in der Satzung eine **entsprechende Bestimmung** und ergibt sich auch   101
sonst nicht genügend deutlich, dass der Verein in das Vereinsregister eingetragen werden soll, ist der Verein als nichtrechtsfähiger Verein errichtet. Für
die Erlangung der Rechtsfähigkeit reicht es nicht aus, dass nun die Vorstandsmitglieder diesen Verein zur Eintragung anmelden. Auf ihren Willen, dass der
Verein Rechtsfähigkeit erlangt, kommt es nicht an; dafür muss eine Grundlage
in der Satzung vorhanden sein. Die Vorstandsmitglieder können aber durch
entsprechenden Beschluss die Satzung ergänzen, wenn sich aus anderen
(Gründungs-)Unterlagen ergibt, dass der Verein eingetragen werden soll, z. B.
aus dem Protokoll über die Gründungsversammlung (vgl. dazu Spitzenberg,
Rpfleger 1971 S. 242).

> **HINWEIS:**
>
> Soll ein zunächst als nichtrechtsfähiger Verein gegründeter Verein später rechtsfähig
> werden, muss seine Satzung dahin geändert werden, dass der Verein nunmehr in das
> Vereinsregister eingetragen werden soll.

6. Eintritt von Mitgliedern

a) Vertrag Mitglied/Verein

Die **Mitgliedschaft** in einem Verein wird durch den **Vertrag** zwischen dem Bei-   102
trittswilligen und dem Verein erworben (BGHZ 101 S. 193 = NJW 1987 S. 2503;
202 S. 202 = NJW 2014 S. 3239 = NZG 2014 S. 1188 und dazu Schöpflin, ZStV
2015 S. 41). Es gilt der Grundsatz der **Privatautonomie**. Das bedeutet, dass der
Verein die freie Entscheidung darüber hat, ob er ein neues Mitglied aufnehmen
will, und zwar auch dann, wenn der Bewerber die satzungsmäßigen Vorgaben

für die Aufnahme erfüllt (BGHZ 101 S. 193 = NJW 1987 S. 2503). Etwas anderes gilt z. B. nur dann, wenn der Verein sich in der Satzung verpflichtet hat, alle Mitglieder aufzunehmen (vgl. auch Rz. 117).

103 Der (Aufnahme)Vertrag kann, etwa wegen Geschäftsunfähigkeit, nichtig sein oder **angefochten** werden. Ebenso wie bei der Gründung können Nichtigkeits- und Anfechtungsgründe aber nur mit Wirkung für die Zukunft geltend gemacht werden (str.; ebenso Sauter/Schweyer/Waldner, Rz. 75; Palandt/Ellenberger, § 38 Rz. 4; Stöber/Otto, Rz. 244). Mitgliedsbeiträge können daher nach Anfechtung nicht zurückgefordert werden (Stöber/Otto, a. a. O., m. w. N.).

b) Voraussetzungen für den Erwerb der Mitgliedschaft

104 Gemäß § 58 Nr. 1 BGB **muss** die **Satzung Bestimmungen** über den Eintritt der Mitglieder enthalten (vgl. dazu auch Röcken, Rz. 70 ff.). Daraus folgt, dass der eingetragene Verein keinen geschlossenen Mitgliederbestand haben darf (Sauter/Schweyer/Waldner, Rz. 70 m. w. N.). Weitere Einzelheiten über den Eintritt eines neuen Mitglieds enthält das BGB nicht. Insbesondere verlangt es nicht, dass die Satzung festlegt, wer Mitglied des Vereins werden kann (OLG Köln, NJW 1989 S. 173, 174). Auch muss die Satzung keine Bestimmung darüber enthalten, in welcher Form ein Aufnahmeantrag zu stellen ist (BayObLG, NJW 1972 S. 1323). Entscheidend ist allein, dass sich aus der Satzung mit **hinreichender Bestimmtheit** ergibt, **wie** sich der Eintritt eines Mitglieds vollzieht (BayObLG, Rpfleger 2001 S. 137 = NJW-RR 2001 S. 326). Das gilt für alle Mitglieder des Vereins, also z. B. auch für Probemitglieder (BayObLG, a. a. O.).

> HINWEIS:
>
> Bei der Festlegung der Voraussetzungen für die Mitgliedschaft sollte auf die Formulierung der entsprechenden Satzungsbestimmung große Sorgfalt verwendet werden. Denn die Kriterien, von denen der Verein die Aufnahme eines neuen Mitglieds ggf. abhängig machen will, können entscheidend dafür sein, ob der Verein i. S. des § 52 Abs. 1 AO die Allgemeinheit fördert und u.a. deshalb als gemeinnützig anzuerkennen ist (s. einerseits BFH, BStBl 1979 II S. 488 [schriftliches Aufnahmegesuch, das möglichst von zwei Mitgliedern befürwortet sein muss, und Entscheidung des Vorstands darüber mit 2/3 Mehrheit schadet nicht]; andererseits FG Schleswig-Holstein, EFG 1996 S. 604; s. auch die ablehnende Besprechung von Gast-de Haan, DStR 1996 S. 405; s. auch Rz. 937 und Schleder, Rz. 130 ff.). Das gilt insbesondere auch für die (zu hohe) Festsetzung einer Aufnahmegebühr (s. dazu Rz. 939 m. w. N.).

105 Der Verein ist somit bei der **Festlegung** der **Voraussetzungen** für den Erwerb der Mitgliedschaft grds. **frei** (OLG Frankfurt/Main, Urteil v. 13. 11. 2007 – 11 U 23/07 [Kart]; vgl. aber unten Rz. 117). So kann seine Satzung bestimmen, ob jede beliebige Person oder nur natürliche oder nur juristische Personen Mit-

glied werden können. Sie kann die Mitgliedschaft auch an **bestimmte Eigenschaften** wie z. B. Beruf, Alter, Geschlecht, Wohnsitz, Staatsangehörigkeit knüpfen (s. z. B. BGH, Beschluss v. 17. 9. 2013 – II ZR 120/12 [Mitglied können Grundstückseigentümer einer Eigenheimsiedlung sein]; AG Wiesbaden, NZM 1999 S. 776 [Mitglied in einem Mieterschutzverein können nur Mieter sein]) oder bestimmen, dass z. B. die Mitgliedschaft in einer bestimmten anderen Organisation der Mitgliedschaft im Verein entgegensteht. Die Mitgliedschaft kann auch an das Bekenntnis zur freiheitlich demokratischen Grundordnung geknüpft werden, um so ggf. Extremisten aus dem Verein fern zu halten (Röcken, ZStV 2012 S. 144; vgl. dazu auch LG Bremen, SpuRt 2013 S. 127 = ZStV 2013 S. 146 = NJW-RR 2013 S. 1125 [Ausschluss eines NPD-Mitglieds aus dem Bundesligaverein „Werder Bremen"). Auch darf im Hinblick auf Art. 9 Abs. 1 GG ein türkischer Kulturverein die Aufnahme von Deutschen ablehnen (Prütting/Wegen/Weinreich/Schöpflin, § 25 Rz. 12).

> **HINWEIS:**
>
> Allerdings sind die Grenzen des Allgemeinen Gleichbehandlungsgesetzes (AGG) zu beachten (vgl. dazu Prütting/Wegen/Weinreich/Schöpflin, § 25 Rz. 12). Insoweit gilt:
>
> In § 2 Abs. 1 Nr. 4; § 18 AGG sind Benachteiligungen in Bezug auf die Mitgliedschaft und Mitwirkung in Arbeitnehmer-, Arbeitgeber- und Berufsvereinigungen geregelt. Aus den in § 1 AGG genannten Gründen darf die Mitgliedschaft insoweit nicht verweigert werden.
>
> Für sonstige Vereine kommt das zivilrechtliche Benachteiligungsverbot nach § 19 Abs. 1 Nr. 1 AGG in Betracht, das die Benachteiligung aus Gründen der Weltanschauung nicht erfasst und nur für Massengeschäfte gilt. Der Erwerb der Vereinsmitgliedschaft begründet ein besonderes personenbezogenes Näheverhältnis zum e. V. Damit scheidet § 19 AGG nach § 19 Abs. 5 AGG aus. Da der Vorstand über die Aufnahme i. d. R. individuell entscheidet, fehlt ein Massengeschäft. Etwas anderes gilt bei „Massen-Vereinen", bei denen die Mitgliedschaft hinter dem Dienstleistungscharakter zurücktritt (z. B. beim ADAC).

Im Zusammenhang mit der Aufnahme in einen Verband kann dieser auch Vorgaben hinsichtlich der Namensgebung des aufzunehmenden Mitglieds machen (vgl. OLG Frankfurt/Main, OLGR Frankfurt 2009 S. 566 = CaS 2009, 152 m. teilw. abl. Anm. Heermann für die Ablehnung der Aufnahme in einen Landesverband einer Sportart wegen Verstoßes gegen entsprechende Namens-/ Werberichtlinien). Möglich ist es außerdem, nur eine **begrenzte Anzahl** von Mitgliedern vorzusehen sowie für die Mitgliedschaft die **vorherige Aufforderung** zum Beitritt notwendig zu machen. Die Satzung kann im Übrigen auch vorsehen, dass die Mitglieder des Vereins automatisch Mitglieder in einem **Dachverband** sind (vgl. zuletzt BGHZ 105 S. 306 = NJW 1989 S. 1724; LG Frankenthal, Rpfleger 2003 S. 591). Es müssen dann aber korrespondierende Satzungsbestimmungen vorliegen, die dahin gehen, dass die Aufnahme einer Per- 106 son in einen der Verbandsvereine automatisch die Einzelmitgliedschaft im Dachverband zur Folge hat (BGH, a. a. O.; LG Frankenthal, a. a. O.).

HINWEIS:

Die Satzung darf die Aufnahme eines beschränkt Geschäftsfähigen/Minderjährigen davon abhängig machen, dass der gesetzliche Vertreter für die Mitgliedsbeiträge des neuen Mitglieds haftet (OLG Hamm, NJW-RR 2000 S. 42 = Rpfleger 2000 S. 70). Allerdings muss diese (rechtsgeschäftliche) Haftungsübernahme des gesetzlichen Vertreters für die Mitgliedsbeiträge in der Satzung so ausgestaltet sein, dass der gesetzliche Vertreter bei der Stellung des Aufnahmeantrags von der doppelten Bedeutung der von ihm abgegebenen Erklärung Kenntnis hat. Nicht ausreichend ist es, wenn die Satzung sich auf die Anordnung beschränkt, der gesetzliche Vertreter verpflichte sich durch seine Unterschrift unter den Aufnahmeantrag des beschränkt Geschäftsfähigen zur Zahlung der Mitgliedsbeiträge (OLG Hamm, a. a. O.). Es empfiehlt sich daher, den Aufnahmeantrag entsprechend auszugestalten, indem z. B. der gesetzliche Vertreter bei der Unterzeichnung ausdrücklich versichert, dass ihm die entsprechende Regelung in der Satzung bekannt ist und er für die Mitgliedsbeiträge des Minderjährigen haftet.

---

107 Grds. **nicht möglich** ist eine Art **„Zwangsmitgliedschaft"** in der Weise, dass jemand bereits lediglich aufgrund seiner beruflichen Stellung oder einer bestimmten Eigenschaft Mitglied des Vereins ist (BayObLG, DB 1973 S. 2518 = MDR 1974 S. 400). Eine **Ausnahme** vom Verbot der „Zwangsmitgliedschaft" wird aber anerkannt, wenn eine verbandsrechtliche Pflichtmitgliedschaft gesetzlich vorgeschrieben ist, wie z. B. in § 54 GenG, wonach eingetragene (Kredit-)Genossenschaften ausnahmslos Mitglied eines genossenschaftlichen Prüfverbands sein müssen (vgl. dazu BGH, NJW 1995 S. 2981). Eine Ausnahme wird zudem für einen **kirchlichen Verein** angenommen. Bei ihm darf die Satzung bestimmen, dass kirchliche Funktionsträger „geborene" Vereinsmitglieder sind (OLG Köln, NJW 1992 S. 1048, 1049 = Rpfleger 1992 S. 112 ff.; OLG Hamm, NJW-RR 1995 S. 139). Nicht zulässig ist auch eine Satzungsregelung, wonach die Vereinsmitglieder von außenstehenden Dritten in den Verein gewählt werden (OLG Stuttgart, Rpfleger 1986 S. 262; OLG Köln, a. a. O.). Durch die Satzung kann auch die Mitgliedschaft eines weggefallenen Mitglieds auf einen außenstehenden Dritten nicht rechtswirksam übertragen werden, auch wenn dieser Funktionsnachfolger dieses Mitglieds ist. Eine entsprechende Satzungsvorschrift wird man aber dahin auslegen können, dass damit nur ein Eintrittsrecht gewährt wird (BGH, MDR 1981 S. 27).

HINWEIS:

Rechtliche Folge der Aufnahme oder des wirksamen Beitritts in den Verein (vgl. Rz. 108 ff.) ist die Bindung des neuen Mitglieds an die Vereinsverfassung, unabhängig davon, ob ihm diese in allen Teilen bekannt ist oder nicht. Verbindlich sind auch alle früher von Vereinsorganen gefassten Beschlüsse (Sauter/Schweyer/Waldner, Rz. 88).

---

c) Beitrittserklärung/Aufnahmeverfahren

aa) Form/Bedingung bei der Beitrittserklärung

Die Beitritts-/Aufnahmeerklärung ist an **keine** bestimmte **Form** gebunden. Sie   108
kann also **mündlich** erfolgen. Die Satzung kann jedoch eine schriftliche Erklärung vorsehen, was zweckmäßig ist, weil damit Streit über das Bestehen der
Mitgliedschaft oder über den Zeitpunkt des Beitritts ausgeschlossen ist. Sieht
die Satzung Schriftform vor, genügt die Übermittlung der Beitrittserklärung
mittels Telefax (BGH, NJW-RR 1996 S. 866 [für die Austrittserklärung]; s. auch
Rz. 129). Verlangt die Satzung einen schriftlichen Aufnahmeantrag, kann dieser
auch durch konkludentes/schlüssiges Handeln gestellt werden (u.a. BGHZ 202
S. 202 = NJW 2014 S. 3239 = NZG 2014 S. 1188 m. w. N.). Denn solche Bestimmungen der Satzung sind im Einzelfall darauf zu prüfen, ob es sich um echte
Wirksamkeitsvoraussetzungen des Aufnahmegesuchs oder allein um – nur intern wirksame – Zuständigkeitsbegrenzungen des Vorstands handeln soll.

Das neue Mitglied kann sich bei der Beitrittserklärung auch **vertreten** lassen.   109
Ein Ehegatte kann jedoch nicht allein aufgrund der sich aus § 1357 BGB ergebenden sog. „Schlüsselgewalt" den Beitritt des anderen Ehegatten erklären (AG
Münster, MDR 1970 S. 142; AG Marl, FamRZ 1998 S. 283 = NJW-RR 1988 S. 197).
Der Beitritt kann sowohl von dem neuen Mitglied als auch vom Verein an eine
Bedingung geknüpft werden. So kann das neue Mitglied bestimmte Sonder-
oder Vorzugsrechte verlangen, während die Satzung für den Verein die Zah-
lung einer „Aufnahmegebühr" oder eines „Eintritts" vorsehen kann (zur verneinten steuerlichen Abzugsfähigkeit einer „Eintrittsspende" in der Form eines
Darlehensverzichts s. FG Düsseldorf, EFG 1995 S. 710; s. auch BFH, NJW 1997
S. 3047, 3048). Der Eintritt eines Minderjährigen kann daran geknüpft werden,
dass der gesetzliche Vertreter die Mithaft für die Mitgliedsbeiträge übernimmt
(OLG Hamm, NJW-RR 2000 S. 42 = Rpfleger 2000 S. 70; wegen der Einzelheiten
s. Rz. 104).

HINWEIS:

Zum Beitritt Minderjähriger gilt das zu Rz. 28 Ausgeführte (vgl. auch Stöber/Otto, Rz.
245 ff.). Das bedeutet:

► Ist der Beitrittswillige noch nicht 18 Jahre alt, bedarf er gemäß § 107 BGB zur Beitrittserklärung der Einwilligung seines gesetzlichen Vertreters. Das sind nach
§§ 1626 Abs. 1, 1629 Abs. 1 BGB grds. Vater und Mutter. Das AG Ahlen (vgl. Urteil
21. 12. 2017 – 30 C 244/17, VB 3/2018 S. 2) geht allerdings davon aus, dass die
Zustimmung beider Elternteile nicht notwendig ist, wenn es sich, wie z. B. bei einem
Sportverein, bei der Vereinsmitgliedschaft um eine Ausgabe für die Kindeserziehung
bzw. ein Haushaltsgeschäft im üblichen finanziellen Rahmen handelt. Dann greife
§ 1357 BGB ein.

▶ Die Einwilligung kann vor dem Beitritt oder nach § 108 BGB nach dem Beitritt als Genehmigung erteilt werden.

▶ Da der Beitritt dem Minderjährigen i. d. R. nicht lediglich einen rechtlichen Vorteil bringt, sondern ihn auch zu künftigen Beitragszahlungen und der Erfüllung weiterer mitgliedschaftlicher Pflichten verpflichtet, findet § 110 BGB – sog. Taschengeldparagraf – meist keine Anwendung (so auch Stöber/Otto, Rz. 247 m. w. N. auch zur a. A.). Auch § 105a BGB ist nicht anwendbar (s. auch Rz. 29).

▶ Ist der Minderjährige allerdings nach §§ 112, 113 BGB von seinem gesetzlichen Vertreter zum selbständigen Betrieb eines Erwerbsgeschäfts oder zur Eingehung eines Dienst- oder Arbeitsverhältnisses ermächtigt, so kann er in damit zusammenhängende Vereine (z. B. Gewerkschaft oder Berufsverbände) auch ohne (nochmalige) Einwilligung seines gesetzlichen Vertreters eintreten (so auch Stöber/Otto, a. a. O.).

110   Die Satzung kann auch einen **rückwirkenden Vereinsbeitritt** als zulässig ansehen (BGH, NZG 2015 S. 713 = ZIP 2015 S. 1067; KG, Rpfleger 2011 S. 90). Das gilt auch für Vereine, die Tarifvertragsparteien sind (BGH, a. a. O.).

bb) Besondere Aufnahmeverfahren

111   Die Satzung kann vorsehen, dass über den Eintritt von Mitgliedern in einem besonderen Aufnahmeverfahren entschieden werden soll. Diese Regelung empfiehlt sich immer dann, wenn dem Verein die Entscheidung vorbehalten werden soll, ob er jemanden als Mitglied aufnehmen will oder nicht. Auf diese Weise kann der Unterwanderung des Vereins begegnet werden. Die Satzung kann das **Aufnahmeverfahren** letztlich **frei gestalten:** Die Entscheidung über die Aufnahme kann dem Vorstand, einem besonderen Aufnahmeausschuss oder der Mitgliederversammlung vorbehalten sein. Ist eine Regelung darüber nicht getroffen, ist die Mitgliederversammlung zuständig. Möglich ist auch die Bekanntgabe des Beitrittswilligen an alle Mitglieder mit der Einräumung eines Widerspruchsrechts innerhalb bestimmter Frist gegen die Aufnahme. Vorsehen kann die Satzung schließlich, dass gegen die Ablehnung des Beitrittsgesuchs durch ein anderes Organ als die Mitgliederversammlung Berufung an ein anderes Organ zulässig ist, das dann endgültig über die Aufnahme entscheidet.

112   Möglich ist es endlich auch, dass die Satzung vorsieht, dem Beitrittswilligen ggf. zunächst nur eine **vorläufige Mitgliedschaft** einzuräumen (zur Regelung des Eintritts von „Probemitgliedern" BayObLG, Rpfleger 2001 S. 137 [fehlt eine Regelung in der Satzung werden die „Probemitglieder" automatisch Vollmitglieder]). Das kann sich empfehlen, wenn **noch bestimmte Aufnahmekriterien** erfüllt werden müssen, so z. B., wenn bei Eintritt in einen Verband die Satzung des beitrittswilligen Vereins noch an die Vorgaben des Verbands angepasst werden muss (s. dazu OLG Düsseldorf, NJW-RR 1998 S. 328 [wenn Mitglieder

eines Sportvereins nur dann an Wettkämpfen teilnehmen können und bei der Ausübung des Sports versichert sind, wenn der Sportverein Mitglied des zuständigen Landessportverbands ist, hat der Sportverein einen im Wege der einstweiligen Verfügung durchsetzbaren Anspruch auf eine in der Satzung des Landessportverbands vorgesehene vorläufige Mitgliedschaft]).

HINWEIS:

Wegen der durch den Vereinsbeitritt entstehenden Rechte und Pflichten des (neuen) Mitglieds empfiehlt es sich, den Zeitpunkt des Erwerbs der Mitgliedschaft in der Satzung eindeutig zu regeln. Sonst können nämlich z. B. bei einer Mitgliederversammlung Unstimmigkeiten darüber entstehen, ob ein Mitglied schon stimmberechtigt ist oder noch nicht.

Stöber/Otto (Rz. 236) empfiehlt z. B. etwa folgende Formulierung in der Satzung: „Die Mitgliedschaft ist erworben, wenn die Beitrittserklärung durch Vorstandsbeschluss angenommen ist. Die Mitteilung der Aufnahme an den Erwerber erfolgt durch den Vorstand. Diese Mitteilung hat für den Zeitpunkt der Aufnahme keine Bedeutung." Möglich ist es auch, wie folgt zu formulieren: „Die Mitgliedschaft beginnt mit dem 1. des auf die bestätigende Mitteilung des Vorstands folgenden Monats" (Röcken, Rz. 75).

Ist in der Satzung der **Beginn** der Mitgliedschaft an die **Aushändigung** eines **Satzungsexemplars** oder einer (unterschriebenen) Mitgliedskarte geknüpft, was zulässig ist, erwirbt das neue Mitglied die Mitgliedschaft erst mit der Aushändigung dieser Urkunde. Das gilt auch dann, wenn der Vorstand oder das sonst zuständige Vereinsorgan bereits die Aufnahme beschlossen und der Mitgliedschaftsbewerber davon Kenntnis erlangt hat (BGHZ 101 S. 193 = NJW 1987 S. 2503). 113

Lediglich um eine **besondere Bedingung** für den Erwerb der Mitgliedschaft handelt es sich i. d. R., wenn die Satzung bestimmt, dass ein neues Mitglied einen oder mehrere **Bürgen** zu benennen hat (vgl. dazu auch Röcken, Rz. 74 und Röcken, ZStV 2012 S. 144 ff.). Diese Bestimmung ist ohne Weiteres zulässig und ein gutes Mittel, um Bewerber aus dem Verein fern zu halten, deren Aufnahme man aus bestimmten Gründen verhindern möchte. Es handelt sich bei solchen Regelungen nicht um die Übernahme einer Bürgschaft i. S. von §§ 765 ff. BGB. „Gebürgt" wird hier für den guten Leumund des neuen Mitglieds. Soll es sich hingegen tatsächlich um eine Bürgschaft i. S. des BGB handeln, indem z. B. der Bürge dem Verein gegenüber für die Mitgliedsbeiträge des neuen Mitglieds haften soll, muss das in der Satzung eindeutig erklärt werden. In diesem Fall bedarf es dann auch gemäß § 766 BGB einer schriftlichen Bürgschaftserklärung des Bürgen gegenüber dem Verein (Sauter/Schweyer/Waldner, Rz. 72; zur Mithaftung des gesetzlichen Vertreters für die Mitgliedsbei- 114 träge bei Eintritt eines neuen minderjährigen Mitglieds s. OLG Hamm, NJW-RR 2000 S. 42 = Rpfleger 2000 S. 70; dazu auch Rz. 104).

cc) Vereinsbeitritt als Haustürwiderrufsgeschäft

115 Die Frage, ob der Vereinsbeitritt als ein entgeltlicher Vertrag anzusehen ist, ist schon zum bis zum 31. 12. 2001 geltenden § 1 des **Haustürwiderrufgesetzes (HWiG)** v. 16. 1. 1986 nicht eindeutig beantwortet worden. Einerseits hatte das OLG Karlsruhe (NJW 1991 S. 433) die Anwendbarkeit des (früher geltenden) HWiG für den Beitritt zu einem Luftrettungsverein verneint. Das OLG München (NJW 1996 S. 263) und das LG Stuttgart (NJW-RR 1995 S. 1009) haben hingegen die Anwendbarkeit bejaht. Das HWiG ist zum 1. 1. 2002 aufgehoben worden. Die entsprechenden Regelungen befinden sich jetzt in den §§ 312 ff. BGB. Die Frage, ob der Beitritt innerhalb von einer Woche widerrufen werden kann, hat sich dadurch aber nicht erledigt. M. E. wird man nach wie vor aufgrund der Entstehungsgeschichte des HWiG und der im Wesentlichen gleichen Vorschriften des BGB davon ausgehen müssen, dass der Vereinsbeitritt dem Widerrufsrecht grds. nicht unterfällt (s. auch Palandt/Grüneberg, § 312 Rz. 7; Stöber/Otto, Rz. 223; a. A. Reichert u.a., Rz. 1045). Etwas anderes wird man aber für entgeltliche Verträge annehmen können, die zwischen dem Verein und seinen Mitgliedern über bestimmte, nicht schon aus der Mitgliedschaft zu beanspruchende Leistungen geschlossen werden (Palandt/Grüneberg, a. a. O.; Stöber/Otto, a. a. O.; vgl. auch OLG München, a. a. O.).

HINWEIS:

Die Frage ist deshalb in der Praxis von Bedeutung, weil bei Anwendbarkeit des § 312 BGB der Kunde/Beitretende gemäß §§ 312 Abs. 1, 355 Abs. 2 BGB über sein Widerrufsrecht belehrt werden muss. Wird er, was in der Praxis die Regel sein dürfte, nicht belehrt, beginnt nach § 355 Abs. 2 BGB die zweiwöchige Widerrufsfrist nicht zu laufen und der Beitritt kann auch noch später widerrufen werden.

BEISPIEL: ▶ Der Beitretende verpflichtet sich zum Zweck des Beitritts zu einem Time-Sharing-Verein zur Zahlung eines Aufnahmebeitrags in einer Höhe (13.000 € für Ferienwohnrecht), die in anderen Time-Sharing-Modellen dem Nutzungsrechterwerbspreis entspricht. In diesem Fall ist das LG Stuttgart (a. a. O.) von einem entgeltlichen Vertrag und der Möglichkeit des Widerrufs nach dem HWiG ausgegangen. Jetzt finden die §§ 312a, 485 BGB Anwendung.

116 Der **Widerruf** hat **innerhalb zwei Wochen** zu erfolgen, wenn der Kunde ordnungsgemäß (in Textform!; s. § 355 Abs. 2 BGB) belehrt worden ist. Ist die Belehrung unterblieben, kann der Kunde auch noch später widerrufen. Das Widerrufsrecht erlischt nach § 356 Abs. 3 Satz 2 BGB allerdings spätestens nach zwölf Monaten und 14 Tagen, wenn ordnungsgemäß belehrt worden ist.

d) Pflicht zur Aufnahme in den Verein

Auch wenn ein Bewerber alle in der Satzung vorgesehenen Voraussetzungen   117
für die Aufnahme in den Verein erfüllt, ergibt sich daraus i. d. R. für den Verein
noch keine **Aufnahmepflicht** (u.a. BGHZ 101 S. 193 = NJW 1987 S. 2503; OLG
Frankfurt/Main, Urteil v. 13. 11. 2007 − 11 U 23/07 [Kart]). Etwas anderes gilt
nur dann, wenn sich der Verein durch eine entsprechende Satzungsbestimmung, wonach z. B. für den Beitritt allein die Beitrittserklärung des Bewerbers
genügt, **selbst gebunden** hat. Davon kann aber nicht schon dann ausgegangen
werden, wenn die Vereinssatzung ein Probejahr vorsieht (LG Lübeck, MDR 1993
S. 292 für die Aufnahmepflicht bereits bekannter Personen).

Darüber hinaus sind nur Vereine mit einer **Monopolstellung** gemäß § 826 BGB   118
grds. zur Aufnahme verpflichtet, wenn die Verweigerung der Mitgliedschaft
eine sittenwidrige Schädigung darstellt. Dieser **Aufnahmezwang** besteht insbesondere bei Wirtschaftsverbänden oder Berufsvereinigungen (s. auch § 18
Abs. 2 AGG).

Die Rechtsprechung hat daneben den allgemeinen Rechtsgrundsatz entwickelt,   119
dass eine **Aufnahmepflicht** des Vereins immer dann besteht, wenn trotz Erfüllung der satzungsmäßigen Aufnahmebedingungen die Ablehnung der Aufnahme zu einer − im Verhältnis zu bereits aufgenommenen Mitgliedern −
sachlich nicht gerechtfertigten ungleichen Behandlung und unbilligen Benach-
teiligung des Bewerbers führt (s. u.a. BGH, NJW 1985 S. 1216 [für Industriege-
werkschaft Metall]).

> **HINWEIS:**
>
> Das gilt auch für die Aufnahme in einen Sportverband oder Sportverein (s. u.a. BGH,
> NJW 1975 S. 771 für die Aufnahme in den Deutschen Sportbund; NJW-RR 1986 S. 583;
> zusammenfassend BGH, NJW 1999 S. 1326; OLG Dresden, SpuRt 2016 S. 33 = NZG 2017
> S. 189 = NJW-RR 2017 S. 291 zur Aufnahme eines Sportfachverbands in den Landes-
> sportverband; OLG Frankfurt/Main, OLGR Frankfurt 2009 S. 566 = CaS 2009, 152 für den
> (Handball-)Sportverband eines Landes; LG Bremen, SpuRt 2013 S. 127 = ZStV 2013 S. 146
> = NJW-RR 2013 S. 1125 [Bundesligaverein „Werder Bremen" kein Monopolverein]; all-
> gemein zum Anspruch auf Aufnahme in einen Verein, dargestellt am Beispiel der Sport-
> verbände, Steinbeck, WuW 1996 S. 91). (Sport)Verbände mit überragender Machtstel-
> lung können auch begrenzt auf einzelne Regionen bestehen (BGH, a. a. O. [für einen
> Zusammenschluss von aus einer bestimmten Stadt stammenden Sportvereinen]).
>
> Die oben angegebenen Grundsätze geltend entsprechend, wenn es zwar nicht um die
> Aufnahme als Mitglied in den Verein geht, die Mitgliedschaft in diesem aber z. B. Vo-
> raussetzung für die Zulassung zur Zucht ist (OLG Frankfurt/Main, Urteil v. 13. 11. 2007
> − 11 U 23/07 [Versagung einer sog. „Deckgenehmigung" für einen Rüden innerhalb der
> Satzung eines Hundezüchtervereins]).

120   Eine Monopolstellung des Vereins ist dann nicht mehr erforderlich. Es genügt, wenn er eine erhebliche **wirtschaftliche oder soziale Machtstellung** besitzt (BGH, NJW 1980 S. 186 für die Frage der Aufnahme in einen Anwaltsverein; NJW 1989 S. 1724 für Spitzenverband der Kreditgenossenschaften) und der Bewerber ein schwerwiegendes Interesse am Erwerb der Mitgliedschaft hat. Das kann z. B. gegeben sein, wenn die Mitgliedschaft Voraussetzung für die Teilnahme an Wettkämpfen oder Wettbewerben ist. **Praktisch wichtiger** ist das **Gesetz gegen Wettbewerbsbeschränkungen (GWB)**. Nach dessen § 27 GWB a. F. konnte die Kartellbehörde bei missbräuchlicher Verweigerung der Mitgliedschaft eine Aufnahmeanordnung erlassen (BGH, NJW 1995 S. 462). In der seit dem 1. 1. 1999 geltenden Fassung verbietet § 20 Abs. 6 GWB die Ablehnung der Aufnahme (vgl. dazu Wickert, NWB 35/2014 S. 2633). Das kann die Kartellbehörde nach § 32 GWB untersagen, § 33 GWB gewährt einen Unterlassungsanspruch.

121   Für die **Ablehnung** der Aufnahme müssen **sachlich** gerechtfertigte **Gründe** vorhanden sein (OLG Düsseldorf, NJW-RR 1987 S. 503). Auf jeden Fall muss der Bewerber grds. die übrigen in der Satzung vorgesehenen Voraussetzungen für die Aufnahme in den Verein erfüllen und ist i. d. R. eine Abwägung zwischen beiden Interessen und Grundrechtspositionen erforderlich (BGH, NJW 1985 S. 1216; BVerfG, NJW-RR 1989 S. 636). Der Bewerber muss auch die (sachlich gerechtfertigten) **Aufnahmebestimmungen** erfüllen (OLG Frankfurt/Main, OLGR Frankfurt 2006 S. 306 [Mindestmitgliederzahl kann eine sachlich gerechtfertigte Aufnahmebestimmung darstellen, um Splittergruppen von marginaler Bedeutung auszuschließen]; OLGR Frankfurt 2009 S. 566 = CaS 2009 S. 152 m. teilw. abl. Anm. Heermann zur Ablehnung der Aufnahme in einen Landesverband einer Sportart wegen Verstoßes des Bewerbers gegen entsprechende Werberichtlinien). Lehnt der Bewerber es ab, sich der Satzung des Vereins und den darin enthaltenen Aufnahmebestimmungen anzupassen, obwohl er das ohne Weiteres könnte, ist die Ablehnung seiner Aufnahme nicht sittenwidrig (s. z. B. BGH, NJW 1973 S. 35, 36 m. w. N.). Die Ablehnung eines Aufnahmegesuchs kann auch dann gerechtfertigt sein, wenn der Name des beitrittswilligen Vereins Bestandteile aufweist, die Unterschiede und Gegensätze zu anderen Vereinsmitgliedern betonen und ggf. unsachliche Reaktionen hervorrufen können (KG, NJW-RR 1993 S. 183 [für Namensbestandteil „schwul"]).

BEISPIELE: ▶ Aufnahmepflicht besteht:

▶ grds. bei Gewerkschaften, Deutscher Sportbund, Landessportbund gegenüber Sportfachverband

▶ i. d. R. wohl bei einem Zusammenschluss von **Sportvereinen** einer bestimmten Stadt gegenüber einem Sportverein mit Sitz in dieser Stadt (BGH, NJW 1999 S. 1326)

▶ bei einem das gesamte Hundewesen vertretenden Zuchtverbands (BGH, WuW 1980 S. 827)

▶ bei einem Stadtjugendring gegenüber „Schwuler Jugendgruppe" (LG Heidelberg, NJW 1991 S. 927; vgl. aber KG, NJW-RR 1993 S. 183, das die Aufnahmepflicht eines Vereins Homosexueller in einen Sportdachverband verneint hat, anders insoweit LG Heidelberg, NJW 1991 S. 927; vgl. im Übrigen Palandt/Ellenberger, § 25 Rz. 10 m. w. N.).

Aufnahmepflicht besteht nicht:

▶ Anwaltsverein

▶ Mieterverein (LG Münster, MDR 1974 S. 309)

▶ Gemeinnützige Wohnungsbaugenossenschaft (OLG Köln, OLGZ 1966 S. 132)

▶ **Landessportbund** gegenüber einem Verein mit dem Namensbestandteil „Dynamo" (BVerfG, NJW-RR 1989 S. 636)

▶ bei der **Bergwacht** des DRK (a. A. LG München, NJW-RR 1993 S. 890)

e) Wiederaufnahme in den Verein

Für die Wiederaufnahme einmal aus dem Verein ausgeschiedener Mitglieder kann die Satzung **andere Voraussetzungen als** für einen **Ersteintritt** festlegen. So kann die Wiederaufnahme einmal ausgeschiedener Mitglieder überhaupt ausgeschlossen oder auch nur vom Ableisten einer **Probezeit** abhängig gemacht werden. Nach Reichert u.a. (Rz. 1044) soll die Wiederaufnahme nicht mit der Begründung verweigert werden können, der Bewerber habe in der Zwischenzeit ein vereinsschädigendes Verhalten gezeigt, da er in dieser Zeit nicht zur Vereinstreue verpflichtet gewesen sei. Das erscheint zweifelhaft, da der Verein kaum verpflichtet sein dürfte, einen Bewerber als Mitglied aufzunehmen, der sich ihm gegenüber schädigend verhalten hat. Sieht die Satzung (schon) für einen Ersteintritt die Ableistung einer Probezeit vor, kann im Fall einer Wiederaufnahme die Probezeit verweigert werden, da der „Bewerber" den übrigen Mitgliedern bekannt ist (LG Lübeck, MDR 1993 S. 292).

122

7. Austritt aus dem Verein

a) Regelung in der Satzung

123 Ebenso wie über den Eintritt schreibt § 58 Nr. 1 BGB hinreichend bestimmte Regelungen in der Satzung über den Austritt der Mitglieder vor (BayObLG, Rpfleger 2001 S. 137). Gemeint ist damit die Ausgestaltung des **unabdingbaren** Rechts jedes Vereinsmitglieds, aus dem Verein auszutreten. Dieses Recht ist in § 39 BGB zwingend festgelegt und kann auch durch die Satzung **nur geringfügig eingeschränkt** werden. Soll eine in der Satzung festgelegte Kündigungsfrist **geändert**/verlängert werden, bedarf es dazu einer **Satzungsänderung.**

124 Die Satzung kann für den Austritt bestimmen, dass er nur am Schluss eines Geschäftsjahres oder erst nach Ablauf einer **Kündigungsfrist,** die nicht länger als zwei Jahre sein darf, zulässig ist (§ 39 Abs. 2 BGB). Beide Voraussetzungen können kombiniert werden. Dabei ist aber darauf zu achten, dass dadurch das Mitglied nach der Austrittserklärung nicht länger als noch zwei Jahre an den Verein gebunden wird. Grds. zulässig ist daher eine Bestimmung, dass der Austritt unter Einhaltung einer einjährigen Kündigungsfrist nur zum Schluss eines Kalenderjahres erfolgen kann. Die Satzung kann auch vorsehen, dass erst nach einer gewissen Zeit nach dem Eintritt (aber nicht mehr als zwei Jahre!) der Austritt erklärt werden darf. Sieht die Satzung eine zu lange Kündigungsfrist vor, fällt diese nicht ersatzlos weg, sondern verkürzt sich gemäß § 39 Abs. 2 BGB auf die dort vorgesehenen zwei Jahre (BGH, a. a. O.; OLG Hamm, Urteil v. 14. 2. 2007 – 8 U 110/06; Stöber/Otto, Rz. 277; MüKo-BGB/Reuter, § 39 Rz. 7; a. A. Prütting/Wegen/Weinreich/Schöpflin, § 39 Rz. 3). Eine zu lange Mindestbindung berührt die Wirksamkeit der Mitgliedschaft nicht (OLG Hamm, a. a. O.). Es liegt deshalb keine fehlerhafte Mitgliedschaft vor: Es besteht deshalb auch **nicht** etwa ein **Sonderkündigungsrecht** (OLG Hamm, a. a. O.).

> **HINWEIS:**
>
> Nach § 10 Abs. 2 Satz 3 PartG sind Mitglieder politischer Parteien jederzeit zum sofortigen Austritt berechtigt. Gewerkschaftsmitglieder und Arbeitgeberverbände können aufgrund der Koalitionsfreiheit (Art 9 Abs. 3 GG) höchstens einer satzungsmäßigen Austrittsfrist von sechs Monaten unterworfen werden (BGH, NJW 1981 S. 340 f. = DB 1981 S. 1403 = MDR 1981 S. 291; BGHZ 202 S. 202 = NJW 2014, S. 3239 = NZG 2014 S. 1188 [keine analoge Anwendung von § 10 Abs. 2 Satz 3 PartG auf Arbeitgeberverband]); AG Hamburg, NJW 1987 S. 2380; näher Reuter, RdA 2006 S. 117).

125 Der **Austritt** darf durch die Satzung **nicht,** weder offen noch versteckt, **erschwert** werden, auch dürfen dem austrittswilligen Mitglied durch den Austritt keine Nachteile entstehen. Im Einzelnen gilt (vgl. auch Palandt/Ellenberger, § 39 Rz. 2 m. w. N.):

▶ Unzulässig ist es, die **Austrittserklärung** an **besondere Formvorschriften** zu binden, die über die Schriftform hinausgehen (BGH, NJW-RR 1996 S. 866; zur Form der Austrittserklärung s. unten Rz. 129).

▶ Sieht die Satzung den **Austritt** mittels **eingeschriebenen Briefs** vor, ist das eine unzulässige Erschwerung, wenn von der Einhaltung dieser Form die Wirksamkeit des Austritts abhängig gemacht werden soll. Eine solche Satzungsvorschrift dient i. d. R. jedoch nur der Beweiserleichterung, nämlich dem Nachweis des Zugangs der Austrittserklärung beim Verein. Die **Wirksamkeit** des Austritts kann daher nicht mit der Begründung bestritten werden, die Austrittserklärung sei nur mit „einfachem Brief" und nicht „eingeschrieben" übersandt worden (RGZ 77 S. 70; Sauter/Schweyer/Waldner, Rz. 96). Im Zweifel genügt also einfache Schriftform (BGH, NJW-RR 1996 S. 866; s. auch Rz. 129).

▶ Eine **unzulässige Erschwerung** des Austritts bedeutet es auch, wenn für die Erklärung ein **Begründungszwang** bestimmt ist oder der Austritt nur aus wichtigem Grund erklärt werden darf.

▶ Die Wirksamkeit des Austritts kann auch **nicht** von der **Zahlung rückständiger Beiträge,** sonstiger Schulden oder eines Austrittsgelds abhängig gemacht werden (Prütting/Wegen/Weinreich/Schöpflin, § 39 Rz. 3). Es kann aber bestimmt werden, dass beim Austritt eines Mitglieds ein Darlehen, das diesem vom Verein gewährt worden ist, zur Rückzahlung fällig wird (Stöber/Otto, Rz. 269). Die Satzung kann auch die Rückzahlung eines Aufnahmebeitrags von einer Höchstmitgliederzahl oder von der Werbung eines neuen Vereinsmitglieds durch den Ausscheidenden abhängig machen (OLG Brandenburg, MDR 2005 S. 640 f. für Austritt aus einem Golfclub).

▶ **Unzulässig** ist weiter die Androhung der Aufnahme in eine **schwarze Liste** für den Fall des Austritts oder die Festsetzung besonders harter Bedingungen für den Fall des Wiedereintritts.

▶ Das Gleiche gilt schließlich für eine Satzungsvorschrift, nach der ein freiwilliges Ausscheiden aus dem Verein nicht mehr möglich sein soll, sobald gegen das Mitglied das **Ausschlussverfahren** oder ein sonstiges Vereinsstrafverfahren eingeleitet worden ist (vgl. zu allem Sauter/Schweyer/Waldner, Rz. 100).

▶ Die Satzung kann aber bestimmen, dass die Mitgliedschaft in einem Eigenheimverein, dem nur die Eigentümer einer Eigenheimsiedlung als Mitglieder angehören und der die Aufgabe hat, die Gemeinschaftsflächen zu verwalten und zu pflegen, nur durch den Verlust des Grundeigentums enden und eine (ordentliche) Austrittskündigung vor diesem Zeitpunkt ausgeschlossen sein soll (offen gelassen von BGH, Beschluss v. 17. 9. 2013 – II ZR 120/12, der den Austritt aus einem solchen Verein, der typische Merkmal einer Personengesellschaft aufweist, als einen Verstoß gegen **Treu** und **Glauben** gewertet hat).

> **HINWEIS:**
>
> Die einvernehmliche Beendigung der Mitgliedschaft im Verein ist grds. immer möglich. Das gilt auch dann, wenn in der Satzung einzelne einseitige Beendigungstatbestände, wie z. B. Kündigung, Ausschluss, festgelegt sind. Daraus folgt nicht, dass diese eine einvernehmliche Aufhebungsvereinbarung zwischen dem Mitglied und dem hierfür nach § 26 Abs. 2 BGB zuständigen Vorstand – weder insgesamt noch ohne Einhaltung einer der Kündigungsfrist entsprechenden Auflösungsfrist – untersagt wäre. Das folgt aus dem allgemeinen Grundsatz, dass die Parteien eines Rechtsverhältnisses dieses jedenfalls mit Wirkung für die Zukunft grds. durch eine beiderseitige Vereinbarung auch wieder aufheben können (BAG, DB 2011 S. 1815 = BB 2012 S. 2441).

b) Fristloser Austritt

126   Neben dem ordentlichen Austritt aus dem Verein kann ein fristloser Austritt in Betracht kommen. Die Mitgliedschaft kann aber durch sofortigen Austritt aus dem Verein nur beendet werden, wenn ein **wichtiger Grund** vorliegt. Dieser ist gegeben, wenn ein Verbleiben im Verein bis zum Ablauf der satzungsgemäßen Kündigungsfrist unter Berücksichtigung der gesamten Umstände eine unerträgliche Belastung bedeuten würde, die dem austrittswilligen Mitglied nicht zugemutet werden kann (§ 314 BGB; OLG Oldenburg, OLGR Oldenburg 2009 S. 612 = Nds.Rpfl 2009 S. 284 m. w. N.; LG Itzehoe, NJW-RR 1989 S. 1531; LG Ulm, SpuRt 2013 S. 169). Insoweit müssen bei der Beurteilung der Frage, ob die Einhaltung der Kündigungsfrist zumutbar ist, in erster Linie die Belange und der Zweck des Vereins, im Zusammenhang damit auch die Folgen eines sofortigen Austritts für ihn und der Grund für die Festsetzung einer Kündigungsfrist in Betracht gezogen werden (OLG Oldenburg, a. a. O.). Diese Umstände werden i. d. R. den Interessen des Mitglieds vorzugehen haben, gegen die sie jedoch abzuwägen sind. Erforderlich ist aber nur ein objektiver Grund, auf ein Verschulden kommt es nicht an. Der „**Kündigungsgrund**" muss einen Bezug zum Verein haben. Er kann grds. in der **Person** des **Mitglieds** liegen (a. A. offenbar OLG Oldenburg, a. a. O. [nicht in der Risikosphäre des Kündigenden]). Zu denken ist darüber hinaus etwa an das Mitglied eines Sportvereins, das umgezogen ist und deshalb die Sportstätten des Vereins nicht mehr nutzen kann bzw. das länger andauernd erheblich erkrankt ist. Auch können wirtschaftliche Schwierigkeiten des Mitglieds, die ihm die Zahlung (hoher) Beiträge unmöglich machen, zum Austritt berechtigen. Ein sofortiger Austritt aus dem Verein kann

auch dann in Betracht kommen, wenn die Rechte aus der Mitgliedschaft an bestimmte Eigenschaften geknüpft sind. Fallen diese weg, kann das Mitglied zum sofortigen Austritt berechtigt sein (AG Wiesbaden und AG Bochum, NZM 1999 S. 776 m. Anm. Wenzel, NZM 1999 S. 981 [für Austritt aus einem Mieterverein nach Wegfall der Mietereigenschaft]; a. A. Prütting/Wegen/Weinreich/ Schöpflin, § 39 Rz. 3). Der Kündigungsgrund kann sich aber auch aus der **Sphäre** des **Vereins** ergeben, wenn z. B. der Verein seinen Satzungszweck ändert und deshalb für das Mitglied bedeutsame Leistungen nicht mehr anbietet. Das wäre z. B. dann der Fall, wenn ein Fußball- und Handballverein nur noch eine der beiden Sportarten anbietet (vgl. auch noch Rz. 146). Entsprechendes kann gelten – auch ohne Satzungsänderung –, wenn der Verein vereinbarte Leistungen nicht mehr anbietet bzw. reduziert, wie z. B. ein reduziertes Sportstättenangebot (VB 7/2013 S. 18), oder wenn ein Sportverein sein Vereinsgelände verlegt und das Mitglied nun einen weiteren Anfahrtsweg hat (VB 1/ 2017 S. 18). In Betracht kommen zudem **erhebliche Verletzungen** der **satzungsmäßigen Rechte** des Mitglieds, da dies dem Mitglied das Verbleiben im Verein unzumutbar macht (LG Ulm, a. a. O.). Das kann z. B. der Fall sein, wenn ein der in der Satzung nicht vorgesehenes Organ eine Vereinsstrafe verhängt und/oder die verhängte Strafe nicht den Satzungsvorgaben entspricht (LG Ulm, a. a. O. für einen Sportverein). Erkennt der Vereinsvorstand einen solchen eindeutigen Verstoß gegen die Satzung nicht an und behandelt somit die satzungsmäßigen Rechte seiner Mitglieder nicht in der gebotenen schützenden Weise, ist dies ein weiterer Anlass zur fristlosen Kündigung (LG Ulm, a. a. O.).

HINWEIS:

Im Allgemeinen wird der Vorstand das „fristlos kündigende" Mitglied darauf hinweisen, dass der Austritt in der Satzung grds. an eine bestimmte Frist gebunden ist und dass es sich dem durch den Beitritt zum Verein unterworfen hat. Eine andere Frage ist, ob nicht der Vorstand oder ein anderes Vereinsorgan den sofortigen Austritt zulassen kann. Dieses Recht wird ihm die Satzung einräumen dürfen.

Ist die fristlose Austrittserklärung unwirksam, wird die Erklärung aber zumindest als fristgemäßer Austritt zum nächstmöglichen Zeitpunkt wirksam sein (Sauter/Schweyer/Waldner, Rz. 106).

Bei der Prüfung der Frage, ob ein **wichtiger Grund** vorliegt, müssen die Belange und der Zweck des Vereins und die Folgen des Austritts für ihn gegen die Interessen des Mitglieds abgewogen werden (zur [nicht zulässigen] „Kündigung" der Vereinsmitgliedschaft, wenn nur ein geringer Teil der Einnahmen des Vereins dem eigentlichen Vereinszweck zugeführt wird, s. BGH, NJW 1995 S. 539). So werden vereinsinterne Streitigkeiten allein i. d. R. nicht zum fristlosen Austritt berechtigen. Das gilt erst recht, wenn das austrittswillige Mit- 127 glied den Austrittsgrund selbst (mit-)verschuldet hat (RGZ 130 S. 375, 378; Stöber/Otto, Rz. 280). Andererseits werden (schwere) Verletzungen des satzungsmäßigen Rechts des Mitglieds zum fristlosen Austritt berechtigen (LG Ulm, SpuRt 2013 S. 169). Dazu zählt aber nicht, dass das Mitglied mehrfach versucht hat, ein Anliegen im Büro des Vereins vorzutragen, dies aber wegen starken Andrangs gescheitert ist (AG Münster, ZMR 1965 S. 43).

128 I. d. R. wird auch eine **Beitragserhöhung** für einen fristlosen Austritt aus dem Verein **nicht** ausreichen (AG Essen, DWW 1961 S. 119; zu den Vereinsbeiträgen allgemein s. Rz. 137 ff.). Das gilt nach Auffassung des LG Aurich (Rpfleger 1987 S. 115) selbst dann, wenn die Beitragserhöhung 40% beträgt; zu berücksichtigen seien nämlich die „Gesamtumstände". Insoweit hat das LG Aurich (a. a. O.) darauf abgestellt, dass es sich in dem von ihm entschiedenen Fall um einen Tennisverein handelte, der Mitgliedsbeitrag bei Teilnahme am aktiven Spielbetrieb also nur einen Teil der anfallenden Kosten ausmachte, und die erhöhte Belastung von den Mitgliedern nur für ein Jahr zu tragen war. Zudem wird es auch darauf ankommen, ob und wie finanziell belastbar die Mitglieder sind. Auch kann der Umstand eine Rolle spielen, wie lange die ordentliche Kündigungsfrist ist, wie lange also das Mitglied die erhöhte Belastung tragen muss. Von Bedeutung kann schließlich auch die vom Vorstand für die Beitragserhöhung gegebene Begründung sein. So ist ein Grund zum fristlosen Austritt aus dem Verein aufgrund einer Beitragserhöhung dann bejaht worden, wenn die vom Vorstand für die Erhöhung gegebene Begründung inhaltsleer und nicht nachvollziehbar war (AG Nürnberg, Rpfleger 1988 S. 109 für Erhöhung um 25%).

HINWEIS:

Eine andere Frage ist, ob die Mitglieder nach einer rückwirkenden Beitragserhöhung (fristlos) kündigen können. Das wird man, wenn die rückwirkende Erhöhung nicht in der Satzung vorgesehen war, bejahen müssen (so auch LG Hamburg, NJW-RR 1999 S. 1708 für eine rückwirkende Erhöhung um allerdings 300%; a. A. LG Aurich, a. a. O.; a. A. offenbar auch Stöber/Otto, Rz. 357; zur rückwirkenden Beitragserhöhung s. Rz. 150 f.).

Der Verein kann sich gegen einen „Massenaustritt" nach einer Beitragserhöhung dadurch schützen, dass in der Satzung eine Höchstgrenze für Beitragserhöhungen genannt wird. Eine solche Regelung wird auf jeden Fall gegen das Recht zum fristlosen Austritt sprechen. Denn damit hat das Mitglied die Möglichkeit, sich annähernd über die Belastungen zu informieren, die ihm aus der Mitgliedschaft entstehen.

c) Austrittserklärung

Die **Austrittserklärung** ist eine einseitige empfangsbedürftige Willenserklä-   129
rung, die mit dem Zugang an ein Vorstandsmitglied oder an das in der Satzung
bestimmte Vereinsorgan (§ 130 BGB; § 28 Abs. 2 BGB) wirksam wird. Die Mitgliedschaft lebt (später) nicht dadurch wieder auf, dass die Austrittserklärung
zurückgenommen wird. Vielmehr kann die Mitgliedschaft nur durch Beitritt
wieder neu begründet werden. Grds. möglich ist auch die Teilkündigung einzelner Mitgliedschaftsrechte, wenn sie in der Satzung ausdrücklich zugelassen
ist (Schulze, NJW 1991 S. 3264).

Die Satzung kann eine **Kündigungsfrist** vorsehen, z. B. einen Monat vor Errei-   130
chen des Austrittstermins. Ist das nicht der Fall, wird der Austritt mit dem
Zugang der Austrittserklärung sofort wirksam, wenn nicht ein bestimmter Austrittstermin (z. B. zum Ende des Kalenderjahres) vorgesehen ist. Ist nach der
Satzung ein bestimmter Austrittstermin vorgesehen, nicht aber eine Kündigungsfrist, kann der Austritt noch am Terminstag wirksam erklärt werden. Erforderlich ist aber, dass die Erklärung dem Verein noch am selben Tag zugeht.

> **BEISPIEL:** Nach der Satzung ist der Austritt bis zum Ende des Kalenderjahres zulässig.
> Ein Austritt ist dann wirksam, wenn die Austrittserklärung dem Verein noch am
> 31. Dezember des Jahres zugeht.

Das BGB sieht für den Austritt keine bestimmte Form vor. Das bedeutet, dass   131
der Austritt grds. auch mündlich erfolgen kann. Die **Satzung** kann für die Austrittserklärung **Schriftform** vorsehen (s. oben Rz. 108), was häufig der Fall sein
wird. Das ist dann grds. als gewillkürte Schriftform i. S. des § 127 BGB anzusehen (BGH, NJW-RR 1996 S. 866). Das bedeutet: Nach § 127 Abs. 2 BGB genügt
dem Schriftformerfordernis auch eine „telekommunikative Übermittlung".
D. h.: Die Übermittlung der Austrittserklärung mittels **Telefax, Fernschreiben,
Teletext, E-Mail und Computerfax** genügt dem in der Satzung aufgestellten
Schriftformerfordernis, ohne dass es einer besonderen „Zulassung" durch die
Rechtsprechung bedarf (zur Zulässigkeit eines Austritts per Fax s. auch BGH,
NJW 2000 S. 2340).

> **HINWEIS:**
>
> Wegen des ggf. erforderlichen Nachweises empfiehlt es sich für das austrittswillige
> Mitglied, den Austritt in einer Form zu erklären, die später diesen Nachweis auch er-
> möglicht, also i. d. R. Schriftform mit eingeschriebenem Brief oder gegen Empfangs-
> bestätigung.
>
> Eine Kündigung per E-Mail ist dem Verein zugegangen, wenn sie in seinem allgemein
> bekannten Postfach bei seinem Provider eingegangen ist (zur Abgabe und zum Zugang
> elektronisch übermittelter Willenserklärungen vgl. Vehslage, AnwBl. 2002 S. 86).

132   Nach **Abgabe** der Austrittserklärung kann das Recht, aus dem Verein aus-
zuscheiden, **nicht mehr** durch eine **Verlängerung** der Kündigungsfrist beeinträchtigt werden. Eine nach Erklärung des Austritts vorgenommene Verlängerung hat also keine Bedeutung mehr für diejenigen Mitglieder, die ihre
Austrittserklärung vor Eintragung der Satzungsänderung in das Vereinsregister
abgegeben haben. Wird nach Abgabe der Austrittserklärung die bisherige Kündigungsfrist durch eine Satzungsänderung **verkürzt,** kommt es darauf an, ob
die bisherige oder die neue Kündigungsfrist zu einem früheren Austrittstermin
führt. Der frühere ist dann der gültige (Sauter/Schweyer/Waldner, Rz. 92).

> **BEISPIEL:** ▶ Nach der alten Regelung ist die Kündigung nur zum Ende des Kalenderjah-
> res zulässig. Im August wird eine neue Kündigungsregelung eingeführt, wonach nun-
> mehr zum Ende eines jeden Quartals gekündigt werden kann. Diese Satzungsände-
> rung wird im September ins Vereinsregister eingetragen. Ein Mitglied, das seine
> Mitgliedschaft bereits am Anfang des Jahres gekündigt hat, scheidet somit mit dem
> 30. September aus dem Verein aus. Die neue Kündigungsfrist führt zu einem frühe-
> ren Austrittstermin.

d) Rechtsfolgen des Austritts

133   **Rechtliche Folge** des Austritts ist die **Beendigung der Mitgliedschaft.** Es erlöschen grds. alle Mitgliedschaftsrechte und -pflichten. War das Mitglied Vorstand des Vereins, dürfte mit dem Austritt im Zweifel das Vorstandsamt enden, und zwar auch dann, wenn die Satzung das Vorstandsamt nicht an die
Mitgliedschaft im Verein bindet. Vor dem Austritt entstandene vermögensrechtliche Ansprüche (z. B. Schadensersatzansprüche) bleiben bestehen. Der
Ausgeschiedene muss aber die erst nach dem Wirksamwerden des Austritts
fällig werdenden Beiträge auch dann nicht zahlen, wenn die Beitragsschuld
vorher entstanden war (BGHZ 48 S. 207, 211 = NJW 1967 S. 2303; zur Behandlung der Beitragspflicht beim Ausscheiden aus dem Verein s. Rz. 152).

> **BEISPIEL:** ▶ Der Beschluss über die Zahlung eines Sonderbeitrags ergeht zwischen
> Kündigung und deren Wirksamwerden. Der Beitrag wird jedoch erst nach Wirksam-
> keit der Kündigung fällig. Das ausgetretene Mitglied braucht den Beitrag nicht
> mehr zu zahlen (BGH, a. a. O.). Wird der Beitrag hingegen bis zur Wirksamkeit der
> Kündigung fällig, muss ihn auch das Mitglied, das bereits seinen Austritt erklärt
> hat, noch entrichten (BVerfG, NJW 1991 S. 2626; AG Grevenbroich, NJW 1991
> S. 2646).

134   Mit dem Austritt erhält das scheidende Mitglied **keinen** Anspruch auf ein **Aus-
einandersetzungsguthaben** am Vereinsvermögen. Das ausscheidende Mitglied
hat auch keinen grundsätzlichen **Anspruch** auf **Rückzahlung** eines bei Eintritt
in den Verein gezahlten **Aufnahmebeitrags** (OLG Brandenburg, MDR 2005
S. 640 = OLG-NL 2005 S. 177 [für Golfclub]). Allerdings kann in der Satzung

etwas anderes geregelt werden. Sieht die Satzung eine Regelung vor, verstößt eine Bestimmung, wonach die Rückzahlung der Aufnahmebeiträge von dem Erreichen einer Höchstmitgliederzahl abhängt, ebenso wenig gegen § 39 Abs. 1 BGB wie eine Regelung, nach der die Rückzahlung des Aufnahmebeitrags die Werbung eines neuen Vereinsmitglieds durch das ausscheidende Vereinsmitglied voraussetzt (OLG Brandenburg, a. a. O.). Das ausscheidende Mitglied kann ggf. auch zur Kündigung eines Darlehens berechtigt sein, das es dem Verein im Zusammenhang mit dem Beitritt gewährt hat (vgl. die Fallgestaltung bei OLG Düsseldorf, NJW 2008 S. 1451; LG Düsseldorf, Urteil v. 9. 11. 2010 – 10 O 85/ 10). In dem Zusammenhang ist eine Klausel, die besagt, dass eine Kündigung des Darlehensvertrags erst bei Bestehen einer Warteliste mit 20 Interessenten ausgesprochen werden kann, unwirksam (OLG Düsseldorf, a. a. O.). Ebenfalls unwirksam ist eine (AGB-)Klausel im Rahmen eines Darlehensvertrags, wonach dem Darlehensgeber nur dann ein Rückzahlungsanspruch zusteht, wenn fünf Jahre seit der Darlehensgewährung vergangen sind und er einen Nachfolger für die Übernahme seines Darlehensvertrags anbieten kann, oder aber wenn das Pachtverhältnis endet und der Darlehensnehmer über ausreichende Mittel zur vollständigen Rückzahlung verfügt (LG Düsseldorf, a. a. O.).

Das scheidende Mitglied haftet auch nicht mehr für etwaige **Vereinsschulden**, soweit eine Haftung dafür überhaupt vorgesehen war. Auch nach dem Austritt bleibt aber für Streitigkeiten aus dem Mitgliedschaftsverhältnis ein etwa in der Satzung festgelegtes Schiedsgericht zuständig. 135

8. Erhebung von Beiträgen und Umlagen

a) Allgemeines

Die Satzung soll nach **§ 58 Nr. 2 BGB** Bestimmungen darüber enthalten, ob und welche Beiträge von den Mitgliedern zu leisten sind. Fehlt eine solche Bestimmung, kann der Verein nicht eingetragen werden (§ 60 BGB; eingehend zu Beiträgen im Verein VB 12/2015 S. 10 ff.). Von den Beiträgen sind die sog. Umlagen zu unterscheiden (vgl. dazu Rz. 153; zur steuerlichen Behandlung von Vereinsbeiträgen Bartmuß/Pauls, ZStV 2013 S. 8 ff., 46 ff. und 121 ff.). 136

b) Beiträge

aa) Satzungsregelungen

Beiträge sind **alle mitgliedschaftlichen Pflichten**, die ein Mitglied zur Förderung des Vereinszwecks zu erfüllen hat (Reichert u.a., Rz. 886 ff.; zur steuerlichen 137

Behandlung/Abzugsfähigkeit von Mitgliedsbeiträgen s. Rz. 1075 ff.). **„Beiträge"** meint i. d. R. eine periodische Geldzahlung (Sauter/Schweyer/Waldner, Rz. 120; AG Ahlen, Urteil v. 21. 12. 2017 – 30 C 244/17, VB 3/2018 S. 2 m. w. N.), es können aber auch Beiträge in Form von Sachleistungen, aber auch Leistung von Diensten vorgesehen sein, wie z. B. ein feste Anzahl von Arbeitsstunden/ Mitglied (s. aber AG Ahlen, a. a. O. [ausdrückliche Regelung in der Satzung erforderlich, da der Begriff „Beitrag" nicht „Arbeitsleistungen" umfasst]). Soll das Vereinsmitglied verpflichtet sein, am Training und an Wettkämpfen teilzunehmen, muss das in der Satzung festgelegt werden (Reichert, u.a., Rz. 893, 968; zu Werbepflichten für den Verein s. Rz. 875 ff.). Beiträge im weiteren Sinn sind auch sonstige Zahlungen, die ein Mitglied für die Inanspruchnahme von Leistungen des Vereins auf der Grundlage einer Gebührenordnung erbringen muss (Frings, NWB F. 18 S. 4629, 4630). Auch **Aufnahmegebühren** können Beiträge sein (zur Umsatzsteuerpflicht [für Aufnahmegebühren] s. BFH, NJW 2008 S. 1471 und BFH/NV 2013 S. 665 [verneint, da kein „Umsatz"]).

> **HINWEIS:**
>
> Mitgliedsbeiträge und Aufnahmegebühren sind steuerlich nicht abzugsfähig. Vereine versuchen hier nicht selten, durch sog. Beitrittsspenden „Abhilfe zu schaffen". Dem wird aber häufig von der Rechtsprechung entgegengehalten, dass diese nicht freiwillig sind, weil eine Zahlungsverpflichtung besteht. Oder man geht davon aus, dass der Zugang zu den Leistungen des Vereins eine Gegenleistung darstellt und somit die Spende nicht unentgeltlich ist (zur Einordnung einer in unmittelbaren zeitlichen und wirtschaftlichen Zusammenhang mit der Aufnahme eines Mitglieds in einen Golfclub und der damit eröffneten Möglichkeit, die Golfanlagen zu nutzen, geleisteten Zahlung als [gruppen-/eigennützigen] [Aufnahme]Beitrag und nicht als steuerwirksame [unentgeltliche] Spende s. BFH, NJW 2007 S. 110; zur Betriebsausgabe FG Köln, EFG 2011 S. 1782 = DStRE 2012 S. 657 für Golfclubbeitrag; zu Beitrittsspenden s. auch Rz. 1081).

138 Wie der Verein die Beitragspflicht in der Satzung **regelt**, steht ihm **frei**. Erforderlich ist nur eine Bestimmung, die regelt, dass überhaupt Beiträge erhoben werden (vgl. auch noch Rz. 153). So muss z. B. die Beitragshöhe in der Satzung **nicht ziffernmäßig** bestimmt sein (BGH, NJW 1995 S. 2981; NJW-RR 2008 S. 194 = NZG 2008 S. 38; NJW 2010 S. 3521 = MDR 2010 S. 1195 = NZG 2010 S. 1112; Sauter/Schweyer/Waldner, Rz. 118). Es genügt, wenn die Satzung das für die Festsetzung der Beiträge zuständige Organ bezeichnet, das nicht die Mitgliederversammlung sein muss (BGH, NJW 1995 S. 2981). Auch die Entscheidung, den Vereinsbeitrag nicht – unter Umständen für verschiedene Mitgliedergruppen differenzierend – mit einem von vornherein festgelegten Betrag zu erheben, sondern teilweise variabel, ggf. bezogen auf den Umsatz des Vorjahres des gewerblich tätigen Vereinsmitglieds, zu ermitteln, ist keine das Vereinsleben bestimmende und daher etwa in die Satzung aufzunehmende

Grundsatzentscheidung (BGH, NJW 2010 S. 3521 = MDR 2010 S. 1195 = NZG 2010 S. 1112). Trifft die Satzung keine Bestimmung über Beiträge, können von den Mitgliedern keine Beiträge verlangt werden, es sei denn die Beitragspflicht ergibt sich konkludent und zwingend aus dem Vereinszweck (Palandt/Ellenberger, § 58 Rz. 2). Das gilt auch für **Aufnahmegebühren**. Diese können nur verlangt werden, wenn die Satzung das vorsieht (OLG Hamm, DB 1976 S. 93; Stöber/Otto, Rz. 349). Auch **Mahngebühren**, die entstehen sollen, wenn das Mitglied mit der Beitragszahlung in Rückstand gekommen ist und gemahnt werden muss, müssen ausdrücklich in der Satzung vorgesehen sein (AG Heidelberg, Urteil v. 21.1.2016 – 29 C 230/15, VB 10/2016 S. 1). Auch hier reicht es aber aus, wenn geregelt wird, dass solche Gebühren überhaupt entstehen, die Bestimmung ihrer Höhe kann einem Vereinsorgan vorbehalten sein (vgl. aber AG Heidelberg, a. a. O., für hohe Verfahrenskosten). Entsprechendes gilt, wenn das Mitglied für den Fall, dass es in der Satzung vorgesehen Arbeitsleistungen nicht erbringt, **Strafzahlungen** leisten soll. Die Arbeitsleistungen können nicht einfach ohne Satzungsbestimmung „umgerechnet" werden. Allerdings muss die Satzung einen Umrechnungsbetrag nicht im Einzelnen benennen; es reicht die Angabe eines Berechnungsmaßstabs, aus dem sich die Höhe der Strafzahlung ungefähr ableiten lässt. Die Satzung kann auch ein Wahlrecht des Mitglieds vorsehen (s. VB 2/2015 S. 18; vgl. auch noch Rz. 141).

HINWEIS:

Fällt auf den Mitgliedsbeitrag ggf. Umsatzsteuer an, was bei einem Unternehmer-/Gewerbeverein der Fall sein kann, müssen die Mitglieder die Umsatzsteuer ggf. zusätzlich zahlen, auch wenn die Satzung das nicht ausdrücklich regelt (BGH, NJW 2016 S. 2489 = NZG 2016 S. 1107 = MDR 2016 S. 1196). Es empfiehlt sich, um Streit zu vermeiden, darüber eine Satzungsregelung zu treffen.

Will der Verein durch die Beiträge umfangreiche Leistungen für die Mitglieder finanzieren, sollte die **Satzung** die **Grundzüge** der Beitragspflicht, insbesondere die mögliche Höchstbelastung, festlegen (BGH, NJW 1989 S. 1724, 1726). Eine allgemeine monatliche Beitragspflicht berechtigt den Verein nicht zum Einzug eines 13. Monatsbeitrags bei seinen Mitgliedern für Sonderzwecke (OLG München, NJW-RR 1998 S. 966). Die Satzung kann auch **nicht** vorsehen, dass ein **Dritter** verpflichtet ist, den Mitgliedsbeitrag für das Vereinsmitglied zu zahlen. Sollen die gesetzlichen Vertreter von nur beschränkt geschäftsfähigen Mitgliedern zur Zahlung von deren Mitgliedsbeiträgen verpflichtet sein/werden, bedarf das einer ausdrücklichen Übernahme der Mithaft (vgl. OLG Hamm, Rpfleger 2000 S. 70 = NJW-RR 2000 S. 42). 139

> **HINWEIS:**
>
> Werden regelmäßige Mitgliedsbeiträge verlangt, erscheint es wenig zweckmäßig, die entsprechenden Beträge in der Satzung festzulegen, da zu jeder Erhöhung eine Satzungsänderung erforderlich ist. Zweckmäßig ist es vielmehr, einem bestimmten Vereinsorgan (Vorstand, Mitgliederversammlung) die Festsetzung der Höhe zu überlassen.

bb) Zahlungsweise/SEPA

(1) Freie Formwahl

140 Geregelt werden kann in der Satzung auch die **Form**, in der die Beiträge zu zahlen sind. Eine solche Regelung ist im Grunde zu empfehlen, um **Beitragsrückstände** zu **vermeiden**. Aber auch insoweit empfiehlt es sich, das Verfahren nicht im Einzelnen in der Satzung festzulegen, da dann auch für die Änderung der Form der Beitragszahlung jeweils eine Satzungsänderung durchgeführt werden müsste. Auch für diesen Bereich sollte daher nur bestimmt werden, dass das für die Festsetzung der Höhe des Mitgliedsbeitrags zuständige Organ auch bestimmen kann, wie der Mitgliedsbeitrag zu zahlen ist. Möglich ist z. B. eine Bestimmung in der Satzung, die festlegt, dass der Mitgliedsbeitrag jährlich oder monatlich durch Lastschrift vom Konto des Vereinsmitglieds eingezogen wird (BayObLG, NJW-RR 1999 S. 453 [für Wohnungseigentumsgemeinschaft]).

141 Problematisch können die Fälle werden, in denen die Satzung den **Arbeitseinsatz** von Mitgliedern vorsieht, die festgelegten Arbeitsstunden aber nicht erbracht werden (vgl. Rz. 138). Für die Fälle empfiehlt es sich, mit einer „**Auffangregelung**" zu arbeiten, wonach statt Arbeitsstunden auch **Geldbeträge** geleistet werden können („Strafzahlungen"; vgl. auch VB 7/2013 S. 18; wegen der Formulierung in der Satzung AG Ahlen, Urteil v. 21. 12. 2017 – 30 C 244/17, VB 3/2018 S. 2). In Betracht kommen zwei Alternativen:

▶ Die Satzung kann es dem Mitglied überlassen, ob es arbeiten oder zahlen will. Dann sollte aber ein verbindlicher Termin für die Entscheidung vorgesehen werden, um Klarheit zu schaffen.

▶ Möglich ist es auch, die Geldzahlung für den Fall vorzusehen, dass die Arbeitsstunden nicht bis zu einem bestimmten Termin erbracht worden sind.

> **HINWEIS:**
>
> Es empfiehlt sich auch, die Höhe des ggf. zu leistenden Geldbetrags nicht in der Satzung festzulegen, sondern das dem Vorstand oder der Mitgliederversammlung zu überlassen. Damit kann auf Schwankungen besser reagiert werden. Erhöhungen hätten sonst auch immer eine Satzungsänderung zur Folge. Bei der Bemessung der Geldbeträge wird das zuständige Organ darauf achten, dass sie einerseits nicht so niedrig

angesetzt werden, dass das Mitglied zur Ableistung der Arbeitsstunden von vornherein nicht motiviert ist. Andererseits müssen sie auch so hoch angesetzt werden, dass mit dem zu leistenden Geldbetrag Ersatzkräfte gefunden und bezahlt werden können (VB 7/2013 S. 18).

(2) SEPA

Seit dem 1. 2. 2014 ist in Europa in 33 Ländern eine Standardisierung des Zahlungsverkehrs geschaffen worden, indem das sog. SEPA-Verfahren eingeführt worden ist. Dieses bringt bzw. hat für Vereine insbesondere im Bereich der Lastschriften große Änderungen gebracht, auf die reagiert werden musste (vgl. dazu eingehend u.a. Günther, VB 10/2013 S. 3 ff.). Es müssen nämlich jetzt u.a. folgende **Formalitäten** beachtet werden: 142

► Eine **Gläubiger-Identifikationsnummer** (Gläubiger-ID), die dazu dient, den Verein eindeutig zu identifizieren. Die Nummer muss/musste bei der Bundesbank beantragt werden.

► Eine **Mandatsreferenznummer**, die der eindeutigen Identifizierung einer Lastschrift dient und die nur einmal vergeben werden darf.

► Das **SEPA-Lastschriftmandat**, das mit der bisherigen Lastschriftgenehmigung vergleichbar ist. Der Verein sollte es sich bei Neumitgliedern dieses Mandats zusammen mit dem Aufnahmeantrag/der Beitrittserklärung erteilen lassen. Bestehende Einzugsermächtigungen sind grds. unbegrenzt weiterhin gültig sind, allerdings müssen sie handschriftlich unterschrieben auf Papier vorhanden sein. Liegen sie nicht mehr vor, ist ein neues SEPA-Lastschriftmandat erforderlich.

► Die **Vorankündigung** – Pre-Notification, die 14 Tage vor dem Fälligkeitstermin erfolgen muss; diese Frist kann verkürzt werden – etwa durch einen Beschluss der Mitgliederversammlung. Die Pre-Notification muss folgende Angaben enthalten: Gläubiger-ID des Zahlungsempfängers, Name, Adresse, Kontoverbindung des Zahlungsempfängers, Name, Adresse, Kontoverbindung des Kontoinhabers, Mandatsreferenznummer, Zahlungsbetrag, Fälligkeitsdatum – der verbindliche Stichtag. Bei **wiederkehrenden Zahlungen**, wie z. B. Mitgliedsbeitrag, Dauerspenden, kann die Fälligkeit auch als periodische Zeitangabe erfolgen („... wird jährlich zum 1. 1. abgebucht ...“ oder „... wird jährlich zum ersten Werktag im Februar abgebucht ...“. Sollte sich das Fälligkeitsdatum oder der Lastschriftbetrag **ändern**, ist eine erneute Pre-Notification notwendig. Gleiches gilt, wenn sich Gläubiger-ID, Mandatsreferenznummer oder die Kontoverbindung ändern (Günther, VB 10/2013 S. 3, 5).

► Für die SEPA-Lastschrift gilt im Übrigen ein **verbindliches Fälligkeitsdatum**, d. h. der Einzug muss an dem vorab genannten Stichtag erfolgen. Eine Abweichung ist unzulässig. Das bedeutet, dass die Lastschriften so rechtzeitig bei der Bank eingereicht werden müssen, dass diese sie fristgerecht ausführen kann.

HINWEIS:

Vereine sollten die mit Lastschriften zusammenhängenden Fragen in der Satzung regeln, also z. B. die Frage, dass überhaupt per Lastschrift gezahlt werden muss, wie die Zahlung zu welchen Terminen usw. erfolgt (vgl. dazu auch Günther, VB 10/2013 S. 3, 7; zur Absicherung von Kosten- und Haftungsrisiken VB 10/2013 S. 9).

---

cc) Höhe der Beiträge

143 Die **Beiträge** können für die Mitglieder **unterschiedlich hoch** sein (BGH, BB 1954 S. 953), so z. B. für Jugendliche oder Erwachsene. Die Grundlage, auf der die Mitglieder zu den Beiträgen herangezogen werden, muss ggf. jedoch im Hinblick auf den Gleichbehandlungsgrundsatz für alle Mitglieder gleich sein (z. B. bestimmter Prozentsatz vom Umsatz, Gehalt oder Lohn). Es können auch einzelne Mitglieder von der Beitragspflicht ganz freigestellt werden, was meist bei Ehrenmitgliedern der Fall ist (Reichert u.a., Rz. 900 ff.; sog. Sonderrecht; vgl. dazu Rz. 292 ff.). Allerdings gilt für Ermäßigungen auch der Gleichbehandlungsgrundsatz und ist das Selbstlosigkeitsgebot des Gemeinnützigkeitsrechts (vgl. Rz. 954 ff.) zu beachten. Eine entsprechende Regelung sollte zudem in Grundzügen in der Satzung enthalten sein (vgl. VB 2/2017 S. 9 f.).

144 Im Hinblick auf den Erhalt der Gemeinnützigkeit dürfen die Mitgliedsbeiträge, die von den Vereinsmitgliedern erhoben werden, **nicht zu hoch** sein, da es sonst Schwierigkeiten bei dem Merkmal „Förderung der Allgemeinheit" geben kann (vgl. dazu Rz. 954 und Schleder, Rz. 130 ff.; s. auch BFH, Urteil v. 23. 7. 2003 – XI R 41/03, und Schreiben des BMF v. 19. 5. 2005 – IV C 4 – S 0171 – 66/05). Für bestimmte gemeinnützige Vereine gibt es **Obergrenzen** für Beiträge. Kommt die Tätigkeit des Vereins in erster Linie seinen Mitgliedern zugute (z. B. bei Sportvereinen), dürfen die Jahresbeiträge für natürliche Personen nicht höher sein als 1.023 €. Höhere Beiträge führen dazu, dass dem Verein die Gemeinnützigkeit entzogen werden kann (Ziffer 1.1 AEAO zu § 52).

HINWEIS:

Es ist auch darauf zu achten, dass keine „unechten Mitgliedsbeiträge" vereinbart werden. Das sind Beiträge, die mit einem Leistungsaustausch verbunden sind, wie z. B. freier Eintritt zu einer bestimmten Zahl von Veranstaltungen oder die Beiträge nach Leistungen gestaffelt sind. Insoweit kann dann nämlich eine Umsatzsteuerpflicht des Vereins entstehen (vgl. Rz. 1013 m. w. N. aus der Rechtsprechung).

---

dd) Ausübung der Mitgliedschaftsrechte/Zurückbehaltungsrecht

Die **Ausübung** der Mitgliedschaftsrechte (z. B. Stimmrecht auf der Mitglieder- 145
versammlung, Bezug der Vereinszeitschrift oder Benutzung von Vereinseinrichtungen) kann in der Satzung von der Bezahlung der fälligen Beiträge **abhängig**
gemacht werden (Sauter/Schweyer/Waldner, Rz. 122). Zulässig ist also eine
Satzungsbestimmung, wonach das Stimmrecht eines Mitglieds so lange ruht,
wie es mit dem Beitrag im Rückstand ist.

Die Beitragspflicht ist nicht an bestimmte Leistungen gebunden, die der Verein 146
im Rahmen der Mitgliedschaft gewährt. Die Zahlung von Mitgliedsbeiträgen
kann deshalb **nicht** mit der **Begründung verweigert** werden, der Vorstand
oder sonstige Vereinsorgane hätten ihre **Pflichten nicht erfüllt**. Auch wenn
einem Mitglied Rechte, die sich aus seiner Mitgliedschaft ergeben, vorenthal-
ten werden, können fällige Beitragszahlungen nicht zurück behalten werden
(OLG Brandenburg, Urteil v. 1. 7. 2011 – 3 U 147/09). Zulässig ist aber eine
Verrechnung/**Aufrechnung** mit anderen Geldforderungen, z. B. Vergütungen,
die dem Mitglied vom Verein zustehen.

ee) Ende der Mitgliedschaft/des Vereins

Die **Beitragspflicht** besteht grds. **bis zum Ausscheiden** aus dem Verein, wobei 147
es auf den Zeitpunkt ankommt, in dem die Mitgliedschaft satzungsgemäß en-
det. Wird zwischen Austrittserklärung und Beendigung der Mitgliedschaft der
Beitrag erhöht, muss auch der erhöhte Beitrag gezahlt werden. Das ausgeschiedene Mitglied muss die im Zeitpunkt des Ausscheidens bereits fälligen
Beitragsschulden bezahlen (s. Rz. 129; BGHZ 202 S. 202 = NJW 2014, 3239 =
NZG 2014 S. 1188; AG Grevenbroich, NJW 1991 S. 2646; zur Beitragspflicht bei
Ausscheiden des Mitglieds durch Tod s. Rz. 216). Es besteht nach allgemeiner
Meinung **kein Anspruch** auf **Rückerstattung** von Beiträgen, da das Mitglied
kein Anspruch auf das Vereinsvermögen hat (a.A. KG, Beschluss v. 22. 9. 2008
– 26 U 47/08).

Wird der **Verein aufgelöst**, besteht die Beitragspflicht zunächst fort (vgl. zur 148
Auflösung des Vereins Rz. 793 ff.). Im Liquidationsjahr, das mit der Anmeldung
des Auflösungsbeschlusses zum Vereinsregister beginnt, müssen die Mitglieder also grds. noch Beiträge zahlen. Mit dem Auflösungsbeschluss ändert sich
aber der Zweck des Vereins, deswegen können je nach Einzelfall auch die
Beitragspflichten entfallen. In jedem Fall noch zu bezahlen sind aber vor der
Liquidationsphase fällig gewordene Beiträge. Die Beitragspflicht endet aber auf
jeden Fall mit der **Eröffnung** des **Insolvenzverfahrens** nach der Insolvenzordnung, wenn die Satzung nichts Abweichendes bestimmt (BGH, NJW 1986

S. 1604; BGH, NJW-RR 2007 S. 1346 = NZG 2007 S. 640). Das gilt auch bei einem wirtschaftlichen Verein i. S. des § 22 BGB (BGH, a. a. O.).

ff) Verjährung

149 Die Mitgliedsbeiträge unterliegen der Verjährung. Insoweit gilt nach Inkrafttreten der Schuldrechtsmodernisierung zum 1. 1. 2002: Die Mitgliedsbeiträge unterliegen der regelmäßigen Verjährung des § 195 BGB. Diese beträgt **drei Jahre**. Nach § 199 Abs. 1 Nr. 1 BGB beginnt die regelmäßige Verjährung mit dem Schluss des Jahres, in dem der Anspruch entstanden ist (vgl. zum alten Recht AG Köln, WM 1980 S. 206).

> **BEISPIEL:** ▶ Die am 1. 1. 2018 fällig gewesenen Beiträge verjähren am 31. 12. 2021.

gg) Rückwirkende Beitragserhöhung

150 In der Praxis gibt es vor allem um **(rückwirkende) Beitragserhöhungen** immer wieder **Streit**. Dazu gilt: Die „normale" Beitragserhöhung wird von dem nach der Satzung zuständigen Vereinsorgan beschlossen. I. d. R. gilt sie nur für die Zukunft.

> **HINWEIS:**
>
> Im Fall einer satzungsgemäß beschlossenen Beitragserhöhung ist ein Vereinsmitglied auch dann gebunden, wenn es dem entsprechenden Beschluss nicht zugestimmt hat. Zwar kann es die Mitgliedschaft kündigen, es gelten jedoch die allgemeinen Regeln (vgl. Rz. 123 ff., insbesondere Rz. 127). Das bedeutet: Eine fristlose Kündigung ist ausgeschlossen.

> **BEISPIEL:** ▶ Die Satzung sieht die Erhöhung der Mitgliedsbeiträge und eine Kündigungsfrist von drei Monaten zum Jahresende vor. Die Mitgliederversammlung beschließt im November 2017 die Erhöhung der Mitgliedsbeiträge.
>
> Die damit nicht einverstandenen Mitglieder können erst zum Jahresende 2018 die Mitgliedschaft kündigen. Sie sind also noch ein Jahr zur Zahlung der erhöhten Beiträge verpflichtet, was dem Verein die Möglichkeit gibt, durch geschickte Terminierung einer „Austrittswelle" aufgrund von Beitragserhöhungen, die eine ggf. erhoffte Einnahmenerhöhung zunichtemachen würde, entgegenzuwirken. Ggf. kann aber eine fristlose Kündigung in Betracht kommen, wenn dem Mitglied ein (befristetes) Verbleiben zu anderen Bedingungen nicht zugemutet werden kann (vgl. oben Rz. 126).

151 Von **rückwirkenden Beitragserhöhungen** sollte **Abstand** genommen werden. Ohne Weiteres zulässig sind diese nämlich ohnehin nur, wenn die Satzung eine rückwirkende Beitragserhöhung ausdrücklich zulässt. Ist das nicht der Fall, lässt sich die Zulässigkeit nur durch Auslegung der Satzung ermitteln (Stöber/Otto, Rz. 357). Danach soll die rückwirkende Erhöhung zulässig sein, wenn

damit nach den Verhältnissen des Vereins zu rechnen sein soll. Das soll der Fall sein, wenn der Verein turnusmäßig nur einmal jährlich seine Mitgliederversammlung abhält und der erhöhte Mitgliedsbeitrag rückwirkend vom Beginn des laufenden Geschäfts- oder Kalenderjahres an gezahlt werden soll (so Stöber/Otto, a. a. O.). Dem wird man m. E. nicht zustimmen können (s. auch LG Hamburg, NJW-RR 1999 S. 1708). Denn aus dem vorgeschriebenen Turnus der Mitgliederversammlung lässt sich für das Mitglied nicht ableiten, dass es deshalb mit für die Vergangenheit erhöhten Beiträgen rechnen muss.

Umstritten ist, ob Vereinsmitglieder nach einer **rückwirkenden Beitragserhö-** **hung kündigen** können. Das wird man, wenn die rückwirkende Erhöhung nicht in der Satzung vorgesehen war, m. E. bejahen müssen (so auch LG Hamburg, a. a. O., für eine rückwirkende Erhöhung um 300%; a. A. LG Aurich, Rpfleger 1987 S. 115 für eine Beitragserhöhung in einem Sportverein um unter 100%; a. A. offenbar auch Stöber/Otto, Rz. 357 [Erhöhung ist unwirksam]). Hat ein Mitglied bereits vor einer Beitragserhöhung seinen Austritt erklärt, muss es den erhöhten Beitrag aber dann noch zahlen, wenn dieser bis zur Beendigung seiner Mitgliedschaft noch (in der erhöhten Form) fällig wird. 152

BEISPIEL: ▶ Das Mitglied hat die Mitgliedschaft zum 30. 6. 2018 gekündigt. Die Mitgliederversammlung beschließt eine Beitragserhöhung zum 1. 5. 2018. Das Mitglied muss den erhöhten Beitrag (noch) zahlen (s. auch BGH, NJW-RR 2008 S. 194 = NZG 2008 S. 38 für Fälligkeit einer Umlage).

c) Umlagenerhebung

aa) Satzungsregelungen

Neben fest in der Satzung vorgeschriebenen **Beiträgen** können vom Verein außerordentliche Zahlungen oder besondere **Umlagen** verlangt werden (vgl. dazu Müller, MDR 1992 S. 924 ff.). Dabei handelt es sich um eine besondere Form des Vereinsbeitrags, die sowohl an Stelle eines laufenden/jährlichen Mitgliedsbeitrags als auch zusätzlich zu diesem festgesetzt werden kann. Eine Gewerkschaft kann daher z. B. – durch Satzungsregelung (vgl. Rz. 154) – die Mitglieder, die aufgrund ihrer Mitgliedschaft ein Mandat in Aufsichtsräten, Beiräten oder ähnlichen Gremien wahrnehmen und hierfür eine Vergütung erhalten, verpflichten, zusätzlich zu ihren Mitgliedsbeiträgen einen gesonderten Beitrag zu entrichten (LG Frankfurt/Main, Urteil v. 3.8.2016 – 2 – 16 S 23/16). Einer zusätzlichen Verpflichtungserklärung/Einverständniserklärung des Mitglieds bedarf es dafür nicht, weil die Abführungspflicht durch die Satzung begründet wird und eine derartige Erklärung nur eine deklaratorische Bekräftigung darstellen würde (LG Frankfurt/Main, a. a. O.). 153

154 Ebenso wie der „normale" Mitgliedsbeitrag kann eine Umlage aber nur verlangt werden, wenn dies die **Satzung ausdrücklich** vorsieht (BVerfG, NJW 1991 S. 2626; BGH, NJW-RR 2008 S. 194 = NZG 2008 S. 38 [Obergrenze muss nicht unbedingt bestimmt, aber bestimmbar sein]; AG Grevenbroich, NJW 1991 S. 2646; AG Erfurt, Urteil v. 26. 3. 2008 – 11 C 894/07; AG Hamburg, Urteil v. 3.5.2017 – 531 C 132/16, VB 4/2018 S. 1). Es kann also nicht einfach der Vorstand, wenn er dazu von der Satzung nicht ermächtigt ist, die Erhebung einer „Umlage" beschließen, um damit z. B. ein Defizit in der Vereinskasse zu decken. Das gilt auch, wenn der Vorstand zur Bestimmung der Höhe des laufenden Mitgliedsbeitrags berechtigt ist (Sauter/Schweyer/Waldner, Rz. 120; Müller, MDR 1992 S. 924; Stöber/Otto, Rz. 351). Ist eine Umlage in der Satzung nicht vorgesehen, muss, wenn sie gefordert werden soll, ggf. vorher die Satzung geändert werden (AG Hamburg, a. a. O.), was auch zulässig ist, in der Satzung als Mitgliedsbeitrags zunächst nur ein Einmalbetrag vorgesehen war (AG Hamburg, a. a. O.). Allerdings kann eine Umlage ausnahmsweise auch ohne eine satzungsmäßige Festlegung einer entsprechenden Obergrenze erhoben werden, wenn dies für den Fortbestand des Vereins notwendig ist und sich die Umlage in einer zumutbaren Höhe bewegt (s. BGH, NJW-RR 2008 S. 194 = NZG 2008 S. 38, wonach auf eine Obergrenze aus Praktikabilitätsgründen verzichtet werden sollte; NJW 2010 S. 3521 = MDR 2010 S. 1195 = NZG 2010 S. 1112; AG Erfurt, Urteil v. 26. 3. 2008 – 11 C 894/07).

155 Die Bestimmung in der Satzung, die die Erhebung einer Umlage regelt/zulässt, **muss hinreichend bestimmt** sein, also z. B. i. d. R. eine **Obergrenze** für die zulässige Höhe der Umlage und/oder einen Berechnungsmodus aufweisen (so ausdrücklich BGH, NJW 2008 S. 1357 = ZIP 2008 S. 1423 [Sonderumlage in Form einer Darlehensgewährung]; NJW 2010 S. 3521 = MDR 2010 S. 1195 = NZG 2010 S. 1112; OLG München, NJW-RR 1998 S. 966; LG Frankfurt/Main, Urteil v. 3.8.2016 – 2 – 16 S 23/16 [Zahlung eines Sonderbeitrags für Vergütungen aus Mandaten in vereinsexternen Organen]; zu sog. „Investitionsumlagen" im Hinblick auf § 52 AO s. Wallenhorst, DStR 1997 S. 479; a. A. Heidel/Lochner in: Anwalt-Kommentar BGB, § 58 Rz. 4; Stöber/Otto, Rz. 352; Sauer/Schweyer/Waldner, Rz. 120; vgl. auch Rz. 939). Die Erhebung einer Umlagenerhebung ist auch nur zur Erfüllung des Vereinszwecks möglich (OLG München, a. a. O.). Entsprechendes gilt für ein Eintrittsgeld oder eine Aufnahmegebühr. Der BGH (NJW-RR 2008 S. 194 = NZG 2008 S. 38; NJW 2008 S. 1357 = ZIP 2008 S. 1423) hat es nur in Ausnahmefällen als zulässig angesehen, dass auch ohne Grundlage in der Satzung mit einer Obergrenze eine Umlagepflicht wirksam begründet wird. Voraussetzung dafür ist, dass die Umlage „für den Fortbestand des

Vereins unabweisbar notwendig und dem einzelnen Mitglied unter Berücksichtigung seiner eigenen schutzwürdigen Belange zumutbar ist" (BGH, a. a. O.).

> **BEISPIELE:** Ein Segelclub kann ein seit Längerem gepachtetes Grundstück nicht mehr weiter anpachten. Der Vereinsbetrieb kann aber ohne ein entsprechendes Grundstück nicht weiter betrieben werden. Der Verein sieht sich vergeblich nach einem anderen Pachtgrundstück um. Er beschließt dann den Ankauf eines Grundstücks, der durch eine Umlage, die in der Satzung nicht vorgesehen war, finanziert werden soll. Der BGH (NJW-RR 2008 S. 194 = NZG 2008 S. 38) hat das als zulässig angesehen, wenn der Verein andere Finanzierungsmöglichkeiten (Förderverein) geprüft hat und die Umlage zumutbar ist. Die Umlage darf jedoch nicht so hoch sein, dass die Vereinsmitglieder aus dem Verein herausgedrängt werden. Der BGH hat eine Umlage von 1.500 € (= das Sechsfache des normalen Jahresbeitrags) noch als angemessen angesehen.
>
> Ein Kleingartenverein erhebt eine in der Satzung nicht vorgesehene Umlage für die Entrichtung einer Abwasserentsorgungsanlage. Das AG Erfurt (Urteil v. 26. 3. 2008 – 11 C 894/07) hat das als unzulässig angesehen, da es bei Nichtausführung dieser Baumaßnahme nicht zur Auflösung des Vereins käme. Allein das wohl überwiegende Interesse der Mitglieder an einer weitergehenden Nutzung der Wochenendgrundstücke der Anlage reiche dafür nicht aus.

bb) Form der Umlage

Die Umlage kann als **Geldleistung** vorgesehen werden. Möglich ist eine Sonderleistung aber auch in Form einer **Werk-** oder **Dienstleistung** (AG Grevenbroich, a. a. O. [Arbeitsleistung zur Errichtung eines Clubhauses für einen Tennisverein]; BVerfG, NJW 1991 S. 2626; Müller, MDR 1992 S. 924). Die Begründung vereinsrechtlicher Arbeitspflichten darf allerdings nicht zur Umgehung zwingender arbeitsrechtlicher Schutzbestimmungen führen (BAG, NZA 1995 S. 823 = NJW 1996 S. 143 [für Scientology Kirche]). Eine Umgehung liegt u.a. vor, wenn dem zur Arbeit verpflichteten Vereinsmitglied keine Mitgliedschaftsrechte zustehen, die ihm eine Einflussnahme ermöglichen (zur Unfallversicherung s. Rz. 1052). 156

> **HINWEIS:**
>
> Wird die Umlage in Form einer Dienst-/Werkleistung vorgesehen, kann es sich empfehlen, auch hier einen „Auffangtatbestand" für die Fälle zu schaffen, in denen die Dienstleistung nicht erbracht wird. Die Ausführungen bei Rz. 140 gelten entsprechend.

cc) Vereinsaustritt

Das Vereinsmitglied, dem eine in der Satzung nicht vorgesehene Umlagelast aufgebürdet wird, kann mit der Folge aus dem Verein **austreten**, dass die Pflicht zur Zahlung der Umlage entfällt (BGH, NJW-RR 2008 S. 194 = NZG 157

2008 S. 38; AG Erfurt, Urteil v. 26. 3. 2008 – 11 C 894/07; zustimmend Schöpf-lin, WuB II N § 58 BGB 1.08; so im Ergebnis auch LG Hamburg, NJW-RR 1999 S. 1708, 1709; so wohl auch Stöber/Otto, Rz. 280a). Mit der Erhebung einer Umlage verändern sich nämlich das Verhältnis von Aufwand und Ertrag der Mitgliedschaft sowie die Grundlagen der Mitgliedschaft. Das Vereinsmitglied wird unvorhergesehen mit einer finanziellen Belastung konfrontiert, die es nicht tragen will oder nicht tragen kann, und mit der es sich nicht schon bei seinem Vereinsbeitritt einverstanden erklärt hat. Diese unvorhergesehene Pflichtenmehrung kann ihm die weitere Mitgliedschaft unzumutbar machen. Es kann ihr deshalb unter bestimmten Voraussetzungen mit seinem Austritt aus dem Verein begegnen. Der Austritt muss in **angemessenem zeitlichen Zu-sammenhang** mit dem Wirksamwerden des Beschlusses zur Erhebung einer Sonderumlage erklärt werden, um die Zahlungspflicht entfallen zu lassen. Der Verein muss absehen können, ob genügend Vereinsmitglieder die Umlage leis-ten oder ob aufgrund einer hohen Zahl von Austritten der mit ihr erstrebte Zweck nicht erreicht werden kann. Vor allem, wenn Verpflichtungen eingegan-gen werden, die mit der Umlage erfüllt werden sollen, muss der Verein Pla-nungssicherheit erhalten (BGH, a. a. O.). Der BGH, hat in dem von ihm ent-schiedenen Fall (a. a. O.) eine Kündigung innerhalb von neun Monaten als erforderlich angesehen (Beschluss über die Umlage im März, Austritt bis Ende des Jahres erforderlich), obwohl die Umlage innerhalb der Frist noch nicht fällig gestellt war.

9. Bildung des Vorstands

158   § 58 Nr. 3 BGB verlangt weiter, dass die Satzung eine Vorschrift über die Bil-dung des Vorstands enthalten **muss**. Fehlt eine entsprechende Bestimmung, kann der Verein letztlich nicht eingetragen werden (§ 60 BGB).

159   Unter „Bildung des Vorstands" ist die eindeutige Festsetzung zu verstehen, wie sich der Vorstand **zusammensetzt** (Palandt/Ellenberger, § 58 Rz. 3). Aus der Satzung muss sich also zumindest ergeben, ob der Vorstand aus einer oder aus mehreren Personen, ggf. aus wie vielen (s. § 26 Abs. 1 Satz 2 BGB), besteht. Nach der Satzung dürfen keine Zweifel darüber bestehen, welche Inhaber von Vereinsämtern oder welche Mitglieder eines Vereinsorgans den Vorstand des Vereins bilden und den Verein vertreten (BayObLG, NJW-RR 2001 S. 1479 = Rpfleger 2002 S. 431; Näheres über den Vereinsvorstand Rz. 508 ff.). In diesem Punkt muss die Satzung bestimmt sein, so dass mit „Vorstand" nicht einmal das Vertretungsorgan und einmal das Geschäftsführungsorgan des Vereins bezeichnet werden kann (BayObLG, Rpfleger 1971 S. 352). Möglich ist aller-

dings die Regelung, dass der Vorstand aus einer Mindest- und/oder einer Höchstzahl von Mitgliedern besteht. Dann entscheidet die Mitgliederversammlung, wie viele Mitglieder für den Vorstand zu bestellen sind. Nach Auffassung des LG Gießen (MDR 1984 S. 312) kann die Mitgliederversammlung, wenn die Satzung das vorsieht, die Zahl der Vorstandsmitglieder sogar auch ohne Festlegung einer Ober- und Untergrenze bestimmen.

10. Voraussetzung der Berufung der Mitgliederversammlung

Das BGB verlangt weiter, dass die Satzung eine Bestimmung über die Berufung der Mitgliederversammlung enthält (§ 58 Nr. 4 BGB). Auch das Fehlen einer solchen Regelung führt zur Zurückweisung der Eintragung (§ 60 BGB).   160

In den §§ 36, 37 BGB, die nicht abdingbar sind, regelt das BGB selbst die Einberufung der Mitgliederversammlung. Die Satzung soll daneben unter Berücksichtigung der Verhältnisse des jeweiligen Vereins **konkrete Vorschriften** über die **Einberufung** einer Mitgliederversammlung aufstellen. Hierbei ist der Satzung freies Ermessen überlassen, so dass sie die Einberufung nach bestimmten Zeitabschnitten, zu festen Terminen oder bei bestimmten Ereignissen vorsehen kann (nähere Einzelheiten zur „Mitgliederversammlung" s. Rz. 353 ff.).   161

11. Form der Berufung der Mitgliederversammlung

Nach § 58 Nr. 4 BGB muss die Satzung auch bestimmen, wie die Mitglieder zur Mitgliederversammlung einzuladen sind. Fehlt eine entsprechende Vorschrift, kann der Verein ebenfalls nicht eingetragen werden (§ 60 BGB).   162

In welcher Form die Mitgliederversammlung einzuberufen ist, sagt das Gesetz nicht. Die Satzung ist hier **frei,** muss **aber** eine **bestimmte Form** festlegen (OLG Schleswig, NJW 2012 S. 2524 = FGPrax 2012 S. 79 = NZG 2012 S. 678). Sie kann die Form der Einberufung nicht dem Ermessen des Vorstands überlassen (OLG Hamm, OLGZ 1965 S. 66). Näheres s. Rz. 353 ff.   163

12. Beurkundung der Beschlüsse der Mitgliederversammlung

§ 58 Nr. 4 BGB verlangt schließlich noch, dass die Satzung eine Bestimmung über die Beurkundung der Beschlüsse der Mitgliederversammlung enthält. Deren Fehlen führt ebenfalls zur Zurückweisung der Eintragung (§ 60 BGB).   164

Über die Beurkundung kann die Satzung nach freiem Belieben entscheiden. Nach wohl überwiegender Meinung in der Literatur kann auch von einer „Beurkundung" überhaupt abgesehen werden (Palandt/Ellenberger, § 58 Rz. 4; Otto,   165 jurisPK, § 58 Rz. 9; jetzt auch Stöber/Otto, Rz. 882). Mir erscheint das fraglich (vgl. auch LG Lübeck, Rpfleger 1998 S. 263; a. A. auch Sauter/Schweyer/Waldner, Rn. 127). Denn „Beurkundung" bedeutet zumindest, dass die Beschlüsse **schriftlich** niederzulegen sind. Die Beteiligung **eines Notars** ist damit aber **nicht** verlangt (Sauter/Schweyer/Waldner, a. a. O.). Sieht die Satzung allerdings einen „Protokollführer" vor, muss dieser das von ihm gefertigte Protokoll auch ausdrücklich als „Protokollführer" unterzeichnen (OLG Hamm, NJW-RR 1997 S. 484).

166 Nach dem BGB ist es auch nicht erforderlich, dass sich aus der Niederschrift im Einzelnen der Ablauf der Mitgliederversammlung ergibt (sog. **Ablaufprotokoll**). Es **genügt** vielmehr, wenn in der Niederschrift nur die Ergebnisse der Versammlung festgehalten werden, also vor allem die gefassten Beschlüsse (sog. **Ergebnisprotokoll**). Damit können nicht nur die Mitglieder über den Inhalt und das Zustandekommen von Beschlüssen informiert werden, sondern es kann auch das Registergericht bei zur Eintragung in das Vereinsregister anzumeldenden Beschlüssen (z. B. Satzungsänderungen) und Wahlen (z. B. Vorstand) prüfen, ob der Beschluss ordnungsgemäß gefasst oder die Wahl rechtmäßig zustande gekommen ist. Wegen der weiteren Einzelheiten über die Protokollierung der Mitgliederversammlung s. Rz. 435 ff.

13. Checkliste zum notwendigen Satzungsinhalt

167 Zur Überprüfung, ob die anhand der vorstehenden Ausführungen aufgestellte Satzung den nach den Vorschriften des BGB notwendigen Inhalt hat (zum zusätzlich möglichen, ggf. wünschenswerten s. Rz. 256), folgende

Checkliste:

1.	Vereinszweck	Rz. 54 ff.
2.	Vereinssitz	Rz. 77 f.
3.	Vereinsname	Rz. 81 ff.
4.	Bestimmung, dass der Verein eingetragen werden soll	Rz. 100
5.	Regelung zum Eintritt von Mitgliedern	Rz. 102 ff.
6.	Regelung zum Austritt von Mitgliedern	Rz. 123 ff.
7.	Regelung zur Beitragspflicht	Rz. 136 ff.
8.	Bildung des Vorstands gemäß § 26 BGB	Rz. 158

IV. Was muss die Vereinssatzung regeln?

V. Was sollte die Vereinssatzung noch regeln?

1. Allgemeines

168 Bestimmte Regelungen müssen nach den Vorgaben des BGB in der Satzung als sog. **Mussvorschriften** enthalten sein (s. § 57 BGB und die Rz. 49 ff.), während andere Bestimmungen nur als sog. **Sollvorschriften** in die Satzung aufgenommen werden sollen (s. § 58 BGB). Der Unterschied zwischen beiden Arten ist jedoch nicht sehr groß, da der Verein auch beim Fehlen nur von sog. Sollvorschriften gemäß § 60 BGB nicht ins Vereinsregister eingetragen werden darf.

169 Die **§§ 57, 58 BGB** legen den **Mindestinhalt** der Vereinssatzung fest. Darüber hinaus haben aber die Vereinsgründer und später die Mitglieder zahlreiche Möglichkeiten, die Satzung individuell an die Verhältnisse im jeweiligen Verein anzupassen (vgl. auch die zahlreichen Mustervorschläge bei Röcken, Rz. 1 ff.). Die Bestimmungen des Vereinsrechts sind weitgehend nachgiebiges Recht (§ 40 BGB). Neben den bereits erwähnten Muss- und Sollvorschriften sollte die Vereinssatzung einige weitere Vorschriften auf jeden Fall auch enthalten, da durch eine entsprechende Regelung in der Satzung mancher Ärger im Vereinsleben vermieden werden kann.

2. Regelung des Ausschlusses aus dem Verein

a) Allgemeines

170 Der Ausschluss aus dem Verein stellt i. d. R. die schwerste **Vereinsstrafe** dar, zu deren Verhängung der Verein zur Durchsetzung und Aufrechterhaltung der Vereinsordnung aufgrund seiner Autonomie berechtigt ist (eingehend zum Vereinsstrafrecht Stöber/Otto, Rz. 967 ff.; zum Ausschluss aus dem Verein s. auch Benecke, WM 2000 S. 1173). Während über den freiwilligen Austritt eines Mitglieds die Satzung gemäß § 58 Nr. 1 BGB eine Bestimmung treffen muss (s. Rz. 123 ff.), muss der Ausschluss aus dem Verein nicht notwendigerweise geregelt werden.

> **HINWEIS:**
>
> Im Interesse des Vereinsfriedens sollte aber gerade in diesem Bereich auf jeden Fall eine Regelung in der Satzung erfolgen.

b) Voraussetzungen für den Ausschluss/Ausschlussgründe

171 Für die **Voraussetzungen** für den Ausschluss gilt im Einzelnen (vgl. auch noch Rz. 171 ff.): Die **Ausschließungsgründe** sind in der **Satzung** zu bezeichnen. Dabei können entweder einzelne Tatbestände, auch in Form von Generalklauseln,

genannt werden, wie z. B. „vereinsschädigendes Verhalten", „grobe Zuwider-
handlung gegen die Vereinsinteressen", „Eröffnung des Insolvenzverfahrens
eines Mitglieds", Mitgliedschaft in einer bestimmten anderen Organisation; es
reicht aber auch die allgemeine Bestimmung, dass ein Mitglied „aus wichtigem
Grund" ausgeschlossen werden kann oder bei „sonstigen Zuwiderhandlun-
gen". Aus Gründen der Klarheit sollten die Ausschlussgründe jedoch im Einzelnen genannt werden (zur – verneinten – Anwendung des verfassungsrecht-
lichen Bestimmtheitsgrundsatzes im Vereinsrecht Reichert u.a., Rz. 2958;
Sauter/Schweyer/Waldner, Rz. 369).

> **HINWEIS:**
>
> Die Nennung einzelner bestimmter Ausschließungsgründe hindert den Verein nicht, ein
> Mitglied auch bei Vorliegen eines anderen wichtigen Grundes auszuschließen (Sauter/
> Schweyer/Waldner, Rz. 350a). Allerdings müssen durch das Verhalten des Mitglieds die
> Belange des Vereins so stark beeinträchtigt werden, dass dem Verein die Fortsetzung
> einer Mitgliedschaft unzumutbar ist. Vereinsrechtliche Sanktionen dürfen aber nur aus-
> gesprochen werden, wenn im Vorhinein für alle Beteiligten hinreichend klar erkennbar
> ist, welches genau definierte Verhalten eine Bestrafung zur Folge hat (AG Karlsruhe,
> SpuRt 2008 S. 82 m. krit. Anm. von Pfister). Damit gilt auch im Vereinsrecht der Grund-
> satz „null poena sine lege" (AG Karlsruhe, a. a. O.; vgl. Art. 103 Abs. 2 GG).

Im **Einzelnen** gilt:

I. d. R. setzt der Ausschluss ein (eigenes) **schuldhaftes Verhalten** des Mitglieds   172
voraus (vgl. aber Sauter/Schweyer/Waldner, Rz. 350b). **Zulässig** ist z. B. der **Ausschluss** eines weiblichen Mitglieds aus einem Verein, der nach seiner Satzung
die Tradition der **baltischen Ritterschaften** pflegt, wenn im Falle der Eheschlie-
ßung der Geburtsname der Ehefrau als Ehename gewählt wird (OLG Celle, NJW-
RR 1989 S. 313; vgl. auch OLG Frankfurt/Main, NJW-RR 1991 S. 1276 [Aus-
schluss aus einem Umweltschutzverein wegen unberechtigter finanzieller Aus-
gaben]). Zulässig ist auch der Ausschluss aus einem **Golfclub,** wenn dem Mitglied vorgeworfen wird, auf dem Golfplatz eines befreundeten Golfclubs
unberechtigt, ggf. mit einem Nachschlüssel, ein Golf-Cart benutzt zu haben
(LG Wiesbaden, SpuRt 1996 S. 65; s. auch die Vorinstanzen in SpuRt 1994 S. 244
und SpuRt 1995 S. 79). Auch kann die Satzungsklausel eines Sportvereins: *„Der
Verein fördert die Funktion des Sports als verbindendes Element zwischen Natio-
nalitäten, Kulturen, Religionen und sozialen Schichten. Er bietet Kindern, Jugendlichen und Erwachsenen unabhängig von Geschlecht, Abstammung, Hautfarbe,
Herkunft, Glauben, sozialer Stellung oder sexueller Identität eine sportliche Hei-
mat."* zum Ausschluss eines Mitglieds wegen seiner Aktivitäten als NPD-Funk-
tionär berechtigen, und zwar ohne dass es zu strafrechtlich relevanten rechts-
radikalen Handlungen des Mitglieds gekommen ist (vgl. LG Bremen, SpuRt 2013

S. 127 = ZStV 2013 S. 146 = NJW-RR 2013 S. 1125 für Bundesligaverein „Werder Bremen"; ähnlich schon LG Hamburg, MDR 1971 S. 132 für Ausschluss aus einer Gewerkschaft). Allein die **kritische Nachfrage** (an einen Kassenprüfer), ob mit Vereinsvermögen sparsam genug gewirtschaftet werde, kann aber einen Ausschluss nicht rechtfertigen (AG München, Urteil v. 5. 10. 2011 – 251 C 14702/11). Denn kritische Nachfragen nach der Verwendung von Geldern gehören zum klassischen Aufgabenbereich eines Kassenprüfers, so dass er sich auch Fragen dazu gefallen lassen müsse. Grds. ist es hinzunehmen, dass Vereinsorgane mit der Absicht der Aufdeckung und Beseitigung von Missständen kritisiert werden (BGH, MDR 1977 S. 379; LG Bonn, Urteil v. 8. 1. 2013 – 10 O 63/12; AG Soltau, Urteil v. 27. 8. 2014 – 4 C 28/14). Das gilt insbesondere, wenn die Kritik schonenderweise nur vereinsintern, z. B. im internen Bereich eines (Vereins)Forums, vorgenommen wird (AG Soltau, a. a. O.).

173   Zum Ausschluss berechtigt grds. **nur** ein **eigenes Verhalten** des Mitglieds. Ein Vereinsausschluss ist daher z. B. **unwirksam,** wenn er allein damit begründet ist, dass **Angehörige** des Mitglieds in erheblichem Umfang **gegen** die Vereinsordnung **verstoßen** haben (BGH, NJW 1972 S. 1893 [Taubenzüchterverband]). Das ist insbesondere von Bedeutung, wenn bei Minderjährigen das Verhalten eines gesetzlichen Vertreters als Ausschlussgrund herangezogen werden soll. Das ist nur möglich, wenn die Satzung dies ausdrücklich als Ausschlussgrund vorsieht (VB 1/2013 S. 18).

174   Bei **Ausschlussmaßnahmen** gegenüber **Jugendlichen,** insbesondere aus einem **Sportverein,** ist zu berücksichtigen, dass es zu den Aufgaben eines Sportvereins gehört, jugendliche Mitglieder an das sportliche „Fairplay" heranzuführen und damit zu deren Charakterbildung wesentlich beizutragen. Ein Ausschluss ist daher nur bei **besonders gravierendem Fehlverhalten** des Jugendlichen zulässig (AG Germersheim, SpuRt 1995 S. 221).

175   **Unwirksam** ist ein **gruppenweiser Ausschluss** aus dem Verein (BayObLG, Rpfleger 1988 S. 417; wegen der Einzelheiten s. Sauter/Schweyer/Waldner, Rz. 354).

176   Grds. müssen die **Ausschlussgründe in** der **Satzung** genannt sein, und zwar entweder als einzelne Tatbestände oder zumindest in Form einer Generalklausel (s. oben Rz. 171; vgl. aber auch LG Bremen, SpuRt 2013 S. 127 = ZStV 2013 S. 146 = NJW-RR 2013 S. 1125). Eine entsprechende Anwendung anderer Ausschlussgründe kommt nicht in Betracht (OLG Saarbrücken, NJW-RR 1994 S. 251 [für Nichtzahlung der Kosten für Jugendtraining der minderjährigen Kinder des Vereinsmitglieds]). Die Nennung der Ausschlussgründe nur in einer Verfahrens- oder Geschäftsordnung genügt nicht, diese kann nur das Verfahren des Ausschlusses regeln (Stöber/Otto, Rz. 979).

Enthält die **Satzung keine Regelung**, ist der Ausschluss nur aus „**wichtigem** 177 **Grund**" möglich. Erforderlich ist, dass das Mitglied das Vereinsleben so sehr stört, das dem Verein die Fortsetzung der Mitgliedschaft nicht mehr zumutbar ist. Dafür kann es ausreichen, wenn das Mitglied gegen „Beschlüsse und Anordnungen der Vereinsorgane" verstößt, es muss sich nicht um einen gravierenden Verstoß handeln (LG Duisburg, Urteil v. 5. 3. 2015 – 8 O 211/14 für Verstoß gegen „Kleiderordnung" eines Sportvereins, die das Tragen von Muskelshirts verbietet; vgl. dazu VB 7/2015 S. 16). Der Ausschluss aus wichtigem Grund unterliegt voll der gerichtlichen Nachprüfung (BGH, NJW 1972 S. 1893), auch muss der Ausschlussgrund konkret bezeichnet werden (BGH, NJW 1990 S. 41).

Fehlt in der Satzung für ein Verhalten ein (konkreter) Ausschlussgrund, kann 178 dieser **nachträglich nicht** durch eine Satzungsänderung eingeführt werden (Rechtsgedanke aus Art. 103 Abs. 2 GG). Abgeschlossene Vorgänge der Vergangenheit können nicht rückwirkend anders geregelt werden. Etwas anderes gilt aber, wenn der Ausschluss nicht an einen bestimmten Vorfall, sondern z. B. an die Mitgliedschaft in einer bestimmten Organisation geknüpft werden soll, da es sich insoweit dann nicht um einen abgeschlossenen Sachverhalt handelt. Diese „unechte Rückwirkung" ist zulässig.

An den Ausschluss aus einem **wirtschaftlichen Verein** sind strenge Anforderun- 179 gen zu stellen (vgl. Schulze, NJW 1991 S. 3264, dargestellt am Beispiel der GEMA).

Der Beschluss der Mitgliederversammlung eines **Dachverbands** über den **Aus-** 180 **schluss** eines **Einzelmitglieds** eines Landesverbands (hier: vertretungsberechtigter erster Vorsitzende) ist unwirksam, wenn die Satzung des Dachverbands für die durch den Ausschluss ausgesprochene Vereinsstrafe keine Rechtsgrundlage enthält, weil die Mitgliederversammlung mangels einer entsprechenden Strafkompetenz nicht befugt ist, über den persönlichen Ausschluss eines Einzelmitglieds zu entscheiden (OLG Köln, SpuRt 2007 S. 28).

Die Mitgliedschaft kann **automatisch enden**. Dies muss aber in der **Satzung** 181 **ausdrücklich** geregelt werden. Die Satzung muss auch die Bedingungen, die **automatisch** zum **Ausschluss** eines Mitglieds führen sollen, klar (und auch für Nichtjuristen) **nachvollziehbar regeln** (OLG Brandenburg, Urteil v. 3. 7. 2012 – 11 U 174/07; Reichert u.a., Rz. 2953). Ausreichend ist, dass sich solche Bedingungen zwingend aus einer objektiven Auslegung der Satzung ergeben; subjektive Vorstellungen von Vereinsorganen können zur Auslegung nicht herangezogen werden (LG Braunschweig, MDR 1995 S. 754 [für eine Regelung der „automatischen" Beendigung der Mitgliedschaft durch Aufgabe der Grundsätze]). In der Satzung muss zudem geregelt sein, welches Organ des Vereins für die Feststellung des Tatbestands der Beendigung der Mitgliedschaft zuständig ist (Reichert u.a., a. a. O., unter Bezugnahme auf OLGR Hamm 2001 S. 389; OLG Brandenburg, a. a. O.).

182   Für die Mitglieder einer **politischen Partei** enthalten die §§ 10, 14 PartG eine abschließende Regelung (BGH, NJW 1994 S. 2610).

183   Der **Ausschluss** aus einer **Gewerkschaft** ist zulässig wegen aktiver Zugehörigkeit zu einer gewerkschaftsfeindlichen Partei bzw. gegnerischen Organisation (Marxistisch-Leninistische Partei Deutschlands; BGH, NJW 1991 S. 485; vgl. auch LG Hamburg, MDR 1971 S. 132 wegen Zugehörigkeit zur NPD) oder einer undemokratischen Vereinigung (Gewerkschaft der Polizei und „Die Republikaner"; s. OLG Düsseldorf, NJW-RR 1994 S. 1401) oder wegen eines grob illoyalen Verhaltens (BGH, NJW-RR 1991 S. 888).

c) Ausschluss auf Zeit/Ruhen der Mitgliedschaft/bedingter Ausschluss

184   Zulässig ist auch ein „Ausschluss auf Zeit", und zwar auch dann, wenn die Satzung über ihn zwar keine Regelung enthält, aber den Gesamtausschluss regelt. Der Ausschluss auf Zeit ist dann die mildere Maßregel. Für ihn müssen aber die Voraussetzungen vorliegen, die an sich den endgültigen Ausschluss rechtfertigen würden (OLG Frankfurt/Main, NJW 1974 S. 189).

> **HINWEIS:**
>
> Der „Ausschluss auf Zeit" kann also nicht dazu benutzt werden, um erst noch weiter zu prüfen, ob die geltend gemachten Ausschlussgründe vorliegen.

185   Die Satzung kann auch vorsehen, dass die **Mitgliedschaft**(srechte) eines Mitglieds für eine bestimmte Zeit **ruhen**. Das führt dann aber nicht zum zeitweiligen Erlöschen der Mitgliedschaft, sondern nur dazu, dass die Mitgliedschaftsrechte und -pflichten während dieser Zeit ausgesetzt/suspendiert sind. Das wird in der Praxis häufig für die Dauer eines **Beitragsrückstands** vorgesehen. In der Zeit des Ruhens der Mitgliedschaft können – je nach der Regelung in der Satzung – die Mitgliedschaftsrechte nicht wahrgenommen werden, es bestehen aber im Zweifel dann auch nicht die Mitgliedschaftspflichten.

186   Ein **bedingter Ausschluss** ist grds. **nicht möglich**. Eine Ausnahme gilt dann, wenn für das auszuschließende Mitglied kein Zweifel entstehen kann, ob die Bedingung eingetreten ist. So ist ein bedingter Ausschluss möglich, wenn das Mitglied nicht innerhalb einer bestimmten Frist eine Erklärung abgibt; z. B. eine Entschuldigung (vgl. Linnenbrink, SpuRt 1995 S. 266; krit. Otto, jurisPK, § 33 Rz. 22), oder eine Handlung vornimmt, z. B. rückständigen Beitrag zahlt.

Das Vereinsorgan, das den bedingten Ausschluss ausgesprochen hat, hat auch darüber zu entscheiden, ob die Bedingung eingetreten ist. Daher muss die Bedingung möglichst konkret/bestimmt bezeichnet werden.

d) Ausschlussverfahren

aa) Allgemeines

Der Ausschluss des Vereinsmitglieds wird in einem **besonderen Verfahren** ausgesprochen, dessen Ausgestaltung die Satzung übernimmt (eingehend zum Verfahren auch OLG Köln, NJW-RR 1993 S. 891; Reichert u.a., Rz. 3011 ff.; zur Satzungsoptimierung in den Fällen Röcken, VB 10/2013 S. 12 ff.; s. auch noch Rz. 214). 187

> **HINWEIS:**
>
> Auf die Beachtung der in der Satzung vorgesehenen Verfahrensvoraussetzungen ist besondere Sorgfalt zu verwenden. Werden sie nicht beachtet, das Mitglied aber dennoch ausgeschlossen, kann sich der Verein gegenüber dem ausgeschlossenen Mitglied schadensersatzpflichtig machen (vgl. dazu OLG Schleswig, SchlHA 2002 S. 258 = OLGR Schleswig 2002 S. 457).

bb) Zuständiges Organ

Zur Wirksamkeit des Ausschließungsbeschlusses ist es erforderlich, dass der Beschluss ordnungsgemäß zustande gekommen ist. Das ist der Fall, wenn die in der **Satzung** oder einer besonderen Verfahrensordnung für die Ausschließung eines Mitglieds vorgesehenen **Bestimmungen** eingehalten sind: Zuständig für die Ausschließung ist in erster Linie das in der Satzung hierfür bestimmte Vereinsorgan. Das kann ein besonderes Vereinsgericht, ein Ehrengericht, ein „Schiedsgericht" (vgl. dazu BGHZ 159 S. 207 = NJW 2004 S. 2226; s. auch Rz. 200) oder eine Schlichtungskommission sein. 188

Ist eine besondere **Zuständigkeit** nicht in der Satzung geregelt, entscheidet **im Zweifel die Mitgliederversammlung** über den Ausschluss (OLG München, Urteil v. 26.7.2017 – 20 U 5009/16, VB 1/2018 S. 1). Diese **muss** nach der Rechtsprechung beteiligt werden, wenn es um die Abberufung oder den **Ausschluss** eines **Vorstandsmitglieds** geht, da sie über die Zusammensetzung des Vorstands zu entscheiden hat (BGH, NJW 1984 S. 1884; OLG Köln, FGPrax 2009 S. 82 ff.; OLG Schleswig, Urteil v. 18. 4. 2008 – 14 U 95/07; LG Freiburg, NJW-RR 1989 S. 1021; AG Düsseldorf, NZG 2009 S. 795 = NJW-RR 2009 S. 1045). Das gilt auch, wenn es um den Ausschluss eines Mitglieds geht, das als juristische Person zwar nicht selbst Mitglied des Vorstands ist, ihm aber mit seinem örtlichen Repräsentanten angehört (OLG Düsseldorf, NJW-RR 1988 S. 271), z. B. 189

beratende Stimme eines Gemeindedirektors in einem Heimatverein. Auch für den (allgemeinen) **„Ausschluss aus wichtigem Grund"** ist im Zweifel die Mitgliederversammlung zuständig, eine besondere satzungsmäßige Grundlage ist nicht erforderlich (OLG Frankfurt/Main, NJW-RR 1991 S. 1276). Eine Satzungsregelung, mit der die **Zuständigkeit** zum Ausschluss von Vereinsmitgliedern auf den **Vorstand** übertragen wird, ist unwirksam, wenn der Vorstand einer Kontrolle durch die Mitgliederversammlung weitgehend entzogen ist (OLG Dresden, OLGR Dresden 2002 S. 461).

190 Nach h. M. kann der **Vorstand** des Vereins **nicht** ein anderes **Vorstandsmitglied** ausschließen (vgl. u.a. BGH, NJW 1984 S. 1884; OLG Düsseldorf, NJW-RR 1988 S. 1271; OLG Köln, FGPrax 2009 S. 82 ff.; AG Düsseldorf, NZG 2009 S. 795 = NJW-RR 2009 S. 1045; a. A. Stöber/Otto, Rz. 288 f.), und zwar auch dann nicht, wenn die Satzung dem Vorstand dieses Recht einräumt (LG Freiburg, NJW-RR 1989 S. 1021; AG Düsseldorf, a. a. O.; zu allem auch Rz. 696 ff.). Jedenfalls kann, wenn die Satzung für den Ausschluss eines Mitglieds eine schuldhafte Schädigung des Vereins verlangt, ein Vorstandsmitglied, das gleichzeitig Vereinsmitglied ist, wegen Verletzung seiner Vorstandspflichten nur dann ausgeschlossen werden, wenn ihm nach seinem Bildungsgrad und seinen persönlichen Fähigkeiten ein Verschulden zur Last fällt (BGH, BB 1963 S. 407).

> **HINWEIS:**
>
> Hat das unzuständige Organ entschieden, ist der Ausschluss nichtig (OLG Köln, a. a. O., und OLG München, Urteil v. 26.7.2017 – 20 U 5009/16, VB 1/2018 S. 1 für Ausschluss eines Vorstandsmitglieds nicht durch die Mitgliederversammlung).

191 Die Satzung kann für die **Einberufung** des Organs, das über die Ausschließung beschließt, besondere **Bestimmungen** enthalten. Ist das nicht der Fall, finden die satzungsmäßigen Bestimmungen über die Einberufung der Mitgliederversammlung Anwendung. Ist danach die Angabe einer **Tagesordnung** notwendig, reicht für die Verhandlung über den Ausschluss eines Mitglieds die bloße Angabe „Verschiedenes" nicht aus (Sauter/Schweyer/Waldner, Rz. 358). Soll der Ausschluss nicht auf ein erwiesenes vereinsschädigendes Verhalten gestützt werden, sondern nur auf einen **„dringenden Verdacht"**, der die Vertrauensgrundlage für eine weitere Zusammenarbeit zerstört hat, muss das in der Einladung und auch in der Mitgliederversammlung deutlich gemacht werden (BGH, NJW 1990 S. 40, 42; zur Frage, ob in der Einladung zur Mitgliederversammlung die Nennung des Namens des Mitglieds, das ausgeschlossen werden soll, genannt werden darf, VerfG Brandenburg, Beschluss v. 19.5.2017 – VfGBbg 9/17, VB 7/2017 S. 1).

cc) Verfahrensregelungen/-rechte

Das **Ausschlussverfahren** wird i. d. R. durch einen **Antrag eingeleitet**, der von   192
jedem Vereinsmitglied bei dem für die Ausschließung zuständigen Organ gestellt werden kann. Die Satzung kann auch vorsehen, dass das Ausschlussorgan
selbst das Verfahren einleitet und über den Antrag entscheidet. Das gilt natür-
lich nicht, wenn der Ausschluss durch den Vorstand erfolgt, und das Verfahren
sich gegen ein Vereinsmitglied richtet, das zugleich Vorstandsmitglied ist (s. oben
Rz. 117). Hier entscheidet die Mitgliederversammlung (s. Rz. 187).

Für das Ausschließungsverfahren kann von der Mitgliederversammlung oder   193
vom Ausschließungsorgan eine **Verfahrensordnung** aufgestellt werden. Hierbei
handelt es sich um eine Geschäftsordnung, an die das betreffende Vereinsorgan gebunden ist. Bei der Regelung des Verfahrens ist der Verein weitgehend
frei. Die Verfahrensordnung muss auch nicht in die Satzung aufgenommen
werden. Leitender Gedanke in der Verfahrensordnung sollte es sein, das Ausschlussverfahren **fair** zu gestalten (zur Geltung rechtsstaatlicher Grundsätze
im Verbandsstrafrecht s. Rechtsausschuss des Deutschen Leichtathletik-Ver-
bands, SpuRt 1996 S. 66). Grundlegende, **allgemeingültige Verfahrensgrund-
sätze** sind zu **beachten** (OLG Karlsruhe, NJW-RR 1996 S. 1503; LG Bonn, Urteil
v. 8.3.2013 – 18 O 63/12 für Befangenheit; Reichert u.a., Rz. 3055 ff.; vgl. auch
noch BGHZ 47 S. 381 = NJW 1967 S. 1657). Der Verein kann einen Ausschluss-
antrag durch einen Rechtsanwalt auch dann prüfen lassen, wenn das in der
Satzung nicht ausdrücklich vorgesehen ist (LG Köln, Urteil v. 11. 2. 2009 – 4 O
312/08).

> **HINWEIS:**
>
> Im Rahmen der dem Verein obliegenden Ermittlung der Grundlagen für einen Aus-
> schluss ist das betroffene Mitglied als „Beschuldigter" nicht zur Mitwirkung, insbeson-
> dere nicht zur Auskunft, verpflichtet (BGH, NZG 2003 S. 230 = MDR 2003 S. 402 für den
> Ausschluss aus einer Genossenschaft).

Im Ausschlussverfahren besteht für das betroffene Mitglied ein Anspruch auf   194
rechtliches Gehör (LG Essen, Urteil v. 8.5.2017 – 4 O 110/17, VB 8/2017 S. 1).
Die Verkürzung des rechtlichen Gehörs kann zur Unwirksamkeit des Ausschlusses führen (vgl. OLG Schleswig, SchlHA 2001 S. 103; LG Essen, a. a. O.; AG
Bochum, Urteil v. 14.8.2014 – 40 C 382/14, VB 6/2015 S. 2 m. Anm. Schmittmann, CaS 2014 S. 385). Für die Gewährung rechtlichen Gehörs wird es i. d. R.
genügen, wenn dem betroffenen Mitglied Gelegenheit zu einer schriftlichen
Stellungnahme gegeben wird (BGHZ 29 S. 352, 355). Rechtliches Gehör ist allerdings nicht gewährt, wenn die Mitgliederversammlung ein **abwesendes Mitglied** ausschließt, obwohl zuvor eine vergleichsweise Einigung zur Vermeidung

des weiteren Ausschlussverfahrens zustande gekommen war und das Mitglied vereinbarungsgemäß nicht an der Versammlung teilgenommen hat (LG Gießen, NJW-RR 1995 S. 828). Auch reicht es nicht, wenn dem Mitglied nur allgemein gehaltene Formulierungen des Ausschlusstatbestands zur Kenntnis gebracht werden, aus denen es nicht erkennen kann, welche konkreten Verhaltensweisen ihm vorgeworfen werden (BGH, NJW 1988 S. 552; NJW-RR 1991 S. 888, 890; OLG Köln, NJW-RR 1993 S. 891 [Ls.]; dazu auch Reichert u.a., Rz. 3056 ff.). „Rechtliches Gehör" beinhaltet auch, dass dem Mitglied rechtzeitig vor dem Ausschließungsbeschluss genügend Zeit gegeben wird, sich zu äußern bzw. Stellung zu nehmen (vgl. OLG Schleswig, a. a. O.).

195　Ob sich ein Vereinsmitglied im Ausschlussverfahren **vertreten** lassen darf, insbesondere durch einen Rechtsanwalt, ist **fraglich**. Grds. ist davon auszugehen, dass sich ein (Vereins)Mitglied selbst mit den anderen Mitgliedern auseinandersetzen und seine Interessen wahrnehmen kann (BGH, NJW 1971 S. 870). Im Ausschlussverfahren gegen einen Minderjährigen darf aber dessen gesetzlicher Vertreter nicht daran gehindert werden, den **Minderjährigen** zu vertreten. Im Übrigen kann je nach den Umständen des Einzelfalls die Hinzuziehung eines **Rechtsanwalts** erlaubt oder sogar geboten sein (zur Abrechnung der Tätigkeit des Rechtsanwalts s. Rz. 202). Dabei kommt es auf die Person des auszuschließenden Mitglieds, die für den Ausschluss zu erörternden Fragen und schließlich auch auf die wirtschaftlichen Folgen an, die durch den Ausschluss für das Mitglied entstehen (Sauter/Schweyer/Waldner, Rz. 363; ähnlich Stöber/Otto, Rz. 999). Aus Gründen der Waffengleichheit wird die Zuziehung eines Rechtsanwalts jedenfalls aber immer dann erlaubt sein, wenn der Verein selbst einen Rechtsanwalt hinzuzieht und sich dadurch ein Übergewicht verschaffen könnte (BGH, a. a. O.; NJW 1971 S. 779; s. aber NJW 1975 S. 160 [allein die Tatsache, dass der Vorsitzende des Ausschlussorgans ein Rechtsanwalt ist, ist danach kein zwingender Grund, die Vertretung des betroffenen Mitglieds durch einen Rechtsanwalt zuzulassen]; weitergehend Prütting/Wegen/Weinreich/Schöpflin, § 25 Rz. 19, der davon ausgeht, dass der Verein als Kehrseite der von ihm angemaßten Strafgewalt in jedem Fall die anwaltliche Vertretung des Beschuldigten hinnehmen muss).

> **HINWEIS:**
>
> Ist die Verfahrensordnung nicht beachtet worden, kann das Ausschlussverfahren ggf. wiederholt werden. Allerdings ist darauf zu achten, dass die Gründe, die zum Ausschluss führen sollen, nicht inzwischen verwirkt sind (Rechtsgedanke des § 626 Abs. 2 BGB).

dd) Ausschließungsbeschluss

(1) Begründung

Der **Ausschließungsbeschluss** muss **begründet** und **protokolliert** werden, beides sind zwingende Voraussetzungen für eine Überprüfung der Maßnahme durch die ordentlichen Gerichte (AG Germersheim, SpuRt 1995 S. 221). Die Begründung braucht nur kurz zu sein. Aus ihr muss das Mitglied aber entnehmen können, worauf sich der Beschluss stützt (vgl. u.a. LG Köln, Urteil v. 11. 2. 2009 – 4 O 312/08). Wird der Ausschluss mit dem Vorliegen eines wichtigen Grundes begründet, müssen die Umstände, aus denen sich die Unzumutbarkeit der Fortführung des Mitgliedschaftsverhältnisses im Einzelfall ergeben, **eindeutig** und **konkret** bezeichnet und in gerichtlich nachprüfbarer Weise festgestellt werden (BGH, NJW 1990 S. 40; 1997 S. 3368 = MDR 1997 S. 954; OLG Karlsruhe, NJW-RR 1998 S. 684). Mindesterfordernis ist, dass die Vorwürfe so konkret bezeichnet werden, dass sich der Auszuschließende in angemessener Form verteidigen kann und für die gerichtliche Überprüfung eindeutig feststeht, aufgrund welcher als erwiesen angesehener Tatsachen der Ausschluss erfolgt ist (BGH, NJW 1988 S. 552; vgl. auch OLG Köln, NJW-RR 1993 S. 891; LG Köln, Urteil v. 11. 2. 2009 – 4 O 312/08). Auf eine reine Verdachtslage kann der Ausschluss nicht gestützt werden (OLG Schleswig, Urteil v. 18. 4. 2008 – 14 U 95/07). Auch können billigenderweise nicht solche Umstände angeführt werden, die den Organen des Vereins bekannt waren und die gleichwohl geduldet wurden (OLG Schleswig, Urteil v. 18. 4. 2008 – 14 U 95/07). **Wirksam** wird der Ausschließungsbeschluss erst, wenn die Ausschließungserklärung des Vorstands dem Mitglied zugeht.

196

(2) Stimmenmehrheit/Stimmrecht

Auch die Frage, mit welcher Stimmenmehrheit über den Ausschluss zu beschließen ist, bestimmt sich zunächst nach einer ausdrücklichen Regelung in der **Satzung**, dann nach den Satzungsvorschriften über die Beschlussfassung in der Mitgliederversammlung sowie letztlich nach der gesetzlichen Regelung in **§ 32 Abs. 1 BGB** (vgl. dazu Rz. 471 ff.).

197

Die Vereinsmitglieder, die den Ausschluss beantragt haben, können am Ausschlussverfahren und an der Entscheidung über den Ausschluss **mitwirken**. Sie sind nicht etwa wegen „Befangenheit" ausgeschlossen. Ein Mitglied des Vorstands oder eines anderen Vereinsorgans, das durch das Verhalten, das jetzt zum Gegenstand des Ausschlussverfahrens gemacht wird, „verletzt" wurde, kann an dem Ausschlussverfahren hingegen nicht mitwirken (BGH, NJW 1981 S. 744; OLG Karlsruhe, NJW-RR 1996 S. 1503; OLG Schleswig, SchlHA 2001

198

S. 103; AG Montabaur, Urteil v. 3.11.2016 – 10 C 317/16 für Vorwurf der „Vetternwirtschaft"), und zwar weder an der Abstimmung noch als Versammlungsleiter (ähnlich OLG Hamm, BB 1976 S. 1191). Es empfiehlt sich, dies in der Satzung ausdrücklich zu regeln.

> **HINWEIS:**
>
> Ob das Mitglied, das ausgeschlossen werden soll, stimmberechtigt ist, erscheint fraglich. Die Frage wird von der wohl noch h. M. (s. unten auch KG, NJW-RR 2014 S. 1185 = Rpfleger 2014 S. 381 = ZStV 2014 S. 146 = FGPrax 2014 S. 215; OLG Köln, NJW 1968 S. 992; LG Itzehoe, NJW-RR 1989 S. 1531 f.; nicht ganz eindeutig Stöber/Otto, Rz. 993 i. V. mit Rz. 823 m. w. N.) bejaht, von Reichert u.a. (Rz. 3085 unter Hinweis auf BGH, NJW 1981 S. 744) und Otto (jurisPK, § 34 Rz. 5) hingegen unter Hinweis auf § 34 BGB und den Umstand, dass der Ausschluss immer auch das Außenverhältnis betrifft, verneint (s. auch noch KG, ArbuR 2005 S. 153 = KGR 2005 S. 590). Es empfiehlt sich, auch diese Frage in der Satzung ausdrücklich zu regeln (s. auch Stöber/Otto, a. a. O.).

ee) Vereinsinterne Rechtsbehelfe

199 Die **Satzung** kann vereinsinterne Rechtsbehelfe gegen den Ausschließungsbeschluss **vorsehen**, so z. B. gegen den Ausschluss durch den Vorstand oder einen Ehrenrat Berufung bei der Mitgliederversammlung oder einem anderen Vereinsorgan. Der vereinsinterne Rechtsbehelf muss aber ausdrücklich in der Satzung vorgesehen sein, sonst steht er dem Mitglied nicht zu. Er hat grds. aufschiebende Wirkung (BayObLG, Rpfleger 1988 S. 417; OLG Köln, a. a. O.), d. h., bis zur Entscheidung bleibt die Mitgliedschaft des ausgeschlossenen Mitglieds bestehen. Ist zunächst der Grundsatz rechtlichen Gehörs verletzt worden, kann diese Verletzung durch die vereinsinterne Rechtsmittelinstanz geheilt werden (LG Gießen, NJW-RR 1995 S. 828; s. auch oben Rz. 193 f.). Der Betroffene kann erst nach Ausschöpfung der vereinsinternen Rechtsbehelfe die staatlichen Gerichte anrufen (BGHZ 4 S. 172, 174; LG Frankfurt/Main, SpuRt 2006 S. 35).

> **HINWEIS:**
>
> Zulässig ist eine Satzungsregelung, die den Ablauf einer nicht genutzten Rechtsmittelfrist mit der Rechtsfolge verbindet, die Mitgliedschaft des betroffenen Vereinsmitgliedes gelte durch den erstinstanzlichen Beschluss des Vereinsorgans als beendet (BGHZ 47 S. 172; LG Münster, Urteil v. 9. 2. 2005 – 1 S 131/04).
>
> Wenn das innerhalb seiner satzungsmäßigen Befugnis tätig gewordene Vereinsgericht eine vom Vorstand gegen ein Vereinsmitglied verhängte Vereinsmaßnahme aufhebt, steht für den Verein im Verhältnis zum Mitglied bindend fest, dass die Maßnahme entfallen ist (BGH, NJW-RR 2013 S. 873 = MDR 2013 S. 799 = NZG 2013 S. 713).

e) Rechtsschutz beim Vereinsausschluss

aa) Rechtsschutz/Feststellungsklage

Der Vereinsausschluss kann zur **gerichtlichen Nachprüfung** gebracht werden (zur Rechtsprechung des BGH zur Überprüfung von Vereinsausschlüssen s. Gehrlein, ZIP 1994 S. 852; zu allem eingehend auch Stöber/Otto, Rz. 1009 ff.; Reichert u.a., Rz. 3162 ff.; s. auch BGHZ 159 S. 207 = NJW 2004 S. 2226; OLG Frankfurt/Main, NJW-RR 2000 S. 1117; OLG Hamm, NJW-RR 2002 S. 1480; OLG Koblenz, OLGR Koblenz 2003 S. 361, jeweils zur Frage, in welchem Umfang staatliche Gerichte Verbandsentscheidungen nachprüfen dürfen). Die Satzung kann dies **nicht ausschließen.** Sie kann aber die Entscheidung über die Wirksamkeit des Ausschlusses gemäß §§ 1025 ff. ZPO einem Schiedsgericht übertragen (BGH, a. a. O.). Die Zuständigkeit und Organisation des Schiedsgerichts müssen dann aber in der Satzung festgelegt werden (BGHZ 88 S. 314 = NJW 1984 S. 1355).

200

HINWEIS:

Wird die Schiedsklausel erst nach Eintritt eines Mitglieds in den Verein aufgenommen, kann sie ihm später nur dann entgegengehalten werden, wenn er der Satzungsänderung, in der die Einrichtung eines Schiedsgerichts beschlossen worden ist, zugestimmt hat (BGH, NJW 2000 S. 1713; a. A. Stöber/Otto, Rz. 1051).

Wird das Nachprüfungsverfahren in einer sog. Schiedsgerichts- oder Ehrenordnung (s. Anhang Rz. 1105) geregelt, genügt das nur dann, wenn diese ausdrücklich zum Bestandteil der Satzung erklärt und formell und materiell, z. B. durch Eintragung ins Vereinsregister, wie ein Teil der Satzung behandelt wird. Das **Schiedsgericht** i. S. der §§ 1025 ff. ZPO muss als eine von den übrigen Vereinsorganen **unabhängige** und **unparteiische** Stelle organisiert sein (BGHZ 159 S. 207 = NJW 2004 S. 218; OLG Braunschweig, OLGR Braunschweig 2005 S. 515). Ist das nicht der Fall, handelt es sich trotz der anders lautenden Bezeichnung um ein Vereinsgericht, gegen dessen Entscheidungen die allgemeine gerichtliche Überprüfung zulässig ist (BGH, a. a. O.; BGH, NJW 1995 S. 583 [Reiterliche Vereinigung]; s. dazu auch OLG Frankfurt/Main, SpuRt 2003 S. 212 m. abl. Anm. Reichert, SpuRt 2004 S. 50; dazu auch noch Vieweg, SpuRt 1995 S. 97; Meyer, SpuRt 2005 S. 97; Kröll, ZIP 2005 S. 13; s. auch Rz. 239 ff.).

201

HINWEIS:

Bei der Abfassung der Satzung muss − wegen der unterschiedlichen Rechtsfolgen (s. oben) − sorgfältig darauf geachtet werden, ob tatsächlich ein Schiedsgericht i. S. der §§ 1025 ff. ZPO für die entsprechenden Streitigkeiten eingerichtet werden soll oder ob es sich um ein sonstiges (Vereins)Organ handelt. Ist das Letztere der Fall, dann sollte tunlichst die Bezeichnung „Schiedsgericht" vermieden werden.

---

202 Wurde das ausgeschlossene Mitglied von einem **Rechtsanwalt** vertreten, kann dieser seine Tätigkeit, wenn es sich um ein Schiedsgericht nach §§ 1025 ff. ZPO gehandelt hat, nach § 36 RVG i. V. mit Teil 3 Abschnitt 1 und 2 VV RVG **abrechnen**. Ist der Rechtsanwalt vor einem Vereinsgericht als Organ des Vereins tätig geworden, ist diese außergerichtliche Tätigkeit nach Teil 2 VV RVG, und zwar nach Nr. 2300 VV RVG abzurechnen (zum (Schadens)Ersatz von Anwaltskosten in Verfahren vor Vereins- und Verbandsgerichten Lindemeyer, ZStV 2015, 27).

bb) Feststellungsklage

203 I. d. R. muss das ausgeschlossene Mitglied mit der Feststellungsklage nach § 256 ZPO die Unwirksamkeit des Ausschließungsbeschlusses geltend machen. Zulässig ist die Anrufung der staatlichen Gerichte grds. erst dann, wenn die **vereinsinternen Rechtsbehelfe eingelegt** und beschieden sind und der etwaige Instanzenzug innerhalb des Vereins erschöpft ist (BGHZ 47 S. 172; LG Frankfurt/Main, SpuRt 2006 S. 35). Nur wenn der Verein das Verfahren ungebührlich verzögert (vgl. KG, NJW 1988 S. 3159 für Parteistreitigkeiten), seine Durchführung überhaupt verweigert oder dem Mitglied wegen lebenswichtiger Interessen ein weiteres Warten nicht zugemutet werden kann, können die staatlichen Gerichte sofort um Hilfe angegangen werden.

> HINWEIS:
>
> Das ausgeschlossene Mitglied muss darauf achten, dass es nicht zu spät Klage erhebt. Zwar ist die Feststellungsklage von Gesetzes wegen nicht fristgebunden, das Klagerecht kann aber bei zu später Klageerhebung verwirkt sein. Das hat das OLG Hamm, bei einem Zeitraum von annähernd vier Monaten zwischen dem verfahrensabschließenden Beschluss eines Verbandsehrengerichts und der Klageerhebung angenommen (OLG Hamm, NJW-RR 1997 S. 989).
>
> Das (ausgeschlossene) Mitglied kann sich auch mit einer einstweiligen Verfügung wehren. Wird die erlassen, muss der Verein die Mitgliedschaftsrechte gewähren, bis das Hauptverfahren abgeschlossen ist (AG Bochum, Urteil v. 14.8.2014 – 40 C 382/14, VB 6/2015 S. 2 m. Anm. Schmittmann, CaS 2014 S. 385). Das bedeutet, dass das Mitglied dann z. B. an der Jahreshauptverhandlung teilnehmen kann.

cc) Gegenstand der Nachprüfung

204 Die **gerichtliche Nachprüfung** des Ausschlusses findet nur in **beschränkten Grenzen** statt (vgl. Stöber/Otto, Rz. 1009 ff.; BGH, NJW 1997 S. 3368; OLG Düsseldorf, SpuRt 1995 S. 171; OLG München, NJW 1996 S. 2381; OLG Schleswig, Urteil v. 18. 4. 2008 – 14 U 95/07; LG Essen, Urteil v. 8.5.2017 – 4 O 110/17, VB 8/2017 S. 1; LG Köln, Urteil v. 11. 2. 2009 – 4 O 312/08; AG Münster,

Urteil v. 18. 3. 2004 – 8 C 2688/03; vgl. auch AG Heidelberg, Urteil v. 21.1.2016 – 29 C 230/15, VB 10/2016 S. 1 für Klage auf Verfahrenskosten für ein vereinsinternes Verfahren um rückständige Beiträge). Nach ständiger Rechtsprechung (vgl. BGHZ 87 S. 337, 344 = NJW 1984 S. 918) erstreckt sie sich bei Vereinen, die keiner Aufnahmepflicht unterliegen, nur darauf, ob der Ausschluss im Gesetz oder in der Satzung gestützt wird, ob das in der Satzung vorgeschriebene Verfahren beachtet wurde, sonst keine Gesetzes- oder Satzungsverstöße vorgekommen sind und ob der Ausschluss nicht grob unbillig oder willkürlich ist (s. für eine politische Partei BGH, NJW 1994 S. 2610; 1997 S. 3368 = MDR 1997 S. 954, 955; OLG Köln, SpuRt 2009 S. 79; OLG Schleswig, Urteil v. 18. 4. 2008 – 14 U 95/07; LG Bremen, SpuRt 2013 S. 127 = ZStV 2013 S. 146 = NJW-RR 2013 S. 1125 für Ausschluss aus einem Sportverein wegen Mitgliedschaft in der NPD). Bei Vereinen mit Monopolstellung muss der Ausschluss zudem durch sachliche Gründe gerechtfertigt sein (BGH, NJW 1988 S. 552; 1997 S. 3368, 3370 [s. oben]).

Die **Gerichte überprüfen** nach der neueren Rechtsprechung des BGH (BGHZ 87 S. 337 = NJW 1984 S. 918) im Rahmen der Beweisanträge der Parteien zudem **auch** die **Tatsachenermittlung** im vereinsrechtlichen Ausschlussverfahren, also ob z. B. die Umstände, aus denen ein Verstoß gegen die Interessen des Vereins hergeleitet wird, richtig ermittelt sind. Im Ergebnis findet insoweit also eine volle Überprüfung statt (BGH, NJW 1980 S. 443; 1993 S. 43; 1997 S. 3368; LG Köln, Urteil v. 11. 2. 2009 – 4 O 312/08). Auf eine nur vage Verdachtslage kann/ darf ein Ausschluss nicht gestützt werden (OLG Schleswig, Urteil v. 18. 4. 2008 – 14 U 95/07).   205

HINWEIS:

Gegenstand der Nachprüfung ist der Ausschließungsbeschluss mit dem Inhalt, wie er im vereinsinternen Verfahren zustande gekommen ist; der Verein kann keine Gründe nachschieben (OLG Düsseldorf, NJW-RR 1994 S. 1402 m. w. N.).

---

dd) Rechtsfolgen

Hat das ausgeschlossene Mitglied mit der **Klage** gegen den Ausschluss **Erfolg,**   206 steht damit fest, dass es nach wie vor noch dem Verein angehört (zur Bindungswirkung der Entscheidung eines Vereinsgerichts BGH, NJW-RR 2013 S. 873 = MDR 2013 S. 799 = NZG 2013 S. 713). Zwischenzeitlich ergangene Beschlüsse der Vereinsorgane sind daher für das Mitglied verbindlich. War mit dem Ausschluss der Verlust eines Vereinsamts verbunden, rückt das Mitglied aber nicht automatisch wieder in dieses Amt ein. Es bedarf vielmehr einer Neubestellung/Neuwahl (BGHZ 31 S. 192, 195). Ist dem Mitglied durch den

Ausschluss ein Schaden entstanden, kann es bei Verschulden des beschließenden Organs Ersatz verlangen (BGH, NJW 1984 S. 1884; s. auch OLG Schleswig, SchlHA 2002 S. 258 = OLGR Schleswig 2002 S. 457).

3. Streichung aus der Mitgliederliste

207 Die Satzung kann neben einem besonderen Ausschließungsverfahren bestimmen, dass die Mitgliedschaft auch durch Streichung aus der Mitgliederliste beendet wird. Das ist ein **vereinfachtes Ausschließungsverfahren** (OLG Celle, NJW-RR 1989 S. 313; OLGR Hamm 2001 S. 389), das in einfach gelagerten und leicht feststellbaren Fällen, ohne dass eine nähere Erforschung des zum Grund der Ausschließung gemachten Sachverhalts erforderlich ist, zulässig sein dürfte (krit. zu diesem Verfahren Otto, jurisPK, § 39 Rz. 23, da der Vorstand hier einen Ermessensspielraum habe). Dazu gehören die **Fälle** des Beitragsrückstands, Verlegung des Wohnsitzes, Nichtteilnahme an einer bestimmten Zahl von Vereinsveranstaltungen, Wegfall besonderer Voraussetzungen für die Mitgliedschaft oder Eintritt in eine andere Organisation/Verein, wenn die Satzung bestimmt, dass die Mitgliedschaft dort mit der Mitgliedschaft im Verein nicht vereinbar ist. Für die Streichung aus der Mitgliederliste gelten die zum „Ausschluss aus dem Verein" gemachten Ausführungen entsprechend (s. Rz. 170 ff.). Für die Wirksamkeit einer entsprechenden Satzungsbestimmung ist es nicht erforderlich, dass die aufschiebende Wirkung eines Rechtsmittels gegen den Streichungsbeschluss vorgesehen wird (OLG Hamm, a. a. O.).

4. (Weitere) Vereinsstrafen

208 Neben dem Ausschluss aus dem Verein als der schwersten Vereinsstrafe kann die Satzung für Verstöße gegen Mitgliedspflichten **weitere Sanktionen** vorsehen, wie z. B. **Rüge, Verweis,** zeitweilige **Suspendierung** von einem Vereinsamt, befristeter **Ausschluss von der Benutzung** von Vereinseinrichtungen, aber auch die Androhung von Geldstrafen.

209 Die **Straftatbestände** und die angedrohten Strafen müssen in der **Satzung** festgelegt sein. Es genügt eine Generalklausel wie z. B. „vereinsschädigendes Verhalten" (s. aber auch oben Rz. 171). Gibt es im Verein eine Ehrenordnung, darf diese die Strafvorschriften nur konkretisieren, nicht aber erweitern oder zusätzliche Nachteile wie etwa die Auferlegung von Kosten vorsehen. Die Höhe einer **Geldstrafe** muss nicht unbedingt in der Satzung festgelegt werden. Es reicht die Bestimmung eines Strafrahmens aus, innerhalb dessen dann das Vereinsorgan, das mit der Vereinsstrafe befasst ist, unter Berücksichtigung der Umstände des Einzelfalls die angemessene Strafe festsetzt.

Die Satzung kann die Vereinsstrafe auch an ein **Verhalten** knüpfen, das zu-   210
gleich **mit öffentlicher Strafe bedroht** ist. Die Bestrafung ist aber nur zulässig,
wenn das strafbewehrte Verbot oder Gebot zur Zeit der Vornahme der Handlung in der Satzung schon bestand. Die Vereinsstrafe erfordert nicht unbedingt
ein Verschulden (BGHZ 29 S. 359 = NJW 1959 S. 982; a. A. wohl Palandt/Ellen-
berger, § 25 Rz. 14).

Eine Vereinsstrafe kann **grds. nur** gegen **Vereinsmitglieder** verhängt werden   211
(BGHZ 29 S. 359 = NJW 1959 S. 982; Stöber/Otto, Rz. 976).

HINWEIS:

Nach Ausscheiden eines Mitglieds ist also dessen Bestrafung unzulässig, möglich ist sie
aber noch zwischen Austrittserklärung und Wirksamwerden des Ausscheidens.

Nichtmitglieder können sich aber durch Vertrag, z. B. zum Besuch des Stadi-   212
ons/einer Sportveranstaltung der Strafgewalt des Vereins unterwerfen (vgl.
BGH, NJW 2016 S. 3715 = MDR 2016 S. 1448 = SpuRt 2017 S. 29 [Haftung eines
Zuschauers wegen des Zündens eines Sprengkörpers bei einem Fußballspiel für
dem Verein vom Sportgericht auferlegte Geldstrafe]; vgl. dazu auch OLG Köln,
SpuRt 2016 S. 83 = MDR 2016 S. 209 [Verein muss „Strafrabatt" an den Fan
weitergeben]; Walker, NJW 2014 S. 119; Morgenroth, ZStV 2013 S. 212; s. auch
BGH, NJW 2016 S. 3715 = MDR 2016 S. 1448). Entsprechendes gilt für die **Teil-
nahme** an einem nach der Sport- oder Wettkampfordnung des betreffenden
Verbands ausgeschriebenen **Wettbewerb** (vgl. zu allem BGH, NJW 1995 S. 583
[Reiterliche Vereinigung]; s. auch LG Kiel, Urteil v. 18.10.2016 – 9 O 283/13, VB
5/2017 S. 2 zu den Voraussetzungen für die Geltung einer Dopingordnung;
Haas/Adolphsen, NJW 1995 S. 2146; Haas/Prokop, SpuRt 1998 S. 15; Vieweg,
SpuRt 1995 S. 97) oder durch die Benutzung von Vereinseinrichtungen (OLG
Düsseldorf, SpuRt 1995 S. 171). Die Nichtmitglieder sind dann den Mitgliedern
gleichgestellt. Die sportlichen Regelwerke des Vereins sind keine Allgemeinen
Geschäftsbedingungen und unterliegen daher der vollen Inhaltskontrolle (BGH,
a. a. O.).

Der dem Verein übergeordnete **Verband** hat gegenüber den Mitgliedern des   213
nachgeordneten Vereins **Strafgewalt,** wenn diese zugleich Mitglied im übergeordneten Verband sind (BGHZ 28 S. 131; s. dazu Rz. 780 ff.), oder wenn die
Strafgewalt des Verbands in den Satzungen der beiden beteiligten Vereine ab-
gesichert ist (BayObLGZ 1986 S. 534; OLG Köln, SpuRt 2007 S. 28; zur Frage, in
welchem Umfang staatliche Gerichte Verbandsentscheidungen nachprüfen
dürfen, s. OLG Frankfurt/Main, NJW-RR 2000 S. 1117).

214 An das **Vereinsstrafenverfahren** sind dieselben **Mindestanforderungen** zu stellen wie an das **Vereinsausschlussverfahren** (s. dazu Rz. 187 ff.). Instruktiv ist dazu der Beschluss des OLG Köln, NJW-RR 1993 S. 891:

> **BEISPIEL:** ➤ Der Antrag des Mitglieds eines Hundezuchtvereins, dem Verein im Wege der einstweiligen Verfügung aufzugeben, dem Antragsteller die – durch eine Vereinsstrafe für drei Monate untersagte – Nutzung des Übungsgeländes zu gestatten, ist weder deshalb unzulässig, weil der Antragsteller bis zum Verfügungsantrag sechs Wochen Zeit hat verstreichen lassen, um zuvor den nach der Satzung vorgeschalteten vereinsinternen Rechtsweg auszuschöpfen, noch deshalb, weil der Antragsteller theoretisch die Möglichkeit hat, mit seinem Hund auf dem Gelände eines anderen Vereins zu üben.
>
> Die **vereinsinterne Strafgewalt** unterliege insoweit **gerichtlicher Überprüfung,** als es um die Einhaltung des von der Satzung vorgesehenen Verfahrens sowie darum gehe, ob die verhängte Strafe allgemein auf einem fairen Verfahren beruhe und nicht gesetzwidrig, sittenwidrig oder offenbar unbillig sei.
>
> Ist in der Satzung vorgesehen, dass einem Mitglied, gegen das ein Vereinsstrafverfahren in Gang gesetzt wird, die **Vorwürfe** in ihren wesentlichen Punkten **zuvor mitgeteilt** werden müssen, so genügt der Verein diesen Pflichten nicht, wenn er sich auf allgemein gehaltene Formulierungen beschränkt, die nicht erkennen lassen, welche konkreten Äußerungen und Verhaltensweisen dem Betreffenden vorgeworfen werden.
>
> Es stellt eine **Verletzung des rechtlichen Gehörs** dar, wenn der Vorstand es ablehne, eine zweieinhalbseitige schriftliche Stellungnahme des Betroffenen zur Kenntnis zu nehmen, die eine Stunde vor der Verhandlung über die Vereinsstrafe per Fax eingegangen ist und dem Vorstand vorgelegen hat.
>
> Liegt dem Verfahren der Vorwurf zugrunde, der Betroffene habe ein **Vorstandsmitglied beleidigt**, so stellt es eine Verletzung allgemeiner rechtsstaatlicher Verfahrensgrundsätze dar, wenn dasselbe Vorstandsmitglied an der Entscheidung über die Vereinsstrafe mitwirke.
>
> Es widerspricht ferner allgemeinen rechtsstaatlichen Verfahrensgrundsätzen, wenn in der Satzung eines Vereins für **Rechtsmittel** gegen eine Vereinsstrafe keine **aufschiebende Wirkung** vorgesehen oder der sofortige Vollzug nicht auf solche Fälle beschränkt werde, in denen besondere Umstände dies rechtfertigen.

215 Das bestrafte Mitglied kann die gegen ihn getroffene Maßnahme **gerichtlich überprüfen** lassen. Es gelten die Rz. 200 ff. entsprechend. Im Wege der gerichtlichen Nachprüfung kann die Herabsetzung einer Geldstrafe auf einen angemessenen Betrag nicht erreicht werden (BayObLGZ 1959 S. 457, 468). Die Vereinsstrafe wird von den ordentlichen Gerichten nur darauf überprüft, ob die Bestrafung offenbar unbillig ist (OLG Düsseldorf, SpuRt 1995 S. 171; s. auch OLG München, NJWE-VHR 1996 S. 96 = NJW 1996 S. 2382 [Ls.] zur Verhängung einer Wettkampfsperre von 12 Monaten wegen Einnahme ärztlich nicht verordneter Medikamente [Fall Krabbe]).

5. Beendigung der Mitgliedschaft aus sonstigen Gründen

a) Tod des Mitglieds

Die Mitgliedschaft endet regelmäßig mit dem **Tod** eines Mitglieds, da nach   216
§ 38 Satz 1 BGB die Mitgliedschaft nicht vererblich ist. Die Satzung kann dies
jedoch anders regeln (§ 40 BGB). Ist das der Fall, tritt der Erbe mit dem Erbfall
in die Mitgliedschaft ein. Das setzt aber eine – zumindest konkludente – Willenserklärung voraus. Allein die Zahlung der Mitgliedsbeiträge genügt dafür
nicht. Es muss erkennbar sein, ob der Erbe in die Mitgliedschaft eintreten will
(AG München, Urteil v. 23.3.2016 – 242 C 1438/16, BV 3/2017 S. 1).

> **HINWEIS:**
>
> I. d. R. wird es sich nicht empfehlen, die Mitgliedschaft vererblich zu machen. Etwas
> anderes kann gelten, wenn eine besondere Beziehung zum Vereinsvermögen besteht
> oder wenn die Mitgliedschaft z. B. mit der Inhaberschaft an einem Geschäftsbetrieb
> verbunden ist (Stöber/Otto, Rz. 331). Auf jeden Fall sollte dem Erben dann aber ein
> sofortiges Austrittsrecht zugestanden werden.

Unabhängig von der Frage der Vererbung ist die des **Übergangs** von den **Rech-**   217
ten und **Pflichten** auf den Erben, die ihren Ursprung in der Mitgliedschaft des
Erblassers hatten. Für diese gelten die allgemeinen Regeln des Erbrechts. D. h.:
Der Erbe haftet dem Verein auf rückständige Mitgliedsbeiträge und Umlagen,
er kann gegenüber dem Verein bestehende Ansprüche des Erblassers, z. B. auf
Ersatz von Aufwendungen oder auf Schadensersatz, geltend machen (so auch
Stöber/Otto, Rz. 334).

b) Wegfall von besonderen Eigenschaften des Mitglieds

Die Vereinssatzung kann bestimmen, dass die Mitgliedschaft von besonderen   218
Eigenschaften des Mitglieds abhängig sein soll, z. B. vom Beruf, Alter (vgl. Rz.
104 ff.). Bestimmt die Satzung außerdem, dass mit dem **Wegfall** dieser besonderen Eigenschaften die **Mitgliedschaft** endet, **erlischt sie ohne weitere Maß-**
nahme des Vereins, wenn die besondere Voraussetzung in der Person des Mitglieds nicht mehr vorliegt (BGH, DB 1978 S. 1973). Darüber hinaus dürfte in der
Satzung auch eine Regelung möglich sein, wonach die Mitgliedschaft erlischt,
sobald ein näher bezeichneter Tatbestand gegeben ist, z. B. Eröffnung des Insolvenzverfahrens gegenüber einem Mitglied, Verlust einer Amtsstellung (vgl.
LG Braunschweig, MDR 1995 S. 745 zu den Anforderungen an die Formulierung
der entsprechenden Regelung in der Satzung; s. auch zum „automatischen"
Ausschluss oben Rz. 171) oder Erwerb der Mitgliedschaft in einem anderen
Verein/einer anderen Organisation.

6. Bestimmung des Geschäftsjahres

219 Eine Bestimmung über das Geschäftsjahr sollte **zweckmäßigerweise** in die Satzung aufgenommen werden. Enthält die Satzung keine abweichende Bestimmung, so ist das Kalenderjahr das Geschäftsjahr. Entsprechend der früheren Regelung in § 39 Abs. 1 Satz 1 HGB darf das Geschäftsjahr keinen längeren Zeitraum als zwölf Monate umfassen.

220 Die **nachträgliche** Einführung eines vom **Kalenderjahr abweichenden** Geschäftsjahres dürfte eine **Satzungsänderung** erfordern, da die Vereinsverfassung jedenfalls dann berührt ist, wenn das Geschäftsjahr z. B. für die Amtszeit des Vorstands oder eines anderen Vereinsorgans von Bedeutung ist (so Sauter/Schweyer/Waldner, Rz. 131).

7. Regelung der Voraussetzungen einer Satzungsänderung

a) Allgemeines

221 Das Gesetz regelt die Satzungsänderung in **§ 33 Abs. 1 BGB**. Die Vorschrift ist gemäß § 40 BGB nachgiebiges Recht, so dass eine **abweichende Regelung möglich** ist.

b) Was ist eine Satzungsänderung?

222 **Satzungsänderung** ist **jede Änderung des Wortlauts** der Satzungsurkunde, sei es, dass eine Satzungsvorschrift aufgehoben, geändert, ergänzt oder durch eine andere ersetzt werden soll (zum Verzicht auf die Rechtsfähigkeit des eingetragenen Vereins s. Schäfer, RNotZ 2008 S. 22). **Auch rein** redaktionelle **Änderungen,** also solche, die keine Änderung der bisherigen Rechtslage bezwecken, sondern lediglich den Wortlaut einer Vorschrift anders fassen wollen, fallen unter diesen Begriff. Um eine Satzungsänderung handelt es sich auch, wenn Satzungsvorschriften geändert werden, die ihrem Inhalt nach bloße Geschäftsordnungen (Spielordnungen, Ehrenordnungen) sind und auch als einfaches Vereinsrecht hätten erlassen werden können. **Nicht** zur **Satzung** gehören nur jene Bestimmungen, bei denen ganz offensichtlich ist, dass sie nur bei Gelegenheit der Errichtung der Satzung in den Text aufgenommen worden sind und daher von Anfang an als Fremdkörper in der Satzung erscheinen. Das ist z. B. der Fall, wenn in der Gründungssatzung die Namen der Vorstandsmitglieder ausdrücklich erwähnt sind (Sauter/Schweyer/Waldner, Rz. 133a). Diese Teile der Satzung können ohne Beachtung der Vorschriften über die Satzungsänderung geändert werden.

Grds. ist jedoch Vorsicht geboten. Denn im Zweifel ist jede Änderung der zum Vereinsregister eingereichten Satzung nur im Wege der Satzungsänderung möglich. Das gilt auch, wenn ein bisher nicht geregelter Punkt nunmehr abweichend vom Gesetz geregelt werden soll (z. B. Einzelvertretungsbefugnis von Vorstandsmitgliedern) oder eine gesetzlich vorgesehene Regelung ausdrücklich in die Satzung aufgenommen werden soll.

c) Verfahren bei Satzungsänderungen

Das für die Satzungsänderung **zuständige Organ** ist nach dem Gesetz die **Mitgliederversammlung**. Die Satzung kann ein anderes Vereinsorgan für zuständig erklären, wie z. B. eine Satzungskommission, deren Mitglieder in der Mitgliederversammlung von den Mitgliedern für einen bestimmten Zeitraum gewählt werden. 223

Bei größeren Vereinen wird die Zuständigkeit häufig auch auf eine Delegiertenversammlung übertragen. Allerdings sollte man mit solchen Bestimmungen in der Gründungssatzung vorsichtig sein. Solange nämlich nicht eine ausreichende Zahl von Mitgliedern vorhanden ist, um eine Delegiertenversammlung zu bilden, könnte der Verein dann seine Satzung nicht „satzungsgemäß" ändern. Einen Ausweg bildet dann nur der Weg, die Satzungsänderung durch die Mitgliederversammlung zuzulassen, solange bis eine Delegiertenversammlung gebildet werden kann. Vorsichtshalber sollte das aber mit dem zuständigen Amtsgericht abgeklärt werden.

Möglich ist es auch, die Satzungsänderung von der **Zustimmung** eines Mitglieds oder der **Genehmigung** eines **Dritten** abhängig zu machen. Dadurch wird die Satzungsautonomie des Vereins lediglich eingeschränkt. Wird hingegen durch eine Satzungsbestimmung die eigene selbständige Willensbildung des Vereins nicht nur eingeschränkt, sondern ihm letztlich die Möglichkeit entzogen, sein (Satzungs-)Recht selbst zu setzen, ist diese Bestimmung unwirksam (OLG Frankfurt/Main, NJW 1983 S. 2576 für den Fall, dass ein Dritter für Satzungsänderungen zuständig ist; so wohl auch OLG Celle, Nds. Rpfl. 1995 S. 49 [Satzungsänderung durch einen Beirat]). 224

Für die Satzungsänderung müssen die für die Beschlussfassung des betreffenden Organs im Gesetz oder in der Satzung vorgeschriebenen **Förmlichkeiten beachtet** sein (s. Rz. 353 ff. für Einberufung und Beschlussfähigkeit der Mitgliederversammlung). Muss im Einladungsschreiben zur Sitzung des Vereinsorgans, das für die Satzungsänderung zuständig ist, die **Tagesordnung** mitgeteilt werden, reicht die bloße Ankündigung „Satzungsänderung" nicht aus. Die Tagesordnung muss so mitgeteilt werden, dass die Mitglieder aus der Mit- 225 teilung im Wesentlichen erkennen können, um was es sich bei der geplanten Satzungsänderung handelt (zuletzt u.a. OLG Jena, npoR 2015 S. 108 = VB 4/2015 S. 8 ff.; s. wegen der Einzelheiten Rz. 376 f.; sowie **Muster** im Anhang Rz. 1098). Zu beachten ist, dass eine Satzungsänderung nicht mit rückwirkender Kraft beschlossen werden kann (OLG Hamm, NZG 2007 S. 318 = FGPrax 2007 S. 141); es können aber rückwirkende Klauseln in die Satzung eingefügt werden (zur rückwirkenden Beitragserhöhung oben Rz. 128, 150).

226 Soll eine Satzungsänderung beschlossen werden, die **verschiedene Regelungen** in der Satzung betrifft, muss darüber von der Mitgliederversammlung **nicht einzeln abgestimmt** werden. Auch ein Beschluss über alle Änderungen zusammen ist zulässig (LG Düsseldorf, Urteil v. 12.8.2014 – 1 O 307/13). Die geänderte Satzung ist als einheitliches Regelungswerk anzusehen. Es kann deshalb keinen Unterschied machen, ob über eine neue Satzung als Ganzes abgestimmt wird oder über einzelne Änderungsanträge, weil im Ergebnis eine neue Satzung entsteht. Der Wortlaut der Änderungen kann gegenüber dem in der Einladung zur Mitgliederversammlung angegeben Text auch noch **verändert** werden. Änderungsvorschläge gehören naturgemäß zu einer Diskussion über Anträge und müssen folglich in der Mitgliederversammlung berücksichtigungsfähig sein. Die Mitglieder müssen darüber – wie sonst bei Änderungen der Tagesordnung grds. erforderlich – nicht vorab informiert werden (LG Düsseldorf, a. a. O.).

d) Welche Abstimmungsmehrheit bei Satzungsänderungen?

227 Das BGB verlangt in § 33 Abs. 1 Satz 1 BGB für eine Satzungsänderung eine **Mehrheit von 3/4** der erschienenen Mitglieder. Diese im Gesetz vorgesehene Mehrheit kann die **Satzung** ändern, wobei sie die Anforderungen an die notwendige Mehrheit **mildern** oder **verschärfen** kann. Sie kann also ebenso die Einstimmigkeit vorschreiben wie andererseits eine 2/3- oder einfache Mehrheit für die Satzungsänderung genügen lassen (zur Auslegung einer Bestimmung in der Satzung, wonach Satzungsänderungen „der Mehrheit von mindestens 2/3 der in der Mitgliederversammlung vertretenen Stimmen" bedürfen, s. LG Detmold, Rpfleger 1999 S. 333 [keine Zulassung der Stellvertretung bei der Stimmabgabe über eine Satzungsänderung, sondern nur sprachlich missglückt]). Die Anforderungen können – zumindest bei einem der evangelischen Kirche nahen Verein – zudem dadurch verschärft werden, dass zusätzlich zur qualifizierten Mehrheit auch noch die Zustimmung des Presbyteriums der Evangelischen Kirchengemeinde erforderlich ist (OLG Düsseldorf, Rpfleger 2009 S. 239 = NZG 2009 S. 1227). Bestimmt die Satzung, dass „alle Beschlüsse der Mitgliederversammlung mit einfacher Mehrheit gefasst werden", gilt das auch für Sat-

zungsänderungen (LG Mainz, Beschluss v. 17. 7. 2008 – 8 T 122/08). Die (verschärften oder geminderten) Anforderungen können sich auch nur auf bestimmte Klauseln beziehen.

HINWEIS:

Allerdings ist bei Änderungen darauf zu achten, dass, da Satzungsänderungen von grundlegender Bedeutung für den Verein sind, von der gesetzlichen Regelung abweichende Mehrheiten sich unzweifelhaft aus der Satzung ergeben müssen (LG Mainz, Beschluss v. 17. 7. 2008 – 8 T 122/08).

Wie die **Mehrheit** von 3/4 der abgegebenen Stimmen **ermittelt** wird, war in der Vergangenheit umstritten, da § 33 Abs. 1 Satz 1 a. F. BGB von der Mehrheit der Stimmen der „erschienenen Mitglieder" gesprochen hat. Fraglich war daher, ob bei der Ermittlung der Mehrheit von der Zahl der bei der Abstimmung anwesenden stimmberechtigten Mitglieder auszugehen sei und Stimmenthaltungen sowie ungültige Stimmen von dieser Zahl nicht vorweg abgezogen werden dürften, dann also ggf. wie Nein-Stimmen gewertet werden. Die Rechtsprechung des BGH, hatte aber bereits in der Vergangenheit – ebenso wie bei § 32 Abs. 1 a. F. BGB – den Hinweis auf die Mehrheit der „erschienenen" Mitglieder lediglich als Klarstellung verstanden, dass Beschlüsse nicht von der Mehrheit der überhaupt dem Verein angehörenden Mitglieder gefasst zu werden brauchen (BGH, NJW 1982 S. 1585). Das bedeutete, dass (auch) bei der Beschlussfassung über eine Satzungsänderung **Stimmenthaltungen und ungültige Stimmen nicht berücksichtigt** wurden, sondern vielmehr die erforderliche Mehrheit nur anhand der abgegebenen gültigen Ja- und Nein-Stimmen errechnet wurde. Diese Rechtsprechungsmeinung, der sich die Literatur angeschlossen hatte (vgl. die Nachweise bei Rz. 471 ff.), ist dann durch das Vereins-RÄndG Gesetz geworden. In § 32 Abs. 1 Satz 1 BGB ist nämlich jetzt formuliert: „eine Mehrheit von drei Vierteln der abgegebenen Stimmen". Danach kommt es nur auf die Mehrheit der abgegebenen Stimmen an. Mitglieder, die sich der Stimme enthalten, werden wie nicht erschienen behandelt (BT-Drucks. 16/ 12813 S. 10 f.). Ein Änderungsantrag ist daher angenommen, wenn die Zahl der Ja-Stimmen größer ist als die der Nein-Stimmen und eine erforderliche qualifizierte Mehrheit erreicht ist (so auch Sauter/Schweyer/Waldner, Rz. 135 i. V. mit Rz. 206; Otto, jurisPK, § 33 Rz. 12; wohl auch, aber krit., Stöber/Otto, Rz. 806 ff.; s. auch Rz. 471 f.).

BEISPIEL: Gilt die gesetzliche Regelung und sind 100 stimmberechtigte Mitglieder anwesend, von denen 75 mit Ja stimmen, 20 mit Nein und fünf sich der Stimme enthalten, ist der Antrag auf Satzungsänderung angenommen. Stimmen nur 74 mit Ja, ist der Antrag abgelehnt.

228

Dasselbe gilt, wenn nach der Satzung „die Mehrheit der erschienenen Mitglieder" ausreicht, und von 100 stimmberechtigten anwesenden Mitgliedern 50 mit Ja stimmen, 49 mit Nein und ein Mitglied sich der Stimme enthält. Das ist die alte Formulierung des § 33 Abs. 1 Satz 1 BGB, für die die Rechtsprechung des BGH weitergilt (BGH, NJW 1982 S. 1585).

229 Sieht die Satzung für bestimmte Beschlüsse, insbesondere für Satzungsänderungen, besondere Erfordernisse, meist **besondere Mehrheiten** vor, so muss **auch** der **Beschluss** über eine **Änderung** dieser Regelung noch diesen Anforderungen entsprechen (Sauter/Schweyer/Waldner, Rz. 138 m. w. N.; zur Änderung des Vereinszwecks s. Rz. 233).

BEISPIEL: ▶ Ist nach der Satzung zur Änderung der Satzung eine 3/4-Mehrheit der abgegebenen Stimmen erforderlich, so muss für die Einführung einer anderen Regelung, unabhängig davon, ob diese eine Erschwerung oder Erleichterung darstellt, eine Mehrheit von 3/4 der abgegebenen Stimmen erreicht werden. Soll an die Stelle der gesetzlichen Regelung von 3/4-Mehrheit eine andere treten, so muss diese Satzungsänderung noch mit der gesetzlich vorgeschriebenen Mehrheit von 3/4 der abgegebenen gültigen Stimmen beschlossen werden.

HINWEIS:

Zu beachten ist Folgendes: Bei Abfassung einer Satzungsbestimmung, die für Satzungsänderungen oder sonstige Beschlüsse eine bestimmte Mehrheit erfordert, ist diese nach der gesetzlichen Klarstellung durch das VereinsRÄndG jetzt erst recht ausdrücklich dahin zu fassen, dass die x-Mehrheit der „abgegebenen gültigen Stimmen" erforderlich ist und nicht eine x-Mehrheit der „erschienenen Mitglieder" festgesetzt wird. Denn nach der Neuregelung könnte man jetzt bei der letzteren Satzungsbestimmung den Schluss ziehen, dass die Satzung, was nach § 40 BGB möglich ist, bewusst eine positive Entscheidung der erschienenen Mitglieder verlangt und Stimmenthaltungen wie Nein-Stimmen behandelt werden müssen (Sauter/Schweyer/Waldner, Rz. 135 a. E.; zu allem auch eingehend Stöber/Otto, Rz. 806 ff.).

Im Übrigen bedarf eine Abweichung von der gesetzlichen Regelung, wie sie vom BGH verstanden wird, einer ausdrücklichen und eindeutigen Regelung in der Satzung.

e) Anmeldung und Eintragung der Satzungsänderung

230 Für die Wirksamkeit der Satzungsänderung ist neben dem Beschluss des zuständigen Vereinsorgans die **Eintragung** in das Vereinsregister **notwendig** (§ 71 Abs. 1 Satz 1 BGB). Die Eintragung hat **konstitutive Wirkung.** Daher kann sich ein Satzungsänderungsbeschluss selbst keine rückwirkende Kraft beilegen (OLG Hamm, NZG 2007 S. 318 = FGPrax 2007 S. 141). Solange sie nicht erfolgt ist, hat die Satzungsänderung im Verhältnis zu Dritten und zu den Mitgliedern **keine Wirkung.** Die Vereinsorgane können nach h. M. aber bereits vor der Eintragung aufgrund der neuen Satzung Beschlüsse fassen; diese werden jedoch erst mit Ein-

tritt der aufschiebenden Bedingung der Eintragung der Satzungsänderung wirksam (OLG München, NJW-RR 1998 S. 966; sog. **„Vorratsbeschlüsse"**).

BEISPIEL: ➤ Wird z. B. die Änderung der Satzung dahin beschlossen, dass der Vorstand statt aus einer künftig aus zwei oder mehr Personen bestehen soll, so kann sogleich das zweite Vorstandsmitglied gewählt werden. Die entsprechende Wahl wird aber erst mit der Eintragung der Satzungsänderung wirksam. Vorher gehört der Gewählte nicht zum Vorstand und kann auch nicht als Vorstandsmitglied für den Verein tätig werden. Daher muss die Anmeldung der Satzungsänderung durch den nach der alten Satzung gewählten Vorstand erfolgen. Der aufgrund der geänderten Satzung neu gewählte Vorstand ist noch nicht zuständig.

Für die **Tagesordnung** der Mitgliederversammlung ist darauf zu achten, dass die Beschlussfassung über die Satzungsänderung vor der Vorstands(neu)wahl aufgrund der geänderten Satzung erfolgen muss.

Die Eintragung der Satzungsänderung in das Vereinsregister muss **angemeldet** 231 werden. Für die Anmeldung und das Eintragungsverfahren gelten die gleichen Regeln wie bei der Ersteintragung des Vereins (§ 71 Abs. 1 Satz 2 ff. und Abs. 2 i. V. mit §§ 60 bis 64, 66 Abs. 2 BGB). Der Anmeldung ist der die Änderung enthaltende Beschluss in Abschrift und der vollständige Wortlaut der aktuellen Satzung beizufügen (OLG Hamm, DNotZ 2011 S. 390; OLG München, DB 2011 S. 2373 = FGPrax 2011 S. 310). Es ist darauf zu achten, dass die „Satzungshistorie" korrekt sein muss (vgl. Palandt/Ellenberger, § 71 Rz. 2; OLG München, a. a. O.). Es muss also der vorgelegte Satzungstext in den unverändert gebliebenen Teilen mit dem Wortlaut der früheren Satzung übereinstimmen. Für die (schlagwortartige) nähere Bezeichnung der geänderten Satzungsbestimmung in der Anmeldung zum Vereinsregister gemäß § 71 Abs. 1 BGB genügt der Hinweis auf die Änderung der jeweils im Einzelfall nach Ziffer und Überschrift bezeichneten Satzungsbestimmung aus. Eine inhaltliche Wiedergabe des Eintragungsinhalts in der Anmeldung ist dann nicht erforderlich (OLG Nürnberg, MDR 2014, S. 1400 = FGPrax 2014 S. 272 = Rpfleger 2015 S. 150). Der vorgelegte Änderungsbeschluss muss nicht von den Vorstandsmitgliedern des Vereins in vertretungsberechtigter Zahl unterschrieben werden/sein (OLG Hamm, NJW-RR 2010 S. 1627 = Rpfleger 2011 S. 88 = NZG 2010 S. 1113); ergibt eine summarische Prüfung, dass der mit der Anmeldung eingereichte Wortlaut nicht korrekt die aktuelle Fassung der Satzung wiedergibt, liegt ein behebbarer Mangel vor, der durch eine Zwischenverfügung beanstandet werden kann (OLG Hamm, a. a. O.). Es ist auch nicht erforderlich, dass das vollständige Sitzungsprotokoll in Urschrift vorgelegt wird. Es genügt ein Auszug, der neben den allgemeinen Formalien nur noch den satzungsändernden Beschluss enthält. Unterschrieben muss er von demjenigen sein, der nach der Satzung für die Aufnahme des Versammlungsprotokolls zuständig ist; die Protokollabschrift muss nicht noch zusätzlich unterzeichnet sein (KG, MDR 2015 S. 1191 = NZG 2015 S. 1365 = NJW-RR 2016 S. 44). Im Übrigen gelten die Ausführungen für das Anmeldeverfahren bei der Ersteintragung des Vereins (s. Rz. 38 f.).

232 Für den **Prüfungsumfang** des Vereinsgerichts gilt: Wird eine **Neufassung** der **Satzung** zum Vereinsregister eingereicht, kann und muss das Registergericht alle Satzungsregelungen prüfen. Es werden also auch unveränderte Satzungsregelungen daraufhin geprüft, ob sie zulässig sind. Wird nämlich eine Satzung neu gefasst, betrifft das nicht nur die geänderten Bestimmungen, sondern die gesamte Satzung (OLG Nürnberg, NZG 2016 S. 112 = MDR 2016 S. 85 = NJW-RR 2016 S. 153 = Rpfleger 2016 S. 162).

> **HINWEIS:**
>
> Bei anstehenden Satzungsänderungen sollte der Verein also besser nur einzelne Satzungsregelungen ändern, um nur diese dem Registergericht einreichen zu müssen. Wird aus Vereinfachungsgründen dennoch eine Neufassung der Satzung beschlossen, sollten in dem Fall auch die Satzungsregelungen (noch einmal) geprüft werden, die nicht geändert worden sind. Unter Umständen gibt es da rechtliche Mängel, die in der Vergangenheit vom Registergericht nicht moniert worden sind, aber jetzt auf Widerstand stoßen (vgl. auch VB 2/2016 S. 2).

8. Regelung über die Änderung des Vereinszwecks

a) Verfahren

aa) Zustimmung aller Mitglieder

233 Nach § 33 Abs. 1 Satz 2 BGB ist eine Änderung des Vereinszwecks möglich, es müssen aus Gründen des Minderheitenschutzes jedoch grds. **sämtliche Vereinsmitglieder** ihre **Zustimmung** geben. Die Vorschrift wird auf den Verschmelzungsbeschluss der Mitgliederversammlung des Vereins nicht entsprechend angewendet (vgl. dazu Rz. 806 ff.); dieser bedarf, wenn nicht in der Satzung eine größere Mehrheit vorgeschrieben ist, gemäß § 103 UmwG einer Mehrheit von (nur) 3/4 der abgegebenen Stimmen (OLG Hamm, NZG 2013 S. 388).

234 Die in der Mitgliederversammlung **nicht Erschienenen** müssen dem in der Mitgliederversammlung gefassten Beschluss (nachträglich) **schriftlich** (§ 126 BGB) zustimmen. Dafür reichen Telegramm oder **Telefax** (wie hier Reichert u.a., Rz. 623; Sauter/Schweyer/Waldner, Rz. 146; Soergel/Hadding, § 33 Rz. 11), nicht aber die Übermittlung per E-Mail (Sauter/Schweyer/Waldner, a. a. O.). Die Schriftform kann durch die elektronische Form ersetzt werden (§ 126 Abs. 3 BGB i. V. mit § 126a BGB); aber dafür ist dann die Signatur erforderlich. Es genügt zur Erfüllung des Formerfordernisses auch nicht, wenn die nicht erschienenen Mitglieder nachträglich vom Verein zur Zustimmung aufgefordert

werden mit der Maßgabe, wenn binnen einer gesetzten Frist keine Mitteilung eingehe, gelte die Zustimmung als erteilt. Denn grds. ist Schweigen keine (Willens-)Erklärung, andererseits fehlt es an der erforderlichen Schriftform (Reichert u.a., a. a. O.).

Auch die BGB-Regelung über die Änderung des Vereinszwecks kann in der Satzung durch eine andere ersetzt werden (§ 40 BGB). Dabei kann die schon sehr strenge gesetzliche Regelung noch weiter **verschärft** werden, indem z. B. die Anwesenheit **und** Zustimmung aller Mitglieder in der Mitgliederversammlung verlangt wird. Sie kann aber auch **gemildert** werden, so dass für eine Zweckänderung eine x-Mehrheit der abgegebenen gültigen Stimmen ausreichend sein kann. Regelt eine Satzungsvorschrift das Verfahren bei Satzungsänderungen abweichend von § 33 Abs. 1 Satz 1 BGB, z. B. hinsichtlich der Stimmenmehrheit, so gilt das aber nicht auch für Änderungen des Vereinszwecks, wenn sich dies nicht eindeutig aus Wortlaut oder Sinn der Vorschrift ergibt (so BGH, NJW 1986 S. 1033; OLG Köln, NJW-RR 1996 S. 1180). 235

> HINWEIS:
>
> Wegen der bei größeren Vereinen ggf. bestehenden Schwierigkeit, die Zustimmung aller Mitglieder zu erlangen, dürfte es sich eher empfehlen, die Anforderungen an die Änderung des Vereinszwecks in der Satzung zu mildern als noch zu verschärfen.

Soll die Satzung des Vereins, die für eine Vereinszweckänderung eine Zustimmung aller Mitglieder vorsieht, dahingehend angepasst werden, dass es zur Änderung des Vereinszwecks nicht mehr der Zustimmung aller Mitglieder bedürfe, kann diese **Satzungsänderung** nur mit **Zustimmung aller Mitglieder** beschlossen werden (OLG München, NZG 2011 S. 994 = FGPrax 2011 S. 249 = Rpfleger 2011 S. 613 = MDR 2011 S. 1309; Sauter/Schweyer/Waldner, Rz. 146; MüKo-BGB/Reuter, § 33 Rz. 23a). Denn sonst könnte die Einstimmigkeit für Zweckänderungen leicht umgangen werden. In dem Zusammenhang darf eine mit der Zweckänderung nicht einverstandene Minderheit nicht auf die Möglichkeit des Austritts aus dem Verein verwiesen werden (OLG München, a. a. O.). Das wäre/ist mit dem Minderheitenschutz nicht vereinbar. 236

bb) Fehlgeschlagene Zweckänderung

Stimmt die nach dem Gesetz oder nach der Satzung **erforderliche Zahl** von Mitgliedern dem Beschluss, mit dem die Änderung des Vereinszwecks angestrebt wird, **nicht** zu, ist die Zweckänderung an sich fehlgeschlagen. Wird dieser **unwirksame Beschluss** von der Mehrheit der Mitglieder aber dennoch faktisch **durchgeführt** und hat die Minderheit keine Möglichkeit, die Mehrheit auf den Boden der Satzung zurückzuführen, so ist – nach älterer Rechtsprechung des 237

BGH – das Verhalten der Mehrheit als Austritt aus dem bisherigen Verein – mit dem nicht geänderten Vereinszweck – und Gründung eines neuen Vereins anzusehen. Die Minderheit hingegen führt den alten Verein weiter und kann von der Mehrheit das Vereinsvermögen herausverlangen (BGH, NJW 1968 S. 545; vgl. aber OLG Hamburg, NJW-RR 1987 S. 1342, wonach die [gerichtliche] Feststellung der Beschlussunwirksamkeit bzw. alle sonst in Gesetz und Satzung vorgesehenen Rechte zur Rückgängigmachung der satzungswidrigen Maßnahmen der Mehrheit den Vorrang haben; s. auch Otto, jurisPK, § 33 Rz. 19). Nimmt die Minderheit hingegen eine von der Mehrheit beschlossene, satzungswidrige Zweckänderung hin und kommt es nicht zu einer Spaltung des Vereins, bleibt der Verein bestehen und wird mit dem veränderten Zweck fortgesetzt. In der Hinnahme der satzungswidrigen Zweckänderung liegt dann praktisch die Zustimmung der Minderheit zur Zweckänderung (BGHZ 23 S. 128).

b) Änderung des Vereinszwecks

238 Vereinszweck ist der den Charakter des Vereins festlegende oberste Leitsatz der Vereinstätigkeit (BGH, NJW 1986 S. 1033 = Rpfleger 1986 S. 184; NJW-RR 2013 S. 604 = NZG 2013 S. 466 = ZStV 2013 S. 227 = SpuRt 2014 S. 202; BayObLG, NJW-RR 2001 S. 1260; OLG Hamm, Rpfleger 2012 S. 86 = FGPrax 2012 S. 36; NZG 2013 S. 388; OLG Nürnberg, Rpfleger 2016 S. 159 = NZG 2016 S. 155 [Ls.]; eingehend Stöber/Otto, Rz. 924 ff.; vgl. auch die Rechtsprechungs-Übersicht in VB 1/2016, S. 11, 13). Um eine **Änderung des Vereinszwecks** handelt es sich, **wenn** statt der bisher in der Satzung festgelegten Ziele andere angestrebt werden oder wenn eine bisher untergeordnete Aufgabe zum Hauptzweck gemacht werden soll (Sauter/Schweyer/Waldner, Rz. 147; LG Frankenthal, Rpfleger 2003 S. 591). Dabei kann die Zweckänderung sowohl in einer Erweiterung als auch in einer Einschränkung der bisherigen Aufgaben liegen, z. B. in einer Spezialisierung auf ein bestimmtes Aufgabengebiet. Im Zweifel ist nur derjenige enge Satzungsbestandteil, in dem der oberste Leitsatz für die Vereinstätigkeit zum Ausdruck gebracht wird und mit dessen Abänderung schlechterdings kein Mitglied bei seinem Beitritt zum Verein rechnen kann, als „Vereinszweck" i. S. des § 33 BGB anzusehen (LG Bremen, Rpfleger 1989 S. 415; zur Zweckänderung bei einem Förderverein s. auch OLG Köln, a. a. O. und OLG Zweibrücken, Beschluss v. 4. 7. 2013 – 3 W 68/13, VB 3/2014 S. 1 [Ls.]). Eine Zweckänderung liegt also nur vor, wenn sich die grundsätzliche Zweckrichtung des Vereins ändert (u.a. BGH, a. a. O.), wenn also der „Charakter eines Vereins sich ändert" (BayObLG, a. a. O.; Reichert u.a., Rz. 599 ff.). Zweckergänzungen unter Aufrechterhaltung der bisherigen Zweckrichtung fallen nicht unter § 33 Abs. 1 Satz 2 BGB (LG Bremen, a. a. O.). Eine Zweckänderung ist auch noch

nicht gegeben, wenn die alten Ziele dem Wandel der Zeit angepasst mit anderen Mitteln verfolgt werden (BayObLG, a. a. O.; OLG Hamm, Rpfleger 2012 S. 86 = FGPrax 2012 S. 36) oder der Zweck auf „angrenzende Gebiete" erweitert wird (OLG München, DB 2011 S. 2373 = FGPrax 2011 S. 310; vgl. auch OLG Hamm, NZG 2013 S. 388 [nicht, wenn lediglich ergänzt wird]). Auf der Grundlage handelt es sich z. B. um eine Änderung des Vereinszwecks, wenn bei einem Sportverein die bei seiner Gründung ausgewählten Sportarten nicht etwa nur durch Einbeziehung komplementärer Sportarten erweitert werden, sondern sich der Zweck des Vereins nun auf eine umfassende sportliche Betätigung erstrecken soll (OLG Hamm, Rpfleger 2012 S. 86 = FGPrax 2012 S. 36). Andererseits liegt bei der Auflösung der Ruderabteilung eines Sportvereins, dessen Vereinszweck darauf gerichtet ist, durch sorgfältige Pflege des Sports zur körperlichen Ertüchtigung seiner Mitglieder beizutragen sowie durch den Sport Zusammengehörigkeit unter seinen Mitgliedern zu fördern, keine Änderung des Vereinszwecks vor, dass der bestimmte Vereinszweck nicht zwingend voraussetzt, dass der Verein zur Ausübung einer bestimmten Sportart, wie z. B. Rudern, eine entsprechende Abteilung unterhält (BGH, NJW-RR 2013 S. 604 = NZG 2013 S. 466 = ZStV 2013 S. 227 = SpuRt 2014 S. 202). Die Auflösung einer solchen Abteilung verstößt im Übrigen i.d.R. auch nicht gegen die vereinsrechtliche Treuepflicht (BGH, a. a. O.). Entsprechendes – keine Änderung des Vereinszwecks – gilt, wenn ein Verein den bisherigen Satzungszweck – „Ausübung des Schieß- und Bogensports" – in „Ausübung des Bogensports" ändert. Dabei handelt es sich zwar um eine inhaltliche Reduktion, der Charakter und damit die grundsätzliche Zweckrichtung des Vereins ändert sich aber nicht (OLG Nürnberg, Rpfleger 2016 S. 159 = NZG 2016 S. 155 [Ls.]).

HINWEIS:

Wird nur der Wortlaut der Satzungsregelung über den Vereinszweck (redaktionell) abgeändert, handelt es sich nicht um eine Änderung des Vereinszwecks (Stöber/Otto, Rz. 929). Entscheidend ist, ob die Änderung das die Mitglieder verbindende Interesse berührt/ändert oder ob es sich nur um sprachliche Anpassungen handelt.

9. Einrichtung eines Schiedsgerichts

Soll ein Schiedsgericht eingerichtet werden, das über Streitigkeiten zwischen Mitgliedern oder zwischen Mitgliedern und dem Verein anstelle eines ordentlichen Gerichts entscheidet, müssen die wesentlichen Punkte der sog. Schiedsklausel **in der Satzung** festgelegt werden (s. Rz. 49 ff.). Hierzu gehören insbesondere die **Zusammensetzung** des Schiedsgerichts und die Regeln über die Auswahl und die Bestellung der Schiedsrichter. Auch sollte die **Zuständigkeit** 239 des Schiedsgerichts bereits in der Satzung festgelegt werden. So kann z. B. dem Schiedsgericht die Nachprüfung von Vereinsstrafen einschließlich des Ausschlusses aus dem Verein übertragen werden. Dann muss das Schiedsgericht als eine von den übrigen Vereinsorganen unabhängige und unparteiische Stelle organisiert sein. Ist das nicht der Fall, handelt es sich trotz der anders lautenden Bezeichnung nur um ein Vereinsgericht, gegen dessen Entscheidungen der ordentliche Rechtsweg offen steht (BGHZ 159 S. 207 = NJW 2004 S. 2226; BGH, NJW 1995 S. 583 [Reiterliche Vereinigung]; OLG Braunschweig, OLGR Braunschweig 2005 S. 515; s. unten Rz. 241). Die Wirkung des Schiedsgerichts kann grds. nicht auf Dritte, die dem Verein nicht angehören, erstreckt werden, z. B. auf Angestellte des Vereins. Für die Festlegung des Schiedsgerichts in der Satzung genügt es, wenn in der Satzung die Schiedsgerichtsordnung zu ihrem Bestandteil erklärt und die Schiedsgerichtsordnung beim Registergericht mit eingereicht wird (OLG München, BB 1977 S. 865).

240 Das Schiedsgericht setzt sich **üblicherweise** aus **drei Mitgliedern** zusammen, nämlich einem Vorsitzenden und je einem von jeder Partei zu benennenden Beisitzer. Beisitzer können Vereinsmitglieder, nicht aber Vorstandsmitglieder sein. Denn diese wären, da sie Vereinsorgan sind, bei Streitigkeiten des Vereins zugleich Partei. Das Schiedsgericht muss im Verfahren den Sachverhalt ermitteln, es kann dazu Zeugen und Sachverständige vernehmen. Die streitenden Parteien können sich der Hilfe von Rechtsanwälten bedienen. Die Verhandlung vor dem Schiedsgericht ist i. d. R. öffentlich. Das Schiedsgericht entscheidet mit einfacher Stimmenmehrheit, wenn die Satzung keine andere Regelung trifft. Das **Muster** einer Schiedsgerichtsordnung ist abgedruckt bei Rz. 1105.

241 **Gegen** den **Schiedsspruch** ist der Aufhebungsantrag nach § 1060 ZPO zulässig. Er kann u.a. darauf gestützt werden, der Schiedsspruch sei mit wesentlichen Grundsätzen des deutschen Rechts unvereinbar oder es sei rechtliches Gehör nicht gewährt worden. Der Aufhebungsantrag gegen den Schiedsspruch kann durch die Satzung nicht ausgeschlossen werden.

HINWEIS:

Das Schiedsgericht ist zu unterscheiden von einem Vereinsausschuss, der über die Festsetzung einer Vereinsstrafe und/oder über den Ausschluss eines Mitglieds zu entscheiden hat. Dieser ist nämlich Disziplinarorgan des Vereins, während das Schiedsgericht kein Vereinsorgan ist (s. BGHZ 159 S. 207 = NJW 2004 S. 2226; OLG Braunschweig, OLGR Braunschweig 2005 S. 515; OLG Frankfurt/Main, NJW-RR 2001 S. 1078, wonach es der Grundsatz von Treu und Glauben (§ 242 BGB) gebieten kann, einen Verband gegenüber seinen Mitgliedern an der in der Satzung festgeschriebenen Bezeichnung eines Verbandsorgans als „Schiedsgericht" festzuhalten). Wegen der unterschiedlichen Voraussetzungen und Rechtsfolgen ist deshalb genau zu prüfen, welche der genannten Einrichtungen vorliegt. Sieht die Satzung bei Streitigkeiten zwischen dem Verein und seinen Mitgliedern die Anrufung eines „Schiedsgerichts" oder eines „Ehrengerichts" und gegen dessen Entscheidung die Anrufung der Mitgliederversammlung vor, so handelt es sich nicht um ein echtes Schiedsgericht im obigen Sinne. Die Einrede des § 1032 ZPO, nämlich Entscheidung durch ein Schiedsgericht, kann nicht erhoben werden. Es handelt sich vielmehr um eine Regelung, die es den Vereinsmitgliedern zur Pflicht macht, vor einer Klage beim ordentlichen Gericht zunächst den vereinsinternen Rechtsweg zu beschreiten. Andernfalls ist die Klage vor dem ordentlichen Gericht unzulässig.

10. Regelung des inneren Vereinslebens

Sollen für das Vereinsleben außer der Satzung noch weitere Vorschriften gelten, sollte die Vereinssatzung hierüber eine Regelung enthalten. Dabei sind zwei Fälle zu unterscheiden: 242

a) Dachverband

Sollen für den Verein zumindest Teile der Satzung eines anderen Vereins gelten, etwa des **Dachverbands,** ist eine Regelung in der Satzung erforderlich. Allerdings wird eine Verweisung auf die andere Satzung genügen (Sauter/ Schweyer/Waldner, Rz. 132, 329a; für den nicht eingetragenen Verein s. Rz. 897), die aber so bestimmt sein muss, dass keine Zweifel darüber bestehen können, welche Bestimmungen der anderen Satzung gemeint sind (OLG Hamm, NJW-RR 1988 S. 183). Diese Satzung muss dann beim Registergericht mit eingereicht werden.   243

b) Vereinsordnungen/Geschäftsordnung
aa) Allgemeines

Das Vereinsleben kann näher durch **weitere Vorschriften** neben der Satzung ausgestaltet werden, etwa durch Wahlordnungen, Finanzordnungen, Ehrengerichtsordnungen, Wettkampfordnungen, Kleiderordnungen usw. (s. dazu auch Stöber/Otto, Rz. 955 ff.). Das geschieht häufig dann, wenn die eigentliche Satzung durch diese Regelungen zu unübersichtlich würde. Sollen diese Satzungscharakter haben, also verbindlich sein, muss in der (Haupt)Satzung für den Erlass derartiger sog. **Vereinsordnungen** dann aber eine eindeutige Ermächtigung enthalten sein (zur Satzungsqualität von Spielordnungen und sonstigen Vereinsordnungen s. Reichert, SpuRt 2008 S. 7). Aus dieser Ermächtigung muss sich ergeben, welches Vereinsorgan in näher bestimmtem Umfang zum Erlass der Ordnung zuständig ist. Zuständig ist sonst die Mitgliederversammlung.   244

Zu unterscheiden von einer Vereinsordnung ist eine Geschäftsordnung. Sie regelt lediglich den Geschäftsgang der einzelnen Vereinsorgane. Sie können sich die Vereinsorgane auch ohne ausdrückliche satzungsmäßige Ermächtigung geben (Palandt/Ellenberger, § 25 Rz. 6).

245 **Verbindlich** ist eine Vereinsordnung für die **Mitglieder** nur dann, wenn sie ihnen **bekannt gemacht** worden ist. Die Art der Bekanntmachung richtet sich nach den Verhältnissen des Vereins; z. B. kann ein Rundschreiben, dem die Vereinsordnung beigefügt ist, oder aber auch eine Veröffentlichung in einer Vereinszeitschrift, die jedes Vereinsmitglied erhält, angebracht sein. Es empfiehlt sich, neuen Mitgliedern bereits bestehende Vereinsordnungen nach ihrem Beitritt zukommen zu lassen. Damit kann späterer Streit über die Verbindlichkeit vermieden werden (zur Geltung für Nichtmitglieder BGH, NJW 1995 S. 583 [Reiterliche Vereinigung]; s. auch LG Kiel, Urteil v. 18.10.2016 – 9 O 283/13, VB 5/2017 S. 2 zu den Voraussetzungen für die Geltung einer Dopingordnung).

246 **Inhaltlich** darf die Vereinsordnung nicht gegen die Satzung verstoßen und darf keine für das Vereinsleben bestimmenden Grundentscheidungen treffen (BGH, NJW 1967 S. 126; MDR 1984 S. 119), vielmehr beschränkt sie sich auf deren geschäftsmäßige Durchführung. Vereinsordnungen können, da sie nicht zum notwendigen Inhalt der Vereinssatzung gehören, ohne Einhaltung der für Satzungsänderungen im Verein bestehenden Bestimmungen **geändert** werden (Sauter/Schweyer/Waldner, Rz. 154 m. w. N.; Stöber/Otto, Rz. 961), es sei denn, die Vereinsordnung wäre unmittelbar Satzungsinhalt.

bb) Anforderungen an/Inhalt von Vereinsordnungen

(1) Allgemeines

247 Wenn vom Verein Vereinsordnungen erlassen werden sollen, ist darauf zu achten, dass bestimmte Inhalte/Vorgaben nur durch die Satzung erfüllt werden können. Die Möglichkeit der Auslagerung von Detailregelungen in Neben-/Vereinsordnungen findet ihre Schranke in dem genannten Grundsatz, dass die das Vereinsleben bestimmenden Grundentscheidungen des Vereins in der Satzung selbst verankert sein müssen (AG Heidelberg, Urteil v. 21.1.2016 – 29 C 230/15, VB 10/2016 S. 1). Die nachfolgenden Ausführungen geben einen Überblick über einige Vereinsordnungen (entnommen Vereinsinfobrief Nr. 280 v. 20.4.2014 – Vereinsknowhow.de).

Muster für Geschäfts- und Vereinsordnungen findet man unter: www.vereinsknowhow.de/vhandbuch/index-vordr.html.

(2) Beitragsordnung

Die **Grundlagen** der Beitragspflicht müssen in der **Satzung** geregelt sein. Das   248
gilt für die Beitragspflicht als solche, ggf. unterschiedliche Beitragsgruppen, die
Art der Beiträge (Geld-, Sach- oder Arbeitsleistungen) und Sonderbeiträge (z. B.
Umlagen) wie auch für Beitragsfreiheit (vgl. Rz. 137 ff. m. w. N.; s. auch AG
Ahlen, Urteil v. 21.12.2017 – 30 C 244/17, VB 3/2018 S. 2).

In der Beitragsordnung **können geregelt** werden: 249

► Zahlungsweise und Fälligkeit,

► Zahlungen, die keine Mitgliedsbeiträge sind (Mahngebühren und andere
  Kosten des Beitragseinzugs; vgl. aber AG Heidelberg, Urteil v. 21.1.2016 –
  29 C 230/15, VB 10/2016 S. 1),

► die Beitragshöhe.

(3) Finanzordnung

Finanzordnungen legen i.d.R. Regelungen zur Verwaltung des Vereinsver-   250
mögens durch den Vorstand und die entsprechenden Nachweispflichten gegenüber der Mitgliederversammlung fest (vgl. Rz. 601 ff.). Hier gibt es **kaum
zwingende Satzungsvorgaben.**

Geregelt werden kann: 251

► die Verpflichtung auf die Grundsätze von Wirtschaftlichkeit und Sparsam-
  keit

► die Verpflichtung zur Aufstellung eines Haushaltsplans durch den Vorstand

► das Zeichnungsrecht für Konten

► die Zusammensetzung der Einnahmen und Ausgaben

► eventuell Regelungen über die Aufstellung von Haushaltsplänen

► Zuständigkeit und Aufgaben des Vorstands (bzw. des entsprechenden Vorstandsmitglieds)

► Kassierer/Schatzmeister

► Form und Inhalt des Berichts an die Mitgliederversammlung

► die Form der Aufzeichnungen

(4) Wahlordnung

Für Wahlen ist gesetzlich das sog. Einzelwahlverfahren vorgegeben (vgl. Rz. 523   252
ff.). Abweichungen davon (z. B. Blockwahl) sind nur durch **Satzungsregelung**

möglich. Das gilt auch für Sonderstimmrechte und den Entzug des Stimmrechts.

253   In der Wahlordnung **geregelt** werden **kann**:

- ► die Leitung der Wahl
- ► die Bestellung und Zusammensetzung eines Wahlausschusses
- ► ob offen oder geheim abgestimmt wird bzw. wann, offen oder geheim abgestimmt werden muss
- ► die Form der Wahlzettel bei geheimer Wahl
- ► die Reihenfolge bei Wahlgängen

(5) Versammlungsordnungen für Mitgliederversammlung und/oder Vorstandssitzungen

254   Regelungen für die Mitgliederversammlung und die Vorstandssitzung müssen überwiegend durch die **Satzung** getroffen werden, damit sie wirksam sind. Eigene Geschäftsordnungen sind deswegen nur eingeschränkt sinnvoll. Nicht außerhalb der Satzung geregelt werden können insbesondere Einberufungsfrist und -form, Beschlussfähigkeit und Mehrheitserfordernisse, Stimmrecht und Stimmrechtsentzug, das Minderheitenbegehren, Antrags- und Rederecht (vgl. Rz. 329 ff., 671 ff. m. w. N.).

255   Für die Geschäftsordnung bleiben nur **Verfahrensregelungen**, wie z. B. die Versammlungsleitung

- ► Redezeitbegrenzung und Schluss der Rednerliste (vgl. eingehend zur Begrenzung der Redezeit Röcken, VB 7/2018 S. 11 ff.)
- ► Öffentlichkeit der Versammlung, Zulassung von Gästen
- ► Zulässigkeit einer Online-Versammlung (vgl. Rz. 320 ff.)
- ► der Ablauf von Wahlen, wie z. B., ob immer „geheim" abgestimmt wird
- ► Ordnungsmittel

11. Checkliste zum möglichen, ggf. wünschenswerten Satzungsinhalt

256   Zur **Überprüfung,** ob eine Satzung den nach den Vorschriften des BGB möglichen, ggf. wünschenswerten Inhalt hat (zum notwendigen Inhalt s. Rz. 148), folgende

Checkliste:

VI. Was wird in Vereinssatzungen häufig noch zusätzlich geregelt?

1. Allgemeines

257   In Abschnitt IV. (Rz. 49 ff.) ist dargelegt, was die Vereinssatzung mindestens regeln muss, in Abschnitt V. (Rz. 168 ff.) das, was sie darüber hinaus enthalten sollte. Damit sind die Möglichkeiten der Gestaltung der Satzung aber noch nicht erschöpft, da nach § 40 BGB das Vereinsrecht bis auf einige wenige Vorschriften nachgiebiges Recht ist. Die Vereine haben daher **zahlreiche Möglichkeiten,** ihre Satzungen den jeweiligen Verhältnissen im Verein anzupassen. Davon wird auch meist Gebrauch gemacht; auch sollte ein „vereinsrechtliches Gewohnheitsrecht" (vgl. dazu Rz. 50) ggf. nicht übersehen werden. Die in der Praxis häufigsten und gebräuchlichsten individuellen Regelungen sollen hier kurz aufgelistet werden (vgl. auch noch Röcken, Rz. 43 ff.):

2. Vorstand

258   Die **Bestellung** des Vorstands wird einem anderen Organ als der Mitgliederversammlung überlassen, häufig auch einer außerhalb des Vereins stehenden Person.

259   Bei der **Amtsdauer** des Vorstands wird eine sog. „Übergangsklausel" eingeführt, die bei einer zeitlich bestimmten Amtsdauer festsetzt, dass der Vorstand so lange im Amt bleibt, bis ein Nachfolger gewählt ist (vgl. dazu Rz. 693).

260   Bewährt hat sich auch die Klausel, dass bei **Ausscheiden** eines Vorstandsmitglieds während einer zeitlich festgelegten Amtsperiode das dafür gewählte Mitglied nur für die Restdauer der Amtsperiode gewählt ist.

261   Die **Abberufung** oder Abwahl des Vorstands kann auf den Fall beschränkt werden, dass ein wichtiger Grund vorliegt.

262   Bei mehrgliedrigem Vorstand wird häufig **Einzelvertretungsbefugnis** erteilt (zum Vorstand eingehend Rz. 508 ff.).

3. Mitgliederversammlung

263   Die Formalitäten bei der **Einberufung** werden insoweit erleichtert, dass die Tagesordnung nicht angekündigt zu werden braucht.

264   Zur Vermeidung von Zufallsergebnissen bei der Abstimmung wird die **Beschlussfähigkeit** besonders geregelt, z. B. ist die Anwesenheit einer bestimmten Anzahl von Mitgliedern erforderlich.

Das **Minderheitenrecht** auf Einberufung einer Mitgliederversammlung wird erweitert oder eingeschränkt (zur Mitgliederversammlung eingehend Rz. 316 ff.). 265

Die Zulässigkeit einer **Online-Versammlung** (vgl. Rz. 320 ff.)

4. Satzungsänderungen

Die nach dem Gesetz erforderliche **Mehrheit** wird durch eine kleinere oder größere ersetzt, 266

ebenso wird für die **Änderung** des **Vereinszwecks** eine andere als die gesetzliche Regelung getroffen (zu Satzungsänderungen s. Rz. 221 ff.).

5. Sonstiges

Die Übertragung des Stimmrechts wird allgemein oder unter bestimmten Einschränkungen zugelassen (s. Rz. 297, 485 ff.). 267

Es wird außerdem erlaubt, **schriftliche Beschlüsse** mit Mehrheit zu fassen. 268

Auflösung des Vereins und **Austritt** aus dem Verein werden erschwert (vgl. Rz. 792 ff.; Rz. 122 ff.). 269

119

VII. Rechte und Pflichten der Vereinsmitglieder

1. Allgemeines zur Mitgliedschaft

270   Die Mitgliedschaft ist die Gesamtheit der Rechtsbeziehungen zwischen Mitglied und Verein und umfasst alle Rechte und Pflichten des Mitglieds als solche. Sie beruht auf der organisatorischen Eingliederung in den Verein und ist ein **personenrechtliches Rechtsverhältnis** (RGZ 163 S. 203).

271   Die Mitgliedschaft begründet ein je nach dem Vereinszweck mehr oder weniger enges **gegenseitiges Treueverhältnis** (Palandt/Ellenberger, § 38 Rz. 1; zur Treuepflicht im Verein Röcken, VB 10/2015 S. 14 ff.). Form und Umfang der Treuepflicht ergeben sich auf Zweck und Größe des Vereins. Auch die Art der Mitgliedschaft (vgl. dazu Rz. 275) ist für den Grad der Treuepflicht von Bedeutung. Die Treuepflicht gilt aber nicht unbegrenzt. Es sind immer die gegenläufigen Interessen des Vereins und seiner Mitglieder abzuwägen.

272   Die Mitgliedschaft ist als höchstpersönliche Rechtsstellung **unübertragbar, unvererblich** und damit auch **unpfändbar** (§ 38 BGB). Die **Satzung** kann etwas **Abweichendes** bestimmen (zur Vererblichkeit s. aber Rz. 216). Sie kann aber nicht anordnen, dass die Mitgliedschaft automatisch auf einen außenstehenden Dritten übergeht (s. Rz. 107). Die Unübertragbarkeit der Mitgliedschaft (§ 38 Satz 1 BGB) betrifft also nur das Mitgliedschaftsrecht als solches, nicht jedoch die sich daraus ergebenden einzelnen Rechte und Pflichten (OLG Stuttgart, NZG 2010 S. 753 = DStR 2010 S. 1249). Allerdings greift für die sog. Organschafts- und Schutzrechte, wie z. B. Stimm- und Wahlrechte (vgl. dazu unten Rz. 278), das sog. Abspaltungsverbot ein, das als ein in § 717 Satz 1 BGB positivierter allgemeiner Rechtsgrundsatz angesehen wird. Da diese Rechte ohne die Verbindung zur Mitgliedschaft ihre Identität verlieren (OLG Stuttgart, a. a. O., m. w. N.), muss bei einer entsprechenden Satzungsregelung immer darauf geachtet werden, ob nur die Überlassung der Ausübung der Mitgliedschaftsrechte durch einen anderen (§ 38 Satz 2 BGB i. V. mit § 40 BGB) geregelt werden soll oder ob Mitgliedschaftsrechte auf einen anderen übertragen werden, der insoweit den Status eines ordentlichen Mitglieds erhalten soll. Letzteres scheidet für Organschafts- und Schutzrechte aus (OLG Stuttgart, a. a. O.). Die Überlassung der Ausübung ist hingegen zulässig (vgl. insbesondere für das Stimmrecht Rz. 297 ff. und Rz. 484).

273   Nach der Regelung in § 38 BGB haben grds. alle **Mitglieder** die **gleichen Rechte** und **Pflichten**. Das gilt auch für Minderjährige, auch wenn ihre Rechte von den gesetzlichen Vertretern ausgeübt werden. Die Satzung kann aber verschiedene Arten von Mitgliedern mit unterschiedlicher Rechtsstellung vorsehen (vgl.

Röcken, VB 10/2015 S. 14). Sie muss dann aber die unterschiedlichen Rechte und Pflichten der einzelnen Gruppen eindeutig festlegen (LG Braunschweig, Beschluss v. 16.5.2017 – 6 S 66/17, VB 4/2018 S. 1 für Stimmrechtsausschluss von „fördernden"/„passiven" Mitgliedern). Bestehen nach der Satzung Unklarheiten, ist sie im Zweifel so auszulegen, dass die größtmögliche Gleichheit zwischen den unterschiedlichen Mitgliederkategorien erreicht wird.

Die **Zahl** der **Vereinsmitglieder** ist im Gesetz nur insoweit festgelegt, als die   274
Eintragung des Vereins im Vereinsregister nur erfolgen soll, wenn die Zahl der Mitglieder mindestens sieben beträgt (§ 56 BGB), und andererseits dem Verein die Rechtsfähigkeit zu entziehen ist, wenn die Zahl seiner Mitglieder unter drei sinkt (§ 73 BGB). Durch diese Vorschriften soll verhindert werden, dass unbedeutende Vereine eingetragen werden oder rechtsfähig bleiben. Die Satzung kann zur Zahl der Vereinsmitglieder eine Regelung treffen, insbesondere eine Höchstzahl vorschreiben.

2. Arten von Mitgliedern

In der Praxis sind folgende **Arten** von **Mitgliedern** häufig (vgl. wegen der Einzel-   275
heiten und weiterer Arten Reichert u.a., Rz. 756 ff.; Röcken, VB 10/2015 S. 14):

▶ Das sog. **ordentliche Mitglied** ist Vollmitglied im Verein, für das insbesondere gilt, dass alle Mitglieder die gleichen Rechte und Pflichten haben (vgl. Röcken, a. a. O.). Mitglied kann auch eine (andere) juristische Person sein. Die Mitgliedschaftsrechte werden dann von dessen gesetzlichem Vertreter ausgeübt. Besteht der aus mehreren Mitgliedern, stehen der juristischen Person die Mitgliedschaftsrechte aber nur einmal zu.

▶ Das **aktive Mitglied** ist i. d. R. Vollmitglied, das sich am Vereinsleben beteiligt, insbesondere an der nach außen gerichteten Vereinstätigkeit, also z. B. in einem Gesangverein selbst auch im Chor des Vereins mitsingt.

▶ Im Gegensatz zum aktiven Mitglied nimmt das **passive Mitglied** gerade nicht an der nach außen gerichteten Vereinstätigkeit teil. Häufig zahlen diese Mitglieder geringere Beiträge. Das Recht zur Teilnahme an der Mitgliederversammlung kann nicht entzogen werden (zum Stimmrechtsausschluss LG Braunschweig, Beschluss v. 16.5.2017 – 6 S 66/17, VB 4/2018 S. 1).

▶ **Fördernde Mitglieder** leisten regelmäßig oder unregelmäßig Beiträge an den Verein. Dabei kann es sich um Geld-, Sach- oder auch Dienstleistungen handeln. Fördernden Mitgliedern sind Mindestrechte einzuräumen. Sie können weder von der Mitgliederversammlung noch vom Minderheitenrecht zur Einberufung der Mitgliederversammlung (ganz) ausgeschlossen werden (LG Bremen, Rpfleger 1990 S. 262; zum Stimmrechtsausschluss LG Braunschweig, a. a. O.; vgl. auch Rz. 316 ff.). Auch fördernde Mitglieder müssen also zur Mitgliederversammlung eingeladen werden.

▶ Die Satzung kann für **minderjährige Mitglieder** einen besonderen Status vorsehen. Sie kann sie z. B. vom Stimmrecht ausschließen bzw. dieses dem gesetzlichen Vertreter übertragen. Sie kann auch das Rede- und Antragsrecht des Minderjährigen in der Mitgliederversammlung ausschließen (vgl. dazu Rz. 406 ff.) oder dieses auf die gesetzlichen Vertreter übertragen. Schließlich kann bestimmt werden, dass nur die gesetzlichen Vertreter berechtigt sind, an der Mitgliederversammlung teilzunehmen.

▶ Hinzuweisen ist schließlich noch auf die **Ehrenmitglieder**. Die Verleihung der Ehrenmitgliedschaft an solche Mitglieder, die sich um den Verein (besonders) verdient gemacht haben, ist in der Praxis üblich. Sie beruht häufig auf „vereinsrechtlichem Gewohnheitsrecht" (vgl. dazu Rz. 50). Allerdings ist hier besonders sorgfältig zu prüfen, ob dem Geehrten lediglich ein Ehrentitel verliehen wird oder eine Mitgliedschaft, die ggf. – wie z. B. beim Ehrenvorstand – mit einer Organstellung verbunden ist (vgl. Reichert u.a., Rz. 769 ff.; vgl. auch Rz. 518).

HINWEIS:

Ist die Ernennung zum Ehrenmitglied mit einer Organstellung verbunden, dann muss eine satzungsmäßige Grundlage vorhanden sein. In anderen Fällen muss die Ehrung nicht in der Satzung vorgesehen sein. Fehlt eine Satzungsregelung, ist die Mitgliederversammlung für die Ehrung zuständig.

---

3. Beginn und Ende der Mitgliedschaft

276 Die Mitgliedschaft wird durch Beteiligung an der Gründung (s. Rz. 24) oder später durch Vertrag zwischen dem Verein und dem Mitglied **erworben** (s. Rz. 108). Die für den Erwerb der Mitgliedschaft notwendigen Willenserklärungen sind die Beitrittserklärung und die Aufnahme. In welcher zeitlichen Reihenfolge sie abgegeben und wie sie bezeichnet werden, ist gleichgültig. Bei dem Vertrag zwischen dem Verein und dem Mitglied handelt es sich nicht um einen gegenseitigen Vertrag i. S. der §§ 320 ff. BGB; ob er unter § 312 BGB fällt bzw. das HWiG fiel, ist/war fraglich (s. dazu Rz. 115). Für den Beitritt **Minderjähriger** gelten die Ausführungen unter Rz. 28 entsprechend. Für die Verschmelzung von Vereinen gilt: Mit der **Verschmelzung** eines Vereins auf einen anderen zur Aufnahme oder Aufspaltung des Vereins erwerben die Mitglieder des übertragenden Vereins die Mitgliedschaft bei dem aufnehmenden bzw.

dem neuen Verein (§§ 20 Abs. 1 Nr. 3, 131 Abs. 1 Nr. 3 UmwG) nach näherer Maßgabe des Verschmelzungsvertrags bzw. Spaltungsplans (s. Otto, jurisPK, § 38 Rz. 13; vgl. auch AG Kaiserslautern, NZG 2005 S. 285).

Die **Mitgliedschaft endet** i. d. R. durch Austritt aus dem Verein (wegen der   277
Einzelheiten s. Rz. 122 ff.) oder durch Ausschluss (wegen der Einzelheiten
dazu Rz. 170 ff.). Die Satzung kann daneben auch das **Ruhen** der **Mitgliedschaft**
anordnen. So kann sie dies z. B. für den Fall der Nichtzahlung des Mitgliedsbeitrags oder der Nichtteilnahme an Vereinsveranstaltungen bestimmen. Das
Mitglied kann allerdings nicht selbst das Ruhen seiner Mitgliedschaft „beschließen", etwa weil es mit bestimmten Vorgängen im Verein nicht einverstanden ist. Es kann dann nur kündigen. Tut es das nicht, bleibt die Mitgliedschaft mit allen aus ihr folgenden Rechten und Pflichten bestehen,
insbesondere auch mit der Pflicht zur Zahlung des Mitgliedsbeitrags.

4. Allgemeine Rechte der Mitglieder

Die allgemeinen Rechte der Mitglieder sind diejenigen, die allen Mitgliedern   278
gleichmäßig zustehen. Sie lassen sich unterteilen in sog. Organschaftsrechte
(z. B. Stimmrecht [zur Ausübung s. Rz. 482 ff.], aktives und passives Wahlrecht
(s. Rz. 279 ff.) und die sog. Wertrechte (s. Rz. 289).

a) Organschaftsrechte

aa) Allgemeines

Die **Organschaftsrechte** ergeben sich aus dem Gesetz, aus der Satzung und aus   279
Beschlüssen der Mitgliederversammlung. So ist das Recht auf Sitz und Stimme
in der Mitgliederversammlung in § 32 BGB, das sog. Minderheitsrecht auf Einberufung der Mitgliederversammlung in § 37 BGB geregelt (wegen der Einzelheiten s. Rz. 482 f. und Rz. 669 ff.).

Die **Satzung** kann die allgemeinen Mitgliedsrechte regeln. Sie kann sie erwei-   280
tern, schmälern oder auch entziehen. Das Recht aus § 37 BGB (Minderheitsrecht auf Einberufung einer Mitgliederversammlung) kann den Mitgliedern allerdings nicht genommen werden. Denn **grds.** sind **alle** Mitglieder **gleich** zu
behandeln. Will die Satzung Mitglieder **unterschiedlich** behandeln, muss dafür
ein **sachlicher Grund** vorliegen. Die Satzung kann einer bestimmten Gruppe
von Mitgliedern (vgl. zu den Mitgliedsarten oben Rz. 275), wie z. B. aktiven
oder passiven, das Recht auf Sitz und Stimme in der Mitgliederversammlung
gewähren oder entziehen oder besonders gestalten, z. B. nur Anwesenheitsrecht oder beratende Stimme (vgl. KG, Urteil v. 23. 11. 2007 – 11 U 20/07 für

Einräumung eines Einspruchsrechts eines „Bezirksvorstands" gegen die Kandidaten für eine Vorstandswahl in einem „Unterbezirk"; zum für Stimmrechtsausschluss von „fördernden"/„passiven" Mitgliedern LG Braunschweig, Beschluss v. 16.5.2017 – 6 S 66/17, VB 4/2018 S. 1). Von der Teilnahme an der Mitgliederversammlung können (fördernde) Mitglieder nicht ausgeschlossen werden (LG Bremen, Rpfleger 1990 S. 262; a. A. für einen kirchlichen Verein OLG Frankfurt/Main, NJW-RR 1997 S. 482; zur Teilnahme von minderjährigen Mitgliedern an der Mitgliederversammlung s. Rz. 454, 484).

bb) Auskunfts-/Informationsrechte

281   Mit der Mitgliedschaft ist kein Anteil am Vereinsvermögen verbunden (vgl. aber Rz. 289). Die Mitglieder haben aber dennoch ein **Auskunfts-/Informationsrecht** und, soweit ein berechtigtes Interesse dargelegt wird, ein **Recht auf Einsicht** in die **Bücher** und Urkunden des Vereins, wie Geschäftsunterlagen, Buchungen, Verträge und Kassenbücher sowie die Jahresabschlüsse und die Kassenprüfungsberichte (OLG Hamm, Urteil v. 30. 7. 2014 – 8 U 10/14, VB 11/2015 S. 15; LG Mainz, BB 1989 S. 812 [Einsicht in den Geschäftsbericht eines – wirtschaftlichen – Vereins]; s. auch BVerfG, NJW 2000 S. 349 zum gemäß Art. 14 GG [Eigentumsgarantie] geschützten grundsätzlichen Recht des Aktionärs einer AG, Informationen über seine Gesellschaft zu erhalten). Zur Darlegung eines „berechtigten Interesses" wird „bloßer Argwohn" nicht ausreichen (OLG Hamm, a. a. O.). Dieses Auskunftsrecht wird i. d. R. in der **Mitgliederversammlung** geltend zu machen sein. Etwas anderes kann sich dann ergeben, wenn das Mitglied ohne vorherige Auskunft seine Rechte in der Mitgliederversammlung nicht ausreichend wahrnehmen kann (vgl. zur Mitgliederliste Rz. 283), was z. B. bei finanziellen Fragen und/oder, wenn das Mitglied ggf. zunächst sachkundigen Rat einholen muss, der Fall sein kann. Auch dann, wenn das Mitglied nicht zur Mitgliederversammlung eingeladen worden ist – egal ob versehentlich oder absichtlich – hat es außerhalb der Mitgliederversammlung einen Anspruch auf Einsichtnahme in die Bücher und Urkunden des Vereins und darf sich – auf eigene Kosten – Kopien fertigen (OLG Hamm, a. a. O.). Entsprechendes gilt, wenn einem Mitglied eine Auskunft in der Mitgliederversammlung verweigert worden ist.

282   Das Mitglied hat selbstverständlich auch Anspruch darauf, dass ihm der Verein ein **Exemplar** der **Satzung** aushändigt (LG Karlsruhe, Rpfleger 1987 S. 164; unzutreffend a.A. AG München, Urteil v. 9.12.2014 – 122 C 15183/14). Die Einsicht und Herausgabe kann verweigert werden, wenn sie gesetz- oder satzungswidrigen Zwecken (z. B. Werbung für private Zwecke des Mitglieds) dienen soll oder es um Tatsachen/Umstände geht, die der Geheimhaltung un-

terliegen, weil ihr Bekanntmachen zu Schäden beim Verein führen kann (z. B. Details aus Vertragsverhandlungen).

HINWEIS:

Der Verein, vertreten durch den Vorstand, muss die Datenschutzbelange der Mitglieder berücksichtigen (vgl. dazu auch OLG München, ZD 2016 S. 330 = VB 5/2016 S. 1; OLG Saarbrücken, NZG 2008 S. 657; LG Hamburg, Urteil v. 3. 1. 2008 – 319 O 135/07; LG Köln, SpuRt 2012 S. 115; AG Bremen, Urteil v. 28. 11. 2005 – 1 C 61/05). Die Einzelheiten dazu können hier nicht dargestellt werden. Zum Teil ist die Übermittlung der Daten an ein Vereinsmitglied gemäß § 28 Abs. 8 BDSG i. V. mit § 28 Abs. 6 Nr. 3 BDSG auch ohne Einwilligung der Mitglieder als zulässig angesehen worden (vgl. u.a. OLG München, Urteil v. 24. 3. 2016 – 23 U 3886/15, VB 5/2016 S. 1).

Die Fragen haben nach Inkrafttreten der DSGVO am 25.5.12018 besondere Bedeutung erlangt. Die damit zusammenhängenden Fragen sind in einem Überblick bei Rz. 616 ff. dargestellt. Ein Merkblatt für den Datenschutz im Verein findet man im Internet unter https://www.lda.bayern.de/media/info_bw_verein.pdf (s. auch Rz. 1108), eine Einwilligungserklärung ist bei Rz. 1109 abgedruckt. Eine ggf. in die Satzung aufzunehmende Datenschutzerklärung ist schließlich bei Rz. 1110 dargestellt (zum Datenschutz im Hinblick auf die Rechtsprechung des EuGH – Stichwort „Vereins-Fanseite" EuGH, Urteil v. 5.6.2018 – C 210/16, dazu Röcken, VB 7/2018 S. 14 ff.).

Von besonderer Bedeutung ist das Recht auf **Einsicht** in die **Mitgliederliste** oder die Urkunden über den Eintritt und Austritt von Mitgliedern und – zumindest bei größeren Vereinen – die Herausgabe der entsprechenden Belege und Unterlagen. Eine abweichende Satzungsbestimmung ist unwirksam (Sauter/Schweyer/Waldner, Rz. 336 [entsprechende Anwendung von § 31 Abs. 1 Satz 1 GenG; das Einsichtsrecht dürfte dem Datenschutz vorgehen (vgl. aber Rz. 616 ff.). Die Einsicht muss allein schon z. B. deshalb gewährt werden, weil, insbesondere bei größeren Vereinen, die untereinander häufig nicht persönlich bekannten Mitglieder sonst z. B. von ihrem Recht aus § 37 BGB keinen Gebrauch machen können (s. auch Reichert u.a., Rz. 1273; Röcken, ZStV 2015 S. 71; BGH, ZIP 2010 S. 2397 = NZG 2010 S. 1430 = DStR 2010 S. 180; ZIP 2010 S. 2399 = DStR 2011 S. 180; OLG Hamm, Urteil v. 30. 7. 2014 – 8 U 10/14, VB 12/2014 S. 1; OLG München, Urteil v. 15. 11. 1990 – 19 U 3483/90; Urteil v. 24. 3. 2016 – 23 U 3886/15, VB 5/2016 S. 1; OLG Saarbrücken, NZG 2008 S. 657; LG Hamburg, Urteil v. 3. 1. 2008 – 319 O 135/07; LG Köln, SpuRt 2012 S. 115 [Ziel einer außerordentlichen Mitgliederversammlung mit Satzungsänderung]; a. A. AG Bremen, Urteil v. 28. 11. 2005 – 1 C 61/05 [nur bei berechtigtem Interesse, was sich nicht allein aus den Minderheitenrechten des § 37 BGB ableiten lässt]). Dem berechtigten Interesse des Vereinsmitglieds dürfen aber nicht überwiegende Interessen des Vereins oder berechtigte Belange anderer Vereinsmitglieder gegenüberstehen (BGH, a. a. O.; OLG München, Urteil v.

283

24. 3. 2016 – 23 U 3886/15, VB 5/2016 S. 1). Ein berechtigtes Interesse des Vereinsmitglieds auf Einsicht in die Mitgliederliste bzw. auf Kenntnis von Namen und Anschriften der übrigen Mitglieder besteht jedoch nicht nur im Anwendungsbereich des § 37 BGB, sondern auch dann, wenn das Mitglied nach den Umständen des konkreten Falles diese Informationen (ausnahmsweise) benötigt, um Mitgliedschaftsrechte wirkungsvoll ausüben zu können (BGH, a. a. O.; OLG München, a. a. O. für Bundesverband mit Delegiertenversammlung; ähnlich LG Köln, a. a. O.). So kann im Vorfeld von Wahlen ein Interesse an der Herausgabe entsprechender Verzeichnisse bestehen und eine Herausgabepflicht zu bejahen sein (vgl. OLG Saarbrücken und ähnlich LG Köln, jew. a. a. O., die dem Interesse des Mitglieds an der Herausgabe der vollständigen Verzeichnisse der Mitglieder den Vorrang gegenüber dem informationellen Selbstbestimmungsrecht der anderen Mitglieder einräumen: kritisch insoweit Neuhöfer, SpuRt 2012 S. 116 in der Anmerkung zu LG Köln, a. a. O.). Seine Interessen kann das Mitglied ggf. mit einer **einstweiligen Verfügung** durchsetzen (BGH, ZIP 2010 S. 2399 = DStR 2011 S. 180).

> **HINWEIS:**
>
> Soweit die Erteilung der Mitgliederliste an den Kläger für den Verein mit Kosten verbunden sein sollte, sind diese analog § 811 Abs. 3 BGB von dem Mitglied zu tragen (OLG Saarbrücken, a. a. O.). Sind die Informationen, auf deren Übermittlung/Einsicht das Mitglied einen Anspruch hat, in einer Datenverarbeitungsanlage gespeichert, kann das Mitglied Übermittlung in elektronischer Form verlangen (BGH, ZIP 2010 S. 2397 = NZG 2010 S. 1480 = DStR 2011 S. 180; ZIP 2010 S. 2399 = DStR 2011 S. 180; Reichert u.a., Rz. 1273).

284 Ob ein Mitglied auch einen **Anspruch** auf Herausgabe der entsprechenden Unterlagen bzw. auf deren **Übersendung** hat, ist nicht ganz unstreitig. Das KG (NZG 2005 S. 83 [für die GmbH] und Sauter/Schweyer/Waldner (Rz. 336) verneinen einen solchen Anspruch, vom OLG Saarbrücken (NZG 2008 S. 677), vom OLG Hamburg (NZG 2010 S. 317 = ZStV 2010 S. 62 = DStR 2009 S. 214) und Stöber/Otto (Rz. 665) sowie Röcken (ZStV 2015 S. 71) wird er hingegen bejaht. M.E. wird man zumindest dann, wenn das Mitglied weiter weg vom Vereinssitz, wo die Listen im Zweifel geführt werden, wohnt, einen Herausgabe-/Übersendungsanspruch bejahen können/müssen (vgl. auch OLG Hamburg, a. a. O. für großen Verein). Es dürfte zudem auch kein großes Problem sein, die entsprechenden Listen per E-Mail zur Verfügung zu stellen.

285 Bei Einsicht und Herausgabe handelt es sich nicht nur um eine innere Vereinsangelegenheit, sondern um die Rechtsbeziehungen des Mitglieds zum Verein und zu anderen Vereinsmitgliedern, so dass das Mitglied ggf. auf **Einsicht klagen** kann (vgl. auch Rz. 283). Deshalb sollte das Mitglied sein Einsichts-/He-

rausgabeverlangen begründen. Entsprechendes gilt im Hinblick auf die Nachprüfbarkeit für die Verweigerung der Herausgabe/Einsicht durch den Vorstand.

cc) Stimmrecht

Grds. hat **jedes Mitglied eine Stimme** (BGH, NJW 1989 S. 1212), gleichgültig ob es eine natürliche oder juristische Person (GmbH; e. V.) oder handelsrechtliche Personengesellschaft (OHG; KG) ist. Die Satzung kann etwas anderes bestimmen (zur unzulässigen Abspaltung und damit einhergehenden Stimmenvermehrung vgl. OLG Stuttgart, NZG 2010 S. 753 = DStR 2010 S. 1249). Das Stimmrecht des Mitglieds ist grds. auch nicht ausgeschlossen, wenn es um den Ausschluss des Mitglieds geht (KG, NJW-RR 2014 S. 1185 = Rpfleger 2014 S. 381 = ZStV 2014 S. 146 = FGPrax 2014 S. 215).

286

dd) Überprüfbarkeit von Beschränkungen

Wird ein Mitglied in seinen Rechten **beschränkt,** kann es gegenüber dem Verein den **Rechtsweg beschreiten** (vgl. AG Soltau, Urteil v. 27. 6. 2014 – 4 C 28/14 für den Ausschluss von einem vereinsinternen Internetforum). Handelt es sich um einen Beschluss der Mitgliederversammlung, muss auf Feststellung der Nichtigkeit geklagt werden (zum [Schadens]Ersatz von Anwaltskosten in Verfahren vor Vereins- und Verbandsgerichten Lindemeyer, ZStV 2015 S. 27).

287

> **HINWEIS:**
> Die Feststellungsklage (§ 256 ZPO) ist grds. an keine Frist gebunden. Das Vereinsmitglied sollte jedoch nicht zu lange warten. So hat das OLG Hamm (s. NJW-RR 1997 S. 989) für die Klage gegen eine Vereinsstrafe entschieden, dass bei einer Frist von annähernd vier Monaten zwischen dem dazu ergangenen verfahrensabschließenden Beschluss eines Verbandsehrengerichts und der dagegen gerichteten Klage das Klagerecht verwirkt ist. Das OLG Saarbrücken (NZG 2008 S. 677) geht für die Anfechtung von Beschlüssen der Mitgliederversammlung grds. von einer Frist von einem Monat aus, danach könne Verwirkung eingetreten sein (vgl. aber AG Göttingen, Urteil v. 30.4.2015 – 27 C 69/14, VB 6/2015 S. 1).

Der Beschluss des Vereinsorgans, der das Mitglied in seinen Rechten beschränkt, wird vom Gericht i. d. R. nur darauf **überprüft,** ob eine gesetz-, satzungswidrige oder sonst offenbar unbillige Maßnahme vorliegt (s. Rz. 200 ff. zum Umfang der gerichtlichen Nachprüfung des Ausschlusses). Ggf. kann der Verein verpflichtet sein, die dem Mitglied entstandenen Kosten im Wege des Schadensersatzes zu übernehmen (BGH, NJW 1984 S. 1884 [für Anwaltskosten bei unzulässigem Vereinsausschluss durch ein unzuständiges Vereinsorgan]; vgl. auch Lindemeyer, ZStV 2015 S. 27).

288

b) Wertrechte

289 Bei den **Wertrechten** handelt es sich i. d. R. um das **Recht auf Benutzung** von **Vereinseinrichtungen** (z. B. Sportanlagen, Vereinsheim, Bezug einer Vereinszeitschrift, Internetforen [AG Soltau, Urteil v. 27. 6. 2014 – 4 C 28/14] und Mailinglisten). Dazu wird man auch das **Recht auf Teilnahme** an Vereinsveranstaltungen (Feste, Wettbewerbe, Vereinsmessen usw.) rechnen können. Wird ein Mitglied schuldhaft nicht zu einer Vereinsveranstaltung zugelassen, kann es ggf. gegen Verein und Vorstand Schadensersatzansprüche geltend machen (BGH, NJW 1984 S. 1884; BGHZ 110 S. 323 = NJW 1990 S. 2877 zur Nichtzulassung zu einer Yachtregatta; s. auch OLG Schleswig, OLGR Schleswig 2002 S. 457). Das gilt aber nicht, wenn wegen eines aufgrund von Beleidigungen sachlich berechtigten Verbots der Zutritt zu Vereinseinrichtungen versagt wird (BGH, NJW-RR 1992 S. 507; vgl. auch AG Soltau, a. a. O., zur Löschung von Beiträgen von Vereinsmitgliedern aus dem internen Forum der Vereinswebseite).

> **HINWEIS:**
>
> Soll einer bestimmten Gruppe von Mitgliedern das Recht, an einer Vereinsveranstaltung teilzunehmen, nicht oder nur teilweise zustehen, muss das ausdrücklich in der Satzung geregelt sein (OLG Celle, WPM 1988 S. 495 m. Anm. Grunwald). Das Recht zur Teilnahme kann nicht nur durch bloßen Beschluss der Mitgliederversammlung eingeschränkt werden.

290 Die Satzung kann den Mitgliedern darüber hinaus auch **weitere Rechte** einräumen, sie kann jedoch **nicht** so weit gehen, dass die Mitglieder Miteigentum **am Vereinsvermögen** erhalten (Sauter/Schweyer/Waldner, Rz. 338). Es kann aber z. B. bei einem Verein mit einem wirtschaftlichen Nebenbetrieb (Vereinskantine auf Sportgelände) den Mitgliedern ein Vorzugspreis eingeräumt werden.

291 Das ausscheidende Mitglied hat auch **keinen Anspruch** auf Zahlung einer **Abfindung** oder eines Anteils bei Ausscheiden. Die Satzung kann aber eine Rückgewähr geleisteter Beiträge vorsehen (Reichert u.a., Rz. 805). Davon zu unterscheiden ist der Fall, dass das Mitglied dem Verein ein Darlehen gewährt hat, das ggf. bei Ausscheiden zur Rückzahlung fällig werden soll (vgl. die Fallkonstellationen bei OLG Düsseldorf, NJW 2008 S. 1451 und bei LG Düsseldorf, Urteil v. 9. 11. 2010 – 10 O 85/10). Dieses ist – wenn die Voraussetzungen vorliegen – zurückzuzahlen.

BEISPIEL: ➤ A wird 2003 Mitglied in einem Golfclub. In Verbindung mit dem Clubbeitritt verpflichtet er sich, dem Verein ein Darlehen über 5.000 € zu gewähren. In den Darlehensbedingungen heißt es, dass das Darlehen frühestens nach 10 Jahren zurückgezahlt werden soll oder nach dem Ausscheiden des A, wenn zu diesem Zeitpunkt eine Warteliste mit mindestens 20 Interessenten besteht. A tritt 2011 aus dem Golfclub aus.

Er kann das Darlehen zurückfordern (vgl. wegen der Wirksamkeit der getroffenen Vereinbarungen OLG Düsseldorf und LG Düsseldorf, a. a. O.).

5. Sonderrechte einzelner Mitglieder

a) Begriff

Unter „Sonderrechte" sind die einzelnen Mitgliedern gegenüber anderen Mitgliedern zustehenden **Vorrechte** zu verstehen. Sie gehen über die allgemeine Rechtsstellung des Mitglieds hinaus (wegen der Einzelheiten vgl. Sauter/Schweyer/Waldner, Rz. 344 ff.; Reichert u.a., Rz. 852 ff.) und schränken die Pflicht zur Gleichbehandlung aller Mitglieder ein (BGHZ 63 S. 14).

292

Sonderrechte, die sich z. B. Gründungsmitglieder vorbehalten, um besonderen Einfluss auf das Vereinsleben nehmen zu können, können sich auf Organschafts- oder Wertrechte beziehen. Bei den Organschaftsrechten kann es sich um ein **erhöhtes Stimmrecht** handeln, um die dauernde Mitgliedschaft im Vorstand, um das Recht, ein Vereinsorgan zu bestellen, oder auch um ein Vetorecht bei Vereinsbeschlüssen (vgl. KG, Urteil v. 23. 11. 2007 − 11 U 20/07 für Einspruchsrecht gegen Kandidaten für eine Vorstandswahl). Sind Wertrechte als Sonderrechte ausgestaltet, kann es sich um das Recht auf **besondere Benutzung** von Vereinseinrichtungen sowie auf Teile des Vereinsvermögens bei Auflösung des Vereins handeln. Zu den Wertrechten gehören auch diejenigen Rechte, die den einzelnen Mitgliedern aus einem besonderen, aber in ihrer Eigenschaft als Mitglieder geschlossenen Vertrag gegen den Verein zustehen.

293

HINWEIS:

Als Sonderrecht ist es auch anzusehen, wenn Mitglieder von der Verpflichtung zur Zahlung der Mitgliedsbeiträge freigestellt werden. So können in einem Sportverein z. B. die Spieler aller oder bestimmter Mannschaften und Mitglieder, die als Schiedsrichter oder Trainer für den Verein tätig sind, mitgliedsbeitragsfrei gestellt werden. Für die Beitragsfreistellung muss aber eine entsprechende satzungsmäßige Grundlage bestehen, indem die Freistellung entweder in der Satzung selbst geregelt oder z. B. in der Satzung zumindest auf das Organ verwiesen wird, das über die Mitgliedsbeiträge beschließt, oder auf eine Beitragsordnung, in der diese Fragen ggf. (auch) geregelt werden (zur Beitragsordnung s. Rz. 248 f.). Die Freistellung darf auch nicht individuell erfolgen, sondern nur nach bestimmten Gruppenmerkmalen, wie z. B. Alter, Zugehörigkeit zu einer bestimmten Gruppe usw.

Die Beitragsfreiheit stellt keine Zuwendung dar, die für die Mitglieder steuerpflichtig werden könnte.

Keine Sonderrechte sind die sog. **Gläubigerrechte.** Diese sind nicht aus der Mitgliedschaft hergeleitet. Sie entstehen, wenn das Mitglied zum Verein wie ein Dritter Rechtsbeziehungen aufnimmt, so z. B. durch Hingabe von Darlehen,

294

Übernahme einer Bürgschaft, Kaufvertrag oder durch Abschluss von Miet- und Pachtverträgen. Rechte, die allen Mitgliedern zustehen, sind auch dann keine Sonderrechte i. S. des § 35 BGB, wenn sie unentziehbar sind. Das gilt vor allem für das Recht auf gleiche Behandlung.

b) Rechtsgrundlage

295 Das Sonderrecht muss eine **Grundlage in der Satzung** haben (BGH, NJW 1969 S. 131) und als unentziehbares Recht ausgestaltet sein. Es kann **nicht** ohne Zustimmung des Mitglieds durch Beschluss der Mitgliederversammlung – auch nicht durch Änderung der Satzung – **beeinträchtigt** werden (§ 35 BGB). Dabei ist eine unmittelbare Einwirkung auf das Recht nicht erforderlich. Es genügt jedes Verhalten, das zwangsläufig zu einer Beeinträchtigung führt. Die Beeinträchtigung ist erlaubt, wenn das Mitglied zustimmt. Die Zustimmung kann innerhalb und außerhalb der Mitgliederversammlung erklärt werden. Sie ist an keine besondere Form gebunden. Wird das Sonderrecht eines Mitglieds vom Verein schuldhaft verletzt, besteht ein Schadensersatzanspruch.

296 Ist das Sonderrecht nicht bereits von vornherein in der Satzung geregelt/vorgesehen, kann es **später eingeführt** werden. Umstritten ist in der Literatur allerdings die Frage, ob dafür die satzungsändernde Mehrheit genügt oder ob die Zustimmung aller Vereinsmitglieder, denen das Recht nicht zugestanden wird, erforderlich ist (so Stöber/Otto, Rz. 209, 212). Teilweise wird auch darauf abgestellt, ob die übrigen Mitglieder tatsächlich benachteiligt werden (Reichert u.a., Rz. 864 m. w. N.). Da grds. jede Besserstellung des einen Vereinsmitglieds die Position der anderen Mitglieder verschlechtert, führt allerdings auch diese Auffassung zu einem generellen Zustimmungserfordernis. Zutreffend ist es aber wohl, wenn man für die Einführung oder Verleihung des Status eines Ehrenmitglieds oder Ehrenvorstands eine „normale" Satzungsänderung ohne Zustimmung aller Mitglieder ausreichend sein lässt (vgl. Otto, jurisPK, § 35 Rz. 9).

6. Ausübung der Mitgliedschaftsrechte

297 Nach § 38 Satz 2 BGB kann die Ausübung der Mitgliedschaftsrechte nicht einem anderen überlassen werden, sofern die Satzung nicht etwas anderes bestimmt (§ 40 BGB). Grds. sind also die **Mitgliedschaftsrechte persönlich** auszuüben (vgl. dazu OLG Stuttgart, NZG 2010 S. 753 = DStR 2010 S. 1249). Die Mitgliederrechte sind in der Mitgliederversammlung wahrzunehmen (OLG Celle, Beschluss v. 12.12.2017 – 20 W 20/17), und zwar auch dann, wenn die Mitglieder z. B. mit dem Handeln des Vorstands nicht einverstanden sind.

Von besonderer Bedeutung ist diese Regelung für die **Ausübung des Stimm-**   298
rechts. Die Ausübung durch gesetzliche Vertreter wird, auch ohne besondere
Regelung in der Satzung, grds. zulässig sein, soweit sich aus dem Vereinszweck
nichts Gegenteiliges ergibt. Die Satzung kann bei der Ausübung die Vertretung
durch einen anderen ausdrücklich **zulassen** (zum **Muster** für eine Vollmacht s.
Rz. 1103; wegen der Einzelheiten s. Rz. 483 ff.). Dann kann die Stimmabgabe
auf jeden Fall durch ein anderes Mitglied erfolgen, ob auch durch Nichtmitglieder ist fraglich. Das dürfte m. E. – weil mit dem Charakter des Idealvereins
nicht zu vereinbaren – zu verneinen sein (OLG Hamm, NJW-RR 1990 S. 532;
OLG Stuttgart, NZG 2010 S. 753 = Rpfleger 201 S. 519 = FGPrax 2010 S. 255;
so auch Palandt/Ellenberger, § 38 Rz. 3 m. w. N.; MüKo-BGB/Reuter, § 38 Rz. 40;
a. A. Sauter/Schweyer/Waldner, Rz. 345 m. w. N.).

> **HINWEIS:**
>
> Eine Stimmvollmacht kann grds. formlos erteilt werden. Sieht die Satzung vor, dass eine
> Vollmacht schriftlich nachzuweisen ist, bedeutet das lediglich, dass der Bevollmächtigte
> nur bei Nachweis einer schriftlichen Bevollmächtigung einen Anspruch auf Teilnahme
> an der Versammlung hat. Kann die schriftliche Bevollmächtigung nicht nachgewiesen
> werden, kann der Versammlungsleiter dem Bevollmächtigten die Teilnahme an der Ver-
> sammlung untersagen (zu allem Reichert u.a., Rz. 1522 ff.).

Die (Stimm-)Vollmacht kann nach § 168 BGB grds. **jederzeit widerrufen** wer-   299
den. Damit hat der Bevollmächtigte kein Stimmrecht mehr für den Vollmachtgeber. Ist eine schriftliche Vollmacht erteilt, folgt aus §§ 172, 173 BGB, dass der
Vertreter als befugter Stimmrechtsträger gilt, solange die Vollmachtsurkunde
nicht zurückgegeben oder für kraftlos erklärt worden ist. Nach der Stimmabgabe kann die Vollmacht nicht mehr widerrufen werden.

Wie **minderjährige Mitglieder** ihr Mitgliedschaftsrecht, insbesondere ihr   300
Stimmrecht, ausüben, bestimmt sich zunächst nach der Satzung. Trifft sie
keine Regelung, kann der gesetzliche Vertreter stets für den Minderjährigen
abstimmen. Darüber hinaus kommt es auf den Einzelfall an (s. dazu Rz. 456).

> **HINWEIS:**
>
> Wegen der ggf. mit dem Stimmrecht durch Minderjährige entstehenden Schwierigkei-
> ten, empfiehlt es sich, dieses in der Satzung zu regeln. So können z. B. Minderjährige
> vom Stimmrecht ausgeschlossen werden und nur ihren gesetzlichen Vertretern ein
> Stimmrecht eingeräumt werden (s. auch Rz. 455, 484). Das Stimmrecht kann aber
> auch die Erfüllung bestimmter Voraussetzungen, z. B. Altersgrenzen, erfordern (Stö-
> ber/Otto, Rz. 850).

7. Pflichten der Mitglieder

a) Allgemeines

301   Die Pflichten der Mitglieder, die **im Gesetz nicht erwähnt** sind, können ebenfalls in Organschafts- und vermögensmäßige Pflichten eingeteilt werden. Sie können im Einzelnen nur durch die Satzung festgelegt werden, nicht bloß durch einen Beschluss der Mitgliederversammlung, der keine Satzungsänderung herbeiführen will.

> **BEISPIEL:** ▶ Die Satzung enthält keine Regelung über außerordentliche Zahlungen oder besondere Umlagen (s. dazu Rz. 137 ff.). Dann kann grds. nicht die Mitgliederversammlung durch „einfachen" Beschluss bestimmen, dass jedes Mitglied bestimmte Arbeitsleistungen zu erbringen hat, z. B. bei der Erstellung eines Vereinsheims (vgl. aber BGH, NJW-RR 2008 S. 194 = NZG 2008 S. 38). Vielmehr ist dafür eine entsprechende Satzungsänderung erforderlich. Enthält allerdings die Satzung eine entsprechende grundsätzliche Regelung, kann die Mitgliederversammlung diese, ohne dass eine Satzungsänderung erforderlich wäre, näher ausgestalten/regeln (vgl. auch noch AG Erfurt, Urteil v. 26. 3. 2008 – 11 C 894/07).

302   Um **Organschaftspflichten** handelt es sich, wenn die Satzung z. B. die Teilnahmepflicht an der Mitgliederversammlung begründet oder fordert, sich in bestimmter Weise am Vereinsleben zu beteiligen. **Vermögensmäßige** Pflichten sind die Pflicht zur Zahlung der regelmäßigen Beiträge sowie zur Zahlung bestimmter außerordentlicher Umlagen.

303   Für alle Mitgliedspflichten gilt ebenso wie für die Rechte der Grundsatz der Gleichbehandlung der Mitglieder, die ohne sachlichen Grund **nicht ungleich** belastet werden dürfen.

304   **Sonderpflichten** können einzelnen Mitgliedern **nur** mit ihrer **Zustimmung** auferlegt werden.

b) Treuepflicht der Mitglieder

305   Auch ohne ausdrückliche gesetzliche oder satzungsmäßige Regelung haben die Mitglieder gegenüber dem Verein eine **Treuepflicht** (allgemein zur Treuepflicht im Verein Röcken, VB 10/2015 S. 14). Deren Inhalt und Umfang bestimmt sich nach der Art des Vereinszwecks, dem Grad der persönlichen Bindung und der Personenbezogenheit des Mitgliedschaftsverhältnisses. Die Treuepflicht verpflichtet das Mitglied, alles zu unterlassen, was dem Vereinszweck schadet, also z. B. keine Teilnahme an der Werbeaktion zugunsten eines anderen Vereins mit gleicher oder ähnlicher Zielsetzung (vgl. BGH, DB 1977 S. 2226) – passive Förderpflicht. Zur aktiven Förderpflicht gehört es, Schaden vom Verein fernzuhalten (Röcken, VB 10/2015 S. 15 f.). Die **Verletzung** der Treuepflicht kann

nicht nur die **Ausschließung** aus dem Verein und **Vereinsstrafen** (s. Rz. 170 ff.), sondern auch **Schadensersatzansprüche** des Vereins rechtfertigen.

8. Haftung der Mitglieder

a) Haftung für Vereinsschulden

Der Verein ist juristische Person und damit rechtlich selbständig (s. Rz. 6). Das   306
Vermögen des Vereins ist nicht auch Vermögen der Mitglieder. Diese haben deshalb für Schulden des Vereins **nur** aufzukommen, wenn dafür eine besondere **Rechtsgrundlage** durch Einzelvertrag zwischen Verein und Mitglied oder durch eine Satzungsvorschrift gegeben ist. Ausnahmsweise kann ein Gläubiger des Vereins aber berechtigt sein, dessen Mitglieder im Wege des sog. **Durchgriffs** in Anspruch zu nehmen. Von der Rechtsprechung (ständige Rechtsprechung seit BGH, NJW 1970 S. 2015; zuletzt BGHZ 175 S. 12 = DB 2008 S. 574 = MDR 2008 S. 396 m. Anm. Wolf, JZ 2008 S. 519) wird das aus dem Grundsatz von Treu und Glauben (§ 242 BGB) abgeleitet (a. A. für den persönlich strukturierten Verein OLG Dresden, ZIP 2005 S. 1680 in der der Entscheidung BGH, a. a. O., vorhergehenden Berufungsentscheidung). Das kann z. B. der Fall sein, wenn der Verein **vorgeschoben** wird, damit die Mitglieder persönliche Vorteile erlangen (vgl. dazu BGH, a. a. O). Grds. **nicht ausreichend** ist allein eine **Unterkapitalisierung** des Vereins (BGHZ 68 S. 312 = NJW 1977 S. 1449; BAG, NJW 1999 S. 740; OLG Oldenburg, NZG 2000 S. 555; s. aber OLG Dresden, NZG 2000 S. 598).

> HINWEIS:
>
> Nachdem der BGH vorübergehend auf dem Gebiet der Durchgriffshaftung neue Lösungen diskutiert hat (vgl. BGH, NJW 2001 S. 3622 und NJW 2007 S. 2689) lehnt er nun eine Durchgriffshaftung aufgrund eventueller Überschreitung des ideellen Vereinszwecks wieder ab. Jedes Vereinsmitglied dürfe sich darauf verlassen, dass diese Frage in einem Verfahren nach den §§ 43 Abs. 2, 44 BGB bzw. § 395 FamFG (früher: §§ 159, 142 FGG) geklärt werde. Bis zum Verlust der Rechtsfähigkeit des Vereins dürfe es von der durch die selbständige Rechtspersönlichkeit begründeten Trennung von Vereins- und Mitgliedsvermögen ausgehen (vgl. BGHZ 175 S. 12 = DB 2008 S. 574 = MDR 2008 S. 396).
>
> Wird die Rechtsfähigkeit entzogen, wird aus dem eingetragenen Verein ein nicht eingetragener Verein. Zwar ist dann eine Haftung der Mitglieder nicht ausgeschlossen (vgl. Rz. 911 ff.). Sie gilt aber nur für die Zukunft und nicht rückwirkend.

b) Haftung gegenüber dem Verein/Haftungsprivilegierung (§ 31b BGB)

aa) Alter Rechtszustand

Neben den Mitgliedern von **Vereinsorganen**, also insbesondere des Vorstands,   307
nehmen häufig auch Vereinsmitglieder Aufgaben des Vereins wahr. Kommt es

dabei zu Schäden beim Verein hatte die Rechtsprechung beim Vereinsorgan/-vorstand, der wegen Verletzung seiner normalen Vorstandspflichten in Anspruch genommen wurde, in der Vergangenheit die arbeitsrechtlichen Grundsätze über eine Haftungsbeschränkung (s. dazu u.a. BAG, NZA 1994 S. 1083) als grds. nicht anwendbar angesehen (BGH, WPM 1975 S. 467). Denn Sinn und Zweck der Geschäftsführung sei es gerade, die Schwierigkeiten und Risiken der Leitung eines Vereins einer Person zu übertragen, die diese beherrscht. Um diese Haftungslücke zu schließen, hat der Gesetzgeber dann mit Wirkung v. 3. 10. 2009 durch das „Gesetz zur Begrenzung der Haftung von ehrenamtlich tätigen Vereinsvorständen" v. 28. 9. 2009 (BGBl I S. 3161) in § 31a BGB eine **Haftungsbeschränkung** für den im Wesentlichen ehrenamtlich tätigen Vorstand eingeführt (vgl. dazu Rz. 589 ff.).

308   Anders als das Vereinsorgan/der Vorstand konnte sich nach der Rechtsprechung ein ehrenamtlich für den Verein tätiges **(Vereins-)Mitglied**, das nicht dem Vorstand angehörte, aber auf die oben angegebenen Grundsätze berufen. Es konnte vom Verein Freistellung von Schadensersatzansprüchen eines Geschädigten verlangen, wenn es eine schadensträchtige Vereinsaufgabe übernommen hatte (grundlegend BGHZ 89 S. 153 = NJW 1984 S. 789; Palandt/Ellenberger, § 27 Rz. 7). Nach den Regelungen über die Arbeitnehmerhaftung bestimmte sich die Haftung nach dem Verschuldensgrad. Wurde ein Schaden grob fahrlässig oder vorsätzlich verursacht, blieb es bei der vollen Haftung. Wurde der Schaden nur leicht fahrlässig verursacht, dann musste dafür nicht gehaftet werden. Bei mittlerer Fahrlässigkeit wurde anteilig gehaftet. Diese Haftungsbeschränkung nach den Regelungen über die Arbeitnehmerhaftung entsprachen aber nicht den (neuen) Haftungsregelungen nach § 31a BGB für die Vorstandsmitglieder; sie blieben dahinter zurück. Denn die Vorstandsmitglieder müssen dem Verein auch dann nicht haften, wenn ihnen mittlere Fahrlässigkeit vorgeworfen werden kann. Sie haften nur bei Vorsatz und grober Fahrlässigkeit (vgl. § 31a Abs. 1 Satz 1 BGB).

bb) Regelung des § 31b BGB

309   U.a. um diesen Unterschied zu beseitigen ist durch das „Gesetz zur Stärkung des Ehrenamtes" v. 21. 3. 2013 (vgl. BGBl I S. 556) der (neue) **§ 31b BGB** eingeführt worden. Der sieht nun für Vereinsmitglieder, die im Wesentlichen unentgeltlich Aufgaben des Vereins wahrnehmen — ebenso wie § 31a BGB für die Vereinsorgane und besonderen Vertreter —, eine Haftungsprivilegierung vor. Die Vereinsmitglieder werden Vorstandsmitgliedern und besonderen Vertretern, für die § 31a BGB gilt, gleichgestellt. Ihre Haftung gegenüber dem Verein

ist jetzt in gleichem Umfang wie die **Haftung** der Vorstandsmitglieder **be-schränkt**. Dadurch soll auch das zivilgesellschaftliche Engagement erleichtert werden (vgl. BT-Drucks. 17/632 i. V. mit BT-Drucks. 17/11315 S. 8; s. dazu auch noch BT-Drucks. 17/5713 S. 6; zur Neuregelung u.a. Reuter, npoR 2013 S. 41 ff.; Saenger/Al-Wraikat, ZStV 2013 S. 128 ff.; Hüttemann, DB 2013 S. 774; Pusch, SpuRt 2012 S. 13; Röcken, VB 3/2013 S. 9; ders., VB 3/2017 S. 12 ff.).

HINWEIS:

§ 31b BGB ist zwingendes Recht, da er nicht in den Katalog des § 40 BGB aufgenommen worden ist. Vereine können also nicht durch andere Regelungen in der Satzung von der Haftungsprivilegierung abweichen.

---

cc) Überblick

Da die Regelung im Wesentlichen der Regelung der Haftungsprivilegierung für den Vorstand in § 31a BGB entspricht, kann wegen der Einzelheiten auf die Ausführungen bei Rz. 584 verwiesen werden kann. Hier daher nur ein **Über-blick**:   310

▶ Wegen der **sachlichen Voraussetzungen** der Haftungsbeschränkung wird auf Rz. 589 ff. verwiesen: Sie gilt nach § 31b Abs. 1 Satz 1 für Vereinsmit-glieder, die für den Verein unentgeltlich tätig sind oder nur gegen eine Ver-gütung, die 720 €/Jahr nicht übersteigt. Gedacht ist also an längerfristige Tätigkeiten für den Verein für die als Anerkennung allenfalls ein geringfügi-ges jährliches Entgelt gewährt wird (vgl. BT-Drucks. 17/632 i. V. mit BT-Drucks. 17/11315 S. 17).

▶ Das Mitglied muss also primär **im Interesse** des **Vereins** und nicht zu eigenen Erwerbsinteressen **tätig** werden. Das wäre z. B. der Fall, wenn dem Mitglied Verkehrssicherungspflichten, die den Verein treffen, übertragen sind und es diese verletzt, wie z. B. ein ehrenamtlich tätiger Platzwart eines Sportvereins (vgl. auch Ehlers, NJW 2011 S. 2689; Frings, NWB 2013 S. 693, 697).

▶ Wird das Vereinsmitglied im Rahmen seiner gewerblichen oder beruflichen Tätigkeit aufgrund eines Vertrags zu einer im Wesentlichen **marktüblichen Vergütung für** den **Verein tätig**, nimmt er die Aufgaben nicht primär im Interesse des Vereins wahr, sondern vorrangig zu eigenen Erwerbszwecken. § 31b BGB greift dann nicht ein. Das Vereinsmitglied nimmt, wenn es auf dieser Grundlage für den Verein tätig wird, dann keine Vereinsaufgaben, sondern eigene Aufgaben wahr. Als Beispiel ist hier z. B. das Vereinsmitglied zu nennen, das nicht ehrenamtlich, sondern aufgrund eines Beschäfti-gungsverhältnisses als Platzwart eines Sportvereins tätig ist.

► Dasselbe gilt, wenn ein Vereinsmitglied eigene Mitgliedschaftsrechte und -pflichten innerhalb oder außerhalb der Mitgliederversammlung ausübt (BT-Drucks. 17/632 i. V. mit BT-Drucks. 17/11315 S. 17).

► Voraussetzung für die Haftungsbeschränkung und für den Anspruch auf Befreiung von der Haftung ist nach § 31b Abs. 1 Satz 1 BGB weiterhin, dass das Vereinsmitglied den Schaden bei der **Wahrnehmung** von **satzungsgemäßen Vereinsaufgaben** verursacht hat, die ihm übertragen worden sind (BT-Drucks. 17/632 i. V. mit BT-Drucks. 17/11315 S. 17). Den Begriff der „satzungsgemäßen Vereinsaufgaben" definiert das BGB nicht näher. Die Gesetzesbegründung geht davon aus, dass damit alle Verrichtungen im Rahmen des Vereinszwecks gemeint sind, die dem Verein obliegen (vgl. dazu Reuter, npoR 2013 S. 41, 44, der für eine enge Sicht des Begriffs plädiert). Die BT-Drucks. 17/ 5713, bei der es sich um den später abgelehnten Gesetzesentwurf des „Gesetz(es) zur Förderung ehrenamtlicher Tätigkeit im Verein" handelt, verweist darauf, dass mit dem Begriff der „satzungsmäßigen Aufgaben" „eine in der höchstrichterlichen Rechtsprechung in Bezug auf die Haftung eines Vereinsmitglieds gebräuchliche Begrifflichkeit aufgegriffen wird". Daraus wird man den Schluss ziehen können, dass die in der Vergangenheit von der Rechtsprechung entschiedenen Fälle der Haftungsprivilegierung von Vereinsmitgliedern Hilfe bei der Auslegung des Begriffs „satzungsmäßige Aufgaben„ sein können (zur Aufsichtspflicht von Übungsleitern s. Röcken, VB 3/2017 S. 12, 13 f.). Entschieden worden ist das für die Führung einer Jugendgruppe in einem Pfadfinderverein, wobei es durch Verletzung der Aufsichtspflicht während eines Ferienlagers zu einem Unfall kommt (BGHZ 89 S. 153 = NJW 1984 S. 789), für die Haftung bei einem schwerem Bergunglück während einer von einem Bergverein durchgeführten Bergtour (BGH, NJW 2005 S. 981 = NZG 2005 S. 357), für unbemerkten Funkenflug bei Schweißarbeiten, die von einem Vereinsmitglied aufgeführt werden, mit der Folge des Niederbrennens des Vereinsheims (BGH, MDR 2012 S. 149 = NZG 2012 S. 113 = NJW-RR 2012 S. 280; OLG Schleswig, SchlHA 2010 S. 194 = NJW-RR 2010 S. 957), für die Haftungsfreistellung bei einem Pkw-Schaden des Trainers bei einer Fahrt für einen Sportverein (AG Bochum, NJW-RR 1989 S. 96; zu allem auch Rz. 768 ff.), für einen Unfall infolge auf dem Tennisplatz herumliegender Tennisbälle (OLG Dresden, Urteil v. 13. 3. 2013 − 11 U 13/12) und für nicht übungsangemessenen Mattenaufbau beim Vereinsturnen (LG Dresden, SpuRt 2001 S. 106).

► Die Vereinsaufgaben müssen dem Mitglied **vom Verein übertragen** worden sein, d. h. das Vereinsmitglied muss mit der Aufgabenwahrnehmung vom Verein beauftragt worden sein. Nur dann ist es gerechtfertigt, den Verein für etwaige Schäden, die das Vereinsmitglied verursacht hat, aufkommen zu lassen. Nimmt ein Vereinsmitglied Vereinsaufgaben ohne Wissen des Vereins wahr, dann ist es nicht gerechtfertigt, die Haftung des Vereinsmitglieds gegenüber dem Verein zu beschränken oder dem Vereinsmitglied einen Anspruch auf Befreiung von der Haftung gegenüber Dritten zu gewähren (BT-Drucks. 17/632 i. V. mit BT-Drucks. 17/11315 S. 17).

> **HINWEIS:**
>
> Es empfiehlt sich, ggf. die Aufgaben der Mitglieder in der Satzung klar zu definieren. Entsprechendes gilt für Vorstandsbeschlüsse, mit denen Mitgliedern Aufgaben übertragen werden (s. auch Röcken, VB 3/2013 S. 9, 11).

► Die **Haftungsbeschränkung** gilt allerdings **nur gegenüber** dem **Verein**. Die Haftungsbeschränkung kann in der Satzung weiter ausgedehnt werden, so dass also z. B. die Haftung auch für grobe Fahrlässigkeit ausgeschlossen wird mit der Folge, dass nur noch für Vorsatz gehaftet wird (OLG Nürnberg, NZG 2016 S. 112 = MDR 2016 S. 85 = SpuRt 2016 S. 80 = ZStV 2016 S. 135). Die Haftung für Vorsatz kann von Gesetzes wegen nicht ausgeschlossen werden (§ 276 Abs. 3 BGB).

► Die **Haftungsbeschränkung** gilt **nicht** für die **Schädigung anderer Vereinsmitglieder**. Für sie gilt dasselbe wie für die Schädigung Dritter. Es bleibt also bei dem allgemeinen Verschuldensmaßstab, so dass für jeden Grad von Fahrlässigkeit gehaftet wird. Bei einer Schädigung anderer Vereinsmitglieder und sonstiger Dritter hat das Vereinsmitglied aber in gleichem Umfang wie ein Vorstandsmitglied einen Anspruch auf Freistellung von der Haftung gegen den Verein (§ 31b Abs. 2 Satz 1 BGB; vgl. wegen der Einzelheiten Rz. 591 ff. und zur Gruppenversicherung eines Vereins für seine Mitglieder Goetze, VB 12/2015 S. 6).

c) Haftung der Vereinsmitglieder untereinander

Die Vereinsmitglieder haben aus ihrer Mitgliedschaft i. d. R. nur ein Verhältnis zum Verein, das **grds. keine** haftungsrechtlichen Beziehungen der Mitglieder untereinander erzeugt.

311

> **HINWEIS:**
>
> Im haftungsrechtlichen Bereich treten die Mitglieder sich also wie Nichtmitglieder einander gegenüber. Eine Haftung kann sich deshalb unter Mitgliedern nur aus unerlaubter Handlung ergeben.

Von besonderer **praktischer Bedeutung** sind in diesem Bereich die haftungsrechtlichen **Fragen,** die mit der Teilnahme von Mitgliedern eines **(Sport-)Ver-**

312

eins an einem Spiel/Wettkampf und dabei erlittenen Verletzungen zusammen-hängen. Die dazu entwickelten Grundsätze lassen sich im Überblick wie folgt darstellen (wegen Einzelheiten s. dazu Behrens/Rühle, Grenzen der Haftungs-beschränkung bei Sportunfällen, NJW 2007 S. 2079 und Meier, Haftung der Athleten für Verletzungen im Sport, VersR 2014 S. 800; zu den Rechtsverhält-nissen zwischen den Teilnehmern sportlicher Wettbewerbe s. auch Pfister, SpuRt 2002 S. 45).

313   Die Verletzungen infolge der Teilnahme am **Wettkampfsport** werden über die Einwilligung in ein erhöhtes Risiko geregelt (vgl. dazu grundlegend für Fußball-spiel BGH, NJW 1975 S. 109; NJW 1976 S. 2161 [für Basketballspiel]; zuletzt BGH, NJW 2003 S. 2018 [für Autorennen]; OLG Düsseldorf, NJW-RR 1996 S. 47 [Trabrennen]; zum (Amateur-)Fußballspiel OLG Hamm, NJWE-VHR 1997 S. 164 = MDR 1997 S. 553; OLG Saarbrücken, Urteil v. 2. 8. 2010 – 5 U 492/09; LG Halle, zfs 1997 S. 126; zum Hallenhandballspiel OLG Frankfurt/Main, NJW-RR 1991 S. 418; zu Tennisdoppel LG Düsseldorf, VersR 2006 S. 1267; zu Sport-unfällen bei Segelregatten eingehend Behrens/Rühl, a. a. O., m. w. N.).

314   Werden die **Regeln eingehalten**, ist der Verletzer auch bei schwersten Verlet-zungen von einer Haftung freigestellt (BGH, NJW 1975 S. 109; zuletzt BGH, NJW 2010 S. 537 = SpuRt 2010 S. 79). Auch bei einem nur geringfügigen Regel-verstoß greift die Haftung wohl nicht (so z. B. OLG München, NJW-RR 1989 S. 727; OLG Hamm, NJW 1990 S. 925; OLG Saarbrücken, a. a. O.). Handelt es sich nicht nur um einen geringfügigen Verstoß, haftet der Verletzer (vgl. OLG Braunschweig, NJW-RR 1990 S. 987; OLG Hamm, SpuRt 2013 S. 123 [für rück-sichtsloses Foul beim Fußballspiel]; OLG Koblenz, Beschluss v. 10. 9. 2015 – 3 U 382/15, VB 2/2016 S. 2 [Schuldvorwurf auch bei objektivem Regelverstoß – „hohes Bein" – erst dann berechtigt, wenn die durch den Spielzweck gebotene Härte die Grenze zur Unfairness überschreitet). Das Bestehen einer Haftpflicht-versicherung ist ohne Bedeutung; dieses ist also nicht haftungsbegründend (BGH, a. a. O.).

315   Beim sog. **Individualsport** finden die vorstehenden Grundsätze keine Anwen-dung (BGH, VersR 1981 S. 853; VersR 1982 S. 1004; OLG Braunschweig, NJW-RR 1990 S. 987).

> **HINWEIS:**
>
> Hinzuweisen ist darauf, dass die Grundsätze auch dann gelten, wenn es zur Verletzung eines Spielers kommt, der demselben Verein angehört, was z. B. beim Training der Fall sein kann (s. dazu OLG Zweibrücken, VersR 1994 S. 1366). Es muss sich aber um eine allgemein anerkannte Sportart handeln (OLG Hamm, NJW 1997 S. 949 [für Gotcha-Spiel verneint]).

Die Satzung kann jedoch anordnen, dass Vereinsmitglieder untereinander nicht haften, wenn ein Mitglied einem anderen bei der Wahrnehmung von Mitgliedschaftsrechten (z. B. Tennis- oder Fußballspiel auf der vereinseigenen Anlage) oder bei der Erfüllung von Mitgliedschaftspflichten fahrlässig einen Schaden zufügt (OLG Braunschweig, NJW-RR 1990 S. 987). Ein Ausschluss oder eine Begrenzung der Haftung für vorsätzliches Handeln ist nach § 276 Abs. 3 BGB unzulässig (zum Ausschluss der Tierhalterhaftung bei einem Zucht-, Reit- und Fahrverein s. LG Bielefeld, NJWE-VHR 1997 S. 264).

VIII. Mitgliederversammlung

1. Allgemeines

a) Begriff

316 Die Mitgliederversammlung ist gemäß § 32 BGB i. d. R. das **oberste Organ** des Vereins. In ihr artikuliert sich durch die Stimmabgabe der Mitglieder der **Wille des Vereins** (§ 32 BGB).

317 Die **Rechte** der Mitgliederversammlung können durch die **Satzung geregelt** werden (§ 40 BGB). Sie können eingeschränkt werden, die Mitgliederversammlung selbst kann aber nicht ganz abgeschafft werden. Überträgt die Vereinssatzung Aufgaben, die sonst der Mitgliederversammlung zustehen, einem anderen Organ, muss dieses in der Satzung ausdrücklich benannt werden. Eine entsprechende Auslegung der Satzung kommt hier nicht in Frage, es muss sich vielmehr die Abweichung von den gesetzlichen Bestimmungen eindeutig aus der Satzung ergeben (OLG München, Urteil v. 26.7.2017 – 20 U 5009/16 für den Ausschluss eines Mitglieds). Die Satzung kann die Zuständigkeit anderer Vereinsorgane (z. B. eines Beirats) auch nicht in der Weise erweitern, dass das Vereinsleben praktisch nur noch von diesem bestimmt wird, wenn die Vereinsmitglieder auf die Bestellung und Kontrolle dieses Vereinsorgans keinen Einfluss (mehr) haben (OLG Celle, NJW-RR 1995 S. 1273).

> **BEISPIEL:** ▶ Die Satzung sieht einen Beirat vor, der für Bestellung und Kontrolle des Vorstands, Beitragsfestsetzung und auch Satzungsänderungen zuständig ist. Dieser Beirat setzt sich aus den Gründungsmitgliedern des Vereins und aus solchen Mitgliedern zusammen, die von diesen als Beiratsmitglieder bestimmt werden. Eine solche Regelung ist unzulässig (OLG Celle, a. a. O.).

318 Das Gesetz spricht in § 32 Abs. 1 Satz 1 BGB von der „Versammlung der Mitglieder". Diese ist immer dann eine Mitgliederversammlung i. S. von § 32 Abs. 1 BGB, wenn es sich nicht um ein zufälliges Zusammentreffen der Mitglieder handelt, sondern um eine **nach Ort und Zeit** vom Vorstand bzw. vom sonst zuständigen Vereinsorgan **festgesetzte Zusammenkunft**. Die Satzung kann die „Mitgliederversammlung" auch anders bezeichnen. Gebräuchlich sind die Bezeichnungen Hauptversammlung, Generalversammlung, Vollversammlung, Verbandstag u.a. **Ohne Versammlung** ist nach der gesetzlichen Regelung in § 32 Abs. 2 BGB ein Beschluss der Mitglieder nur durch **schriftliche Zustimmung aller Mitglieder** möglich. Auch insoweit kann jedoch die Satzung etwas Abweichendes bestimmen.

319 In der Praxis wird oft zwischen einer „ordentlichen" und einer „außerordentlichen" Mitgliederversammlung unterschieden; das BGB macht hier keinen Un-

terschied. Dabei wird als **ordentliche** Mitgliederversammlung meist diejenige Versammlung verstanden, die nach der Satzung zu bestimmten Zeiten **regelmäßig** stattfinden muss. Als **außerordentliche** Mitgliederversammlungen werden die Zusammenkünfte bezeichnet, die nicht regelmäßig, sondern aus einem **besonderen Anlass** einberufen werden.

HINWEIS:

Grds. bestehen zwischen einer ordentlichen und einer außerordentlichen Mitgliederversammlung keine Unterschiede. Unterscheidet die Satzung daher zwischen beiden nicht, gelten die für die ordentliche Mitgliederversammlung vorgesehenen Regelungen auch für die außerordentliche (OLG Stuttgart, NJW-RR 2017 S. 997 = NZG 2017 S, 996 = ZStV 2018 S. 22 für Einladung zur Mitgliederversammlung). Die Satzung kann aber Unterscheidungen treffen, so z. B. hinsichtlich der Art und Weise der Einberufung oder bei den zu behandelnden Themen, z. B. außerordentliche Mitgliederversammlung nur bei Rücktritt des Vorstands während der Amtsperiode.

---

b) Neue Formen der Mitgliederversammlung, u.a. Online-Versammlung

aa) Zulässigkeit

In der Vergangenheit konnten Mitgliederversammlungen nur in der Form der sog. Präsensveranstaltung in Form der räumlichen Zusammenkunft der Mitglieder an einem Ort durchgeführt werden. Die neuen Medien lassen inzwischen aber auch andere Formen der „Versammlung" zu. Das hat dazu geführt, dass in der Literatur seit einiger Zeit die Frage der **Zulässigkeit** einer **virtuellen Versammlung** im Vereinsrecht aufgeworfen worden ist (vgl. dazu eingehend Erdmann, MMR 2000 S. 526; Fleck, DNotZ 2008 S. 245; Mecking, ZStV 2011 S. 161; Wilken, Die virtuelle Mitgliederversammlung, 2016; Dehesselles/Richter, npoR 2016 S. 246; Noack, NJW 2018 S. 1345). Auf der Grundlage dieser Diskussion hat dazu inzwischen auch die Rechtsprechung Stellung genommen. Das OLG Hamm (vgl. NJW 2012 S. 940 = MDR 2012 S. 420) ist ebenso wie die h. M. in der Literatur der Auffassung, dass eine virtuelle bzw. Online-Mitgliederversammlung zulässig ist (vgl. die vorstehend zitierte Literatur; s. auch noch Palandt/Ellenberger, § 32 Rz. 1 [analog § 32 Abs. 2 BGB]; Reichert u.a., Rz. 1961 ff.; Sauter/Schweyer/Waldner, Rz. 210 [inzidenter; ohne nähere Begründung]; Pieper, NZG 2012 S. 735 in der Anm. zu OLG Hamm, a. a. O.; a. A. Stöber/Otto, Rz. 638; differenzierend Wilken, a. a. O.). Das ist zutreffend: Das BGB stellt es den Mitgliedern in § 40 BGB frei, von den in § 32 Abs. 1 und 2 BGB vorgesehenen gesetzlichen Möglichkeiten, die Angelegenheiten des Vereins zu regeln, abzuweichen. Für die Zulässigkeit einer virtuellen Mitgliederversammlung spricht auch, dass nach dem neu gefassten § 118 Abs. 1 Satz 2 und Abs. 2 AktG Aktionäre auch ohne Anwesenheit am Ort der Hauptversammlung im

320

Wege elektronischer Form ihre Rechte wahrnehmen und ihre Stimme abgeben können. Des Weiteren bestimmt § 43 Abs. 7 GenG, dass Beschlüsse – sofern die Satzung dies vorsieht – auch in elektronischer Form gefasst werden können. Soweit davon abweichend die Ansicht vertreten wird, dass eine Versammlung eine räumliche Zusammenkunft erfordert (Stöber/Otto, a. a. O.), überzeugt dies nicht. Dies ergibt sich weder aus dem Wortlaut noch der Systematik des Gesetzes (OLG Hamm, a. a. O.).

321 Grds. zulässig ist eine Online-Versammlung allerdings nur dann, wenn man davon ausgehen kann, dass die Mitglieder daran auch teilnehmen können, also bei allen die technischen Voraussetzungen dafür vorliegen (Erdmann, MMR 2000 S. 527). Das zwingt m. E. dazu, die Frage, ob die Mitgliederversammlung ggf. in Form einer Online-Versammlung durchgeführt werden kann, in der **Satzung** (so auch Erdmann, S. 527; Fleck, a. a. O., mit dem Vorschlag für eine Satzungsregelung; Mecking, ZStV 2011 S. 161, 164; Stöber/Otto, Rz. 639; Noack; NJW 2018 S. 1345; vgl. auch Rz. 325) oder zumindest in einer **Versammlungsordnung** (vgl. dazu Röcken, Rz. 276), wenn die Satzung eine solche zulässt, zu **regeln**. Zulässig wird sie aber auch sein, wenn alle Mitglieder zustimmen (Mecking, a. a. O.; Palandt/Ellenberger, § 32 Rz. 1).

bb) Technische Voraussetzungen/Durchführung

322 **Technische Voraussetzung** für die Durchführung einer Online-Versammlung, ist die Einrichtung eines sog. **Chatrooms**, der es ermöglicht, dass sämtliche Benutzer Informationen untereinander austauschen können (wegen der weiteren Einzelheiten Erdmann, MMR 2000 S. 526; Mecking, ZStV 2011 S. 161 ff.; Dehesselles/Richter, npoR 2016 S. 246). Die Einladung zur Onlineversammlung muss die Angaben enthalten, mittels derer sich die Mitglieder den Zugang zu dem vorgesehenen Chatroom verschaffen können. Erforderlich sind also die entsprechende Internetadresse/-seite, über die der Login erfolgt, das Passwort zum **Login**, sowie Tag und Uhrzeit für die Versammlung. Zur Sicherstellung, dass nur Vereinsmitglieder teilnehmen, sollte das nur für die aktuelle Versammlung gültige Zugangswort erst mit einer gesonderten E-Mail unmittelbar vor der Versammlung bekannt gegeben werden. Zudem sollte allen Mitgliedern die Verpflichtung auferlegt werden, ihre Legitimationsdaten und das Zugangswort keinem Dritten zugänglich zu machen und unter strengem Verschluss zu halten (vgl. die Fallgestaltung bei OLG Hamm, NJW 2012 S. 940 = MDR 2012 S. 420).

323 Die **Durchführung** einer Online-Versammlung ist **entsprechend** einer **herkömmlichen Präsenzveranstaltung** zu organisieren (vgl. dazu Mecking, ZStV

2011 S. 161, 164; zu allem auch Wilken, a. a. O.). Es ist ein Versammlungsleiter zu bestellen, der die Frage- und Debattenbeiträge und Wortmeldungen ordnet. Die Stimmabgabe wird über sog. E-Mail-Formulare erfolgen, die die Möglichkeit der Ja- und der Nein-Stimme enthalten und die Enthaltung vorsehen (vgl. dazu das Satzungsmuster bei Rz. 325).

Möglich ist das virtuelle Verfahren auch als **Telefon-** oder **Videokonferenz**, bei der aber alle Teilnehmer gleichzeitig sprechen und hören können müssen (Fleck, a. a. O., S. 253: Mecking, ZStV 2012 S. 161, 163, jetzt auch Reichert u.a., Rz. 1964). Dem (früheren) Einwand von Reichert ([12. Aufl.] Rz. 1964), dass bei dieser Versammlungsform die Teilnahmeberechtigung und die Personenidentität nicht immer gewährleistet seien, wird man dadurch begegnen können, dass nur derjenige teilnehmen kann, der die Einwahlnummer und einen etwaigen Einwahlcode kennt. Zudem lässt sich die Teilnahme auch noch durch ein zusätzliches Passwort schützen (s. auch Fleck, a. a. O., S. 254). **324**

cc) Satzungsregelung

Eine **Satzungsregelung** über eine Internetversammlung könnte etwas folgenden **Inhalt** haben (ähnlich OLG Hamm, NJW 2012 S. 940 = MDR 2012 S. 420): **325**

1. Die Mitgliederversammlung kann auch über das Internet als Online-Versammlung in einem nur für Mitglieder mit ihren Legitimationsdaten und einem gesonderten Zugangswort zugänglichen Chatroom abgehalten werden.

2. Die Versammlung findet dann nach den Grundsätzen der geschlossenen Benutzergruppe statt. Die Einladung zu der Online-Versammlung erfolgt per E-Mail. Sie enthält neben der Tagesordnung auch die Internetadresse und die Zugangsdaten zur Online-Versammlung. Die Mitglieder verpflichten sich, diese Daten nicht an Dritte, die nicht Vereinsmitglied sind, weiter zu geben.

   Das jeweils nur für die aktuelle Versammlung gültige Zugangswort wird mit einer gesonderten E-Mail unmittelbar vor der Versammlung, maximal 3 Stunden davor, bekannt gegeben. Ausreichend ist dabei die ordnungsgemäße Absendung der E-Mail an die letzte dem Vorstand bekannt gegebene E-Mail-Adresse des jeweiligen Mitglieds. Mitglieder, die über keine E-Mail-Adresse verfügen, erhalten das Zugangswort per Post an die letzte dem Vorstand bekannt gegebene Adresse. Ausreichend ist die ordnungsgemäße Absendung des Briefes zwei Tage vor der Mitgliederversammlung. Sämtliche Mitglieder sind verpflichtet, das Zugangswort keinem Dritten zugänglich zu machen und unter strengem Verschluss zu halten.

3. Die Stimmabgabe erfolgt über sog. E-Mail-Formulare im Bereich der geschlossenen Benutzergruppe. Die Versammlung wird in Form eines Computer-Log-Files protokolliert. Dieses ist in Papierform zu unterzeichnen und wird dem Protokoll der Versammlung beigefügt.

2. Welche Angelegenheiten regelt die Mitgliederversammlung?

326 Die Mitgliederversammlung als oberstes Organ des Vereins hat durch Beschlussfassung grds. **alle** die **Angelegenheiten** des Vereins zu regeln, die nach der Satzung nicht von einem anderen Vereinsorgan zu besorgen sind. Zu ihren **Aufgaben** gehört – vorbehaltlich einer anderen Regelung in der Satzung – die **Bestellung** und **Kontrolle** des **Vorstands** und der anderen Vereinsorgane. I. d. R. erteilt die Mitgliederversammlung dem Vorstand für seine Geschäftsführung auf der Grundlage des entsprechenden Berichts der Kassenprüfer Entlastung (vgl. dazu Rz. 683, 737). Zuständig ist die Mitgliederversammlung darüber hinaus für **Satzungsänderungen,** Änderungen des Vereinszwecks, die Beschlussfassung über die Auflösung des Vereins, die Bestimmung des Anfallberechtigten im Falle des § 45 Abs. 2 Satz 2 BGB und die Frage der Verschmelzung mit einem anderen Verein (s. dazu Rz. 807). Auch die Weisung zur Aufstellung eines **Haushaltsplans** durch Vorstand kann durch die Mitgliederversammlung erteilt werden, wenn der Vorstand z. B. nicht schon durch die Satzung oder eine Finanzordnung zur Aufstellung verpflichtet ist.

327 Die Mitgliederversammlung muss auch entscheiden, wenn zwischen den **Mitgliedern** eines **anderen Vereinsorgans Streit** darüber besteht, ob sich die Willensbildung in diesem Vereinsorgan (z. B. im Vorstand) satzungsgemäß vollzieht. Dies ist eine Angelegenheit der inneren Ordnung im Verein. Eine Klage auf Feststellung, dass ein Vereinsorgan gegen die Satzung verstößt, kann daher erst erhoben werden, wenn die Mitgliederversammlung hierüber einen Beschluss gefasst hat (BGH, NJW 1968 S. 1131).

328 **Fraglich** ist, ob die Mitgliederversammlung gegenüber dem Vorstand oder anderen Vereinsorganen ein **Weisungsrecht** hat. Das ist zu verneinen, wenn z. B. der Vorstand nach der Satzung für bestimmte Angelegenheiten allein zuständig ist (vgl. zuletzt OLG Celle, npoR 2018 S. 164; LG Hannover, SpuRt 2017 S. 208). Die Mitgliederversammlung kann aber auch in diesem Fall durch Empfehlungen auf die Entscheidungen des Vorstands Einfluss nehmen (s. auch Rz. 635). Hält sich der Vorstand nicht an diese Empfehlungen, bleibt kein anderer Weg, als ihn abzuwählen oder in der Satzung – in Form einer Satzungsänderung – ein Weisungsrecht der Mitgliederversammlung zu verankern.

3. Einberufung der Mitgliederversammlung

a) Zuständiges Organ

329 Für die Einberufung der Mitgliederversammlung ist, soweit die Satzung (§ 58 Nr. 4 BGB; s. Rz. 161) nichts anderes bestimmt, der **Vorstand i. S. des § 26 BGB**

zuständig. D. h. die Einberufung ist von den vertretungsberechtigten **Personen,** nicht dagegen von den nicht mit Vertretungsmacht ausgestatteten Mitgliedern eines „erweiterten" oder „Gesamtvorstands" auszusprechen (zur Form s. Rz. 353 ff.).

HINWEIS:

Wer als Vorstand im Vereinsregister eingetragen ist, kann auch dann wirksam die Mitgliederversammlung einberufen, wenn seine Amtszeit bereits abgelaufen oder sein Amt, etwa durch Rücktritt, erloschen ist (BayObLGZ 1988 S. 412; KG, OLGZ 1971 S. 481; Reichert u.a., Rz. 1237). Das Einberufungsrecht des Vorstands besteht im Übrigen auch noch während eines Ausschließungsverfahrens (BayObLG, NJW-RR 1994 S. 382). Die ausnahmsweise gegebene Einberufungszuständigkeit eines nicht (mehr) amtierenden, aber eingetragenen Vorstands endet jedoch mit der Wahl eines neuen, auch wenn dieser noch nicht eingetragen ist (OLGR Brandenburg 2007 S. 876).

Von besonderer Bedeutung ist die Frage, ob zur wirksamen Einberufung der Mitgliederversammlung stets ein **gültiger Vorstandsbeschluss erforderlich** ist. Die Beantwortung dieser Frage hängt davon ab, ob zur Wirksamkeit der Vertretungshandlungen des Vorstands eine ordnungsgemäße interne Beschlussfassung im Vorstand erforderlich ist (vgl. BGH, NJW 1977 S. 2310 und Rz. 548 f.).   330

Zu **unterscheiden** sind folgende **Fälle** (vgl. dazu BGH, NJW 1977 S. 2310; s. auch Stöber/Otto, Rz. 646; Reichert u.a., Rz. 1239 ff.; Palandt/Ellenberger, § 32 Rz. 2 i. V. mit § 26 Rz. 7):   331

▶ Hat der **Verein** einen **mehrgliedrigen Vorstand** und regelt die Satzung, wie der Verein rechtsgültig vertreten wird, können die mit dieser **Vertretungsmacht** ausgestatteten **Vorstandsmitglieder** auch **ohne** internen Vorstandsbeschluss die Mitgliederversammlung einberufen. Ist z. B. nach der Satzung der 1. Vorsitzende und/oder der 2. Vorsitzende allein oder gemeinsam zur Vertretung des Vereins berechtigt, so kann jeder allein oder können beide gemeinsam die Mitgliederversammlung wirksam einberufen.

▶ Etwas **anderes** gilt, wenn die **Satzung** für die Einberufung der Mitgliederversammlung **besondere Regelungen** trifft, wer einzuberufen hat. Dann müssen diese **Bestimmungen** für die Wirksamkeit der Einberufung **beachtet** werden, z. B. Einberufung vom 1. Vorsitzenden oder Schriftführer. Bei **Verhinderung** oder Wegfall dieses Vorstandsmitglieds kann der in der Satzung vorgesehene Vertreter die Mitgliederversammlung einberufen. Nach der Rechtsprechung soll der stellvertretende Vorsitzende zur Einberufung auch dann ermächtigt sein, wenn der 1. Vorsitzende die Einberufung der Mitgliederversammlung **grundlos unterlässt.**

▶ Stets **wirksam** ist die Einberufung der Mitgliederversammlung auch dann, wenn sie, unabhängig von der satzungsmäßigen Regelung, von **allen Vorstandsmitgliedern** getätigt wird.

▶ Ein **Vorstandsbeschluss** ist damit für die Wirksamkeit der Einberufung der Mitgliederversammlung nur erforderlich, wenn – beim Fehlen entgegenstehender Satzungsregelung – die Versammlung von der Mehrheit der Vorstandsmitglieder in Ausübung ihrer im Gesetz begründeten Vertretungsmacht einberufen wird (a. A. OLG Düsseldorf, OLGR Düsseldorf 1994 S. 169, das vor der Einberufung einen Meinungsaustausch im Vorstand für zwingend notwendig und die im Unterlassensfall auf der Mitgliederversammlung gefassten Beschlüsse für unwirksam hält).

> **HINWEIS:**
>
> Die Auffassung des OLG Düsseldorf (a. a. O.) dürfte zu weit gehen, denn: Handelt das einberufende Vorstandsmitglied ohne internen Vorstandsbeschluss und verstößt es damit z. B. gegen eine Geschäftsordnung des Vorstands, so kann sich daraus möglicherweise eine Schadensersatzpflicht ergeben (so auch Otto, jurisPK, § 36 Rz. 4, in der Anm. zu OLG Düsseldorf, a. a. O.). Das dürfte ausreichend sein.
>
> Die Einberufung durch ein unzuständiges Organ des Vereins, ggf. gegen den Willen des an sich Zuständigen ist unwirksam (Stöber/Otto, Rz. 648 m. w. N.). Das führt zur Nichtigkeit der auf dieser Mitgliederversammlung gefassten Beschlüsse (BGH, NJW 1995 S. 1917; vgl. auch OLG Düsseldorf, Beschluss v. 9.2.2016 – 3 Wx 4/16, VB 6/2016 S. 1).

▶ Im Fall der **Liquidation** des Vereins steht das Recht zur Einberufung der Mitgliederversammlung den Liquidatoren zu (OLG Zweibrücken, Rpfleger 2006 S. 658 = FGPrax 2006 S. 229).

332 Das für die Einberufung zuständige Organ muss die Mitglieder **nicht persönlich** einberufen. Es kann die erforderlichen tatsächlichen Maßnahmen von einem Beauftragten ausführen lassen, es kann allerdings nicht das Einberufungsrecht überhaupt auf einen Beauftragten übertragen (Reichert u.a., Rz. 1242).

> **BEISPIEL:** ▶ Der Verein hat einen mehrgliedrigen Vorstand und einen angestellten Geschäftsführer, der nicht Mitglied dieses Vorstands ist. Die Vorstandsmitglieder beschließen die Einberufung der Mitgliederversammlung. Sie können die Ausführung dieses Beschlusses dem Geschäftsführer übertragen. Sie können aber nicht dem Geschäftsführer auch die Entscheidung darüber übertragen, ob die Mitgliederversammlung überhaupt einberufen werden soll. Wenn der Geschäftsführer zur Mitgliederversammlung einlädt, sollte sich aus der Einladung ergeben, dass er einen Beschluss des Vorstands ausführt (Reichert u.a., Rz. 1242).

333 Die Einberufung ist grds. aber **nur** dann **wirksam**, wenn das für die Einberufung **zuständige Organ** selbst **rechtsgültig bestellt** worden und im Zeitpunkt

der Einberufung noch im Amt ist. Zur Einberufung der Mitgliederversammlung ist der Vorstand, der nicht ordnungsgemäß bestellt oder dessen Amtszeit bereits abgelaufen ist, aber auch dann (noch) befugt, wenn er im Vereinsregister (noch) eingetragen ist (allgemeine Meinung, s. unten BayObLGZ 1988 S. 412; KG, OLGZ 1971 S. 481; s. aber OLG Brandenburg, OLGR 2007 S. 876; wegen weiterer Nachweise s. Stöber/Otto, Rz. 421, 650; s. auch Rz. 329).

b) Einberufungsgrund

Nach § 36 BGB ist die Mitgliederversammlung in den durch die **Satzung bestimmten Fällen**, z. B. wenn ein Vorstandsmitglied ausgeschieden ist oder Delegierte für eine Delegiertenversammlung des Dachverbands gewählt werden müssen, sowie dann zu berufen, wenn das Interesse des Vereins es erfordert. In diesen Fällen besteht eine **Pflicht zur Einberufung.** § 36 BGB ist zwingendes Recht, kann also durch die Satzung nicht abbedungen werden. Das Einberufungsorgan muss in eigener Verantwortung prüfen und entscheiden, ob das Interesse des Vereins die Einberufung der Mitgliederversammlung erfordert, so z. B. bei Angelegenheiten, die für den Verein von besonders großer Bedeutung sind, oder wenn die Mitglieder über ungewöhnliche Vorkommnisse informiert werden müssen und die Angelegenheit keinen Aufschub duldet (Stöber/Otto, Rz. 642). Das Einberufungsorgan kann **nicht** durch eine **Klage** angehalten werden, die Mitgliederversammlung einzuberufen, sondern nur mit Hilfe des Registergerichts im Verfahren der freiwilligen Gerichtsbarkeit nach dem FamFG (Sauter/Schweyer/Waldner, Rz. 158). Es kann auch nicht mit einer einstweiligen Verfügung versucht werden, eine bestimmte Tagesordnung aufzustellen.

334

> HINWEIS:
>
> Wird die Pflicht zur Einberufung der Mitgliederversammlung schuldhaft verletzt, haftet das Einberufungsorgan dem Verein für den entstandenen Schaden.

c) Absage/Verlegung der Mitgliederversammlung

Das für die Einberufung zuständige Organ kann die Mitgliederversammlung durch Rücknahme der Einberufung **absagen.** Die Absage/Verlegung sollte nach Möglichkeit in der **gleichen Form** geschehen wie die Einberufung, auf alle Fälle ist die Absage eindeutig zu formulieren. Anderenfalls können die auf der dennoch abgehaltenen Versammlung gefassten Beschlüsse nicht mit der Begründung angefochten werden, dass die Einberufung rückgängig gemacht worden sei. Eine Absage der Versammlung ist im Übrigen auch nur bis zum Beginn der Versammlung möglich. Für eine Absage wird i. d. R. ein (wichtiger)

335

Grund angegeben werden müssen (vgl. auch Röcken, VB 12/2017 S. 14). Zudem muss die Absage rechtzeitig erfolgen. Ein nicht rechtzeitiger Widerruf der Einladung kann zu Schadensersatzansprüchen der Mitglieder führen, wenn diese ggf. dennoch anreisen. **Nach Eröffnung** der Mitgliederversammlung kann nur die Versammlung selbst über eine Verlegung (= **Vertagung**) durch Beschluss entscheiden (vgl. dazu Rz. 446).

> **HINWEIS:**
>
> Ist eine Mitgliederversammlung abgesagt worden, müssen für eine ggf. neu einberufene Mitgliederversammlung die Vorgaben der Satzung hinsichtlich Form und Einladungsfrist beachtet werden.

336 In Betracht kommt ggf. die zeitliche **Verlegung** der Mitgliederversammlung (zur räumlichen Verlegung s. Rz. 369), indem z. B. der Beginn der Mitgliederversammlung um kurze Zeit verschoben wird. Auf die Verlegung muss aber so **deutlich** durch Bekanntmachung, Anschläge, Hinweise oder ggf. auch durch Bereitstellung von Führungspersonen **hingewiesen** werden, dass alle Mitglieder von der Verlegung Kenntnis erlangen und an der verschobenen Mitgliederversammlung teilnehmen können.

4. Einberufung auf Verlangen einer Minderheit

a) Allgemeines

337 Nach § 37 Abs. 1 BGB kann eine Minderheit von einem Zehntel der Mitglieder schriftlich unter Angabe des Zwecks und der Gründe die Einberufung der Mitgliederversammlung verlangen. **§ 37 BGB** ist **zwingendes Recht, geändert** werden kann durch die Satzung **lediglich** die für die Einberufung erforderliche **Quote** der Mitglieder (OLG Celle, Rpfleger 2011 S. 278; vgl. Rz. 338). Bei einem kirchlichen Verein kann das Einberufungsrecht auch auf die „tätigen" Mitglieder beschränkt werden (OLG Frankfurt/Main, NJW-RR 1997 S. 482 = Rpfleger 1996 S. 460 f.; zur Einberufung auf Verlangen einer Minderheit Röcken, VB 2013 S. 13). § 37 BGB ist ein **allgemeiner Grundsatz** des Vereinsrechts. Er ist deshalb auch anzuwenden, wenn die Satzung anstelle der Mitgliederversammlung eine Vertreterversammlung als oberstes Organ vorsieht (OLG Frankfurt/ Main, OLGZ 1973 S. 139).

> **HINWEIS:**
>
> Die nachstehenden Ausführungen gelten entsprechend, wenn die Minderheit nur verlangt, dass ein bestimmter Punkt auf die Tagesordnung der Mitgliederversammlung gesetzt wird, das Einberufungsorgan dieses aber verweigert (OLG Hamm, MDR 1973 S. 929) oder, wenn für eine einberufene Mitgliederversammlung ein ungeeigneter Zeitpunkt oder Ort gewählt worden ist (BayObLGZ 20 S. 328, 334; Reichert u.a., Rz. 1281;

Röcken, VB 6/2013 S. 13). Über ein solches Minderheitenbegehren kann also die Behandlung bestimmter Tagesordnungspunkte erzwungen werden. Eine andere Möglichkeit, die Behandlung eines bestimmten Tagesordnungspunkts zu erzwingen, hat das Mitglied nicht. Ihm steht insbesondere nicht der Klageweg offen.

b) Bestimmung der Quote

aa) Satzungsregelungen

Bei § 37 Abs. 1 BGB handelt es sich um ein **Minderheitenrecht**. Deshalb darf 338
die Satzung die für die Einberufung der Mitgliederversammlung erforderliche
Mitgliederzahl nicht auf die Hälfte oder mehr der Mitglieder festsetzen (KG,
NJW 1962 S. 1971; vgl. BayObLG, NJW-RR 2001 S. 1479 [20%]; OLG Celle, Rpfleger 2011 S. 278 [25%]; Stöber/Otto, Rz. 655; s. aber auch die Literatur, in der
teilweise vertreten wird, dass eine Änderung nur in Form der Reduzierung der
Quote zulässig sein soll, vgl. z. B. Reichert u.a., Rz. 1267 m. w. N.; Soergel/Hadding, § 37 Rz. 5; MüKo-BGB/Reuter, § 37 Rz. 2.). Die Quote ist auch nicht als
absolute Zahl, sondern **immer** als ein **Bruchteil der Mitglieder** festzusetzen (LG
Münster, Rpfleger 1990 S. 302 [für Genossenschaft]). Nur auf diese Weise kann
einerseits der Minderheitenschutz auch bei sinkenden Mitgliederzahlen gewährleistet werden, bei steigenden Mitgliederzahlen kann dann andererseits
nicht eine zu kleine Zahl von Mitgliedern die Einberufung verlangen.

BEISPIEL: Hat der Verein bei der Gründung 30 Mitglieder, dann kann die Satzung
nicht bestimmen, dass 10 Mitglieder das Recht haben, die Einberufung zu verlangen.
Denn sinkt die Mitgliederzahl auf 20 oder weniger, sind 10 Mitglieder nicht die Minderheit. Steigt sie hingegen auf z. B. 100 Mitglieder, reichen schon 10 Mitglieder für
das Verlangen auf Einberufung aus.

Diese Schwierigkeiten lassen sich vermeiden, wenn die **Quote** in der Satzung z. B. auf
ein Drittel **festgesetzt** wird (vgl. OLG Stuttgart, NJW-RR 1986 S. 995).

HINWEIS:

Zulässig ist es, in der Satzung das Minderheitenrecht großzügiger als im Gesetz vorgesehen zu gestalten, indem ein geringerer Bruchteil als ein Zehntel als ausreichend
für die Einberufung bestimmt wird. Die Satzung kann aber auch eine größere Quote
festlegen, wie z. B. 20% der Mitglieder (str., zuletzt in diesem Sinne wie die wohl h. M.,
BayObLG, Rpfleger 2001 S. 431 = NJW-RR 2001 S. 1479 m. w. N. auch zur a. A. in der
Literatur; OLG Celle, Rpfleger 2011 S. 278 [25%]; s. auch Reichert u.a., Rz. 1267).

Ist in der Satzung keine Bestimmung über die Quote enthalten oder wird sie zu groß
festgesetzt, greift die gesetzliche Regelung ein, wonach das Recht einem Zehntel der
Mitglieder zusteht (Sauter/Schweyer/Waldner, Rz. 160).

bb) Berechnung der Quote

339 **Berechnungsgrundlage** für die Quote ist die **Mitgliederzahl**, die der Verein im Zeitpunkt des Eingehens des Verlangens bei dem zuständigen Organ hat. Dabei zählen alle Mitglieder mit, die das Recht haben, an der Mitgliederversammlung teilzunehmen (also z. B. auch passive, außerordentliche und Ehrenmitglieder). Bei der Bestimmung eines Einberufungsquorums gemäß der Vereinssatzung ist also nicht auf die Zahl der stimmberechtigten Mitglieder abzustellen, sondern auf die Zahl der an der Mitgliederversammlung teilnahmeberechtigten Mitglieder; auch diese können das Minderheitenverlangen unterstützen (Sauter/Schweyer/Waldner, Rz. 160). Das Minderheitenrecht nicht stimmberechtigter Mitglieder kann die Satzung nicht beschränken oder ausschließen; sie kann daher nicht vorsehen, dass z. B. fördernden, außerordentlichen, jugendlichen oder Ehrenmitgliedern nicht das Recht zustehen soll, die Einberufung der Mitgliederversammlung zu verlangen (OLG Düsseldorf, Rpfleger 2013 S. 539; LG Bremen, Rpfleger 1990 S. 262; Stöber/Otto, Rz. 655; Schöpflin, Beck-OK, § 37 Rz. 4 m. w. N.), so dass diese bei der Bestimmung der Quote ggf. nicht zu berücksichtigen wären. Eine Satzungsregelung, dass für die Einberufung einer (außerordentlichen) Mitgliederversammlung ein Quorum „von 1/3 der stimmberechtigten Vereinsmitglieder" erforderlich ist, ist also unzulässig (OLG Düsseldorf, a. a. O.). Die Quote kann aber dadurch erreicht werden, dass neu in den Verein eintretende Mitglieder ihren Beitrittserklärungen das Verlangen auf Einberufung zugleich beifügen, wenn der Beitritt zum Verein durch bloße Abgabe einer Beitrittserklärung möglich ist (s. Rz. 102 ff.). Nicht ausreichend ist es, wenn Mitglieder später, etwa erst im Verfahren vor dem Amtsgericht, den Antrag unterstützen (OLG Frankfurt/Main, Rpfleger 1973 S. 54).

340 Die Minderheit kann für die Einberufung **Einsicht** in diejenigen **Vereinsunterlagen** nehmen, deren Kenntnis für eine ordnungsgemäße Einberufung der Mitgliederversammlung erforderlich ist, z. B. also in Mitgliederlisten. Der Vorstand ist verpflichtet, diese Unterlagen herauszugeben (vgl. dazu Rz. 281 ff. m. w. N. aus der Rechtsprechung). Dieses Recht kann die Minderheit mit der Klage gegen den Verein durchsetzen (Reichert u.a., Rz. 1273). Ggf. kann auch eine einstweilige Verfügung beantragt werden (zu allem auch BGH, ZIP 2010 S. 2397 = NZG 2010 S. 1430 = DStR 2010 S. 180; ZIP 2010 S. 2399 = DStR 2011 S. 180; zum Datenschutz bei Rz. 281 ff., 616 ff.).

c) Form und Inhalt des Antrags

341 Der Antrag auf Einberufung (**Muster** in Rz. 1101 abgedruckt) ist nach h. M. in der Literatur **an den Vorstand** oder, falls dieser nach der Satzung für die Ein-

berufung der Mitgliederversammlung nicht zuständig ist, an das in der Satzung bestimmte **Einberufungsorgan** zu richten (Sauter/Schweyer/Waldner, Rz. 161; s. zum Einberufungsverlangen auch Reichert u.a., Rz. 1274 ff.). Hat der Vorstand die Mitgliederversammlung einzuberufen, so genügt es, wenn der Antrag einem Vorstandsmitglied zugeht (§ 28 Abs. 2 BGB).

Nach § 37 Abs. 1 BGB muss das Verlangen **schriftlich** gestellt werden. Die   342
Schriftform wird durch ein Telegramm, das die Namen der Mitglieder der Minderheit enthält, nicht gewahrt (so aber Sauter/Schweyer/Waldner, Rz. 161; s. auch BGH, NJW-RR 1996 S. 866 [für erforderliche Form bei der Austrittserklärung]). § 127 Abs. 1 BGB gilt nur für die gewillkürte, nicht aber für die gesetzliche Schriftform. Möglich ist aber die elektronische Form des § 126a BGB, nicht hingegen E-Mail. Die Mitglieder können ihre Forderung einzeln oder in einem von allen unterzeichneten Schriftstück geltend machen. Dabei ist auch **Vertretung zulässig.** Das zuständige Einberufungsorgan kann dann jedoch den Nachweis der Vollmachten verlangen. Es ist deshalb sinnvoll, diese sogleich dem Antrag beizufügen.

> HINWEIS:
>
> Zur Vereinfachung ist auch folgendes Verfahren möglich: Ein Mitglied der Minderheit formuliert den Antrag in zweifacher Ausfertigung, wobei er sich in demselben Schriftstück die Vollmacht geben lässt, später ggf. den Antrag beim Amtsgericht zu stellen. Diese Schriftstücke unterschreiben die übrigen Mitglieder der Minderheit. Eins wird dann beim Einberufungsorgan eingereicht, das andere vorsorglich für einen Antrag bei Gericht zurückbehalten.

Der **Antrag** an das Einberufungsorgan muss den vom BGB **geforderten Inhalt**   343
haben (s. auch Reichert u.a., Rz. 1274 ff.):

▶ Zunächst muss er den **Zweck** der Mitgliederversammlung eindeutig erkennen lassen, also worüber diese beschließen soll. Das wird am besten dadurch erreicht, dass bereits im Antrag die Angelegenheit als Tagesordnungspunkt formuliert wird.

▶ Darüber hinaus muss der Antrag die **Gründe** angeben, warum ein Beschluss der Mitgliederversammlung zu den aufgeführten Angelegenheiten verlangt wird.

> HINWEIS:
>
> Es muss hier sehr sorgfältig gearbeitet werden, da das Einberufungsorgan nur dann zur Einberufung verpflichtet ist, wenn beide Angaben im Antrag enthalten sind. Es empfiehlt sich, im Antrag die gewünschten Tagesordnungspunkte zu formulieren (Röcken, VB 2013 S. 13, 15).

d) Vereinsinternes (Prüfungs-)Verfahren

344 Das **Einberufungsorgan** ist i. d. R. nicht berechtigt, über sein Verhalten zum Minderheitsverlangen frei zu entscheiden. Es hat kein Recht, die Notwendigkeit der Mitgliederversammlung sachlich zu prüfen und den Antrag, wenn es ihn für unbegründet hält, abzulehnen. Vielmehr ist das Einberufungsorgan **verpflichtet, die Mitgliederversammlung einzuberufen,** wenn die **formellen Voraussetzungen** (vgl. Rz. 337 ff.) erfüllt sind. Nur bei offensichtlichem Missbrauch des Minderheitenrechts darf die Einberufung abgelehnt werden, so wenn bereits mehrfach zurückgewiesene Anträge oder Angelegenheiten behandelt werden sollen oder solche, die eindeutig außerhalb des Vereinszwecks liegen. Das wäre z. B. der Fall bei Aussagen zu allgemein politischen Fragen bei einem Sportverein oder, wenn die Mitgliederversammlung für die zu beratenden Fragen überhaupt nicht zuständig ist (vgl. auch Reichert u.a., Rz. 1278, 1296). Allein der Umstand, dass die Mitgliederversammlung dem Einberufungsorgan lästig ist, reicht zur Ablehnung ebenso wenig aus wie der Umstand, dass es sich bei dem Gegenstand der Mitgliederversammlung um – in den Augen des Einberufungsorgans – Kleinigkeiten handelt. Das Vorgehen nach § 37 BGB ist gerade zum **Schutz** der **Minderheit** geschaffen, die anders als mit einer außerordentlichen Mitgliederversammlung ggf. keine Möglichkeit hat, ihr(e) Anliegen durchzusetzen.

e) Gerichtliches Verfahren

345 **Entspricht** das **Einberufungsorgan** dem **Verlangen** der Minderheit auf Einberufung der Mitgliederversammlung **nicht,** kann die Minderheit beim **Amtsgericht** den **Antrag** stellen, sie zu ermächtigen, selbst die Mitgliederversammlung einzuberufen (§ 37 Abs. 2 Satz 1 BGB). Ein **Antragsmuster** enthält Rz. 1102. Zuständig für die Entscheidung ist das Amtsgericht, bei dem der Verein ins Vereinsregister eingetragen ist. Der Anspruch der Minderheit wird nicht im Wege der Klage, sondern im Verfahren der freiwilligen Gerichtsbarkeit nach dem FamFG durchgesetzt. Es entscheidet der Rechtspfleger (§ 3 Nr. 1a RPflG); eine Klage ist unzulässig. Der **Antrag** muss **schriftlich** eingereicht oder zu Protokoll der Geschäftsstelle des Amtsgerichts erklärt werden. Er ist darauf zu richten, dass die einzeln namentlich aufzuführenden Antragsteller zur Einberufung einer Mitgliederversammlung mit einer bestimmten Tagesordnung ermächtigt werden. Ein Antragsrecht haben nur die Mitglieder, die nach § 37 Abs. 1 BGB vorgegangen sind. Das Gericht hört i. d. R. den Vorstand an (§ 34 FamFG).

346 Das **Amtsgericht** darf ebenso wie das Einberufungsorgan die sachliche Notwendigkeit der Mitgliederversammlung **nicht prüfen,** sondern nur bei offen-

sichtlichem Missbrauch oder Fehlen eines schutzwürdigen Interesses den Antrag ablehnen, z. B. wenn die angestrebten Beschlüsse ungültig sein würden oder eine ordentliche Mitgliederversammlung mit entsprechender Tagesordnung kurz bevorsteht (s. auch Rz. 344). Das Amtsgericht prüft allerdings, ob die übrigen Voraussetzungen für die Ermächtigung vorliegen, also insbesondere, ob das in der Satzung bestimmte Quorum erreicht ist. Dazu wird es im Zweifel gemäß § 72 BGB vom Verein eine Bescheinigung über die Mitgliederzahl verlangen. Liegen die Voraussetzungen vor, hat das Gericht die Ermächtigung auszusprechen, es besteht kein Ermessensspielraum (Reichert u.a., Rz. 1295). Für die gerichtlich vorgegebene Einladung gelten die Vorgaben der Satzung (OLG Hamm, VB 11/2013 S. 2).

Der die Ermächtigung aussprechende **Beschluss** des Rechtspflegers wird mit der **Zustellung** an die Antragsteller wirksam (§ 41 FamFG). Der Beschluss bestimmt die Tagesordnung der Versammlung und kann daneben auch Zeit und Ort der Versammlung bestimmen; die Ermächtigung kann auch den Vorsitz der Versammlung regeln (§ 37 Abs. 2 Satz 1 BGB; zum möglichen Inhalt der Ermächtigung s. Stöber/Otto, Rz. 665). 347

> HINWEIS:
> Gegen die Ermächtigung kann das Einberufungsorgan, gegen die Ablehnung des Antrags können alle Mitglieder der Minderheit, aber nur gemeinsam, innerhalb von einem Monat sofortige Beschwerde einlegen (§§ 58 ff. FamFG).

Das **Rechtsmittel** des Vorstands gegen die Ermächtigung hat **keine aufschiebende Wirkung,** macht also die Einberufung und Durchführung der Mitgliederversammlung nicht unmöglich. Möglich ist aber eine einstweilige Anordnung des Beschwerdegerichts (§ 64 Abs. 3 FamFG), die vor einer Entscheidung des Beschwerdegerichts die Einberufung der Mitgliederversammlung untersagt. Wenn das Amtsgericht der Minderheit die **Ermächtigung** zur Einberufung **nur befristet** erteilt hat, was in der Praxis häufig vorkommt, erlischt die Ermächtigung von selbst, wenn von ihr durch die Antragsteller bis zum Fristende kein Gebrauch gemacht worden ist (BayObLG, Rpfleger 1970 S. 240). 348

f) Ausführung der Ermächtigung/Einberufung der Mitgliederversammlung

Die durch das Amtsgericht erteilte Ermächtigung zur Einberufung der Mitgliederversammlung gibt der **Minderheit** die **Rechtsstellung** des **Einberufungsorgans.** Sie muss also alle formellen Voraussetzungen für die Einberufung einer Mitgliederversammlung, wie sie nach Gesetz oder Satzung bestehen, beachten. Für die gerichtlich vorgegebene Einladung gelten die Vorgaben der Satzung (OLG Hamm, VB 11/2013 S. 2 [für Frist zur Einreichung von Wahlvor- 349 schlägen zur Vorstandswahl]). Außerdem muss in der Einladung zur Mitgliederversammlung auf die Ermächtigung des Amtsgerichts Bezug genommen werden (§ 37 Abs. 2 Satz 3 BGB). Ist das nicht der Fall, kann die Versammlung keine wirksamen Beschlüsse fassen (Sauter/Schweyer/Waldner, Rz. 169). Die Minderheit kann dann eine weitere Versammlung unter Beachtung der gesetzlichen Vorschriften einberufen. Darauf erstreckt sich die gerichtliche Ermächtigung ebenso wie auf die Einberufung einer zweiten Versammlung mit der gleichen Tagesordnung, wenn eine erste Versammlung beschlussunfähig war (s. Rz. 469). Verbraucht ist die gerichtliche Ermächtigung aber, wenn eine solche zweite Versammlung von der Satzung nicht vorgesehen ist.

> **HINWEIS:**
>
> Sind der Minderheit durch die Mitgliederversammlung Kosten entstanden, muss der Verein diese der Minderheit gemäß § 670 BGB ersetzen (Wagner, ZZP 105 S. 294 ff., 306; Stöber/Otto, Rz. 670).

350 Die Ermächtigung nach § 37 Abs. 2 Satz 1 BGB hat **nicht** zur Folge, dass das nach der Satzung eigentlich **zuständige Organ** sein **Einberufungsrecht verliert.** Da das satzungsgemäß zuständige Organ mit der Einberufung eine Pflicht gegenüber dem Verein erfüllt, kommt auch bei illoyal verspätetem Tätigwerden oder bewusstem Unterlaufen der von der ermächtigten Mitgliedergruppe vorgenommenen Einberufung keine Verwirkung des Einberufungsrechts in Frage. Das eigentlich zuständige Organ kann also auch (noch) eine Mitgliederversammlung einberufen. Erfolgt nach Ermächtigung der Mitgliedergruppe noch eine Einberufung durch das satzungsmäßig zuständige Organ mit wenigstens teilidentischer Tagesordnung, so gilt nach Auffassung des OLG Stuttgart (Rpfleger 2004 S. 106 = NZG 2004 S. 1020): Vorrang hat die Einberufung, die zuerst bei den Mitgliedern eingeht. Denn damit ist das Ziel des § 37 BGB in jedem Fall erreicht. Bei Gleichzeitigkeit der Einladungen sind dagegen beide **konkurrierenden Einladungen** wegen der dadurch ausgelösten Verwirrung der Mitglieder unwirksam (OLG Stuttgart, a. a. O.; a. A. Waldner, Rpfleger 2004 S. 104 [maßgebend stets der frühere Versammlungstermin]).

> **HINWEIS:**
>
> Entscheidend ist der Zugang bei den Mitgliedern. Das Datum, mit dem die Einladungen versehen sind, hat dagegen keine selbständige rechtliche Bedeutung.

g) Mitgliederversammlung nach einem Minderheitenverlangen

351 Für die aufgrund der Ermächtigung des Amtsgerichts oder aufgrund des Verlangens von dem Einberufungsorgan einberufene **Mitgliederversammlung** gel-

ten die **allgemeinen Regeln**. D. h.: Es können zu Beginn und während des Verlaufs Anträge zur Tagesordnung gestellt werden (vgl. dazu Rz. 373, 415). Durch diese können auch die von der Minderheit mit ihrem Verlangen vorgegebene Tagesordnung geändert werden. Der Minderheitenschutz stellt nur sicher, dass überhaupt eine Mitgliederversammlung (mit einer bestimmten Tagesordnung) einberufen wird. Damit ist dem Minderheitenschutz Genüge getan. Er verlangt nicht, dass diese Punkte/Sachthemen auch auf der Tagesordnung bleiben. Wenn die Mehrheit das nicht will, muss die Minderheit das hinnehmen.

BEISPIEL: ▶ Ein Minderheitenverlangen auf Einberufung einer Mitgliederversammlung mit dem Tagesordnungspunkt „Abwahl des Vorstands" hatte beim Amtsgericht Erfolg. Die vom Amtsgericht ermächtigten Vereinsmitglieder berufen die Mitgliederversammlung ordnungsgemäß ein. Zu Beginn der Mitgliederversammlung wird der Antrag zur Tagesordnung gestellt, den Tagesordnungspunkt abzusetzen.

M. E. zulässig. Der Minderheitenschutz gewährleistet nur die Einberufung einer Mitgliederversammlung, ggf. mit einer bestimmten Tagesordnung.

HINWEIS:

Das Einberufungsorgan darf aber die vom Amtsgericht vorgegebene Tagesordnung bei der Einberufung nicht ändern. Die Punkte, die Gegenstand des Minderheitenverlangens gewesen sind, müssen auch in der Einladung genannt werden.

Ist die aufgrund der Ermächtigung durchgeführte Mitgliederversammlung beschlussunfähig, berechtigt die Ermächtigung nicht zur Eventualeinberufung einer **Wiederholungsversammlung**, wenn diese in der Satzung nicht vorgesehen ist (OLG Köln, Rpfleger 2009 S. 237, 239). Denn die allgemeinen Satzungsbestimmungen über die Einladung und Durchführung von Mitgliederversammlungen finden auch auf die Versammlung Anwendung, die auf Verlangen einer Minderheit einberufen wurde. § 37 BGB regelt nur das Recht der Minderheit zur zusätzlichen Einberufung einer Mitgliederversammlung. Mit einer entsprechenden Ermächtigung durch das Registergericht ist weder zugleich der Verlust des Einberufungsrechts des nach der Satzung eigentlich zuständigen Organs verbunden, noch werden hierdurch die satzungsmäßigen Bestimmungen des Vereins über die Einberufung und Durchführung einer Mitgliederversammlung außer Kraft gesetzt (OLG Köln, a. a. O.). 352

5. Wie wird die Mitgliederversammlung einberufen?

a) Allgemeines

Eine **ausdrückliche Vorschrift**, in welcher Form die Mitgliederversammlung einzuberufen ist, enthält das BGB **nicht**. In § 58 Nr. 4 BGB wird nur verlangt, dass 353 eine bestimmte Form in der Satzung festgelegt wird. Ist das nicht der Fall, muss die Anmeldung des Vereins beanstandet, ggf. zurückgewiesen werden (§ 60 BGB).

HINWEIS:

Auf die Vorgaben der Satzung für eine ordnungsgemäße Einberufung zur Mitgliederversammlung ist besonders sorgfältig zu achten, da Fehler die auf der Mitgliederversammlung gefassten Beschlüsse unwirksam machen können (vgl. zuletzt OLG Hamm, MDR 2014 S. 482 = NJW-RR 2014 S. 472 = NZG 2014 S. 510 = ZStV 2014 S. 179 und Rz. 493).

Die nachfolgenden Ausführungen gelten entsprechend für die Einberufung einer Delegiertenversammlung oder anderer Vereinsorgane, wenn sie für die im Interesse des Vereins zu fassenden Beschlüsse zuständig sind.

---

b) Form der Einladung

aa) Schriftform

354 Die Satzung kann **grds. frei** bestimmen, in welcher Form zur Mitgliederversammlung einzuladen ist (zur Einladung zu einer sog. zweiten Mitgliederversammlung nach Beschlussunfähigkeit der ersten Versammlung s. Rz. 469; zur Tagesordnung in der Einladung s. Rz. 373; zur Einladung zu einer Online-Mitgliederversammlung s. Rz. 316). **I. d. R.** wird die Einladung zur Mitgliederversammlung **schriftlich** erfolgen, zulässig ist aber z. B. auch „Textform" (§ 126b BGB; OLG Frankfurt/Main, Beschluss v. 17.11.2009 – 20 W 326/09); OLG Schleswig, FGPrax 2012 S. 79 = NZG 2012 S. 678 = NJW 2012 S. 2524). Das Erfordernis einer schriftlichen Einladung oder Einberufung bedeutet die Bekanntmachung der vom zuständigen Vereinsorgan urkundlich abgefassten Einladung an alle teilnahmeberechtigten Vereinsmitglieder (vgl. etwa Stöber/Otto, Rz. 682; OLG Zweibrücken, NZG 2014 S. 1020 = NJW-RR 2014 S. 1128 = Rpfleger 2014 S. 605 = ZStV 2015 S. 9; s. auch noch Rz. 359). Nach der Rechtsprechung ist die in Vereinssatzungen vorgeschriebene Schriftform, grds. als gewillkürte Schriftform i. S. des § 127 BGB und nicht wie eine durch das Gesetz vorgeschriebene Schriftform i. S. des § 126 BGB zu behandeln (BGH, NJW-RR 1996 S. 866). Daraus folgt, dass i. d. R. aus Gründen der Praktikabilität im Hinblick auf die Vielzahl der ggf. zu versendenden Einladungen, aber auch nach der Verkehrsanschauung und unter Berücksichtigung der Formvorstellung der Vereinsmitglieder **nicht** davon ausgegangen werden kann, dass die Regelung der Vereinssatzung betreffend die schriftliche Einladung zur Jahreshauptversammlung die **eigenhändige Unterschrift** des Einberufungsorgans unter jeder einzelne Einladung verlangt (vgl. Stöber/Otto, a. a. O., m. w. N.; OLG Zweibrücken, a. a. O.). Daher kann die Schriftform auch gewahrt sein, wenn die Einladung durch den Versand einer Sonderausgabe der **Mitgliederzeitung** erfolgt,

wenn diese aller erforderlichen Angaben, wie z. B. die Tagesordnung enthält (OLG Zweibrücken, a. a. O.).

Um aber jedem Mitglied die Möglichkeit zu geben, an der Mitgliederversamm-   355
lung teilzunehmen, muss die Form der Einladung so gewählt werden, dass **jedes Mitglied** von der Anberaumung der Mitgliederversammlung **Kenntnis** erlangt oder ohne besondere Bemühungen Kenntnis erlangen kann (OLG Celle, Rpfleger 2010 S. 670 = FGPrax 2010 S. 303; OLG Hamm, NJW-RR 2011 S. 395). Dem entspricht jede Form, durch die die **Mitglieder** unmittelbar **benachrichtigt** werden, z. B. Einladung mit einfachem Brief, mit eingeschriebenem Brief oder mit Rundschreiben, auch mündlich (vgl. auch Kölsch, Rpfleger 1985 S. 137) oder durch den Versand der Vereinszeitschrift (OLG Zweibrücken, NZG 2014 S. 1020 = NJW-RR 2014 S. 1128 = Rpfleger 2014 S. 605 = ZStV 2015 S. 9). Zulässig wäre danach z. B. die **Wahlmöglichkeit** zwischen eingeschriebenem und einfachem Brief oder zwischen schriftlicher Benachrichtigung und Veröffentlichung in einer Zeitschrift, nicht jedoch die Möglichkeit, zwischen zwei unterschiedlichen Zeitungen zu wählen (vgl. Rz. 356 ff.). Zur Mitteilung der Tagesordnung in der Einladung s. Rz. 373 f. und die **Muster** in Rz. 1096, 1098.

bb) Exkurs: Einladung durch E-Mail

Inzwischen wird auch eine Einladung per **E-Mail** als zulässig angesehen (vgl.   356
dazu OLG Hamm, ZIP 2015 S. 2273 = DStR 2016 S. 487 = MMR 2016 S. 492; OLG Zweibrücken, Rpfleger 2013 S. 537 = FGPrax 2013 S. 223 = ZStV 2013 S. 229; vgl. auch OLG Hamburg, Rpfleger 2013 S. 457 = VB 11/2013 S. 1; Erdmann, MMR 2000 S. 526, 527; Schäfer, NJW 2012 S. 892; Mecking, ZStV 2011 S. 161, 163; Beyme, NWB 2012 S. 2857 ff.; Grziwotz, MDR 2012 S. 741; Scheffer, DStR 2011 S. 2053; Seitz, SpuRt 2014 S. 58; Wickert, NWB 2/2016 S. 115 ff.; Scheuch, ZStV 2016 S. 45; Noack, NJW 2018 S. 1345). Das kann in der Satzung geregelt sein. Sieht die Satzung diese Einladungsmöglichkeit nicht vor, ist sie trotzdem zulässig, wenn die Satzung für die Einladung lediglich „Textform" (Textform verlangt OLG Frankfurt/Main, Beschluss v. 17.11.2009 – 20 W 326/09; OLG Schleswig, FGPrax 2012 S. 79 = NZG 2012 S. 678 = NJW 2012, 2524) oder „Schriftform" verlangt (vgl. Rz. 354 f.; s. auch Wickert, a. a. O.) und die Mitglieder der Einladung per E-Mail zugestimmt haben. Letzteres wird man daraus entnehmen können, dass die Mitglieder dem Verein ihre E-Mail-Adresse bekannt gegeben haben. Dann kann man auch davon ausgehen, dass diese Mitglieder die Möglichkeit haben, von der Einladung Kenntnis zu nehmen und diese Mitglieder über die technischen Möglichkeiten zum Empfang der „Einladungs-E-Mail" verfügen und/oder die Kommunikation per E-Mail im Verein üblich ist (vgl. zu allem OLG Hamm, a. a. O.; OLG Hamburg, a. a. O.). Ggf. kann

sich aus der Altersstruktur des Vereins etwas anderes ergeben (OLG Zweibrücken, a. a. O.; Schäfer, a. a. O.; Wickert, a. a. O.). In der E-Mail-Einladung ist eine
qualifizierte elektronische Signatur nicht erforderlich (OLG Hamm, a. a. O.; OLG
Hamburg, a. a. O.), es sei denn in der Satzung ist etwas anderes bestimmt.

357 Auf Folgendes ist vereinsintern zu achten: Der Verein darf seinen Mitgliedern
die Teilnahme an der Mitgliederversammlung nicht unzulässig erschweren.
Eine **Erschwernis** kann sich nicht nur durch die Wahl des Versammlungsorts
ergeben (lange Anreise) oder durch einen ungünstig gelegten Zeitpunkt der
Versammlung – etwa zur Haupturlaubszeit Auch die Einladung per E-Mail
kann eine solche unzulässige Erschwernis darstellen. Das ist dann der Fall,
wenn die nötigen technischen Voraussetzungen (Internetzugang und EDV-
Hardware) für die Mitglieder nicht selbstverständlich verfügbar sind oder die
Mitglieder nicht alle die erforderlichen Kenntnisse im Umgang mit Hard- und
Software haben (vgl. dazu OLG Zweibrücken, Rpfleger 2013 S. 537 =
FGPrax 2013 S. 223 = ZStV 2013 S. 229; Schäfer, NJW 2012 S. 892; Wickert,
NWB 2/2016 S. 115 ff.). Deshalb:

> **HINWEIS:**
>
> Es dürfte sich empfehlen, bei der Angabe der E-Mail-Adresse darauf hinzuweisen, dass
> diese vom Verein ggf. auch für die Zustellung von Ladungen benutzt wird bzw. in die
> Satzung einen Passus aufzunehmen, wonach die Einladung durch E-Mail bei bekannter
> E-Mail-Adresse als zulässig angesehen wird.
>
> Eine Satzungsregelung könnte/sollte wie folgt gefasst werden (vgl. VB 7/2013 S. 12 und
> Scheuch, ZStV 2016 S. 45, 50):
>
> „Die Einladung zur Mitgliederversammlung erfolgt durch den Vorstand per E-Mail mit
> einer Frist von 14 Tagen. Sie muss die Angabe der Tagesordnung enthalten. Die Ein-
> ladung gilt als zugestellt, wenn sie an die letzte dem Verein mitgeteilte E-Mail-Adresse
> abgesendet wurde. Die Einladung kann auch durch Briefpost erfolgen, soweit ein Mit-
> glied das schriftlich beantragt oder seine E-Mail-Adresse nicht bekannt ist. Dem Antrag
> ist eine Begründung beizufügen, warum eine Einladung per E-Mail nicht möglich ist."

358 **Ausreichend** ist, wenn sich aus der Einladungsmail für die Mitglieder er-
schließt, dass der Vorstand bzw. das zuständige Organ (1. Vorsitzender) der
Absender der Einladung ist. Die Einladung ist also auch **ohne komplette Absen-
deranschrift gültig.**

cc) Weitere Einladungsformen

359 **Zulässig** sind auch solche Formen, mit denen den Mitgliedern nur die **Möglichkeit** geboten wird, sich selbst **Kenntnis** von der Mitgliederversammlung zu verschaffen. Das sind alle Formen, in den die Mitglieder nicht direkt und unmittelbar – schriftlich oder mündlich – angesprochen werden, sondern sie sich selbst

um Kenntnisnahme bemühen müssen, wie z. B. Veröffentlichung in **Presseorganen** oder durch **Aushang** (vgl. dazu OLG Celle, Rpfleger 2010 S. 670 = FGPrax 2010 S. 303). Die Zulässigkeit dieser Einladungsform setzt allerdings eine eindeutige und genaue Regelung in der Satzung voraus. Insoweit nicht ausreichend sind Satzungsvorschriften wie „durch die Tagespresse", „durch Anschlag", „durch Presseveröffentlichung" (OLG Hamm, NJW-RR 2011 S. 395) oder „durch ortsübliche Bekanntmachung" (OLG Zweibrücken, Rpfleger 1985 S. 31). Die Form muss konkreter bestimmt sein, damit das Mitglied weiß, wo und wie es auf eine Veröffentlichung der Ladung achten muss (vgl. dazu OLG Celle, a. a. O.). Als zulässig angesehen worden ist aber die Möglichkeit der Ankündigung der Mitgliederversammlung durch Aushang im Aushangkasten bei einem Sportverein mit ganz überwiegend örtlich ausgerichtetem Tätigkeitsschwerpunkt (OLG Celle, a. a. O.) ebenso wie die Möglichkeit der Anzeige in der örtlichen Tagespresse für öffentliche Bekanntmachungen, wenn am Vereinssitz lediglich eine einzige Tageszeitung diese Kriterien erfüllt und der (Sport-)Verein einen ganz überwiegend örtlich ausgerichteten Tätigkeitsschwerpunkt hat (OLG Celle, FGPrax 2012 S. 35 = MDR 2012 S. 294 = Rpfleger 2012 S. 261). Soll die Einladung auch durch eine Veröffentlichung in einer **(Vereins-)Zeitschrift** erfolgen (Sauter/Schweyer/Waldner, Rz. 171b), muss diese in der Satzung genau bezeichnet werden, also z. B. lokale Zeitung oder Zeitschrift bei einem örtlichen Verein (Sauter/Schweyer/Waldner, a. a. O., m. w. N.; Stöber/Otto, Rz. 674; so auch LG Bremen, Rpfleger 1992 S. 304). Die Einladung durch Veröffentlichung in einer Zeitschrift ist auch dann allerdings nicht zulässig, wenn die Satzung eine „schriftliche" Einberufung vorsieht und dann durch Veröffentlichung in einer Verbandszeitschrift eingeladen wird (AG Elmshorn, NJW-RR 2001 S. 25; zur Zulässigkeit der Einladung durch Zusendung einer Sonderausgabe der Vereinszeitschrift s. OLG Zweibrücken, NZG 2014 S. 1020 = NJW-RR 2014 S. 1128 = Rpfleger 2014 S. 605 = ZStV 2015 S. 9). Verlangt die Satzung die Einberufung durch Anzeige in einem bestimmten Mitteilungsblatt und hat dieses sein Erscheinen eingestellt, so tritt nach § 50a BGB an dessen Stelle das für das Amtsgericht bestimmte Bekanntmachungsblatt. Sieht die Satzung die Einladung in der Vereinszeitschrift vor, wird dann aber durch Infopost eingeladen, ist die Einladung unwirksam mit der Folge der Nichtigkeit der auf der Versammlung gefassten Beschlüsse (OLG Hamm, MDR 2014 S. 482 = NJW-RR 2014 S. 472 = NZG 2014 S. 510 = ZStV 2014 S. 179; vgl. auch Rz. 493).

HINWEIS:

Ob diese Einladungsmöglichkeiten nur für die ordentliche Mitgliederversammlung gelten oder auch für eine außerordentliche, ist umstritten. Dazu wird teilweise vertreten, dass Einladungen zu einer außerordentlichen Mitgliederversammlung überhaupt nicht in einer Tageszeitung erfolgen könne, da es für die Mitglieder unzumutbar sei, die

Tageszeitung ständig auf eine entsprechende Einladung durchzusehen (LG Bremen, a. a. O., m. w. N.). A.A. ist das OLG Stuttgart (NJW-RR 2017 S. 997 = NZG 2017 S. 996 = ZStV 2018 S. 22), das auch für eine außerordentliche Mitgliederversammlung die Einladung über ein konkret bezeichnetes Presseorgan als grds. ausreichend ansieht. Dabei darf allerdings nicht übersehen werden, dass in dem vom OLG Stuttgart entschiedenen Fall entsprechende Informationen zu der außerordentlichen Mitgliederversammlung auf der Vereinshomepage und in einem Newsletter des Vereins enthalten waren.

360 Grds. zulässig ist auch eine Einladung zur Mitgliederversammlung per **Veröffentlichung** auf der **Webseite** des Vereins. Allerdings ist dafür, ebenso wie anderen Einladungsformen, die nicht durch eine schriftliche Einladung erfolgen, eine ausdrückliche Satzungsregelung erforderlich.

c) Einladungsfrist

361 Die Einladung zur Mitgliederversammlung muss **fristgemäß** erfolgen. Welche Frist zwischen Einladung und dem Termin der Mitgliederversammlung liegen soll/muss, bestimmt das Gesetz nicht. Die Bestimmung dieser sog. **Ladungsfrist** ist somit zunächst der Satzung vorbehalten, die die Frist **nicht zu kurz** bestimmen darf. Ist die Ladungsfrist in der Satzung nicht bestimmt, so muss die Frist so angemessen veranschlagt werden, dass es jedem Mitglied möglich ist, sich auf die Versammlung vorzubereiten und an ihr teilzunehmen. Welche Frist angemessen ist, lässt sich allgemein nicht feststellen; jedenfalls darf die Frist nicht zu kurz sein, um die Wirksamkeit der in der Versammlung gestellten Beschlüsse nicht zu beeinträchtigen (vgl. z. B. BGH, NJW-RR 2006 S. 831 für Ladung [zu einer GmbH-Gesellschafterversammlung] per E-Mail in den Abendstunden des Vortags auf den frühen Vormittag des nächsten Tages; s. auch LG Frankenthal, RNotZ 2007 S. 478, wonach eine satzungsmäßige Einberufungsfrist der Mitgliederversammlung von zwei Wochen auch dann genügt, wenn in der Versammlung Zustimmungsbeschlüsse nach dem Umwandlungsgesetz zu treffen sind; vgl. dazu Terner, RNotZ 2007 S. 480 m. w. N. [30 Tage analog § 123 Abs. 1 AktG, wenn gar keine Frist bestimmt ist; a. A. insoweit LG Frankenthal, a. a. O.]). Im Übrigen hängt die Frist von den **Gegebenheiten** des **Vereins** ab, so z. B., ob alle Vereinsmitglieder am Ort wohnen oder ob es sich auch um nicht ortsansässige Mitglieder handelt. Auch ist je nach der Struktur der Mitglieder, z. B. Angehörige freier Berufe, auf eventuelle berufliche Terminschwierigkeiten Rücksicht zu nehmen. Es empfiehlt sich insgesamt, die Ladungsfrist eher zu lang als zu knapp zu bemessen.

362 Das für die Einberufung zuständige **Organ** hat dafür zu **sorgen**, dass die **Ladungsfrist eingehalten** wird. Diese beginnt – soweit die Satzung nichts anderes bestimmt – erst mit dem Zugang der Einladung bei den Mitgliedern (OLG Mün-

chen, FGPrax 2015 S. 210 = Rpfleger 2016 S. 40 = NZG 2016 S. 387 = NJW-RR 2016 S. 555; Stöber/Otto, Rz. 689; a.A. OLG München, NJW 1974 S. 189), so dass mögliche Verzögerungen bei der Postzustellung berücksichtigt werden müssen. Der Verein darf damit rechnen, dass, wenn die Einladung rechtzeitig abgesandt wird, dass sie am nächsten Tag zugestellt wird (OLG München, a. a. O.).

> **HINWEIS:**
>
> Es ist sorgfältig darauf zu achten, dass die von der Satzung vorgesehene Ladungsfrist eingehalten wird. Bei Nichteinhaltung liegt nämlich ein Einberufungsmangel vor, der ggf. zur Unwirksamkeit von auf der Mitgliederversammlung gefasster Beschlüsse führen kann (s. dazu u.a. OLG München, a. a. O.; OLG Karlsruhe, NJW-RR 1998 S. 684; LG Gießen, Rpfleger 1998 S. 523; s. auch BayObLG, NZM 1999 S. 130 [für den vergleichbaren Fall der nicht fristgemäßen Einberufung der Wohnungseigentümerversammlung]). Die Beweislast, dass die Einladung zu spät zugestellt worden ist, liegt beim Mitglied, dass sich auf die Unwirksamkeit von Beschlüssen usw. beruft (OLG München, a. a. O.).

Für die **Berechnung** der **Ladungsfrist** gilt: Auszugehen ist nicht von der Absendung der Einladung an die Mitglieder, sondern von dem Tag, an dem die Postsendung bei normalem Postlauf den Empfänger erreicht (OLG München, FGPrax 2015 S. 210 = Rpfleger 2016 S. 40 = NZG 2016 S. 387 = NJW-RR 2016 S. 555). Dann gelten die §§ 187, 188 BGB, nicht aber § 193 BGB (Stöber/Otto, Rz. 689; a. A. Reichert u.a., Rz. 1371). Stöber/Otto (a. a. O.) empfiehlt, zur besseren Berechnung und Nachweisbarkeit der **Fristwahrung**, durch Satzungsregelung den Tag der Postaufgabe an alle Mitglieder unter der letzten bekannten Anschrift genügen zu lassen.   363

> **BEISPIELE:** ► Die Satzung sieht eine Ladungsfrist von 10 Tagen vor. Die Mitgliederversammlung soll am Sonntag, den 7. 10. 2018 stattfinden. Die Ladung geht den Mitgliedern am 26. 9. 2018 zu. Diese Ladung ist rechtzeitig; § 193 gilt nicht, der Samstag (6. 10. 2018) fällt mit in die Frist. Geht die Ladung erst am 27. 9. 2018 ein, ist die Frist nicht gewahrt, da dann Sonntag, der 7. 10. 2018, erst der 10. Tag ist.
>
> Die Satzung sieht eine Einladungsfrist von zwei Wochen vor. Die Mitgliederversammlung soll an einem Mittwoch stattfinden. Die Einladung muss den Mitgliedern dann spätestens am Dienstag der vorvorhergehenden Woche zugehen (§ 188 Abs. 2 BGB).

d) Zeitpunkt der Mitgliederversammlung

Auch den Zeitpunkt der Mitgliederversammlung bestimmt **regelmäßig** die **Satzung**, die hier weitgehend frei ist, z. B. „jährlich im ersten Halbjahr" oder auch nur „jährlich". Wird der Zeitpunkt der Mitgliederversammlung in der Satzung nicht geregelt, so ist die Einberufung grds. dem pflichtgemäßen Ermessen des Einberufungsorgans überlassen. Feste Regeln gibt es hier nicht. Man wird aber davon ausgehen können, dass etwa **jährlich** eine Mitgliederversammlung ab-   364 gehalten werden sollte. Dies dürfte schon deshalb erforderlich sein, um die Mitglieder über die wirtschaftlichen Verhältnisse und die vom Vorstand seit der letzten Versammlung getroffenen Entscheidungen zu informieren (vgl. auch Rz. 640 f.).

365 Das **Einberufungsorgan** hat die Pflicht, den sich aus der Satzung oder nach pflichtgemäßem Ermessen ergebenden **Zeitpunkt** zu **beachten** (§ 36 BGB). Setzt es sich darüber hinweg, so kann es ggf. schadensersatzpflichtig werden. Die auf der zu früh oder zu spät einberufenen Mitgliederversammlung gefassten Beschlüsse sind aber i. d. R. wirksam (Sauter/Schweyer/Waldner, Rz. 174).

> **HINWEIS:**
>
> Allerdings sollte das Einberufungsorgan sorgfältig auf die Einhaltung des richtigen Zeitpunkts achten. Die ordnungsgemäße Einberufung der Mitgliederversammlung dient dem Schutz der Interessen aller Vereinsmitglieder, die einen Anspruch darauf haben, dass sie zu dem von der Satzung vorgesehenen Zeitpunkt über die Verhältnisse des Vereins informiert werden. Wohl deshalb plädiert Stöber/Otto (Rz. 871) in Zusammenhang mit der Einhaltung der Einberufungsfrist dafür, dass der Verein nachweisen muss, dass der auf einer nicht ordnungsgemäß einberufenen Mitgliederversammlung gefasste Beschluss nicht auf dem Einberufungsmangel beruht. Zudem droht die Gefahr, dass die auf einer zu einem nicht ordnungsgemäßen Zeitpunkt einberufenen Mitgliederversammlung gefassten Beschlüsse nichtig sind (BayObLG, Rpfleger 2005 S. 29 = NZG 2004 S. 1017; vgl. auch OLG Zweibrücken, Rpfleger 2013 S. 537 = FGPrax 2013 S. 223 = ZStV 2013 S. 229).

366 Bei der **Wahl** des **Zeitpunkts** muss für das Einberufungsorgan entscheidend sein, dass dieser so gewählt wird, dass allen Mitgliedern ohne besondere Anstrengungen die Teilnahme möglich ist. So dürfte es z. B. unzulässig sein, wenn die Mitgliederversammlung während einer Verbandsveranstaltung (Wettkampf o. Ä.), an der erfahrungsgemäß viele Mitglieder des Vereins teilnehmen, einberufen wird. Zu berücksichtigen ist auch, dass i. d. R. der Vormittag eines Werktags wegen der Berufstätigkeit vieler Mitglieder ein ungünstiger Termin sein kann. An **Sonn-** und **Feiertagen** ist ein früherer Beginn als 11.00 Uhr unzulässig (BayObLG und OLG Schleswig, NJW-RR 1987 S. 1362). Die Versammlung darf auch nicht zu spät abends terminiert werden, um auszuschließen, dass bei ggf. längerer Dauer die Versammlung nicht bis in die Nachtstunden dauert. Auch in der **Ferienzeit** wird eine Mitgliederversammlung i. d. R. unzulässig sein (BayObLG, Rpfleger 2005 S. 29 = NZG 2004 S. 1017). Das gilt zumindest dann, wenn der Verein grds. keine Mitgliederversammlungen in den Schulferien abhält und kein Fall besonderer Dringlichkeit vorliegt (BayObLG, a. a. O.). In dem Zusammenhang kann ein Fall besonderer Dringlichkeit, der eine Einladung zu diesem Termin rechtfertigen könnte, nicht allein damit begründet werden, dass der Vorstand der Einberufung einer Mitgliederversammlung durch hierzu gerichtlich ermäch-

tigte Vereinsmitglieder zuvorkommen wollte (BayObLG, a. a. O.). Schließlich kann ein „vereinsrechtliches Gewohnheitsrecht" (vgl. dazu Rz. 51) einen bestimmten Zeitraum oder Termin vorgeben. Ist die Mitgliederversammlung z. B. immer Ende September des jeweiligen Jahres oder auf den 1. Adventssonntag terminiert worden, wird von dieser Übung, auf die sich Mitglieder im Zweifel eingestellt haben, grds. nicht abgewichen werden dürfen.

e) Versammlungsort/-raum

Das Gesetz trifft ebenfalls keine Regelung hinsichtlich des Orts, an dem die Mitgliederversammlung zusammentritt. Daher kann die **Satzung** den Versammlungsort **bestimmen,** sie muss es aber nicht. Wird eine entsprechende Regelung in die Satzung aufgenommen, muss auch hier beachtet werden, dass der Versammlungsort für die Mitglieder **in zumutbarer Weise erreichbar** ist. Die Satzung kann aber die Bestimmung des Versammlungsorts auch der Mitgliederversammlung oder einem anderen Vereinsorgan, z. B. dem Vorstand als Einberufungsorgan, überlassen. Dann ist es Aufgabe des Vorstands, an dem allgemein von der Mitgliederversammlung bestimmten Ort einen geeigneten Versammlungsraum zu besorgen. Häufig enthalten die Satzungen jedoch weder eine Bestimmung über den Ort der Versammlung noch darüber, wer diese Bestimmung zu treffen hat. Zunächst hat dann die Mitgliederversammlung selbst zu entscheiden, wo sie sich versammeln will, indem sie z. B. den Ort der nächsten ordentlichen Versammlung festlegt. Ist das nicht geschehen, obliegt es dem Einberufungsorgan, i. d. R. also dem Vorstand, den Versammlungsort zu bestimmen. Dieser kann den Versammlungsort aber nicht frei bestimmen: Versammlungsort ist grds. der Ort, an dem der Verein seinen **Sitz** oder **Verwaltungssitz** hat. Davon darf das Einberufungsorgan nur abweichen, wenn triftige Gründe vorliegen. | 367

Das Einberufungsorgan muss einen **ausreichenden Versammlungsraum** zur Verfügung stellen, in dem alle Mitglieder Platz finden und der angemessen ausgestattet ist. | 368

HINWEIS:

Der Versammlungsraum darf nicht zu klein sein, damit alle Mitglieder teilnehmen können. Ist das nicht der Fall, können auf der Mitgliederversammlung gefasste Beschlüsse unwirksam sein (Staudinger/Weick, § 32 Rz. 10; Reichert u.a., Rz. 1345 ff.).

Wird die Mitgliederversammlung von Jugendlichen besucht, ist das Gesetz zum Schutz der Jugend in der Öffentlichkeit v. 27. 6. 1957 (BGBl I S. 1058) zu beachten (Stöber/Otto, Rz. 696). Jugendliche dürfen zwar in Gaststätten abgehaltene Mitgliederversammlungen besuchen, es darf aber an noch nicht 18-Jährige kein Branntwein abgegeben werden. Andere alkoholische Getränke dürfen nicht an Jugendliche unter 16 Jahren abgegeben werden.

369 Die **Verlegung** der Mitgliederversammlung an einen anderen Ort ist **zulässig,** wenn die Versammlung an dem vorgesehenen Ort nicht ordnungsgemäß abgehalten werden kann, etwa weil dort Störungen zu erwarten sind (zur zeitlichen Verlegung s. Rz. 335 f.). Eine Verlegung wird auch erforderlich sein, wenn dem legitimierten Vertreter eines Vereinsmitglieds der Zutritt zu den Räumen, in denen die Mitgliederversammlung stattfinden soll, vom Inhaber des Hausrechts verweigert wird (OLG Hamm, NJW-RR 2003 S. 1400 [für Gesellschafterversammlung der GmbH]). Auf die Verlegung muss aber ebenfalls so **deutlich** durch Bekanntmachung, Anschläge, Hinweise oder ggf. auch durch Bereitstellung von Führungspersonen **hingewiesen** werden, dass alle Mitglieder von der Verlegung Kenntnis erlangen und zu dem neuen Versammlungsort gelangen können (vgl. auch Röcken, VB 12/2017 S. 14 f.).

6. Wer muss zur Mitgliederversammlung eingeladen werden?

370 Zur Mitgliederversammlung sind die Mitglieder einzuladen, die **teilnahmeberechtigt** sind. Das ist **jedes Vereinsmitglied,** gleichgültig, ob es Stimmrecht besitzt oder nicht (a. A. für einen kirchlichen Verein OLG Frankfurt/Main, Rpfleger 1996 S. 460 f. [nur die „tätigen" Mitglieder]). Die Satzung kann einzelnen Mitgliedern nicht das Stimmrecht **und** auch nicht das Recht zur Teilnahme an der Mitgliederversammlung aberkennen. Sie kann aber die Teilnahmeberechtigung von förmlichen Voraussetzungen, z. B. vom Vorzeigen der Mitgliedskarte oder einer Einladung als Beweis der Mitgliedschaft, abhängig machen. Zur Mitgliederversammlung einzuladen sind auch **passive** und **fördernde Mitglieder,** Ehrenmitglieder und ggf. auch Minderjährige einzuladen. Ist eine (andere) juristische Person Vereinsmitglied, ist deren gesetzlicher Vertreter teilnahmeberechtigt. Besteht der aus mehreren Mitgliedern, können alle an der Mitgliederversammlung teilnehmen. Das Stimmrecht steht ihnen aber nur einmal zu.

HINWEIS:

Ein sog. Fremdorgan, wie z. B. ein nicht vereinszugehöriger Liquidator, hat kein Recht zur Teilnahme an der Mitgliederversammlung (OLG Zweibrücken, Rpfleger 2006 S. 658 = FGPrax 2006 S. 229; a. A. Reichert u.a., Rz. 1439, der die Auffassung vertritt, dass es für ein Teilnahmerecht an den Mitgliederversammlungen im Wege der Rechtsfortbildung genügen müsse, dass eine organschaftliche Stellung gegeben sei).

---

371 Wenn nach der Satzung die Einberufung der Mitgliederversammlung durch eine (allgemeine) Einladung der Mitglieder in einer Zeitschrift oder Zeitung nicht zulässig ist (vgl. Rz. 353), sondern die Mitglieder einzeln eingeladen werden müssen, ist sorgfältig darauf zu achten, dass **sämtliche teilnahmeberechtigten** Mitglieder zur Mitgliederversammlung eingeladen werden. Werden

nämlich einzelne Mitglieder infolge einer vom Verein zu vertretenden Nachlässigkeit nicht eingeladen, kann das nach der Rechtsprechung (BGH, NJW 1973 S. 235; BayObLG, NJW-RR 1997 S. 289; OLG Karlsruhe, NJW-RR 1998 S. 684; OLG München, FGPrax 2015 S. 210 = Rpfleger 2016 S. 40 = NZG 2016 S. 387 = NJW-RR 2016 S. 555) die Unwirksamkeit eines auf der Mitgliederversammlung gefassten Beschlusses zur Folge haben. Das ist allerdings dann nicht der Fall, wenn die unterbliebene Einladung sicher keine Auswirkungen auf den Beschluss gehabt hat. Davon geht der BGH aber grds. schon dann nicht aus, wenn vor der Abstimmung eine Aussprache stattgefunden hat und sich nicht ausschließen lässt, dass die nicht eingeladenen Mitglieder, wären sie erschienen, die Stimmabgabe auch der anderen Mitglieder beeinflusst hätten (vgl. jetzt aber auch BGH, NJW 2005 S. 828; NJW 2008 S. 69 = SpuRt 2008 S. 70 = BB 2007 S. 2310 = NZG 2007 S. 826; s. auch Rz. 495). Steht hingegen ohne Zweifel fest, dass der Beschluss bei ordnungsgemäßer Einladung aller Mitglieder ebenso ausgefallen wäre, ist er wirksam (s. auch OLG Karlsruhe, a. a. O. [einwandfreier Nachweis erforderlich]; OLG München, a. a. O., für Vorstandswahl [Beweislast beim Mitglied]). Für das Einberufungsorgan kann die schuldhafte Nichteinladung zur Folge haben, dass es für die nutzlos aufgewendeten **Kosten** der Versammlung oder für die der neu einzuberufenden aufkommen muss.

BEISPIEL: ▶ Auf der Mitgliederversammlung soll der Vorstand gewählt werden. Es sind 36 Mitglieder anwesend. Für jedes Vorstandsamt gibt es nur einen Kandidaten. Auf den Kandidaten für das Amt des 1. Vorsitzenden entfallen 23 Stimmen, auf den für das Amt des 2. Vorsitzenden 24 Stimmen. Auf die Kandidaten für weitere Vorstandsämter entfallen 26 bzw. 21 Stimmen. Das Mitglied M ist nicht zur Mitgliederversammlung geladen worden (Fall nach OLG München, a. a. O.).

Die Nichteinladung von M hat keine Folgen. Denn sein Erscheinen hätte an den Abstimmungsergebnissen nichts ändern können.

Grds. ist das **Einberufungsorgan berechtigt,** auch **Dritte** zur Mitgliederversammlung **einzuladen,** wenn die Satzung dies nicht ausdrücklich verbietet. Das wird in der Praxis häufig für Vertreter von Behörden, politischen Parteien, befreundeten Vereinen oder auch für Vertreter übergeordneter Organisationen in Betracht kommen (zum Vorgehen in der Mitgliederversammlung, wenn die Anwesenheit dieser „Gäste" strittig wird, s. Rz. 412; zum Anwesenheitsrecht des Rechtsbeistands eines Mitglieds, wenn es auf der Mitgliederversammlung um dessen Vereinsausschluss geht, Rz. 196).

372

7. Tagesordnung der Mitgliederversammlung

a) Allgemeines

373   Nach § 32 Abs. 1 Satz 2 BGB ist zur Gültigkeit eines Beschlusses der Mitgliederversammlung erforderlich, dass „der **Gegenstand** der **Beschlussfassung**" bei der Einberufung **bezeichnet** wird (vgl. dazu eingehend Stöber/Otto, Rz. 698 ff.; Reichert u.a., Rz. 1381 ff.; vgl. auch VB 11/2016 S. 13). Sinn und Zweck dieser Regelung ist es, die Mitglieder vorab über die beabsichtigte Beratung und Beschlussfassung in der Mitgliederversammlung zu informieren, um ihnen so die Möglichkeit zu geben, sich vorzubereiten und zu entscheiden, ob eine Teilnahme an der Versammlung notwendig ist.

b) Mitteilung der Tagesordnung

aa) Allgemeines

374   Die Frage, in welchem Umfang die Tagesordnung den Mitgliedern vorab mitzuteilen ist, entscheidet sich **zunächst** nach der **Satzung.** Denn § 32 Abs. 1 Satz 2 BGB ist nachgiebiges Recht, so dass die Satzung diesen Punkt, anders als im Gesetz vorgesehen, regeln kann. Dabei kann die Satzung die Anforderungen an die Mitteilungspflicht abschwächen, indem sie z. B. die Mitteilungspflicht ganz aufhebt oder auf bestimmte Angelegenheiten beschränkt. Sie kann sie aber auch verschärfen. Die abweichende Satzungsregelung muss aber eindeutig und ausdrücklich sein (OLG Jena, npoR 2015 S. 108 = VB 4/2015 S. 8 ff.). Das gilt vor allem für Regelungen über nachträgliche Änderungen der Tagesordnung (OLG Jena, a. a. O.).

375   Sieht die **Satzung keine Regelung** vor, greift die gesetzliche Bestimmung ein. Sie wird durch jede Mitteilung der Tagesordnung erfüllt, die dem **Zweck,** die **Mitglieder vorab** zu **informieren,** gerecht wird (BGH, NJW 1975 S. 1559, 1560; NJW 2008 S. 69 = SpuRt 2008 S. 70 = NZG 2008 S. 826; OLG Zweibrücken, Rpfleger 2013 S. 537 = FGPrax 2013 S. 223 = ZStV 2013 S. 229; vgl. auch Stadler, SpuRt 2008 S. 200).

HINWEIS:

Auf die Formulierung der Tagesordnung (zur richtigen Aufstellung der Tagesordnung VB 11/2016 S. 13 ff.) und deren Mitteilung in der Einladung ist besondere Sorgfalt zu verwenden. Denn ist in der Einladung zur Mitgliederversammlung der Gegenstand der Beschlussfassung/die Tagesordnung nicht oder nicht hinreichend bezeichnet, sind die entsprechenden Beschlüsse der Mitgliederversammlung nichtig (u.a. BGH, a. a. O.; OLG Bremen, NZG 2011 S. 1192 = NJW-RR 2011 S. 1487; OLG Jena, npoR 2015 S. 108 = VB 4/2015 S. 8 ff.; OLG Zweibrücken, a. a. O.). Dies sollte das Mitglied, das sich auf die Unwirksamkeit beruft, so schnell wie möglich beim Vorstand und/oder, wenn es um eine Eintragung geht, beim Registergericht geltend machen (s. auch Rz. 493 ff.).

bb) Anforderungen an die Formulierung der Tagesordnungspunkte

Im Einzelnen ist auf Folgendes **hinzuweisen**:

Bei einer **Satzungsänderung** genügt es nicht, in die Tagesordnung lediglich die   376
Ankündigung „Satzungsänderung" aufzunehmen. I. d. R. wird zumindest mitgeteilt werden müssen, welche Bestimmung der Satzung geändert werden soll,
wobei ggf. der wesentliche Inhalt der Satzungsänderung mit beigefügt werden
sollte (BGH, a. a. O.; OLG Jena, npoR 2015 S. 108 = VB 4/2015 S. 8 ff.; OLG
Zweibrücken, Rpfleger 2013 S. 537 = FGPrax 2013 S. 223 = ZStV 2013 S. 229).
Entscheidend ist, dass die Mitglieder im Vorfeld der Mitgliederversammlung
ausreichend über die geplanten Änderungen informiert sind (OLG Zweibrücken, a. a. O.).

Werden die konkreten zur Abstimmung gestellten Änderungsvorschläge be-   377
treffend die Satzung den Mitgliedern mit der Einladung nicht im Wortlaut
oder auch nicht nur sinngemäß inhaltlich mitgeteilt, kann dies **nachgeholt**
werden. Die erforderliche Information muss den Mitgliedern jedoch unter
Wahrung der satzungsgemäßen Einladungsfrist noch vor der Mitgliederversammlung zugehen (BGH, NJW 2008 S. 69 = SpuRt 2008 S. 70 = NZG 2008
S. 826; OLG Zweibrücken, a. a. O.).

Soll die **gesamte Satzung neu** gefasst werden, reicht es nicht aus, dies den   378
Mitgliedern vorab lediglich mit der Mitteilung „Neufassung der Satzung" bekannt zu machen (Sauter/Schweyer/Waldner, Rz. 178a; Stöber/Otto, Rz. 706 ff.;
OLG Jena, npoR 2015 S. 108 = VB 4/2015 S. 8 ff.). Aus dieser Formulierung
ergibt sich nämlich nicht, ob es sich um sachliche oder bloß redaktionelle Änderungen handelt. Das „Wie" der Satzungsänderung ist für das Mitglied nicht
erkennbar.

> **HINWEIS:**
>
> Die beste Information der Mitglieder wird im Allgemeinen erreicht, wenn der noch
> gültige Wortlaut der zu ändernden Satzungsbestimmung und der Wortlaut in der Fas-
> sung nach der beabsichtigten Änderung gegenübergestellt werden. Hinzugefügt wer-
> den kann dem noch eine Begründung, warum die Satzungsänderung angestrebt wird
> oder warum sie notwendig ist (s. das Muster in Rz. 1098).

Wissen die **Mitglieder**, worum es geht, kann ggf. **ausnahmsweise** der Tages-   379
ordnungspunkt „Satzungsänderung" genügen (OLG Frankfurt/Main, ZIP 1985
S. 213, 214).

Auch wenn **bereits** auf früheren **Mitgliederversammlungen Erörterungen** oder   380
Diskussionen über die beabsichtigte Satzungsänderung stattgefunden haben,

soll die Mitteilung „Satzungsänderung entsprechend früheren Erörterungen" in der Einladung ausreichen (LG Bremen, Rpfleger 1988 S. 533).

381   Soll ein **Mitglied ausgeschlossen** oder eine **Vereinsstrafe** verhängt werden, muss das ebenfalls auf der Tagesordnung klar und deutlich angekündigt werden (OLG Brandenburg, Urteil v. 21. 2. 2006 – 11 U 24/05). Da solche Beschlüsse sehr häufig gerichtlich angefochten werden, ist einerseits auf eine sehr **sorgfältige Formulierung** zu achten. Andererseits ist aber jede unnötige Bloßstellung des betroffenen Mitglieds zu vermeiden. Der Vorstand wird aber nicht umhin kommen, den Namen des Mitglieds zu benennen, das durch Beschluss der Mitgliederversammlung ausgeschlossen werden soll (s. wohl auch VerfG Brandenburg, Beschluss v. 19.5.2017 – VfGBbg 9/17, VB 7/2017 S. 1, wonach das Recht auf informationelle Selbstbestimmung nicht unbeschränkt gilt). Die Mitglieder, die vom Ausschluss betroffen sind, müssen nämlich zuvor die Möglichkeit haben, in hinreichendem Umfang angehört zu werden. Außerdem müssen auch die nicht unmittelbar betroffenen Vereinsmitglieder die Möglichkeit haben, durch ihr Erscheinen und eine ggf. erforderliche Vorbereitung auf den Gang der Mitgliederversammlung Einfluss zu nehmen (OLG Brandenburg, a. a. O.; a. A. Sauter/Schweyer/Waldner, Rz. 178b; Reichert u.a., Rz. 1400, wonach die Ankündigung „Beschlussfassung über den Ausschluss (Bestrafung) eines Mitglieds" reichen soll).

382   Bei anstehenden **Vorstandswahlen** sollte grds. angegeben werden, welche Vorstandsämter vakant sind/werden und/oder welche neu besetzt werden. Sind bereits Kandidaten für die Wahlen vorgesehen, wird es sich empfehlen, diese in der Einladung zu nennen. Wird in der Einladung die Neuwahl von Aufsichtsrats- bzw. Vorstandsmitgliedern für einzelne, namentlich benannte ausscheidende Vorstandsmitglieder angekündigt, berechtigt das nicht zur Neuwahl des gesamten Vorstands, der in dieser Versammlung geschlossen zurückgetreten ist (LG Freiburg, Urteil v. 11. 11. 2012 – 12 O 71/10). Denn eine Neuwahl des gesamten Vorstands ist qualitativ etwas ganz anderes als die angekündigte vereinzelte Nachwahl von einzelnen Vorstandsmitgliedern (vgl. die ähnliche Konstellation BGHZ 32 S. 318 = NJW 1960 S. 1447; OLG Köln, MDR 1984 S. 937 = Rpfleger 1984 S. 470 für die Formulierung in der Einladung „**Ergänzungswahlen** zum Vorstand"; vgl. zu allem eingehend Reichert u.a., Rz. 1401). Ausreichend ist aber die Mitteilung „Widerruf der Bestellung des bisherigen Vorstands" (OLG Köln, a. a. O.).

383   Soll ein **Vorstandsmitglied abberufen** werden, muss in der Ankündigung des Tagesordnungspunkts nicht angegeben werden, ob dies aus wichtigem Grund (BGH, NJW 1962 S. 393) oder wegen welcher Vorkommnisse sonst geschehen

soll (vgl. aber OLG Brandenburg, Urteil v. 21. 2. 2006 – 11 U 24/05 zur Namens-
nennung beim Vereinsausschluss).

Sieht die Satzung die **Wahl** des **Vorstands** in Form der **Blockwahl** nicht vor,   384
muss – unabhängig von der Frage der Zulässigkeit der Wahl in dieser Form –
die Absicht, die Vorstandswahl als Blockwahl durchzuführen, in der Einladung
zur Mitgliederversammlung angekündigt werden. Dieser Einladungsmangel
führt regelmäßig zur Nichtigkeit des Beschlusses (OLG Bremen, NZG 2011
S. 1192 = NJW-RR 2011 S. 1487; vgl. aber auch OLG Rostock, Beschluss v.
26. 6. 2012 – 1 W 161/12).

Für eine **Beitragsfestsetzung** genügt nicht die Ankündigung „Feststellung des   385
Kassenvoranschlags".

Die Formulierung in der Tagungsordnung „Verkauf Clubhaus" reicht nur für   386
einen **„Grundsatzbeschluss"** über einen künftigen Verkauf aus, nicht aber,
wenn die Mitglieder bereits einer konkreten Veräußerung bzw. über einen konkreten Vertrag, der mit dem Erwerber bereits im Einzelnen bis hin zum Kaufpreis ausgehandelt worden ist, zustimmen sollen (BGH, NJW 2008 S. 690 =
SpuRt 2008 S. 70 = NZG 2008 S. 826 m. Anm. Terner, NJW 2008 S. 16). Falls
Gegenstand der Beschlussfassung die **Durchführung eines Vertrags** bildet, ist
also sowohl der Vertragspartner als auch der Inhalt des Vertrags in der Tagesordnung schlagwortartig anzugeben, weil nur so dem Zweck der vorherigen
Mitteilung entsprochen werden kann, die Mitglieder in die Lage zu versetzen,
zu entscheiden, ob sie an der Versammlung teilnehmen wollen (BGH, a. a. O.).

Wird ein Tagesordnungspunkt „Anträge" oder **„Verschiedenes"** angekündigt,   387
ermöglicht das **nur Diskussionen** der Mitglieder, aber keine verbindliche Beschlussfassung über Angelegenheiten von wesentlicher Bedeutung (KG, OLGZ
1974 S. 399), wie z. B. eine Satzungsänderung (OLG Jena, npoR 2015 S. 108 =
VB 4/2015 S. 8 ff.). Entsprechendes gilt für die Formulierung „Anträge" (OLG
Jena, a. a. O.).

HINWEIS:

Häufig wird in Mitgliederversammlung über Haushaltspläne diskutiert, denen ein um-
fangreiches Zahlenwerk zugrunde liegt. Damit darf das Vereinsmitglied nicht erst in der
Mitgliederversammlung überrascht werden (Reichert u.a., Rz. 1403), sondern es kann
vorab – zur Vorbereitung auf die Mitgliederversammlung – Einsicht nehmen. In diesen
oder vergleichbaren Fällen muss die Einladung dann darauf hinweisen, wo sich die
entsprechenden Unterlagen befinden und wann darin Einsicht genommen werden
kann. Den Mitgliedern steht im Übrigen das Recht zu, auf ihre Kosten eine Kopie oder
Abschrift der Unterlagen zu erhalten (Reichert u.a., a. a. O.; vgl. auch oben Rz. 281 ff.).

c) Ergänzung der Tagesordnung durch Anträge zur Tagesordnung

aa) Vor der Mitgliederversammlung gestellter Antrag

388 I. d. R. können die Vereinsmitglieder auf die Festsetzung der Tagesordnung **Einfluss** nehmen, und zwar indem sie **Anträge zur Tagesordnung** stellen.

> **HINWEIS:**
>
> Gemeint sind mit diesem Begriff hier nicht Anträge der Mitglieder in der Versammlung, die die Tagesordnung oder den Ablauf der Versammlung betreffen (sog. Verfahrensanträge). Hier werden unter dem genannten Begriff Anträge der Mitglieder verstanden, die vor oder auch nach der Einberufung der Mitgliederversammlung mit dem Zweck gestellt werden, bestimmte Angelegenheiten bei der Aufstellung der Tagesordnung zu berücksichtigen (sog. Sachanträge; zu Anträgen in der Mitgliederversammlung s. Rz. 415 ff.).
>
> Gemeint sind auch nicht sog. Änderungsanträge, die z. B. den Wortlaut von geplanten Satzungsänderungen betreffen. Solche Änderungsvorschläge/-anträge sind Inhalt der Diskussion über die Anträge und sind in der Mitgliederversammlung zulässig (LG Düsseldorf, Urteil v. 12.8.2014 – 1 O 307/13).

Dazu gilt:

389 Gehen entsprechende Anträge **vor** der **Festsetzung** der **Tagesordnung** beim Vorstand ein, ist dieser – vorbehaltlich einer anderen Regelung in der Satzung – gehalten, die entsprechenden Angelegenheiten auf die Tagesordnung zu setzen. Weigert er sich, kommt bei Vorliegen der Voraussetzungen nur ein entsprechendes Minderheitsverlangen in Betracht (s. Rz. 344). Allerdings wird das in der Praxis i. d. R. schon aus zeitlichen Gründen kaum zum Erfolg führen.

390 Wird ein **Antrag** zur Tagesordnung **nach** der **Einberufung** der Mitgliederversammlung gestellt, handelt es sich meist um einen Antrag auf **Ergänzung** der Tagesordnung, die vom Vorstand oder Einberufungsorgan festgesetzt worden ist. Das einzuhaltende **Verfahren** wird i. d. R. die Satzung regeln, etwa dahin, dass bestimmte Fristen einzuhalten sind, innerhalb deren die entsprechenden Anträge beim Vorstand eingehen müssen (s. dazu auch BGH, NJW 1987 S. 1811) und dass das Einberufungsorgan die Mitglieder über die Ergänzung der Tagesordnung informieren muss. Die entsprechenden Regelungen in der Satzung müssen eindeutig und ausdrücklich sein (OLG Jena, npoR 2015 S. 108 = VB 4/2015 S. 8 ff.).

391 Enthält die Satzung solche Regelungen, ist das grds. so zu verstehen, dass nach Fristablauf keine weiteren Angelegenheiten mehr auf die Tagesordnung der bevorstehenden Versammlung gelangen können. Aber auch dies kann die Satzung anders regeln, indem sie z. B. sog. **Dringlichkeitsanträge** zulässt oder ausschließt, z. B. für Satzungsänderungen. Auch hier muss die Satzung aber defi-

nieren, wann von „Dringlichkeit" auszugehen ist (OLG Jena, a. a. O.). Das Verfahren der Behandlung von Dringlichkeitsanträgen muss im Übrigen die Satzung regeln, eine Regelung nur in einer Geschäftsordnung genügt nicht (OLG Frankfurt/Main, ZIP 1985 S. 213, 223).

> **HINWEIS:**
>
> Da Satzungsänderungen für das Vereinsleben von entscheidender Bedeutung sind, sollten sie nach Möglichkeit überhaupt nicht im Dringlichkeitsverfahren behandelt werden (BGH, NJW 1987 S. 1811).

Enthält die **Satzung keine Regelungen** für Anträge zur Tagesordnung, kann der **392** Vorstand in der Einladung zwar eine **Frist** für Anträge **setzen**. Diese hat aber i. d. R. nicht die Wirkung, dass nach Ablauf der Frist Anträge ausgeschlossen sind. Sie ist nur eine „Arbeitserleichterung" für den Vorstand bei der Vorbereitung der Mitgliederversammlung. Etwas anderes kann sich aus einer ständigen Übung im Verein ergeben.

Die Möglichkeit, die Tagesordnung zu ergänzen, bedeutet **nicht automatisch**, **393** dass zu diesem Antrag auch gültige **Beschlüsse** gefasst werden können. Das muss in der Satzung klar und deutlich geregelt werden.

Ist in der Satzung **keine Ergänzung** der **Tagesordnung vorgesehen**, können die **394** zusätzlichen Anträge bzw. deren Themen zwar auf der Mitgliederversammlung beraten werden, gültige Beschlüsse können dazu aber nicht gefasst werden. Die Mitgliederversammlung kann und wird den Vorstand aber anweisen, den entsprechenden Antrag auf die Tagesordnung der nächsten Mitgliederversammlung zu setzen bzw. zu dem Thema erneut eine Mitgliederversammlung einzuberufen.

bb) Satzungsregelungen

Die mit Anträgen zur Tagesordnung zusammenhängenden Fragen können in **395** der Satzung geregelt werden, wobei auf eine eindeutige und klare Regelung zu achten ist.

> **HINWEIS:**
>
> Um die Mitglieder vor Überraschungen, insbesondere vor „überraschenden" Satzungsänderungsanträgen zu schützen, empfiehlt es sich insbesondere, in der Satzung Dringlichkeitsanträge auf Satzungsänderungen auszuschließen (vgl. dazu BGH, NJW 1987 S. 1811, 1812; vgl. die Fallgestaltung bei OLG Jena, npoR 2015 S. 108 = VB 4/2015 S. 8 ff.; s. das Muster bei Rz. 1090, 1091). Für andere Fragen kann ein Verfahren vorgesehen werden, in dem in der Mitgliederversammlung über den (neuen) Antrag beschlossen wird. Um einen Minderheitenschutz zu gewährleisten, empfiehlt es sich, für diese Beschlussfassung z. B. eine qualifizierte Mehrheit vorzusehen.

396   Die Formulierung in der Satzung könnte lauten:

FORMULIERUNGSBEISPIELE: ▶ „Über die Aufnahme nach der Einberufung der Mitglieder-versammlung gestellter Anträge auf Ergänzung der Tagesordnung in die Tagesordnung beschließt die Mitgliederversammlung mit einer ¾ Stimmenmehrheit. Der Vorstand hat die bei ihm eingegangenen Ergänzungsanträge nach Möglichkeit noch vor der Mitgliederversammlung allen Mitgliedern bekannt zu machen. Zu den zusätzlich aufgenommenen Tagesordnungspunkten können in der Mitgliederversammlung Beschlüsse gefasst werden."

oder:

„Die Mitglieder können weitere Tagesordnungspunkte zur Beschlussfassung in der Mitgliederversammlung bis .... Wochen/Tage vor der Versammlung beim Vorstand einreichen. Nach Ablauf dieser Frist sind weitere Anträge nicht mehr zulässig. Der Vorstand teilt diese zusätzlichen Tagesordnungspunkte den Mitgliedern mindestens .... Wochen/Tage vor Beginn der Versammlung mit, die dann darüber beschließen kann. Anträge, die redaktionelle Änderungen von beantragten Satzungsänderungen betreffen, werden von dieser Regelung nicht erfasst."

oder:

„Die Mitglieder können weitere Tagesordnungspunkte zur Beschlussfassung in der Mitgliederversammlung bis .... Wochen/Tage vor der Versammlung beim Vorstand einreichen. Diese können aber keine Satzungsänderungen beinhalten Nach Ablauf dieser Frist sind weitere Anträge nicht mehr zulässig. Der Vorstand teilt diese zusätzlichen Tagesordnungspunkte den Mitgliedern mindestens ..... Wochen/Tage vor Beginn der Versammlung mit, die dann darüber beschließen kann."

oder:

Am sichersten, aber auch ein wenig umständlich, ist eine Satzungsregelung, in der mit einer längeren Frist unter Bekanntgabe einer vorläufigen Tagesordnung eingeladen und eine Frist zu Ergänzungsanträgen eingeräumt wird. Nach Ablauf der Frist wird/muss dann die ggf. ergänzte Tagesordnung den Mitgliedern (noch einmal) zugesandt werden. Die könnte etwa wie folgt lauten:

„Die Mitgliederversammlung wird durch den Vorstand schriftlich unter Angaben einer vorläufigen Tagesordnung mit einer Frist von drei Wochen einberufen. Anträge zur Mitgliederversammlung können durch die Mitglieder bis zu zwei Wochen vor der Mitgliederversammlung beim Vorstand eingereicht werden. Danach können keine Anträge, auch keine Dringlichkeitsanträge, mehr gestellt werden. Die endgültige Tagesordnung wird durch den Vorstand zehn Tage vor der Mitgliederversammlung an die Mitglieder versandt."

cc)   Mitteilungspflichten

397   **Fraglich** ist, ob die ggf. vom Vorstand (vgl. Rz. 388 ff.) ergänzend in die Tagesordnung aufgenommenen **neuen Tagesordnungspunkte** den **Mitgliedern** noch vor der Versammlung mitgeteilt werden müssen. Das hängt zunächst von ei-

ner in der Satzung für diesen Fall getroffenen Regelung ab (vgl. Rz. 395 f.). Sieht diese ausdrücklich eine Information der Mitglieder nicht vor, müssen die Mitglieder jedenfalls bei (gewichtigen, nicht bloß redaktionellen) **(Satzungsänderungs-)Anträgen vor der Versammlung** über den Inhalt der Anträge so rechtzeitig **informiert** werden, dass genügend Zeit für eine sachgerechte Vorbereitung bleibt (BGH, NJW 1987 S. 1811; LG Aachen, Beschluss v. 22. 11. 1991 – 3 T 266/91; vgl. auch OLG Jena, npoR 2015 S. 108 = VB 4/2015 S. 8 ff.). Dabei wird sich die Vorbereitungszeit an der Bedeutung des Antrags auszurichten haben. Für weniger bedeutende Angelegenheiten, die nachträglich auf die Tagesordnung gekommen sind, dürfte es für eine gültige Beschlussfassung in der Mitgliederversammlung ausreichen, wenn der Tagungsleiter zu Beginn die ergänzte oder geänderte Tagesordnung bekannt gibt.

8. Wer leitet die Mitgliederversammlung?

a) Allgemeines

Die Frage, wer die Mitgliederversammlung leitet, ist deshalb von **großer Bedeutung**, weil Beschlüsse, die die Mitgliederversammlung unter gesetz- oder satzungswidriger Leitung fasst, ungültig sind (LG Bonn, Rpfleger 1985 S. 198). Deshalb ist sorgfältig darauf zu achten, dass grds. nur die zur Leitung berufene Person die Mitgliederversammlung leitet.   398

b) Satzungsregelung

Wer Versammlungsleiter ist, bestimmt **zunächst** die **Satzung**. Im Interesse der Klarheit und Rechtssicherheit sollte sie das auf jeden Fall auch tun. I. d. R. wird das der (1.) Vorsitzende des Vereins sein. Wenn die nach der Satzung zur Leitung der Mitgliederversammlung berufene Person nicht erscheint, kann die Versammlung dann ad hoc aus ihrer Mitte einen Versammlungsleiter wählen (BayObLG, OLGZ 1972 S. 329, 330). Dieser hat im Zweifel dieselben Befugnisse wie satzungsmäßige Versammlungsleiter, es sei denn, die Mitgliederversammlung hat Einschränkungen gemacht (zu den Befugnissen eines „Ad-hoc-Versammlungsleiters [einer GmbH] KG, MDR 2016 S. 101 = FGPrax 2016 S. 17 = NZG 2016 S. 384 = NJW-RR 2016 S. 483). Entsprechendes gilt für die Dauer einer Vorstandswahl, wenn der nach der Satzung zur Versammlungsleitung berufene Vorsitzende erneut für das Vorstandsamt kandidiert. Die Abgabe/ Übertragung der Versammlungsleitung in diesen Fällen ist aber nicht zwingend (Stöber/Otto, Rz. 724). Gewährleistet sein muss aber eine unparteiische Leitung der Versammlung. Das kann, wenn es um die Geltendmachung von Ersatzansprüchen gegen den Versammlungsleiter geht und zu besorgen ist,   399 dass dieser dem Anliegen der Mitglieder nicht in gebührender Weise Rechnung tragen wird. Dann kommt – wenn die Satzung für diesen Fall keinen Vertreter vorsieht und sich die Mitglieder nicht auf einen neutralen Vorsitzenden einigen können – ggf. eine gerichtliche Bestellung eines neutralen Versammlungsleiters in Betracht (OLG Köln, NZG 2015 S. 1118 = NJW-RR 2015 S. 1314 = FGPrax 2015 S. 261 für Hauptversammlung der AG).

> **HINWEIS:**
>
> Die Mitgliederversammlung kann nicht ohne zwingende Gründe entgegen einer Regelung in der Satzung einen (anderen) Versammlungsleiter bestimmen (LG Bonn, Rpfleger 1985 S. 198; zur Abwahl s. Rz. 401).
>
> I. d. R. sollte die Mitgliederversammlung – falls Bedenken bestehen – sich mit der Leitung durch einen bestimmten Versammlungsleiter ausdrücklich einverstanden erklären.

c) Keine Satzungsregelung

400 Trifft die **Satzung keine Regelung,** ist der **Vorstand** als geschäftsführendes Organ des Vereins zur Leitung der Versammlung zuständig. Bei einem mehrgliedrigen Vorstand ist zunächst der Vorsitzende zur Versammlungsleitung berufen, bei seiner Verhinderung sein Stellvertreter (zu Sonderfällen s. Rz. 399). Ist auch dieser verhindert, kann jedes andere Vorstandsmitglied die Versammlung leiten. Können sich die Vorstandsmitglieder über die Versammlungsleitung nicht einigen, etwa bei Rücktritt des Vorsitzenden und seines Stellvertreters, kann die Mitgliederversammlung den Versammlungsleiter bestimmen. Ist nach der Satzung der 1. Vorsitzende zur Leitung der Mitgliederversammlung berufen, stellt er sich aber nicht mehr zur Wiederwahl, dann wird er im Zweifel die Versammlung bis zur Wahl seines Nachfolgers leiten; danach übernimmt dieser dann die Versammlungsleitung.

> **HINWEIS:**
>
> Für eine „außerordentliche Mitgliederversammlung" oder eine, die aufgrund eines Minderheitenverlangens einberufen worden ist, gelten keine anderen Regeln. Auch hier hat der von der Satzung bestimmte Versammlungsleiter die Versammlung zu führen.

d) Abwahl des Versammlungsleiters

401 Auch die Abwahl des Versammlungsleiters **kann** in der **Satzung** geregelt werden. Enthält die Satzung dazu **keine Regelung,** kommt eine Abberufung des von der Satzung vorgesehenen Versammlungsleiters durch die Mehrheit der Anwesenden nur „aus **wichtigem Grund"** in Betracht. Das sind gröbste Verstöße der Verhandlungsführung gegen Gesetz, Vereinssatzung oder Geschäfts-

ordnung (Otto, jurisPK, § 32 Rz. 24). Stellt der Versammlungsleiter selbst den ihn betreffenden Antrag auf Abwahl zur Abstimmung, ist das ein „Vertrauensantrag" verbunden mit der Absichtserklärung, im Fall des Scheiterns vom Versammlungsleiteramt zurückzutreten. Bei der Abstimmung über den Antrag ist der Versammlungsleiter nicht ausgeschlossen (vgl. BGH, NJW 2010 S. 3027 = NZG 2010 S. 1022 = ZIP 2010 S. 1640 für das Stimmrecht des Versammlungsleiters in der Gesellschafterversammlung einer GmbH). Mit der Feststellung des (negativen) Ergebnisses erklärt der Versammlungsleiter konkludent seinen Rücktritt. Es muss dann ein neuer Versammlungsleiter bestimmt werden (vgl. Rz. 399 f.) Die Beschlüsse, die unter seiner Leitung dann anschließend gefasst werden, sind dann unabhängig von der Zulässigkeit des Abwahlverlangens wirksam (Otto, a. a. O.).

9. Allgemeines zu den Rechten und Pflichten des Versammlungsleiters

a) Allgemeines

Der Versammlungsleiter hat während der Mitgliederversammlung die **Ordnungsgewalt,** die ihn u.a. auch berechtigt, Störer aus der Versammlung auszuschließen (wegen der Einzelheiten s. Rz. 442). Der Versammlungsleiter kann sich zur Erfüllung seiner Pflichten **Hilfspersonen** bedienen. Dies können sein Ordner, Stimmzähler für Wahlen, aber auch Fachleute, die ggf. zu einem Tagungspunkt gehört werden sollen.   402

Für den Versammlungsleiter gilt darüber hinaus **zunächst** das, was in der **Satzung** oder in einer aufgrund der Satzung erlassenen Geschäftsordnung geregelt ist (vgl. Rz. 406 ff.). Gibt es solche Regelungen nicht, gelten folgende **allgemeine Grundsätze:**   403

b) Diskussionsleitung/Befangenheit

Die **Hauptaufgabe** des Versammlungsleiters liegt darin, für die **sachgemäße Erledigung** der in der Mitgliederversammlung anstehenden Geschäfte zu sorgen. Dazu hat der Versammlungsleiter alle Befugnisse und Rechte, die einen ordnungsgemäßen Verlauf der Mitgliederversammlung sicherstellen. Grds. leitet er die Erörterungen und Diskussionen, wobei er sich unparteiisch verhalten und nach sachdienlichen Gesichtspunkten verfahren muss. Einerseits kann der Versammlungsleiter unsachliche Erörterungen unterbinden, andererseits muss er sich aber vor dem Eindruck hüten, er wolle den Mitgliedern seinen Willen aufzwingen. Das schließt jedoch nicht aus, dass er sich selbst auch **an** der   404

Sachdiskussion beteiligt (KG, NJW 1957 S. 1680), Empfehlungen ausspricht und zu Streitfragen eindeutig Stellung beziehen kann.

> **HINWEIS:**
>
> Im BGB ist nicht vorgesehen, dass der Versammlungsleiter bei der Behandlung von Punkten, die ihn selbst betreffen, z. B. bei Vorstandswahlen, wegen Befangenheit ausgeschlossen ist (vgl. auch BGH, NJW 2010 S. 3027 = NZG 2010 S. 1022 = ZIP 2010 S. 1640 für das Stimmrecht des Versammlungsleiters in der Gesellschafterversammlung einer GmbH; vgl. aber auch § 47 Abs. 4 GmbHG). Trifft auch die Satzung dazu keine Regelung, kann der Versammlungsleiter die Mitgliederversammlung ohne Weiteres leiten. Allerdings wird er sich überlegen, ob es nicht besser ist, die Leitung während der Beratungen und Erörterungen zu dem ihn betreffenden Punkt an ein anderes Mitglied abzutreten. Maßstab können insoweit die Vorschriften sein, die in den Prozessordnungen regeln, wann ein Richter von der Ausübung des Richteramts ausgeschlossen ist (vgl. dazu z. B. § 22 StPO). Gibt der Versammlungsleiter die Versammlungsleitung ab, ist dagegen rechtlich also nichts einzuwenden (OLG Köln, Rpfleger 1985 S. 447; s. noch OLG Köln, NZG 2015 S. 1118 = NJW-RR 2015 S. 1314 = FGPrax 2015 S. 261 für die Diskussion über die Geltendmachung von Schadensansprüchen in der Hauptversammlung einer AG).

c) Rauchen in der Mitgliederversammlung

405 Zur Ordnungsgewalt des Versammlungsleiters (vgl. Rz. 402 f.) gehört auch das **Recht**, die **Frage** zu **regeln**, ob in der Mitgliederversammlung **geraucht** werden darf. Dieses kann er, solange nicht die Mitgliederversammlung selbst einen Beschluss dazu gefasst hat, **untersagen** (s. wegen der Einzelheiten auch Sauter/Schweyer/Waldner, Rz. 188b; Stöber/Otto, Rz. 736).

> **HINWEIS:**
>
> In diesem Zusammenhang taucht immer wieder die Frage auf, ob von einzelnen Mitgliedern oder von einer Minderheit verlangt werden kann, dass auf der Mitgliederversammlung nicht geraucht wird bzw. das Rauchen eingestellt wird. Zutreffend ist m. E. die dazu in der Literatur vertretene Auffassung von Sauter/Schweyer/Waldner und Stöber/Otto (jeweils a. a. O.). Danach ist die Frage zu verneinen, wenn es der Regelung in der Satzung bzw. allgemeiner Übung im Verein entspricht, dass über diese Frage vom Versammlungsleiter oder von der Mitgliederversammlung durch Mehrheitsbeschluss entschieden wird. Ggf. kann für Vereine mit Monopolstellung etwas anderes gelten (Stöber/Otto, a. a. O.).
>
> Hat der Versammlungsleiter das Rauchen in der Mitgliederversammlung untersagt, muss er durch ausreichende Pausen die Interessen der anwesenden Raucher berücksichtigen.
>
> Im Übrigen hat der Versammlungsleiter auf die Beachtung der verschiedenen landesrechtlichen Regelungen zum Nichtraucherschutz zu achten, wenn die Mitgliederversammlung in vereinseigenen Räumlichkeiten stattfindet (vgl. die Zusammenstellung der gesetzlichen Regelungen von Richter, Der Nichtraucherschutz im Verein und auf dem Turnier, http://www.vereinsknowhow.de/kurzinfos/nichtraucher.htm).

10. Einzelne Rechte und Pflichten des Versammlungsleiters während der Mitgliederversammlung

a) Satzungsregelung

Das BGB enthält keine bestimmten Regeln über den Verlauf der Mitgliederver-   406
sammlung. Dies kann aber in der **Satzung** oder in einer Geschäftsordnung oder
Versammlungsordnung (vgl. Rz. 254 f.) geregelt sein, was sich insbesondere bei
großen Vereinen empfiehlt. Gibt es eine solche **Regelung,** dann ist **danach** zu
verfahren.

> **HINWEIS:**
>
> Weist die Satzung bestimmte Entscheidungen ausdrücklich dem Versammlungsleiter
> zu, dann ist der Versammlungsleiter auch auf Antrag nicht verpflichtet, seine Entschei-
> dung zur Abstimmung zu stellen, er darf dies aber (BGHZ 84 S. 209; Otto, jurisPK, § 32
> Rz. 32). Und im Zweifel wird er es auch tun, schon um (gerichtliche) Streitigkeiten zu
> vermeiden.

Sind hingegen über den Verlauf der Mitgliederversammlung bestimmte **Regeln**   407
nicht ausdrücklich festgelegt, hat das „letzte Wort" die Mitgliederversammlung (Otto, jurisPK, § 32 Rz. 31). Der Versammlungsleiter hat aber zumindest
die im Nachfolgenden aufgeführten Rechte und Pflichten. Die Darstellung hält
sich dabei an den zeitlichen Ablauf der Mitgliederversammlung.

b) Förmliche Eröffnung der Versammlung durch den Leiter

Die Mitgliederversammlung **beginnt** mit der förmlichen Eröffnung durch den   408
Versammlungsleiter, die sich meist einer kurzen Begrüßung der Erschienenen
anschließt. Mit der Eröffnung setzt die Ordnungsgewalt des Versammlungsleiters ein (vgl. dazu auch Rz. 442). Die Eröffnung der Versammlung sollte
pünktlich, also weder zu früh noch zu spät, zu dem in der Einladung angegebenen Zeitpunkt erfolgen.

Es empfiehlt sich, nach der Eröffnung festzustellen, dass zu der Versammlung   409
unter Beachtung der satzungsmäßigen Vorschriften eingeladen worden ist.
Gleichzeitig sollte die **Beschlussfähigkeit festgestellt** werden (zur Beschlussfähigkeit im Einzelnen s. Rz. 467 ff.). Damit können nämlich die Mitglieder
ggf. Mängel bei der Einberufung ebenso beanstanden wie die Beschlussunfähigkeit rügen.

> **HINWEIS:**
>
> Diese Feststellungen haben folgenden Vorteil: Erhebt sich gegen die Feststellung der
> ordnungsgemäßen Einberufung und/oder die der Beschlussfähigkeit kein Widerspruch,
> hat das Auswirkungen darauf, dass später diese Rügen von Mitgliedern, die an der
> Versammlung teilgenommen haben, i. d. R. nicht mehr gegen die Wirksamkeit von

> Beschlüssen der Mitgliederversammlung erhoben werden können (a. A. Stöber/Otto, Rz. 739; Reichert u.a., Rz. 1635).
>
> Einem Mitglied, das die Mängel kennt bzw. erkannt hat und diese später geltend machen will, ist deshalb dringend zu empfehlen, Widerspruch gegen die entsprechenden Feststellungen des Versammlungsleiters zu erheben.

410 Macht die Satzung die Beschlussfähigkeit von einer bestimmten Anzahl von Mitgliedern abhängig, empfiehlt sich an dieser Stelle auch die **Feststellung,** wie viele **stimmberechtigte Mitglieder** entweder selbst oder durch einen Bevollmächtigten, soweit das die Satzung zulässt, vertreten sind. Das Gleiche gilt, wenn für einen beabsichtigten Beschluss, z. B. Satzungsänderung, eine bestimmte Mehrheit erforderlich ist. In beiden Fällen sollte dann auch eine **Anwesenheitsliste** geführt werden.

c) Genehmigung des Protokolls der vorherigen Mitgliederversammlung

411 Ist in der Satzung die Vorschrift enthalten, dass die Niederschrift/das **Protokoll** der (vorherigen) Mitgliederversammlung von der nächsten Versammlung zu **genehmigen** ist, ist der Mitgliederversammlung dazu Gelegenheit zu geben (Tagesordnung!). I. d. R. wird das Protokoll der früheren Mitgliederversammlung dann zu Beginn **verlesen.** Die Mitglieder haben danach die Möglichkeit, dazu Erklärungen abzugeben. Sinn und Zweck einer solchen Regelung ist es, so schnell wie möglich Klarheit darüber herbeizuführen, ob gegen die Beschlüsse einer Mitgliederversammlung Einwendungen erhoben werden. Wird das Protokoll genehmigt, müssen die Mitglieder, die keinen Widerspruch angemeldet haben, die Vermutung gegen sich gelten lassen, dass die festgestellten Abstimmungen und Beschlüsse satzungsgemäß zustande gekommen sind. Es ist dann Sache des erst nachträglich die Fehlerhaftigkeit eines Beschlusses rügenden Mitglieds, die Tatsachen darzutun und zu beweisen, aus denen die Unwirksamkeit folgen soll (BGH, NJW 1968 S. 543).

d) Teilnahme von Dritten und Gästen/Öffentlichkeit

412 Für die Frage, ob **Nichtmitglieder** an der Mitgliederversammlung **teilnehmen** können, gilt: Grds. ist die Mitgliederversammlung nicht öffentlich. Allerdings ist die Teilnahme von Nichtmitgliedern nicht verboten. Diese haben jedoch kein Stimmrecht und dürfen sich i. d. R. auch nicht an der Diskussion beteiligen. Die Mitgliederversammlung, nicht der Versammlungsleiter aufgrund seines Leitungsrechts, kann aber eine Beteiligung auch von Nichtmitgliedern, z. B. eines Angehörigen einer übergeordneten Organisation oder eines Fachmanns in einer bestimmten Frage, an der **sachlichen Aussprache** zu einem Punkt **zu-**

lassen (s. auch Rz. 414). Handelt es sich um einen Gesamtverein (vgl. dazu Rz. 776), hat m. E. der Vorsitzende des Gesamtvereins einen Anspruch auf Teilnahme an der Mitgliederversammlung einer Untergliederung.

> **HINWEIS:**
>
> Die Mitgliederversammlung kann dem Versammlungsleiter die Entscheidung über die Anwesenheit von Dritten überlassen. Das kann m. E. auch stillschweigend geschehen, indem z. B. gegen eine entsprechende Entscheidung des Leiters aus der Versammlung kein Widerspruch erhoben wird.
>
> Hat es in der Vergangenheit um die Teilnahme von Nichtmitgliedern Streit gegeben, dürfte es sich empfehlen, darüber ausdrücklich abzustimmen.

Die Mitglieder haben grds. keinen **Anspruch** auf **Anwesenheit bestimmter Personen** (Sauter/Schweyer/Waldner, Rz. 196), was – ggf. außer im Ausschluss- und Vereinsstrafverfahren (s. Rz. 81) – auch für die Hinzuziehung einer fachkundigen Person, z. B. eines Rechtsanwalts, gilt (BGH, BB 1971 S. 449, 452). Etwas **anderes** wird nur angenommen, wenn die Satzung Berater oder Beistände zulässt (vgl. OLG Düsseldorf, NJW-RR 1992 S. 1452 [für die GmbH]) und bei Vorliegen ganz **außergewöhnlicher** bzw. besonderer **Umstände.** Von Letzterem wird man mit Sauter/Schweyer/Waldner (Rz. 197) und Stöber/Otto (Rz. 715) dann ausgehen können, wenn die zur Beschlussfassung anstehende Angelegenheit so kompliziert und von so wesentlicher Bedeutung ist, dass das Mitglied für eine sachgerechte Mitwirkung an der Willensbildung der Mitgliederversammlung eine fachkundige Beratung gerade in der Versammlung selbst notwendig hat. Das kann z. B. bei Verquickung von Vereinsmitgliedschaft und besonderen wirtschaftlichen Interessen eines Mitglieds vorstellbar sein. Wird ein Rechtsanwalt oder eine sonstige Person als **Berater** des Vereinsmitglieds zugelassen, darf er/sie das **Mitglied nur beraten.** An der Aussprache nimmt er/sie ohne besondere Genehmigung des Versammlungsleiters nicht teil. 413

> **HINWEIS:**
>
> Sollen an der Mitgliederversammlung Dritte, etwa als Berater eines Mitglieds oder auch nur als Gäste, teilnehmen, sollte der Versammlungsleiter auf ihre Anwesenheit hinweisen und, wenn sich gegen die Anwesenheit Widerspruch aus der Mitgliederversammlung erhebt, einen Beschluss der Versammlung herbeiführen.

Die Mitglieder haben auch keinen Anspruch auf **Öffentlichkeit** der **Mitgliederversammlung,** also darauf, dass z. B. Presse, Rundfunk und Fernsehen teilnehmen dürfen. Über deren Anwesenheit entscheidet, wenn die Satzung keine Regelung trifft, zunächst der Versammlungsleiter, der bei Widerspruch gegen seine Entscheidung die Versammlung entscheiden lassen sollte (Sauter/Schweyer/Waldner, Rz. 196a). Auch die **Vertreter übergeordneter Organisatio-** 414

nen haben nicht ohne Weiteres ein Zutrittsrecht zu einer Mitgliederversammlung eines nachgeordneten Vereins. Maßgebend ist vielmehr, wie das Verhältnis der beiden Organisationen zueinander in den beiden Satzungen geregelt ist. Entspricht es aber einer langjährigen Übung, dass Vertreter der übergeordneten Organisation an der Mitgliederversammlung teilnehmen, kann sich daraus inzwischen ein Anwesenheitsrecht entwickelt haben (Sauter/Schweyer/ Waldner, a. a. O.; s. auch Rz. 412 und Rz. 51).

e) Bekanntgabe der Tagesordnung

415 Den Anfangsformalitäten schließt sich die Bekanntgabe der Tagesordnung an, soweit sie den Mitgliedern nicht schon mit der Einladung mitgeteilt worden ist. Sind vor der Mitgliederversammlung nach Zugang der Einladung **Ergänzungsanträge** zur Tagesordnung eingegangen, so sind diese ebenfalls **bekannt zu machen**, wenn sie nicht noch vor der Mitgliederversammlung übersandt worden sind.

416 Werden nun aus den Reihen der Mitglieder **Anträge** gestellt, die die **Tagesordnung** betreffen, so ist zu unterscheiden (zu Anträgen bei der Behandlung einzelner Tagesordnungspunkte s. Rz. 420 ff.):

417 Handelt es sich um den Antrag, eine bestimmte **Angelegenheit zusätzlich auf die Tagesordnung** zu setzen, diese also zu **erweitern**, hängt die Zulässigkeit eines solchen Antrags von der in der Satzung im Einzelfall getroffenen Regelung ab (s. Rz. 388 ff.). Sieht die Satzung eine Erweiterung der Tagesordnung in der Mitgliederversammlung ausdrücklich nicht vor oder ist nach der Satzung gerade die Ergänzung um diesen Punkt unzulässig, muss der Versammlungsleiter die Versammlung und den Antragsteller darauf hinweisen. Wird der Antrag aufrechterhalten, die Tagesordnung ergänzt und später ein Beschluss in dieser Angelegenheit gefasst, kann der Versammlungsleiter dies nicht verhindern. Fraglich ist aber, ob dann auch der Vorstand gehalten ist, diesen satzungswidrig zustande gekommenen Beschluss auszuführen. Ist **in der Satzung keine Regelung** über die Erweiterung der Tagesordnung enthalten, ist der Antrag zur **Abstimmung** zu stellen. Wird er angenommen, hat die Mitgliederversammlung selbst durch Beschluss ihre Tagesordnung erweitert. Eine andere Frage ist dann aber, ob zu diesem Antrag/Tagesordnungspunkt in der Mitgliederversammlung Beschlüsse gefällt werden können (vgl. oben Rz. 388 ff.) oder ob nur eine Beratung stattfindet (s. auch Rz. 415 ff.).

HINWEIS:

Die Fragen sollten auf jeden Fall durch eine Satzungsregelung geklärt werden, um (unnötigen) Streit in der Mitgliederversammlung zu vermeiden (vgl. dazu oben Rz. 388 ff.).

Zulässig sind auf jeden Fall die sog. „Anträge zur Tagesordnung", die z. B. da-   418
rauf abzielen, die **Reihenfolge** der einzelnen **Tagesordnungspunkte** zu **ändern,**
einzelne Tagesordnungspunkte zu verbinden oder abzusetzen. Das sind Geschäftsordnungsanträge, für die etwaige Regelungen in der Satzung, die (Er-
gänzungs-)Anträge zur Tagesordnung betreffen (s. oben Rz. 388 ff.), nicht gelten. Der Antrag auf Nichtbefassung eines Tagesordnungspunkts/Absetzung
kann jederzeit, auch wenn mit der Behandlung des Tagesordnungspunkts bereits begonnen worden ist, gestellt werden (vgl. VB 2/2017 S. 1). Diese Anträge
zur Geschäftsordnung hat der Versammlungsleiter ebenfalls zur **Abstimmung**
zu **stellen.** Die Mitgliederversammlung kann ihm eine bestimmte Reihenfolge,
in der sie ihre Geschäfte erledigen will, und auch den Umfang ihrer Tagesordnung vorschreiben.

> **HINWEIS:**
>
> Der Versammlungsleiter hat im Übrigen das Recht, von der (mitgeteilten) Reihenfolge
> der Tagesordnungspunkte nach eigenem pflichtgemäßen Ermessen abzuweichen, in-
> dem er etwa einen Punkt vorzieht oder zurückstellt (KG, NJW 1957 S. 1680). Um Ärger
> in der Versammlung zu vermeiden, empfiehlt es sich jedoch, hierüber einen Beschluss
> der Versammlung herbeizuführen.

Zulässig sind schließlich auch sog. Geschäftsordnungsanträge, die die **geschäfts-**   419
ordnungsmäßige Behandlung von einzelnen Tagesordnungspunkten betreffen.
Dabei kann es sich um einen Antrag auf Verkürzung oder Verlängerung der Redezeit oder auch um einen Antrag auf Abstimmung handeln (vgl. auch Rz. 420).

f) Behandlung der einzelnen Tagesordnungspunkte

aa) Zusatzanträge

Nach der Bekanntgabe und Feststellung der Tagesordnung beginnt die Erledi-   420
gung der einzelnen Tagesordnungspunkte. Sie sind grds. (s. aber Rz. 415) in der
festgestellten Reihenfolge aufzurufen und zu behandeln und schließlich zur Beschlussfassung zu stellen (über die Art und Weise der Stimmabgabe s. Rz. 459).

Die **Mitglieder** können bei der Beratung der einzelnen Tagesordnungspunkte   421
dazu (weitere) **Anträge** stellen. Diese Anträge sind **zulässig,** wenn sie sich **sach-**
lich innerhalb der **Grenzen** des in der Tagesordnung bezeichneten Gegenstands der Beschlussfassung halten. Der Versammlungsleiter darf sie nicht
mit der Begründung zurückweisen, dass diese Anträge vorher hätten angekündigt werden müssen. Das ist insbesondere **wichtig,** wenn die Satzung z. B. für
Satzungsänderungen vorsieht, dass entsprechende Anträge vor der Mitgliederversammlung angekündigt werden müssen, oder es nach der Satzung für Satzungsänderungen keine Dringlichkeitsanträge gibt. Unter Hinweis auf diese

Satzungsbestimmungen kann dann ein Abänderungsantrag zu einer in der Tagesordnung angekündigten Satzungsänderung nicht abgelehnt werden, wenn der Antrag sachlich noch mit der angekündigten Satzungsänderung zusammenhängt. Das ist insbesondere von Bedeutung, wenn es um **redaktionelle Änderungen** hinsichtlich des Wortlauts von geplanten Satzungsänderungen geht. Solche Änderungsvorschläge/-anträge sind Inhalt der Diskussion über die Anträge und in der Mitgliederversammlung zulässig, ohne dass sie in der Einladung zur Mitgliederversammlung oder später mitgeteilt worden sind (LG Düsseldorf, Urteil v. 12.8.2014 – 1 O 307/13; vgl. auch oben Rz. 373 ff.).

> **BEISPIEL:** In der Einladung zur Mitgliederversammlung kündigt der Vorstand einen Antrag auf Satzungsänderung an, wonach es zukünftig einen geschäftsführenden Vorstand geben soll. Auch die in Aussicht genommene Zusammensetzung dieses Vorstands wird mitgeteilt. Wird auf der Mitgliederversammlung nun eine andere Zusammensetzung vorgeschlagen, kann der entsprechende Antrag nicht mit dem Hinweis, er hätte ggf. vorher angekündigt werden müssen, abgelehnt werden. Er hängt sachlich noch mit der angekündigten Satzungsänderung „geschäftsführender Vorstand" zusammen.
>
> In der Einladung wird die Neuwahl einzelner Vorstandsmitglieder angekündigt. Dann ist die Neuwahl des gesamten Vorstands unzulässig, auch wenn dieser erst in der Mitgliederversammlung zurückgetreten ist (LG Freiburg, Urteil v. 11. 11. 2011 – 12 O 71/10 [qualitativ etwas anderes]).

422   Neben Sachanträgen können die Mitglieder bei der Beratung der einzelnen Tagesordnungspunkte **auch Geschäftsordnungsanträge,** die das einzuschlagende Verfahren betreffen, stellen, so z. B. die Beratung über einen bestimmten Tagesordnungspunkt zurückzustellen, bis über einen anderen Punkt abschließend beraten ist (vgl. auch Rz. 415). Sie sind ebenfalls **zulässig.** I. d. R. werden sie vor den zur Sache gestellten Anträgen zur Abstimmung gestellt, notwendig ist das aber nicht (Sauter/Schweyer/Waldner, Rz. 184).

bb) Abstimmungsreihenfolge

423   Liegen zu einem Tagesordnungspunkt unterschiedliche Sachanträge vor, soll über den **weitestgehenden Antrag zuerst** abgestimmt werden.

> **BEISPIEL:** In einem Sportverein mit mehreren Abteilungen beantragt ein Abteilungsleiter, zusätzlich zum Vereinsbeitrag einen Abteilungsbeitrag von 15 € erheben zu können. Der Kassierer des Vereins beantragt, allen Abteilungen das Recht zu geben, einen Abteilungsbeitrag von bis zu 25 € erheben zu können. Der Antrag des Kassierers ist der weitergehende Antrag. Über den muss zuerst abgestimmt werden.

424   Soll eine **Satzungsänderung** beschlossen werden, die verschiedene Regelungen in der Satzung betrifft, muss darüber von der Mitgliederversammlung nicht einzeln abgestimmt werden. Auch ein Beschluss über alle Änderungen zusam-

men ist zulässig (LG Düsseldorf, Urteil v. 12.8.2014 – 1 O 307/13). Ein einheitlicher Beschluss empfiehlt sich aber nur, wenn alle geplanten Änderungen unstrittig sind.

Sind zu einem Antrag **Zusatz- oder Abänderungsanträge** gestellt, muss zunächst über diese beschlossen werden, da durch sie der Hauptantrag erweitert oder abgeändert werden kann. Erst danach wird über den Hauptantrag, ggf. in der geänderten oder erweiterten Form, abgestimmt.   425

Gestellte **Anträge** können **zurückgenommen** werden. Nach der Rücknahme kann der Antrag von einem Mitglied erneut gestellt werden, solange über den entsprechenden Punkt der Tagesordnung ein endgültiger Beschluss noch nicht gefasst ist.   426

cc) Wiederholung der Behandlung

Ist ein **Beschluss gefasst,** ist der betreffende Tagesordnungspunkt erledigt. Wird später aus der Versammlung der Antrag gestellt, die Behandlung dieses Punkts zu **wiederholen** und den gerade gefassten Beschluss ggf. wieder aufzuheben, ist das in dieser Versammlung regelmäßig **nicht** (mehr) **zulässig.** Nur wenn feststeht, dass inzwischen kein Mitglied die Versammlung verlassen hat, kann der erledigte Tagesordnungspunkt ausnahmsweise noch einmal behandelt werden (Stöber/Otto, Rz. 762). Darüber ist dann aber ein **Beschluss** der Versammlung herbeizuführen.   427

HINWEIS:

Etwas anderes ist es, wenn Unklarheiten bei der Stimmabgabe bestehen, so z. B. wenn mehr oder weniger Stimmen ausgezählt worden sind, als Mitglieder anwesend sind. Kann diese Unklarheit dann nicht durch Befragung der Mitglieder oder auf sonstige Weise geklärt werden, kann die Stimmabgabe wiederholt werden. Im Interesse der Rechtssicherheit wird sich das sogar empfehlen (so Stöber/Otto, a. a. O.).

dd) Entlastungsantrag

Ein i. d. R. in der Tagesordnung jeder Mitgliederversammlung enthaltener Tagesordnungspunkt ist die **Entlastung** des **Vorstands.** Bei diesem Punkt wird dann der Prüfbericht der Kassenprüfer/Revisoren (s. dazu Rz. 737 f.) vorgetragen und über ihn abgestimmt. Den **Antrag** auf Entlastung stellen die oder der **Kassenprüfer.** Es kann auch nur teilweise Entlastung beantragt und beschlossen werden.   428

HINWEIS:

Bei der Beschlussfassung sind die von der Entlastung betroffenen Vorstandsmitglieder mit ihrem Stimmrecht ausgeschlossen (wegen der Einzelheiten s. Rz. 683).

g) Verkündung der Beschlüsse

429 I. d. R. obliegt es dem **Versammlungsleiter**, die Beschlüsse der Mitgliederversammlung zu verkünden. Das bedeutet, er muss bekannt geben, ob ein zur Abstimmung gestellter Antrag angenommen oder abgelehnt worden ist. Dabei empfiehlt es sich, den Inhalt des angenommenen oder abgelehnten Antrags nochmals zu wiederholen. Die **Verkündung** eines Beschlusses der Mitgliederversammlung durch den Versammlungsleiter ist i. d. R. aber **keine Voraussetzung für die Wirksamkeit** des Beschlusses. Eine entsprechende Satzungsbestimmung, die die Verkündung vorsieht, ist nach der Rechtsprechung nur als Ordnungsvorschrift zu verstehen. Unterläuft dem Versammlungsleiter bei der Verkündung eines Abstimmungsergebnisses ein Fehler oder sind zuvor die Stimmen falsch ausgezählt worden, bleibt also das tatsächliche Ergebnis der Abstimmung maßgebend (BGH, NJW 1975 S. 2101). Die Abstimmung braucht nicht wiederholt zu werden. Der Versammlungsleiter muss die Verkündung des Abstimmungsergebnisses entsprechend der tatsächlichen Abstimmung korrigieren. Er darf die Abstimmung nur dann wiederholen lassen, wenn die Versammlung das beschließt. Ob er selbst eine erste Abstimmung für fehlerhaft hält, ist unerheblich.

h) Wortmeldungen

430 Der Versammlungsleiter muss die Wortmeldungen der einzelnen Mitglieder beachten. Er wird i. d. R. in der **Reihenfolge** das Wort erteilen, in der sich die **Mitglieder gemeldet** haben. Notwendig ist das jedoch nicht. Der Versammlungsleiter kann auch bestimmte Formen für Wortmeldungen vorschreiben (Sauter/Schweyer/Waldner, Rz. 185), z. B. Meldung beim Protokollführer. Meldet sich ein Mitglied zu einer **persönlichen Bemerkung**, kann ihm das Wort sofort erteilt werden. Das Mitglied darf dann jedoch nicht zur Sache sprechen.

i) Redezeit

431 Bei Bedarf kann der Versammlungsleiter von vornherein die jedem Mitglied zu gewährende Redezeit **festsetzen** (Sauter/Schweyer/Waldner, Rz. 186; s. auch OLG Stuttgart, DB 1995 S. 568; LG Stuttgart, NJW-RR 1994 S. 937 m. w. N. [jeweils für Hauptversammlung einer AG]; eingehend zur Begrenzung der Redezeit Röcken, VB 7/2018 S. 11 ff.). Das ist insbesondere dann angebracht, wenn mit zahlreichen Wortmeldungen zu rechnen und nur so eine Gleichbehandlung aller Redner zu erreichen ist. Der Versammlungsleiter kann **auch,** wenn die Redezeit zunächst nicht beschränkt war, **im Verlauf** der Versammlung eine Beschränkung der Redezeit anordnen, wenn noch zahlreiche Wortmeldungen vorliegen. Er kann auch die restliche Redezeit eines einzelnen Mit-

glieds beschränken (LG Stuttgart, a. a. O.), ggf. kann die Redezeit im Laufe der Debatte verkürzt werden (vgl. dazu OLG Stuttgart, a. a. O.).

Eine vom Versammlungsleiter angeordnete **Beschränkung** der Redezeit kann von der **Mitgliederversammlung aufgehoben** bzw. anderweitig festgesetzt werden. Denn die Mitgliederversammlung steht über dem Versammlungsleiter und kann ihm durch Beschluss eine bestimmte Verfahrensweise in der Versammlung vorschreiben.   432

Die **Bemessung** der jeweiligen Redezeit hängt von den **Umständen** des **Einzelfalls** ab. Der Versammlungsleiter sollte sie nicht zu kurz bemessen (vgl. auch Röcken, VB 7/2018 S. 11 ff.). Im Zweifel wird er sich mit der Mitgliederversammlung abstimmen. Zu berücksichtigen ist neben der Bedeutung des Tagesordnungspunkts, um den es geht, die Zahl der noch vorliegenden Wortmeldungen, die restliche Tagesordnung und – wenn es um die nachträgliche Beschränkung der Redezeit geht – auch, wieviel Zeit den Vorrednern eingeräumt worden ist.   433

> **HINWEIS:**
>
> I. d. R. wird einem Vereinsmitglied eine angemessene Redezeit einzuräumen sein (allg. Meinung, s. unten auch Sauter/Schweyer/Waldner, Rz. 186; wohl auch Stöber/Otto, Rz. 732; Reichert u.a., Rz. 1718 ff.), deren Dauer wird ggf. von der Bedeutung des behandelten Tagesordnungspunkts abhängen. Die (allgemeine) Beschränkung der Redezeit darf nicht dazu führen, dass das Auskunfts-/Fragerecht des Mitglieds eingeschränkt wird. Die auf Fragen verwendete Zeit darf deshalb nicht auf die (allgemeine) Redezeit angerechnet werden (Reichert u.a., Rz. 1720; OLG Stuttgart, DB 1995 S. 568).

j) Entziehung des Wortes

Mit dem Recht auf Festsetzung der Redezeit korrespondiert das Recht des Versammlungsleiters auf Entziehung des Wortes (OLG Stuttgart, DB 1995 S. 568; LG Stuttgart, NJW-RR 1994 S. 937 m. w. N.). Die Entziehung des Wortes kommt einmal in Betracht, wenn die festgesetzte **Redezeit überschritten** wird. Ist die Redezeit nicht begrenzt, ist der Versammlungsleiter zur Wortentziehung berechtigt, wenn ein Redner sich **wiederholt, beleidigt oder unsachliche Ausführungen** macht. In diesen Fällen sollte der endgültigen Wortentziehung eine **Ermahnung** und Androhung der Maßnahme vorausgehen.   434

k) Protokoll der Mitgliederversammlung

aa) Allgemeines

I. d. R. wird über die Mitgliederversammlung ein Protokoll angefertigt. Die **Verantwortung** für den Inhalt trägt zwar grds. der **Protokollführer**, z. B. der Schrift-   435 führer des Vereins, der Versammlungsleiter wird aber immer auch darauf achten, dass das Protokoll ordnungsgemäß Gang und Ablauf sowie Ergebnisse der Mitgliederversammlung festhält. Das Protokoll ist für die Wirksamkeit der Beschlüsse der Mitgliederversammlung ohne Bedeutung. Ein Beschluss ist so gefasst, wie es aus dem Beschlussinhalt und dem Abstimmungsergebnis in der Mitgliederversammlung folgt. Wird der Beschluss nicht (richtig) wiedergegeben, hat das für die Wirksamkeit des Beschlusses keine Folgen.

HINWEIS:

Die Mitglieder haben keinen Anspruch auf Berichtigung des Protokolls. Es kann eine Änderung des Protokolls lediglich anregen, aber nicht erzwingen. Es empfiehlt sich aber, den Änderungswunsch des Mitglieds zu vermerken und ggf. bei der Genehmigung des Protokolls auf der nächsten Mitgliederversammlung zur Diskussion zu stellen (vgl. Rz. 412).

---

bb) Inhalt

436   Über den notwendigen Inhalt des Protokolls sagt das BGB nichts. § 58 Nr. 4 BGB schreibt lediglich vor, dass die Satzung eine Bestimmung über die Beurkundung der Beschlüsse der Mitgliederversammlung enthalten soll (s. Rz. 164). Damit kann in der Satzung der Inhalt des Versammlungsprotokolls geregelt werden. Trifft die Satzung hierüber keine Bestimmung, dann sollte das Protokoll mindestens **folgende Angaben** enthalten (s. das **Musterprotokoll** Rz. 1099):

1. **Ort, Tag** und **Stunde** der Versammlung.

2. Die **Namen** des **Versammlungsleiters** und des Protokollführers.

3. Die **Zahl** der **stimmberechtigten** (also selbst erschienenen oder vertretenen) **Mitglieder.**

4. Die Feststellung, dass die Versammlung **satzungsgemäß einberufen** wurde.

5. Die in der Versammlung **festgestellte Tagesordnung.**

6. Die **Feststellung** der **Beschlussfähigkeit,** wenn die Satzung für die Beschlussfähigkeit eine Mindestzahl anwesender Mitglieder verlangt.

7. Die gestellten **Anträge.**

8. Die **Art** der **Abstimmung** (schriftlich, Zuruf, Handzeichen, geheim).

9. Das **genaue Abstimmungsergebnis** mit Aufteilung nach Ja-, Nein-Stimmen, Stimmenthaltungen, ungültige Stimmen.

10. Bei Wahlen die **genauen Personalien** der **Gewählten** und die Erklärung, dass sie die Wahl annehmen.

11. Bei **Beschlüssen** den **genauen Wortlaut** der gefassten Beschlüsse, insbesondere den genauen Wortlaut geänderter Satzungsbestimmungen.

12. Den **Zeitpunkt** des **Endes** der Versammlung.

13. Die **Unterschrift** des **Protokollführers** und/oder weiterer in der Satzung bestimmter Personen, **Versammlungsleiter.**

Oberste **Richtlinie** bei der Abfassung des Protokolls ist es, die **wesentlichen Vorgänge** der Mitgliederversammlung **festzuhalten.** Der genaue Ablauf muss, wenn die Satzung es nicht verlangt, sich nicht aus dem Protokoll ergeben. Es reicht, wenn nach dem Protokoll die Ergebnisse feststehen. Diese müssen aber **so genau wie möglich** festgehalten werden. Bei Beschlüssen, die mit qualifizierter Mehrheit zu fassen sind, sollte das Abstimmungsergebnis nicht „mit großer Mehrheit", „fast einstimmig" und ähnlichen unklaren Angaben protokolliert werden. Vielmehr ist das genaue Abstimmungsergebnis mit genauer Aufteilung der abgegebenen Stimmen anzugeben. Im Übrigen empfiehlt sich bei wichtigen Beschlüssen eine wörtliche Protokollierung. Bei Satzungsänderungen ist der genaue Wortlaut der Änderungen festzuhalten. | 437

Das Protokoll kann sowohl während als auch **nach** der **Versammlung** angefertigt werden. I. d. R. ist für die Wirksamkeit eines Versammlungsbeschlusses seine Beurkundung nicht erforderlich (RGZ 104 S. 413, 415); die Satzung kann etwas anderes vorsehen. Mit der Beurkundung wird aber lediglich ein Beweismittel über die Beschlussfassung geschaffen. Gibt es **Abweichungen** zwischen dem Protokoll und dem, was in der Mitgliederversammlung beschlossen wurde, ist das Beschlossene verbindlich, es sei denn, die Satzung sieht eine andere Regelung vor. Das Protokoll ist **zeitnah** fertigzustellen. Das ist vor allem dann zu beachten, wenn das Protokoll erforderlich ist, um Anmeldungen zum Vereinsregister vorzunehmen. | 438

Zur **Gültigkeit** des Protokolls ist eine Genehmigung durch dieselbe oder eine spätere Mitgliederversammlung grds. **nicht** notwendig. Ist in der Satzung jedoch die **Vorschrift** enthalten, dass die Niederschrift von der **nächsten Versammlung** zu genehmigen ist, ist der Mitgliederversammlung dazu Gelegenheit zu geben (s. Rz. 411). | 439

cc) Form/Unterzeichnung

Das Protokoll ist zu unterzeichnen, und zwar im Zweifel vom Versammlungsleiter und/oder Protokollführer. Ist in der Satzung ausdrücklich die **Unterzeich-** | 440 nung des **Protokolls** durch einen Protokollführer bestimmt, muss derjenige, der das Protokoll angefertigt hat, auch ausdrücklich als „Protokollführer" unterzeichnen (OLG Hamm, NJW-RR 1997 S. 484 = Rpfleger 1996 S. 513). Anderenfalls ist nicht eindeutig erkennbar, ob alle satzungsmäßigen Funktionsträger die Verantwortung für die Richtigkeit und Vollständigkeit des Protokolls übernommen haben. Ein solches Protokoll kann dann nicht Grundlage für eine Eintragung im Vereinsregister sein.

HINWEIS:

Das BGB enthält keine Formvorschriften für das Protokoll. Dieses kann also auch handschriftlich erstellt werden. Muss das Protokoll allerdings einem Eintragungsantrag an das Amtsgericht beigefügt werden, dürfte es sich, um Rückfragen zu vermeiden, empfehlen, das Protokoll maschinell niederzulegen.

Das mit der Anmeldung z. B. einer Satzungsänderung von einem Verein beim Registergericht einzureichende Protokoll muss in der Form erstellt sein, die die Satzung für die Beurkundung der Beschlüsse der Mitgliederversammlung vorsieht. Dabei reicht aber die Abschrift des die Änderung enthaltenden Beschlusses. Diese muss nicht zusätzlich von den das originale Beschlussprotokoll unterzeichnenden Personen unterschrieben sein (KG, MDR 2015 S. 1191 = NZG 2015 S. 1365 = NJW-RR 2016 S. 44).

---

dd) Einsicht in das Protokoll

441 Die Vereinsmitglieder haben nur Anspruch auf Einsicht in die **satzungsgemäß unterschriebene Niederschrift.** Ein berechtigtes Interesse muss dafür m. E. nicht dargetan werden (Stöber/Otto, Rz. 902; so aber offenbar Reichert u.a., Rz. 1939). Einen Anspruch auf Aushändigung eines Protokolls oder einer Kopie haben die Mitglieder hingegen nicht (BGHZ 127 S. 107 = NJW 1994 S. 3094 [für Aushändigung eines Hauptversammlungsprotokolls bei der AG]). Die Vereinsmitglieder haben auch kein Recht auf Einsicht in die Notizen des Protokollführers, die er während der Mitgliederversammlung für die spätere Anfertigung des Protokolls gemacht hatte (vgl. KG, NJW 1989 S. 532 [für Wohnungseigentümerversammlung]; zur Einsicht in (Vereins-)Unterlagen/Mitgliederlisten s. oben Rz. 281 ff.).

l) Ausschluss von Störern

442 Der Versammlungsleiter hat während der Mitgliederversammlung die **Ordnungsgewalt,** die ihn auch berechtigt, Versammlungsteilnehmer von der weiteren Teilnahme an der Versammlung auszuschließen und sie aus dem Raum zu weisen. Dies kommt insbesondere bei (massiven) **Störungen** in Betracht, wie z. B. bei übermäßigen Zwischenrufen, Lärmen, unsachlichem und beleidi-

gendem Dauerreden oder auch bei wiederholter Weigerung eines Mitglieds, das Rednerpult freizumachen (BVerfG, NJW 2000 S. 349; OLG Stuttgart, DB 1995 S. 568; LG Stuttgart, NJW-RR 1994 S. 937 [jeweils für Hauptversammlung einer AG]).

> **HINWEIS:**
> Die Hinausweisung ist das äußerste Mittel, um die Ordnung wiederherzustellen. Schwächere Maßnahmen, wie Ermahnungen, Wortentziehung, kurze Pause, werden daher i. d. R. vorausgehen müssen.

Auf jeden Fall sollte die Maßnahme **vorher** unmissverständlich **angedroht** werden, weil dem Mitglied durch die Verweisung praktisch sein Stimmrecht entzogen wird. Deshalb sollte auch, wenn das nach der Satzung zulässig ist, Gelegenheit gegeben werden, das Stimmrecht auf ein anderes Mitglied zu übertragen. Der Vorgang, der zur Hinausweisung Anlass gegeben hat, ist im **Protokoll** so festzuhalten, dass sich daraus auch für Nichtanwesende ein anschauliches Bild vom Verhalten des Störers ergibt.   443

Nehmen an der Mitgliederversammlung **Gäste** teil und **stören** diese, können auch sie vom Versammlungsleiter aus dem Versammlungsraum gewiesen werden. Ihnen gegenüber braucht nicht die gleiche Vorsicht (Ermahnung, Androhung) angewendet zu werden wie bei stimmberechtigten Mitgliedern. Das Gleiche gilt auch, wenn Mitglieder an der Versammlung teilnehmen, die z. B. als nur passive oder fördernde Mitglieder kein Stimmrecht haben.   444

m) Schluss der Debatte

Ob der Versammlungsleiter auch befugt ist, aufgrund seines Leitungsrechts das Ende der Debatte zu einem Tagesordnungspunkt anzuordnen, ist fraglich. Darüber hat m. E. nicht der Versammlungsleiter, sondern **nur die Versammlung** selbst zu befinden (so auch Sauter/Schweyer/Waldner, Rz. 189). Ein entsprechender Antrag aus den Reihen der Versammlungsteilnehmer ist ein **Geschäftsordnungsantrag** und als solcher vor Sachanträgen zu behandeln. Das Recht, das Ende der Debatte festzustellen, kann dem Versammlungsleiter allerdings durch die Satzung oder eine Geschäftsordnung eingeräumt werden. Der Versammlungsleiter muss aber immer darauf achten, dass er die Debatte erst schließt, wenn auch die Anhänger einer Gegenmeinung ausreichend Gelegenheit hatten, ihren Standpunkt darzulegen. Nach Reichert u.a. (Rz. 1721 ff.) bedarf der massive Eingriff in das Rederecht einer besonderen Rechtfertigung. Sei die nicht ersichtlich, müsse ggf. vertagt oder unterbrochen werden (vgl. dazu Rz. 446).   445

n) Vertagung/Abbruch und Unterbrechung der Versammlung

aa) Vertagung/Abbruch

446 Der Versammlungsleiter hat nicht das Recht, von sich aus die **Vertagung** der Mitgliederversammlung anzuordnen. Nach Eröffnung der Mitgliederversammlung können das **nur die Teilnehmer mit einfacher Mehrheit** der abgegebenen gültigen Stimmen beschließen, sofern die Satzung für diesen Vertagungsbeschluss nicht eine andere Stimmenmehrheit vorschreibt. Der Vertagungsbeschluss muss den neuen Versammlungstermin und -ort benennen. Eine erneute Einberufung der Mitgliederversammlung durch das Einberufungsorgan unter Beachtung der vom Gesetz und der Satzung vorgeschriebenen Formalitäten ist dann nicht notwendig. Ist hingegen ein **neuer Termin** und ein neuer Versammlungsort **nicht bestimmt** worden, handelt es sich um einen **Abbruch** der Versammlung, der zugleich die Aufforderung an das Einberufungsorgan enthält, eine neue Mitgliederversammlung einzuberufen, wobei dann aber die normalen Formalitäten zu beachten sind (Sauter/Schweyer/Waldner, Rz. 195). Wird die Mitgliederversammlung **bereits vor** ihrer **Eröffnung** abgesetzt, handelt es sich weder um eine Vertagung im obigen Sinn noch um einen Abbruch, sondern um eine **Absetzung.** Diese ist nur durch das Einberufungsorgan möglich und macht die Einberufung einer neuen Versammlung unter Beachtung der dafür in der Satzung vorgesehenen Formalitäten notwendig (vgl. dazu Rz. 335 f., 369; zu allem auch Röcken, VB 12/2017 S. 14, 16 f.).

447 **Nach** einem **Abbruch** der Mitgliederversammlung ist diese beendet. Für Beschlüsse gilt:

► Es können dann **keine wirksamen** Beschlüsse **mehr** gefasst werden.

► Die **bis zum Abbruch** getroffenen Beschlüsse sind/bleiben aber wirksam, wenn die Voraussetzungen für eine wirksame Beschlussfassung vorgelegen haben. Die Entscheidung muss nicht etwa in der neu anberaumten Mitgliederversammlung wiederholt werden.

BEISPIEL: ► Die Tagesordnung sieht u.a. die Entscheidung über den Ankauf von neuen Sportmatten und über die Teilnahme an Verbandswettkämpfen vor. Der Beschluss über die Anschaffung der Sportmatten wird ordnungsgemäß gefasst. Im weiteren Verlauf der Versammlung kommt es bei dem Tagesordnungspunkt über die Teilnahme an den Verbandswettkämpfen zum Streit, der so eskaliert, dass die Mitgliederversammlung abgebrochen wird. Dieser Abbruch hat auf die Wirksamkeit des Beschlusses über die Anschaffung der Sportmatten keinen Einfluss.

bb) Unterbrechung

Von der Vertagung zu **unterscheiden** ist die Unterbrechung der Mitgliederversammlung. Dazu hat der **Versammlungsleiter** aufgrund seines Leitungsrechts die **Befugnis**. Bei der Unterbrechung wird die einmal begonnene Mitgliederversammlung zu einem späteren Zeitpunkt wieder aufgenommen und fortgesetzt. Zwar sind auch hier **Zeit** und **Ort** für die **Fortsetzung** der unterbrochenen Mitgliederversammlung **anzugeben,** es handelt sich jedoch nicht wie bei der Vertagung um einen Neubeginn. Für die Vertagung muss ein sachlicher Grund vorliegen. Eine Unterbrechung der Mitgliederversammlung kann insbesondere in Betracht kommen, wenn die bisherige Dauer der Versammlung schon sehr lang war. Auch kann die Unterbrechung als Ordnungsmaßnahme zur Beruhigung der Gemüter angewandt werden oder um die Zeit bis zur Fortsetzung zu nutzen, um Unterlagen pp. zu beschaffen. Die Vertagung kann aber nicht dazu benutzt werden, (nicht genehme) Beschlüsse zu verhindern. Das gilt insbesondere, wenn die Mitgliederversammlung aufgrund eines Minderheitsbegehren (vgl. Rz. 338 ff.) einberufen worden ist. | 448

> **HINWEIS:**
>
> Wie lange die Unterbrechung dauern kann, ist fraglich. Nach Sauter/Schweyer/Waldner (s. Rz. 190) und Stöber/Otto (Rz. 731) soll eine Unterbrechung auf mehrere Tage unzulässig sein (s. wohl auch Röcken, VB 12/2017 S. 14, 15 [nur kurze Zeit]). Davon kann man m. E. so allgemein nicht ausgehen. Entscheidend ist, ob die wieder aufgenommene Versammlung noch als unmittelbare Fortsetzung der unterbrochenen Versammlung angesehen und erwartet werden kann, dass die Mitglieder sich an die behandelten Themen noch erinnern. Die obere Grenze sollte man dabei entsprechend den strafprozessualen Regelungen in § 229 Abs. 1 StPO ziehen. Danach wäre eine unterbrochene Versammlung spätestens innerhalb von drei Wochen fortzusetzen (abl. Stöber/Otto, a. a. O.).

o) Beendigung der Versammlung

Ist die **Tagesordnung** in **allen Punkten behandelt,** muss der Versammlungsleiter die Versammlung **förmlich schließen.** Dadurch wird klargestellt, dass jede weitere Betätigung der Versammelten außerhalb der Mitgliederversammlung erfolgt (KG, OLGZ 1990 S. 316). Danach getroffene Beschlüsse sind unwirksam. | 449

> **HINWEIS:**
>
> Grds. kann eine bereits geschlossene Versammlung nicht wiedereröffnet werden. Das ist nur dann zulässig, wenn noch sämtliche Teilnehmer anwesend sind und diese die Wiedereröffnung beschließen.

Die Entscheidung des Versammlungsleiters, die Versammlung zu schließen, ist grds. auch dann **verbindlich**, wenn die Tagesordnung noch nicht vollständig behandelt ist (BayObLGZ 1989 S. 303; KG, OLGZ 1990 S. 318). | 450

p) Rechtsschutz gegen Maßnahmen des Versammlungsleiters

451 Maßnahmen des Versammlungsleiters, die dieser während der Mitgliederversammlung aufgrund seiner Ordnungsgewalt oder seines Leitungsrechts trifft,
können als solche **gerichtlich nicht angefochten** werden. Der betroffene Teilnehmer kann aber **in der Versammlung direkt Widerspruch** erheben. Über
diesen muss die Versammlung entscheiden, da sie über dem Versammlungsleiter steht. Eine weitere Frage ist, ob in der Sache gefasste Beschlüsse später
deshalb angefochten werden können, weil ihnen eine unberechtigte Ge-
schäftsordnungsmaßnahme des Versammlungsleiters vorausgegangen war
(z. B. Hinausweisung eines Mitglieds; s. dazu die allgemeinen Regeln zur Anfechtbarkeit Rz. 491 ff.).

11. Beschlussfassung in der Mitgliederversammlung

a) Allgemeines zur Stimmabgabe

452 Das **wichtigste Instrument** der **Willensbildung** im Verein ist die **Beschlussfassung** der Mitglieder in der Mitgliederversammlung. Der Beschluss ist ein
Rechtsgeschäft eigener Art. Er ist kein Vertrag oder sonstiges Rechtsgeschäft
der Mitglieder untereinander, sondern ein **Akt körperschaftlicher Willensbildung** (Palandt/Ellenberger, § 32 Rz. 8), bei dem jedes mitstimmende Vereinsmitglied sein satzungsmäßiges Recht auf Mitgestaltung der Vereinsangelegenheiten wahrnimmt.

453 Die Stimmabgabe in der Mitgliederversammlung ist eine **Willenserklärung**
(BGHZ 152 S. 63 = NJW 2002 S. 3629; BayObLG, NJW-RR 2000 S. 1034), für die
die allgemeinen Nichtigkeits- und Anfechtungsgründe gelten. Nach allgemeiner Meinung muss die **Anfechtung gegenüber** dem **Versammlungsleiter** erklärt werden, bei später entdecktem Irrtum gegenüber einem Mitglied des Vorstands. Die Anfechtung hat gemäß § 142 BGB zur Folge, dass die Stimmabgabe
von Anfang an nichtig ist. Das berührt die Wirksamkeit des getroffenen Beschlusses aber nur dann, wenn der Wegfall der Stimme das Stimmenverhältnis
entscheidend verändert, also z. B. wenn der Wegfall einer Ja-Stimme zur Stimmengleichheit und damit zur Ablehnung des Antrags führt.

b) Stimmabgabe Minderjähriger

454 Wie minderjährige Mitglieder ihr ggf. gegebenes Stimmrecht ausüben, bestimmt sich **zunächst** nach der **Satzung**. Die Satzung kann z. B. bestimmen,
dass Minderjährige kein Stimmrecht haben. Dann entfällt auch eine Vertretung durch die gesetzlichen Vertreter. Es kann aber auch die Stimmabgabe

des gesetzlichen Vertreters ausgeschlossen werden. Dann kann nur der Minderjährige das Stimmrecht ausüben. Im Übrigen gilt:

Die Stimmabgabe durch einen **Geschäftsunfähigen** (noch nicht das siebte Lebensjahr vollendet; § 104 Nr. 1 BGB) ist unwirksam (§ 105 BGB).   455

Bei **beschränkt Geschäftsfähigen** (7 bis 18 Jahre alt) kann, wenn die Satzung   456 keine Regelung trifft, der gesetzliche Vertreter stets für den Minderjährigen abstimmen. Die eigene Stimmabgabe des Minderjährigen ist grds. nur mit Einwilligung des gesetzlichen Vertreters wirksam (§§ 107, 111 Satz 1 BGB). I. d. R. wird der gesetzliche Vertreter, der einem Minderjährigen den Beitritt zu einem Verein gestattet hat, damit einverstanden sein, dass der Minderjährige seine Mitgliedschaftsrechte und damit auch das Stimmrecht nach seinem Ermessen ausübt (s. Prütting/Wegen/Weinreich/Schöpflin, § 32 Rz. 8). Diese Vermutung ist jedoch nicht zwingend, so dass aus der Zustimmung des gesetzlichen Vertreters zum Beitritt nicht stets auch die Einwilligung, dass ein **Minderjähriger** an Mitgliederversammlungen teilnehmen und abstimmen könne, abzuleiten ist. Vielmehr bleibt die Entscheidung über Teilnahme und Abstimmung grds. beim gesetzlichen Vertreter (Sauter/Schweyer/Waldner, Rz. 10; Stöber/Otto, Rz. 847 ff.; zur Rechtsstellung eines Minderjährigen im Verein ausführlich auch Reichert, RdJ 1971 S. 234; Hammelbeck, NJW 1962 S. 722; Hofmann, Rpfleger 1986 S. 5; s. auch Rz. 108 f.), der sie sich vorbehalten und sie vom Gegenstand der Beschlussfassung abhängig machen kann. Etwas anderes kann in den Fällen der §§ 112, 113 BGB gelten (s. dazu auch Rz. 28). Der gesetzliche Vertreter kann seine Zustimmung auch widerrufen.

Stimmt also der Minderjährige **mit Einwilligung** seines **gesetzlichen Vertreters**   457 ab, ist diese Stimmabgabe **wirksam**, wenn er die Einwilligung seines gesetzlichen Vertreters in schriftlicher Form vorlegt. Tut er das nicht, muss der Versammlungsleiter die Stimmabgabe des Minderjährigen sofort zurückweisen, anderenfalls ist/bleibt die Stimmabgabe wirksam (s. dazu § 111 Satz 2 BGB, der nach Stöber/Otto, Rz. 848, entsprechend anzuwenden ist).

> **HINWEIS:**
>
> Aus Gründen der Klarheit muss sich deshalb der Versammlungsleiter das Einverständnis des gesetzlichen Vertreters mit der Stimmabgabe eines Minderjährigen nachweisen lassen.
>
> Anstelle der schriftlichen Einwilligung ist es aber auch möglich, dass der gesetzliche Vertreter den Verein von seiner Einwilligung in Kenntnis setzt. Das ist auch vor der Mitgliederversammlung möglich. Die Einwilligung könnte vom gesetzlichen Vertreter auch schon allgemein bei Eintritt des Minderjährigen in den Verein erklärt werden.
>
> Die Fragen sollten in der Satzung geregelt werden.

c) Stimmabgabe von unter Betreuung Stehenden

458 Für die Stimmabgabe Betreuter **gilt** (vgl. auch Stöber/Otto, Rz. 851):

▶ Die Stimmabgabe ist unwirksam, wenn der Betreute zum Zeitpunkt der Abgabe seiner Erklärung **geschäftsunfähig** ist (§§ 105 Abs. 1, 104 Nr. 2 BGB).

▶ Sie ist ebenfalls unwirksam, wenn der Betreute zwar geschäftsfähig ist, aber seinen Willen **ohne erforderliche Einwilligung** erklärt (§ 1903 Abs. 1 Satz 1 BGB). Der Betreute bedarf dann zur Wirksamkeit seiner Erklärung der stellvertretenden Willenserklärung bzw. der Einwilligung (§ 1902 BGB ggf. i. V. mit § 1903 Abs. 1 Satz 1 BGB; vgl. dazu Wüstenberg, BtPrax 2005 S. 138, 139).

▶ Ist der **Betreute ohne Einwilligungsvorbehalt** geschäftsfähig, kann er ebenso Anträge stellen und Stimmen abgeben wie für ihn der rechtliche Betreuer. Geben der Betreute und der rechtliche Betreuer einen Antrag oder eine Stimme zum selben Beschlussgegenstand ab, wird, weil jedes Vereinsmitglied seinen Antrag bzw. seine Stimme nur einmal abgeben darf, nur diejenige Willenserklärung wirksam, die dem Verein gegenüber zuerst abgegeben wird. Lässt sich der Abgabezeitpunkt nach einer Stimmabgabe beider nicht klären, wird davon auszugehen sein, dass die Stimmen gleichzeitig abgegeben wurden. Haben der Betreute und sein Vertreter gleich gestimmt, was zu beweisen ist, gelten die beiden Stimmen als eine. Haben sie unterschiedlich gestimmt – hiervon ist andernfalls auszugehen – sind beide Stimmen wegen ihrer Widersprüchlichkeit unwirksam (Wüstenberg, a. a. O.; Reichert, Rz. 1442 ff.).

> **HINWEIS:**
>
> Nach Wüstenberg (a. a. O.) kann die Satzung nicht wirksam bestimmen, dass Stimmen von geschäftsfähigen Betreuten nicht gelten sollen. Denn Betreuten dürfe das Stimmrecht nicht allein wegen ihrer Stellung als rechtlich Betreute entzogen werden. Dies verstieße gegen das Verbot einer Benachteiligung wegen Behinderung (Art. 3 Abs. 3 Satz 2 GG i. V. mit § 1896 Abs. 1 Satz 1 BGB). Demzufolge dürfe auch nicht das Stimmrecht eines gesetzlichen Vertreters ausgeschlossen werden. Beide Satzungsbestimmungen verstießen gegen § 134 BGB i. V. mit § 242 BGB.

d) Formen der Stimmabgabe

459 An der Willensbildung im Verein beteiligt sich das Mitglied **nach außen erkennbar** durch Stimmabgabe bei der **Abstimmung.** Die wichtigste Abstimmung im Verein ist i. d. R. die Vorstandswahl (s. dazu unten Rz. 523 ff.). Eine gesetzliche Vorschrift, wie die Abstimmung vorgenommen werden soll, gibt es nicht. Grds. wird das Mitglied zur Stimmabgabe in der Mitgliederversammlung anwesend sein müssen. Etwas anderes kann gelten, wenn die Satzung etwas anderes, z. B.

eine Online-Versammlung oder Stimmabgabe per E-Mail, zulässt (vgl. dazu Erdmann, MMR 2000 S. 256 ff.; Fleck, DNotZ 2008 S. 245 ff.; Mecking, ZStV 2012 S. 161; Wilken, Die virtuelle Mitgliederversammlung, 2016; zur Abgabe und zum Zugang elektronisch übermittelter Willenserklärungen Vehslage, AnwBl. 2002 S. 86; zur Online-Versammlung s. Rz. 320 ff.). Im Übrigen gilt:

Maßgeblich ist **zunächst** die Art und Weise, wie die Abstimmung durch die **Satzung** geregelt wird. In Betracht kommen mündliche Abstimmung, Abstimmung durch Zuruf, schriftliche oder geheime Abstimmung, also mit verdeckten Stimmzetteln oder auch „Abstimmung en bloc" (BayObLG, NJW-RR 2001 S. 537 [Blockwahl]; OLG Bremen, NZG 2011 S. 1192 = NJW-RR 2011 S. 1487; OLG Frankfurt/Main, Urteil v. 6.7.2018 – 3 U 22/17; AG Saarbrücken, Urteil v. 27. 4. 2005 – 42 C 612/04).   460

> **HINWEIS:**
>
> Wegen der erheblichen Bedeutung, die Abstimmungen für das Vereinsleben haben, ist eine Regelung über den Abstimmungsmodus in der Satzung dringend zu empfehlen.

Die Satzung kann auch **vorsehen,** dass **nur** bei **bestimmten Angelegenheiten,** z. B. Vorstandswahl, Ausschluss aus dem Verein, Verhängung einer Vereinsstrafe, eine **besondere Art** und Weise der Abstimmung (geheim, also mit verdeckten Stimmzetteln!) eingehalten werden muss, ggf. sogar erst auf besonderen Antrag eines Mitglieds oder einer bestimmten Zahl von Mitgliedern.   461

Enthält die **Satzung keine Bestimmung** über die Abstimmung, kann der Versammlungsleiter **anordnen,** auf welche Weise abgestimmt werden soll (s. aber BayObLG, NJW-RR 2001 S. 537 und OLG Bremen, NZG 2011 S. 1192 = NJW-RR 2011 S. 1487 [nicht durch Blockwahl, wenn die Satzung dieses Wahlverfahren nicht vorsieht, sondern Einzelwahl vorschreibt]; ähnlich AG Saarbrücken, Urteil v. 27. 4. 2005 – 42 C 612/04). Es empfiehlt sich, die Mitgliederversammlung vor der Entscheidung zu befragen und/oder einen Beschluss der Versammlung über die Abstimmungsart anzuregen. Ob dann auch eine Blockwahl zulässig ist, ist in der obergerichtlichen Rechtsprechung nicht abschließend geklärt. Das OLG Bremen (a. a. O.) und das OLG Zweibrücken (NZG 2013 S. 1236) haben das verneint, das OLG Rostock (Beschluss v. 26. 6. 2012 – 1 W 161/12) sieht die Blockwahl als zulässig an, wenn alle Mitglieder einverstanden sind.   462

Häufig verlangen bei Streitigkeiten im Verein einzelne Mitglieder oder Mitgliedergruppen schriftliche Abstimmung oder sog. **geheime Wahl,** also mit verdeckten Stimmzetteln. Dann muss, wenn nicht Satzung oder Versammlungsordnung etwas anderes bestimmen, nicht in dieser Art und Weise abgestimmt werden. Einen allgemeinen Rechtssatz dieses Inhalts gibt es nicht (BGH, NJW   463

1970 S. 46). Es entscheidet vielmehr die Mitgliederversammlung mit Mehrheit, ob „geheim" gewählt werden soll oder nicht (so wohl auch OLG Frankfurt/ Main, Urteil v. 6.7.2018 – 3 U 22/17). Es ist allerdings dann fehlerhaft nicht geheim abzustimmen, „wenn die Offenlegung der Person des Abstimmenden und seines Abstimmungsverhaltens diesen an der unbeeinflussten Stimmabgabe hindern", andererseits ist aber auch nicht jede „potenzielle Beeinträchtigung der freien Willensbildung durch die Entscheidung für eine offene Abstimmung" als unzulässig anzusehen (OLG Frankfurt/Main, a. a. O., für Aufnahme auch von Frauen in einer „Herrenrunde"). Überlässt die Satzung die Form der Abstimmung dem Leiter, so muss er einen solchen Antrag nicht zur Abstimmung stellen, wenn er die geheime Abstimmung nicht anordnet (BGH, NJW 1984 S. 1038; vgl. auch Sauter/Schweyer/Waldner, Rz. 209). Über den Antrag, die Versammlung über das Abstimmungsverfahren beschließen zu lassen, muss aber abgestimmt werden (Geschäftsordnungsantrag).

HINWEIS:

Die Satzung/Versammlungsordnung kann ein Antragsrecht auf geheime Wahl ausdrücklich billigen. Dann sollte aber auch klar gestellt sein, ob über diesen Antrag dann die Mitgliederversammlung erst noch entscheiden muss oder ob der Antrag automatisch dazu führt, dass geheim abgestimmt werden muss. Eine Satzungsregelung könnte dann etwa wie folgt lauten (vgl. auch Röcken, Rz. 223): „Abstimmungen erfolgen grds. offen durch Handheben. Jedes Mitglied kann in der Mitgliederversammlung geheime Abstimmung beantragen. Über diesen Antrag beschließt die Mitgliederversammlung mit einfacher Mehrheit der abgegebenen Stimmen. Enthaltungen und ungültige Stimmen zählen bei der Auszählung nicht mit." oder: „... Beantragt in der Mitgliederversammlung ein Mitglied geheime Abstimmung, ist schriftlich mit verdeckten Stimmzetteln abzustimmen."

---

464   **Möglich** ist es auch, dass die Satzung für bestimmte Angelegenheiten oder für alle Beschlüsse **schriftliche Beschlussfassung** mit Mehrheit der Stimmen vorsieht (BGHZ 28 S. 358). § 32 Abs. 2 BGB, der für eine schriftliche Beschlussfassung Einstimmigkeit verlangt, ist nicht zwingend. Nicht erforderlich ist eine zusätzliche Regelung in der Satzung, welche Person die Stimmen auszuzählen und dass eine Mitteilung des Abstimmungsergebnisses an die Mitglieder zu erfolgen hat (OLG Köln, NJW-RR 1994 S. 1547). Die schriftliche Zustimmung kann auch mit Telegramm oder Telefax erfolgen (BGH, NJW-RR 1996 S. 866 [für Austrittserklärung]). Eine E-Mail erfüllt zwar das Schriftformerfordernis, macht aber Probleme beim Nachweis der Urheberschaft. Daher wird eine Abstimmung per **E-Mail** nur dann zulässig sein, wenn die Satzung das ausdrücklich erlaubt (vgl. dazu Erdmann, MMR 2000 S. 256 ff.; Fleck, DNotZ 2008 S. 245 ff.; Mecking, ZStV 2012 S. 161; Wilken, Die virtuelle Mitgliederversammlung, 2016; oben Rz. 320 ff.).

Zulässig ist schließlich auch die Abstimmung in einem **Umlaufverfahren**, also mit einem Schriftstück, das jedes Mitglied unterzeichnet und dann weiterleitet. 465

Es können auch schriftliche Beschlussfassung und Mitgliederversammlung kombiniert werden, was z. B. für die Vorstandswahl die Möglichkeit der **Briefwahl** eröffnet. Ist eine Briefwahl erlaubt, sollte die Satzung das entsprechende Verfahren regeln. Es empfiehlt sich, sich dazu an die Vorschriften der Bundeswahlordnung (BWO) v. 28. 10. 1985 (BGBl I S. 1769) anzulehnen, die in § 66 BWO das Verfahren beschreibt und in § 75 BWO die Ermittlung und Feststellung des Ergebnisses. Zu einer ordnungsgemäßen Briefwahl wird insbesondere gehören, dass die Wahlbriefe nicht etwa von Angestellten der Vereinsgeschäftsstelle, sondern vom „Wahlleiter" nach Abschluss der Wahl geöffnet werden. Nur so wird sich das Wahlgeheimnis schützen lassen. 466

e) Beschlussfähigkeit der Mitgliederversammlung

Für einen wirksamen Beschluss der Mitgliederversammlung ist deren Beschlussfähigkeit erforderlich. Nach dem BGB muss dafür nicht eine bestimmte Mindestzahl von Mitgliedern anwesend sein, so dass die **Anwesenheit eines Mitglieds** in einer ordnungsgemäß einberufenen Mitgliederversammlung für die Beschlussfähigkeit ausreicht (OLG Zweibrücken, Rpfleger 2006 S. 658 = FGPrax 2006 S. 229). Davon kann die Satzung abweichen, um eine gewisse Mindestzahl von Mitgliedern an der Beschlussfassung zu beteiligen. Die Satzung kann also vorsehen, dass die Mitgliederversammlung nur beschlussfähig ist, wenn eine **bestimmte Zahl von Mitgliedern** oder ein Bruchteil anwesend ist. Bei der Berechnung ist dann auf die Zahl der erschienenen stimmberechtigten Mitglieder abzustellen; ein in eigener Sache nicht stimmberechtigtes Mitglied ist bei der Feststellung der Beschlussfähigkeit nicht mitzuzählen (Stöber/Otto, Rz. 786 m. w. N.). 467

HINWEIS:

Ob in der Satzung eine Regelung über die Beschlussfähigkeit enthalten sein soll, wird davon abhängen, ob der Verein auf einen möglichst großen Mitgliederbestand ausgelegt ist oder nicht. Bei angestrebter großer Mitgliederzahl wird sich eine Regelung der Beschlussfähigkeit häufig nicht empfehlen, da dann – insbesondere, wenn die Anforderungen an die Beschlussfähigkeit auch noch hoch gesteckt werden – Probleme entstehen können, überhaupt eine beschlussfähige Mitgliederversammlung zu erreichen. Bei kleineren Vereinen mit überschaubarem Mitgliederbestand wird das i. d. R. nicht der Fall sein (zu allem auch Stöber/Otto, Rz. 787).

Wird eine Regelung getroffen, dann sollten zugleich auch die Folgen der Beschlussunfähigkeit, insbesondere die Voraussetzungen für eine zweite Versammlung (vgl. dazu Rz. 469) geregelt werden.

468   Die Beschlussfähigkeit muss im **Zeitpunkt** der jeweiligen Abstimmung gegeben sein (vgl. auch Rz. 409). Das bedeutet, dass eine zunächst nicht beschlussfähige Mitgliederversammlung infolge des Erscheinens von „**Nachzüglern**" noch beschlussfähig wird. Nicht zu beanstanden ist auch eine Satzungsregelung, nach der eine nicht beschlussfähige Versammlung nach Ablauf einer gewissen **Wartezeit** beschlussfähig wird, wenn bei der Einladung darauf hingewiesen wird (BGH, NJW-RR 1989 S. 376 = Rpfleger 1989 S. 111). Verlassen stimmberechtigte Mitglieder die Mitgliederversammlung vor der Abstimmung, kann dadurch Beschlussunfähigkeit eintreten.

> **HINWEIS:**
>
> Ist die Beschlussfähigkeit nicht gegeben, sind dennoch gefasste Beschlüsse ohne Weiteres nichtig.
>
> Über Änderungen der Mehrheitsverhältnisse in der Mitgliederversammlung, so z. B. durch Erscheinen von Nachzüglern, muss der Versammlungsleiter die Versammlung informieren.

f) Zweite Versammlung nach Beschlussunfähigkeit

469   Von **besonderer praktischer Bedeutung** im Zusammenhang mit der Beschlussfähigkeit ist die Frage nach der sog. zweiten Versammlung. Viele Vereinssatzungen enthalten nämlich eine Regelung, nach der im Falle der Beschlussunfähigkeit der Mitgliederversammlung innerhalb einer bestimmten Frist mit der gleichen Tagesordnung eine zweite Versammlung einberufen werden kann. Die **Zulässigkeit** einer solchen Bestimmung ist allgemein **anerkannt** (BGH, NJW-RR 1989 S. 376 = Rpfleger 1989 S. 111; BayObLG, Rpfleger 2003 S. 90 = FGPrax 2002 S. 266; OLG Düsseldorf, MDR 2015 S. 1312 = NZG 2015 S. 1321 = NJW-RR 2016 S. 43 = Rpfleger 2016 S. 105), sie bedarf jedoch einer Regelung in der Satzung (vgl. OLG Köln, Rpfleger 2009 S. 237). Beschlüsse, die von einer Mitgliederversammlung gefasst wurden, die aufgrund einer nicht durch die Satzung zugelassenen Eventualeinberufung stattgefunden hat, sind grds. nichtig (OLG Köln, a. a. O.).

470   Für die zweite Versammlung **gilt**:

▶ Die **Einladung** zur zweiten Versammlung kann grds. erst **nach der ersten Versammlung** erfolgen (BGH, NJW 1998 S. 1317 [für die GmbH]; vgl. die Fallgestaltung in der Satzung bei OLG Köln, Rpfleger 2009 S. 237). Sie darf aber dann als **Eventualeinladung** bereits mit der zur ersten Versammlung verbunden werden, z. B. indem der Beginn der zweiten Versammlung einfach nur um eine Stunde oder auch eine Woche verschoben wird, wenn die Satzung das ausdrücklich zulässt (BGH, NJW-RR 1989 S. 376 = Rpfleger 1989 S. 111; BayObLG, FGPrax 2002 S. 266; OLG Köln, a. a. O.; krit. dazu Stöber/Otto, Rz. 789).

▶ Die Einladung muss die **gleiche Tagesordnung** haben und den **Hinweis** enthalten, dass ggf. die Beschlussfassung weniger strengen Anforderungen unterliegt. Die Satzung kann aber auch davon Ausnahmen vorsehen.

▶ Sieht die Satzung eine **zweite Versammlung überhaupt** nicht vor, sind die **Beschlüsse,** die auf einer solchen zweiten Versammlung gefasst werden, **nichtig** (OLG Köln, a. a. O.) und können von Amts wegen gelöscht werden (§ 395 FamFG). Sie werden von der Rechtsprechung lediglich dann als wirksam behandelt, wenn in der zweiten Versammlung inzwischen die Voraussetzungen für die Beschlussfähigkeit gegeben waren, indem z. B. durch Nachzügler die erforderliche Mindestzahl erreicht ist.

▶ Ist die Vereinssatzung dahin auszulegen, dass die **Wiederholungsversammlung erst** einberufen werden darf, wenn wegen mangelnder Teilnehmerzahl ein **Beschluss nicht zustande gekommen** ist, ist eine Eventualeinberufung gleichzeitig mit der ersten Einladung unwirksam (LG Nürnberg-Fürth, Rpfleger 1990 S. 427). Entsprechendes gilt, wenn die Satzung vorsieht, dass für den Fall der Beschlussunfähigkeit der Mitgliederversammlung „der Versammlungsleiter" die Versammlung auflösen und sofort als neue Mitgliederversammlung wieder einberufen kann und diese Versammlung ohne Rücksicht auf die Zahl der erschienenen Mitglieder beschlussfähig ist (für die bereits im Einladungsschreiben des Vorstands enthaltene Ersatzeinladung zu einer „Eventual-Mitgliederversammlung" OLG Düsseldorf, MDR 2015 S. 1312 = NZG 2015 S. 1321 = NJW-RR 2016 S. 43 = Rpfleger 2016 S. 105).

▶ Es ist nichts dagegen einzuwenden, wenn die **Beschlussfähigkeit** in der zweiten Versammlung an **weniger strenge Voraussetzungen** geknüpft wird. So brauchen häufig für die Beschlussfähigkeit weniger Mitglieder anwesend zu sein, die Satzung kann sogar auch ganz von einer bestimmten Mindestzahl absehen. Die Einladung zur zweiten Versammlung muss dann aber einen **Hinweis** darauf enthalten, dass für sie hinsichtlich der Beschlussfähigkeit geringere Anforderungen gelten (BGH, NJW 1962 S. 394; s. **Muster** Rz. 1097; zur Einladung zur Mitgliederversammlung allgemein Rz. 353 ff.).

g) Ermittlung der Abstimmungsmehrheit

aa) BGB-Regelung

Die **Beschlussfassung** ist i. d. R. **Mehrheitsentscheid.** Nach § 32 Abs. 1 Satz 3 BGB entscheidet (nach den Änderungen durch das VereinsRÄndG nun ausdrücklich) „die Mehrheit der abgegebenen Stimmen". Früher musste die „Mehrheit der erschienenen Mitglieder" erreicht sein. Wie dieser Begriff auszulegen war, war in Rechtsprechung und Literatur lange Zeit umstritten. Zu-   471 letzt war es herrschende ständige Rechtsprechung der Obergerichte, dass bei der Beschlussfassung im Verein die Mehrheit nur nach der Zahl der abgegebenen Ja- und Nein-Stimmen zu berechnen war; Enthaltungen wurden – ebenso wie ungültige Stimmen – nicht mitgezählt (BGH, NJW 1982 S. 1585; NJW 1987 S. 2430; OLG Köln, NJW-RR 1994 S. 1547; Reichert u.a., Rz. 1798 ff.; ablehnend wohl Stöber/Otto, Rz. 802 ff. m. w. N. zur a. A.). Diese h. M. ist durch das VereinsRÄndG gesetzliche Regelung geworden. Danach ist ein Antrag angenommen, **wenn** die **Zahl** der **Ja-Stimmen größer** ist **als** die der **Nein-Stimmen.** Stimmenthaltung (und auch ungültige Stimmen) werden als Bekundung der Unentschiedenheit oder als Zeichen der Nichtteilnahme an der Abstimmung angesehen; es handelt sich bei dieser Mehrheit also um eine „Mehrheit aufgrund der abgegebenen gültigen Stimmen, nicht der anwesenden Stimmen" (vgl. zu allem auch BT-Drucks. 16/12813 S. 10 f.).

bb) Satzungsregelungen

472 Diese gesetzliche Regelung kann in der **Satzung geändert** werden, z. B. dahin, dass mit sog. „einfacher Mehrheit" (s. dazu unten Rz. 475) entschieden wird. Bei einer solchen Regelung wirken sich Stimmenthaltungen und ungültige Stimmen praktisch als Nein-Stimmen aus (BGH, NJW 1987 S. 2430). Möglich ist auch eine ausdrückliche Regelung, wie Stimmenthaltungen und/oder ungültige Stimmen zählen sollen, dass sie also z. B. mitzählen sollen (BGH, NJW 1987 S. 2430; OLG Düsseldorf, OLGR 1995 S. 63).

> **BEISPIEL:** ▶ Sind in der Mitgliederversammlung 70 Mitglieder anwesend, von denen 35 mit „Ja", 28 mit „Nein" und 7 mit Enthaltung stimmen, ist ein Antrag angenommen, wenn nach der Satzung die „Mehrheit der erschienenen Mitglieder" ausreicht. Die Ja-Stimmen überwiegen die Nein-Stimmen.

473 **Hinzuweisen** ist auf Folgendes:

▶ Soll in der Satzung von der gesetzlichen Regelung (§ 32 Abs. 1 Satz 3 BGB) **abgewichen** werden, muss das in der Satzung **eindeutig klargestellt** werden (BGH, NJW 1987 S. 2430; BayObLG, FGPrax 1996 S. 74; OLG München, NJW-RR 2008 S. 993 = WM 2008 S. 836; OLG Schleswig, Rpfleger 2005 S. 317). Es **empfiehlt** sich also eine ausdrückliche Satzungsregelung, wie Stimmenthaltungen und Nein-Stimmen behandelt werden sollen (s. auch BayObLG, a. a. O. [für die Wahl des Vorstands, bei der nur Ja-Stimmen zählen sollen und derjenige Bewerber gewählt ist, der die meisten Stimmen – relative Mehrheit – auf sich vereint]).

▶ Verlangt das Gesetz für Beschlüsse, die die Satzung ändern oder den Verein auflösen (s. §§ 33, 41 BGB), eine **bestimmte,** also eine qualifizierte **Mehrheit** der erschienenen Mitglieder (s. Rz. 475), gelten die obigen Ausführungen **entsprechend:** Nach h. M. sind bei der Berechnung der Mehrheit Stimmenthaltungen und ungültige Stimmen grds. nicht zu berücksichtigen.

► Verlangt die Satzung **Einstimmigkeit,** verhindern unwirksame Stimmen oder Stimmenthaltungen eine wirksame Beschlussfassung (BayObLG, MDR 1995 S. 569 [für Wohnungseigentümerversammlung]).

► Bei **Stimmengleichheit** ist der **Antrag** grds. **abgelehnt,** wenn nicht die Satzung diesen Fall anders regelt. Es ist möglich, dann die Stimme des Versammlungsleiters oder des 1. Vorsitzenden den Ausschlag geben zu lassen. Es kann auch ein Stichentscheid durch ein Nichtmitglied oder durch das Los vorgesehen werden (Sauter/Schweyer/Waldner, Rz. 206 m. w. N.).

cc) Weitere Mehrheitsbegriffe

Vereinssatzungen verwenden häufig noch **andere Mehrheitsbegriffe,** die nachfolgend geklärt werden sollen: 474

Die sog. **„einfache Mehrheit"** erreicht ein Beschlussantrag bzw. Wahlvorschlag, wenn er mehr als die Hälfte der gültigen Stimmen auf sich vereinigt. Erforderlich ist, dass die Zahl der gültigen Ja-Stimmen die der gültigen Nein-Stimmen um wenigstens eine übertrifft; Stimmenthaltungen und ungültige Stimmen werden bei der Festlegung des Abstimmungsergebnisses nicht mitgezählt. Die einfache (im Gegensatz zur qualifizierten) Mehrheit entspricht somit der absoluten Mehrheit der abgegebenen gültigen Stimmen (BayObLG, FGPrax 1996 S. 74; OLG München, NJW-RR 2008 S. 993 = WM 2008 S. 836 m. w. N.; Sauter/Schweyer/Waldner, Rz. 208; Stöber/Otto, Rz. 819; Reichert u.a., Rz. 1798 ff.; Palandt/Ellenberger, § 32 Rz. 7). Die einfache Mehrheit ist also immer eine Stimme mehr als die Hälfte der abgegebenen gültigen Stimmen, Stimmenthaltungen und ungültige Stimmen werden nicht mitgezählt. Hiervon zu **unterscheiden** ist die **„relative" Stimmenmehrheit,** bei der es genügt, dass eine Abstimmungsalternative mehr Stimmen erhält als eine der anderen. Der Begriff der „einfachen Mehrheit" wird häufig als gleichbedeutend mit „relativer Mehrheit" verstanden. Das ist aber nur zutreffend, wenn nur zwei Wahlmöglichkeiten gegeben sind.   475

BEISPIEL: ► Sind in der Mitgliederversammlung eines Vereins, in dessen Satzung für die Vorstandswahl „einfache Mehrheit" vorgeschrieben ist, 105 Mitglieder anwesend, von denen bei der Vorstandswahl 25 für den ersten Bewerber, 35 für den zweiten und 45 für den dritten stimmen, hat der dritte Bewerber zwar die relative Mehrheit, da er die meisten Stimmen erhalten hat (s. unten), nicht aber die einfache. Er müsste dann nämlich mehr als die Hälfte der abgegebenen Stimmen haben. Das wären hier mindestens 53, nämlich mehr als die Hälfte von 105 (45 + 35 + 25).

Stehen nur zwei Kandidaten zur Wahl, von denen der erste 52 und der zweite 51 Stimmen erhält, während außerdem noch zwei Enthaltungen vorliegen, ist der erste Kandidat gewählt, da die auf ihn entfallene Stimmenzahl größer ist als die für den zweiten Kandidaten abgegebene Stimmenzahl. Entsprechendes gilt für eine Beschlussfassung.

476 I. d. R. ist der Begriff **„absolute Mehrheit"** ebenso zu verstehen wie der Begriff der „einfachen Mehrheit (Rz. 475), also mehr als die rechnerische Hälfte der zu zählenden Stimmen. Es kann aber auch die Mehrheit der bei der Abstimmung anwesenden Mitglieder gemeint sein. Dann sind Stimmenthaltungen zu berücksichtigen. Sie wirken sich praktisch als Nein-Stimmen aus. Gemeint sein kann schließlich auch die Mehrheit der Vereinsmitglieder.

> **BEISPIEL:** Von 49 anwesenden stimmberechtigten Mitgliedern stimmen 24 mit „Ja", 20 mit „Nein" und fünf enthalten sich der Stimme. Damit ist die Mehrheit der bei der Abstimmung anwesenden Mitglieder nicht erreicht und der Antrag abgelehnt.

> **HINWEIS:**
> Die Satzung sollte klären, wie sich die absolute Mehrheit berechnet. Im Zweifelsfall oder dann, wenn entsprechende Anhaltspunkte für eine andere Auslegung fehlen, ist die einfache Mehrheit gemeint (Sauter/Schweyer/Waldner, Rz. 208).

477 Die **„relative Stimmenmehrheit"** kann hinter der einfachen oder absoluten Mehrheit zurückbleiben (vgl. dazu Rz. 475, 476). Sie besteht in der größten Stimmenzahl bei Verteilung der Stimmen auf mehr als zwei Vorschläge (OLG München, NJW-RR 2008 S. 993 = WM 2008 S. 836). So ist in dem obigen Beispiel die relative Mehrheit erreicht. Bei **Wahlen** ist, soweit die Satzung nichts anderes bestimmt, grds. die absolute bzw. einfache Mehrheit notwendig (BGH, NJW 1974 S. 183; OLG München, a. a. O.).

> **HINWEIS:**
> In der Praxis ist jedoch m. E., um die Wahl eines Kandidaten sicherzustellen, eine Satzungsbestimmung zu empfehlen, die die relative Mehrheit ausreichen lässt, da sonst häufig eine Entscheidung für einen von mehreren Kandidaten unmöglich ist (zur Notwendigkeit einer insoweit klaren Regelung s. auch BayObLG, FGPrax 1996 S. 74).
>
> Die relative Mehrheit reicht aber nur aus, wenn sich das klar und eindeutig aus der Satzung ergibt (BayObLG, a. a. O.; OLG München, a. a. O.).

478 Möglich ist es auch, für den Fall, dass in einem ersten Wahlgang kein Kandidat die absolute/einfache Mehrheit erreicht, einen zweiten Wahlgang, in dem dann die relative Mehrheit ausreicht, oder eine **Stichwahl** vorzusehen.

> **BEISPIEL:** Auf der Mitgliederversammlung eines Kindergartenfördervereins erscheinen nur 15 Mitglieder. Für die Wahl zum Vorstand werden 3 Kandidaten vorgeschlagen. Bei der Wahl erhält Kandidat A 6 Stimmen, Kandidat B 5 Stimmen und Kandidat C

4 Stimmen. Heißt es nun in der Satzung z. B., dass alle Beschlüsse mit „einfacher Mehrheit" der erschienenen Mitglieder gefasst werden müssen, hat keiner der Kandidaten die erforderliche Mehrheit erreicht, da jeder weniger als 8 Stimmen hat (s. BayObLG, a. a. O.). Sieht die Satzung nun vor, dass eine Stichwahl zwischen den beiden Kandidaten mit den meisten Stimmen stattfindet und derjenige gewählt ist, der die meisten Stimmen auf sich vereinigt, ist Kandidat A gewählt, wenn er im zweiten Wahlgang von den 15 abgegebenen Stimmen 7 erhält, B hingegen nur 5 und sich nun 3 Mitglieder enthalten.

Unter „**qualifizierter** Mehrheit" versteht man schließlich eine Stimmenmehrheit, die größer ist als die einfache Stimmenmehrheit, z. B. 3/4 und ähnliche Stimmenmehrheiten. 479

dd) Vorgehen in der Mitgliederversammlung

Das **Auszählen** der Stimmen obliegt dem Versammlungsleiter bzw. den ggf. dazu von der Mitgliederversammlung bestimmten Stimmzählern. Dabei ist besonders sorgfältig vorzugehen, damit Fehler vermieden werden. Nach der Auszählung gibt dann i. d. R. der Versammlungsleiter das **Abstimmungsergebnis bekannt**. Das ist vor allem deshalb zweckmäßig, weil so für das Protokoll festgehalten wird, mit welchem Ergebnis zu dem Tagesordnungspunkt beraten worden ist. Die Feststellung und Verkündung des Abstimmungsergebnisses hat im Vereinsrecht keine konstitutive Bedeutung (OLG München, NJW-RR 2008 S. 993 = WM 2008 S. 836 m. w. N.; Reichert u.a., Rz. 1843 f.), es sei denn in der Satzung ist etwas anderes bestimmt. 480

HINWEIS:

Das hat zur Folge, dass Zähl- und Verkündungsfehler ohne Bedeutung sind. Entscheidend ist, was die Mitgliederversammlung tatsächlich beschlossen hat.

Soweit durch die Satzung nichts anderes geregelt ist, kann der Versammlungsleiter das tatsächliche Ergebnis einer Abstimmung grds. auch dadurch feststellen, dass er bereits nach der Abstimmung über zwei von drei − auf Zustimmung, Ablehnung oder Enthaltung gerichteten − Abstimmungsfragen die Zahl der noch nicht abgegebenen Stimmen als Ergebnis der dritten Abstimmungsfrage wertet (sog. **Subtraktionsmethode**; BGHZ 152 S. 63 = BGH, NJW 2002 S. 3629 = Rpfleger 2003 S. 21). 481

12. Stimmrecht des Mitglieds

a) Allgemeines

Das Stimmrecht des Mitglieds ist eines seiner wichtigsten Mitgliedschaftsrechte. Der Grundsatz der Gleichbehandlung aller Mitglieder hat zur Folge, dass 482 grds. **jedes Mitglied** nur **eine Stimme** hat (s. Rz. 278). Soll das Stimmrecht einzelner Gruppen von Mitgliedern erweitert oder eingeschränkt werden, ist eine Regelung der Satzung erforderlich. So kann z. B. einzelnen (Gründungs-) Mitgliedern als Sonderrecht ein mehrfaches Stimmrecht in allen oder nur in bestimmten Angelegenheiten, z. B. bei Auflösung des Vereins, eingeräumt werden. Zulässig ist es auch, wenn die Satzung das Stimmrecht nur passiven Mitgliedern verwehrt. Ist ausdrücklich in der Satzung keine Regelung getroffen, steht im Zweifel das Stimmrecht nur den ordentlichen Mitgliedern zu (Sauter/Schweyer/Waldner, Rz. 198). Ist eine (andere) juristische Person Vereinsmitglied, steht ihr das Stimmrecht nur einmal zu, auch wenn ihr gesetzlicher Vertreter aus mehreren Personen besteht.

> **HINWEIS:**
>
> Insbesondere das Stimmrecht von Minderjährigen kann abweichend vom allgemeinen Stimmrecht geregelt werden. Allerdings muss die abweichende Regelung in der Satzung erfolgen. Möglich ist z. B. eine Begrenzung des Stimmrechts auf alle mindestens 16 Jahre alten Mitglieder. Das Stimmrecht von geschäftsfähigen Betreuten kann nicht ausgeschlossen werden (s. oben Rz. 458 m. w. N.).

483 Die Mitglieder sind in der Ausübung ihrer Stimmrechte grds. frei. Mehrere Mitglieder können **Vereinbarungen treffen, wie** sie **abstimmen.** Diese sind zulässig, es sei denn, die Satzung verbietet sie ausdrücklich oder die Vereinbarungen verstoßen gegen die guten Sitten. Die Vereinbarung hat rechtliche Bedeutung nur für die an ihr Beteiligten, nicht im Verhältnis zum Verein.

> **HINWEIS:**
>
> Eine entgegen einer Vereinbarung abgegebene Stimme ist gültig. In Betracht kommt allerdings eine Schadensersatzpflicht des Mitglieds, das sich nicht an die Vereinbarung gehalten hat.

b) Ausübung des Stimmrechts

484 Nach § 38 BGB ist das Stimmrecht **grds. persönlich auszuüben.** Die Übertragung auf eine andere Person ist nur zulässig, wenn die Satzung dies ausdrücklich zulässt. Die Regelung „Satzungsänderungen bedürfen der Mehrheit von mindestens ... der in der Mitgliederversammlung vertretenen Stimmen" ist aber nicht so zu verstehen, dass (nur) für Abstimmungen über Satzungsänderungen eine Stellvertretung zugelassen werden sollte (LG Detmold, Rpfleger 1999 S. 333). Die Satzung kann auch bestimmen, ob die **Übertragung** nur auf ein Vereinsmitglied oder auch auf einen Außenstehenden möglich ist. Nach der hier vertretenen Auffassung (s. Rz. 297) ist die Übertragung auf einen Außenstehenden unzulässig und unwirksam (a. A. Sauter/Schweyer/Waldner, Rz. 199; Stöber/Otto,

Rz. 826). Ist eine **juristische Person** Mitglied, ist das Stimmrecht durch das zuständige Organ auszuüben (OLG Hamm, NJW-RR 1990 S. 532); die Satzung kann aber eine Stimmabgabe durch einen Bevollmächtigten gestatten (vgl. auch Rz. 484). Die Satzung kann den **Personenkreis**, auf den das Stimmrecht übertragen werden kann, bestimmen bzw. **eingrenzen**. So ist es z. B. zulässig, in der Satzung eines Kindergartenfördervereins festzulegen, dass das Stimmrecht nur auf den anderen Elternteil oder auf (Ehe-)Partner übertragen werden kann.

Nach **Übertragung** des **Stimmrechts** ist der Bevollmächtigte grds. frei in der Entscheidung, wie er abstimmen will. Er kann die Stimme des Vertretenen also in seinem eigenen Interesse benutzen. Allerdings kann der Stimmrechtsinhaber dem Bevollmächtigten **Anweisungen** erteilen, wie er abstimmen soll. Dabei kann es sich um eine generelle Anweisung handeln, aber auch um Vorgaben, wie zu bestimmten Tagesordnungspunkten abzustimmen ist. Eine solche Anweisung hat aber nur Bedeutung für die an der Anweisung Beteiligten. Im Verhältnis zum Verein ist sie ohne Bedeutung. Hat sich also das Mitglied nicht an eine Anweisung gehalten, berührt das die Gültigkeit seiner Stimmabgabe nicht (Sauter/Schweyer/Waldner, Rz. 201 für den Fall der Abstimmungsvereinbarung). Eine andere Frage ist, ob der Bevollmächtigte ggf. dem Vollmachtgeber gegenüber **schadensersatzpflichtig** ist. 485

Für einen **Minderjährigen** kann dessen **gesetzlicher Vertreter** das Stimmrecht **ausüben** (s. oben Rz. 454). Das ist keine Frage der Stimmrechtsübertragung und braucht in der Satzung nicht ausdrücklich geregelt zu sein. Die Satzung kann aber auch die Ausübung des Stimmrechts durch den gesetzlichen Vertreter ausschließen, so z. B. bei Vereinen mit ausschließlich oder überwiegend jugendlichen Mitgliedern (Sauter/Schweyer/Waldner, Rz. 199). In diesem Fall liegt aber in jedem Fall in der Einwilligung des gesetzlichen Vertreters zum Beitritt des Minderjährigen die generelle Einwilligung zur selbständigen Ausübung des Stimmrechts durch den beschränkt Geschäftsfähigen (s. auch Rz. 300, 454). Sieht die Satzung bei Minderjährigen die Stimmabgabe durch „die gesetzlichen Vertreter" vor, bedeutet das nicht, dass beide Elternteile bei der Mitgliederversammlung anwesend sein müssen. Nach § 1629 BGB sind zwar die Eltern **gemeinschaftlich gesetzliche Vertreter**. Möglich und zulässig ist es aber, dass der eine Elternteil den anderen zur Alleinvertretung in der Mitgliederversammlung bevollmächtigt (zur Stimmabgabe **Betreuter** s. oben Rz. 458). 486

Nach wohl h. M. kann ein Mitglied, das mehrere Stimmen besitzt (z. B. als Sonderrecht eines Gründungsmitglieds), diese **nur einheitlich** abgeben. Es darf also nicht mit der einen Stimme für, mit einer weiteren Stimme gegen einen Antrag stimmen (so auch Sauter/Schweyer/Waldner, Rz. 200). Zulässig soll die 487 unterschiedliche Stimmabgabe aber dann sein, wenn ein Mitglied sowohl das eigene Stimmrecht ausübt als auch ihm von anderen Mitgliedern übertragene. Das ist auf jeden Fall dann zutreffend, wenn dem Mitglied bei Übertragung des Stimmrechts bestimmte Anweisungen hinsichtlich des Abstimmungsverhaltens, was zulässig ist (s. Rz. 484), gegeben worden sind.

c) Ausschluss vom Stimmrecht

488 Der Ausschluss des Mitglieds vom Stimmrecht ist in § 34 BGB ausdrücklich geregelt. Danach ist ein Mitglied **nicht stimmberechtigt,** wenn die Beschlussfassung die Vornahme eines **Rechtsgeschäfts mit ihm selbst** oder die Einleitung oder Erledigung eines **Rechtsstreits zwischen ihm** und dem **Verein** betrifft. Gleichgültig ist, ob es sich um ein einseitiges Rechtsgeschäft (Kündigung eines Vertrags mit dem Mitglied, aber auch Entlastung [s. Rz. 683]), einen Vertrag oder eine geschäftsähnliche Handlung (Mahnung, Fristsetzung) handelt (Palandt/Ellenberger, § 34 Rz. 1). **Grund** für die gesetzliche Regelung ist eine mögliche **Interessenkollision** in einer Angelegenheit, bei der sich auf der einen Seite der Verein befindet und auf der anderen das Mitglied in seinem privaten Rechtsbereich. Deshalb kommt es nicht darauf an, ob ein Interessenwiderstreit tatsächlich besteht. Ein nur **mittelbarer Interessenkonflikt** reicht allerdings für den Stimmrechtsausschluss **nicht** aus (vgl. auch VB 6/2018 S. 18). Deshalb darf das Mitglied mitstimmen, wenn es um ein Rechtsgeschäft mit nahen Angehörigen oder mit einer anderen juristischen Person geht, an der das Mitglied ebenfalls beteiligt, mit er es jedoch nicht identisch ist (Einmann-GmbH). Unbedenklich ist auch das **Mitstimmen** bei der **eigenen Wahl** (OLG Hamm, NJW-RR 2007 S. 161 [für Wohnungseigentümergemeinschaft]), bei der Abwahl, beim **Vereinsausschluss** und bei der Verhängung einer Vereinsstrafe (h. M., vgl. Palandt/Ellenberger, § 34 Rz. 3; s. auch Rz. 198).

489 § 34 BGB **verbietet** nur das Mitstimmen, **nicht** die **Teilnahme** an der Mitgliederversammlung. Das vom Stimmrecht ausgeschlossene Mitglied kann also an der Diskussion über den Tagesordnungspunkt teilnehmen. Das ausgeschlossene Mitglied kann sein Stimmrecht aber nicht auf ein anderes Mitglied übertragen oder für andere Mitglieder deren Stimmrecht ausüben.

> **HINWEIS:**
>
> Trotz eines Verstoßes gegen § 34 BGB bleibt der mit der Stimme des vom Stimmrecht ausgeschlossenen Mitglieds gefasste Beschluss wirksam, wenn die ungültige Stimme nachweisbar ohne Einfluss auf das Abstimmungsergebnis war (BayObLG, NZM 1998 S. 442 [für Stimmrechtsausschluss auf Wohnungseigentümerversammlung]). Bei der Auszählung des Abstimmungsergebnisses wird der vom Stimmrecht Ausgeschlossene, auch wenn er anwesend ist, als nicht anwesend angesehen.

Die Regelung über den Ausschluss vom Stimmrecht in § 34 BGB ist **zwingend**   490
(§ 40 BGB). **Mildere Regelungen** sind in der Satzung daher **nicht zulässig.** Die
Satzung kann aber den Stimmrechtsausschluss ausdehnen, wobei der Grund-
satz der Gleichbehandlung aller Mitglieder beachtet werden muss. So kann das
Stimmrecht z. B. ausgeschlossen werden in Angelegenheiten, an denen nahe
Angehörige beteiligt sind. Erlaubt ist die Koppelung des Stimmrechts an die
Zahlung des Vereinsbeitrags. Allerdings sollten hier klare Regelung getroffen
werden, also z. B., dass stimmberechtigt (nur) alle Mitglieder sind, die ihren
Jahresbeitrag für das laufende Kalenderjahr entrichtet haben. Das Stimmrecht
kann schließlich auch von einer bestimmten Mindestzeit der Vereinszugehörig-
keit abhängig gemacht werden.

13. Behandlung fehlerhafter oder nichtiger Beschlüsse der Mitgliederversammlung

a) Verstöße gegen Gesetz oder die Satzung

aa) Allgemeines

Für die Antwort auf die Frage, wie fehlerhafte oder nichtige Versammlungs-   491
beschlüsse zu behandeln sind, ist zuvor zu klären, **wann** ein Beschluss der
Mitgliederversammlung fehlerhaft oder **nichtig** ist. Diese Frage ist in Rechtspre-
chung und Literatur **sehr umstritten.** Als derzeitigen Stand der unterschiedlichen
Meinungen lässt sich Folgendes dazu feststellen (s. BGH, NJW 1973 S. 235; 1975
S. 2101; 2008 S. 69 = NZG 2008 S. 826; Soergel/Hadding, § 32 Rz. 14; Sauter/
Schweyer/Waldner, Rz. 212 m. w. N.; Stöber/Otto, Rz. 862 ff.; Reichert u.a.,
Rz. 1972 ff.; Palandt/Ellenberger, § 32 Rz. 9):

Im **BGB** ist **nicht geregelt,** welche rechtlichen Folgen Verstöße gegen gesetzli-   492
che Bestimmungen oder gegen die Satzung auf die Wirksamkeit von Beschlüssen haben. Die Rechtsprechung hat es bisher abgelehnt, die Sondervorschriften
des Aktien- und Genossenschaftsrechts (§§ 241 ff. AktG, § 51 GenG) auf fehlerhafte Beschlüsse der Mitgliederversammlung des Vereins direkt oder entsprechend anzuwenden (zuletzt BGH, NJW 2008 S. 69 = SpuRt 2008 S. 70 = NZG
2007 S. 826; OLG Düsseldorf, FGPrax 2010 S. 43 = Rpfleger 2010 S. 271; OLG
Hamm, VB 11/2013 S. 2; s. auch schon BGH, NJW 1975 S. 2101; krit. Terner,
NJW 2008 S. 16). Sie geht mit einem Teil der Literatur vielmehr davon aus, dass
ein **Verstoß gegen zwingende Vorschriften des Gesetzes** oder der **Satzung** den
Beschluss der Mitgliederversammlung **nichtig** macht. Im Vereinsrecht ist ein
Beschluss der Mitgliederversammlung also entweder gültig oder ungültig.

HINWEIS:

Diskutiert wird in der Literatur die Frage, ob in der Satzung festgelegt werden kann, dass die §§ 241 ff. AktG bei Beschlussmängeln entsprechend gelten sollen (vgl. die Nachweise bei Terner, a. a. O., Fn. 41). M. E. dürfte das zulässig sein. § 32 BGB ist dispositiv, so dass die Satzung festlegen kann, in welchen Fällen ein Beschluss der Mitgliederversammlung nichtig sein soll und ggf. auch, welches Verfahren einzuhalten ist. Es bietet sich an, diese Frage wie im österreichischen Vereinsrecht zu regeln. Dort heißt es in § 7: „Beschlüsse von Vereinsorganen sind nichtig, wenn dies Inhalt und Zweck eines verletzten Gesetzes oder die guten Sitten gebieten. Andere gesetz- oder statutenwidrige Beschlüsse bleiben gültig, sofern sie nicht binnen eines Jahres ab Beschlussfassung gerichtlich angefochten werden. Jedes von einem Vereinsbeschluss betroffene Vereinsmitglied ist zur Anfechtung berechtigt."

bb) Auffassung der Rechtsprechung

Im Einzelnen gilt nach der **Rechtsprechung**:

493 **Verstößt** ein Beschluss gegen ein **gesetzliches Verbot** (§ 134 BGB) oder ist er **sittenwidrig** (§ 138 BGB), ist er auf jeden Fall nichtig. Das gilt auch, wenn er in Widerspruch zu **unabdingbaren** vereinsrechtlichen **Vorschriften** steht (§ 40 BGB; s. dazu Sauter/Schweyer/Waldner, Rz. 212 f.), so z. B., wenn die Kündigungsfrist für den Vereinsaustritt entgegen § 39 BGB auf mehr als zwei Jahre verlängert wird.

> **BEISPIEL:** **Unwirksam** ist ein Beschluss, wonach der Austritt aus dem Verein nicht mehr möglich sein soll. § 39 BGB ist zwingendes Recht. Dasselbe gilt, wenn durch einen Beschluss der Mitgliederversammlung das Recht einer Minderheit auf Einberufung der Mitgliederversammlung aus § 37 BGB abgeschafft werden soll.

494 Liegt in dem Beschluss der Mitgliederversammlung (**nur**) ein **Verstoß** gegen **Satzungsvorschriften,** kommt es für die Frage der Wirksamkeit des Beschlusses darauf an, welchen **Charakter** die Satzungsvorschriften haben.

▶ Handelt es sich um Verstöße gegen Bestimmungen, die dem **gemeinschaftlichen Interesse** der Mitglieder an einer ordnungsgemäßen Willensbildung dienen, ist der Beschluss regelmäßig **nichtig** (Soergel/Hadding, § 32 Rz. 15; Reichert u.a., Rz. 1975 ff.).

▶ Ist hingegen nur eine Vorschrift verletzt, die sich als Schutzbestimmung **zugunsten einzelner** Mitglieder darstellt und kein übergeordnetes Interesse, insbesondere an einer einwandfreien Willensbildung der Mitgliederversammlung, wahrnimmt, hängt die Rechtsbeständigkeit des Beschlusses davon ab, ob der Verstoß gerügt wird.

Zu den beiden Gruppen lassen sich **folgende Beispiele** aus der Rechtsprechung geben:

cc) Beispielsübersicht

Zur **ersten Gruppe** – **Nichtigkeit** – (vgl. Rz. 493) gehört der Fall (vgl. weitere 495
Nachweise bei Stöber/Otto, Rz. 866),

▶ dass ein **Teil** der Mitglieder zur Mitgliederversammlung **nicht eingeladen** worden ist (BGH, NJW-RR 2006 S. 831 = MDR 2006 S. 1001 [für Ladung zu einer GmbH-Gesellschafterversammlung]; OLG Düsseldorf, MDR 2015 S. 1312 = NZG 2015 S. 1321 = NJW-RR 2016 S. 43 = Rpfleger 2016 S. 105; OLG München, FGPrax 2015 S. 210 = Rpfleger 2016 S. 40 = NZG 2016 S. 387 = NJW-RR 2016 S. 555 [zugleich auch zur Beweislast]; OLG Zweibrücken, Rpfleger 2006 S. 658 = FGPrax 2006 S. 229 [für Nichteinladung des teilnahmeberechtigten Liquidators]; OLG Zweibrücken, Rpfleger 2013 S. 537 = FGPrax 2013 S. 223 – ZStV 2013 S. 229),

---

HINWEIS:

Nach Ansicht der Rechtsprechung kann trotz Nichteinladung stimmberechtigter Mitglieder ein auf der Mitgliederversammlung gefasster Beschluss oder eine Wahl aber dennoch wirksam sein, wenn der Verein nachweist, dass der Beschluss/die Wahl nicht auf diesem Mangel beruhen kann (BGH, NJW 1973 S. 235; BayObLG, NJW-RR 1997 S. 289; OLG Karlsruhe, NJW-RR 1998 S. 684; OLG München, FGPrax 2015 S. 210 = Rpfleger 2016 S. 40 = NZG 2016 S. 387 = NJW-RR 2016 S. 555). Dieser Nachweis wird i. d. R. aber nur schwer zu führen sein, da, wenn eine Diskussion oder Aussprache vorgesehen war, sich meist nicht wird ausschließen lassen, dass die nicht erschienenen Mitglieder durch ihre Teilnahme andere Mitglieder im Hinblick auf deren Stimmabgabe beeinflusst hätten (BGH, a. a. O.). Etwas anderes gilt, wenn die Mehrheitsverhältnisse so eindeutig sind/waren, auch ein Erscheinen des/der Mitglieder zu keinem anderen Abstimmungsergebnis geführt hätte (vgl. die Fallgestaltung bei OLG München, a. a. O.).

Etwas anderes gilt auch dann, wenn eine Vollversammlung stattgefunden hat, also alle Mitglieder erschienen sind – und zumindest stillschweigend – auf Einhaltung der Formalitäten verzichtet und vorbehaltlos Beschlüsse gefasst haben (OLG Zweibrücken, Rpfleger 2006 S. 658 = FGPrax 2006 S. 229).

▶ dass unter **Verletzung** der (satzungsmäßigen) Vorschriften über **Form** und **Ladungsfrist** eingeladen worden ist (BGH, NJW-RR 2006 S. 831 = MDR 2006 S. 100; KG, OLGZ 1971 S. 482; OLG Hamm, Urteil v. 18. 12. 2013 – 8 U 20/13, VB 3/2014 S. 1 [Ls.]; OLG Köln, Rpfleger 2009 S. 237; a. A. LG Bremen, Rpfleger 1990 S. 466 für zu kurze Einladungsfrist; wohl auch BayObLG, NZM 1999 S. 130 [für Wohnungseigentümerversammlung]; OLG Karlsruhe, NJW-

RR 1998 S. 684), es sei denn der Verein weist nach, dass der Beschluss nicht auf dem Einladungsmangel beruht (BayObLG, OLG Karlsruhe, jeweils a. a. O.; OLG München, FGPrax 2015 S. 210 = Rpfleger 2016 S. 40 = NZG 2016 S. 387 = NJW-RR 2016 S. 555; s. aber auch LG Gießen, Rpfleger 1998 S. 523 [unerheblich, wenn kein Mitglied die Nichteinhaltung gerügt hat] und oben Rz. 361); nicht ausreichend sind sonstige Mängel der Ladung, wie z. B. ein fehlendes Erstelldatum,

▶ dass die Mitgliederversammlung durch ein **unzuständiges Organ** oder ohne ordnungsgemäß zustande gekommenen Vorstandsbeschluss **einberufen** worden ist (Palandt/Ellenberger, § 32 Rz. 2; vgl. auch BGHZ 18 S. 334 für Gesellschafterversammlung einer Genossenschaft; OLG Düsseldorf, Beschluss v. 9.2.2016 – 3 Wx 4/16, VB 6/2016 S. 1),

▶ dass **Nichtmitglieder teilgenommen** haben (s. aber BGH, NJW 1973 S. 235),

▶ dass **Mitglieder** durch die Wahl des Versammlungsorts (zu klein) oder der Tagungszeit (unzumutbar) von der Mitgliederversammlung **faktisch ausgeschlossen** worden sind (Otto, jurisPK, § 32 Rz. 80 unter Hinweis auf Stöber/Otto, Rz. 866),

▶ wenn bei der **Einladung** der Mitglieder der Gegenstand der Beschlussfassung nicht oder **nicht genau genug** (s. Rz. 373 f.) bezeichnet worden ist (BGH, NJW 2008 S. 69 = SpuRt 2008 S. 70 = NZG 2007 S. 826; OLG Bremen, NZG 2011 S. 1192 = NJW-RR 2011 S. 1487; OLG Zweibrücken, Rpfleger 2002 S. 315 = FGPrax 2002 S. 80; LG Freiburg, Urteil v. 11. 11. 2011 – 12 O 71/10 [Wahl des gesamten Vorstands, obwohl nur Teilwahl angekündigt war]; vgl. dazu auch Soergel/Hadding, a. a. O.; Stöber/Otto, a. a. O., m. w. N.; Stadler, SpuRt 2008 S. 200),

▶ wenn die Beschlüsse der Mitgliederversammlung unter einer **satzungswidrigen Versammlungsleitung** gefasst wurden, da Satzungsvorschriften über die Leitung der Mitgliederversammlung dem Gesamtinteresse aller Mitglieder an einer einwandfreien Willensbildung dienen und ein Verstoß deshalb zur Nichtigkeit führen dürfte (so auch KG, NJW 1988 S. 3159; Sauter/Schweyer/Waldner, Rz. 213; a. A. OLG Köln, Rpfleger 1985 S. 447 f.; LG Bonn, Rpfleger 1985 S. 198),

▶ dass die Mitgliederversammlung nach der Satzung **nicht beschlussfähig** war (BGH, NJW 1994 S. 239),

▶ wenn die Beschlüsse auf einer sog. **Eventualversammlung** gefasst worden sind, die die Satzung gar **nicht vorsieht** (BayObLG, NJW-RR 2002 S. 1612 = Rpfleger 2003 S. 90; OLG Köln, Rpfleger 2009, S. 237)

▶ wenn die Wahl von Vorstandsmitgliedern in einer von der Satzung **nicht vorgesehenen Wahlform** erfolgt ist (KG, Rpfleger 2012 S. 550; für die Blockwahl OLG Bremen, NZG 2011 S. 1192 = NJW-RR 2011 S. 1487; OLG Zweibrücken, NZG 2013 S. 1236; vgl. aber OLG Rostock, Beschluss v. 26. 6. 2012 – 1 W 16/12 [nicht, wenn einstimmig so gewählt worden ist]; dazu auch VB 3/ 2017 S. 8 ff.).

HINWEIS:

Die Rechtsprechung gibt dem Verein auch bei einem schweren Verfahrensverstoß allerdings noch die Möglichkeit, die an sich eintretende Nichtigkeit abzuwenden: Weist er nach, dass der Beschluss nicht auf dem Verfahrensverstoß beruht, ist der Beschluss gültig (BGH, NJW 1973 S. 235 für die Beteiligung von Nichtmitgliedern; OLG Köln, OLGZ 1983 S. 207 für Einladungsmängel bei der Einladung zur Mitgliederversammlung nach dem Tod eines Vorstandsmitglieds; OLG München, FGPrax 2015 S. 210 = Rpfleger 2016 S. 40 = NZG 2016 S. 387 = NJW-RR 2016 S. 555 für Nichteinladung von Mitgliedern; s. auch Rz. 316 ff., 671).

Ob ein Verstoß zu der **zweiten Gruppe** (vgl. Rz. 493) gehört, bei der **nur auf Rüge** hin Nichtigkeit angenommen wird, wird von der **Regelung** des entsprechenden Punkts in der **Satzung** und von der Art des Verstoßes **abhängen**. Die versehentliche Verletzung einer Vorschrift wird i. d. R. nicht ohne Weiteres zur Nichtigkeit des Beschlusses führen (Stöber/Otto, Rz. 865). Etwas anderes muss gelten, wenn **bewusst** gegen eine Satzungsbestimmung verstoßen wird, z. B. wenn einzelne Mitglieder nicht eingeladen werden. Auch eine unzureichende Informationserteilung durch den Vorstand während der Mitgliederversammlung (vgl. dazu Rz. 635 ff.) macht – anders als im Aktienrecht – Beschlüsse der Mitgliederversammlung nicht nichtig (LG Frankfurt/Main, NJW-RR 1998 S. 396). Entsprechendes gilt, wenn gegen verfahrensrechtliche Vorgaben der Satzung verstoßen worden ist, wie z. B. eine Beschlussfassung nach zu langer Dauer der Sitzung oder ohne (in der Satzung vorgesehene) Aussprache.

496

HINWEIS:

Auch dann, wenn in der Mitgliederversammlung über die Abweichung von einem in der Satzung vorgeschriebenen Verfahren zunächst diskutiert und die Abweichung dann einstimmig genehmigt wird, wird man die Nichtigkeit des Beschlusses i. d. R. verneinen können (vgl. dazu OLG Rostock, Beschluss v. 26. 6. 2012 – 1 W 161/12 [Vorstandswahl in Form der Blockwahl ohne Satzungsgrundlage]; s. aber OLG Zweibrücken, NZG 2013 S. 1236). Es kommt aber auch hier immer darauf an, dass nicht gegen eine Satzungsregelung verstoßen wird, die dem Mitgliederschutz gilt. Sicherheitshalber sollte daher von einem in der Satzung vorgeschriebenen Verfahren nicht abgewichen werden.

b) Wie ist mit fehlerhaften oder nichtigen Beschlüssen zu verfahren?

aa) Allgemeines

497 Der **Satzungsverstoß** muss grds. (zunächst) gegenüber der Mitgliederversammlung **gerügt** werden. Außerhalb der Mitgliederversammlung ist die Rüge beim Vorstand zu erheben oder ggf. später gegenüber dem Registergericht, wenn dieses mit der Prüfung des ins Vereinsregister einzutragenden Beschlusses befasst ist. Wird der Verstoß in der Versammlung oder von denjenigen Mitgliedern, die nicht an der Versammlung teilgenommen haben, nach Kenntnis vom Beschluss innerhalb einer angemessenen Frist nicht gerügt, erlischt das Rügerecht (vgl. auch Rz. 501). Der Beschluss kann von den Mitgliedern auch nachträglich genehmigt werden (OLG Frankfurt/Main, OLGZ 1984 S. 11 zur GmbH).

498 Ist nach den oben angegebenen Grundsätzen ein Beschluss **nichtig,** entfaltet er **keinerlei Rechtswirkungen.** Die Wirksamkeit kann auch nicht dadurch herbeigeführt werden, dass die Mitgliederversammlung den Beschluss nachträglich so behandelt, als sei er wirksam zustande gekommen, oder ein Ergebnisprotokoll genehmigt wird. Zur Heilung (§ 141 BGB) ist vielmehr die Wiederholung der Abstimmung in satzungsmäßig einwandfreier Form erforderlich. Wird der Beschluss allerdings über Jahre hinweg widerspruchslos hingenommen, soll dies als stillschweigende Billigung durch alle Mitglieder im Einzelfall auch zur Wirksamkeit führen (Otto, jurisPK, § 32 Rz. 81).

499 **Nichtige Versammlungsbeschlüsse** dürfen von den zuständigen Vereinsorganen **nicht ausgeführt** werden, anderenfalls haften die Organe ggf. selbst. Wird durch die Ausführung eines nichtigen Beschlusses ein Dritter geschädigt, haftet der Verein nach § 31 BGB, z. B. für vom Dritten insoweit erbrachte Leistungen (Sauter/Schweyer/Waldner, Rz. 215a a. E.; zur Haftung des Vereins s. Rz. 745 ff.).

> **BEISPIEL:** ▶ Die Mitgliederversammlung wird nicht von dem in der Satzung vorgesehenen Versammlungsleiter geleitet. Es wird beschlossen, ein Vereinsheim zu bauen und mit der Planung den Architekten A zu beauftragen. Der Vorstand erteilt dem Architekten den Auftrag, dieser beginnt mit den Planungsarbeiten. Später wird wegen der Nichtigkeit des Beschlusses eine neue Mitgliederversammlung einberufen, die nun den Architekten B beauftragt. A kann für seine erbrachten Leistungen Ersatz vom Verein verlangen.

bb) Feststellungsklage

500 Die Nichtigkeit eines Beschlusses kann jedes Vereinsmitglied durch **Feststellungsklage** (§ 256 ZPO) gegenüber dem Verein geltend machen (BGH, NJW 2008 S. 69 = SpuRt 2008 S. 70 = NZG 2008 S. 826; zur Anfechtung von Wahlen

in einem Ortsverband einer politischen Partei vgl. KG, NJW 1988 S. 3159; OLG Saarbrücken, NZG 2008 S. 677; s. auch LG Frankfurt/Main, NJW-RR 1998 S. 396 und LG Wuppertal, Urteil v. 4. 11. 2009 – 8 S 44/09 [nicht gegenüber anderen Vereinsmitgliedern oder Organen des Vereins]; zur Zulässigkeit einer **einstweiligen Verfügung** [gegen einen Vereinsausschluss] AG Bochum, Urteil v. 14. 8. 2014 – 40 C 382/14, VB 6/2015 S. 2 m. Anm. Schmittmann, CaS 2014 S. 385). Ist die Bestellung eines neuen Vereinsvorstands in der Mitgliederversammlung wegen Unwirksamkeit oder Anfechtbarkeit der zur Bestellung erforderlichen Willenserklärungen nichtig, z. B. weil nicht alle Mitglieder zur Mitgliederversammlung eingeladen worden sind, kann die Nichtigkeit oder Anfechtbarkeit des Bestellungsakts nach Aufnahme der Organtätigkeit mit Wissen und Willen der Mitglieder des Bestellungsorgans **nur** noch für die **Zukunft**, nicht jedoch für die Vergangenheit geltend gemacht werden (OLG Jena, Beschluss v. 23. 8. 2013 – 9 W 134/13; AG Geldern, Urteil v. 30. 9. 2008 – 3 C 287/07). Für die Vertretung des Vereins in einem Rechtsstreit um die Wirksamkeit der Bestellung des Vorstands gelten die von der Rechtsprechung für das GmbH-Recht entwickelten Grundsätze entsprechend. Wird somit die Nichtigkeit der Bestellung des Vorstands geltend gemacht, vertritt derjenige den Verein im Rechtsstreit, der im Fall des Obsiegens des Vereins als deren Vorstand anzunehmen ist (OLG Brandenburg, Urteil v. 3. 7. 2012 – 11 U 174/07). Vor einer Klage müssen auch die **vereinsinternen Rechtsbehelfe** ausgeschöpft werden (KG, NJW 1988 S. 3159; s. auch oben Rz. 200, 208).

HINWEIS:

Die Beschlussanfechtung setzt unverzichtbar voraus, dass der Anfechtende sowohl im Zeitpunkt der Beschlussfassung als auch dem der Rechtshängigkeit (noch) Mitglied des Vereins ist (BGH, a. a. O.; OLG Brandenburg, Urteil v. 3. 7. 2012 – 11 U 174/07).

Die **Feststellungsklage** ist zwar nach dem Gesetz nicht fristgebunden. Aus Gründen der Rechtssicherheit und Rechtsklarheit wird in der Rechtsprechung aber gefordert, dass die Frage der Wirksamkeit des Beschlusses **innerhalb angemessener Frist** geklärt sein muss (OLG Brandenburg, Urteil v. 3. 7. 2012 – 11 U 174/07; OLG Hamm, NJW-RR 1997 S. 989; OLG Saarbrücken, NZG 2008 S. 677). Insoweit ist Eile geboten, denn in der Rechtsprechung sind Zeiträume von nur einem Monat (vgl. OLG Saarbrücken, a. a. O.) oder auch vier Monaten als zu lang angesehen worden (OLG Hamm, a. a. O.; AG Göttingen, Urteil v. 30. 4. 2015 – 27 C 69/14; s. auch OLG Brandenburg, Urteil v. 3. 7. 2012 – 11 U 174/07 [sieben Wochen nicht zu lang] und LG Gießen, Rpfleger 1998, S. 523, 524 [Rüge der Nichteinhaltung der Ladungsfrist zur Mitgliederversammlung nicht unter einem und nicht über zwei Monaten]). Die **Satzung** kann eine **Frist**

501

für die Klage **bestimmen**; diese wird nicht kürzer als die aktienrechtliche Frist von einem Monat (§ 246 Abs. 1 AktG) sein dürfen (Sauter/Schweyer/Waldner, Rz. 215a; s. auch OLG Saarbrücken, a. a. O.).

502 Wird **gerichtlich** die **Ungültigkeit** des Beschlusses **festgestellt**, ist das Urteil allgemein verbindlich (BGH, NJW-RR 1992 S. 1209) und gilt nicht etwa nur zwischen Verein und klagendem Mitglied. Ist aufgrund des nichtigen Beschlusses eine Eintragung im Vereinsregister erfolgt, kann diese nach § 395 FamFG von Amts wegen **gelöscht** werden (OLG Köln, Rpfleger 2009 S. 237). Ein Vereinsmitglied kann die Löschung anregen, ein Antragsrecht hat es nach § 395 FamFG nicht. Folgt das Registergericht der Löschungsanregung des Vereinsmitglieds nicht und unterrichtet es den Anregenden entsprechend, so hat dieser hiergegen kein Rechtsmittel (OLG Düsseldorf, NZG 2010 S. 395 = FGPrax 2010 S. 105 für Eintragung einer Satzungsänderung).

14. Vertreterversammlung anstelle Mitgliederversammlung?

a) Allgemeines

503 Die Satzung kann anstelle der Mitgliederversammlung eine Vertreterversammlung vorsehen, in der die Rechte der Mitglieder ausschließlich durch von den Mitgliedern bestellte Vertreter (Delegierte) ausgeübt werden (§§ 38, 40 BGB). Eine solche Regelung wird insbesondere bei den Vereinen **notwendig** sein oder werden, die eine so **große Zahl** von **Mitgliedern** haben oder im Laufe der Zeit erreichen, dass eine ordnungsgemäße Durchführung der Mitgliederversammlung aus organisatorischen Gründen nicht mehr gewährleistet ist. Man denke nur an die Raumfrage oder die notwendige schriftliche Einladung sämtlicher Mitglieder zur Mitgliederversammlung. Die Einführung einer Vertreterversammlung kommt ferner bei Vereinen mit Untergliederungen (Landesverbände, Bezirksverbände, Ortsgruppen usw.) in Betracht.

504 Wird bei einem Verein die Vertreterversammlung eingeführt, so besitzt diese nach der Eintragung der entsprechenden Satzungsänderung in das Vereinsregister alle **Befugnisse,** die nach Gesetz und Satzung der Mitgliederversammlung zustehen. Die für diese geltenden Vorschriften sind entsprechend anzuwenden (OLG Frankfurt/Main, Rpfleger 1973 S. 54 zu § 37 BGB), wenn nicht ausdrücklich neue Bestimmungen für die Vertreterversammlung, etwa über die Einberufung, die Beschlussfähigkeit und Beschlussfassung, erlassen worden sind. Die Mitgliederversammlung selbst besteht neben der Vertreterversammlung nur dann weiter, wenn die Satzung sie für einzelne Angelegenheiten noch vorsieht, so z. B. für die Auflösung des Vereins oder für die Änderung des Vereinszwecks. Die einzelnen Vereinsmitglieder können an der

Willensbildung im Verein nur noch über die Wahl der Vertreter zur Vertreterversammlung teilnehmen. Sie haben kein Recht, die Unwirksamkeit eines von der Vertreterversammlung gefassten Beschlusses geltend zu machen, sofern sie nicht in ihrer Person davon betroffen sind (z. B. bei einer Vereinsstrafe).

b) Satzungsregelungen

Die Satzung muss **bestimmen,** aus welchen Personen sich eine Vertreterversammlung **zusammensetzt** und wie die Vereinsmitglieder die Delegierten bestimmen (s. zu allem wegen der Einzelheiten Sauter/Schweyer/Waldner, Rz. 216 ff. m. w. N.; Stöber/Otto, Rz. 766 ff.; Reichert u.a., Rz. 5751 ff.). Die Satzung kann eine feste Zahl von Vertretern oder das Verhältnis zwischen der Zahl der Mitglieder und der Zahl der Vertreter bestimmen. Untergliederungen kann sowohl eine bestimmte Zahl von Vertretern zugewiesen als auch angeordnet werden, dass auf eine bestimmte Zahl von Angehörigen der Untergliederung ein Vertreter entfällt. Bei allen Regelungen in diesem Bereich ist jedoch darauf zu achten, dass die **Gesamtheit** der Vereinsmitglieder durch die Vertreterversammlung **ausreichend repräsentiert** wird und Untergliederungen annähernd gleichmäßig vertreten sind. Nach Auffassung des LG Frankenthal (RNotZ 2007 S. 478) sollen bei einem aus 70.000 Mitgliedern bestehenden Verein 15 gewählte Vertreter die Mitglieder noch ausreichend repräsentieren, was m. E. zweifelhaft ist. Hinzuweisen ist in dem Zusammenhang auf § 43a Abs. 1 GenG. Der sieht bei 1.500 Genossen mindestens 50 Vertreter vor. **505**

Die **Art** und **Weise,** wie die Mitglieder der Vertreterversammlung bestimmt werden, sollte in der Satzung mit großer Sorgfalt geregelt werden. Bei Vereinen ohne Untergliederung sind die Vertreter in der Mitgliederversammlung zu **wählen,** sofern die Satzung nicht die schriftliche Wahl zulässt. Die Satzung kann „**Listenwahl**" vorsehen. Die Mitglieder können dann nur unter verschiedenen Listen auswählen. Die Wahl ist dann jedoch nur als Verhältniswahl zulässig, nicht als Listen-Mehrheitswahl (BGH, BB 1982 S. 1073). Eine Bestimmung, wonach diejenige Liste gewählt ist, die die meisten Stimmen auf sich vereinigt, ist daher unwirksam, weil durch sie ein Minderheitenschutz nicht gewährleistet ist (BGH, a. a. O.). Bestimmt die Satzung, dass die Wahl der Delegierten als **Gesamtwahl** in einem Wahlgang erfolgt, so ist eine Häufung (Kumulierung) der dem stimmberechtigten Vereinsmitglied zustehenden Stimmen auf einen oder mehrere Kandidaten nur zulässig, wenn die Satzung dies ausdrücklich gestattet (BGH, NJW 1989 S. 1212, 1213). Wegen weiterer Einzelheiten zur Bestellung der Vertreter s. Sauter/Schweyer/Waldner, Rz. 217. **506**

507 Die Satzung kann die **Rechtsstellung** der **Vertreter** regeln. Sie kann bestimmen, dass die Vertreter Weisungen zu befolgen haben, die ihnen bei ihrer Wahl gegeben worden sind. Sonst ist der Vertreter nicht an Weisungen gebunden. Grds. ist der Vertreter zur Teilnahme an der Vertreterversammlung verpflichtet. Das Amt des Vertreters endet durch Rücktritt, Tod, Ausscheiden aus dem Verein und Ablauf der Amtszeit. Der Rücktritt kann jederzeit erfolgen (§ 671 Abs. 1 BGB). Tritt der Vertreter zur Unzeit zurück, macht er sich dem Verein gegenüber schadensersatzpflichtig (§ 671 Abs. 2 BGB). Die Amtsdauer der Vertreter wird in der Satzung bestimmt. Sie sollte drei Jahre nicht übersteigen, um dem Wechsel der Mitglieder ausreichend Rechnung zu tragen (Sauter/Schweyer/Waldner, Rz. 219). Verlängert die Vertreterversammlung durch satzungsändernden Beschluss die Amtsperiode der Vertreter, gilt das für Vertreter, die nach der Eintragung der Satzungsänderung in das Vereinsregister gewählt worden sind.

IX. Vorstand des Vereins

1. Allgemeines

Der Vorstand des Vereins ist ein notwendiges, vom Gesetz **zwingend vorgeschrie-** **508** **benes Vereinsorgan,** ohne das die juristische Person „Verein" nicht denkbar ist. Denn durch den Vorstand handelt der Verein und kann nach außen erkennbar am Rechtsverkehr teilnehmen. Dem Vorstand obliegt i. d. R. die Vertretung des Vereins (s. Rz. 546 ff.) und die Geschäftsführung. Nach § 26 Abs. 1 Satz 2 2. Halbsatz BGB hat der Vorstand die **Stellung eines gesetzlichen Vertreters.** Dennoch kann man den Vorstand nicht als Vertreter im eigentlichen Sinne ansehen. Sein Handeln ist nämlich nicht Handeln für den Verein, sondern Handeln des Vereins, der über den Vorstand als sein Organ am Rechtsverkehr teilnimmt (zu allem eingehend auch Oesterreich, Rpfleger 2002 S. 67; Schwarz, Rpfleger 2003 S. 1; Stöber/Otto, Rz. 373 ff.; zur Zulässigkeit der Tätigkeit eines Notars als Vorstandsvorsitzender eines eingetragenen Sportvereins mit Profimannschaft der ersten Fußballbundesliga s. OLG Celle, OLGR 2006 S. 223). Geht also z.B. vom Vereinsheim eine Ruhestörung aus, ist Störer der Verein und nicht der Vorstand. Nur der Verein kann dann auch auf Unterlassung in Anspruch genommen werden (LG Hamburg, Urteil v. 13.12.2017 – 321 S 65/16, VB 6/2018 S. 3).

2. Wer gehört zum Vorstand?

a) Vorstand i. S. des BGB

aa) Allgemeines

Nach § 26 Abs. 1 Satz 1 BGB muss der Verein einen Vorstand haben, der nach **509** § 26 Abs. 2 Satz 1 BGB **aus mehreren Personen** bestehen kann. Nach § 58 Nr. 3 BGB (s. Rz. 158) muss die Satzung auch eine Bestimmung über die „Bildung des Vorstands" enthalten. Das Gesetz überlässt es also der Vereinssatzung zu regeln, ob der Vorstand aus einer oder mehreren Personen besteht, wobei zumindest diese Regelung in der Satzung enthalten sein muss. Im Übrigen kann bei einem mehrgliedrigen Vorstand die Satzung die Zahl der Mitglieder festlegen. Die Satzung muss die Mindestzahl der Vorstandsmitglieder angeben (BayObLGZ 1969 S. 33; OLG Celle, NotBZ 2011 S. 42; LG Gießen, MDR 1984 S. 312). Sie kann auch eine Höchstzahl bestimmen. In diesem Fall kann die Mitgliederversammlung innerhalb der vorgegebenen Grenzen bestimmen, wie viele Vorstandsmitglieder sie bestellen will. Enthält die Vereinssatzung entgegen den obigen Ausführungen keine **Regelung** über die „Bildung des Vorstands" und ist der Verein dennoch in das Vereinsregister eingetragen worden, besteht der Vorstand aus **nur einer Person.**

HINWEIS:

Es dürfte sich empfehlen, die Zahl der Vorstandsmitglieder offen zu lassen und nur die erforderliche Mindestzahl anzugeben (vgl. dazu OLG Celle, a. a. O.). Damit kann das in der Praxis nicht seltene Problem umgangen werden, dass sich bei einer Wahl ggf. nicht genügend Kandidaten für die in der Satzung vorgesehenen Vorstandsämter finden.

Möglich wäre etwa folgende Satzungsregelung:

Der Vorstand i. S. des § 26 BGB besteht aus mindestens zwei und höchstens vier Mitgliedern. Im Übrigen bestimmt die Mitgliederversammlung die endgültige Zahl der Vorstandsmitglieder.

---

510 Vorstand i. S. der Satzung und Vorstand i. S. des BGB ist nicht notwendigerweise identisch. Zum **Vorstand i. S.** des **§ 26 BGB** gehört nur, wer zur **gerichtlichen und außergerichtlichen Vertretung** des Vereins i. S. von § 26 Abs. 1 Satz 2 BGB **befugt** ist/sein soll, z. B. der 1. und der 2. Vorsitzende (Reichert u.a., Rz. 2061). Der Vorstand i. S. der Satzung umfasst dagegen vielfach auch Personen, die von der Vertretung des Vereins ausgeschlossen sein sollen, z. B. Kassierer, Schriftführer, Beisitzer usw. Solche Gestaltungen der Satzung sind zulässig, sofern kein Zweifel darüber entstehen kann, wer zur Vertretung des Vereins berechtigt ist (s. dazu BayObLG, Rpfleger 2001 S. 431 f. = NJW-RR 2001 S. 1479 f.).

BEISPIEL: ➤ Heißt es in der Vereinssatzung: „Der Vorstand besteht aus den beiden Vorsitzenden, dem Kassierer und dem Schriftführer. Der Verein wird gerichtlich und außergerichtlich durch die beiden Vorsitzenden vertreten, und zwar durch jeden allein", so kann nicht ohne Weiteres angenommen werden, dass lediglich die beiden Vorsitzenden den Vorstand i. S. des BGB bilden. Klarheit besteht jedoch, wenn es in der Satzung z. B. wie folgt geregelt ist: „Der Gesamtvorstand besteht aus dem 1. Vorsitzenden und seinem Stellvertreter. Der Verein wird gerichtlich und außergerichtlich durch den Vorstand i. S. des BGB, nämlich den 1. Vorsitzenden und seinen Stellvertreter, und zwar durch jeden allein, vertreten."

HINWEIS:

Zur Rechtsklarheit und -sicherheit empfiehlt es sich, den engeren Kreis als Vorstand i. S. des BGB oder den größeren Kreis als erweiterten Vorstand oder Gesamtvorstand zu bezeichnen und diese sorgfältig voneinander abzugrenzen.

Der Vorstand i. S. des BGB sollte auch nicht zu groß gebildet werden, da das Auswirkungen auf die Handlungsfähigkeit haben kann. Es empfiehlt sich aber auf jeden Fall, den Vorstand i. S. des BGB aus mindestens zwei Personen zu bilden und diesen Einzelvertretungsmacht einzuräumen. Bei Verhinderung oder Wegfall einer Person ist dann immer noch ein vertretungsberechtigter Vorstand vorhanden (Stöber/Otto, Rz. 397).

bb) Bedingte Zugehörigkeit

511 **Unzulässig** ist eine bedingte Zugehörigkeit zum Vorstand. Daher ist eine Satzungsbestimmung, wonach der Vorstand i. S. des BGB entweder der Vorsit-

zende oder sein Stellvertreter ist, mit § 26 BGB unvereinbar und damit nicht eintragungsfähig (BayObLG, Rpfleger 1992 S. 255). Die häufig in Vereinssatzungen anzutreffende Regelung: „Der Verein wird durch den Vorsitzenden, im Fall seiner Verhinderung durch den stellvertretenden Vorsitzenden vertreten", ist an sich auch i. S. einer bedingten Zugehörigkeit zum Vorstand i. S. von § 26 BGB anzusehen und deshalb unzulässig (vgl. auch VB 3/2016 S. 18). Sie kann aber **notfalls dahin** ausgelegt werden, dass der **Vorstand** aus dem Vorsitzenden **und** seinem **Stellvertreter** bestehen soll, beide Einzelvertretungsbefugnis besitzen, von der der 2. Vorsitzende aber nur dann Gebrauch machen darf, wenn der 1. Vorsitzende verhindert ist (Palandt/Ellenberger, § 26 Rz. 4). Da derartige Beschränkungen im Innenverhältnis unbedenklich sind, wäre die Satzungsbestimmung in diesem Sinne zulässig. Da das Amtsgericht im Eintragungsverfahren i. d. R. darauf dringen wird, dass die Satzung eine diesem Sinn entsprechende Fassung erhält, sollte die oben genannte Regelung, um eine solche Zwischenverfügung des Amtsgerichts zu vermeiden, in der Satzung möglichst vermieden werden.

HINWEIS:

An ihrer Stelle ist vielmehr folgende – unbedenkliche – Formulierung zu verwenden: „Der Vorstand i. S. des BGB besteht aus dem 1. und 2. Vorsitzenden. Jeder vertritt den Verein allein. Im Innenverhältnis ist der 2. Vorsitzende gegenüber dem Verein verpflichtet, das Vorstandsamt nur bei Verhinderung des 1. Vorsitzenden auszuüben."

Unzulässig ist auch eine Regelung, wonach bei **Rücktritt** oder Verhinderung eines Vorstandsmitglieds, dessen Mitwirkung bei der Vertretung des Vereins i. S. von § 26 BGB unverzichtbar ist, ein anderes (Gesamt)**Vorstandsmitglied** zur – unverzichtbaren – Mitwirkung im Vorstand **berufen** ist. Deshalb ist die Regelung in der Satzung: „Der Verein wird durch den Vorstandsvorsitzenden und ein weiteres Vorstandsmitglied vertreten. Tritt der Vorstandsvorsitzende während der Amtsperiode zurück oder ist er aus anderen Gründen an der Wahrnehmung seines Amtes verhindert, wird der Verein durch den stellvertretenden Vorstandsvorsitzenden und ein weiteres Vorstandsmitglied vertreten.", nicht eintragungsfähig (LG Gießen, Rpfleger 1998 S. 523; vgl. auch Rz. 516). **512**

b) Geschäftsführer

In Vereinssatzungen ist häufig das Amt eines Geschäftsführers vorgesehen, der nach der Satzung die laufenden Geschäfte des Vereins zu besorgen hat. Fraglich ist, ob einem solchen **„Geschäftsführer"**, der nach der Satzung nicht Mitglied des Vorstands ist, in der Satzung die Befugnis erteilt werden kann, den Verein zusammen mit dem Vorstand(-svorsitzenden) oder einem anderen Vor- **513** standsmitglied zu vertreten. Das dürfte mit der h. M. in Rechtsprechung und Literatur zu verneinen sein (vgl. OLG Hamm, DNotZ 1978 S. 292 ff. und die Nachweise bei Sauter/Schweyer/Waldner, Rz. 229). **Möglich** ist es aber, einem **Vorstandsmitglied Einzelvertretungsbefugnis** zu erteilen, jedoch mit der ausdrücklichen Bestimmung, dass es zur Wirksamkeit der Vertretungshandlung hinsichtlich bestimmter einzelner Rechtsgeschäfte der **Zustimmung** des **Geschäftsführers,** der nicht Vorstandsmitglied zu sein braucht, bedarf. Eine solche Beschränkung ist nach § 26 Abs. 1 Satz 3 BGB zulässig, bedarf aber, um Wirksamkeit gegen Dritte zu erlangen, der Eintragung ins Vereinsregister (§§ 64, 70 BGB). Die Vertretungsmacht eines (Einzel-)Vorstands kann aber nicht allgemein an die Mitwirkung eines „Geschäftsführers" gebunden werden (Stöber/Otto, Rz. 582). Ohne Weiteres zulässig ist auch eine Regelung, wonach ein vertretungsberechtigtes Mitglied des Vorstands als „Geschäftsführer" tätig wird.

> HINWEIS:
>
> Soll für den Verein ein Geschäftsführer tätig werden, müssen dessen Befugnisse in der Satzung klar umrissen sein.

514   (Angestellte) Vereinsgeschäftsführer sind **arbeitsrechtlich** dem Vorstand verpflichtet, nicht den Mitgliedern. Daher kann ein illoyales Verhalten gegenüber dem Vorstand Kündigungsgrund des Geschäftsführervertrags sein, auch wenn das Vorgehen des Geschäftsführers vereinsrechtlich zulässig ist (BAG, MDR 2017 S. 1190 = NZA 2017 S. 1332; dazu Röcken, MDR 2018 S. 129).

c) Zusammenlegung mehrerer Vorstandsämter

515   I. d. R. setzt sich der Vereinsvorstand **aus mehreren Personen** zusammen, die Inhaber klar abgegrenzter **Ämter** im Verein sind, z. B. 1. Vorsitzender, Stellvertreter, Kassierer, Schriftführer, Gerätewart, Sportwart usw. Davon geht (jetzt) auch das BGB in § 26 Abs. 2 Satz 1 BGB aus (vgl. BT-Drucks. 16/13542 S. 14). Handelt es sich dabei um einen „Gesamtvorstand"/Vorstand i. S. der Satzung, wird man eine Zusammenlegung von mehreren Ämtern in einer Person allein durch Vorstands- oder Beschluss der Mitgliederversammlung als zulässig ansehen können. Handelt es sich hingegen um den Vorstand i. S. des BGB, ist die Frage, ob eine **Personalunion** zwischen mehreren Vorstandsposten zulässig ist, umstritten. Teilweise wird/(ist) die Zusammenlegung von Vorstandsämtern durch bloßen Beschluss des Vorstands oder der Mitgliederversammlung als unzulässig angesehen (worden) (vgl. Soergel/Hadding, § 26 Rz. 9; Stöber/Otto, Rz. 383; Sauter/Schweyer/Waldner, Rz. 230 [bis zur 18. Aufl.]), denn diese Verkleinerung des Vorstands könne nur durch eine Satzungsänderung erfolgen. Andere Stimmen haben hingegen gegen eine Zusammenlegung keine Beden-

ken (vgl. Palandt/Ellenberger, § 26 Rz. 5; jetzt auch Sauter/Schweyer/Waldner, Rz. 230). Die obergerichtliche Rechtsprechung (u.a. OLG Düsseldorf, NJW-RR 1989 S. 894 = Rpfleger 1989 S. 374) will die Frage durch **Auslegung** der **Satzung** klären. Sehe die Satzung einen mehrgliedrigen Vorstand in der Weise vor, dass die Inhaber bestimmter Ämter den Vorstand bilden, sei durch Auslegung darüber zu entscheiden, ob damit auch die Kopfzahl des Vorstands festgelegt sein soll. Danach sei zu beurteilen, ob die Mitgliederversammlung eine Person in verschiedene Vorstandsämter wählen dürfe oder nicht. Lasse sich im Wege der Auslegung eine entsprechende Beschränkung nicht feststellen, stehe es den Mitgliedern kraft ihrer Vereinsautonomie frei, wie sie die vorgesehenen Vorstandsämter besetzen wollen. M.E. wird man der Auffassung des OLG Düsseldorf (a. a. O.; ähnlich OLG Hamm, NJW-RR 2011 S. 471 = ZStV 2011 S. 100) den Vorzug geben müssen. Das bedeutet: Sieht die Satzung des Vereins nicht ausdrücklich eine bestimmte Kopfzahl vor oder ist eine Personalunion ausdrücklich verboten, ist die Ausübung mehrerer Vorstandsämter durch eine Person möglich (s. auch Werner, ZStV 2011 S. 100 in der Anm. zu OLG Hamm, a. a. O.). Denn, wenn die Mitgliederversammlung ein Vorstandsamt unbesetzt lassen kann, muss es erlaubt sein, zwei Vorstandsämter zusammen zu legen. Voraussetzung ist aber immer, dass der Verein auch mit der kleinen Zahl von Vorstandsmitgliedern i. S. des § 26 BGB noch nach außen vertreten werden kann.

BEISPIELE:

▶ Die Satzung sieht als Vorstand i. S. des BGB den 1. Vorsitzenden und den 2. Vorsitzenden vor, die den Verein gemeinsam gerichtlich und außergerichtlich vertreten. In diesem Fall käme eine Zusammenlegung der Vorstandsämter nicht in Betracht.

▶ Die Satzung sieht als Vorstand i. S. des BGB den 1. Vorsitzenden, den 2. Vorsitzenden und einen Schatzmeister vor, der Verein wird durch zwei Vorstandsmitglieder gerichtlich und außergerichtlich vertreten und der Vorstand ist bei Anwesenheit von zwei Mitgliedern beschlussfähig, dann reichen zwei Vorstandsmitglieder für die Vertretung aus. In diesem Fall käme eine Zusammenlegung von Vorstandsämtern also in Betracht.

▶ Nach der Satzung hat der Verein u.a. einen Vorstand, der sich aus dem geschäftsführenden Vorstand, das ist nach der Satzung der Vorstand i. S. des § 26 BGB, und einer Reihe von Fachwarten zusammensetzt. Im Einzelnen ist in der Satzung die Zusammensetzung dieses Vorstands dahin geregelt, dass er aus dem 1. Vorsitzenden, dem 2. Vorsitzenden, dem Jugendleiter, dem Finanzleiter und sechs im Einzelnen aufgeführten Fachwarten besteht. Das OLG Düsseldorf (NJW-RR 1989 S. 894 = Rpfleger 1889 S. 374) hat aus dieser Regelung geschlossen, dass diejenigen Personen, die zum 1. Vorsitzenden, 2. Vorsitzenden, Jugendleiter und Finanzleiter gewählt worden sind, zugleich Vertreter des Vereins i. S. des § 26 BGB sind. Damit sei nur festgelegt, dass der geschäftsführende Vorstand aus nicht mehr als vier Personen besteht. Da nach der Satzung zwei Mitglieder des geschäftsführenden Vorstands den Verein zusammen vertreten müssen, sei auch die Mindestanzahl der Vertreter, und zwar auf zwei festgelegt. Wäre gewollt gewesen, dass jede der im geschäftsführenden Vorstand vertretenen Funktionen von einer anderen Person wahrgenommen werden sollte, so hätte es nach Auffassung des OLG nahegelegen, neben den Funktionen auch die Kopfzahl des Vorstands festzulegen und eine gleiche Anzahl von Ämtern auf diese Personen aufzuteilen. Da das nicht geschehen sei, sei die Mitgliederversammlung grds. nicht gehindert, eine Person in mehrere Ämter zu wählen, soweit sich nicht aus der Natur der Sache etwas anderes ergibt, wie z. B. für die Funktion des 1. und 2. Vorsitzenden oder eines 1. und 2. Kassierers (zu einer ähnlichen Fallgestaltung OLG Hamm, NJW-RR 2011 S. 471 = ZStV 2011 S. 100).

d) Kooptation

516 Die Satzung kann für den Fall, dass ein **Inhaber** eines **Vorstandspostens**, z. B. durch Tod oder Niederlegung des Amts, **wegfällt**, vorsehen, dass dieser Posten von einem anderen Vorstandsmitglied übernommen wird oder diese Bestimmung dem Vorstand oder einem anderen Vereinsorgan überlassen (vgl. dazu Stöber/Otto, Rz. 442 ff.; OLG Hamm, NJW-RR 2008 S. 350 = Rpfleger 2008 S. 141 [Kooptation ist zulässig]). Aus der Bezeichnung eines Vorstandsmitglieds als z. B. „stellvertretender Vorsitzender" folgt jedoch nicht automatisch, dass dieses Mitglied beim Ausscheiden des eigentlichen Amtsinhabers ohne Weiteres in dessen Vorstandsamt, z. B. des 1. Vorsitzenden, einrückt. Sinn und Zweck dieser Regelung ist nur eine stellvertretende Wahrnehmung des Vorstandsamts (BayObLG, Rpfleger 1972 S. 400). Möglich ist auch eine Satzungsregelung, wonach ein frei werdendes Vorstandsamt bis zur Neuwahl nicht wieder besetzt wird, sondern die übrigen Vorstandsmitglieder bis dahin allein den Vorstand bilden (LG Frankenthal, Rpfleger 1975 S. 354).

> **HINWEIS:**
>
> Wenn in der Satzung keine Regelung enthalten ist, bleibt das Amt des ausgeschiedenen Mitglieds unbesetzt (Stöber/Otto, Rz. 442). Dessen Aufgaben sind dann von den übrigen Vorstandsmitgliedern wahrzunehmen, die ihre Aufgabenbereiche dafür intern neu regeln können. Die übrigen Vorstandsmitglieder können den Verein auch vertreten, wenn noch Vorstandsmitglieder in ausreichender Zahl vorhanden sind. Ggf. ist eine (außerordentliche) Mitgliederversammlung zur Nachwahl des ausgeschiedenen Vorstandsmitglieds einzuberufen bzw. ein Notvorstand zu bestellen (vgl. dazu Rz. 712 ff.).

517 Von der Kooptation zu **unterscheiden** ist die Frage, ob es **zulässig** ist, ein nicht bereits zum Vorstand gehörendes Vorstandsmitglied für ein ausgeschiedenes Mitglied **kommissarisch** zu berufen. Ein solches Verfahren ist unzulässig. Das BGB kennt die nur kommissarische Besetzung eines Vorstandsamts nicht, sondern nur die Bestellung durch die Mitgliederversammlung nach § 27 Abs. 1

BGB. Allerdings kann in der Satzung etwas anderes geregelt werden (§ 40 BGB), so dass dort die „kommissarische Berufung" zugelassen werden kann. Die Satzung muss dann aber die Zuständigkeit, das Verfahren und die Voraussetzungen für diese „Berufung" regeln.

e) Ehrenvorsitzender

Satzungen sehen häufig vor, verdiente ehemalige Vorstandsmitglieder/Vorsitzende zum sog. **Ehrenvorsitzenden/Ehrenmitglied** zu wählen oder zu ernennen. Deren Stellung richtet sich dann nach der Satzung. Sieht diese also z. B. nicht vor, dass der Ehrenvorsitzende als Mitglied des (Gesamt)Vorstands Mitspracherecht bei der Vereinsführung haben soll, dann bleibt es allein bei dem Ehrentitel. Ein Mitspracherecht hat der Ehrenvorsitzende dann nicht. Etwas anderes gilt, wenn nach der Satzung „der Ehrenvorsitzende beratend an den Vorstandssitzungen teilnehmen" kann. Er hat dann ein Anwesenheits- und Anhörungsrecht, wird sich aber an Abstimmungen nicht beteiligen dürfen. Soll der „Ehrenvorsitzende" **mitentscheiden**, muss das **ausdrücklich** in der Satzung **geregelt** sein müssen (zum Ehrenvorsitzenden auch Stöber/Otto, Rz. 216). 518

> HINWEIS:
>
> Der Verein kann im Zweifel auch, wenn die Satzung keine besondere Regelung vorsieht, eine Ehrung verdienter (Vorstands)Mitglieder dadurch vornehmen, dass er sie zum Ehrenvorsitzenden ernennt. In diesem Fall hat das geehrte Mitglied aber auf keinen Fall Teilhabe an der Vereinsführung.

3. Wer kann Vorstandsmitglied werden?

a) Persönliche Voraussetzungen

Welche persönlichen Voraussetzungen die Vorstandsmitglieder erfüllen müssen, entscheidet die **Satzung**. Sie **kann** für die Wahl in ein Vorstandsamt **Bedingungen** an Lebensalter, Beruf, fachliche Eignung, Dauer der Vereinszugehörigkeit oder an sonstige persönliche Eigenschaften stellen. Dann kann grds. nur eine Person in den Vorstand oder das bestimmte Vorstandsamt gewählt werden, die diesen Bedingungen entspricht. Ggf. kann eine entsprechende Satzungsbestimmung aber auch nur als Sollvorschrift anzusehen sein. Dann besteht die Möglichkeit, eine andere Person zu wählen, so z. B., wenn bereits früher auf die besonderen persönlichen Eigenschaften verzichtet worden ist (vgl. OLG Düsseldorf, Beschluss v. 9.2.2016 – 3 Wx 4/16, VB 6/2016 S. 1). Es empfiehlt sich jedoch, die Satzungsbestimmungen zu beachten. Ergeben sich bei der Besetzung eines Vorstandsamts wegen der persönlichen Voraussetzungen, die das potenzielle Vorstandsmitglied erfüllen soll, Schwierigkeiten, mag 519 die Satzung geändert werden (zum ggf. erforderlichen erweiterten Führungszeugnis nach § 30a BZRG s. Rz. 542).

520   Zum Vorstand kann auch eine andere **juristische Person** bestellt werden, die das Vorstandsamt dann durch ihr eigenes Vertretungsorgan ausübt.

> **HINWEIS:**
>
> Auch beschränkt Geschäftsfähige können zum Vorstand bestellt werden, wenn der gesetzliche Vertreter in die Annahme des Vorstandsamts einwilligt, was bereits bei Eintritt in den Verein geschehen kann. Bei Geschäftsunfähigen besteht diese Möglichkeit nicht (Sauter/Schweyer/Waldner, Rz. 253; Reichert u.a., Rz. 2070). Da der Minderjährige bei der Ausübung der Vorstandstätigkeit auch Rechtsgeschäfte eingeht, die rechtliche Verpflichtungen für ihn einschließen, bedarf er insoweit jeweils der Zustimmung seines gesetzlichen Vertreters. Das macht es unpraktisch, einen Minderjährigen zum Vorstand i. S. von § 26 BGB zu bestellen. Sie sollten daher nur als Mitglieder eines erweiterten Vorstands aufgenommen werden. Sie vertreten dann zwar nicht den Verein, haben aber ein Stimmrecht im (Gesamt)Vorstand, z. B. als Vertreter der Jugendabteilung. Es empfiehlt sich, in der Satzung auch für diese Vorstandstätigkeit ein Mindestalter festzulegen.

521   Eine andere Frage ist, ob ggf. **Arbeitslosigkeit** und ggf. der Bezug von Arbeitslosengeld (**ALG**) der Ausübung des Vorstandsamts **entgegensteht**. Das ist, wenn das Amt kein „verstecktes Erwerbsarbeitsverhältnis" ist und die ehrenamtliche Tätigkeit ggf. jederzeit beendet werden kann, zu verneinen. Die entstehenden Fragen sind teilweise geregelt in der Verordnung über die ehrenamtliche Betätigung von Arbeitslosen (EhrBetätV) v. 24. 5. 2002 (BGBl I S. 1783), die zuletzt durch Art. 111 des Gesetzes zur Stärkung des Ehrenamtes v. 21. 3. 2013 (BGBl I S. 556) geändert worden ist. Danach darf die ehrenamtliche Tätigkeit beim ALG I nicht mehr als 15 Stunden/Woche umfassen; mehr Stunden sind in Absprache mit dem Arbeitsvermittler möglich. Beim ALG II gibt es keine zeitliche Beschränkung. Dem Vorstand kann auch in diesen Fällen Auslagenersatz gezahlt werden (vgl. dazu näher Rz. 649). Allerdings darf dieser nach § 1 Abs. 2 EhrBetätV 200 €/Monat nicht übersteigen. Nach § 2 Satz 2 EhrBetätV hat der Arbeitslose der Agentur für Arbeit die Ausübung einer mindestens 15 Stunden wöchentlich umfassenden ehrenamtlichen Betätigung unverzüglich anzuzeigen.

b) Nichtmitglied als Vorstand

522   Enthält die Satzung keine besondere Regelung über die persönlichen Voraussetzungen, die die Vereinsmitglieder erfüllen müssen, kann **auch** ein **Nichtmitglied** in den Vorstand gewählt werden. Hier können sich aber ohne ausdrückliche Regelung in der Satzung Beschränkungen ergeben, und zwar sowohl ggf. aus einer langen Übung im Verein, nur Mitglieder in den Vorstand zu berufen

(vgl. Rz. 51), als auch aus dem Zweck des Vereins, z. B. bei weltanschaulicher oder politischer Zielsetzung nur Personen in den Vorstand zu wählen, die diesen Zielen entsprechen (Soergel/Hadding, § 27 Rz. 3). Von Gewohnheitsrecht kann aber nur dann ausgegangen werden, wenn die Koppelung der Zugehörigkeit zum Vorstand an die Mitgliedschaft im Verein einer ständigen Übung entspricht, die von allen Beteiligten als verbindlich akzeptiert wird. Das jedoch dann zweifelhaft, wenn sich die Frage noch nie gestellt hat (vgl. OLG Celle, MDR 1980 S. 576; OLG Düsseldorf, Beschluss v. 9.2.2016 – 3 Wx 4/16, VB 6/2016 S. 1). Allein die Tatsache, dass sich bislang sämtliche bisherigen Vorstände stets nur aus Vereinsmitgliedern zusammengesetzt haben, genügt für die Annahme von Gewohnheitsrecht nach Auffassung des OLG Düsseldorf jedenfalls nicht (OLG Düsseldorf, a. a. O.). Etwas anderes kann gelten, wenn die Kandidatur eines Nichtmitglieds bei früheren Wahlen abgelehnt worden ist (OLG Düsseldorf, a. a. O.).

4. Wie wird der Vorstand bestellt?

a) Normales Wahlverfahren

Nach § 27 Abs. 1 BGB erfolgt die Bestellung des Vorstands durch Beschluss der **Mitgliederversammlung**. Diese Zuständigkeit kann in der Satzung anders geregelt werden, indem die Bestellung des Vorstands einem **besonderen Organ** übertragen wird, z. B. einem Präsidium, Beirat, Kuratorium. Ist das der Fall, muss mit der Anmeldung des Vereins zur Eintragung in das Vereinsregister sowie bei der Anmeldung neu gewählter Vorstandsmitglieder auch eine Abschrift über die Bestellung dieses Organs beim Registergericht eingereicht werden. Mit Einschränkungen ist auch die Bestellung durch außerhalb des Vereins stehende Dritte zulässig (vgl. Reichert u.a., Rz. 2091 ff. m. w. N.). Ist dieser weggefallen, wird der Vorstand durch die Mitgliederversammlung nach § 27 Abs. 1 BGB gewählt (KG, Rpfleger 2007 S. 82 = FGPrax 2007 S. 30). Möglich ist es auch, sog. „geborene Vorstandsmitglieder" vorzusehen, wie z. B. die „Vorsitzenden" bestimmter Unterabteilungen (vgl. auch Rz. 536). | 523

Bei der **Wahl** des Vorstands durch die **Mitgliederversammlung** ist das in der Satzung vorgeschriebene Verfahren genau zu beachten (zur Vorstandswahl in der Mitgliederversammlung eingehend VB 1/2014 S. 12 ff.; VB 2/2017 S. 3 ff.; VB 3/2017 S. 8 ff.). Ein Satzungsverstoß wird in diesem Fall regelmäßig zur Ungültigkeit der Wahl führen. Die Satzung kann die für die Wahl zum Vorstand erforderlichen Mehrheiten regeln. Ist dazu nichts bestimmt, ist **grds.** die absolute **Mehrheit** notwendig (BGH, NJW 1974 S. 183), d. h. es muss eine Stimme mehr als die Hälfte der bei der Abstimmung anwesenden Mitglieder | 524 erreicht werden (§ 32 Abs. 1 Satz 3 BGB; s. Rz. 475 und VB 2/2017 S. 3 ff.;). Nach Palandt/Ellenberger (§ 32 Rz. 7) soll das auch dann gelten, wenn die Satzung „einfache Mehrheit" vorsieht, was nach der Rechtsprechung des BGH bedeuten würde, dass gewählt ist, wer die Mehrheit der abgegebenen gültigen Stimmen erlangt hat; Stimmenthaltungen und ungültige Stimmen wären also für das Wahlergebnis ohne Bedeutung (BGH, NJW 1982 S. 1585; s. auch Bay-ObLG, FGPrax 1996 S. 74 und Rz. 471 ff.).

> **HINWEIS:**
>
> Wegen der ggf. auftretenden Schwierigkeiten sollte das Wahlverfahren in der Satzung sorgfältig geregelt werden. Es dürfte sich, um Probleme bei der Kandidatur von mehr als zwei Kandidaten zu vermeiden, auch empfehlen, für die Wahl zum Vorstand die sog. relative Mehrheit ausreichen zu lassen (s. dazu Rz. 475; VB 2/2017 S. 3 ff.).

525 Die Bildung eines sog. **Wahlausschusses** zur Durchführung der Vorstandswahlen ist grds. auch ohne entsprechende Satzungsbestimmung **zulässig.** Leitet der Wahlausschuss den Wahlgang, indem er die Stimmen auszählt und das Wahlergebnis bekannt gibt, kann darin zwar ein Verstoß gegen die Satzung insoweit liegen, als diese bestimmt, dass die Versammlung und damit auch die Vorstandswahlen von einem im Einzelnen bestimmten Versammlungsleiter geleitet werden. Dieser Verstoß dürfte jedoch dann nicht zu beanstanden sein, wenn der Versammlungsleiter selbst bei der anstehenden Vorstandswahl kandidiert (OLG Köln, Rpfleger 1985 S. 447). Darüber hinaus besteht Grund zur Beanstandung dieses Verfahrens m. E. auch dann nicht, wenn sich aus der Mitgliederversammlung gegen diese Verfahrensweise kein Widerspruch erhebt. Während der Dauer seiner Tätigkeit hat der Wahlausschuss die Rechte und Pflichten, die sonst dem Versammlungsleiter zustehen (s. dazu Rz. 406 ff.).

b) Besondere (Wahl)Verfahren

aa) Abweichende Wahlverfahren

526 Folgende Wahlverfahren bieten sich an (allgemein zur Abstimmung in der Mitgliederversammlung s. oben Rz. 452 ff.; zu allem auch Stöber/Otto, Rz. 830 ff.; VB 1/2014 S. 12, 15 f.; VB 2/2017 S. 3 ff.; VB 3/2017 S. 8 ff.), erfordern aber im Zweifel eine Satzungsregelung:

527 **Maßgebend** ist zunächst das von der **Satzung** vorgesehene Wahlverfahren (zu verschiedenen Satzungsregelungen 3/2017 S. 8 ff.). Dieses ist zu beachten (s. oben Rz. 523) und kann z. B. regeln, dass vor der Mitgliederversammlung bereits Wahlvorschläge zu Kandidaten gemacht werden können: Festgelegt werden kann die Art erforderlicher Mehrheiten und die Möglichkeit einer Stichwahl.

Wenn die Satzung für die **Wahl mehrerer Vorstandsmitglieder** ein bestimmtes Wahlverfahren nicht vorsieht, liegt es im Ermessen des Versammlungsleiters, ob er eine **Gesamt- oder Einzelabstimmung** vorsieht (BGH, NJW 1989 S. 1150 f. und 1212 f.). Die Gesamtabstimmung ist aber nur zulässig, wenn jedes Mitglied so viele Stimmen hat, wie Kandidaten zu wählen sind und es von diesen Stimmen beliebigen Gebrauch machen, also auch weniger Stimmen abgeben kann (BGH, a. a. O.; Sauter/Schweyer/Waldner, Rz. 257). Aus Gründen der Klarheit empfiehlt sich m.E. aber die Einzelabstimmung (s. wohl auch VB 9/2016 S. 1). 528

Praktikabel dürfte auch folgender Weg sein: Der Versammlungsleiter lässt über die Wahl aller Kandidaten zunächst **gleichzeitig** in **einem Wahlgang** abstimmen, wobei die Mitglieder, die auch nur einen Kandidaten nicht wählen wollen, mit „Nein" stimmen können. Wird in diesem Wahlgang die erforderliche Mehrheit erreicht, so sind alle Kandidaten gewählt. Anderenfalls muss nunmehr über jeden Kandidaten einzeln abgestimmt werden (Sauter/Schweyer/Waldner, Rz. 257; s. auch Obermüller, DB 1969 S. 2025; a. A. Stöber/Otto, Rz. 840). 529

Ausdrücklich in der **Satzung** vorgesehen sein muss die **Mehrheitslistenwahl** (OLG Frankfurt/Main, Rpfleger 1984 S. 360). Hierbei können die Vereinsmitglieder nur einer Liste, die so viele Bewerber enthält, wie Vorstandsmitglieder zu wählen sind, die Stimme geben. 530

Grds. Entsprechendes gilt für die **Blockwahl**. Dabei handelt es sich um eine Wahl über eine Liste, nicht um eine Wahl von Einzelpersonen (BGH, NJW 1974 S. 183; BayObLG, NJW-RR 2001 S. 537; KG, Rpfleger 2012 S. 550; OLG Bremen, NZG 2011 S. 1192 = NJW-RR 2011 S. 1487; NZG 2016 S. 1192; OLG Rostock, Beschluss v. 26. 6. 2012 – 1 W 161/12; OLG Zweibrücken, NZG 2013 S. 1236 = FGPrax 2013 S. 276 = Rpfleger 2014 S. 209 m. Anm. Waldner; vgl. auch AG Saarbrücken, Urteil v. 27. 4. 2005 – 42 C 612/04). Um eine Blockwahl handelt es sich jedoch nicht bei einer **Sammelwahl**, die in der Form durchgeführt wird, dass auf einem Stimmzettel sämtliche zu vergebenden Ämter mit Kandidaten aufgeführt sind und hinter jedem Kandidaten die Ankreuzoptionen: Ja – Nein – Enthaltung, aufgeführt sind. Dabei handelt es sich nicht um eine Blockwahl, da bei dieser Wahlart das Vereinsmitglied noch für einzelne Bewerber stimmen oder sich der Stimme enthalten kann. Nach Auffassung des OLG Bremen (a. a. O.) soll eine in der Satzung eines Vereins nicht vorgesehene Blockwahl des Vorstands durch die Mitgliederversammlung **ausnahmsweise wirksam** sein, wenn dem Verfahrensverstoß keine Relevanz für die Ausübung der Mitwirkungsrechte zukommt. Das ist der Fall, wenn bei der Wahl unter Bestätigung des restlichen Vorstands für ein ausgeschiedenes Vor- 531 standsmitglied ein Nachfolger gewählt wird, der Vorschlag zur Blockwahl in der Mitgliederversammlung aus dem Kreis der Mitglieder kommt („Die Mitglieder schlagen vor..."), eine streitige Diskussion nicht erfolgt und sodann von allen anwesenden Mitgliedern der Neubesetzung des Vorstands zugestimmt wird (OLG Bremen, a. a. O.).

532   Ebenfalls **ausdrücklich regeln** muss die Satzung ein Wahlverfahren, bei dem mehr Kandidaten auf eine Liste gesetzt werden, als Vorstandsämter zu vergeben sind, und bei dem die Kandidaten gewählt sein sollen, die die **relativ meisten Stimmen** erhalten haben (BGH, NJW 1989 S. 1212 f.; zum Erfordernis einer ausdrücklichen Bestimmung in der Satzung, wenn die relative Mehrheit ausreichen soll, s. auch BayObLG, a. a. O.).

533   Die Satzung kann auch folgenden **Gesamtwahlmodus** vorsehen: Jedes Mitglied hat so viele Stimmen, wie Vorstandsmitglieder zu wählen sind. Gewählt ist, wer die meisten Stimmen und zugleich die Mehrheit der abgegebenen Stimmen erhält. Wird sie nicht erreicht, findet ein zweiter Wahlgang statt, in dem die gewählt sind, die in der Reihenfolge der für sie abgegebenen Stimmen die meisten Stimmen erhalten haben (BGH, NJW 1989 S. 1150 f. und a. a. O.).

534   Vorstandsmitglieder können auch auf **schriftlichem Wege**/durch **Briefwahl** gewählt werden. Dazu ist aber nach § 32 Abs. 2 BGB die schriftliche Zustimmung aller Mitglieder erforderlich, wenn die Satzung keine besondere Regelung enthält. Die Satzung braucht dann aber nicht auch noch eine Regelung darüber zu enthalten, wer die Stimmen auszählt und dass eine Mitteilung des Abstimmungsergebnisses an die Mitglieder zu erfolgen hat (OLG Köln, NJW-RR 1994 S. 1547). Für eine (zulässige) Briefwahl gelten die Ausführungen bei Rz. 466 entsprechend.

535   **Zulässig** dürfte auch eine Satzungsregelung sein, in der es heißt, dass die **Entlastung** des einzelnen Vorstandsmitglieds die **automatische Wiederwahl** zur Folge hat und der Vorstand ein neues Vorstandsmitglied erst wählt, wenn ein amtierendes Vorstandsmitglied zurücktritt, stirbt oder nicht entlastet wird. Denn dann hängt die „Neu/Wiederwahl" zwar von einem Entlastungsantrag des Kassenprüfers ab, die Mitgliederversammlung hat es aber über die Nichterteilung der Entlastung in der Hand, ob der Vorstand in seinem Amt bestätigt wird.

bb) Abweichendes Wahlorgan

536   Die Wahl des Vorstands durch die Mitgliederversammlung ist der Normalfall der Bestellung des Vorstands. Die Satzung kann aber auch **andere Formen** vorsehen: So kann der Vorstand durch einen **Außenstehenden** bestellt werden, z. B. durch den Vorstand eines übergeordneten Verbands oder durch eine Behörde. Auch

eine **Kooptation** (Selbstergänzung des Vorstands) kann durch die Satzung zugelassen werden (vgl. Rz. 516). Ferner kann die Satzung bestimmen, dass zum Vorstand der jeweilige Inhaber eines bestimmten öffentlichen oder kirchlichen Amts
berufen ist (geborenes Vorstandsmitglied). Dann muss die Mitgliederversammlung aber zumindest das Recht zur Änderung der Satzung haben, weil sonst der
Vorstand praktisch unabsetzbar würde (Sauter/Schweyer/Waldner, Rz. 255; Reichert u.a., Rz. 2084; s. auch OLG Celle, Nds.Rpfl. 1995 S. 49 [unzulässige Regelung
der Satzung, wenn der Vorstand durch einen Beirat, auf dessen Zusammensetzung die Mitgliederversammlung praktisch keinen Einfluss hat, gewählt wird]).

> **HINWEIS:**
>
> Entscheidend für die Wirksamkeit solcher Sonderregelungen ist, dass die Vereinsmit-
> glieder nicht vollständig von der Bestellung und Kontrolle des Vorstands ausgeschlos-
> sen sind (Otto, jurisPK, § 27 Rz. 10; Prütting/Wegen/Weinreich/Schöpflin, § 2 Rz. 1). Ist
> die Bestellung des neuen Vereinsvorstands in der Mitgliederversammlung wegen Un-
> wirksamkeit oder Anfechtbarkeit der zur Bestellung erforderlichen Willenserklärungen
> nichtig, z. B. weil nicht alle Mitglieder zur Mitgliederversammlung eingeladen worden
> sind, kann die Nichtigkeit oder Anfechtbarkeit des Bestellungsakts nach Aufnahme der
> Organtätigkeit mit Wissen und Willen der Mitglieder des Bestellungsorgans nur noch
> für die Zukunft, nicht jedoch für die Vergangenheit geltend gemacht werden (AG Gel-
> dern, Urteil v. 30. 9. 2008 – 3 C 287/07; vgl. auch OLG Zweibrücken, NZG 2013 S. 1236 =
> FGPrax 2013 S. 276 = Rpfleger 2014 S. 209 m. Anm. Waldner).

c) Annahmeerklärung des Gewählten

Die Bestellung zum Vorstand wird nicht schon mit der Wahl in der Mitglieder- 537
versammlung oder einem anderen Vereinsorgan wirksam, sondern **erst mit der
Annahme** der Bestellungserklärung durch den Gewählten (BGH, NJW 1975
S. 2101; BayObLGZ 1981 S. 277). Die Bestellung begründet eine Rechte und
Pflichten umfassende organschaftliche Rechtsstellung, die für den Gewählten
auch die Gefahr der Haftung in sich birgt. Deshalb ist die **ausdrückliche Annahme** durch den Gewählten **erforderlich**, die allerdings auch stillschweigend
erklärt werden kann (BayObLG, NJW-RR 1997 S. 289 für Mitwirken bei der Anmeldung des Vorstands). Es kann auch niemand gezwungen werden, die Wahl
zum Vorstand anzunehmen. Nimmt der Gewählte die Wahl nicht an, ist ein
neuer Wahlgang erforderlich. Es ist nicht etwa der Kandidat mit der nächsthö-
heren Stimmenzahl gewählt.

d) Eintragung ins Vereinsregister

Die Vorstandsbestellung bedarf zu ihrer **Wirksamkeit nicht** der **Eintragung** ins 538
Vereinsregister. Die Vorstandsmitglieder sind aber **dennoch** nach § 67 BGB

gesetzlich **verpflichtet**, jede Änderung des Vorstands zur Eintragung ins Vereinsregister **anzumelden** (zur „öffentlichen Beglaubigung" OLG Zweibrücken, NZG 2014 S. 1020 = NJW-RR 2014 S. 1128 = Rpfleger 2014 S. 605 = ZStV 2015 S. 9). Der Anmeldung ist eine Abschrift der Urkunde über die Änderung, also z. B. des Versammlungsprotokolls beizufügen (§ 67 Abs. 1 Satz 2 BGB). Wirkt der Gewählte bei der Anmeldung nicht mit, muss sich aus den mit der Anmeldung vorzulegenden Urkunden auch ergeben, dass der Gewählte die Wahl angenommen hat, z. B. durch eine entsprechende Feststellung im Versammlungsprotokoll (KG, Beschluss v. 7. 9. 2010 – 1 W 198/10). Aus den zur Registereintragung eingereichten Urkunden selbst muss sich also die Änderung des Vorstands ergeben; aus ihnen muss eine dem äußeren Schein nach materiell nicht zu beanstandende (Neu-)Bestellung eines Vorstands folgen (KG, a. a. O.). Ist der Gewählte in Abwesenheit gewählt worden, muss seine Annahmeerklärung vorgelegt werden. Das **Protokoll** muss vom Protokollführer unterzeichnet sein. I. d. R. wird der in der Satzung namentlich nicht genannte Protokollführer die Niederschrift ausdrücklich mit „als Protokollführer" unterzeichnen (OLG Hamm, NJW-RR 1997 S. 484 = Rpfleger 1996 S. 513). Das einzureichende Protokoll muss in der Form erstellt sein, die die Satzung für die Beurkundung der Beschlüsse der Mitgliederversammlung vorsieht. Dabei reicht aber die Abschrift des die Änderung enthaltenden Beschlusses. Diese muss nicht zusätzlich von den das originale Beschlussprotokoll unterzeichnenden Personen unterschrieben sein (KG, MDR 2015 S. 1191 = NZG 2015 S. 1365 = NJW-RR 2016 S. 44 für Anmeldung einer Satzungsänderung).

HINWEIS:

„Bestellt" gemäß der Vereinssatzung der Verwaltungsrat aus seiner Mitte die Mitglieder des Vorstands, reicht es nicht aus, wenn es im Protokoll der Sitzung des Verwaltungsrats (nur) heißt: „Der Vorstand und Verwaltungsrat begrüßen und bestätigen den neu gewählten Chairman..." (KG, Beschluss v. 7. 9. 2010 – 1 W 198/10). Unter „Bestellen" ist nämlich „Wählen" in Form eines Beschlusses zu verstehen (vgl. § 27 Abs. 1 BGB). Es muss sich also aus den zur Eintragung eingereichten Urkunden ergeben, dass der Vorstand „gewählt" wurde.

---

539 Für die Vornahme der **Anmeldung** durch einen mehrgliedrigen Vorstand genügt die Mitwirkung von **Vorstandsmitgliedern** in **vertretungsberechtigter Zahl** (s. Rz. 38). Für die Anmeldung selbst gelten die allgemeinen Regeln für eine Anmeldung zum Vereinsregister (s. Rz. 40 ff.). Nach dem Gesetz über elektronische Register und Justizkosten für Telekommunikation v. 10. 12. 2001 (BGBl I S. 3422) müssen nach § 64 Satz 2 BGB nicht nur die Mitglieder des Vorstands, sondern auch ihre „Vertretungsmacht" angegeben werden (vgl. dazu Schwarz, Rpfleger 2003 S. 1). Das Registergericht **prüft**, ob die beantragte

Eintragung durch den Inhalt der vorzulegenden Urkunden gerechtfertigt ist (vgl. zuletzt OLG Düsseldorf, FGPrax 2008 S. 261 = Rpfleger 2009 S. 28; OLG München, NJW-RR 2008 S. 993 = WM 2008 S. 836 m. w. N.; OLG Zweibrücken, NZG 2014 S. 1020 = NJW-RR 2014 S. 1128 = Rpfleger 2014 S. 605 = ZStV 2015 S. 9). Grds. ist davon auszugehen, dass ein protokollierter Beschluss über die Neuwahl des Vereinsvorstands auch wirksam zustande gekommen ist (OLG Düsseldorf, a. a. O.), so dass das Registergericht grds. nicht verpflichtet ist, die Umstände der Wahl weiter aufzuklären. Wenn (begründete) Zweifel an der Wirksamkeit der Wahl bestehen, kann/muss allerdings die Vorlage weiterer Unterlagen verlangt werden (OLG Düsseldorf, a. a. O.; OLG Schleswig, NZG 2005 S. 444 = FGPrax 2005 S. 82 für Einhaltung der Ladungsvorschriften).

HINWEIS:

Angemeldet werden müssen nur Veränderungen im Vorstand, Wiederwahlen dagegen nicht. Es empfiehlt sich aber, diese dem Registergericht formlos mitzuteilen. Dafür genügt ein einfaches Schreiben.

Angemeldet werden müssen zudem nur Änderungen im Vorstand i. S. des BGB, nicht auch solche in einem „Gesamtvorstand" (zur Abgrenzung s. Rz. 509 ff.).

Der **nicht eingetragene,** aber ordnungsgemäß bestellte **Vorstand** ist als recht-   540
mäßiger Vorstand des Vereins zu allen **Rechtsgeschäften berechtigt,** die im Rahmen des Vereinszwecks und innerhalb seiner durch die Satzung bestimmten Vertretungsmacht liegen (vgl. auch VB 3/2016 S. 18). Rechtsgeschäfte zwischen dem alten, noch eingetragenen Vorstand und einem gutgläubigen Dritten sind nach § 68 BGB für den Verein verbindlich (s. Rz. 844).

5. Verhältnis des Vorstands zum Verein und zu seinen Mitgliedern

a) (Innen)Verhältnis zum Verein

Bei dem Innenverhältnis zwischen Vorstand und Verein handelt es sich i. d. R.   541
um einen **Geschäftsbesorgungsvertrag eigener Art,** auf den über § 675 BGB die wesentlichen Auftragsregeln des BGB Anwendung finden (vgl. auch § 27 Abs. 3 BGB). Das bedeutet, dass der Vorstand nur Anspruch auf Ersatz seiner Aufwendungen hat. Im Übrigen ist er nach dem durch das „Gesetz zur Stärkung des Ehrenamtes" v. 21. 3. 2013 (vgl. BGBl I S. 556) eingefügten Satz 3 jetzt ausdrücklich ehrenamtlich tätig. Die **Satzung** kann jedoch ein **Entgelt** für die Tätigkeit des Vorstands vorsehen. Ist das der Fall, muss darüber eine besondere Vereinbarung getroffen werden (wegen der Einzelheiten Rz. 649 ff.; zur Lohnsteuerpflicht Rz. 1042 ff.).

Die Regelung muss durch Satzung erfolgen. Es reicht nicht ein einfacher Beschluss der Mitgliederversammlung. Nach § 40 BGB findet die Vorschrift des § 27 Abs. 3 nämlich nur „insoweit keine Anwendung als die Satzung ein anderes bestimmt."

542   Bei Vereinen, die als Träger der öffentlichen Jugendhilfe anerkannt sind, kann sich die Frage stellen, ob der Vorstand ggf. über ein sog. **erweitertes Führungszeugnis (§ 30a BZRG [Bundeszentralregistergesetz])** verfügen und dieses vorlegen muss. Dazu gilt (vgl. LAG Hamm, Urteil v. 25. 4. 2014 – 10 Sa 1718/13, VB 3/2017 S. 1 für Verhältnis Arbeitgeber/Arbeitnehmer): Bei der Beantwortung der Frage sind die Informationsinteressen des Arbeitgebers und die Schutzinteressen des Arbeitnehmers bezogen auf seine persönlichen Daten gegeneinander abzuwägen. Soweit die Voraussetzungen des § 30a Abs. 1 Nr. 1 oder 2 BZRG erfüllt sind, ergibt sich regelmäßig ein Recht (des Arbeitgebers) auf Vorlage eines erweiterten Führungszeugnisses durch den Arbeitnehmer. Soweit die Voraussetzungen des § 30a BZRG dagegen nicht erfüllt sind, wird der Arbeitgeber i. d. R. die Vorlage eines erweiterten Führungszeugnisses nicht verlangen können. Eine Vorlageverpflichtung auf der Grundlage des § 30a Abs. 1 Nr. 2 Buchst. c BZRG erfordert jedenfalls einen **Kontakt** des **Arbeitnehmers** zu **Minderjährigen**, der zu einer besonderen Gefahrensituation werden kann. Die **bloße Möglichkeit**, dass ein Arbeitnehmer zukünftig mit minderjährigen Klienten, Praktikanten oder Auszubildenden in Kontakt treten könnte, **rechtfertigt** die **Vorlage** eines erweiterten Führungszeugnisses regelmäßig **nicht**.

543   Zuständig für den **Abschluss** (und die Kündigung/Lösung; vgl. dazu Rz. 696 ff.) eines **Anstellungsvertrags** zwischen dem Vorstand und Verein ist grds. das Vereinsorgan, dem auch die Bestellung obliegt, falls das Innenverhältnis im zeitlichen Zusammenhang mit der Vorstandsbestellung geregelt wird; Vorstandsbestellung und Regelung des Dienstverhältnisses bilden dann eine Einheit (BGH, NJW 1991 S. 1729; s. auch OLG Frankfurt/Main, Beschluss v. 2.3.2016 – 4 U 60/15). I. d. R. ist das die Mitgliederversammlung (OLG Frankfurt/Main, a. a. O.; LG Bonn, Rbeistand 2004 S. 24). Besteht kein zeitlicher Zusammenhang, ist grds. der Vorstand als das Vertretungsorgan des Vereins zuständig; ggf. muss ein Notvorstand durch das Gericht bestellt werden. Wird der **Arbeitnehmer** eines Vereins zum Vorstandsmitglied bestellt und im Hinblick darauf ein Dienstvertrag mit höheren Bezügen abgeschlossen, so wird im Zweifel das bisherige Arbeitsverhältnis aufgehoben (BAG, NJW 1996 S. 614). Auch für eine Änderung des Anstellungsverhältnisses ist i. d. R. der Vorstand zuständig.

HINWEIS:

Vorstandsmitglieder von Vereinen, die für diese gegen Entgelt tätig sind (s. Rz. 649 ff.), unterliegen der Versicherungspflicht in der Rentenversicherung und in der Arbeitslosenversicherung (BSG, NZA-RR 2002 S. 494 = NZA 2002 S. 82; LSG Thüringen, Urteil v. 29.4.2014 – L 6 R 1224/12; eingehend Plagemann/Plagemann/Hesse, NJW 2015 S. 439; Wickert, NWB 2014 S. 1586; Pfeffer/Röcken, VB 9/2016 S. 9). Der Umstand, dass diese Personen ggf. Arbeitgeberfunktionen i. S. des Arbeitsrechts und des Arbeitsgerichtsgesetzes ausüben, steht dem nicht entgegen (BSG, NZG 2002 S. 431). Auch sind ein geringer zeitlicher Umfang oder eine zeitliche Befristung der Tätigkeit oder eine Förderung durch eine Kommune ohne wesentliche Bedeutung für die Einstufung (LSG Thüringen, a. a. O.).

b) Verhältnis zu den Vereinsmitgliedern

Grds. bestehen **Rechtsbeziehungen** nur zwischen dem Verein und dem Vorstand, **nicht** dagegen zu den **einzelnen Vereinsmitgliedern.** Der Vorstand braucht sich daher außerhalb der Mitgliederversammlung mit einzelnen Vereinsmitgliedern nicht über Beanstandungen an seiner Geschäftsführung auseinanderzusetzen. Das Mitglied, das mit der Geschäftsführung des Vorstands nicht einverstanden ist, muss sich vielmehr an das dem Vorstand übergeordnete Vereinsorgan, i. d. R. also an die Mitgliederversammlung, wenden (s. dazu auch KG, NJW-RR 1999 S. 1486 für Auskunftsrecht).   544

Der Vorstand ist bei Verletzung seiner Pflichten grds. auch nur dem Verein, nicht aber den einzelnen Mitgliedern gegenüber **schadensersatzpflichtig.** Der Vorstand darf aber die Mitgliedschaftsrechte der einzelnen Mitglieder nicht verletzen (vgl. dazu z. B. LG Arnsberg, Beschluss v. 27. 3. 2013 – 3 S 6/13 für rechtswidrigen Ausschluss aus dem Verein). Anderenfalls haftet der Verein gemäß § 31 BGB auf Schadensersatz (vgl. BGH, NJW 1984 S. 1884 [für den Ausschluss eines Vorstandsmitglieds aus dem Verein durch den Vorstand]; BGH, NJW 1990 S. 2877 [für die schuldhafte Verweigerung der Teilnahme des Mitglieds an einer Yachtregatta]; s. auch Rz. 745 ff.) und ggf. der Vorstand neben dem Verein (zur Haftung s. unten Rz. 745 ff.).   545

HINWEIS:

Durch das „Gesetz zur Begrenzung der Haftung von ehrenamtlich tätigen Vereinsvorständen" v. 28. 9. 2009 (BGBl I S. 3161) ist in § 31a BGB eine Haftungsbegrenzung für die Haftung des Vorstands gegenüber dem Verein und seinen Mitgliedern eingeführt worden, die durch das „Gesetz zur Stärkung des Ehrenamtes" v. 21. 3. 2013 (vgl. BGBl I S. 556) novelliert worden ist. Die damit zusammenhängenden Fragen sind dargestellt bei Rz. 589 ff.

6. Allgemeines zu den Befugnissen des Vorstands

546 Die Befugnisse und der Wirkungskreis des Vorstands lassen sich in **zwei Gruppen** aufteilen, nämlich einmal in die **Vertretung** und Repräsentation des Vereins nach außen, sowie in die **Geschäftsführung**. Geschäftsführung ist jede im Dienst des Vereins stehende Tätigkeit, die sowohl rein tatsächlicher Art (z. B. Buch- und Kassenführung) wie auch rechtsgeschäftlicher Art (z. B. Einstellung von Personal, Anmietung von Räumen für eine Vereinsgeschäftsstelle) sein kann. Dabei stellt **jede Vertretungshandlung** nach außen zugleich **auch** einen Akt der **Geschäftsführung** dar (Sauter/Schweyer/Waldner, Rz. 277; zum Vorstand als Geschäftsführungsorgan s. auch Linnenbrink, SpuRt 2000 S. 55).

547 Grds. ist die dem Vorstand durch das Gesetz in § 26 Abs. 1 Satz 2 BGB verliehene **Vertretungsmacht unbeschränkt** (BGH, NJW-RR 1996 S. 866), nach § 26 Abs. 1 Satz 3 BGB aber beschränkbar (vgl. Rz. 546 ff.). Die **Geschäftsführung** kann in der Satzung einem anderen Vereinsorgan übertragen werden (vgl. zur Geschäftsführung Rz. 574 ff.). Das gilt jedenfalls bei einem Verein, der in seiner Satzung den Vorstandsmitgliedern Einzelvertretungsmacht einräumt (BGH, NJW 1977 S. 2310; so auch Sauter/Schweyer/Waldner, Rz. 250 m. w. N.). Zulässig sind also Satzungsbestimmungen, wonach die Geschäftsführung des Vereins einem „erweiterten Vorstand" oder einem „Gesamtvorstand" übertragen ist. Die Übertragung der Geschäftsführung auf ein anderes Vereinsorgan darf aber nicht so weit gehen, dass dem Vorstand auch die zur Vertretung nach außen erforderliche Bildung seines Erklärungswillens entzogen wird. Der Vorstand muss an der **internen Beschlussfassung** (Geschäftsführung) wenigstens insoweit teilhaben, als diese mit der Vertretungshandlung nach außen untrennbar zusammenhängt (Sauter/Schweyer/Waldner, a. a. O., m. w. N.). In diesem Bereich muss also Identität zwischen Vertretungs- und Geschäftsführungsorgan bestehen, die in der Praxis dadurch erreicht wird, dass der Vorstand beiden Organen angehört.

> **BEISPIEL:** Möglich ist es, die vorbereitende Entscheidung, z. B. über die Einstellung von Personal, einem Ausschuss zu übertragen, wenn der Vorstand bei der endgültigen Entscheidung über die Einstellung, die er als Vertretungsorgan vornehmen muss, mitwirkt. Nicht zulässig wäre es, wenn der Vorstand die Entscheidung des Ausschusses nur noch auszuführen hätte.

7. Vertretungsmacht des Vorstands

a) Unbeschränkte Vertretungsmacht

548 Die **Vertretungsmacht** des Vorstands erstreckt sich auf alle Rechtsgeschäfte und Handlungen. Die Vertretungsmacht ist **grds. unbeschränkt** (§ 26 Abs. 1

Satz 2 BGB; vgl. zur Vertretungsmacht des Vorstands auch VB 10/2017 S. 14 ff.). Sie bezieht sich aber nicht auf solche Rechtsgeschäfte, die auch für Dritte erkennbar **ganz außerhalb** des Vereinszwecks liegen (BGH, JZ 1953 S. 474, 475; Palandt/Ellenberger, § 26 Rz. 6 m. w. N. zur a. A.; Prütting/Wegen/Weinreich/ Schöpflin, § 26 Rz. 2 [Vorstand eines Kegelvereins kauft Aktien]; Sauter/ Schweyer/Waldner, Rz. 233; offen gelassen von BGH, NJW 1980 S. 2799). Ggf. kann sich eine (interne) Beschränkung der Vertretungsmacht auch aus der Bedeutung des Geschäfts für den Verein ergeben (vgl. Terner, NJW 2008 S. 19 f., in der Anm. zu BGH, NJW 2008 S. 69 = SpuRt 2008 S. 70 = NZG 2007 S. 826 für den Verkauf eines Bootshauses durch den Vorstand eines Ruderclubs).

> **HINWEIS:**
>
> Handelt der Vorstand im Rahmen der ihm nach Satzung und Gesetz zustehenden Vertretungsmacht für den Verein, wird er persönlich weder berechtigt noch verpflichtet. Beim Handeln für seinen Verein muss der Vorstand aber darauf achten, dass er den Zusatz „e. V." führt. Anderenfalls kann ihm persönlich die Rechtsscheinshaftung entsprechend § 54 Satz 2 BGB drohen (s. dazu auch OLG Celle, NJW-RR 1999 S. 1052 [nicht bei einem nur einmaligen Verstoß gegen § 65 BGB]).

Vertretungsmacht besteht auch **nicht** für Rechtsgeschäfte, die in die **Befugnisse anderer Vereinsorgane eingreifen.** Der Vorstand kann daher den Verein gegenüber einem Dritten nicht verpflichten, den Vereinsnamen zu ändern oder eine Satzungsänderung mit Änderung des Vereinszwecks vorzunehmen, wenn hierfür andere Vereinsorgane zuständig sind. 549

Die Vertretungsmacht **besteht** so lange, wie der Vorstand **im Amt** ist. Sie besteht fort, wenn der Vorstand nach Ablauf seiner Amtszeit bis zur Neuwahl eines Vorstands im Amt bleibt (KGR 2006 S. 615). 550

b) Vertretungsmacht und interner Vorstandsbeschluss

Fraglich ist/war, ob zur wirksamen Vertretung des Vereins bei einem **Vorstand,** der aus **drei** oder noch **mehr Personen** besteht, das Handeln aller Vorstandsmitglieder erforderlich ist oder ob es genügt, dass die Mehrheit von ihnen handelt. Nach den Änderungen durch das VereinsRÄndG enthält das BGB dazu jetzt in § 26 Abs. 2 Satz 1 BGB eine ausdrückliche Regelung. Danach gilt, dass der Verein für Vertretungshandlungen nach außen durch die „Mehrheit der Vorstandsmitglieder vertreten" wird. Es gilt also das Mehrheitsprinzip (Palandt/Ellenberger, § 26 Rz. 7 m. w. N.; früher schon Schwarz, Rpfleger 2003 S. 1; so wohl auch schon BGH, NJW 1977 S. 2310; vgl. auch noch BT-Drucks. 16/ 13542 S. 14). D. h.: **Grds.** kann der Verein **nur** durch die **Mehrheit** seiner **Vorstandsmitglieder** wirksam nach außen vertreten werden. Dabei wird „Mehr- 551 heit" von der h. M. so verstanden, dass Vertretungsmacht diejenige Anzahl von Vorstandsmitgliedern hat, die zur wirksamen Beschlussfassung im Innenverhältnis erforderlich ist (Palandt/Ellenberg, a. a. O.; Schwarz, Rpfleger 2003 S. 1, 2), das ist die einfache Mehrheit der Gesamtzahl der Vorstandsmitglieder (Schwarz, Rpfleger 2003 S. 1, 5 f.). In der Satzung kann eine andere Regelung getroffen werden (BT-Drucks. 16/13542 S. 14; vgl. Rz. 555).

552 Das Mehrheitsprinzip hat **nicht** zur **Folge,** dass die Vorstandsmitglieder ihre **Willenserklärungen gleichzeitig** abgeben müssen. Ein von einem (vertretungsberechtigten) Vorstandsmitglied geschlossener Vertrag kann auch nachträglich durch die übrigen zur Vertretung erforderlichen Vorstandsmitglieder genehmigt werden. Vorstandsmitglieder, die nur zusammen zur Vertretung des Vereins berechtigt sind, können einander zur Abgabe der Erklärung **bevollmächtigen.** Es reicht aus, wenn einer allein die Erklärung abgibt. Bei einseitigen Rechtsgeschäften wie Kündigung, Anfechtung, Rücktritt kommt eine Genehmigung allerdings nur in Betracht, wenn der Gegner die von dem einzelnen Vorstandsmitglied behauptete Vertretungsmacht nicht beanstandet oder wenn er mit dessen Handeln einverstanden ist (BGH, NJW 1982 S. 1036 f.). Ein allein handelndes Vorstandsmitglied muss die Ermächtigungsurkunde vorlegen (§§ 174, 180 BGB). Eine **generelle Übertragung** der Befugnisse des Vorstands auf ein Vorstandsmitglied ist bei in der Satzung vorgesehener Gesamtvertretung jedoch **nicht möglich.** Sieht die Satzung eines Vereins die Gesamtvertretung durch zwei Vorstandsmitglieder vor, ist eine durch den Vorstand erteilte Ermächtigung zur Alleinvertretung also nichtig. Die Gesamtvertretung wird zum Schutze des Vertretenen vor den Vertretern erteilt; sie kann daher nicht von den Vertretern selbst geändert werden (KG, NZG 2015 S. 1241 = NJW-RR 2015 S. 1448; zum Gesamtvertreter allgemein s. auch BGH, NJW-RR 1986 S. 778).

553 Davon zu **unterscheiden** ist die Frage, ob Vertretungshandlungen des Vorstands nach außen (z. B. der Abschluss eines Mietvertrags oder Einstellung von Personal) generell auch nur wirksam sind, wenn sie durch einen **gültigen internen Vorstandsbeschluss gedeckt** sind. Insoweit gilt nach den Änderungen durch das VereinsRÄndG: §§ 26, 28 BGB stellen jetzt klar, dass die wirksame Vertretung des Vereins durch die Mehrheit eines mehrgliedrigen Vorstands (Mehrheitsvertretung; § 26 Abs. 2 Satz 1 BGB; s. Rz. 548) **nicht** von einem wirksamen Vorstandsbeschluss über das vorzunehmende Rechtsgeschäft abhängt (vgl. BT-Drucks. 16/13542 S. 14; Palandt/Ellenberger, § 26 Rz. 7; Sauter/ Schweyer/Waldner, Rz. 231; s. auch die Beispiele bei Stöber/Otto, Rz. 394 ff.). Die Wirksamkeit einer Vertretungshandlung ist also nicht von einem wirksamen internen Vorstandsbeschluss abhängig, so dass daher auch bei Abweichen der Vertretungshandlung von einem internen Beschluss der Verein wirk-

sam vertreten worden ist (so schon BGH, NJW 1993 S. 191). Ausreichend, aber auch erforderlich ist, dass an der Vertretung Vorstandsmitglieder in vertretungsberechtigter Zahl mitwirken, also ein Vorstandsmitglied mit Einzelvertretungsmacht oder mehrere Vorstandsmitglieder mit Gesamtvertretungsmacht oder alle Vorstandsmitglieder (Schwarz, Rpfleger 2003 S. 1). Bestimmt die Satzung, dass der Verein durch zwei Vorstandsmitglieder nach außen vertreten werden kann, dann ist eine Beschlussfassung des Vorstands über die Frage der Vertretung nicht erforderlich (KGR 2006 S. 615). Handelt ein Vorstandsmitglied zwar im Rahmen seiner satzungsmäßigen Vertretungsmacht, aber einem internen, in der Satzung nicht vorgesehenen Vorstandsbeschluss zuwider, wonach sämtliche Geschäfte, die eine bestimmte wirtschaftliche Größenordnung überschreiten, nur mit Zustimmung weiterer Vorstandsmitglieder vorgenommen werden dürfen, macht das das handelnde Vorstandsmitglied gegenüber dem Verein ggf. schadensersatzpflichtig (BGH, a. a. O.; NJW 2008 S. 1589 = MDR 2008 S. 395).

> **HINWEIS:**
>
> Handelt nach außen die erforderliche Zahl von Vorstandsmitgliedern, kommt es für die wirksame Vertretung auf die interne Beschlussfassung nach § 28 BGB nicht an (Soergel/Hadding, § 26 Rz. 16; Prütting/Wegen/Weinreich/Schwarz, Rpfleger 2003 S. 1).

Die obigen Fragen stellen sich nur, wenn der Vorstand aus drei oder noch mehr Personen besteht. Bei einem **Vorstand,** der nur aus **zwei Personen** besteht, stellt sich das **Problem** Gesamtvertretung oder Vertretung durch die Mehrheit **nicht.** Hier kommt immer nur (Gesamt-)Vertretung durch die beiden Vorstandsmitglieder in Betracht, soweit die Satzung nicht eine andere Regelung vorsieht (vgl. auch KGR 2006 S. 615).   554

c) Abweichungen vom Mehrheitsprinzip

Vom Mehrheitsprinzip (vgl. Rz. 548) kann die **Satzung abweichen** (vgl. § 40 BGB; BT-Drucks. 16/13542 S. 14; OLG Celle, Rpfleger 2010 S. 670 = FGPrax 2010 S. 303). Sie kann das Handeln nach außen dadurch erschweren, indem sie das Handeln aller Vorstandsmitglieder erforderlich macht (Gesamtvertretung). Sie kann aber auch die Vertretung durch einzelne Vorstandsmitglieder allein oder gemeinsam als zulässig ansehen (Einzelvertretung). Einzelne Vorstandsmitglieder dürfen aber von der Vertretung des Vereins nicht gänzlich ausgeschlossen werden. Dies wäre z. B. der Fall, wenn bei einem mehrgliedrigen Vorstand die Satzung bestimmte, dass der Verein nur durch den 1. Vorsitzenden vertreten wird, oder dass einem Vorstandsmitglied ein „Weisungsrecht" gegenüber anderen Vorstandsmitgliedern eingeräumt wird. Eine   555 abweichende Regelung muss auf jeden Fall **eindeutig** sein, da sie Außenwirkungen hat (OLG Celle, a. a. O.; OLG Nürnberg, MDR 2015 S. 961 = FGPrax 2015 S. 212 = Rpfleger 2015 S. 709 für Beschränkung im Verhältnis zu Dritten). Als nicht eindeutig ist die Formulierung „gegenseitig vertretungsbefugt" angesehen werden, da sich „gegenseitig" weder der eindeutige Sinn von „gemeinsam" (= Gesamtvertretung) noch „jeder für sich" (= Einzelvertretung) oder „durch einfache Mehrheit" (= Mehrheitsvertretung) beilegen lasse (OLG Celle, a. a. O.).

HINWEIS:

Die Abweichungen vom Mehrheitsprinzip müssen im Vereinsregister eingetragen werden (§ 70 BGB). Es gilt dann der Vertrauensschutz des § 68 BGB (vgl. dazu Rz. 571).

---

8. Besondere Fragen zur Vertretungsmacht

a) Allgemeines

556 Nach § 26 Abs. Abs. 1 Satz 2 BGB vertritt der Vorstand den Verein gerichtlich und außergerichtlich. Seine Vertretungsmacht ist grds. **allumfassend** (zu den Einschränkungen s. Rz. 565 ff.) und erstreckt sich auf alle bei der Führung der Geschäfte anfallenden Rechtsgeschäfte. Es gelten die allgemeinen Regeln. Einige Fragen sind dabei von besonderer Bedeutung und sollen deshalb nachfolgend dargestellt werden (vgl. auch VB 10/2017 S. 14 ff.).

b) Insichgeschäft

557 Für Rechtsgeschäfte des Vorstandsmitglieds mit dem Verein (sog. „Insichgeschäfte") gilt § 181 BGB. Danach ist es grds. verboten, dass ein Vertreter im Namen des Vertretenen mit sich im eigenen Namen ein Rechtsgeschäft vornimmt, es sei denn, der Geschäftsherr gestattet dieses Insichgeschäft. Geschäftsherr ist der Verein, bei dem für die Erteilung der Erlaubnis die Mitgliederversammlung oder das Bestellungsorgan, nicht der Vorstand selbst, zuständig ist (BGHZ 33 S. 192; s. auch LG Ravensburg, Rpfleger 1990 S. 26). Die **Erlaubnis**, Insichgeschäfte zu tätigen, kann bereits in der **Satzung** allgemein oder auch nur für bestimmte Geschäfte festgelegt werden (OLG München, NJW-RR 1991 S. 893). Die Befreiung in einem (Vorstands-)Anstellungsvertrag reicht nicht aus (BGH, NJW 1995 S. 1158).

HINWEIS:

Ob ein Insichgeschäft dem Vorstand durch Beschluss der Mitgliederversammlung auch dann gestattet werden kann, wenn die Satzung dies nicht ausdrücklich vorsieht, ist in der Literatur umstritten. Die Frage wird von Sauter/Schweyer/Waldner (Rz. 239) bejaht, von Stöber/Otto (Rz. 449 f.) und Reichert u.a. (Rz. 2498 ff.) und der Rechtsprechung (vgl. u.a. BGH, NJW 1991 S. 1731; BayObLG, NJW-RR 1996 S. 611) hingegen verneint. Es empfiehlt sich daher, diese Frage ggf. ausdrücklich in der Satzung zu regeln (vgl. BGH, NJW 2000 S. 664; OLG Celle, NJW-RR 2001 S. 175 [für GmbH]). Eine Satzungsbestimmung könnte lauten: „Der Vorstand ist für Rechtsgeschäft, die den Verein jeweils zu Zahlungen von nicht mehr als ... € verpflichten, von den Beschränkungen des § 181 BGB befreit. Ausgenommen von dieser Befreiung sind Rechtsgeschäfte, die Dauerschuldverhältnisse betreffen" (vgl. VB 6/2016 S. 15).

Bei der Spielervermittlung (für einen Sportverein) kann der Spielervermittler allerdings zugleich als Vertreter des Spielers und des abgebenden Vereins handeln (OLG Düsseldorf, NJW-RR 1996 S. 558).

c) Entgegennahme von Willenserklärungen

Für die **Entgegennahme von Willenserklärungen** hat jedes Vorstandsmitglied eines mehrgliedrigen Vorstands nach § 26 Abs. 2 Satz 2 BGB, der durch die Satzung nicht abgeändert werden kann (§ 40 BGB), **Einzelvertretungsmacht.** Für die Wirksamkeit von Erklärungen gegenüber dem Verein genügt es also, wenn diese nur einem Vorstandsmitglied zugehen (sog. Passivvertretung).   558

Das gilt ebenso, wenn es auf die **Kenntnis** oder das **Kennenmüssen** einer Tatsache ankommt oder wenn die Voraussetzungen der Arglist zu prüfen sind (BGH, NJW 1990 S. 975). Hier muss sich der Verein schon das **Wissen** eines einzelnen Vorstandsmitglieds **zurechnen** lassen, auch wenn z. B. nur alle Vorstandsmitglieder zusammen den Verein vertreten können (vgl. BGH, NJW 1995 S. 2159 [für GmbH] und krit. dazu Schultz, NJW 1996 S. 1392). Der Verein muss sich das Wissen des Vorstandsmitglieds auch dann zurechnen lassen, wenn dieser es absichtlich unterdrückt, wenn er an dem konkreten Geschäft nicht beteiligt war (BGH, a. a. O.; BayObLG, NJW-RR 1989 S. 910; OLG Köln, NJW-RR 2000 S. 470), wenn er die Kenntnis privat erlangt oder wenn er inzwischen aus dem Vorstandsamt ausgeschieden ist (s. auch Palandt/Ellenberger, § 26 Rz. 8 m. w. N.).   559

BEISPIELE: ▶ Der A-Verein ist Eigentümer eines Hauses, in dem Wohnungen vermietet sind. Der Vorstand des Vereins besteht aus B, C und D. Mieter M will sein Mietverhältnis mit dem Verein kündigen. B ist verreist, C erkrankt. M spricht die Kündigung nur gegenüber D aus. Die Kündigung ist wirksam.

Der Sportverein e. V. beschließt, einen Großrasenmäher für den vereinseigenen Sportplatz zu kaufen. Der Vorstand besteht aus A, B und C. Mit dem Kauf wird A vom Vorstand betraut. Bei Vertragsschluss weiß A, dass der Rasenmäher einen Defekt an der Schneidevorrichtung hat. Wenn nun der Gesamtvorstand namens des e. V. wegen dieses Mangels später den Rücktritt vom Kaufvertrag (§ 437 Nr. 2 BGB) verlangt, kann der Verkäufer sich darauf berufen, dass der Verein in Kenntnis des Fehlers den Rasenmäher gekauft hat. Ein Rücktrittsrecht besteht deshalb nicht.

Zur Ausstattung seiner Vereinsräume will der Golfclub e. V. mehrere Orientteppiche erwerben. Mit dem Kauf wird vom Gesamtvorstand das Vorstandsmitglied A beauftragt. Diesem werden verschiedene Teppiche angeboten. Einen dieser Teppiche erkennt A als bei einem Bekannten gestohlen wieder. Wenn er nun dennoch für den Verein den Teppich kauft, erwirbt der Verein kein Eigentum, da A bösgläubig war (s. §§ 932 ff. BGB).

d) Vollmachtserteilung

560 Der Vorstand kann einem Dritten oder auch einem oder mehreren seiner Mitglieder **Vollmacht erteilen,** die aufgrund der jeweiligen Vorstandsbeschlüsse notwendigen Vertretungshandlungen vorzunehmen und die entsprechenden Erklärungen abzugeben. Die Vollmachtserteilung und der Widerruf der Vollmacht richten sich nach den **allgemeinen Regeln:** Intern muss über die Vollmachtserteilung oder den Widerruf der Vorstand durch Beschlussfassung entscheiden, nach außen bedarf es zur Vollmachtserteilung oder zum Widerruf wie bei jedem Rechtsgeschäft der Erklärung so vieler Vorstandsmitglieder, wie nach der Satzung zur Vertretung des Vereins erforderlich sind. Es gelten die Ausführungen zu Rz. 980 ff. Für die wirksame Erteilung einer Prozessvollmacht reicht es nicht aus, wenn die Vorstandsmitglieder nur im Vereinsregister verzeichnet sind (KGR 2006 S. 615). Ist eine Vollmacht erteilt, wird sie in ihrem Bestand nicht durch Änderungen in der Zusammensetzung des Vorstands berührt.

561 Grds. kann der Vorstand für jedes Rechtsgeschäft Vollmacht erteilen. Die Vollmachtserteilung darf aber **nicht** auf eine **Übertragung der Organstellung** insgesamt hinauslaufen oder generell auf die Umwandlung einer Mehr- oder Gesamtvertretungsmacht in eine Einzelvertretungsmacht. Unwirksam ist daher eine Vollmacht, mit der im Fall der Gesamtvertretung ein Vorstandsmitglied von den anderen allgemein zur (Allein-)Vertretung ermächtigt wird (zuletzt BGH, NJW 1989 S. 164, 166 [für die vergleichbare Problematik bei der GmbH]; KG, NZG 2015 S. 1241 = NJW-RR 2015 S. 1448; OLG München, NJW-RR 1991 S. 893). Eine **unwiderrufliche Vollmacht** kann daher der Vorstand auch nur für bestimmte Einzelgeschäfte erteilen, da anderenfalls § 27 Abs. 2 BGB umgangen würde.

e) Sonstiges

562 In **Prozessen** des Vereins nimmt der Vorstand als Vertretungsorgan die Parteirolle ein. Er kann daher nicht als Zeuge vernommen werden, sondern nur als **Partei** nach den §§ 445 ff. ZPO. Beim mehrgliedrigen Vorstand bestimmt das Gericht, ob es alle oder nur einzelne Vorstandsmitglieder vernehmen will.

563 Der Vorstand stellt auch für den Verein **Strafantrag.** Wird nach dem Gesetz über Ordnungswidrigkeiten gemäß § 30 Abs. 1 OWiG gegen den Verein eine

Geldbuße festgesetzt, wird er in dem sich dann anschließenden gerichtlichen Verfahren durch den Vorstand vertreten.

Wird gegen den Verein die **Zwangsvollstreckung** (eidesstattliche Versicherung   564
nach § 807 ZPO) betrieben oder ist der Verein zur Abgabe einer eidesstattlichen Versicherung verurteilt worden (s. §§ 889 ff. ZPO), muss der Vorstand
als Vertretungsorgan die eidesstattliche Versicherung abgeben. Bei einem
mehrgliedrigen Vorstand müssen so viele Vorstandsmitglieder mitwirken, wie
nach Gesetz oder Satzung zur Vertretung des Vereins erforderlich sind (Sauter/
Schweyer/Waldner, Rz. 243 m. w. N.). Der (einzige) Vorstand kann dieser Verpflichtung nicht dadurch entgehen, dass er nach der Ladung zum Termin zur
Abgabe der eidesstattlichen Versicherung sein Amt niederlegt, ohne dass ein
neuer Vorstand bestellt wird (BGH, NJW-RR 2007 S. 185 = Rpfleger 2007 S. 86
[rechtsmissbräuchlich]).

9. Beschränkungen der Vertretungsmacht

a) Umfang der Beschränkungen

Nach § 26 Abs. 1 Satz 3 BGB kann die grds. unbeschränkte Vertretungsmacht   565
des Vorstands durch die **Satzung** gegenüber Dritten beschränkt werden. Die
Beschränkung der Vertretungsmacht muss, wenn sie gegenüber Dritten wirksam sein soll, gemäß §§ 64, 68, 70 BGB ins Vereinsregister eingetragen werden.

HINWEIS:

In Ausnahmefällen kann die Vertretungsmacht im Innenverhältnis auch ohne Satzungsbestimmung beschränkt sein. Das wird man bei schwerwiegenden Eingriffen in die
Rechte und Interessen der Vereinsmitglieder annehmen können, wenn z. B. ein wesentlicher Teil des Vereinsvermögens veräußert wird (Terner, NJW 2008 S. 20 in der Anm. zu
BGH, NJW 2008 S. 69 = SpuRt 2008 S. 70 = NZG 2008 S. 826 für den Verkauf des Bootshauses eines Ruderclubs; vom BGH, a. a. O., allerdings verneint). Diese Beschränkung
gilt dann aber nur im Innenverhältnis. Sie führt nicht zu einer Beschränkung der Vertretungsmacht im Außenverhältnis. Der Vorstand macht sich allerdings gegenüber dem
Verein schadensersatzpflichtig (Terner, a. a. O.).

Die **Satzung** kann **frei** bestimmen, in welcher Weise sie die Vertretungsmacht   566
des Vorstands beschränken will. Sie kann die Vertretungsmacht jedoch **nicht
vollständig** entziehen, der Vorstand muss in einem gewissen Rahmen Vertretungsorgan des Vereins bleiben. In diesem Rahmen hält sich die Beschränkung,
wenn der Vorstand zur Vornahme bestimmter Geschäfte entweder überhaupt
nicht befugt sein soll, weil hierfür ein „besonderer Vertreter" (s. § 30 BGB;
Rz. 721 ff.) oder ein anderes Vereinsorgan vorgesehen ist, oder wenn er für
die Wirksamkeit seines Handelns der Zustimmung anderer Vereinsorgane (Ge-

samtvorstand, Mitgliederversammlung, Beirat) oder bestimmter Einzelpersonen (Geschäftsführer, Kassierer usw.) bedarf.

567 Die Satzung kann vorschreiben, dass der Vorstand Geschäfte, die einen bestimmten Wert übersteigen, **nur mit Zustimmung** eines anderen Vereinsorgans vornehmen darf (vgl. dazu OLG Nürnberg, MDR 2015 S. 961 = FGPrax 2015 S. 212 = Rpfleger 2015 S. 709 [Zustimmung eines Dachverbands]). In der Satzung sollte dann z. B. etwa wie folgt formuliert werden: „Rechtsgeschäfte, die den Verein verpflichten und nicht nur in der Erfüllung einer Verbindlichkeit bestehen, mit einem Wert von über 1.500 €, sind für den Verein nur verbindlich, wenn die Zustimmung der Mitgliederversammlung schriftlich erteilt ist."

> **HINWEIS:**
>
> Auf die Formulierung der Beschränkung ist besondere Sorgfalt zu verwenden. Sie muss eindeutig aus der Satzung zu entnehmen sein (BayObLG, NJW-RR 2000 S. 41; OLG Nürnberg, MDR 2015 S. 961 = FGPrax 2015 S. 212 = Rpfleger 2015 S. 709). So schränkt nach Auffassung des BayObLG die Formulierung, dass der Vorstand „bei Investitionsmaßnahmen über 25.000 €" der Zustimmung der Mitgliederversammlung bedarf, die Vertretungsmacht des Vorstands für die Belastung eines Grundstücks mit einer Grundschuld nicht ein (BayObLG, a. a. O.; zugleich auch zur Frage, ob eine solche Satzungsbestimmung überhaupt die für die Eintragung in das Vereinsregister erforderliche Bestimmtheit hat; vgl. auch BayObLG, DB 1973 S. 2518). Der Begriff der „Investition" erfasse nicht auch eine Grundschuld, auch seien Verbindlichkeiten denkbar, die nicht zur Durchführung einer Investition eingegangen seien und die durch eine Grundschuld gesichert werden können.
>
> Es empfiehlt sich daher, wenn es um die Beschränkung der Vertretungsmacht in Zusammenhang mit beweglichem und unbeweglichem Vermögen geht, neben dessen Veräußerung ausdrücklich auch dessen Belastung aufzuführen (BayObLG, Rpfleger 1999 S. 544, 545).

568 Für die Beschränkung der Vertretungsmacht mit Wirkung gegen Dritte genügt nicht schon, dass in der Satzung eine den Handlungsspielraum des Vorstands einschränkende Regelung getroffen ist. Vielmehr muss sich aus der betreffenden **Satzungsbestimmung eindeutig** ergeben, dass damit gerade die **Vertretungsmacht** des Vorstands **nach außen** beschränkt sein soll, und dem Vorstand nicht lediglich ein bestimmtes vereinsinternes Verhalten zur Pflicht gemacht wird (BGH, NJW 1980 S. 2799 und NJW-RR 1996 S. 866, jeweils für Austritt aus einem übergeordneten Verband und Zustimmungserfordernis für die Mitgliederversammlung; OLG Nürnberg, MDR 2015 S. 961 = FGPrax 2015 S. 212 = Rpfleger 2015 S. 709 [für Zustimmung eines Dachverbands; s. auch BayObLG, Rpfleger 1999 S. 544 und dazu Rz. 567). Diese Frage ist nicht immer leicht zu beurteilen und läuft letztlich auf eine Auslegung der Satzung hinaus, wobei diese lediglich aus ihrem Inhalt heraus auszulegen ist. Willensäußerungen oder Interessen der satzungsbeschließenden Vereinsmitglieder oder sonstige,

dem Satzungsinhalt nicht zu entnehmende Umstände spielen für die Auslegung keine Rolle (BGHZ 202 S. 202 = NJW 2014 S. 3239 = NZG 2014 S. 1188; BGH, NJW 1980 S. 2799; NJW-RR 1996 S. 866; OLG Nürnberg, a. a. O.). Für die Auslegung lassen sich allgemeine Grundsätze kaum aufstellen, auf folgende **Gesichtspunkte** ist jedoch hinzuweisen:

Maßgeblich kann sein, ob der **Zweck,** den die fragliche Satzungsbestimmung verfolgt, allein durch eine Beschränkung der Vertretungsmacht des Vorstands erreicht werden kann.   569

Zu fragen ist auch nach der **Bedeutung** der **fraglichen** Maßnahme für den Verein. Je bedeutungsvoller sie für den Verein, sein Vermögen und die Stellung des Vereins nach außen ist, desto eher wird man in der Verpflichtung des Vorstands, andere Organe oder Einzelpersonen zu beteiligen, eine Beschränkung seiner Vertretungsmacht sehen müssen. Regelt die Satzungsbestimmung aber weniger die **Sachentscheidung,** sondern mehr die **Form,** in der der Vorstand Willenserklärungen abzugeben hat, so liegt darin regelmäßig keine Beschränkung der Vertretungsmacht.   570

BEISPIELE:

▶ In der Vorschrift, dass bestimmte **Beschlüsse** des Vorstands der **Zustimmung** der **Mitgliederversammlung** bedürfen, kann eine nach außen wirkende Beschränkung der Vertretungsmacht liegen (KG, JW 1936 S. 2929; s. aber BGH, NJW-RR 1996 S. 866).

▶ Heißt es in der Satzung, dem Vorstand obliege die **Führung** des Vereins **nach** der **Satzung** und den Beschlüssen der Mitgliederversammlung, bedeutet dies für sich allein nicht eine Beschränkung der Vertretungsmacht des Vorstands; sie stellt lediglich klar, dass die Mitgliederversammlung dem Vorstand Weisungen erteilen kann (OLG Frankfurt/Main, Rpfleger 1977 S. 103; Stöber/Otto, Rz. 457).

▶ Heißt es in der Satzung, dass der Vorstand im Schriftverkehr mit dem **Namen** des **Vereins** und mit seiner **Namensunterschrift** zu **zeichnen** hat, handelt es sich lediglich um eine Ordnungsvorschrift, die regelt, wie der Vorstand seine Vertretungsmacht darzustellen hat (Stöber/Otto, a. a. O., m. w. N.).

▶ Schreibt die Satzung vor, dass der Vorstand **rechtsgeschäftliche Erklärungen persönlich** abzugeben hat, wird er dadurch in seiner Handlungsfreiheit allerdings insoweit eingeschränkt, als er sich nicht durch Bevollmächtigte vertreten lassen darf (Sauter/Schweyer/Waldner, Rz. 234).

▶ Heißt es in der Satzung: „Der Erwerb von Grundstücken, Häusern oder grundstücksähnlichen Rechten sowie der Verkauf oder die Begebung des gesamten oder eines größeren Teils des Vermögens des Vereins unterliegen der **schriftlichen Genehmigung** des A...werkes Deutschland gemäß § 6 Ziffer 4 Generalstatut des Internationalen A...werkes. ...". ist dem eine Beschränkung der Vertretungsmacht nicht zu entnehmen. Der Wortlaut dieser Bestimmung erwähnt nämlich keine Beschränkung der Vertretungsmacht und lässt offen, ob in den aufgeführten Fällen, u.a.

Immobilienerwerb, Veräußerung wesentlicher Vermögensteile, nur im Innenverhältnis die Geschäftsführungsbefugnis des Vorstands limitiert oder im Außenverhältnis dessen Vertretungsmacht eingeschränkt sein soll. Soweit das statuierte Genehmigungserfordernis sich auf den Verkauf oder die Begebung „des gesamten oder eines größeren Teils des Vermögens des Vereins" bezieht, ist im Übrigen der Umfang einer solchen Beschränkung der Vertretungsmacht völlig unklar (OLG Nürnberg, MDR 2015 S. 961 = FGPrax 2015 S. 212 = Rpfleger 2015 S. 709).

► Heißt es in der Satzung: „Über **Anträge auf Aufnahme** in den Verband, die in Schriftform erfolgen müssen, entscheidet auf Empfehlung der Geschäftsführung der Vorsitzende des Vorstands oder dessen Stellvertreter..." lässt sich daraus nicht eindeutig entnehmen, dass die Vertretungsmacht des Vorstands für die Aufnahme neuer Mitglieder durch das Erfordernis einer (notwendigen) Mitwirkung der Geschäftsführung beschränkt werden sollte (BGHZ 202 S. 202 = NJW 2014 S. 3239 = NZG 2014 S. 1188).

HINWEIS:

Liegt eine wirksame Beschränkung nicht vor, ist die Vertretungsmacht des Vorstands im Außenverhältnis nicht beschränkt und – bei eingetragenen Vereinen – eine entsprechende Eintragung im Vereinsregister unzulässig. Eine ggf. vorgesehene „Beschränkung der Vertretungsmacht" hat dann nur im Innenverhältnis – als Beschränkung der Geschäftsführungskompetenz des Vorstands gemäß §§ 27 Abs. 3, 665 BGB – Bedeutung (OLG Nürnberg, a. a. O.; BGH, NJW 1980 S. 2799; NJW-RR 1996 S. 866).

---

b) Wirkung der Eintragung gegenüber Dritten

571 Die Beschränkung der Vertretungsmacht wirkt gegenüber Dritten nur, wenn sie gemäß §§ 64, 68, 70 BGB im Vereinsregister eingetragen oder dem Dritten bekannt war. Nach § 68 i. V. mit § 70 BGB hat das Vereinsregister **sog. negative Publizität.** Das bedeutet:

572 Beschränkungen, die nicht im Vereinsregister eingetragen sind, können einem **Dritten** vom Verein **nur entgegengehalten** werden, wenn er sie kannte; Kennen-müssen (Fahrlässigkeit) genügt nicht.

573 Umgekehrt muss der **Dritte** eingetragene **Beschränkungen gegen sich** gelten lassen, es sei denn, dass er sie nicht kennt oder kennen muss. „Dritter" kann auch ein **Vereinsmitglied** sein, so z. B. wenn der Beitrag an den Vorstand gezahlt wird, der keine Inkassoberechtigung hat (Palandt/Ellenberger, §§ 67 ff. Rz. 3).

HINWEIS:

I. d. R. wird man sagen können, dass der Geschäftspartner des Vereins fahrlässig handelt, wenn er es unterlässt, vor dem Geschäftsabschluss das Vereinsregister einzusehen, und deshalb von einer eingetragenen Vertretungsmachtbeschränkung des Vorstands keine Kenntnis hat (s. Rz. 834). Etwas anderes kann dann gelten, wenn die Einsicht kurz vor Abschluss des Geschäfts erfolgt ist, danach dann aber noch eine Vorstandsänderung eingetragen worden ist.

Als Faustregel für den Zeitpunkt der Einsicht wird man festhalten können: Je wichtiger das mit dem Verein abzuschließende Geschäft ist, desto kürzer muss die Zeitspanne zwischen Einsichtnahme und Geschäftsabschluss sein (so wohl auch Stöber/Otto, Rz. 1287).

10. Geschäftsführung des Vorstands

a) Allgemeines

Zur Geschäftsführung gehören **alle Handlungen,** die der Vorstand **für** den **Verein** vornimmt, gleichgültig, ob sie tatsächlicher oder rechtlicher Art sind (s. Rz. 546). Auch jede Vertretungshandlung ist zugleich Geschäftsführung (BGH, NJW 1993 S. 191; NJW 2008 S. 1589 = MDR 2008 S. 395; eingehend zur Geschäftsführung Stöber/Otto, Rz. 464 ff.; Linnenbrink, SpuRt 2000 S. 55; eingehend zur Geschäftsführung VB 11/2017 S. 10 ff.).   574

Nach § 27 Abs. 3 BGB gelten für die Geschäftsführung des Vorstands im Wesentlichen die Vorschriften, die das Gesetz für das Rechtsverhältnis zwischen dem Auftraggeber und dem Beauftragten in den §§ 664 bis 670 BGB **(Auftrag)** aufgestellt hat. Wegen der sich daraus ergebenden Rechte und Pflichten des Vorstands s. die Rz. 582 ff. Hier ist nur auf Folgendes hinzuweisen: 575

Ohne **ausdrückliche Erlaubnis** in der Satzung darf der Vorstand die Geschäftsführung **nicht allgemein** einer anderen Person oder Stelle übertragen (§ 664 Abs. 1 BGB; s. Rz. 560). Die Satzung kann das anders regeln. Der Vorstand kann aber für einzelne Geschäfte oder Geschäftsbereiche, wie z. B. die Kassenführung, Aufträge oder Vollmachten erteilen und darf auch das zur Erledigung der Geschäfte erforderliche Hilfspersonal einstellen. Inwieweit daran dann die Mitgliederversammlung oder ein anderes Vereinsorgan zu beteiligen ist, bestimmt ebenfalls die Satzung. Auch bei Beschäftigung von Angestellten oder eines „Geschäftsführers" muss der Vorstand aber die Leitung des Vereins behalten (zum „Geschäftsführer" Rz. 513).   576

Für die Geschäftsführung gilt bei einem mehrgliedrigen Vorstand nach § 28 BGB ebenso wie für die Vertretung nach außen das **Mehrheitsprinzip,** soweit die Satzung nichts anderes bestimmt (§ 40 BGB; zur Beschlussfassung s. Rz. 664 f.).   577

b) Aufteilung der Geschäftsführung im Vorstand

aa) Aufteilung nach Sachgebieten

Gegen das Mehrheitsprinzip (vgl. Rz. 577) wird nicht verstoßen, wenn die Geschäftsführung **im Vorstand nach Sachgebieten aufgeteilt** wird (s. dazu Stöber/Otto, Rz. 466; eingehend Reichert u.a., Rz. 2608 ff.; VB 12/2017 S. 11 ff.).   578

Dies ist bei Großvereinen regelmäßig sogar geboten, um eine rasche Erledigung der laufenden Vereinsgeschäfte zu gewährleisten. Die grundsätzlichen Entscheidungen über die Geschäftsführung des Vereins sollten aber dem gesamten Vorstand vorbehalten bleiben. Ist dies der Fall, ist gegen die Einführung eines geschäftsführenden Vorstands, der die laufenden Vereinsgeschäfte erledigt, nichts einzuwenden. Die Aufteilung der Geschäftsführung/Ressortverteilung, die schriftlich erfolgen sollte, **kann sich** sogar **empfehlen**. Sie hat nämlich ggf. haftungsrechtliche Folgen, die über die Beschränkung aus § 31a BGB hinausgehen können (vgl. zur Haftung des Vorstands Rz. 584 ff.; 768 ff.). Die jeweiligen anderen Vorstandsmitglieder sind in dem ihnen nicht übertragenen Geschäftsbereich nach einer Aufteilung nämlich nicht mehr zur unmittelbaren geschäftsführenden Tätigkeit verpflichtet, sondern nur noch zur Überwachung für die den anderen Vorstandsmitgliedern zugewiesenen Aufgaben (so auch Stöber/Otto, Rz. 467 m. w. N. auch zur a. A.; Unger, NJW 2009 S. 3269, 3271; s. auch noch Rz. 581).

BEISPIEL: ▶ Ist aufgrund vorstandsinterner Aufgabenverteilung ein Vorstandsmitglied mit den Zahlungspflichten des Vereins betreffend die **Sozialversicherungsbeiträge** gemäß § 28e Abs. 1 Satz 1 SGB IV betraut, trifft die anderen Vorstandsmitglieder insoweit nur noch eine Überwachungspflicht und damit eine geringere Verantwortlichkeit. Nur bei Anhaltspunkten, dass die Erfüllung der Pflichten nach § 28e SGB IV durch das zuständige Vorstandsmitglied nicht gewährleistet ist, müssen sich die anderen Vorstandsmitglieder um die Erfüllung dieser Pflicht kümmern (BGH, NJW 1997 S. 130, 132) und haften ggf. nach § 823 Abs. 2 BGB i. V. mit § 266a StGB (vgl. auch Palandt/Ellenberger, § 31 Rz. 14; Schöpflin, Beck-OK, § 31a Rz. 9).

Entsprechendes gilt für die **steuerrechtliche Haftung** des Vorstandsmitglieds nach § 69 AO. Diese greift nur ein, wenn das Vorstandmitglied seine steuerrechtlichen Pflichten, die es nach § 34 AO wahrnehmen muss, grob fahrlässig oder vorsätzlich verletzt hat. Auch hier kann grds. die Verantwortlichkeit einzelner Vorstandsmitglieder durch eine schriftlich getroffene eindeutige Geschäftsverteilung begrenzt werden (BFH, NJW 1998 S. 3374, 3375; vgl. aber FG Saarland, EFG 2017 S. 974 = ZInsO 2017 S. 1806, wonach die Vollmachtsvergabe an einen „Geschäftsführer" den Vorstand nicht von der steuerlichen Haftung entlastet). Die Ressortverteilung müssen die Finanzbehörden bei der Frage berücksichtigen, in welchem Verhältnis sie die nach § 69 AO haftenden Vorstandsmitglieder für die Steuerschuld in Anspruch nehmen (vgl. dazu BT-Drucks. 16/13537 S. 4 und Palandt/Ellenberger, a. a. O.; Schöpflin, Beck-OK, § 31a Rz. 10, zur steuerrechtlichen Haftung des Vorstands Röcken, VB 4/2017 S. 12 ff.).

bb) Satzungsregelung

579 Die **Aufteilung** der laufenden Vereinsgeschäfte unter die Mitglieder des Vorstands **kann bereits** in der **Satzung** vorgenommen werden. Dafür reicht allerdings eine Satzungsbestimmung, wonach der Vorstand aus dem 1. Vorsitzenden, dem 2. Vorsitzenden, dem Schatzmeister und dem Schriftführer besteht,

nicht aus. Vielmehr muss in der Satzung dem einzelnen Vorstandsamt ein **genau beschriebenes Aufgabengebiet** zugeordnet werden.

Zu empfehlen ist die Aufteilung der laufenden Vereinsgeschäfte unter den Mitgliedern des Vorstands bereits in der Satzung jedoch nicht. Denn dann ist für jede Änderung der einzelnen Zuständigkeiten eine Satzungsänderung erforderlich, zudem wird die Satzung unnötig mit einer ins Einzelne gehenden Regelung belastet. Angebracht ist es vielmehr, den Erlass einer Geschäftsordnung des Vorstands (s. Anhang Rz. 1094) vorzusehen, in der dann die Aufteilung der Geschäftsführung vorgenommen werden kann.

Zuständig für den Erlass einer solchen **Geschäftsordnung**/Vereinsordnung ist,   580
wenn die Satzung nichts anderes bestimmt, regelmäßig die Mitgliederversammlung. Aus Gründen der Praktikabilität empfiehlt es sich jedoch, die Aufstellung der Geschäftsordnung durch den Vorstand selbst vorzusehen, da dieser dann etwa notwendig werdende Änderungen selbst schnell vornehmen kann. In der Geschäftsordnung kann auch die Bildung von Unterausschüssen vorgesehen werden, etwa für Personal, Finanzen, zur Vorbereitung von Veranstaltungen usw., in denen Entscheidungen des Vorstands vorab beraten und vorbereitet werden. Die Geschäftsordnung kann aber **nicht** die **Beschlussfähigkeit** des Vorstands regeln. Diese Regelung muss der Satzung vorbehalten bleiben.

cc) Überwachung

Die Aufteilung hat nicht zur Folge, dass die einzelnen Vorstandsmitglieder   581
nicht mehr die **Aufgabenerfüllung** der **anderen Vorstandsmitglieder** zu **überprüfen**/überwachen hätten (s. Reichert u.a., Rz. 2618; Stöber/Otto, Rz. 467, jew. m. w. N.; Unger, NJW 2009 S. 3269, 3271; VB 12/2017 S. 11, 12). Das muss schon deshalb gelten, weil das Vorstandsmitglied sonst seiner Verpflichtung, ggf. einen Insolvenzantrag stellen zu müssen, nicht gerecht werden kann (vgl. dazu Rz. 603; zur Zuständigkeitsverteilung im Vorstand s. auch Otto, jurisPK, § 27 Rz. 48).

Wenn eine Aufteilung der Geschäfte auf die einzelnen Vorstandsmitglieder vorgenommen werden soll, muss eine eindeutige und klare Regelung vorgenommen werden. Fehlt diese oder ist sie ungenau, trifft die volle Verantwortung für die Erfüllung der Pflichten weiterhin alle Vorstandsmitglieder (OLG Frankfurt/Main, OLGR 2006 S. 918; BFH, NJW 1998 S. 3374 [für die Erfüllung steuerlicher Pflichten des Vereins]; s. dazu auch FG Saarland, EFG 2017 S. 974 = ZInsO 2017 S. 1806, wonach die Vollmachtsvergabe an einen „Geschäftsführer" den Vorstand nicht von der steuerlichen Haftung entlastet, und Rz. 1071).

Die Aufteilung sollte auf jeden Fall schriftlich erfolgen.

11. Einzelne Geschäftsführungspflichten des Vorstands

a) Allgemeines

582 Die sich aus der Geschäftsführung ergebenden Pflichten können je nach der Art des Vereins und seiner Größe unterschiedlich sein. Das Vorstandsmitglied sollte sorgfältig auf die Einhaltung der ihm obliegenden Pflichten achten, da er bei deren **Verletzung** dem Verein **haftbar** sein kann (vgl. z. B. LG Kaiserslautern, SpuRt 2006 S. 79 = VersR 2005 S. 1090 für die Haftung des Vorstands eines Fußballvereins gegenüber dem Verein wegen einer aufgrund des Zuflusses verdeckter Vergütungen an Lizenzspieler an den DFB zu zahlenden Vertragsstrafe; eingehend zur persönlichen Haftung des Vorstands gegenüber dem Verein Küpperfahrenberg, a.a.O., S. 360 ff., und zur Haftung gegenüber Dritten, S. 288 ff. sowie schließlich zur **Haftungsbeschränkung**, S. 381 ff.; zur Haftungsbegrenzung nach der Neuregelung in § 31a BGB vgl. Rz. 596 ff.). Auch schließt das Handeln innerhalb der satzungsmäßigen Vertretungsmacht des Vorstands im Außenverhältnis pflichtwidriges Handeln bei der Geschäftsführung im Innenverhältnis und eine darauf beruhende Schadensersatzpflicht nicht aus (BGH, NJW 1993 S. 191; NJW 2008 S. 1589 = MDR 2008 S. 395). Ein pflichtwidriges, zum Schadensersatz verpflichtendes Handeln eines Vorstandsmitglieds liegt aber nicht bereits darin, dass es für den Verein im Rahmen seiner satzungsmäßigen Einzelvertretungsmacht ein Rechtsgeschäft abschließt, wenn es dabei einem internen, in der Satzung nicht vorgesehenen Vorstandsbeschluss zuwiderhandelt (BGH, NJW 1993 S. 191).

583 Die nachfolgenden sich aus der Geschäftsführung ergebenden Pflichten treffen **jeden Vereinsvorstand** (vgl. auch VB 11/2017 S. 10 12 f.).

b) Haftung/Sorgfaltspflicht

aa) Verschuldensmaßstab

584 Über allem Geschäftsführungshandeln des Vereinsvorstands steht die Sorgfaltspflicht. Der Vorstand haftet dem Verein gemäß § 276 BGB grds. für ein Verschulden bei der Geschäftsführung, und zwar, wenn die dem Vorstand obliegende Sorgfaltspflicht verletzt wird (zur Haftung des Vereins für den Vorstand gegenüber Dritten s. Rz. 745 ff.). Der Vorstand haftet **grds.** schon für **leichte Fahrlässigkeit**, allerdings kann diese Haftung in der Satzung ausgeschlossen werden (Palandt/Ellenberger, § 31a Rz. 4; zum gesetzlichen Haftungsausschluss beim ehrenamtlichen Vorstand s. Rz. 589 ff.). Etwaige **Ansprüche** aus Verletzung einer Geschäftsführungspflicht stehen im Übrigen dem **Verein** und nicht den Vereinsmitgliedern **zu**. Andererseits haftet im Außenverhältnis auch nur der Verein gemäß § 31 BGB für das Handeln seines Vertre-

tungsorgans (wegen der Einzelheiten s. Rz. 745 ff.; zur Haftung des Vorstands Röcken, VB 4/2017 S. 12 ff.).

BEISPIELE:

► Der Vorstand unterlässt es, Steuerrückerstattungsanträge beim Finanzamt zu stellen.

► Der Vorstand versäumt es, Mitgliederbeiträge einzuziehen. Für den dadurch dem Verein entstehenden Schaden (Zinsverlust, Beitragsverlust) haftet der Vorstand.

► Der Vorstand eines Fußballvereins zahlt verdeckte Vergütungen an Lizenzspieler und der Verein wird deshalb mit einer Vertragsstrafe des DFB belegt (LG Kaiserslautern, SpuRt 2006 S. 79 = VersR 2005 S. 1090) bzw. der Vorstand schließt pflichtwidrige Trainerverträge ab (BGH, NJW 2008 S. 1589 = MDR 2008 S. 395; s. dazu aber OLG Schleswig, SpuRt 2007 S. 74).

► Auch die Entgegennahme von Zahlungen als Aufwandsentschädigung für aufgewendete Arbeitszeit und Arbeitskraft verletzt die Vorstandspflichten (BGH, NJW-RR 2008 S. 842 = WM 2008 S. 736).

Verschuldensmaßstab ist die **Sorgfalt**, die eine **gewissenhafte und ihrer Aufgabe gewachsene Person** anzuwenden pflegt. Dabei sind die Umstände des Einzelfalls, insbesondere Art und Größe des Vereins, der Vereinszweck, die Aufteilung der Vorstandsämter in verschiedene Ressorts (Stöber/Otto, Rz. 465 ff.; Unger, NJW 2009 S. 3269, 3271) sowie auch ein wirtschaftlicher Nebenbetrieb des Vereins zu berücksichtigen (Sauter/Schweyer/Waldner, Rz. 278). Daher ist z. B. von dem Vorstand eines Großvereins mit wirtschaftlicher Betätigung wie dem ADAC eine höhere Sorgfalt zu fordern als von dem Vorstand eines kleinen Chores (Schöpflin, Beck-OK, § 31a Rz. 8). Sind die Vorstandsämter in verschiedene Ressorts aufgeteilt, besteht grds. keine generelle Überwachungspflicht der Tätigkeit der anderen Vorstandsmitglieder (Unger, a. a. O.; vgl. auch oben Rz. 581). Etwas anderes gilt, wenn für ein ordentliches und sorgfältiges Vorstandsmitglied ein Verdacht besteht, dass die dem anderen Mitglied zugewiesenen Aufgaben nicht ordnungsgemäß ausgeführt werden und die Interessen des Vereins gefährdet sind (zur Exkulpation von Vorstandsmitgliedern bei Einholung von Rechtsrat Graewe/Freiherr von Harder, npoR 2016 S. 148; s. auch oben Rz. 4582.
585

HINWEIS:

Unabhängig von der (Neu)Regelung zur Haftungsbeschränkung (vgl. nachstehend Rz. 589 ff.) sollte der Verein wegen der nicht unerheblichen Haftungsrisiken für den Vorstand, die Vorstandsmitglieder durch den Abschluss einer Versicherung auf Kosten des Vereins absichern (s. auch Unger, NJW 2009 S. 3269, 3272 f.). Zuständig für die Entscheidung, ob eine solche Versicherung abgeschlossen werden soll, ist, sofern die Satzung keine andere Regelung enthält, die Mitgliederversammlung. In Betracht kommt eine Vermögensschadens-Haftpflichtversicherung zugunsten des Vorstandsmitglieds.

Sie deckt Vermögensschäden, die durch schuldhafte Pflichtverletzungen im Rahmen von satzungsmäßigen Tätigkeiten verursacht werden, ab. Versicherte Personen sind hier alle Mitarbeiter und Organe, also auch der Vorstand. Zusätzlich kann der Verein gegen Vermögensschäden, die durch fahrlässige Pflichtverletzungen seiner Organe entstanden sind, eine sog. Directors & Officers (D&O)-Versicherung (bei der es sich ebenfalls um eine Vermögensschadens-Haftpflichtversicherung handelt) abschließen (vgl. Unger, a. a. O.; Sauter/Schweyer/Waldner, Rz. 278; Melot de Beauregard, ZStV 2015 S. 143; vgl. auch noch BT-Drucks. 16/10120 S. 10 mit der Anregung der Bundesregierung, Vereine ggf. gesetzlich zu verpflichten, Vorstandsmitglieder gegen das Haftungsrisiko ihrer Tätigkeit im Verein durch eine angemessene Versicherung auf Kosten des Vereins abzusichern). Sie deckt das private Haftungsrisiko der Organe (zum Versicherungsschutz auch Ehlers, NJW 2011 S. 2689, 2691).

bb) Haftungsbeschränkung

586 Der Vorstand kann sich gegenüber einem Haftungsanspruch **nicht** auf **mangelnde Fähigkeiten** und **Kenntnisse** berufen. Er muss vielmehr für die Fähigkeiten und Kenntnisse einstehen, die die übernommene Aufgabe erfordern (BGH, WPM 1971 S. 1548).

HINWEIS:

Es sollte sich daher jeder, dem ein Vorstandsamt angetragen wird, prüfen, ob er über die dafür erforderlichen Fähigkeiten und Kenntnisse und vor allem auch über die für die Vorstandsarbeit notwendige Zeit verfügt.

Bei besonderer Sachkunde können den Vorstand auch Pflichten zur Aufklärung und Warnung des Vereins vor drohenden Gefahren treffen (BGH, NJW-RR 1986 S. 572 [zugleich auch zur i. d. R. bestehenden Verpflichtung des Vorstands eines (Reiter-)Vereins zum Abschluss einer Haftpflichtversicherung]).

BEISPIEL: ▶ Wird ein Rechtsanwalt Vorstand eines Reitervereins, hat er genügend Sachkunde, den Verein vor den Gefahren der Tierhalterhaftung zu warnen und ggf. den Abschluss einer Versicherung anzuraten.

587 Die **arbeitsrechtlichen Grundsätze** über eine **Haftungsbeschränkung** (s. dazu u.a. BAG, NZA 1994 S. 1083) sind beim Vereinsvorstand, der wegen Verletzung seiner normalen Vorstandspflichten in Anspruch genommen wird, als grds. nicht anwendbar angesehen worden (BGH, WPM 1975 S. 467; zur Arbeitnehmerhaftung s. Walzer, JuS 2002 S. 736; zur Haftungsbeschränkung auch Küpperfahrenberg, a. a. O., S. 210 ff.; vgl. dazu auch oben Rz. 307 ff.). Denn Sinn und Zweck der Geschäftsführung sei es gerade, die Schwierigkeiten und Risiken der Leitung eines Vereins einer Person zu übertragen, die diese beherrscht. Etwas anderes wird angenommen, wenn der Vorstand eine arbeitnehmerähnliche Stellung eingenommen hat, weil dann kein erheblicher Grund ersichtlich ist, ihn haftungsrechtlich anders zu stellen als einen „echten Arbeitnehmer"

(LG Bonn, NJW-RR 1995 S. 1435). Die Problematik hat sich durch die in § **31a BGB** eingeführte Haftungsbeschränkung auf Vorsatz und grobe Fahrlässigkeit bei dem ehrenamtlich tätigen Vorstand **relativiert** (vgl. auch Palandt/Ellenberger, § 31a Rz. 5).

Der Vorstand, der vom Verein wegen einer Pflichtwidrigkeit in Anspruch genommen wird, kann grds. **nicht einwenden,** die Mitgliederversammlung habe ihn **schlecht ausgewählt** oder nicht genügend überwacht. Auf eine Weisung oder Zustimmung der Mitgliederversammlung zu einer Maßnahme kann er sich aber dann berufen, wenn er zuvor die Mitgliederversammlung richtig und vollständig unterrichtet oder auf ihm bekannte mögliche schädliche Folgen hingewiesen hat (Sauter/Schweyer/Waldner, Rz. 278). Ein **satzungswidriges Verhalten** des Vorstands wird jedoch durch das Einverständnis der Mitgliederversammlung nicht entschuldigt. Deshalb kann sich der Vorstand auch dann durch den Abschluss eines gegen die Vereinssatzung verstoßenden Rechtsgeschäfts wegen **Untreue** nach § 266 StGB in Form des sog. Missbrauchstatbestands strafbar machen, wenn die Mitgliederversammlung dieses Rechtsgeschäft genehmigt (OLG Hamm, StraFo 1999 S. 243 = wistra 1999 S. 350; zur Untreue in Vereinen mit ideeller Zielsetzung s. auch Eisele, GA 2001 S. 377; vgl. auch noch Reschke, ZStV 2015 S. 190).   588

c) Haftungsbegrenzung für den ehrenamtlichen Vorstand (§ 31a BGB)

aa) Allgemeines

Der Vorstand **haftet** dem **Verein** grds. schon für eine leicht fahrlässige Verletzung seiner Pflichten (vgl. u.a. BGH, WPM 1975 S. 467 für die Genossenschaft; LG Bonn, NJW-RR 1995 S. 1435; zum Verschuldensmaßstab s. auch Küpperfahrenberg, a. a. O., S. 201 ff.; vgl. auch Ehlers, NJW 2011 S. 2689 ff.; zur Haftung des Vereins für seine Organe gegenüber Dritten Rz. 745 ff.). Dieser scharfe Haftungsmaßstab ist, insbesondere weil die Tätigkeit als Vorstandsmitglied eines Vereins i. d. R. mit einem ganz erheblichen Zeit- und Arbeitsaufwand verbunden ist und die Vorstandstätigkeit im Fall der Ehrenamtlichkeit ohne Vergütung ausgeübt und allenfalls ein Ersatz von Aufwendungen geleistet wird (vgl. Rz. 649 ff.), als nicht angemessen angesehen worden. Daher ist durch das Gesetz zur Begrenzung der Haftung von ehrenamtlich tätigen Vereinsvorständen v. 28. 9. 2009 (BGBl I S. 3161) § 31a BGB in das BGB eingefügt worden. Diese (Neu-)Regelung/**Haftungsbegrenzung** auf **Vorsatz** und **grobe Fahrlässigkeit** soll die Haftungsrisiken für ehrenamtlich oder gegen eine geringe jährliche Vergütung – von (zunächst) höchstens 500 € – tätige Vereinsvorstandsmitglieder auf ein zumutbares Maß begrenzen. Damit will   589 der Gesetzgeber die ehrenamtliche Übernahme von Leitungsfunktionen in Vereinen fördern und das bürgerschaftliche Engagement stärken (vgl. BT-Drucks. 16/10120 S. 6 und BT-Drucks. 16/13537; zur (Neu-)Regelung Reuter, NZG 2009 S. 1368; Orth, SpuRt 2010 S. 2; Ehlers, NJW 2011 S. 2689 ff.; Leuschner, NZG 2014 S. 281; zur Haftungsbeschränkung auch Küpperfahrenberg, a. a. O., S. 210 ff.; s. auch noch Unger, NJW 2009 S. 3269 ff., die neben den neuen Haftungsbegrenzungen auf weitere Möglichkeiten der Haftungsbegrenzung hinweist). Das damit für den Vorstand geschaffene Haftungsprivileg ist dann durch das „Gesetz zur **Stärkung** des **Ehrenamtes**" v. 21. 3. 2013 (vgl. BGBl I S. 556) ausgedehnt worden, indem zum einen der Umfang der „**geringfügigen Vergütung**" auf **720 €** erweitert worden ist und zum anderen in den Adressatenkreis der Haftungsprivilegierung auch die „besonderen Vertreter" (vgl. Rz. 721 ff.) und in § 31b BGB die Mitglieder des Vereins aufgenommen worden sind (vgl. dazu Rz. 307 ff.).

> HINWEIS:
>
> § 31a Abs. 1 Satz 1 BGB sind nur im Rahmen ihres Schutzzwecks gemäß § 40 BGB zwingend, so dass durch eine Satzungsbestimmung hiervon nicht zum Nachteil des geschützten Personenkreises abgewichen werden kann. § 40 BGB schließt aber eine weitergehende satzungsmäßige Haftungsbeschränkung (auch für grob fahrlässiges Verhalten) dem Verein gegenüber zum Vorteil des geschützten Personenkreises nicht aus (OLG Nürnberg, NZG 2016 S. 112 = MDR 2016 S. 85 = NJW-RR 2016 S. 153 = Rpfleger 2016 S. 162; vgl. auch VB 1/2016 S. 16).

590 **Nicht begrenzt** worden ist die **sozialversicherungs-** oder **steuerrechtliche Haftung** der Vorstandsmitglieder. Das hatte der Gesetzesentwurf zum „Gesetz zur Begrenzung der Haftung von ehrenamtlich tätigen Vereinsvorständen" v. 28. 9. 2009 (vgl. dazu BT-Drucks. 16/10120 S. 7 ff.) zwar noch vorgesehen. Diese Regelung ist aber vom Rechtsausschuss des Bundestags im Gesetzgebungsverfahren gestrichen worden, weil bereits nach geltendem Recht für sämtliche Vorstandsmitglieder ein hohes Schutzniveau bestehe (vgl. dazu BT-Drucks. 16/13537 S. 7; s. auch Rz. 578).

> HINWEIS:
>
> Allgemein lässt sich die Regelung in § 31a BGB wie folgt zusammenfassen: Die Vorschrift gilt nur für die sog. Innenhaftung, d. h. sie begrenzt die Haftung ehrenamtlich oder gegen geringe Vergütung tätiger Vorstandsmitglieder gegenüber dem Verein und seinen Mitgliedern auf Vorsatz und grobe Fahrlässigkeit. Haftet ein Vorstandsmitglied aufgrund einfacher Fahrlässigkeit gegenüber Dritten, hat es gegen den Verein einen Freistellungsanspruch (Stöber/Otto, Rz. 617a).
>
> Das „Gesetz zur Begrenzung der Haftung von ehrenamtlich tätigen Vereinsvorständen v. 28. 9. 2009 (BGBl I S. 3161)" ist am 3. 10. 2009 in Kraft getreten. Seine Änderungen/ Neuerungen gelten für alle Haftungsfälle ab diesem Zeitpunkt (Palandt/Ellenberg,

§ 31a Rz. 1). Die Änderungen durch das „Gesetz zur Stärkung des Ehrenamtes" v. 21. 3. 2013 (vgl. BGBl I S. 556) sind rückwirkend am 1. 3. 2013 in Kraft getreten und gelten in allen Haftungsfällen ab diesem Zeitpunkt.

bb) Persönlicher Geltungsbereich

Der **persönliche Geltungsbereich** der Vorschrift war nach h. M. in der Literatur zunächst beschränkt. Obwohl der Wortlaut der Vorschrift ohne Einschränkung den „Vorstand" nannte, ging man davon aus, dass darunter nur die Mitglieder des **Vorstands i. S. des § 26 BGB**, nicht aber die übrigen Mitglieder eines erweiterten Vorstands oder eines Gesamtvorstands zu verstehen waren (Schöpflin, Beck-OK, § 31a Rz. 4 zu § 31a BGB a. F.; zur Abgrenzung Vorstand/Gesamtvorstand s. Rz. 509 f.). Auch Mitglieder anderer Vereinsorgane, wie z. B. eines Beirats oder Aufsichtsrats (vgl. Rz. 733) oder besondere Vertreter i. S. des § 30 BGB (vgl. dazu Rz. 721 ff.) wurden nach überwiegender Ansicht nicht von § 31a erfasst (Schöpflin, Beck-OK, a. a. O.; Reuter, NZG 2009 S. 1368, 1370; Schöpflin, Rpfleger 2010 S. 349, 353; so wohl auch Sauter/ Schweyer/Walder, Rz. 278). Das entsprach der Auffassung der Bundesregierung, die im Gesetzgebungsverfahren ausdrücklich darauf hingewiesen hat, dass die Haftungsbeschränkung für andere Personen als Vorstandsmitglieder nicht gilt (vgl. BT-Drucks. 16/10120 S. 10). Eine ausdehnende Auslegung und eine **Analogie** auf ehrenamtlich tätige Nichtvorstandsmitglieder schieden aus (krit. Reuter, NZG 2009 S. 1368, 1369 f.; a. A. allerdings ohne Begründung Otto, jurisPK, § 31a Rz. 5 zu § 31a BGB a. F.). 591

Durch das „Gesetz zur Stärkung des Ehrenamtes" v. 21. 3. 2013 (vgl. BGBl I S. 556) ist der Begriff „Vorstand" durch die Begriffe „**Organmitglieder**" und „**besonderer Vertreter**" ersetzt worden. Hintergrund ist, dass die Haftungsrisiken nicht nur für den Vorstand bestehen, sondern auch für andere Organe des Vereins und seine besonderen Vertreter (BT-Drucks. 17/11316 S. 16). Unter den weiteren Begriff „Organmitglieder" fallen jetzt nicht nur die Mitglieder des Vorstands i. S. des § 26 BGB (vgl. Rz. 509), sondern auch die Mitglieder eines erweiterten Vorstands/Gesamtvorstand (vgl. Rz. 510), da diese eigene Organfunktionen haben (Schöpflin, Beck-OK, § 31a Rz. 4; Frings, NWB 2013 S. 693, 695; Röcken, VB 2013 S. 9, 10; Leuschner, NZG 2014 S. 281, 285). Weiter kommen Mitglieder eines Beirats oder eines Aufsichtsrats sowie Geschäftsführer in Betracht, wenn die Satzung sie vorsieht. Auch besondere Vertreter i. S. des § 30 BGB fallen nunmehr in den Anwendungsbereich des § 31a BGB (vgl. dazu Rz. 730 ff.). Entsprechend wird man die Regelung auch auf diejenigen Personen anwenden können, die zwar nicht wirksam zum Vorstand gewählt worden 592 sind, aber ohne grobe Fahrlässigkeit davon ausgehen können, gewählt worden zu sein (Sauter/Schweyer/Waldner, Rz. 278a).

cc) Unentgeltlichkeit oder geringfügige Vergütung

593 Voraussetzung für die **Haftungsprivilegierung gegenüber** dem **Verein** ist nach **§ 31a Abs. 1 Satz 1 BGB**, dass die Organmitglieder für den Verein unentgeltlich/ehrenamtlich oder für geringe Vergütung tätig werden.

> **HINWEIS:**
>
> Diese Regelung kann durch die Satzung nicht zulasten des Vorstands abgeändert werden (vgl. § 40 BGB; dazu Leuschner, NZG 2014 S. 281, 284).

594 **Unentgeltlich** i. S. des § 31a Abs. 1 Satz 1 BGB ist die Tätigkeit des Vorstandsmitglieds immer dann, wenn sie von keiner Gegenleistung in Form von Geld oder Naturalien abhängig ist. Als Vergütung kommt auch die Gewährung geldwerter Vorteile einschließlich der Befreiung von Mitgliedsbeiträgen in Betracht, mit der die Arbeit des Vorstands für den Verein abgegolten wird (BGH, NZG 2008 S. 350 = MDR 2008 S. 697 = NJW-RR 2008 S. 842; Stöber/Otto, Rz. 622; zum Begriff der Unentgeltlichkeit auch Frings, NWB 2009 S. 3662). Die Unentgeltlichkeit ist aber nicht schon bei jedem wirtschaftlichen Vorteil zu verneinen. Eine Aufwandsentschädigung in Form eines reinen Auslagenersatzes, insbesondere für Fahrtkosten, Schreib- und Portoauslagen, steht der Unentgeltlichkeit nicht entgegen (vgl. BT-Drucks. 16/13537 S. 6; Schöpflin, Beck-OK, § 31a Rz. 6), und zwar auch dann nicht, wenn eine Aufwandspauschale gezahlt wird. Die Ausführungen zum Entgelt für die Vorstandstätigkeit bei Rz. 649 ff. gelten entsprechend. Von einer **ehrenamtlichen** Tätigkeit wird man im Unterschied zu erwerbsorientierten Beschäftigungsverhältnissen immer dann ausgehen können/müssen, wenn die Tätigkeit dadurch geprägt ist, dass sie ideelle Zwecke verfolgt und ohne Erwerbsabsicht unentgeltlich ausgeübt wird. Bei einem ehrenamtlichen Engagement wird typischerweise keine Gegenleistung erbracht und erwartet, sondern allenfalls eine Entschädigung gewährt, die Aufwände konkret oder pauschal abdeckt (BSG, npoR 2018 S. 35 = DStRE 2018 S. 144; vgl. auch noch BGH, MDR 2017 S. 665 = ZInsO 2017 S. 1094 = Rpfleger 2017 S. 470).

595 Darüber hinaus ist die Haftung des Vorstands auch dann begrenzt, wenn er lediglich eine **geringfügige Vergütung** erhält. Diese ist seit dem 1. 3. 2013 durch das „Gesetz zur Stärkung des Ehrenamtes" v. 21. 3. 2013 (vgl. BGBl I S. 556) auf **720 €/Jahr** angehoben worden. Mit dieser Wertgrenze orientiert sich die Regelung an dem Steuerfreibetrag in § 3 Nr. 26a EStG, der sog. Ehrenamtspauschale (vgl. dazu Rz. 1055 ff.). Die Haftungsbegrenzung greift unabhängig von dem Vereinszweck ein, also nicht nur bei gemeinnützigen oder mildtätigen Zwecken.

Eine höhere Vergütung schließt die Haftungsprivilegierung aus. Allerdings kann in der Satzung eine andere Regelung, als die des § 31a BGB – also Beschränkung auf Vorsatz und grobe Fahrlässigkeit – vorgesehen werden (vgl. auch OLG Nürnberg, NZG 2016 S. 112 = MDR 2016 S. 85 = NJW-RR 2016 S. 153 = Rpfleger 2016 S. 162).

dd) In Wahrnehmung ihrer Pflichten verursachte Schäden

Die Haftungsbeschränkung gilt für „einen bei der **Wahrnehmung** ihrer **Pflich-**   596
ten verursachten Schaden". Das ist so zu verstehen wie „in Ausübung der ihm zustehenden Verrichtungen" in § 31 BGB (Schöpflin, Beck-OK, § 31a Rz. 7; Palandt/Ellenberger, § 31a Rz. 3; s. dazu Rz. 761 ff.). Erfasst werden alle Schäden, also nicht nur die, die durch aktives Handeln verursacht sind, sondern auch die durch Unterlassen verursachten, etwa bei Verletzung von Verkehrssicherungspflichten (Schöpflin, Beck-OK, a. a. O.; vgl. das Beispiel bei Frings, NWB 2013 S. 693, 697).

ee) Innenhaftung gegenüber dem Verein/Vereinsmitgliedern/Außenhaftung

Erfasst wird von der Beschränkung nur die **Innenhaftung** des Organmitglieds   597
gegenüber dem Verein. Liegen die Voraussetzungen des § 31a Abs. 1 Satz 1 BGB vor, haftet der Vorstand **nur** für **Vorsatz** und **grobe Fahrlässigkeit**, wenn also die im Verkehr erforderliche Sorgfalt in besonders schwerem Maße verletzt worden ist und nicht beachtet wurde, was im gegebenen Fall jedem einleuchten musste (zur groben Fahrlässigkeit s. Palandt/Grüneberg, § 277 Rz. 4 m. w. N.; BGH, MDR 2012 S. 149 = NZG 2012 S. 113 = NJW-RR 2012 S. 280; OLG Schleswig, SchlHA 2010 S. 194 = NJW-RR 2010 S. 957 [Grobe Fahrlässigkeit bei Schweißarbeiten]; OLG Koblenz, Urteil v. 3.1.2018 – 10 U 893/16, VB 6/2018 S. 1 für Niederlegung des Vorstandsamts zur Unzeit). Für den Sorgfaltsmaßstab gelten die Ausführungen bei Rz. 584 ff. entsprechend. Die sog. **Außenhaftung** gegenüber Dritten wird durch § 31a BGB **nicht** beschränkt (vgl. dazu Rz. 600).

Nach **§ 31a Abs. 1 Satz 2 BGB** gilt die gegenüber dem Verein bestehende Haf-   598
tungsbeschränkung/-privilegierung auch gegenüber den **Vereinsmitgliedern**. Für die Voraussetzungen gelten die vorstehenden Ausführungen entsprechend (vgl. das Beispiel bei Frings, NWB 2013 S. 693, 697).

Hinsichtlich der Haftungsbeschränkung gegenüber den Vereinsmitgliedern kann die Satzung nach § 40 Satz 1 BGB allerdings eine abweichende Regelung treffen (Stöber/Otto, Rz. 624 f.). Es kann also bestimmt werden, dass der Vorstand ihnen gegenüber unbeschränkt haftet.

599 Das „Gesetz zur Stärkung des Ehrenamtes" v. 21. 3. 2013 (vgl. BGBl I S. 556) hat, um die Haftungsbeschränkung umfassend zugunsten der ehrenamtlich tätigen Organmitglieder greifen zu lassen, in **§ 31a Abs. 1 Satz 3 BGB** eine **Beweislastregel** zu deren Gunsten eingefügt. Danach muss der geschädigte Verein bzw. das geschädigte Vereinsmitglied beweisen, dass bei dem schädigenden Organmitglied Vorsatz oder grobe Fahrlässigkeit vorgelegen hat). Ohne diese Neuregelung hätten Organmitglieder, insbesondere bei gegen sie gerichteten vertraglichen Schadensersatzansprüchen, im Streitfall gemäß § 280 Abs. 1 BGB beweisen müssen, dass sie den Schaden nicht vorsätzlich oder grob fahrlässig verursacht haben (BT-Drucks. 17/12123 S. 23). Zudem stellt die neu eingeführte Beweislastregelung auch eine Angleichung an die ähnlich strukturierte Arbeitnehmerhaftung (§ 619a BGB) dar, in der ebenfalls die allgemeine Beweislastverteilung für vertragliche Schadensersatzansprüche nach § 280 Abs. 1 Satz 2 BGB durchbrochen und dem Arbeitgeber die Beweislast für das Verschulden aufgebürdet worden ist (Frings, NWB 2013 S. 693, 698; zur Beweislastregel auch Röcken, VB 3/2013 S. 9, 13).

ff) Außenhaftung gegenüber Dritten

600 Die Haftungsbeschränkung in § 31a BGB erfasst nicht die sog. **Außenhaftung** der Organmitglieder gegenüber **Dritten**. Diese sollen gegenüber Vereinen nicht schlechter als gegenüber sonstigen Schädigern gestellt sein (Schöpflin, Beck-OK, § 31a Rz. 12). In diesen Fällen ist jedoch in **§ 31a Abs. 2 Satz 1 BGB** für das Organmitglied ein **Freistellungsanspruch** gegen den Verein vorgesehen. Der Freistellungsanspruch besteht jedoch nur in den Fällen der leichten Fahrlässigkeit, nicht hingegen im Fall des Vorsatzes oder grober Fahrlässigkeit (vgl. § 31a Abs. 2 Satz 2 BGB). Nach Leistung des Vorstandsmitglieds an den geschädigten Dritten, wird der Freistellungsanspruch zu einem Ersatzanspruch gegen den Verein (Palandt/Ellenberger, § 31a Rz. 5; Schöpflin, Beck-OK, § 31a Rz. 13; Röcken, VB 3/2013 S. 9, 14).

> **BEISPIEL:** Der Sportverein betreibt einen Fußballplatz. Auf diesem sind Fußballtore aufgestellt. Als ein Kind an einer Querlatte eines der Tore schaukelt, stürzt das Tor um. Dadurch wird ein Vereinsmitglied, das sich zur Beaufsichtigung der Kinder auf dem Platz befand, verletzt. Es nimmt den Vorstand wegen Verletzung seiner Verkehrssicherungspflicht in Anspruch (vgl. dazu OLG Celle, NJW 1995 S. 2642 [Ls.] = NJW-RR 1995 S. 984 = SpuRt 1996 S. 173) und hat Erfolg. Der Vorstand wird zur Zahlung an das Vereinsmitglied verurteilt. Insoweit kann dann der Vorstand vom Verein Freistellung nach § 31a Abs. 2 Satz 1 BGB verlangen.

> **HINWEIS:**
> Der Freistellungsanspruch aus § 31a Abs. 2 Satz 2 BGB kann nicht durch die Satzung abbedungen werden (vgl. § 40 Satz 1 BGB).

d) Erhaltung des Vereinsvermögens

I. d. R. ist der Vorstand ist für die Finanzen des Vereins zuständig; er ist im **601** Zweifel für die Erstellung und Abgabe von Steuererklärungen für den Verein verantwortlich (zur (Körperschafts)Steuererklärung VB 7/2015 S. 4 und im Übrigen die VB-Sonderausgabe zur Steuererklärung im Verein auf vb.iww.de; s. noch FG Saarland, EFG 2017 S. 974 = ZInsO 2017 S. 1806, wonach die Vollmachtsvergabe an einen „Geschäftsführer" den Vorstand nicht von der steuerlichen Haftung entlastet). Bei der Betreuung des Vereinsvermögens und der zweckgerichteten Verwendung der dem Verein zur Verfügung stehenden Finanzmittel handelt es sich um eine normale Vorstandspflicht und nicht etwa um eine gefahrgeneigte Tätigkeit (OLG Düsseldorf, Urteil v. 26. 3. 2010 – 22 U 173/09). Wie sich der Vorstand um das Vereinsvermögen zu kümmern hat, kann ihm die Satzung vorgeben. Diese kann z. B. vorsehen, dass der Vorstand verpflichtet ist, jährlich einen Haushaltsplan aufzustellen, sie kann aber auch Vorgaben zu Mittelverwendung enthalten (vgl. zu allem Röcken, VB 9/2013 S. 15 ff.). Mit die **wichtigste Pflicht** des Vorstands ist die zur Erhaltung des Vereinsvermögens. Sie besteht nicht nur im Interesse der Vereinsmitglieder, sondern auch im Interesse der Gläubiger des Vereins. Ob und wie der Vorstand diese Pflicht erfüllt hat, wird durch eine **Kassenprüfung** festgestellt (vgl. dazu VB 10/2016 S. 13 ff. und VB 11/2016 S, 8 ff.; unten Rz. 737 und zur Entlastung des Vorstands Rz. 683 ff.).

Aus dieser **Pflicht folgt**: **602**

► Der Vorstand darf **kein Vereinsvermögen** unter den Vereinsmitgliedern aufteilen und dadurch die Befriedigung der Gläubiger erschweren.

► Der Vorstand muss die fälligen **Vereinsbeiträge** von den Mitgliedern **erheben** (s. auch Rz. 582 und zu den Beiträgen Rz. 137 ff.) sowie für den Erhalt einzelner Vermögensgegenstände sorgen, z. B. Unterhaltung vereinseigener Sportstätten.

e) Antrag auf Eröffnung des Insolvenzverfahrens

aa) Vorstandspflichten

Der Vorstand ist verpflichtet, die wirtschaftliche Situation des Vereins ständig zu **603** überwachen und einen möglichen Insolvenzgrund (vgl. Rz. 605 ff.) zu prüfen (BGH, NJW 2007 S. 2118 = NZG 2007 S. 545 = ZIP 2007 S. 1265). Ein Sanierungsversuch zur Beseitigung des Insolvenzgrunds rechtfertigt nur so lange das Hinauszögern des Insolvenzantrags, wie er objektiv aussichtsreich ist (Ehlers, NJW 2011 S. 2689, 2694). Ist Überschuldung/Zahlungsfähigkeit eingetreten, hat der Vereinsvorstand die Pflicht, die Eröffnung des Insolvenzverfahrens zu beantragen

(§ 42 Abs. 2 Satz 1 BGB). Mit dieser **Antragspflicht** korrespondiert ein individuelles Antragsrecht nach § 151 InsO. Die Pflicht zur Stellung des Antrags trifft jedes einzelne Vorstandsmitglied, auch wenn Gesamtvertretung besteht. Allerdings trifft sie nur die Mitglieder des Vorstands i. S. von § 26 BGB, also des Vertretungsvorstands, nicht auch die eines geschäftsführenden Vorstands, der keine Vertretungsmacht hat (Sauter/Schweyer/Waldner, Rz. 280; zur Abgrenzung s. Rz. 509). Eine interne Ressortverteilung entbindet nicht von der Antragspflicht (BGH, NJW 1994 S. 2149 = ZIP 1994 S. 891 = MDR 1994 S. 684 [für GmbH]).

604 Die **Antragsfrist** beträgt nach § 15a Abs. 1 Satz 1 InsO grds. **drei Wochen** (zur Frage der Strafbarkeit bei verzögerter Antragstellung s. Rz. 610).

bb) Überschuldung/Zahlungsunfähigkeit

605 **Überschuldung** und damit die Pflicht zur Stellung des Insolvenzantrags besteht, wenn die Aktivposten die Passivposten nicht mehr decken, wenn die Verbindlichkeiten also aus dem vorhandenen Vermögen nicht mehr getilgt werden können (vgl. z. B. OLG Köln, NJW-RR 1998 S. 686). Ggf. muss der Vorstand sich darüber durch die Aufstellung einer **Bilanz** vergewissern (zur Überschuldung s. auch Ehlers, NJW 2011 S. 2689, 2693).

606 Das Insolvenzverfahren findet jedoch nicht nur bei Überschuldung, sondern auch bei Eintritt der **Zahlungsunfähigkeit** statt (§ 17 InsO). Diese ist das auf dem Mangel an Zahlungsmitteln beruhende nicht nur vorübergehende Unvermögen des Schuldners (Verein), seine sofort zu erfüllenden Geldschulden noch im Wesentlichen zu tilgen. Zahlungsunfähigkeit wird insbesondere im Falle der Zahlungseinstellung vermutet. Das ist die Unterlassung der fälligen Schulderfüllung aufgrund dauernder, nicht bloß vorübergehender Unmöglichkeit zur Erfüllung aller vorkommenden Verbindlichkeiten. Vorübergehende Zahlungsschwierigkeiten, die nur zu einer Zahlungsstockung führen, sind noch keine Zahlungseinstellung. Entscheidender Zeitpunkt ist der der Leistungserbringung durch den Gläubiger (AG Bergisch-Gladbach, NJW-RR 2001 S. 400).

HINWEIS:

Der BGH toleriert eine im nächsten Drei-Wochen-Zeitraum nicht zu beseitigende Liquiditätslücke von bis zu 10% der fälligen Gesamtschulden. Gehen die nicht zu begleichenden Verbindlichkeiten darüber hinaus, liegt der Insolvenzgrund Zahlungsunfähigkeit vor (BGHZ 173 S. 286 = ZIP 2007 S. 1666 = NZI 2007 S. 579 = MDR 2007 S. 1395).

cc) Haftung des Vorstands bei verzögerter Antragstellung

607 Wird die Stellung des Insolvenzantrags schuldhaft **verzögert,** sind die Vorstandsmitglieder, denen ein Verschulden anzulasten ist, dem Verein und den

Gläubigern des Vereins (§ 42 Abs. 2 BGB) für den ihnen aus der Verzögerung entstandenen **Schaden haftbar** (zur eigenen Haftung OLG Düsseldorf, Urteil v. 26. 3. 2010 – 22 U 173/09; AG Bergisch Gladbach, NJW-RR 2001 S. 400; Hass, SpuRt 1999 S. 1; Ehlers, NJW 2011 S. 2689, 2693). Es genügt einfache Fahrlässigkeit. War die Insolvenzreife objektiv erkennbar und bestand kein rechtfertigender Grund für eine Verzögerung des Antrags, wird ein Verschulden vermutet (BGH, NJW 2007 S. 2118 = NZG 2007 S. 545 = ZIP 2007 S. 1265).

HINWEIS:

Grds. besteht für den Vorstand hinsichtlich seiner persönlichen Haftung der Freistellungsanspruch nach § 31a Abs. 2 BGB (vgl. dazu oben Rz. 584 ff.). In der Praxis lässt sich der jedoch wegen der Insolvenz des Vereins nicht realisieren.

Eine analoge Anwendung der §§ 92 Abs. 3, 93 Abs. 3 Nr. 5 AktG; § 64 GmbHG; § 34 GenG auf den Vereinsvorstand scheidet aus, weil die in § 42 Abs. 2 Satz 2 BGB enthaltene Regelung der Haftung des Vereinsvorstands bei verzögerter Beantragung der Eröffnung des Insolvenzverfahrens keine planwidrige Regelungslücke aufweist (OLG Düsseldorf, Urteil v. 26. 3. 2010 – 22 U 173/09).

Die Schadensersatzpflicht besteht gegenüber Alt- und Neugläubigern (vgl. Ehlers, NJW 2011 S. 2689, 2693). Bei sog. **Altgläubigern** beschränkt sie sich auf den Schaden, der infolge der Verzögerung durch die ggf. geringere Insolvenzquote entstanden ist (OLG Hamburg, NZG 2009 S. 1036 = ZIP 2009 S. 757; Palandt/Ellenberger, § 42 Rz. 4; a. A. AG Bergisch-Gladbach, NJW-RR 2001 S. 400; s. auch noch OLG Düsseldorf, Urteil v. 26. 3. 2010 – 22 U 173/09). Für die Kausalität ist maßgebend, welche Vermögenslage eingetreten wäre, wenn der Vereinsvorstand den Insolvenzantrag rechtzeitig gestellt hätte. Der Vorstand haftet mangels gesetzlicher Grundlage aber nicht für masseschmälernde Zahlungen nach Eintritt der Insolvenzreife des Vereins. § 42 Abs. 2 Satz 2 BGB umfasst eine solche Haftung nicht (BGH, NZG 2010 S. 625; OLG Hamburg, a. a. O.). Eine Analogie zu § 64 Abs. 2 GmbHG a. F. (= § 64 Satz 1 GmbHG n. F.), § 93 Abs. 3 Nr. 6 i. V. mit § 92 Abs. 3 AktG, § 99 Abs. 2 i. V. mit § 34 Abs. 3 Nr. 4 GenG hat der BGH (a. a. O.) abgelehnt, weil es in § 42 Abs. 2 BGB an der für eine Analogie erforderlichen „planwidrigen Regelungslücke" fehlt. Die Schadensersatzpflicht besteht auch gegenüber den nach Eintritt der Überschuldung/Zahlungsunfähigkeit hinzukommenden **Neugläubigern** (BGH, NJW 1994 S. 2220 [für die GmbH]). Diese Gläubiger können aber verlangen, so gestellt zu werden, als hätten sie mit dem überschuldeten Verein keinen Vertrag geschlossen (BGH, a. a. O.; BGHZ 138 S. 211 = NJW 1998 S. 2667; NJW-RR 1995 S. 289; NZG 2009 S. 750 = ZIP 2009 S. 1220; OLG Köln, NJW-RR 1998 S. 686; Palandt/Ellenberger, a. a. O.). D. h.: Der Gläubiger hat gegen den Vorstand einen Anspruch auf Ersatz des vollen Schadens, wie z. B. auf Ersatz von Aufwen-

608

dungen für Waren, Lohn- und Dienstleistungskosten, entgangener Gewinn. Der Schaden ist nicht nur auf den, der infolge der Verzögerung durch die ggf. geringere Insolvenzquote entstanden ist, begrenzt (zur eigenen Haftung der Vereinsorgane im Übrigen s. Rz. 584 ff. und 768 ff.).

> **BEISPIEL:** ▶ Der Vorstand eines Fußballvereins bestellt für seine Mannschaften im November 2018 bei der T-GmbH Sportkleidung (Trikots, Fußballschuhe usw.) zum Gesamtpreis von 10.000 €. Die T-GmbH liefert im Dezember 2018. Der Verein zahlt nicht. Im Januar 2019 wird das Insolvenzverfahren eröffnet. Die T-GmbH, die im Insolvenzverfahren nur eine geringe Quote erhält, verlangt vom Vorstand Bezahlung, da er bereits bei Bestellung gewusst habe, dass der Verein überschuldet war. Der BGH (NJW 1994 S. 2220) hat einen Anspruch auf Ersatz des vollen Schadens (also Kaufpreis) zugebilligt.

609 **Ausgeschlossen** sind aber solche Schäden, die der Gläubiger nur deshalb erleidet, weil er in Kenntnis der schwierigen wirtschaftlichen Situation des Vereins weitere Geschäfte mit dem Verein gemacht hat. Nach Auffassung des OLG Köln (OLGR 2006 S. 510) geht er dann bewusst das Risiko ein, eigene wirtschaftliche Interessen zu gefährden. Er falle insoweit nicht unter den Schutzbereich der Norm (s. auch OLG Hamm, OLGR 2001 S. 265).

dd) Strafbarkeit wegen Insolvenzverschleppung

610 Fraglich ist, ob sich der Vorstand, wenn er der sich aus § 42 Abs. 2 Satz 1 BGB ergebenden Insolvenzantragspflicht nicht rechtzeitig nachkommt, ggf. der **Insolvenzverschleppung** nach § 15a Abs. 4 InsO **strafbar** macht (vgl. dazu auch Reschke, ZStV 2015 S. 190). In der Vergangenheit stellte sich diese Frage nicht, da strafbewehrt nur Verstöße gegen eine spezialgesetzlich geregelte Insolvenzantragspflicht waren (vgl. z. B. § 84 Abs. 1 Nr. 2 GmbHG a. F. oder § 148 Abs. 1 Nr. 2 GenG a. F.). § 42 Abs. 2 BGB enthält aber keine strafbewehrte Insolvenzantragspflicht, sondern nur eine zivilrechtliche Schadensersatzpflicht. Durch das „Gesetz zur Modernisierung des GmbH-Rechts und zur Bekämpfung von Missbräuchen (MoMiG)" (BGBl I S. 2026) sind jedoch diese Sondertatbestände zum 1. 11. 2008 aufgehoben und in § 15a Abs. 4 InsO eine allgemeine Strafbarkeit für den Fall aufgenommen worden, dass ein Insolvenzantrag nach § 15 Abs. 1 InsO pflichtwidrig nicht gestellt wurde.

611 Zunächst war allerdings nicht geregelt, ob die Vorschrift **auch** den **Vereinsvorstand** erfasst (zum Streitstand insoweit Voraufl. Rz. 528). Die Frage ist inzwischen gelöst. Denn mit Wirkung v. 1. 7. 2014 regelt § 15a Abs. 6 InsO ausdrücklich, dass § 15a Abs. 1 bis 6 InsO nicht für Vereine gelten (vgl. Gesetz zur Verkürzung des Restschuldbefreiungsverfahrens und zur Stärkung der Gläubigerrechte v. 15. 7. 2013; BGBl I S. 2379; zur Begründung s. BT-Drucks. 17/11268

S. 21). Die Neuregelung gilt für alle, auf die Größe des Vereins und auf die Frage, ob sie ggf. einen großen Wirtschaftsbetrieb betreiben, wie z. B. in der Fußball-Bundesliga, kommt es nicht an. Das widerspricht an sich dem Sinn und Zweck der Neuregelung (vgl. BT-Drucks. 17/11268, a. a. O.).

> **HINWEIS:**
>
> Der Vorstand sollte dennoch einen etwa erforderlichen Insolvenzantrag so früh wie möglich stellen, um allein dadurch den Vorwurf einer Insolvenzverschleppung auszuschließen.

f) Buchführungspflicht

Im Zusammenhang mit der Pflicht zur Erhaltung des Vereinsvermögens (vgl. dazu Rz. 601) steht die Frage nach der Buchführung. Nach dem Handelsrecht sind Vereine **nicht buchführungspflichtig.** Gewerbliche Unternehmer, wozu auch ein Verein gehören kann, soweit er im Rahmen seines Vereinszwecks einen wirtschaftlichen Geschäftsbetrieb unterhält (s. Rz. 54 ff.), können **jedoch vom Finanzamt** zur Buchführung **aufgefordert** werden, wenn der jährliche Gesamtumsatz 600.000 € oder der Gewinn aus Gewerbebetrieb im Wirtschaftsjahr 60.000 € übersteigt (§ 141 AO; vgl. auch Rz. 890 [eingehend zu Buchführungs- und Aufzeichnungspflichten des Vereins Galli, Die Rechnungslegung nichtwirtschaftlicher gemeinnütziger Vereine, DStR 1998 S. 263, 264 ff. m. w. N.; zur Rechnungslegung s. auch Schleder, Rz. 1476 ff. zur E-Bilanz-Pflicht − ab spätestens 2015 − s. BMF, Schreiben v. 19. 12. 2013 − IV C6 − S 2 133-b/11/ 10009: 004; dazu VB 1/2014 S. 6 ff.]). 612

Diese Grenzen werden von Vereinen im Allgemeinen nicht erreicht. Damit sind Vereine aber nicht von allen **Aufzeichnungen über Einnahmen und Ausgaben** freigestellt. 613

> **HINWEIS:**
>
> Gemäß § 259 f. BGB ist der Vorstand vielmehr verpflichtet, ordnungsgemäß Buch zu führen oder durch Beauftragte führen zu lassen. Er muss jederzeit in der Lage sein, über den Vermögensstand des Vereins Auskunft zu geben. Ausreichend ist grds. eine einfache Einnahmen-Ausgaben-Rechnung. Die Einnahmen und Ausgaben müssen aber sinnvoll geordnet und vollständig sein. Die Anforderungen an die Buchhaltung hängen von der Größe und dem Tätigkeitsfeld des Vereins ab. An den ehrenamtlichen Vorstand eines kleinen Idealvereins werden dabei nur beschränkte Anforderungen gestellt (OLG Brandenburg, Urteil v. 28. 5. 2008 − 7 U 176/07).

Für eine **ordnungsgemäße Rechnungslegung** gegenüber den Mitgliedern müssen entsprechende Unterlagen vorhanden sein (vgl. auch Rz. 640). Die Aufzeichnungen über Einnahmen und Ausgaben müssen vollständig, richtig, 614 zeitgerecht und geordnet vorgenommen werden. Es empfiehlt sich, zwischen dem wirtschaftlichen Geschäftsbetrieb und den übrigen Betätigungen zu trennen. Jede Einnahme und Ausgabe muss belegt sein, ggf. durch einen Eigenbeleg. Die Aufzeichnungen sind nach Maßgabe des § 147 AO i. d. R. zehn Jahre aufzubewahren, sofern nicht in anderen Steuergesetzen kürzere Aufbewahrungsfristen zugelassen sind (vgl. auch dazu Galli, DStR 1998 S. 263 f.).

615 Der Vorstand kann die Pflicht zur **Buchführung** einem **Dritten überlassen**, etwa einem Steuerberater. Der Vorstand hat dann aber die Pflicht, dessen Dienstführung in gewissen Zeitabständen nachzuprüfen. Kommt er dieser Pflicht nicht nach und wird dadurch eine Schädigung anderer Personen ermöglicht, kann der Verein auf Schadensersatz in Anspruch genommen werden.

g) Datenschutz im Verein/DSGVO

aa) Allgemeines

616 Auch Vereine benötigen **personenbezogene Daten**. Ohne die Informationen eines Vereinsmitglieds, z. B. über seinen Namen, seine Kontoverbindung oder seine Telefonnummer, ist die Vereinsarbeit und die Betreuung von Vereinsmitgliedern nicht möglich. In der Praxis werden daher heute auch von Vereinen Daten erfasst, gespeichert, verwendet und ggf. weitergeleitet, z. B. an einen Dachverband oder eine Druckerei zur Herstellung/Versendung der Vereinszeitschrift. Zu denken ist zudem an das weite Feld der ggf. erforderlichen Erfassung von genetischen Daten, biometrischen Daten oder Gesundheitsdaten (vgl. Art. 9 DSGVO), die z. B. ein Schwimmverein oder ein Turnverein über den Gesundheitszustand eines Mitglieds erhebt.

617 Daher ist Datenschutz auch im Verein ein Thema. Die mit dem Datenschutz zusammenhängenden Pflichten muss der Vorstand im Rahmen einer ordnungsgemäßen Geschäftsführung erfüllen. Dazu gehört die Einhaltung der am 25.5.2018 in Kraft getretenen **Datenschutz-Grundverordnung** (kurz: **DSGVO**). Denn durch die Erhebung von Daten fällt der Verein gemäß Art. 2 Abs. 1 DSGVO regelmäßig in den Anwendungsbereich der DSGVO. Er verarbeitet (vgl. Art. 4 Nr. 2 DSGVO) personenbezogene Daten (Art. 4 Nr. 1 DSGVO), und zwar zumindest bei der Aufnahme in den Verein im Rahmen des Antrags auf Mitgliedschaft.

> **HINWEIS:**
>
> Für die Anwendung der DSGVO spielt die Größe des Vereins grds. keine Rolle. Auch kleine Vereine werden von der DSGVO verpflichtet.

bb) Wesentlichen Regelungen

Die mit der DSGVO zusammenhängenden Fragen sind **komplex** und **kompli-** **618** **ziert**. Sie können daher hier aus Platzgründen nicht alle dargestellt werden. An dieser Stelle kann nur ein Überblick erfolgen.

> **HINWEIS:**
>
> Die Vorgaben der DSGVO muss der Vorstand für den Verein umsetzen und dauerhaft einhalten. Erfolgt dies nicht, können hohe Bußgelder gegen den Verein festgesetzt werden, die dieser im Wege des Regresses ersetzt verlangen kann.
>
> Wegen der Komplexität der zu entscheidenden Fragen sollte der Vorstand bei der Umsetzung der Vorgaben der DSGVO einen „sicheren Weg" wählen und im Einzelfall externes Sachwissen einholen. Insoweit bieten ggf. die Aufsichtsbehörden Hilfestellung. So gibt es z.B. beim Bayrischen Landesamt für Datenschutzaufsicht (BayLDA) unter der Telefonnummer 0981/53-1810 eine Hotline für Standardfragen. Die 10 häufigsten Fragen und Antworten werden dann regelmäßig auf https://www.lda.bayern.de/de/faq. html veröffentlicht. Man kann sich aber auch unter vereine@lda.bayern.de an das BayLDA wenden. Das BayLDA hat außerdem eine Checkliste zu den wesentlichen Anforderungen der DSGVO an Vereine erstellt (vgl. hier unter https://www.lda.bayern.de/ media/muster_1_verein.pdf). Orientierungshilfe bietet außerdem der baden-württembergische Landesdatenschutzbeauftragte auf https://www.baden-wuerttemberg.datenschutz.de. Noch mehr weiterführende Hinweise findet man dann schließlich unter https://www.datenschutzbeauftragter-info.de/dsgvo-hilfe-fuer-vereine-checklisten-praxisratgeber-und-10-punkte-plan/. Hilft das alles nicht weiter, sollte man einen Rechtsanwalt/Fachanwalt für IT-Recht beiziehen.

Die **wesentlichen** grds. zu beachtenden **Rechtsvorschriften** ergeben sich aus **619** folgender – nicht abschließender – **Auflistung** (vgl. auch VB 6/2018 S. 15 ff.):

► Informationspflichten bei Erhebung von Daten (Art. 12 DSGVO ff.)

► Rechtmäßigkeit der Datenverarbeitung (Art. 5 und 6 DSGVO)

► Anforderungen an eine ordnungsgemäße Einwilligung (Art. 7 und 8 DSGVO)

► Erstellung des Verzeichnisses von Verarbeitungstätigkeiten (Art. 30 DSGVO; vgl. auch VB 6/2018 S. 13 ff.)

► Umgang mit den Betroffenenrechten (Art. 5 und 12 DSGVO ff.)

► Meldungen von Datenschutzverletzungen an die Aufsicht (Art. 33 und 34 DSGVO)

► Technische und organisatorische Maßnahmen (Art. 24 und 32 DSGVO)

► Datenschutz-Verpflichtung von Beschäftigten (Art. 28 und 32 Abs. 4 DSGVO)

► Rechtmäßigkeit und Ausgestaltung der Auftragsverwaltung

- ▶ Notwendigkeit eines Datenschutzbeauftragten (Art. 37 DSGVO; vgl. dazu auch § 38 BDSG)

- ▶ Besonderheit bei der Verarbeitung von sensiblen Daten, wie z. B. genetische Daten, biometrische Daten oder Gesundheitsdaten (vgl. Art. 9 DSGVO).

cc) Fragestellungen/Checkliste

620 Für einen ersten Überblick über die sich ergebenden Fragestellungen verweise ich auf die nachfolgende **Checkliste**. Die beruht im Wesentlichen auf den Ausführungen von Röcken, VB 3/2018 S. 13 ff., und den Ausführungen im Vereinsinfobrief Nr. 340 v. 10.1.2018 (bezogen über www.vereinsknowhow.de; vgl. auch noch VB 6/2018 S. 15 ff.). Zur Anpassung der Satzung an die DSGVO wird verwiesen auf Röcken, VB 8/2018 S. 15 ff.).

621 **(1) Welche Daten müssen geschützt werden?**

- ▶ Der Datenschutz nach der DSGVO betrifft personenbezogene Daten. Darunter fallen insbesondere alle Einzelangaben über die persönlichen oder sachlichen Verhältnisse von Mitgliedern, aber auch von Spendern, Kunden usw.

- ▶ Erhoben werden i.d.R. Name und Anschrift, Geburtsdatum, Eintrittsdatum, Bankverbindung u.a.

- ▶ Die Art der Erfassung (digital oder auf Papier) spielt keine Rolle.

- ▶ Der Datenschutz bezieht u.a. sich auf das Erheben, Verarbeiten (Speichern, Verändern, Übermitteln, Sperren und Löschen) und Nutzen von Daten. Nutzen ist jede Verwendung von Daten.

622 **(2) Ist eine Erlaubnis des Betroffenen erforderlich?**

- ▶ In vielen Fällen müssen die Betroffenen die Erlaubnis zum Erheben, Verarbeiten und Nutzen der Daten geben (Art. 6 Abs. 1 Satz 1a, 7 DSGVO).

- ▶ Das ist nicht erforderlich, wenn Daten im Rahmen einer vertraglichen Beziehung erhoben werden müssen. Bei Vereinen ist diese vertragliche Beziehung im Verhältnis zu den Mitgliedern die Mitgliedschaft. Die für die Mitgliederverwaltung erforderlichen Daten dürfen also in jeden Fall verwendet werden.

- ▶ Das Gleiche gilt, wenn die Daten zur Erfüllung einer rechtlichen Verpflichtung erforderlich sind. Das gilt z. B. für Spender. Hier müssen die Spendenbescheinigungen mit ihren Daten zehn Jahre aufbewahrt werden.

(3) Wer ist für den Datenschutz zuständig? 623

▶ Zuständig für den Schutz personenbezogener Daten ist der Vorstand.

▶ Beschäftigt der Verein ständig mehr als neun Personen mit der automatisierten Verarbeitung von Daten, muss er einen Datenschutzbeauftragten bestellen, der selbst nicht Vorstandsmitglied sein darf. Zu den Beschäftigten zählen nur bezahlte Mitarbeiter, keine ehrenamtlich Tätigen.

▶ Bestellt wird der Datenschutzbeauftragte i. d. R. durch den Vorstand. Er muss die zur Erfüllung seiner Aufgaben erforderliche Fachkunde und Zuverlässigkeit besitzen (vgl. Art. 39 Abs. 1 DSGVO). Dazu gehören neben Kenntnissen über den Verein auch nicht unwesentliche Kenntnisse im Datenschutzrecht.

▶ Die Personen, die mit der Datenverarbeitung befasst sind, müssen auf das Datengeheimnis verpflichtet werden. Dazu sollte der Verein ein entsprechendes Merkblatt vorbereiten und per Unterschrift bestätigen lassen.

(4) Wie hat der Umgang mit Daten zu erfolgen? 624

▶ Der Verein darf die von ihm gesammelten Daten nur im Rahmen der Maßstäbe der DSGVO nutzen. Die Datenschutzbestimmungen können nicht per Satzung eingeschränkt werden.

▶ Das Erheben, Speichern, Ändern oder Übermitteln personenbezogener Daten oder ihre Nutzung ist nur zulässig, wenn dies für die Erfüllung des Vereinszwecks erforderlich ist. Das gilt insbesondere für Anschrift und Bankdaten der Mitglieder.

(5) Was ist bei der Übermittlung von Daten zu beachten? 625

Ob die Übermittlung/Weitergabe der Daten von Mitgliedern zulässig ist, hängt vom Einzelfall ab, und zwar:

▶ Weitergabe an andere Mitglieder: I.d.R. nur im Sonderfall; das ist vor allem das Minderheitenbegehren nach § 37 BGB (vgl. Rz. 281).

▶ Weitergabe an Verbände: Die ist regelmäßig zulässig, wenn sie sich schon aus der Vereinstätigkeit ergibt (z. B. Wettkampfmeldungen). Geht die Datenweitergabe darüber hinaus, sollte das in der Satzung geregelt werden oder in der Einverständniserklärung benannt werden.

▶ Veröffentlichung von Daten: Die Veröffentlichung (Mitteilungsblatt, Schwarzes Brett) ist zulässig, wenn sie dem Vereinszweck dient, z. B. bei Mannschaftsaufstellungen oder Spielergebnissen. Nicht zulässig ist regelmäßig die Veröffentlichung der Namen in Fällen mit „ehrenrührigem" Inhalt wie Hausverboten, Vereinsstrafen oder Spielersperren

▶ Veröffentlichung im Internet: Die Veröffentlichung personenbezogener Daten durch einen Verein im Internet ist grds. unzulässig, wenn sich der Betroffene nicht ausdrücklich damit einverstanden erklärt hat. Informationen über Vereinsmitglieder (z. B. Spielergebnisse und persönliche Leistungen, Mannschaftsaufstellungen, Ranglisten, Torschützen usw.) oder Dritte (z. B. Ergebnisse externer Teilnehmer) können i.d.R. auch ohne Einwilligung kurzzeitig ins Internet gestellt werden, wenn die Betroffenen darüber informiert sind.

▶ Persönliche Nachrichten, wie z. B. zu Spenden, Geburtstagen und Jubiläen sind i.d.R. unproblematisch. Das Mitglied kann dem aber widersprechen.

▶ Die Weitergabe zu Werbezwecken (etwa an Sponsoren) darf nur mit Zustimmung des jeweiligen Mitglieds erfolgen.

HINWEIS:

Ein besonderes Schutzinteresse ergibt sich oft aus dem Vereinszweck (z. B. bei Selbsthilfevereinen zu Erkrankungen). Hier dürfen die Daten nicht ohne Zustimmung weitergegeben oder veröffentlicht werden.

---

626 **(6) Besteht ein Widerspruchs- und/oder Auskunftsrecht?**

▶ Als Grundsatz gilt: Der Verein darf keine personenbezogenen Daten erheben, speichern oder weitergeben, wenn er nicht über eine Einwilligung verfügt oder eine entsprechende Rechtsgrundlage besteht.

▶ Diese Einwilligung kann die betroffene Person jederzeit und ohne Begründung widerrufen.

▶ Der Betroffene hat ein Recht auf Auskunft. Er muss darüber informiert werden, in welchem Umfang Daten von ihm gespeichert sind. Dieses Auskunftsrecht ist in Art. 15 DSGVO zweistufig ausgestaltet.

▶ Danach hat die betroffene Person das Recht, von dem Verantwortlichen eine Bestätigung darüber zu verlangen, ob (= 1. Stufe) überhaupt Daten verarbeitet werden.

▶ Ist dies der Fall, hat die Person ein Recht auf Auskunft über diese personenbezogenen Daten (= 2. Stufe).

▶ Es besteht auch das Recht auf unentgeltliche Überlassung einer Kopie der personenbezogenen Daten, die Gegenstand der Verarbeitung sind. Wenn das Mitglied feststellt, dass die gespeicherten Daten nicht korrekt sind, hat es ein Recht auf Berichtigung (beispielsweise Namensänderung).

(7) Besteht ein Anspruch auf Löschung der Daten? 627

Die Mitglieder haben insbesondere in folgenden Fällen ein Recht auf Vergessen (d.h. die Löschung der Daten):

▶ Die personenbezogenen Daten sind für die Zwecke, für die sie erhoben oder auf sonstige Weise verarbeitet wurden, nicht mehr notwendig.

▶ Die betroffene Person widerruft ihre Einwilligung.

▶ Die personenbezogenen Daten wurden unrechtmäßig verarbeitet.

(8) Besteht eine Benachrichtigungspflicht? 628

Eine weiteres Recht der Mitglieder und betroffenen Personen und damit eine Verpflichtung für den Verein besteht in der Benachrichtigungspflicht des Vereins bei der Verletzung des Schutzes personenbezogener Daten. Diese Verpflichtung besteht dann nicht, wenn der Verein im Vorfeld derartige geeignete technischen und organisatorischen Maßnahmen ergriffen hat, die Daten also etwa durch ein Passwort geschützt und/oder verschlüsselt waren, so dass kein hohes Risiko für die persönlichen Rechte und Freiheiten der betroffenen Personen besteht.

(9) Datenübertragbarkeit 629

Nach Art. 20 DSGVO hat die betroffene Person das Recht, die sie betreffenden personenbezogenen Daten, die sie dem Verein bereitgestellt hat, in einem gängigen und maschinenlesbaren Format zu erhalten. Das Recht auf Datenübertragbarkeit beinhaltet, dass diese Daten beispielsweise auch einem anderen Verein übermittelt werden.

(10) Welchen Inhalt muss das sog. Verzeichnis der Verarbeitungstätigkeiten enthalten? 630

Art. 30 DSGVO verlangt, dass ein Verzeichnis aller Verarbeitungstätigkeiten erstellt werden muss. Das gilt auch für kleinere Vereine, da die Datenverarbeitung nicht nur gelegentlich erfolgt (Art. 30 Abs. 5 DSGVO).

Das Verzeichnis muss folgende Punkte umfassen:

▶ Namen und Kontaktdaten des Verantwortlichen/Name und Anschrift des Vereins

▶ Ansprechpartner: Vorstandsvorsitzender und evtl. Datenschutzbeauftragter

▶ Zwecke der Verarbeitungstätigkeiten, wie in jedem Fall „Mitgliederverwaltung"; evtl. weitere Zwecke z. B. „Betreuungsleistungen" (Kindergartenverein)

▶ Beschreibung der Kategorien der betroffenen Personen und der Kategorien personenbezogener Daten: z. B. „Mitglieder", „betreute Personen" usw. Die

Kategorien der Daten ergeben sich aus den Daten selbst (Anschrift, Geburtsdatum, Bankdaten etc.)

► Beschreibung der Kategorien von Empfängern, gegenüber denen die personenbezogenen Daten offengelegt werden, z. B. Verbände, Versicherungsgesellschaften, Sozialversicherungsträger usw.

► Wenn möglich:

► Vorgesehene Fristen für die Löschung der verschiedenen Datenkategorien, z. B. Aufbewahrungsfrist für Zuwendungsbestätigungen

► Allgemeine Beschreibung der technischen und organisatorischen Maßnahmen

631 **(11) Was ist bei der sog. Auftragsverarbeitung zu beachten?**

Die DSGVO bezeichnet externe Dienstleister, die im Auftrag des Vereins Daten verarbeiten, als „Auftragsverarbeiter".

Hier sind folgende Punkte zu beachten:

► Sorgfältige Auswahl des Dienstleiters („Auftragverarbeiters")

► In eine vertragliche Vereinbarung mit diesem sind gesetzlich festgelegte Regelungen zum Datenschutz aufzunehmen und der Auftragsberarveiter ist auf den Datenschutz zu verpflichten.

► Der Auftragsverarbeiter sollte seine Datenschutzmaßnahmen (am besten vertraglich) darstellen. Der Verein sollte diese kontrollieren.

► Beendigung des Vertrags: Müssen Unterlagen zurückgegeben werden? Sind Löschungen vorzunehmen?

632 **(12) Bestehen ggf. Schadensersatzansprüche?**

Nach Art. 82 DSGVO haben Personen, die wegen eines Verstoßes gegen die Verordnung einen materiellen oder immateriellen Schaden erleiden, einen Schadensersatzanspruch. Ein immaterieller Schaden kann beispielweise in einer Rufschädigung bestehen.

h) Weitere Geschäftsführungspflichten

633 Auf folgende **weitere** Geschäftsführungspflichten des Vorstands ist noch **hinzuweisen**:

► Jedes Mitglied des Vorstands hat eine **Schweigepflicht** über vertrauliche Vorgänge und Mitteilungen. Diese dürfte aus einer entsprechenden Anwendung des § 93 Abs. 1 Satz 2 AktG folgen.

Muss der Vorstand auf der Mitgliederversammlung über vertrauliche Interna aus dem Verein berichten, kann ggf. die Öffentlichkeit, wenn sie zur Mitgliederversammlung zugelassen ist, ausgeschlossen werden (zur Öffentlichkeit der Mitgliederversammlung s. Rz. 372, 415).

► Es besteht außerdem die Pflicht, die **Mitgliederversammlung** in den durch die Satzung bestimmten Fällen (s. Rz. 316 ff.) einzuberufen sowie dann, wenn das Interesse des Vereins es erfordert (§ 36 BGB).

► Der Vorstand ist weiterhin verpflichtet, die im Gesetz vorgeschriebenen **Anmeldungen** zum Vereinsregister vorzunehmen. Das sind insbesondere Satzungsänderungen (s. Rz. 230 f.) und Änderungen in der Zusammensetzung des Vorstands (s. Rz. 538). Der Vorstand hat auf Verlangen dem Registergericht zudem jederzeit eine **Bescheinigung** über die **Zahl der Mitglieder** einzureichen (§ 72 BGB). Diese braucht nur die Zahl, nicht aber Namen und Adressen der Mitglieder zu enthalten. Eine vollständige Mitgliederliste kann aber jedes Mitglied vom Vorstand verlangen.

► Gegenüber der Mitgliederversammlung besteht eine **Auskunftspflicht** (vgl. dazu Rz. 635; zur Einsichtnahme in Bücher des Vereins s. Rz. 281 ff.).

► Es besteht auch die Pflicht, bei berechtigtem Interesse **Einsicht** in eine **Mitgliederliste** zu gewähren. Diese Verpflichtung ist m. E. dem Vorstand schon deshalb aufzuerlegen, weil sonst ggf. die Mitglieder von ihrem Minderheitenrecht aus § 37 BGB auf Einberufung der Mitgliederversammlung nicht Gebrauch machen können (vgl. wegen der Einzelheiten Rz. 282).

i) Pflichten nach Beendigung des Amts

Nach Beendigung seines Amts muss der Vorstand alles, was er während seiner Amtszeit in seiner Eigenschaft als Vorstandsmitglied erhalten hat, **herausgeben** (Vereinsbücher, insbesondere die Mitgliederkartei, Korrespondenzen, Berichte, Geschäftsunterlagen, Bankauszüge, Geld, Wertsachen; vgl. Stöber/Otto, Rz. 485). Herauszugeben sind insbesondere auch **Schlüssel** für Vereinsräume und z. B. (Sicherungs-)Disketten/**Festplatten**, wenn der Verein über einen eigenen Computer verfügt. Auch (Vereins)**Daten** und/oder **Passwörter** und Zugangsdaten für Internetaccounts, z. B. bei Facebook, muss der Vorstand, dessen Amt beendet ist, herausgeben (zu allem eingehend Röcken, VB 4/2016 S. 11 ff.). Etwaige Ansprüche auf Herausgabe stehen nicht den Mitgliedern, sondern dem Verein zu (BGH, NJW 1957 S. 832). Dieser muss also – notfalls – auf Herausgabe klagen. 634

12. Verhältnis des Vorstands zur Mitgliederversammlung

a) Allgemeines

635 Zwischen Vorstand und Mitgliederversammlung besteht i. d. R. ein besonderes Verhältnis, da der Vorstand meist von der Mitgliederversammlung gewählt wird. Daraus folgt zunächst, dass der Vorstand die **Beschlüsse** der Mitgliederversammlung mit der nötigen Sorgfalt **ausführen** muss. Missachtet er einen Beschluss, ist es Sache der Mitgliederversammlung selbst, auf welche Weise sie ihren Willen durchsetzen will. Notfalls muss sie den Vorstand abberufen (s. dazu Rz. 696 ff.; zum Verhältnis Vorstand/einzelnes Mitglied/Mitgliederversammlung OLG Celle, Beschluss v. 12.12.2017 – 20 W 20/17; LG Hannover, SpurRt 2017 S. 208).

636 Inwieweit der Vorstand an **Weisungen** der Mitgliederversammlung (oder eines anderen Vereinsorgans) gebunden ist, ergibt sich vor allem aus der Satzung. Schweigt diese, so spricht dies dafür, dass der Vorstand allgemeinen oder generellen Weisungen der Mitgliederversammlung nachzukommen hat. Soll der Vorstand keinerlei Weisungen bei seiner Geschäftsführung unterliegen, muss sich diese Ausnahme von der Regel zweifelsfrei aus der Satzung ergeben (s. auch Rz. 328; OLG Celle, Beschluss v. 12.12.2017 – 20 W 20/17; LG Hannover, SpurRt 2017, S. 208; zur Weisungsgebundenheit auch Reichert u.a., Rz. 2634 ff.).

637 Der Vorstand leitet den Verein aber aus **eigener Verantwortung**. Das bedeutet andererseits, dass er dem Verein für ggf. schuldhaftes Handeln verantwortlich ist (zur Haftung s. Rz. 584 ff. und 768 ff.). Eine Weisung der Mitgliederversammlung kann ihn ebenso wenig entschuldigen wie die (nachträgliche) Genehmigung eines satzungswidrigen Verhaltens (OLG Hamm, StraFo 1999 S. 243 = wistra 1999 S. 350 [für Untreuehandlung eines Vorstands nach § 266 StGB]).

b) Auskunftspflicht

638 Der Vorstand muss auf Verlangen der **Mitgliederversammlung Auskunft** über den Stand der Geschäfte, worunter alle Vereinsangelegenheiten zu verstehen sind, geben (§ 666 BGB; s. auch Rz. 283 ff. und Rz. 640 f.). Diese Verpflichtung besteht in der Mitgliederversammlung auch gegenüber jedem einzelnen Mitglied, soweit die begehrte Auskunft zur Meinungsbildung und ordnungsgemäßen Erledigung von Tagesordnungspunkten erforderlich ist (LG Stuttgart, NJW-RR 2001 S. 1478; zum Auskunftsrecht s. auch KG, NJW-RR 1999 S. 1486). Dabei sind sämtliche Tagesordnungspunkte Prüfungsmaßstab dafür, ob eine gewünschte Auskunft erforderlich ist (BayObLG, NJW-RR 2002 S. 104 [für Aktio-

närsversammlung einer AG]). Die Mitglieder haben gegenüber dem Vorstand ein **Fragerecht.** Die Auskunft verweigern – zumindest in öffentlicher Sitzung – darf der Vorstand auf solche Fragen, durch deren Beantwortung dem Verein ein Schaden droht. Das kann z. B. der Fall sein, wenn Einzelheiten aus laufenden Vertragsverhandlungen zum Schaden des Vereins genutzt werden könnten. Auch können Datenschutz und Persönlichkeitsrechte derjenigen, die von den Fragen (Mitarbeiter) betroffen sind, der Antwort entgegenstehen (vgl. auch Rz. 616 ff.).

Außerhalb der **Mitgliederversammlung** ist der Vorstand nach h. M. **nicht** verpflichtet, einzelnen **Mitgliedern Auskunft** zu geben (KG, NJW 1999 S. 1486; ähnlich OLG Celle, Beschluss v. 12.12.2017 – 20 W 20/17; LG Hannover, SpurRt 2017 S. 208; vgl. aber LG Mainz, BB 1989 S. 812 zum Einsichtsrecht in die Geschäftsberichte eines wirtschaftlichen Vereins).   639

> HINWEIS:
> In beiden Fällen kann gerichtlich überprüft werden, ob die erbetene Auskunft zu Recht verweigert worden ist. Deshalb muss der Vorstand die Auskunftsverweigerung begründen.

c) Rechenschaft und Rechenschaftsbericht

Der Vorstand hat gegenüber der **Mitgliederversammlung** gemäß §§ 259, 260 BGB Rechenschaft abzulegen und den Mitgliedern über die wesentlichen Vorkommnisse im Verein **Information** zu erteilen (vgl. auch Rz. 612 ff.). Diese Pflichten bestehen auf jeden Fall nach Beendigung des Amts und stets dann, wenn die Satzung Vorschriften über das Geschäftsjahr und die Abhaltung einer Jahresmitgliederversammlung enthält. In welchem Umfang und zeitlichem Abstand darüber hinaus Bericht zu erstatten ist, richtet sich nach dem Zweck des Vereins, seiner Größe und seinem organisatorischen Aufbau. Auch können **besondere Vorkommnisse** zur **außerperiodischen** Berichterstattung verpflichten.   640

Der **Rechenschafts- und Geschäftsbericht** des Vorstands, den er auf der Mitgliederversammlung gibt, ist die wesentlichste Maßnahme, die **Vereinsmitglieder** über die **Lage** des Vereins zu **informieren.** An diesem Zweck hat sich der Inhalt des Berichts, der in der Satzung geregelt werden kann (vgl. Röcken, VB 9/2013 S. 15, 16), auszurichten. Er ist daher sorgfältig, unmissverständlich, vollständig und wahr zu erstatten. Der Vorstand muss über alles berichten, was nach vernünftigem Ermessen und nach der Verkehrsanschauung zur Beurteilung der Vereinsverhältnisse nötig ist. Das kann auch für den Verein Nachteiliges sein. Der Bericht darf sich nicht nur auf den Stand am Schluss des Geschäftsjahres erstrecken, er muss vielmehr die **Gestaltung** des **Vermögens-**   641 stands (Kassenbericht!!) und die Entwicklung der Verhältnisse während des abgelaufenen Vereinsjahres darstellen. Zu berichten ist insbesondere über: Zu- und Abgang von Mitgliedern; Einnahmen und Ausgaben, wobei die wesentlichen Positionen im Einzelnen darzustellen sind; Einleitung, Verlauf und Ausgang von für den Verein wichtigen Prozessen; **besondere Ereignisse** im Geschäftsjahr. Der Rechenschaftsbericht muss insbesondere auch den **Jahresabschluss erläutern**. Dabei sind ggf. wesentliche Abweichungen von Voranschlägen (vgl. Rz. 643 ff.) zu begründen. Der Bericht des Vorstands wird in der Mitgliederversammlung i. d. R. ergänzt durch den Bericht der **Kassenprüfer** (dazu VB 10/2016 S. 13 ff. und VB 11/2016 S. 8 ff.; unten Rz. 737).

> **HINWEIS:**
>
> Die Berichterstattung ist an den Grundsätzen einer gewissenhaften und getreuen Rechnungslegung auszurichten. Sie kann jedoch insoweit unterbleiben, als das überwiegende Interesse des Vereins oder der Allgemeinheit oder auch einzelner Mitglieder es erfordert. Das Verschweigen darf jedoch nicht zu falschen Angaben führen. Was der Bericht sagt, muss wahr sein; nur ausnahmsweise braucht er nicht vollständig zu sein (Sauter/Schweyer/Waldner, Rz. 282).
>
> Ob der Vorstand einen schriftlichen Rechenschaftsbericht vorlegen muss, richtet sich zunächst nach der Satzung. Trifft diese keine Regelung, bestimmt die ständige Übung im Verein (vgl. dazu Rz. 50) die Form des Rechenschaftsberichts.

642 Der Vorstand begeht eine **Pflichtverletzung,** wenn er den Geschäftsbericht in schuldhafter Weise nicht oder **nicht ordnungsgemäß** erstattet. Das kann, muss aber nicht, seine Abberufung zur Folge haben. Die Mitgliederversammlung kann auch trotz eines mangelhaften Berichts Entlastung erteilen, da sie in der Beurteilung der Geschäftsführung des Vorstands frei ist.

d) Haushaltsplan

643 Ein Mittel zur Erhaltung und zum ordnungsgemäßen Umgang mit dem Vereinsvermögen (vgl. Rz. 601) kann die Erstellung eines Haushaltsplans sein. Meist wird die Erstellung aber nur in größeren Vereinen sinnvoll sein, weil die Erstellung zusätzlichen Verwaltungsaufwand für den Vorstand bedeutet. Ein Haushaltsplan ist aber grds. ein **nützliches Instrument** zur **Information** insbesondere der **Mitgliederversammlung**. Er verbessert zudem die Rechtssicherheit des Vorstands (vgl. zu allem auch Vereinsinfobrief Nr. 286 von www.vereinsknowhow.de, worauf die nachfolgenden Ausführungen basieren).

644 Das **BGB** sieht **Regelungen** für die Aufstellung von Haushalts- oder Wirtschaftsplänen **nicht** vor. Die Pflicht für den Vorstand, einen solchen Plan aufzustellen, kann sich aus der **Satzung** und/oder einer **Vereinsordnung**, wie z. B.

einer Finanzordnung (vgl. Rz. 250 f.) ergeben oder durch einen Beschluss der Mitgliederversammlung. Darüber hinaus kann die Verpflichtung zur Erstellung aus einem Vereinsbrauch folgen. Denn wurden solche Pläne ggf. über Jahre hinweg aufgestellt, ergibt sich die Verpflichtung auch künftig und auch für einen Vorstand, der neu ins Amt gewählt wurde.

Die **rechtliche Bedeutung** des Haushaltsplans hängt zunächst davon ab, ob   645
und in welcher Weise er in der Satzung vorgesehen ist und ob und wie er als Weisung der Mitgliederversammlung an den Vorstand verstanden werden kann. Grds. kann ein Haushaltsplan

► eine bloße Information des Vorstands an die Mitgliederversammlung sein,

► eine bindende Vorgabe der Mitgliederversammlung für die Mittelverwaltung durch den Vorstand sein,

► ein Vorstandsbeschluss über die künftige Mittelverwendung sein, der nur vorstandsintern bindet.

Haftungsfolgen ergeben sich nur in den letzten beiden Fällen. Weicht der Vor-   646
stand unerlaubt von der Vorgabe der Mitgliederversammlung ab, kann er grds. dafür haftbar gemacht werden, wenn dadurch dem Verein ein Vermögensschaden entsteht. Der Haushaltsplan, wie er im Regelfall beschlossen wird, ist eine Weisung der Mitgliederversammlung an den Vorstand, die nur vereinsintern bindet. Es ergeben sich daraus keine Ansprüche Dritter oder einzelner Mitglieder.

Ungenehmigt vom Haushaltsplan **abweichen** darf der Vorstand nur, wenn er   647
den Umständen nach annehmen darf, dass die Mitgliederversammlung die Abweichung bei Kenntnis der Umstände billigen würde. Das ergibt sich aus § 665 BGB. Der Vorstand muss aber die Abweichung der Mitgliederversammlung mitteilen und deren Beschluss abwarten, wenn nicht mit dem Aufschub Gefahr verbunden ist. Weil das nur ausnahmsweise der Fall sein wird, ergibt sich also regelmäßig eine **Informationspflicht**. Deswegen sollte bereits im Haushaltsbeschluss die Möglichkeit eingeräumt werden, in gewissem Umfang von den Einzelbudgets abzuweichen.

I.d.R. kann ein Haushaltsplan die Haftungssituation des Vorstands dem Verein   648
gegenüber verbessern. Es dürfte nämlich der Grundsatz des Genossenschaftsrechts gelten, dass keine Ersatzpflicht besteht, wenn die entsprechende Handlung auf einer Weisung der Mitgliederversammlung beruht. Das gilt auch dann, wenn dem Verein ein Vermögensschaden entsteht. Auf diese Weise ist der Beschluss über den Haushaltsplan **faktisch** eine **vorweggenommene Entlastung** des Vorstands (vgl. dazu Rz. 683 ff.): Hält sich der Vorstand an die

Vorgaben, kann er nicht zur Rechenschaft gezogen werden, wenn sich daraus negative Folgen für die Vermögenssituation des Vereins ergeben.

HINWEIS:

Um diese Wirkung des Haushaltsplans sicherzustellen, sollte der Haushaltsplan der Mitgliederversammlung schriftlich vorlegt oder rechtzeitig, z. B. per Aushang, zugänglich gemacht werden. Aus Beweisgründen sollte der Beschluss ausführlich im Versammlungsprotokoll vermerkt werden und der Plan entsprechend den Satzungsvorgaben zur Niederschrift über die Versammlung zu den Protokollunterlagen genommen werden.

Unbedingt aufgenommen werden sollten Abweichungsmöglichkeiten von den Einzelbudgets und entsprechende Verfahrensvorgaben für den Vorstand, wenn es zu solchen Abweichungen kommt.

---

13. Entgelt für die Vorstandsarbeit?

a) Allgemeines

649 Bei dem Anstellungsvertrag, der ggf. zwischen Vorstand und Verein geschlossen wird, wird es sich i. d. R. um einen Dienstvertrag handeln, auf den über § 675 BGB die wesentlichen Auftragsregeln Anwendung finden (Palandt/Ellenberger, § 27 Rz. 5). In der **Vergangenheit** war hinsichtlich der Vergütung von Vorstandsmitgliedern in § 27 Abs. 3 Satz 1 BGB nur geregelt, dass „auf die Geschäftsführung des Vorstands die für den Auftrag geltenden Vorschriften der §§ 664 bis 670 entsprechende Anwendung" finden. Verwiesen wurde/wird ausdrücklich also nur auf die §§ 664 bis 670 BGB, nicht aber auf die Unentgeltlichkeitsregelung des § 662 BGB. **Umstritten** war daher in Rechtsprechung und Literatur, ob Vergütungen an Vorstandsmitglieder gezahlt werden dürfen und ob dafür zwingend eine satzungsrechtliche Grundlage erforderlich ist (zur Problematik der Vergütung von Vereinsvorständen auch Wickert, NWB 2013 S. 3239 ff.).

650 Insoweit galt: War in der **Satzung** ein **Entgelt** für die Vorstandsarbeit **nicht** vorgesehen, weil i. d. R., insbesondere bei kleineren Vereinen, nach den Umständen (Arbeitsanfall) die Vorstandsarbeit als ehrenamtliche Tätigkeit angesehen wird, dann war die Vorstandsarbeit auch **ehrenamtlich** auszuüben (BGH, NJW-RR 1988 S. 745, 746; NJW-RR 2008 S. 842 = WM 2008 S. 736; OLG Celle, NJW-RR 1994 S. 1545; LG Lübeck, wistra 2014 S. 455 [zum alten Recht]; vgl. auch Alvermann, SpuRt 2009 S. 112). Trotzdem als Entschädigung für aufgewendete Arbeitszeit und Arbeitskraft geleistete Zahlungen waren dann satzungswidrig (BGH, a. a. O.). Mit der Entgegennahme solcher Zahlungen verletzte der Vorstand seine Pflichten (BGH, a. a. O.) und machte sich nach § 266 StGB (Untreue) strafbar (LG Lübeck, a. a. O.; vgl. noch Reschke, ZStV 2015 S. 190).

b) Satzungsregelung über Vergütung

aa) Gesetzliche Regelung

Die damit zusammenhängenden Fragen waren aber nicht unbestritten. Diese rechtliche Problematik ist inzwischen durch das „Gesetz zur Stärkung des Ehrenamtes" v. 21. 3. 2013 (vgl. BGBl I S. 556) beseitigt worden (vgl. dazu BT-Drucks. 17/11316 S. 16). In § 27 Abs. 3 BGB hat man nämlich als Zusatz Satz 2 eingefügt: „Die Mitglieder des Vorstands sind unentgeltlich tätig." Bei dieser Regelung handelt es sich aber um nachgiebiges Recht. Die Satzung kann nach § 40 BGB eine andere Regelung (vgl. dazu Rz. 654 ff.) vorsehen. Die Neuregelung galt aber erst ab 1. 1. 2015 (vgl. Art. 12 des „Gesetzes zur Stärkung des Ehrenamtes" v. 21. 3. 2013 (vgl. BGBl I S. 556). Hintergrund für diese Verschiebung des Inkrafttretens war, dass den Vereinen Gelegenheit gegeben werden sollte, ihre Satzungen ggf. anzupassen (s. BT-Drucks. 17/11316 und dazu Rz. 654 ff.). Die nachfolgenden Ausführungen betreffen den Rechtszustand ab 1. 1. 2015 (wegen der Vergangenheit wird verwiesen auf die 8. Aufl., Rz. 290 ff.).

651

HINWEIS:

Bis zu dem Stichtag 1. 1. 2015 mussten Satzungen von Vereinen, die ihren Vorständen eine Vergütung zahlen (wollen), dafür aber eine Regelung in der Satzung (noch) nicht vorgesehen ist, auf jeden Fall ihre Satzung geändert haben (vgl. dazu auch VB 1/2014 S. 4 ff.; VB 11/2014 S. 3 ff.). Eine entsprechende Satzungsänderung musste bis zum 31. 12. 2014 im Vereinsregister eingetragen sein (vgl. auch Pfeffer/Röcken, VB 8/2016 S. 3 ff.). Es ist davon auszugehen, dass die Vereine dem inzwischen nachgekommen sind. Denn:

Ohne eine entsprechende Satzungsregelung (vgl. dazu Rz. 654 ff.) darf ab 1. 1. 2015 eine Vergütungsvereinbarung mit dem Vorstand nicht mehr getroffen werden. Fehlt eine Vergütungsbestimmung in der Satzung, sind ab dem 1. 1. 2015 entsprechende Zahlungen an den Vorstand unzulässig. Der Verein hat ggf. einen Rückzahlungsanspruch nach den Grundsätzen der ungerechtfertigten Bereicherung (s. auch Wickert, NWB 2013 S. 3239, 3243).

Gegen die Personen, die an der Auszahlung einer unzulässigen Vergütung mitwirken, können ggf. **Schadensersatzansprüche** bestehen (Wickert, a. a. O.), die Leistung der Vergütung ist nach der Neuregelung eine Pflichtverletzung.

652

BEISPIEL: Der Gesamtvorstand des Vereins beschließt in der Vorstandssitzung, dass an den Vorstand i. S. des § 26 BGB eine Vergütung gezahlt werden soll, ohne dass dafür eine Regelung in der Satzung vorgesehen ist. Es bestehen dann gegen alle Vorstandsmitglieder Haftungsansprüche. Das Haftungsprivileg des § 31a BGB (vgl. dazu oben Rz. 584 ff.) dürfte nicht mehr eingreifen, nachdem die Vergütungsregelung ausdrücklich in § 27 Abs. 3 Satz 2 BGB aufgenommen worden ist.

653   Schließlich kann auch die **Gefahr** einer **strafrechtlichen Verfolgung** wegen Untreue nach § 266 StGB bestehen, wenn an einen Vorstand ohne Vergütungsregelung in der Satzung eine Vergütung gezahlt wird (vgl. dazu auch OLG Hamm, wistra 1999 S. 350 ff.; LG Lübeck, wistra 2014 S. 466 [zum alten Recht]; Lassmann, NStZ 2009 S. 473; Wickert, NWB 2013 S. 3239, 3244; Pfeffer/Röcken, VB 8/2016 S. 3, 8 f.; Reschke, ZStV 2015 S. 190; vgl. aber OLG Köln, StV 2013 S. 638 = wistra 2013 S. 357, wo das allerdings verneint worden ist, wenn der Vorstand in erheblichem Umfang Tätigkeiten für den Verein erbracht hat).

bb)   Satzungsregelungen

654   Die Unentgeltlichkeitsklausel des § 27 Abs. 3 Satz 2 BGB kann **nur** durch die **Satzung aufgehoben** werden, nicht etwa nur durch einen Beschluss der Mitgliederversammlung (s. auch Wickert, NWB 2013 S. 3239, 3242; Pfeffer/Röcken VB 8/2016 S. 3 ff.). Das folgt aus der Formulierung des § 40 BGB. Danach findet § 27 Abs. 3 BGB „insoweit keine Anwendung, als die Satzung etwas anderes bestimmt".

655   Die **Grundlage** für eine **Vergütung** des Vorstands kann in der Satzung durch **zwei Arten** von **Klauseln** geschaffen werden (vgl. etwa VB Schwerpunktausgabe zu Heft 4/2013 S. 1, 3; zu den Grundsätzen Pfeffer/Röcken, VB 8/2016 S. 3 ff.; auch noch VB 11/2014 S. 3 ff.; zu Gestaltungsmöglichkeiten auch Wickert, NWB 2013 S. 3239, 3242; zur Schaffung von Vertrauenstatbeständen infolge Prüfung und Nichtbeanstandung der Satzung durch das Finanzamt s. Hanke/Tybussek, NWB 2012 S. 718, 719 und zu den steuerlichen Folgen VB 1/2018 S. 6 ff. und 3/2018 S. 5 ff.). Die Satzung kann entweder eine abschließende Vergütungsregelung vorsehen, ggf. kombiniert mit einer Obergrenze für die Vergütung. Diese könnte lauten: „Der Vorstand erhält für seine Tätigkeiten für den Verein eine angemessene Vergütung in Höhe von bis zu … €." (vgl. aber Rz. 1016 ff.). Möglich ist es aber auch, die Mitgliederversammlung oder ein anderes Vereinsorgan zu ermächtigen, über die Höhe der Vergütung zu entscheiden. Die Klausel könnte dann lauten: „Der Vorstand erhält für seine Tätigkeit eine angemessene Vergütung. Über deren Höhe entscheidet die Mitgliederversammlung durch Beschluss." Diese Variante hat den Vorteil, dass dann bei Änderungen der Vergütungshöhe nicht immer auch die Satzung geändert werden muss.

HINWEIS:

Bei der Gestaltung ist darauf zu achten, dass die Vergütung so ausgestaltet wird, dass die Entschädigung gemäß § 4 Nr. 26 Buchst. b UStG von der Umsatzsteuer befreit ist (vgl. dazu Abschnitt 4.26.1 Abs. 4 Satz 2 ff. UStAE; BMF, Schreiben v. 29. 8. 2014 – IV D 3 – S 7185/09/10001-04, v. 27. 3. 2013 – IV D 3 – S 7185/09/10001-04 und v. 2. 1. 2012 –

IV D 3 – S 7185/09/10001; Engelsing/Schmidt, NWB 2012 S. 643; s. dazu VB 5/2013 S. 5 ff. und 11/2014 S. 5 sowie Rz. 1016 ff.). Als Grundsatz gilt, dass ein Entgelt für die ehrenamtliche Tätigkeit von der Umsatzsteuer befreit ist, wenn es nur in Auslagenersatz und einer angemessenen Entschädigung für Zeitversäumnis besteht (vgl. auch BMF, Schreiben v. 29. 8. 2014 – IV D 3 – S 7185/09/10001-04). Auch darf die Tätigkeit nicht im Hauptberuf ausgeübt werden.

Eine Regelung in der Satzung könnte/sollte daher lauten (Engelsing/Schmidt, NWB 2012 S. 643 f.; vgl. auch noch unten Rz. 657): „Die Vorstandsmitglieder des Vereins erhalten eine Tätigkeitsvergütung von 5 € pro Stunde. Weitere ehrenamtliche Betätigungen gibt es nicht. Der Vergütungsanspruch ist auf 20 Stunden im Monat begrenzt. Die Vorstandsmitglieder erhalten gemäß ihrer Zeiterfassung 5 € pro Stunde und maximal 100 € im Monat umsatzsteuerfrei ausbezahlt."

Es ist zudem zu bedenken, dass bei Vergütungen **über 720 €/Jahr** die gesetzliche Haftungsfreistellung des Vorstands nach § 31a BGB entfällt (zu § 31a BGB s. oben Rz. 584 ff.). Soll der Vorstand eine Vergütung über 720 €/Jahr erhalten, kann der Vorstand aber durch die Satzung von der Haftung für leichte/grobe Fahrlässigkeit befreit werden (vgl. OLG Nürnberg, NZG 2016 S. 112 = MDR 2016 S. 85 = NJW-RR 2016 S. 153 = Rpfleger 2016 S. 162). Diese Klausel könnte wie folgt lauten: „Der Vorstand haftet dem Verein unabhängig von der Höhe seiner Vergütung für einen in Wahrnehmung seiner Vorstandspflichten verursachten Schaden nur bei Vorsatz oder grober Fahrlässigkeit."

656

HINWEIS:

Zu entsprechenden Satzungsänderungen ist, soweit sie immer noch nicht erfolgt sein sollten, dringend zu raten. Denn nach Nr. 23 AEAO zu § 55 Abs. 1 Nr. 3 und dem Schreiben des BMF v. 14. 10. 2009 (IV C 4 – S 2121/07/0010), in dem das BMF zu den Folgen Stellung genommen hat, die die Zahlung von (pauschalen) Tätigkeitsvergütungen an den Vorstand des gemeinnützigen Vereins auf die Frage der Gemeinnützigkeit des Vereins haben kann, sind pauschale Zahlungen an ein Vorstandsmitglied im Rahmen der 2006 eingeführten Ehrenamtspauschale nur dann für die Einstufung des Vereins als gemeinnützig folgenlos, wenn sie durch Satzungsregelung ausdrücklich zugelassen sind. Anderenfalls verstoße der Verein gegen das Gebot der Selbstlosigkeit. In dem Schreiben wird zudem festgestellt, dass darunter grds. auch ein pauschaler Aufwendungsersatz fällt und auch die sog. Rückspende oder der Verzicht auf Auszahlung des Anspruchs als Vergütung im steuerrechtlich relevanten Sinne angesehen wird (ähnlich auch bereits im Schreiben v. 22. 4. 2009 – IV C 4 – S 2121/07/0010 und dazu Alvermann, SpuRt 2009 S. 112; zu den steuerlichen Folgen noch BFH/NV 2001 S. 1536).

Auf eine weitere sich aus der Neuregelung zu Vorstandsvergütungen ergebende **Problematik** ist hinzuweisen: Die Regelung in § 27 Abs. 3 Satz 2 BGB ist allgemein gefasst. Sie beschränkt das Vergütungsverbot nicht nur auf die eigentliche Vorstandstätigkeit, sondern fasst es grundsätzlich. Dem Wortlaut nach müsste also an sich jede Vergütung für den Vorstand per Satzung genehmigt

657

werden. In der Vergangenheit ist die Finanzverwaltung zur alten Regelung des § 27 Abs. 3 BGB aber teilweise der Meinung (gewesen), dass dieses Vergütungsverbot nur die eigentliche Vorstandstätigkeit betrifft. Weitere Tätigkeiten, wie z. B. als Trainer im Verein, durften also auch ohne Satzungsgrundlage vergütet werden. Das könnte sich durch die Neuregelung in Satz 2 ändern.

> **HINWEIS:**
>
> Die Finanzverwaltung hat sich bislang zur Umsetzung dieser Neuregelung durch das „Gesetz zur Stärkung des Ehrenamtes" v. 21. 3. 2013 (vgl. BGBl I S. 556) noch nicht geäußert. Vereine, die aber 2014 oder später Satzungsänderungen durchführen, sollten sicherheitshalber auch die Vergütungsregelungen für den Vorstand insoweit anpassen oder ergänzen, und zwar etwa wie folgt: *„Der Vorstand kann für alle Tätigkeiten für den Verein eine angemessene Vergütung enthalten."* (vgl. dazu auch VB 1/2014 S. 4 ff.).

c) Ersatz von Aufwendungen

aa) Allgemeines

658   Fraglich ist, wie in den Fällen, in denen ein Entgelt nicht vorgesehen ist, mit **Aufwendungen,** wie z. B. für Porto, Telefon oder Reisekosten, umzugehen ist, die der Vorstand für den Verein macht. Die h. M. geht davon aus, dass dafür der Vorstand vom Verein, wenn er sie den Umständen nach für erforderlich halten durfte, immer gemäß § 670 BGB gesetzlichen Aufwendungsersatz verlangen kann (Palandt/Ellenberger, § 27 Rz. 5; Sauter/Schweyer/Waldner, Rz. 288; zur Erforderlichkeit von Strafverteidigungskosten s. OLG Frankfurt/Main, OLGR 2007 S. 458; zum Aufwendungsersatz allgemein Pfeffer/Röcken, VB 8/2016 S. 3, 5). Das Vergütungsverbot des § 27 Abs. 3 Satz 2 BGB umfasst solche Zahlungen an Vorstandsmitglieder nicht (zum steuerlichen Reisekostenrecht s. BMF, Schreiben v. 30. 9. 2013 – IV C 5 – S 2353/13/10004; s. auch noch VB 11/2013 S. 4 ff.; zur Aufwandsspende s. Rz. 1077 und dazu auch eingehend VB 1/2015 S. 4 ff.).

659   Der Vorstand kann vom Verein für die zur Geschäftsbesorgung erforderlichen Aufwendungen nach § 669 BGB **Vorschuss** verlangen, soweit die Mittel des Vereins, über die zu verfügen er berechtigt ist, dazu nicht ausreichen. Die Vorstandsmitglieder können ihre **„Aufwandsentschädigung"** nicht selbst festsetzen. Sie muss vielmehr in der Satzung ausdrücklich vorgesehen sein (Sauter/Schweyer/Waldner, Rz. 288). Ist das nicht der Fall, bedarf die Einführung von Aufwandsentschädigungen einer Satzungsänderung, für die im Zweifel die Mitgliederversammlung zuständig ist. Der Anspruch (eines Vereinsmitglieds) auf Ersatz von Aufwendungen ist verwirkt, wenn er nicht vor Ablauf des auf die Entstehung folgenden Geschäftsjahres geltend gemacht wird (LG Mosbach, MDR 1989 S. 993).

bb) Begriff

Zum Begriff der „Aufwendungen" und zur Abgrenzung von einer Vergütung oder einem Entgelt hatte der BGH in NJW-RR 1988 S. 745 ff. Folgendes festgestellt: Aufwendungen sind alle **Vermögensopfer** mit Ausnahme der eigenen Arbeitszeit und Arbeitskraft, die der Vorstand zwecks Ausführung seines satzungsmäßigen Auftrags **freiwillig, auf Weisung** der hierzu befugten Vereinsorgane oder als notwendige Folge der Auftragsausführung erbringt. Dazu zählen alle Auslagen des Vorstands, insbesondere für Reisekosten, Post- und Telefonspesen, zusätzliche Beherbergungs- und Verpflegungskosten usw. Nicht als Aufwendungen angesehen wurden vor allem die für die übernommene Vorstandsarbeit eingesetzte **Arbeitszeit** und **Arbeitskraft**. Leistungen des Vereins, die zur Abgeltung dieses Aufwands erbracht werden, wie z. B. Sitzungsgelder, waren (Zeit-)Vergütung, auch wenn sie als Aufwandsentschädigung bezeichnet werden (BGH, a. a. O.). 660

> **HINWEIS:**
>
> Sollen Reisekosten erstattet werden, empfiehlt sich der Erlass einer Reisekostenordnung, die Anlass und Höhe der erstattungsfähigen Reisekosten regeln soll. Das hat u.a. den Vorteil, dass für den Vorstand der Rechtsgrund für die Zahlung klar gestellt ist. Eine solche Regelung muss nicht in der Satzung getroffen werden (wegen der Einzelheiten VB 11/2013 S. 11 ff.).

Diese **Rechtsprechung** hat der **BGH** inzwischen teilweise **geändert** (vgl. BGH, MDR 2017 S. 665 = Rpfleger 2017 S. 470 = ZInsO 2017 S. 1094): Darauf wie eine Zahlung in der Abrechnung bezeichnet wird, kommt es nicht (mehr) an, sondern allein darauf, ob nach der vertraglichen Vereinbarung oder der gesetzlichen Regelung der Zweck der Zahlung ist, tatsächlichen Aufwand des Schuldners auszugleichen. Kein Aufwand liegt daher vor, wenn eine Tätigkeit selbst vergütet werden soll, was z. B. der Fall ist, wenn eine Entschädigung für Zeitversäumnisse gezahlt wird. Wenn vom Zweck der Zahlung her ein tatsächlicher Aufwand entschädigt werden soll, kann die Zahlung aber auch pauschal und unabhängig von einem konkreten Aufwand zum Zahlungszeitpunkt erfolgen (vgl. BGH, a. a. O.; zur Abgrenzung der unentgeltlichen Wahrnehmung eines Vereinsamts vom entgeltlichen Werkvertrag, wenn ein Bauingenieur für einen Sportverein, dessen Mitglied er ist, Architektenleistungen erbringt, vgl. OLG Köln, MDR 1990 S. 244). 661

> **HINWEIS:**
>
> Für die Abgrenzung bietet sich folgende Faustregel an (vgl. BGH, a. a. O.):
>
> Es ist zu unterscheiden, ob ein tatsächlich entstandener Aufwand abgegolten oder Verdienstausfall ausgeglichen werden soll.

Zur ersten Gruppe gehören Ansprüche auf Ersatz der Fahrt-, Verpflegungs-, Übernachtungskosten, der Auslagen für die Reisevorbereitung, der Telefon- und Bürokosten.

Zur zweiten Gruppe zählen Zahlungen, die dafür entschädigen sollen, dass der (ehrenamtliche) Tätige in der Zeit, in der er seiner ehrenamtlichen Tätigkeit nachgeht, seine Erwerbs- und Arbeitskraft nicht gewinnbringend einsetzen kann.

Dem Vorstand steht dafür ein Entgelt nur zu, wenn eine entsprechende satzungsmäßige Regelung vorliegt (BGH, NJW-RR 1988 S. 745; NJW-RR 2008 S. 842 = WM 2008 S. 736; OLG Celle, NJW-RR 1994 S. 1545; Sauter/Schweyer/Waldner, Rz. 288; zur Gefahr für die „Gemeinnützigkeit" s. oben Rz. 953 ff.).

Aufgrund der oben genannten Rechtsprechung und der Auffassung der Finanzverwaltung kann Vereinen und Vorstandsmitgliedern nur empfohlen werden, vor dem Einsatz von Arbeitskraft eindeutig klarzustellen, ob vom Verein später Bezahlung verlangt werden soll.

662 Die Aufwendungen sind **erstattungsfähig**, soweit sie **tatsächlich angefallen**, für die Führung des übernommenen Amts erforderlich sind und sich in einem angemessenen Rahmen halten. Alle darüber hinaus gewährten Leistungen des Vereins an den ehrenamtlichen Vorstand sind Vergütung, d. h. offenes oder verschleiertes Entgelt für die geleistete Tätigkeit als solche (vgl. BGH, NJW-RR 1988 S. 745; s. auch BGH, MDR 2017 S. 665 = Rpfleger 2017 S. 470 = ZInsO 2017 S. 1094). **Verdeckte Vergütungen** sind nach Auffassung des BGH insbesondere auch sämtliche Pauschalen, die nicht tatsächlich entstandenen und belegbaren Aufwand abdecken oder Ersatz für Kosten sind, die mit der in Frage stehenden Tätigkeit typischerweise verbunden sind und in dieser Höhe üblicherweise pauschal, ohne Einzelnachweis, erstattet werden. Ein Entgelt ist es auch, wenn der Verein die Kosten einer Ersatzkraft übernimmt (BGH, a. a. O.) oder der Verein z. B. Sitzungs- und Tagegelder zahlt, obwohl die Leistungen für Unterbringung und Verpflegung schon auf anderem Wege, wie z. B. der Unterbringung in einem Vereinsheim, abgedeckt sind (Pfeffer/Röcken, VB 8/2016 S. 3, 5).

663 Nach dem BMF, Schreiben v. 14. 10. 2009 (IV C 4 – S 2121/07/0010) kann der Ersatz tatsächlich entstandener Auslagen/Aufwendungen auch ohne entsprechende Regelung in der Satzung erfolgen. Ein **Einzelnachweis** ist **nicht erforderlich**, wenn der tatsächliche Aufwand durch die Zahlung offensichtlich nicht überschritten wird und die Zahlung nicht unangemessen hoch ist. Arbeits- und Zeitaufwand dürfen aber nicht abgedeckt werden. Pauschaler Aufwendungsersatz wird hingegen als Vergütung/Entgelt angesehen und muss in der Satzung vorgesehen sein (zur Umsatzsteuerbefreiung gemäß § 4 Nr. 26 Buchst. b UStG vgl. Abschnitt 4.26.1 Abs. 4 Satz 2 ff. UStAE; BMF, Schreiben v. 27. 3. 2013 – IV D 3 – S 7185/09/10001-04; zur Frage, inwieweit für Tätigkeitsvergütungen/Aufwandsentschädigung eine Umsatzsteuerpflicht besteht, s. unten Rz. 1016 ff.).

Eine Satzungsbestimmung zu Aufwendungsersatz könnte wie folgt formuliert werden (vgl. VB Schwerpunktausgabe zu Heft 4/2013 S. 1, 3): „Vorstandsmitglieder können eine Erstattung von Aufwendungen, die im Rahmen ihrer Amtstätigkeit anfallen, auch ohne Einzelnachweis erhalten, wenn der Erstattungsbetrag die wirklich angefallenen Aufwendungen offensichtlich nicht übersteigt."

Im Hinblick auf eine Aufwandsspende (vgl. Rz. 1077) ist darauf zu achten, dass eine ggf. bestimmte Frist für die Geltendmachung der Ansprüche nicht zu kurz bemessen wird. Denn sind die Ansprüche verfallen, können sie nicht mehr als Aufwandsspende geltend gemacht werden.

14. Beschlussfassung im Vorstand

a) Allgemeines

Die Willensbildung des Vereins erfolgt bei einem mehrgliedrigen Vorstand durch Beschlussfassung, gleichgültig, ob es sich um die Vornahme von Rechtsgeschäften oder um Interna des Vereins handelt (§ 28 BGB). Die Beschlussfassung erfolgt grds. auf einer Versammlung, also einer persönlichen Zusammenkunft der Vorstandsmitglieder, der Vorstandssitzung (s. dazu Rz. 669 ff.). **664**

b) Abstimmungsmehrheiten

Für die Beschlussfassung/Abstimmung nach § 28 BGB gelten die gesetzlichen **Vorschriften über die Mitgliederversammlung** (§§ 32, 34 BGB). Von der gesetzlichen Regelung in § 28 BGB kann nur die **Satzung Abweichungen** vorsehen, die Änderung durch eine Geschäftsordnung (Rz. 252 f.) reicht nicht. Die Satzung kann z. B. Bestimmungen vorsehen, die für Vorstandsbeschlüsse eine andere Stimmenmehrheit fordern oder für den Fall der Stimmengleichheit eine besondere ausdrückliche Regelung treffen, wie z. B. den Stichentscheid durch den Vorsitzenden. Ein Vorstandsmitglied kann **nicht** in **eigener Sache mitstimmen**. Das kann auch die Satzung nicht zulassen (§ 34 BGB; Palandt/ Ellenberger, § 28 Rz. 2). **665**

Enthält die Satzung nur Bestimmungen über die Beschlussfassung in der Mitgliederversammlung, gelten diese Regeln für die Beschlussfassung des Vorstands aber nicht.

BEISPIEL: Laut Satzung hat ein Schützenverein sechs Vorstandsmitglieder. Es ist außerdem bestimmt, dass Beschlüsse der Mitgliederversammlung immer einer x-Mehrheit bedürfen.

Diese Regelung gilt für die Beschlussfassung im Vorstand nicht. Er entscheidet mit sog. einfacher Mehrheit.

666 Bei der Beschlussfassung des Vorstands entscheidet nach dem Wortlaut des Gesetzes die **Mehrheit** der **abgegebenen Stimmen** (§ 28 i. V. mit § 32 Abs. 1 Satz 3 BGB; zur Beschlussfähigkeit s. Rz. 679). Das gilt sowohl für den Vorstand i. S. des BGB, auf den § 28 BGB unmittelbar Anwendung findet, als auch für die (übrigen/sonstigen) Mitglieder eines Gesamtvorstands, auf die § 28 BGB entsprechend Anwendung findet.

> **BEISPIEL:** ▶ Im vorhergehenden Beispiel besteht der Gesamtvorstand aus den drei Mitgliedern des Vorstands i. S. des BGB und drei weiteren Mitgliedern. Für die drei Mitglieder i. S. des BGB gilt § 28 BGB unmittelbar, für die übrigen Mitglieder entsprechend.

667 Nach den Änderungen durch das VereinsRÄndG bedeutet dies, dass – ebenso wie in der Mitgliederversammlung – die **Mehrheit nur** nach der **Zahl** der **abgegebenen** (gültigen) **Ja- und Nein-Stimmen** zu berechnen ist. Stimmenthaltungen und ungültige Stimmen sind nicht mitzuzählen (so bereits früher BGH, NJW 1982 S. 1585; s. auch Rz. 471 f.). Ein Antrag ist also angenommen, wenn die Zahl der Ja-Stimmen größer ist als die der Nein-Stimmen. Ist nur ein Vorstandsmitglied erschienen, so kann dieses, falls die Satzung zur Beschlussfassung nicht die Anwesenheit einer größeren Zahl von Mitgliedern verlangt, einstimmig beschließen, wenn es sich weder um die Vornahme eines Rechtsgeschäfts mit diesem Mitglied noch um die Einleitung der Erledigung eines Rechtsstreits zwischen ihm und dem Verein handelt.

> **BEISPIEL:** ▶ Von acht anwesenden Vorstandsmitgliedern enthalten sich drei der Stimme. Von den übrigen fünf Vorstandsmitgliedern stimmen drei mit Ja und zwei mit Nein. Der Antrag ist angenommen, da die Zahl der Ja-Stimmen größer ist als die der Nein-Stimmen.

668 Entsprechend der bis zu den Änderungen durch das VereinsRÄndG geltenden Formulierung des BGB enthalten ältere Vereinssatzungen häufig noch die Regelung, dass bei der Beschlussfassung des Vorstands die Mehrheit der erschienenen Mitglieder entscheidet, womit von der **Satzung** lediglich der frühere **Wortlaut** des Gesetzes übernommen worden ist. Bei dieser Satzungsregelung ist/war daher die Annahme gerechtfertigt, dass keine von der gesetzlichen Regelung abweichende Bestimmung getroffen werden, sondern der vom BGH (NJW 1982 S. 1585) als gesetzliche Regel aufgestellte Rechtssatz gelten sollte (s. oben). Man wird daher auch für die Neuregelung des § 28 BGB davon ausgehen können, dass die oben genannte gesetzliche Regelung (vgl. Rz. 664) auch in diesen Fällen gilt (s. auch Sauter/Schweyer/Waldner, Rz. 248).

> **HINWEIS:**
> Es empfiehlt sich jedoch, die Formulierung der Satzung der gesetzlichen Regelung in § 28 BGB (Berechnung der Mehrheit nur nach der Zahl der abgegebenen Ja- und Nein-Stimmen) anzupassen, um in Zukunft Zweifel auszuschließen.

15. Vorstandssitzung

a) Allgemeines

Beschlüsse des Vorstands, der aus mehreren Personen besteht, können nach dem Gesetz nur in einer Versammlung des Vorstands gefasst werden (zur Beschlussfassung und zu Abstimmungsmehrheiten s. Rz. 664 ff.). Daneben können folgende **andere Formen** möglich sein: Auf schriftlichem Wege ist ein Vorstandsbeschluss nur mit Zustimmung aller Vorstandsmitglieder zur Beschlusssache möglich (§§ 28, 32 Abs. 2 BGB). Schriftliche Beschlüsse können nach §§ 126 Abs. 3, 126a BGB durch die elektronische Form ersetzt werden. Die **Satzung** kann ebenfalls andere Formen zulassen, so z. B. einen Vorstandsbeschluss durch telefonische Absprache. Schließlich können auch sämtliche Vorstandsmitglieder ohne Einhaltung von Verfahrensvorschriften zu einer Vorstandssitzung zusammentreten und wirksame Beschlüsse fassen, wenn kein Vorstandsmitglied dieser Verfahrensweise widerspricht. Es empfiehlt sich, um späteren Ärger zu vermeiden, den fehlenden Widerspruch in das Sitzungsprotokoll aufzunehmen.

669

HINWEIS:

M. E. müsste auch eine Videokonferenz/Online-Versammlung möglich sein (vgl. zur Online-Mitgliederversammlung Rz. 316 ff.).

Für diese Vorstandssitzung **gelten** hinsichtlich Einberufung, Mitteilung der Tagesordnung, Beschlussfähigkeit usw. grds. die für die Mitgliederversammlung **erlassenen Bestimmungen.** Enthält die Satzung für die Mitgliederversammlung Bestimmungen, die die §§ 32 ff. BGB ändern oder ergänzen, ist es Auslegungsfrage, ob diese Satzungsvorschriften auch auf den Vorstand anzuwenden sind (Palandt/Ellenberger, § 28 Rz. 2). Im Einzelnen gilt für die Vorstandssitzung Folgendes:

670

b) Einladung zur Vorstandssitzung

Die **Anberaumung** einer Vorstandssitzung und **Ladung** der Vorstandsmitglieder ist, wenn die Satzung nichts anderes bestimmt (§ 40 BGB), Sache des Vorsitzenden des Vorstands. Ist er dafür nach der Satzung ausdrücklich zuständig, so ist eine Einberufung des Vorstands gegen seinen Willen ungültig. Der in der Satzung vorgesehene Stellvertreter des Vorsitzenden kann allerdings eine Vorstandssitzung einberufen, wenn der Vorsitzende verhindert ist oder er die Einberufung grundlos unterlässt oder verweigert. Der zur Einberufung Berechtigte braucht die Einladung nicht persönlich vorzunehmen. Er kann sich dabei eines anderen bedienen, der bei der Unterzeichnung der Einladung aber deutlich machen sollte, dass und in wessen Auftrag er handelt.

671

672 Zur Vorstandssitzung müssen **alle Vorstandsmitglieder** unter **Angabe des Ortes** und der **Zeit** der Sitzung **geladen** werden (s. das **Muster** bei Rz. 1096). Der Ort, an dem die Vorstandssitzung stattfindet, kann in der Satzung bestimmt werden. Ist das nicht der Fall, kann der für die Einberufung Zuständige bestimmen, wo die Sitzung stattfinden soll. Hierbei muss er sich aber ebenso wie bei der Wahl des Zeitpunkts im Rahmen des den übrigen Vorstandsmitgliedern Zumutbaren halten. Er kann also nicht die Sitzung morgens anberaumen, wenn der Vorstand weitgehend aus Berufstätigen besteht. Zeit und Ort der Vorstandssitzung können, etwa in einer Geschäftsordnung des Vorstands (s. Anhang Rz. 1094), von vornherein ein für alle Mal festgelegt werden, z. B. jeden 1. Dienstag im Monat um 20 Uhr im Klubheim. Dann ist eine Einladung entbehrlich, es sei denn, von Ort und/oder Zeit soll abgewichen werden.

> **HINWEIS:**
>
> Bei Einberufung der Sitzung durch einen Unbefugten oder bei Nichteinladung eines Vorstandsmitglieds ist ein auf der Vorstandssitzung gefasster Beschluss ungültig (OLG Schleswig, NJW 1960 S. 1862; s. aber Rz. 681). Deshalb ist auf die Einladung zur Vorstandssitzung besondere Sorgfalt zu verwenden.

673 Das Gesetz sieht für die Einladung zur Vorstandssitzung **keine bestimmte Form** vor. Es kann also schriftlich, telefonisch, telegrafisch, durch E-Mail, durch Anschlag im Klubheim oder in sonstiger Weise zur Vorstandssitzung eingeladen werden. Wird die Form der Einladung in der Satzung oder in einer Geschäftsordnung des Vorstands geregelt, so ist allerdings danach zu verfahren. Fehlt in der Satzung eine ausdrückliche Regelung, so kann daraus i. d. R. aber nicht unbedingt geschlossen werden, es müsse die für die Einberufung der Mitgliederversammlung in der Satzung vorgesehene Form (§ 58 Nr. 4 BGB) eingehalten werden (Sauter/Schweyer/Waldner, Rz. 245c).

674 Dasselbe gilt, wenn in der Satzung eine **Ladungsfrist** für die Einberufung des Vorstands nicht ausdrücklich bestimmt ist. Es muss dann nicht die zur Einberufung der Mitgliederversammlung vorgesehene Frist eingehalten werden. Der für die Einberufung Zuständige kann die Ladungsfrist vielmehr frei bestimmen, allerdings muss die Frist angemessen, d. h. nicht zu kurz sein. Die Ladungsfrist für Vorstandssitzungen kann auch in einer Geschäftsordnung geregelt werden. An die dort bestimmte Frist muss sich der Einladende dann halten, es sei denn, es handelt sich um unaufschiebbare Dinge, über die Beschluss gefasst werden soll.

675 Grds. muss den Vorstandsmitgliedern mit der Einladung die **Tagesordnung mitgeteilt** werden, wenn auf der Vorstandssitzung gültige Beschlüsse gefasst werden sollen. Für die Abfassung der Tagesordnung gelten die gleichen Regeln

wie für die Mitteilung der Tagesordnung bei der Einladung zur Mitgliederversammlung (s. Rz. 373).

Die Gegenstände der Beschlussfassung sind den Vorstandsmitgliedern also so mitzuteilen, dass sie sich auf die Sitzung vorbereiten können.

Die Satzung kann auf die Mitteilung der Tagesordnung verzichten. Tut sie das für die Einberufung der Mitgliederversammlung, so bedarf es auch bei der Einberufung des Vorstands der Angabe der Tagesordnung nicht (Sauter/Schweyer/Waldner, Rz. 245e m. w. N.).

c) Leitung der Vorstandssitzung

Die Vorstandssitzung wird i. d. R. vom **Vorsitzenden** des Vorstands **geleitet**. Insoweit gelten die gleichen Regeln wie für die Leitung der Mitgliederversammlung. Insbesondere kann der Vorsitzende die Teilnahme von **Gästen** an der grds. nicht öffentlichen Vorstandssitzung zulassen (s. dazu auch Rz. 414, 372). Es empfiehlt sich allerdings, dies ggf. in einer Geschäftsordnung festzulegen (vgl. Rz. 252 f.). Gibt es um die Anwesenheit der Gäste im Vorstand Streit, muss darüber abgestimmt werden. 676

Die Vereinsmitglieder haben keinen allgemeinen Anspruch auf Teilnahme an einer Vorstandssitzung.

Bei **Verhinderung** des Vorsitzenden übernimmt dessen **Stellvertreter** die Leitung. Ist der Vorsitzende bei einem Beratungsgegenstand vom Stimmrecht ausgeschlossen, weil er befangen ist, hat sein Stellvertreter einen etwa notwendigen **Stichentscheid** vorzunehmen (OLG Düsseldorf, NJW-RR 1988 S. 1271). 677

d) Protokoll der Vorstandssitzung

Das BGB enthält keine Vorschriften über eine schriftliche Niederlegung der Beschlüsse und/oder der im Vorstand getätigten Erörterungen (**Sitzungsprotokoll**). Die Satzung kann jedoch ein Protokoll vorschreiben. Tut sie das, so wird man darin i. d. R. keine Voraussetzung für die Wirksamkeit eines Vorstandsbeschlusses, sondern lediglich eine **Ordnungsvorschrift** sehen. Auch wenn die Satzung ein Protokoll über die Vorstandssitzungen nicht ausdrücklich vorschreibt, empfiehlt es sich aber, um Nachweise über die Geschäftsführung des Vorstands in Händen zu haben, schriftliche Protokolle der Vorstandssitzungen anzufertigen. 678

Fraglich ist, inwieweit Vorstandsmitglieder und sonstige Teilnehmer einen Anspruch darauf haben, eine Kopie des Protokolls ausgehändigt zu bekommen. Das ist – ebenso wie für das Protokoll der Mitgliederversammlung (s. Rz. 238) – zu verneinen, es sei denn, die Satzung trifft eine andere Regelung. Entsprechendes gilt für die Vereinsmitglieder, die m. E. auch keinen Anspruch auf Einsicht in die Protokolle haben. Ihr Kontrollrecht müssen sie ggf. in der Mitgliederversammlung durch Befragung des Vorstands ausüben.

e) Beschlussfähigkeit des Vorstands

679 Die Beschlussfähigkeit des Vorstands, die Voraussetzung für eine wirksame Beschlussfassung ist (vgl. dazu Rz. 664 ff.) ist im Gesetz **nicht ausdrücklich geregelt.** In der **Satzung** kann jedoch eine Bestimmung getroffen werden, dass zur Beschlussfähigkeit des Vorstands die Anwesenheit eines bestimmten Mitglieds des Vorstands (z. B. des 1. Vorsitzenden oder des Stellvertreters), einer bestimmten Zahl von Vorstandsmitgliedern oder eines bestimmten Bruchteils der Vorstandsmitglieder (z. B. eines Drittels oder der Hälfte) erforderlich ist. Im letzten Fall ist bei der Feststellung der Beschlussfähigkeit von der in der Satzung festgelegten Zahl der Vorstandsmitglieder auszugehen, unberücksichtigt bleiben die Vorstandsmitglieder, die im Vorstand kein Stimmrecht haben, sondern nur mit **beratender** Stimme an den Vorstandssitzungen teilnehmen. Unberücksichtigt bleibt auch, wenn inzwischen Vorstandsmitglieder aus dem Vorstand ausgeschieden sind (BGH, NJW 1952 S. 343 [für den Aufsichtsrat einer Genossenschaft]).

> **BEISPIEL:** Nach der Satzung besteht der Vorstand aus neun Personen, die Beschlussfähigkeit besteht bei Anwesenheit von mehr als der Hälfte der Mitglieder. Zwei Mitglieder sind durch Austritt, Tod usw. ausgeschieden. Der Vorstand ist beschlussfähig, wenn mindestens fünf der übrigen Vorstandsmitglieder zur Sitzung erschienen sind.

680 Die **Vorstandsmitglieder** müssen an den Vorstandssitzungen **persönlich teilnehmen,** wenn sie ihr Stimmrecht ausüben wollen. Nach h. M. ist die Vertretung eines Vorstandsmitglieds durch eine nicht dem Vorstand angehörende Person nicht zulässig (OLG Hamm, OLGZ 1978 S. 26, 29).

681 Eine andere Frage ist es, ob der Vorstand schon dadurch beschlussunfähig wird, dass ein oder mehrere Mitglieder aus dem Vorstand **ausscheiden** und der Vorstand damit **nicht mehr** die nach der Satzung **notwendige Zahl** von Mitgliedern hat. Hier wird die Auffassung vertreten, dass ein nicht vollständig besetzter Vorstand bis zu seiner Vervollständigung keine Beschlüsse fassen kann (vgl. Reichert u.a., Rz. 2576 m. w. N. aus der Rechtsprechung; a. A. Stöber/Otto, Rz. 516; [jetzt auch] Sauter/Schweyer/Waldner, Rz. 245a). Aus Praktikabilitätsgründen dürfte

es zutreffend sein, sich der Auffassung von Stöber/Otto (a. a. O.) und Sauter/ Schweyer/Waldner (a. a. O.) anzuschließen. Dadurch wird vermieden, dass allein deshalb eine Mitgliederversammlung einberufen und der Vorstand ergänzt/gewählt werden muss, weil ein Vorstandsmitglied weggefallen ist. Auch sieht § 108 Abs. 2 Satz 4 AktG für die AG diese Regelung vor. Etwas anderes kann sich aus der Satzung ergeben. Dazu reicht jedoch eine Satzungsbestimmung, wonach zur Beschlussfähigkeit des Vorstands die Anwesenheit einer bestimmten Anzahl oder eines Bruchteils der Vorstandsmitglieder notwendig ist, nicht aus (vgl. Sauter/Schweyer/Waldner, a. a. O.). Denn eine solche Bestimmung will im Zweifel nur verhindern, dass durch eine zu geringe Zahl der an der Beschlussfassung mitwirkenden Personen eine Zufallsentscheidung ergeht. Eine weitergehende Bedeutung dahin, dass die Beschlussfähigkeit nur dann gegeben ist, wenn die geforderte Mindestzahl von Vorstandsmitgliedern überhaupt (noch) vorhanden ist, kommt der Bestimmung nicht zu.

HINWEIS:

Sieht die Satzung keine Regelung der Beschlussfähigkeit vor, ist der Vorstand beschlussfähig, wenn zur Vorstandssitzung ordnungsgemäß durch Mitteilung an alle amtierenden Vorstandsmitglieder eingeladen worden ist und wenigstens ein stimmberechtigtes Vorstandsmitglied erscheint.

f) Wirksamkeit von Beschlüssen

Formfehler bei der Einladung, wie z. B. Nichtladung eines Vorstandsmitglieds, machen die in der Vorstandssitzung gefassten **Beschlüsse nichtig**, wenn das Vorstandsmitglied nicht von sich aus an der Vorstandssitzung teilnimmt (OLG Schleswig, NJW 1960 S. 1862). In diesem Fall wird man jedoch die Rechtsprechung des BGH zur unterbliebenen Ladung von Mitgliedern zur Mitgliederversammlung entsprechend anwenden können (s. dazu Rz. 493). Dann ist ein Vorstandsbeschluss gültig, wenn feststeht, dass der Beschluss auch bei Beteiligung des nicht geladenen Vorstandsmitglieds gefasst worden wäre (Palandt/ Ellenberger, § 28 Rz. 2; a. A. OLG Schleswig, a. a. O.). Das muss der Verein beweisen.

682

16. Entlastung des Vorstands

a) Voraussetzungen/Wirkung

Die Entlastung des Vorstands ist im Gesetz nicht ausdrücklich geregelt (vgl. aber z. B. § 46 Nr. 5 GmbHG, §§ 119 Abs. 1 Nr. 4, 120 AktG, § 48 Abs. 1 Satz 2 GenG). Einen **Anspruch auf Entlastung** hat der Vorstand daher grds. nur, wenn hierfür eine Grundlage in der Satzung vorhanden ist (OLG Köln, NJW-RR 1997

683

S. 483), was i. d. R. aber in jeder Satzung der Fall ist. Der Anspruch kann sich aber auch aus einem Vereinsbrauch, wie er ebenfalls wohl bei den meisten Vereinen besteht, ergeben (OLG Celle, NJW-RR 1994 S. 1545; Sauter/Schweyer/Waldner, Rz. 289).

684 Die Entlastung des Vorstands kommt nur bei **einwandfreier Geschäftsführung** und nach Erfüllung **aller Pflichten** in Betracht. Sie stellt den Vorstand von allen Ansprüchen frei, die dem Verein bei sorgfältiger Prüfung aller Unterlagen erkennbar waren (BGH, NJW-RR 1988 S. 745; OLG Brandenburg, Urteil v. 28. 5. 2008 – 7 U 176/07; zur Bedeutung der – gesellschaftsrechtlichen – Entlastung Beuthien, GmbHR 2014 S. 682). Die Unterlagen müssen aber vollständig und dürfen weder durch Täuschung noch durch irreführende Vorlagen verschleiert sein. Ist das nicht der Fall und können die Vereinsmitglieder deshalb die Tragweite der Entlastungsentscheidung nicht erkennen, erstreckt sich die Verzichts-/Entlastungserklärung insoweit nicht (OLG Brandenburg, a. a. O.).

685 Die Entlastung **erstreckt** sich auf **alle Schadensersatz**- und etwa konkurrierende Bereicherungsansprüche (BGH, a. a. O. und NJW 1986 S. 2250; NJW 1987 S. 2430; NZG 2002 S. 195 = MDR 2002 S. 401 [für die Genossenschaft]; BGHZ 156 S. 19 = NJW 2003 S. 3124, 3126 [für die Wohnungseigentümergemeinschaft]) sowie auch auf Ersatzansprüche, die allen Mitgliedern des Vereins privat bekannt geworden sind (BGH, NJW 1959 S. 192). Die Entlastung wirkt wie ein Verzicht (s. auch Beuthien, GmbHR 2014 S. 682 (Umkehr der Beweislast), und zwar auch auf mögliche Abberufungs- und Kündigungsgründe (BGH, NJW-RR 1988 S. 745, 748). Sie kann nicht angefochten werden. Möglich ist nur eine Klage auf Feststellung der Unwirksamkeit des Entlastungsbeschlusses, etwa wegen Täuschung.

HINWEIS:

I. d. R. bezieht sich die Entlastung auf die ganze Geschäftsführung. Sie kann jedoch auf ein einzelnes Geschäft oder auf einen bestimmten Zeitabschnitt beschränkt werden (OLG Celle, NJW-RR 1994 S. 1545; a. A. für das Aktienrecht OLG Düsseldorf, NJW-RR 1996 S. 1252). Sie kann auch den einzelnen Vorstandsmitgliedern unterschiedlich erteilt oder versagt werden.

Erfasst von der Entlastung werden aber nur die Ansprüche, die aus einem Rechenschaftsbericht des Vorstands und den der Mitgliederversammlung ggf. vorgelegten Unterlagen erkennbar waren. Lassen sich hieraus die Ansprüche nicht oder nur unvollständig entnehmen, werden sie von der Entlastung nicht erfasst (BGH, NJW 1988 S. 745, 748).

686 Wird dem Vorstand die Entlastung nicht erteilt, kann er eine **negative Feststellungsklage** mit dem Antrag erheben, dass vom Verein ggf. behauptete Ersatzansprüche nicht bestehen (weiter OLG Köln, NJW-RR 1997 S. 483 [Feststellungsinteresse bereits dann, wenn nicht auszuschließen ist, dass Ersatzansprüche

geltend gemacht werden]). Eine (Leistungs-)Klage des Vorstands gegen den Verein auf Entlastung wird hingegen als nicht zulässig angesehen (OLG Köln, a. a. O.; Sauter/Schweyer/Waldner, Rz. 289a m. w. N.).

b) Entlastung in der Mitgliederversammlung

Zuständig für die Entlastung des Vorstands ist, wenn die Satzung keine andere Regelung trifft, die **Mitgliederversammlung**, die auch darüber entscheidet, ob ein Vorstand insgesamt oder ob er nur hinsichtlich bestimmter Vorstandsmitglieder, Geschäftsbereiche oder Zeiträume (teil-)entlastet wird (OLG Celle, a. a. O.). I. d. R. wird die Entlastung von den Rechnungsprüfern **beantragt**. Stellen diese keinen Antrag, kann m. E. aber auch jedes andere in der Mitgliederversammlung anwesende Mitglied die Entlastung beantragen.   687

Bei der **Beschlussfassung** sind, wenn die Entlastung den Vorstandsmitgliedern einheitlich erteilt wird, jeweils sämtliche **Vorstandsmitglieder** vom **Stimmrecht ausgeschlossen** (§ 34 BGB). Auch wenn über die Entlastung der einzelnen Vorstandsmitglieder gesondert abgestimmt wird, können die übrigen nur dann mitstimmen, wenn Sonderfälle in Frage stehen, an denen sie völlig unbeteiligt sind (Reichert u.a., Rz. 2686). In diesen Fällen können Vorstandsmitglieder auch nicht als Bevollmächtigte anderer Mitglieder mitstimmen. Bei der Beschlussfassung über die Entlastung muss nicht das Wort „Entlastung" verwendet werden. Es genügt jede Äußerung der Mitgliederversammlung, aus der sich der Wille ergibt, aus der Geschäftsführung des Vorstands oder einzelner Vorstandsmitglieder keine Ansprüche zu erheben.   688

Die Entlastung wird **zeitlich** im Allgemeinen im Anschluss an die Beschlussfassung über den Rechenschafts- und Geschäftsbericht des Vorstands vorgenommen (dazu oben Rz. 640 ff.). Der Verein kann aber auch schon vor einer Beschlussfassung über die Entlastung Ansprüche, die er gegen noch nicht entlastete Vorstandsmitglieder zu haben glaubt, gerichtlich geltend machen. Die Entscheidung darüber muss der (übrige) Vorstand treffen. Er macht sich ggf. schadensersatzpflichtig, wenn er begründete Ansprüche nicht geltend macht. Allerdings kann die Mitgliederversammlung (später) beschließen, dass selbst berechtigte Ansprüche nicht verfolgt werden sollen (BGH, NJW 1957 S. 832).   689

17. Dauer des Vorstandsamts

a) Allgemeines

Die Dauer des Vorstandsamts ist im BGB nicht geregelt. Auch die Satzung muss eine entsprechende Vorschrift nicht enthalten. Enthält die **Satzung keine**   690

Regelung über die Dauer der Bestellung, ist die **Amtsdauer unbegrenzt** (OLG Hamm, NJW-RR 2008 S. 350 = Rpfleger 2008 S. 141; s. auch VB 4/2015 S. 1). Es ist dann dem für die Bestellung des Vorstands zuständigen Vereinsorgan überlassen, im Bestellungsbeschluss die Amtsdauer des Vorstands festzulegen. Es kann den Vorstand auf bestimmte oder unbestimmte Zeit bestellen, in beiden Fällen mit der Möglichkeit des Widerrufs (vgl. Rz. 696 ff.). Das Widerrufsrecht kann in der Satzung auf den Fall beschränkt werden, dass ein wichtiger Grund vorliegen muss. Ein weitergehender Ausschluss des Widerrufsrechts ist nicht zulässig (Sauter/Schweyer/Waldner, Rz. 267). **Tritt** der **Vorstand** aus dem **Verein aus**, dürfte damit im Zweifel das Vorstandsamt enden, und zwar auch dann, wenn die Satzung das Vorstandsamt nicht an die Mitgliedschaft im Verein bindet. Denn mit dem Vereinsaustritt distanziert sich der Vorstand ausdrücklich vom Verein.

b) Satzungsregelungen

691 **Regelmäßig** wird jedoch die **Amtsdauer** des Vorstands in der **Satzung bestimmt**. Es ist zulässig, beim mehrgliedrigen Vorstand die Amtszeiten der Vorstandsmitglieder unterschiedlich festzulegen.

> HINWEIS:
>
> Diese Regelung empfiehlt sich dann, wenn insbesondere bei größeren Vereinen immer in der Vorstandsarbeit erfahrene Vorstandsmitglieder dem Vorstand angehören sollen und eine gewisse Kontinuität in der Vorstandsarbeit gewünscht wird.

692 Mit dem **Ablauf** der satzungsmäßigen **Amtszeit endet** das Amt des Vorstands (Palandt/Ellenberger, § 27 Rz. 3 m. w. N.; KG, Rpfleger 2012 S. 550). An die in der Satzung festgelegten Amtszeiten ist das Bestellungsorgan gebunden; es kann den Vorstand weder für einen längeren noch für einen kürzeren Zeitraum bestellen.

c) „Übergangsklausel"

693 Eine **automatische Verlängerung** der Amtsdauer des Vorstands über das satzungsmäßige Ende der Amtszeit hinaus bis zur Neuwahl oder Wiederwahl gibt es **nicht**. Deshalb muss vor dem Ende der Amtszeit eine Neu- oder Wiederwahl des Vorstands stattfinden, wenn der Verein nicht ohne gesetzlichen Vertreter dastehen will. Dem kann aber dadurch begegnet werden, dass in die **Satzung** bei der Festlegung der Amtsdauer zusätzlich eine sog. „Übergangsklausel" aufgenommen wird, wonach der Vorstand bis zur Bestellung eines neuen Vorstands im Amt bleibt (zur Fortsetzungsklausel etwa Palandt/Ellenberger, § 27 Rz. 3 m. w. N.).

Eine solche Übergangsregelung ist im Hinblick auf die sich sonst ggf. aus dem Umstand, dass der Verein nicht über einen Vorstand verfügt, ergebende Folge dringend zu empfehlen (so auch Stöber/Otto, Rz. 42). Allerdings sollte diese Übergangsregelung befristet werden, also z. B. dahingehend, dass der Vorstand längstens drei Monate über seine Amtszeit hinaus im Amt bleibt. Damit kann einem treuwidrigen Verhalten des Vorstands, der seine Amtszeit unzulässig dadurch verlängert, dass er die Berufung der erforderlichen Mitgliederversammlung hinauszögert, begegnet werden.

Unabhängig davon, ob in der Satzung eine Übergangsklausel enthalten ist, bleibt der **Vorstand** aber **verpflichtet,** unverzüglich die **Mitgliederversammlung** oder das sonst zuständige Bestellungsorgan zur Neuwahl des Vorstands **einzuberufen.** Fehlt die Übergangsklausel, so hat der Vorstand vor Ablauf seiner Amtszeit die Mitgliederversammlung wenigstens einzuberufen, selbst wenn sie erst nach dem Ablauf der Amtszeit tagt. Hat der Vorstand dies versäumt, so ist er nach neuerer Rechtsprechung aber auch nach Ablauf seiner Amtszeit noch befugt, die Mitgliederversammlung einzuberufen, wenn er im Vereinsregister eingetragen ist (BGHZ 18 S. 334; BayObLGZ 1985 S. 26). Dies gilt auch dann, wenn den Beteiligten bekannt ist, dass die als Vorstand eingetragene Person nicht oder nicht mehr im Vorstand ist. Kommt der Vorstand dieser Verpflichtung nicht nach, müssen die Mitglieder ggf. selbst über § 37 BGB die Mitgliederversammlung einberufen (vgl. dazu Rz. 337 ff.). | 694

18. Abberufung des Vorstands

a) Allgemeines

Neben dem Ablauf der Amtszeit (vgl. Rz. 690 ff.) ist der **häufigste Beendigungsgrund** für das Vorstandsamt der Widerruf der Vorstandsbestellung. | 695

b) Zuständigkeit

Zuständig für den Widerruf ist i. d. R. das Vereinsorgan, das auch für die **Bestellung** des **Vorstands** zuständig war. Ist das nicht die Mitgliederversammlung, gilt: Nach wohl h. M. kann die Mitgliederversammlung den Vorstand aus wichtigem Grund auch dann abberufen, wenn nach der Satzung ein anderes Organ oder eine außerhalb des Vereins stehende Person für die Bestellung des Vorstands zuständig ist (Palandt/Ellenberger, § 27 Rz. 2; Reichert u.a., Rz. 2276 f.; a. A. Sauter/Schweyer/Waldner, Rz. 268 für den Fall, dass ein anderes [Vereins-]Organ zuständig ist). | 696

BEISPIEL: ▸ Nach der Satzung wird der Vorstand von einem Beirat bestellt. Er kann dann trotzdem von der Mitgliederversammlung aus wichtigem Grund abberufen werden.

697 Die Satzung kann vorsehen, dass **andere Organe** – neben der Mitgliederversammlung – (auch) berechtigt sind, den Vorstand abzuberufen (vgl. die Fallgestaltung bei LG Hamburg, SpuRt 2007 S. 167 [Aufsichtsrat aus wichtigem Grund]). Diese dürfen ihre Kompetenz dann aber nur ausüben, wenn eine Entscheidung der grds. zuständigen Mitgliederversammlung nicht rechtzeitig herbeigeführt werden kann (LG Hamburg, a. a. O., das § 112 AktG analog anwendet; [„Gefahr im Verzug"]). Andere Organe können sich auch nicht ohne besondere Regelung in der Satzung für die Abberufung des Vorstands selbst **zuständig** erklären. So können z. B. nicht die übrigen Mitglieder des Vorstands den 1. Vorsitzenden, mit dessen Amtsführung sie nicht einverstanden sind, seines „Amtes entheben". Vielmehr muss auch in diesen Fällen das in der Satzung vorgesehene Verfahren eingehalten werden. Im Zweifel muss also die Mitgliederversammlung entscheiden, die dazu ggf. mit einem Minderheitenverlangen einberufen werden muss (s. dazu Rz. 337 ff.; zum Ausschluss eines Vorstandsmitglieds aus dem Verein durch den übrigen Vorstand s. Rz. 190).

> HINWEIS:
>
> Rechtswidrige Abberufungsbeschlüsse sind unwirksam. Sie behalten nicht solange ihre Wirksamkeit, bis die Rechtswidrigkeit festgestellt ist (LG Hamburg, a. a. O., unter Hinweis auf BGH, DB 1977 S. 84, wo der BGH die entsprechende Anwendung von § 84 Abs. 3 Satz 4 AktG auf das Stiftungsrecht verneint hat).

c) Wichtiger Grund

698 Die Abberufung des Vorstands ohne feste Amtsdauer ist **jederzeit** zulässig; die Widerruflichkeit kann aber durch die Satzung auf den Fall beschränkt werden, dass ein **wichtiger Grund** vorliegt (§ 27 Abs. 2 BGB). Der Widerruf kann also nicht völlig ausgeschlossen werden. Ist in der Satzung die Amtszeit festgelegt, so lässt sich daraus aber allein nicht der Schluss ziehen, dass der Vorstand nur aus wichtigem Grund abberufen werden kann (Sauter/Schweyer/Waldner, Rz. 269), da die Satzungsbestimmung über die „Amtszeit" nur zum Ausdruck bringt, dass die Bestellung des Vorstands turnusmäßig für die bestimmte Dauer erfolgt (Stöber/Otto, Rz. 420). Belässt der Verein den Vorstand in Kenntnis des Abberufungsgrunds längere Zeit im Amt, kann das Recht des Vereins zur Abberufung **verwirkt** sein, wenn der Vorstand davon ausgehen konnte, der Verein wolle diese Umstände nicht zur Begründung seiner Abberufung geltend machen.

699 Für den wichtigen Grund gelten die allgemeinen **Regeln**. Ein wichtiger Grund ist immer dann gegeben, wenn dem Verein die Beibehaltung des Vorstands (-mitglieds) bis zum Ablauf seiner Amtszeit nicht (mehr) zuzumuten ist (BGH,

NJW 1991 S. 846). Als **Beispiele** nennt das Gesetz grobe Pflichtverletzung oder Unfähigkeit zur ordnungsgemäßen Geschäftsführung (ähnlich OLG Karlsruhe, NJW-RR 1998 S. 684 [„triftiger Grund" dann, wenn von einigem Gewicht und eine ordnungsgemäße das Wohl des Vereins fördernde Amtsführung unmöglich oder wenigstens gefährdet ist]). Die Satzung kann weitere wichtige Gründe benennen, so z. B. bei einem Verein der freien Jugendhilfe, wenn der Vorstand das ggf. erforderliche erweiterte Führungszeugnis (§ 30a BZRG) nicht vorlegt oder ggf. eine Eintragung i. S. des § 72a Abs. 1 SGB VIII erfolgt (vgl. zum Jugendschutz im Verein VB 12/2014 S. 14 ff.). Ein **Verschulden** des Vorstandsmitglieds ist **nicht erforderlich,** so dass veränderte organisatorische Verhältnisse im Verein, z. B. eine Verkleinerung des Vorstands (Reichert u.a., Rz. 2265), ebenso wie ein Verhalten des Vorstands im privaten Bereich ein Grund zur Abberufung sein kann.

HINWEIS:

Unwirksam sind Satzungsbestimmungen, die die Möglichkeit des Widerrufs praktisch ausschließen (z. B. Festsetzung einer hohen Entschädigungssumme). Auch ein Verzicht des Vereins auf das Recht zum Widerruf ist unwirksam (LG Tübingen, Rpfleger 1995 S. 258, 259).

---

d) Form

Der Widerruf ist an eine bestimmte **Form** nicht gebunden. I. d. R. wird er durch die Bestellung/**Wahl** eines anderen neuen Vorstands(-mitglieds) vorgenommen. Muss dieses in der Mitgliederversammlung gewählt werden, ist diese dazu ggf. vom Vorstand auf Verlangen der Mitglieder einzuberufen (zum Inhalt der Einladung s. Rz. 376). Ihr Verlangen können die Mitglieder ggf. gemäß § 37 BGB durchsetzen (s. Rz. 337 ff.). Der Widerruf kann auch bereits im **Ausspruch des Misstrauens** durch die Mitgliederversammlung liegen. Allerdings wird für die Löschung des Vorstands im Vereinsregister ein Versammlungsprotokoll, aus dem sich lediglich der Ausspruch des Misstrauens ergibt, nicht ausreichen. Im **Ausschluss** eines Vorstandsmitglieds aus dem Verein liegt der Widerruf jedenfalls dann, wenn ein und dasselbe Organ für den Ausschluss von Vereinsmitgliedern und den Widerruf der Vorstandsbestellung zuständig ist. Fehlt es an dieser Doppelzuständigkeit, dann wird man i. d. R. in dem Verlust der Vereinsmitgliedschaft durch den Ausschluss die Beendigung des Vorstandsamts sehen können (OLG Celle, MDR 1980 S. 576). Das Recht zum Ausschluss kann die Satzung aber nicht dem Vorstand einräumen (BGH, NJW 1984 S. 1884; OLG Düsseldorf, NJW 1988 S. 1271; LG Freiburg, NJW-RR 1989 S. 1021; s. auch Rz. 190).

700

e) Folgen des Widerrufs

701 Mit dem Widerruf endet das Vorstandsamt, **nicht** aber ohne Weiteres der **(Dienst-)Vertrag**, auf dem ggf. der Vergütungsanspruch des Vorstands(-mitglieds) beruht (BAG, NJW 1996 S. 614, 615).

> HINWEIS:
> Zulässig ist es aber, die Beendigung des Dienstvertrags an den Widerruf/das Erlöschen des Vorstandsamts zu binden (zuletzt BGH, NJW 1997 S. 318, 320 m. w. N.).

702 Darüber hinaus entfällt der Dienstvertrag nur, wenn die Voraussetzungen für eine **Kündigung aus wichtigem Grund** (§ 626 BGB) vorliegen oder § 627 BGB anzuwenden ist. Davon wird man ausgehen können, wenn die Abberufung des Vorstands erkennbar der Ausdruck eines **Vertrauensverlusts** ist, der die Rechtsbeziehungen zu dem Entlassenen in ihrer Gesamtheit belastet (BGH, DB 1975 S. 1548 für die AG). Für die Kündigung des Anstellungsvertrags ist i. d. R. allein das Vereinsorgan zuständig, das nach Gesetz oder Satzung dazu berufen ist (OLG Düsseldorf, DStR 1994 S. 106).

> HINWEIS:
> Besteht Streit um die Wirksamkeit der Abberufung haben sowohl der Vorstand als auch der Verein die Möglichkeit, diese Frage gerichtlich mit der (negativen) Feststellungsklage klären zu lassen (zum Rechtsschutz s. Reichert u.a., Rz. 2294 ff.).

19. Beendigung des Vorstandsamts aus sonstigen Gründen

a) Tod, Geschäftsunfähigkeit usw.

703 Neben dem Ablauf der Amtszeit und dem Widerruf sind sonstige Gründe für eine **automatische** Beendigung des Vorstandsamts **Tod,** Eintritt der **Geschäftsunfähigkeit** (BGH, NJW 1991 S. 2566) sowie **Wegfall der persönlichen Eigenschaften,** die nach der Satzung für die Vorstandsbestellung zwingend erforderlich sind (z. B. die Zugehörigkeit zu einem bestimmten Beruf; Stöber/Otto, Rz. 420). Das Vorstandsamt endet auch, wenn das Mitglied freiwillig aus dem Verein austritt (VB 5/2016 S. 1) oder aus dem Verein ausgeschlossen wird, es sei denn, in der Satzung ist etwas anderes bestimmt. Verringert sich durch eine Satzungsänderung die Zahl der Vorstandsmitglieder, endet dadurch nicht automatisch das Vorstandsamt einzelner überzähliger Vorstandsmitglieder. Vielmehr müssen die überzähligen Vorstandsmitglieder ausdrücklich abberufen werden. Für welche Mitglieder das zutrifft, steht im Ermessen des Bestellungsorgans, sofern nicht ein Vorstandsmitglied ein satzungsmäßiges Sonderrecht auf ein Vorstandsamt besitzt (BGH, DNotZ 1969 S. 377). Ggf. ist der satzungsändernde Beschluss aber auch dahin auszulegen, dass die Verkleinerung des

Vorstands erst nach Ablauf der Amtszeit der noch amtierenden Vorstandsmitglieder wirksam werden soll.

> **HINWEIS:**
>
> Die Bestellung eines Betreuers für ein Vorstandsmitglied führt nicht automatisch zum Wegfall der Stellung als Vorstandsmitglied (s. Wüstenberg, BtPrax 2005 S. 138 ff.). Die für das Aktienrecht und das Recht der GmbH geltenden Vorschriften § 76 Abs. 3 Satz 2 AktG, § 6 Abs. 2 Satz 2 GmbHG gelten im Vereinsrecht nicht und werden dort auch nicht angewendet. Es muss dann nach § 29 BGB vorgegangen werden (vgl. Rz. 712 ff.).

b) Rücktritt

aa) Allgemeines

Das Vorstandsamt endet auch dadurch, dass der Vorstand oder ein einzelnes Vorstandsmitglied zurücktritt. In der Rücktrittserklärung liegt die **Kündigung** des zwischen dem Verein und dem Vorstand bestehenden Innenverhältnisses (**Dienstvertrag** oder Geschäftsbesorgungsvertrag), die gleichzeitig die mit diesem Rechtsverhältnis untrennbar verbundene Organstellung aufhebt. Zu den **Pflichten** des Vorstands **nach Beendigung** seines Amts s. Rz. 634.   704

> **HINWEIS:**
>
> Ist der Vorstand (i. S. des BGB) zurückgetreten, ist der Verein handlungsunfähig. Das bedeutet, dass auf einer (außerordentlichen) Mitgliederversammlung schnellstmöglich ein neuer Vorstand gewählt werden muss. Nicht möglich ist es, ein Vereins- oder anderes Vorstandsmitglied kommissarisch mit den Aufgaben des Vorstands zu betrauen.

bb) Rücktrittserklärung

Die **Rücktrittserklärung** kann nach h. M. sowohl gegenüber einem anderen Vorstandsmitglied als auch gegenüber dem für die Bestellung zuständigen Vereinsorgan, meist die Mitgliederversammlung, wirksam abgegeben werden (Sauter/Schweyer/Waldner, Rz. 275 m. w. N.). Der Rücktritt ist **höchstpersönliche Angelegenheit** eines jeden Vorstandsmitglieds.   705

> **HINWEIS:**
>
> Ein mit Mehrheit gefasster Beschluss des (mehrgliedrigen) Vorstands, die Ämter niederzulegen, bindet daher die in der Minderheit gebliebenen Vorstandsmitglieder nicht.

Die Rücktrittserklärung ist grds. **formfrei**, es sei denn in der Satzung ist etwas anderes vorgesehen. Der Rücktritt kann also grds. auch **mündlich** erfolgen. Ein mündlicher Rücktritt ist jedoch (beim Vorstand i. S. des § 26 BGB [vgl. Rz. 509 ff.]) **nicht zu empfehlen**. Denn über das Ausscheiden aus dem vertretungsberechtigten Vorstand muss bei der Löschungsanmeldung beim Registerge-   706 richt ein schriftlicher Nachweis über die Amtsniederlegung als Eintragungsgrundlage geführt werden. Insoweit gilt § 67 Abs. 1 Satz 2 BGB, so dass der Anmeldung der Löschung „eine Abschrift der Urkunde über die Änderung" beizufügen ist. Da anders als bei Änderung/Ausscheiden des Vorstands aufgrund einer Neuwahl durch die Mitgliederversammlung ein Protokoll nicht vorliegt, das vorgelegt werden kann, muss stattdessen eine schriftliche Bestätigung des Niederlegenden über seine mündlich erklärte Amtsniederlegung vorgelegt werden (OLG Frankfurt/Main, NZG 2016 S. 155 = NJW-RR 2016 S. 360). Muss also der mündlich sein Amt niederlegende Vorstand eine schriftliche Bestätigung der Niederlegung abgeben, kann auch gleich die Rücktrittserklärung schriftlich erfolgen. Diese hat zudem den Vorteil, dass damit auch nach außen hin Klarheit über den Rücktritt besteht.

707 Eine wirksame **Rücktrittserklärung** kann der Vorstand später **nicht widerrufen,** um sich so wieder in das Vorstandsamt einzusetzen. Vielmehr ist für die weitere Ausübung des Vorstandsamts eine Neuwahl notwendig; also „kein Rücktritt vom Rücktritt". Das gilt auch, wenn das Amt mit der Erklärung niedergelegt worden ist, dass das Amt noch bis zur Erledigung einer bestimmten Angelegenheit oder bis zu einem bestimmten Zeitpunkt weitergeführt werden soll.

708 Der Rücktritt ist **sofort wirksam** und unabhängig vom Vorliegen ausreichender Kündigungs-/Rücktrittsgründe (Otto, jurisPK, § 27 Rz. 22 m. w. N.). Etwas anderes gilt nur bei offensichtlich rechtsmissbräuchlicher oder sittenwidriger Amtsniederlegung, wenn der Vorstand also z. B. der Abgabe einer eidesstattlichen Versicherung (§ 807 ZPO) entgehen oder den Zugang von Vollstreckungsbescheiden vereiteln will (Otto, a. a. O.; offen gelassen von BGH, NJW-RR 2007 S. 185 = Rpfleger 2007 S. 86; vgl. auch OLG München, FGPrax 2010 S. 205).

cc) Rücktrittsgrund

709 Die Frage, **wann** ein **Rücktritt** des Vorstands **möglich** ist, richtet sich danach, ob der Vorstand ehrenamtlich tätig ist oder ob mit ihm ein Anstellungsvertrag besteht. Insoweit gilt:

Der **ehrenamtlich** tätige Vorstand kann grds. sein Amt **jederzeit** zur Verfügung stellen (OLG Frankfurt/Main, Rpfleger 1978 S. 134, 135). Er darf dies aber, sofern er nicht einen „wichtigen Grund" geltend macht, nicht „zur Unzeit" tun; d.h., er muss dem Verein angemessene Zeit lassen, das freiwerdende Vorstandsamt anderweitig zu besetzen. Wird der Verein durch den Rücktritt handlungsunfähig, z. B. beim Einmannvorstand oder wenn die zur Vertretung des Vereins erforderlichen Vorstandsmitglieder nicht mehr vorhanden sind, handelt es sich immer um einen Rücktritt zur Unzeit, sofern kein wichtiger Grund für den Rücktritt vorgelegen hat. Die Amtsniederlegung zur **Unzeit** ist grds. wirksam, sie **verpflichtet** den ehrenamtlich tätigen Vorstand aber zum Ersatz des dadurch dem Verein entstandenen **Schadens** (vgl. dazu OLG Koblenz, Urteil v. 3.1.2018 – 10 U 893/16, VB 6/2017 S. 2 für entgangene Sponsorengelder). Die Amtsniederlegung ist jedoch unwirksam, wenn feststeht, dass sie aus unredlichen oder gegen Treu und Glauben verstoßenden Gründen erklärt wurde. Das ist z. B. anzunehmen, wenn der Vorstand nur deshalb zurücktritt, um den Verein in Rechtsstreitigkeiten handlungsunfähig zu machen oder um ihn bestimmten Verpflichtungen zu entziehen (z. B. Abgabe der eidesstattlichen Versicherung nach § 807 ZPO). Der Rücktritt kann ggf. auch dann treuwidrig sein, wenn der **gesamte Vorstand kollektiv zurücktritt** und den Verein dadurch handlungsunfähig macht (vgl. OLG München, FGPrax 2010 S. 205, das davon ausgeht, dass in dem Fall eine außerordentliche Mitgliederversammlung einzuberufen ist).

Ist mit dem Vorstand ein **Anstellungsvertrag** geschlossen, kann er i. d. R. nur zurücktreten, wenn ein **wichtiger Grund** vorliegt (Stöber/Otto, Rz. 439; a. A. Reichert u.a., Rz. 2318 unter Hinweis auf die Rechtsprechung zum Rücktritt des GmbH-Geschäftsführers, wie z. B. BGH, NJW 1993 S. 1198). Es kommt darauf an, ob dem Vorstand ein weiteres Verbleiben im Amt nicht zugemutet werden kann. Höchstrichterlich noch nicht endgültig geklärt ist die Frage, ob der aus wichtigem Grund erklärte Rücktritt auch dann sofort wirksam ist, wenn Verein und Vorstand über die Berechtigung streiten. Da bei einem Streit um die Wirksamkeit der Amtsniederlegung ggf. jahrelang Ungewissheit über die Vertretungsverhältnisse im Verein besteht, wird man aus Gründen der Rechtssicherheit den durch den Vereinsvorstand aus wichtigem Grund erklärten Rücktritt jedoch so lange für wirksam ansehen müssen, bis die Unwirksamkeit rechtskräftig festgestellt ist (BGH, Rpfleger 1980 S. 424; NJW 1993 S. 1198, beide für den Geschäftsführer einer GmbH). **710**

20. Notvorstand

a) Allgemeines

Ist der Verein ohne Vorstand (i. S. des BGB) oder fehlen beim mehrgliedrigen Vorstand einzelne Vorstandsmitglieder, sind sie in dringenden Fällen auf Antrag eines Beteiligten vom Amtsgericht zu bestellen (§ 29 BGB). **711**

b) Bestellungsgrund

Voraussetzung für diese Bestellung von Vorstandsmitgliedern durch das Gericht ist, **712**

- ▶ dass ein nach der Satzung für eine **wirksame Beschlussfassung** oder Vertretung erforderliches **Vorstandsmitglied** infolge Todes, Geschäftsunfähigkeit, Absetzung, Rücktritt, Amtsablauf, längerer schwerer Krankheit oder längerer Abwesenheit an der **Amtsausübung gehindert** ist (vgl. OLG Schleswig, Rpfleger 2013 S. 272 = FGPrax 2013 S. 127 [sämtliche Vorstandsmitglieder berufen sich auf Rücktritt]), oder

- ▶ dass eine auf § 34 BGB (Stimmrechtsausschluss) oder § 181 BGB (Insichgeschäft) beruhende **Verhinderung** im **Einzelfall** vorliegt, oder

- ▶ auch die **grds.** (faktische) **Verweigerung** jeglicher **Geschäftsführung** durch den Vorstand (OLG Schleswig, a. a. O.), oder

- ▶ sich rivalisierende Vorstandsmitglieder gegenseitig bei der Amtsführung blockieren (OLG Düsseldorf, NZG 2012 S. 272 [Ls.] = Rpfleger 2012 S. 213 [Ls.]).

713 Die **Bestellung** eines Notvorstands kommt jedoch **nicht** in Betracht,

- ▶ wenn der **Vorstand** sich (nur) **weigert,** in einer **bestimmten Angelegenheit tätig** zu werden, oder wenn zwischen den Vorstandsmitgliedern (nur) Differenzen bestehen (OLG Düsseldorf, NZG 2012 S. 272 [Ls.] = Rpfleger 2012 S. 213 [Ls.]). Hier muss sich der Verein durch seine eigenen satzungsmäßigen Mittel, meist mit Beschlüssen der Mitgliederversammlung, selbst helfen, das Registergericht ist nicht zur Streitschlichtung berufen (OLG Düsseldorf, a. a. O.). Das gilt auch, wenn ein Vorstand wegen Unfähigkeit entlassen werden soll. Das kann nicht das Gericht, sondern nur das zur Abberufung zuständige Organ (s. Rz. 696).

- ▶ Ebenfalls nicht ausreichend ist es, wenn die ordentliche **Vorstandswahl** an **nichtigen** oder praktisch nicht durchführbaren **Satzungsvorgaben scheitert,** da an deren Stelle dann die Bestimmungen des BGB über die Vorstandswahl treten und deshalb die Bestellung eines Notvorstands nicht erforderlich ist (KG, Rpfleger 2007 S. 82 = FGPrax 2007 S. 30). Etwas anderes kann aber gelten, wenn in verschiedenen Mitgliederversammlungen gewählte, rivalisierende Vereinsvorstände sich gegenseitig bei der Amtsführung „blockieren", da dann Handlungsunfähigkeit des Vereins besteht (OLG Köln, Rpfleger 2002 S. 569 = FGPrax 2002 S. 264).

c) „Dringender Fall"

714 Die Bestellung eines Notvorstands kommt auch nicht in jedem Fall in Betracht, sondern **nur,** wenn ein **dringender Fall** vorliegt. Ein solcher ist gegeben, wenn ohne die Notbestellung der Verein handlungsunfähig ist und dem Verein oder

einem Beteiligten **Schaden droht** (OLG München, Rpfleger 2008 S. 140 = FGPrax 2007 S. 281 m. w. N. [Bestellung eines Notgeschäftsführers für die GmbH]; NotBZ 2010 S. 423; zur Verneinung eines dringenden Falls, wenn für das Insolvenzverfahren ein Verfahrenspfleger bestellt ist, s. OLG Zweibrücken, ZIP 2001 S. 973). Die Voraussetzungen sind eng auszulegen (OLG München, a. a. O.). Es muss sich nicht um einen Vermögensschaden handeln.

In Betracht kommt die Bestellung etwa zur Anmeldung einer bereits beschlos-   715
senen Satzungsänderung, die dringend wirksam werden soll, oder wenn ein **Gläubiger** den **Verein verklagen** will. Ein dringender Fall liegt jedenfalls auch dann vor, wenn das Registergericht nach § 73 BGB einen Beschluss über die **Entziehung** der **Rechtsfähigkeit** gefasst hat und die zur Vertretung nach der Satzung erforderlichen Vorstandsmitglieder weggefallen sind (OLG Schleswig, Rpfleger 2013 S. 272 = FGPrax 2013 S. 127). Von einem dringenden Fall ist aber nur dann auszugehen, wenn die Vereinsorgane selbst nicht in der Lage sind, innerhalb einer angemessenen Frist den Mangel zu beseitigen und dem Verein oder einem Beteiligten ohne Notvorstandsbestellung Schaden drohen würde oder eine alsbald erforderliche Handlung nicht vorgenommen werden könnte. Jedoch ist es nicht Aufgabe des Verfahrens nach § 29 BGB Differenzen zwischen verschiedenen Vorstandsmitgliedern und vereinsinterne Auseinandersetzungen zu entscheiden (s. auch OLG Düsseldorf, NZG 2012 S. 272 [Ls.] = Rpfleger 2012 S. 213 [Ls.]; OLG Frankfurt/Main, Rpfleger 2001 S. 241; OLG München, Rpfleger 2008 S. 140 = FGPrax 2007 S. 281 m. w. N.). Diese Dinge sind i. d. R. durch die Mitgliederversammlung zu regeln. Entsprechendes gilt, wenn ein Vorstand(smitglied) wegen Unfähigkeit entlassen werden soll.

HINWEIS:

Auch die Notwendigkeit, eine Mitgliederversammlung einzuberufen, rechtfertigt die Anwendung des § 29 BGB nicht, wenn ein eingetragener Vorstand vorhanden ist. Dieser kann nach neuerer Rechtsprechung auch nach Beendigung seines Amts noch die Mitgliederversammlung einberufen (s. Rz. 690 f.). Die Bestellung eines Notvorstands ist hier nur dann erforderlich, wenn von den eingetragenen Vorstandsmitgliedern die zur Mitwirkung bei der Einberufung Erforderlichen entweder verhindert sind oder es ablehnen, von ihrer noch bestehenden Einberufungsbefugnis Gebrauch zu machen.

d) Bestellungsverfahren

Das **Verfahren,** in dem der Notvorstand bestellt wird, ist wie folgt ausgestaltet: 716

► Für das Verfahren gilt das **FamFG.**

► **Zuständig** ist der Rechtspfleger.

► Zuständig ist das Amtsgericht, das für den Bezirk, in dem der Verein seinen Sitz hat, das Vereinsregister führt (§ 55 BGB).

► Notwendig ist der **Antrag** (s. **Muster** in Rz. 1100) eines Beteiligten. Das ist jeder, dessen Rechte oder Pflichten durch die Bestellung unmittelbar beeinflusst werden. Antragsberechtigt sind daher jedes Vereinsmitglied (OLG Schleswig, Rpfleger 2013 S. 272 = FGPrax 2013 S. 127), jedes Vorstandsmitglied, die Gläubiger des Vereins und die vom Verein Verklagten. Das „Ruhen" der Mitgliedschaft beseitigt die Antragsberechtigung eines Vereinsmitglieds nicht, solange die Bestellung des Notvorstands gerade darauf abzielt, Verhältnisse zu schaffen, die es erlauben, die fraglich gewordene Stellung als Mitglied in einer vom Notvorstand einzuberufenden Mitgliederversammlung zu klären (OLG Düsseldorf, NZG 2012 S. 272 [Ls.] = Rpfleger 2012 S. 213 [Ls.]).

► Der Antrag bedarf **keiner** besonderen **Form;** er kann schriftlich oder zu Protokoll der Geschäftsstelle des Amtsgerichts gestellt werden. Ist ein Antrag mit Sicherheit von keinem Beteiligten zu erwarten, kann auch von Amts wegen ein Notvorstand bestellt werden (BayObLGZ 1988 S. 410, 413).

► Die **Auswahl** des Notvorstands ist Sache des Gerichts. Es kann Vorschläge des Antragstellers berücksichtigen, braucht dies aber nicht (zur Ermittlungspflicht des Registergerichts s. OLG Hamm, NJW-RR 1996 S. 996 = FGPrax 1996 S. 70 = Rpfleger 1996 S. 251 für den Notgeschäftsführer einer GmbH). Schreibt die Satzung für den Vorstand eine bestimmte Qualifikation vor, muss diese auch vom Notvorstand erfüllt werden (BayObLG, Rpfleger 1992 S. 114 m. w. N.). Stehen sich bei einem Streit im Verein zwei rivalisierende Gruppen gegenüber, wird i. d. R. der Notvorstand nicht aus einer dieser Gruppen ausgewählt werden können (BayObLG, a. a. O.).

► Die Bestellung entfaltet nach h. M. ihre **Wirkung** gemäß § 40 Abs. 1 FamFG mit der Bekanntgabe an den Bestellten (Sauter/Schweyer/Waldner, Rz. 296 m. w. N. zum alten Recht). Außerdem muss der Bestellte das Amt annehmen. Die **Annahme** braucht aber nicht ausdrücklich erklärt zu werden, sie kann sich auch daraus ergeben, dass der Bestellte die Amtstätigkeit aufnimmt. Der ausgewählte Notvorstand kann die Annahme ablehnen (OLG Düsseldorf, NZG 2016 S. 698 = NJW-RR 2016 S. 865 = Rpfleger 2016 S. 482 = MDR 2016 S. 907 für den Fall der nicht ausreichenden Information durch das Registergericht über die auf den Notvorstand zukommenden Verpflichtungen).

► Gegen die Bestellung eines Notvorstands kann neben dem Verein nur jedes Vereins- und jedes Vorstandsmitglied **Rechtsmittel** einlegen (BGH, NJW-RR

1997 S. 289; OLG Schleswig, Rpfleger 2013 S. 272 = FGPrax 2013 S. 127), und zwar Beschwerde und ggf. dann **Rechtsbeschwerde,** wenn das Beschwerdegericht diese zugelassen hat. Das „Ruhen" der Mitgliedschaft beseitigt die materielle Beschwerdebefugnis des Vereinsmitglieds nicht, solange die Bestellung des Notarvorstands darauf abzielt, die Stellung als Mitglied in einer vom Notvorstand einzuberufenden Mitgliederversammlung zu klären (OLG Düsseldorf, NZG 2012 S. 272 [Ls.] = Rpfleger 2012 S. 213 [Ls.]).

▶ Die (Rechtsmittel)**Frist** beträgt gemäß §§ 63 Abs. 1, 71 Abs. 1 FamFG **einen Monat.** Die Frist beginnt jeweils mit der schriftlichen Bekanntgabe des Beschlusses an die Beteiligten. Kann die schriftliche Bekanntgabe an einen Beteiligten nicht bewirkt werden, beginnt die Beschwerdefrist nach § 63 Abs. 3 FamFG spätestens mit Ablauf von fünf Monaten nach Erlass des Beschlusses. Die Beschwerde wird durch Einreichung einer Beschwerdeschrift oder zur Niederschrift der Geschäftsstelle eingelegt (§ 64 Abs. 1 FamFG). Die Rechtsbeschwerde muss gemäß § 10 FamFG schriftlich durch einen Rechtsanwalt eingelegt werden; insoweit besteht also Anwaltszwang. Bei Ablehnung des Antrags auf Bestellung stehen dem Antragsteller die gleichen Rechtsmittel zu. Auch gegen die Abberufung eines Notvorstands können diese Rechtsmittel eingelegt werden, und zwar vom abberufenen Notvorstand.

e) Rechtsstellung des Notvorstands

Die Bestellung gibt dem Bestellten die **volle Rechtsstellung** des fehlenden **Vorstands** oder Vorstandsmitglieds. Die Bestellung bewirkt aber nicht deren Ausscheiden aus ihren Ämtern. Der Bestellungsbeschluss kann die Vertretungsmacht beschränken (BayObLG, NJW-RR 1986 S. 523), z. B. auf die Einberufung und Leitung einer Mitgliederversammlung. Der Notvorstand kann auch nur für eine bestimmte Zeit bestellt werden. Nach h. M. genügt bei vollständigem Wegfall eines mehrgliedrigen Vorstands mit Gesamtvertretungsmacht die Bestellung einer einzigen Person als „Notvorstand". Dieser ist dann alleinvertretungsberechtigt (BayObLGZ 1998 S. 179, 185 = NJW-RR 1999 S. 1259 für Bestellung eines Notgeschäftsführers einer GmbH; KG, OLGZ 1968 S. 200, 207 m. w. N.; Palandt/Ellenberger, § 29 Rz. 7; a. A. Sauter/Schweyer/Waldner, Rz. 299; OLG Schleswig, Rpfleger 2013 S. 272 = FGPrax 2013 S. 127 [Bestellung von so vielen Mitgliedern, wie nach der Satzung zur Vertretung des Vereins erforderlich sind). Lässt die Satzung die Befreiung des alleinvertretungsberechtigten Vorstands von den Beschränkungen des § 181 BGB zu, so kann auch der Notvorstand von diesen Beschränkungen befreit werden, wenn es im Interesse

717

der Gesellschaft erforderlich ist (OLG Düsseldorf, ZIP 2002 S. 481 = NZG 2002 S. 338 für Geschäftsführer einer GmbH; Palandt/Ellenberger, a. a. O.).

718   Die **Aufgaben** des Notvorstands gehen aber nicht weiter als in der **gerichtlichen Bestellung** aufgeführt (Stöber/Otto, Rz. 533; BayObLG, Rpfleger 1976 S. 357). Ein Notvorstand, der dafür sorgen soll, dass auf einer Mitgliederversammlung ein Vorstand gewählt wird, braucht in dieser nicht über eine Satzungsänderung verhandeln zu lassen. Das ist Aufgabe des neu gewählten Vorstands. Ggf. muss der Notvorstand beim Amtsgericht nachfragen und/oder durch einen entsprechenden Antrag seine Befugnisse eindeutiger regeln/beschränken lassen.

719   Ist im Bestellungsbeschluss die **Amtsdauer** nicht befristet, endet sie von selbst mit dem Wegfall des Bestellungsgrundes, also i. d. R. mit der Wahl eines Vorstands bzw. Vorstandsmitglieds durch das zuständige Organ (OLG Jena, Beschluss v. 23. 8. 2013 – 9 W 134/13). War der Notvorstand nur für eine bestimmte Aufgabe, z. B. Anmeldung zum Vereinsregister oder Einberufung einer Mitgliederversammlung, bestellt, endet das Amt mit deren Erfüllung (BayObLG, NotBZ 2005 S. 80). War die Amtsdauer befristet, so endet die Amtszeit des Notvorstands mit **Zeitablauf** auch dann, wenn der Bestellungsgrund noch nicht weggefallen ist. Es kann eine Verlängerung des Amts durch das Gericht in Betracht kommen. Der Notvorstand kann sein Amt auch **niederlegen**, es gilt § 27 BGB (OLG Düsseldorf, NZG 2016 S. 698 = NJW-RR 2016 S. 865 = Rpfleger 2016 S. 482 = MDR 2016 S. 907 für den Fall der nicht ausreichenden Information durch das Registergericht über die auf den Notvorstand zukommenden Verpflichtungen). Allerdings darf die Niederlegung nicht zur „Unzeit" erfolgen. Zur erneuten Bestellung eines Notvorstands ist dann ein neuer Antrag erforderlich. Das Gericht kann den Notvorstand auf Antrag, aber auch von Amts wegen, abberufen, wenn ein **wichtiger Grund** vorliegt. In Betracht kommt hier insbesondere die Nichterfüllung des Auftrags innerhalb angemessener Zeit. Antragsberechtigt sind insoweit nur Vorstands- und Vereinsmitglieder, nicht aber andere Beteiligte (BayObLG, DB 1978 S. 2165).

> **HINWEIS:**
>
> Der Verein kann aber die gerichtliche Bestellung des Notvorstands nicht dadurch rückgängig machen, dass er durch das Bestellungsorgan, i. d. R. also die Mitgliederversammlung, den Notvorstand wieder abberuft, bevor dessen Amtszeit beendet ist (OLG München, GmbHR 1994 S. 259 [für die GmbH]).

720   Der Notvorstand hat keinen **Vergütungsanspruch** gegen den Staat oder den Antragsteller, sondern gemäß § 612 BGB **gegen** den **Verein**. Dieser Anspruch besteht jedenfalls dann, wenn der Bestellte nicht Mitglied des Vereins ist oder

wenn der Vorstand nach der Satzung Anspruch auf Vergütung (nicht nur auf Ersatz seiner Aufwendungen; vgl. Rz. 649 ff.) hat. Kein Vergütungsanspruch, sondern nur ein Aufwendungsersatzanspruch nach § 670 BGB besteht aber, wenn nach den Umständen eine **ehrenamtliche Tätigkeit** zu erwarten war (Palandt/Ellenberger, § 29 Rz. 9 m. w. N.), z. B. wenn sich ein Vereinsmitglied bereit erklärt, ein ehrenamtliches Vorstandsamt als Notvorstand zu übernehmen.

HINWEIS:

Das gilt aber nicht, wenn das Gericht einen Notvorstand bestellt, der lediglich aufgrund seines Berufs bereit ist, die Bestellung anzunehmen, z. B. Rechtsanwalt, Steuerberater, Buchhalter. Einigen sich die Beteiligten nicht über die Vergütung, kann das (Prozess-) Gericht sie festsetzen (h. M.).

X. Besonderer Vertreter nach § 30 BGB

1. Allgemeines

721 Das BGB sieht als Vertretungsorgan **grds.** nur den **Vorstand** des Vereins vor. Das ist aber als Vertretungsorganisation bei größeren Vereinen, die z. B. verschiedene örtliche und/oder sachliche Abteilungen haben können, oft nicht ausreichend. Deshalb besteht nach § 30 BGB die Möglichkeit, neben dem Organ „Vorstand" ein Vereinsorgan „besonderer Vertreter" bestellen zu können. Dies kommt insbesondere zur **Leitung einer unselbständigen Untergliederung** in Betracht, z. B. Leitung einer Tennisabteilung eines großen Sportvereins oder zur eigenverantwortlichen Leitung einer selbständigen Vereinseinrichtung, auch eines wirtschaftlichen Nebenbetriebs, z. B. des Labors bei einem Laborverein (wegen weiterer Beispiele s. Rz. 760). Der besondere Vertreter kann aber auch nur für ein **einzelnes Projekt** bestimmt werden (BayObLG, Rpfleger 1999 S. 332).

722 **Fraglich** ist, ob es **zulässig** ist, den „besonderen Vertreter" „zur Führung der laufenden Geschäfte" bzw. als **„Geschäftsführer"** zu bestellen. Das wird von Sauter/Schweyer/Waldner (Rz. 313) und Palandt/Ellenberger (§ 30 Rz. 6) abgelehnt, da mit einer solchen Formulierung i. d. R. der Aufgabenbereich des „besonderen Vertreters" nicht klar abgegrenzt wird/ist. Die h. M. in der Rechtsprechung sieht das jedoch anders und verweist auf § 30 Satz 1 BGB. Danach sei der besondere Vertreter durch die Satzung zu bestimmen. Das bedeute, dass sein Amt und sein Aufgabenbereich in der Satzung des Vereins eine Grundlage haben müssen. Dabei wird allein die Bezeichnung als „Geschäftsführer" als eine i. S. von § 30 Satz 1 BGB ausreichende Umschreibung des Aufgabenbereichs des besonderen Geschäftsführers angesehen. Dass ein Geschäftsführer zur Führung der laufenden Geschäfte berufen ist, sei der Bedeutung des Wortes inhärent. Ein eigener Geschäftsbereich müsse dem Geschäftsführer durch die Satzung nicht ausdrücklich zugewiesen werden (vgl. OLG Zweibrücken, NZG 2013 S. 907; ähnlich LG Chemnitz, NotBZ 20011 S. 427). Entscheidend ist immer, ob die Vorstandzuständigkeit auf unzulässige Art und Weise eingeschränkt wird. Das ist, wenn der „besondere Vertreter" „für die Wahrnehmung der wirtschaftlichen, verwaltungsmäßigen und personellen Angelegenheiten" bestellt werden kann, (noch) nicht der Fall, da das Aufgabenfeld nicht Tätigkeiten ideellen Charakters umfasst, wozu z. B. die Vorgabe der Ziele der Vereinstätigkeit gehört (OLG München, MDR 2013 S. 46 = NZG 2013 S. 32 = FGPrax 2013 S. 35 = ZStV 2013 S. 60). Etwas anderes gilt, wenn der als „besonderer Vertreter" bestellte Geschäftsführer für die Erledigung aller laufenden Geschäfte des Vereins zuständig sein soll, die nach der Satzung dem Vereinsvorstand übertragen sind und er außerdem noch an der gesetzlichen

Vertretung des Vereins im Wege der unechten Gesamtvertretung mitwirkt (OLG Hamm, MDR 1978 S. 224 = DNotZ 1978 S. 292).

> **HINWEIS:**
>
> Trotz dieser sehr weitgehenden obergerichtlichen Rechtsprechung, empfiehlt es sich aber dennoch, den Aufgabenbereich des „besonderen Vertreters" in der Satzung konkret(er) zu fassen.

2. Bestellung und Abberufung des besonderen Vertreters

Grds. muss die **Bestellung** des besonderen Vertreters in der **Satzung vorgesehen** sein (BAG, NZA 1997 S. 959).   723

> **HINWEIS:**
>
> Von der Bestellung eines besonderen Vertreters als Vereinsorgan zu unterscheiden ist die Frage, ob der Vorstand mit der Erfüllung ihm obliegender Aufgaben auch Hilfspersonen beauftragen kann. Das ist grds. auch ohne besondere Regelung in der Satzung zulässig (s. Rz. 574).

Sieht die **Satzung** einen besonderen Vertreter i. S. von § 30 BGB **nicht** vor, ist   724
eine **Bestellung unzulässig** und unwirksam (BAG, a. a. O.). Ob die Bestellung bei fehlender Regelung in der Satzung auch auf einer langen Übung beruhen kann, erscheint zweifelhaft (so aber Palandt/Ellenberger, § 30 Rz. 4 und BGH, NJW 1977 S. 2259, 2260, wonach für die Stellung als „besonderer Vertreter" ausreichend sein soll, ob jemand für einen Geschäftskreis bestellt ist, in dem er eine dem Vorstand ähnliche Selbständigkeit nach außen besitzt und den Verein in einer bedeutenden Funktion repräsentiert, Prütting/Wegen/Weinreich/Schöpflin, § 30 Rz. 2 m. w. N. auch zur a. A.). Denn bei der Bestellung des besonderen Vertreters, der Vereinsorgan mit beschränkter Zuständigkeit ist, handelt es sich um eine Grundentscheidung, für die in der Satzung eine Grundlage vorhanden sein muss (s. Rz. 52 f.; wie hier auch Sauter/Schweyer/Waldner, Rz. 313).

> **HINWEIS:**
>
> Es kann ein Vorstandsmitglied für einen bestimmten Geschäftsbereich zum besonderen Vertreter des Vereins bestellt werden.

Die **Bestellung** hat die Mitgliederversammlung vorzunehmen, wenn die Sat-   725
zung kein anderes Verfahren vorsieht. Zulässig ist es aber auch, wenn die Bestellung dem Vorstand überlassen wird (BayObLG, Rpfleger 1999 S. 332; Reichert u.a., Rz. 2637). Die **Abberufung** des besonderen Vertreters richtet sich ebenfalls zunächst nach der Satzung. Sieht diese eine Regelung nicht vor, ist ebenfalls die **Mitgliederversammlung** zuständig.

726　Die Bestellung eines besonderen Vertreters muss in das **Vereinsregister einge-tragen** werden, auch wenn § 64 BGB das nicht ausdrücklich vorsieht (str.; h. M.; s. unten a. Palandt/Ellenberger, § 30 Rz. 6; § 66 Rz. 3; a. A. Stöber/Otto, Rz. 577 ff. m. w. N.). Beschränkung oder Ausschluss der Vertretungsmacht des besonderen Vertreters (s. Rz. 727) sind ebenfalls einzutragen und gelten dann gegen Dritte ebenso wie eine Beschränkung der Vertretungsmacht des Vorstands (Reichert u.a., Rz. 2859; vgl. dazu Rz. 571).

3. Stellung des besonderen Vertreters

727　Innerhalb seines **Wirkungskreises** hat der besondere Vertreter sowohl dem Verein als auch Dritten gegenüber dieselbe **Stellung wie der Vorstand.** Ist in der Satzung eine Regelung der Vertretungsmacht des besonderen Vertreters nicht vorgenommen, erstreckt sie sich im Zweifel auf alle Rechtsgeschäfte, die der **ihm zugewiesene Geschäftskreis** gewöhnlich mit sich bringt. I. d. R. hat der besondere Vertreter in diesem Wirkungskreis dann auch Vertretungsmacht (Sauter/Schweyer/Waldner, Rz. 313). Unbedingt notwendig ist rechtsgeschäft-liche Vertretungsmacht für einen besonderen Vertreter jedoch nicht; es genügt die Übertragung eines bestimmten Aufgabenkreises, in dem der besondere Vertreter nach außen hin selbständig handeln kann (RGZ 157 S. 236). Es scha-det auch nicht, wenn der besondere Vertreter im Innenverhältnis weisungs-gebunden ist (BGH, NJW 1977 S. 2260).

728　Rechtsgeschäftliche Vertretungsmacht kann vollständig ausgeschlossen oder auch (nur) **beschränkt** werden. So kann die Satzung vorsehen, dass der beson-dere Vertreter bloß zusammen mit einem Vorstandsmitglied zur rechts-geschäftlichen Vertretung des Vereins ermächtigt ist oder dass er nach außen überhaupt nur mit besonderer, im Einzelfall erteilter Vollmacht des Vorstands tätig werden darf (Sauter/Schweyer/Waldner, a. a. O.). Für die Wirksamkeit einer von ihm ausgesprochenen Kündigung braucht der besondere Vertreter aber eine Vollmachtsurkunde nicht vorzulegen. Er ist kraft Satzung wie ein gesetzlicher Vertreter zur Kündigung von Arbeitsverhältnissen befugt (BAG, DB 1990 S. 1471). Er ist als „gesetzlicher Vertreter" des Vereins nicht Arbeit-nehmer (Stöber/Otto, Rz. 570 m.w.N.). Gemäß § 5 Abs. 1 Satz 3 ArbGG ist im Kündigungsrechtsstreit daher nicht das Arbeitsgericht zuständig (LAG Berlin, MDR 2006 S. 119 [Ls.]). Durch die Bestellung zum besonderen Vertreter ist aber eine Anwendung des § 612a BGB nicht ausgeschlossen (OLG Frankfurt/Main, Urteil v. 6.4.2016 – 18 U 10/15, VB 7/2016 S. 1; Röcken, MDR 2016 S. 1067 ff.).

Da der Verein im Prozess durch den Vorstand vertreten wird, ist der besondere Vertreter dort Zeuge und nicht Partei (Soergel/Hadding, § 30 Rz. 11; Prütting/Wegen/Weinrich/Schöpflin, § 30 Rz. 3; Reichert u.a., Rz. 2856).

4. Vergütung für den besonderen Vertreter

Nach **§ 27 Abs. 3 Satz 2 BGB** ist der Vorstand des Vereins grds. unentgeltlich tätig (vgl. wegen der Einzelheiten oben Rz. 649 ff.). Ob diese Unentgeltlichkeitsregelung **auch** für **andere Ämter** im Verein, also auch für den besonderen Vertreter gilt, ist **nicht geklärt**. Dazu vertritt Reichert u.a. (Rz. 1217, 2842) die Auffassung, dass alle satzungsmäßigen Organvertreter des Vereins durch ihre Bestellung in einem unentgeltlichen Auftragsverhältnis stehen. Die Rechtsprechung hat zu der Frage betreffend den besonderen Vertreter und zu der damit zusammenhängenden Problematik, ob eine Vergütung für dieses Auftragsverhältnis zwingend per Satzung geregelt werden muss, bisher aber noch nicht Stellung genommen.

729

Zur Sicherheit sollte daher, wenn (auch) der „besondere Vertreter" für seine Tätigkeit eine Vergütung und nicht nur Aufwendungsersatz erhalten soll, eine entsprechende Vergütungsregelung in die Satzung aufgenommen bzw. dieser in eine für den Vorstand geschaffene Regelung einbezogen werden. Das gilt vor allem dann, wenn der „besondere Vertreter" als „Geschäftsführer" agieren soll.

5. Haftungsfragen

Der **Verein haftet** für den „besonderen Vertreter" nach § 31 BGB (vgl. dazu Rz. 745 ff.).

730

Wird der besondere Vertreter unter Ausschluss des Vorstands zur Erledigung der ihm übertragenen Aufgaben herangezogen, begrenzt sich die Verantwortung des Vorstands entsprechend und dieser trägt damit für diesen Bereich kein Haftungsrisiko mehr (Unger, NJW 2009 S. 3269, 3272; MüKo-BGB/Reuter, § 30 Rz. 13). Die Bestellung eines besonderen Vertreters kann also auch als ein Mittel zur Haftungsbegrenzung des Vorstands genutzt werden.

Der „**besondere Vertreter**" haftet für seine Handlungen u.a. dem **Verein** und ggf. den **Vereinsmitgliedern** (zur eigenen Haftung der Organmitglieder s. Rz. 768 ff.). Damit können auch für „besondere Vertreter" erhebliche Haftungsrisiken bestehen. U.a. war dies Anlass für eine Ausdehnung des Haftungsprivi-

731

legs des § 31a BGB, das zunächst nur für Vorstandsmitglieder bestanden hat, auch auf den „besonderen Vertreter" durch das „Gesetz zur **Stärkung** des Ehrenamtes" v. 21. 3. 2013 (vgl. BGBl I S. 556).

732   Dieses Haftungsprivileg knüpft an dieselben **Voraussetzungen** wie das Haftungsprivileg für Vorstandsmitglieder an. Voraussetzung ist also eine unentgeltliche Tätigkeit des „besonderen Vertreters" oder eine nur „geringfügige Vergütung": Auch hinsichtlich des **Umfangs** der Haftungsprivilegierung und des **Freistellungsanspruchs** gilt dasselbe wie beim Vorstand. Es kann insgesamt auf die Ausführungen bei den Rz. 584 ff. **verwiesen** werden (vgl. dazu auch Wickert, NWB F. 30 S. 693, 696 ff.; Leuschner, NZG 2014 S. 281).

XI. Sonstige Vereinsorgane

1. Beirat, Aufsichtsrat, Präsidium usw.

Nach dem BGB muss der Verein (nur) **mindestens zwei Organe** haben, nämlich 733 den Vorstand und die Mitgliederversammlung. Darüber hinaus können in der **Satzung weitere Vereinsorgane vorgesehen** werden. Meist werden diese als Beirat, Aufsichtsrat (vgl. dazu Reichert u.a., Rz. 2867 ff.), Präsidium (vgl. dazu Reichert u.a., Rz. 2879), Direktorium, Ausschuss usw. bezeichnet. **Vermieden** werden sollten **Bezeichnungen,** die den Bestandteil **„Vorstand"** enthalten, um Verwechslungen mit dem eigentlichen Vorstand i. S. des § 26 BGB auszuschließen. Auch sollten die Organe nicht einmal mit „Vorstand" und einmal mit „Vorstand im Sinne des § 26 BGB" für das vertretungsberechtigte Vereinsorgan „Vorstand" unterschieden werden (zu den fakultativen Vereinsorganen s. eingehend auch Oesterreich, Rpfleger 2002 S. 67; Stöber/Otto, Rz. 547 ff.).

Wenn ein **weiteres Vereinsorgan** gebildet werden soll, muss dafür eine **Rege-** 734 **lung** in der Satzung vorhanden sein. Ausschließlich nach dieser bestimmen sich auch die Aufgaben des Organs. Ihm können alle Befugnisse übertragen werden, die nicht zwingend dem Vorstand und der Mitgliederversammlung vorbehalten sind. Es kann den Vorstand überwachen und ihm gegenüber zu Weisungen berechtigt sein, sowie im Einzelnen, z. B. beim Bau eines Vereinsheims als „Bauausschuss", oder insgesamt die Geschäfte des Vereins führen. Auch können bestimmte Geschäfte des Vorstands von seiner Zustimmung abhängig sein, z. B. wenn Rechtsgeschäfte des Vorstands einen bestimmten Wert übersteigen. Die Satzung kann und sollte aber nicht so gestaltet werden, dass die Geschicke des Vereins ausschließlich von diesem (weiteren) Organ geleitet werden, ohne dass die Mitglieder des Vereins auf die Bestellung und Kontrolle der Mitglieder des Organs einen – ausreichenden – Einfluss haben (OLG Celle, NJW-RR 1995 S. 1273 [für Beirat, der weitere Mitglieder selbst kooptieren kann]). In diesem Fall sind die Grenzen der vereinsrechtlichen Gestaltungsfreiheit überschritten.

Die Satzung muss auch **Bestimmungen** über Zusammensetzung, Bestellung 735 (Wahl), Amtsdauer und Beschlussfassung des sonstigen Vereinsorgans **vorsehen.** Sie sollte auch eine Regelung darüber enthalten, ob die Mitglieder des Vereinsorgans entgeltlich oder ehrenamtlich tätig sein sollen, da bislang nicht geklärt ist, ob die „Vergütungsregelung" für den Vorstand (§ 27 Abs. 3 Satz 2 BGB, vgl. dazu Rz. 649 ff.) auch andere Vereinsorgane erfasst.

Grds. können auch Nichtvereinsmitglieder **Organmitglieder** sein. Ob auch Vor- 736 standsmitglieder diesem Organ angehören können, richtet sich nach den zugewiesenen Aufgaben. Kann das Organ z. B. den Vorstand kontrollieren oder ihm Weisungen erteilen, wird eine Zugehörigkeit von Vorstandsmitgliedern nicht in Betracht kommen (Reichert u.a., Rz. 2871 für den „Aufsichtsrat"). Etwas anderes gilt, wenn dem Organ zumindest teilweise die Geschäftsführung übertragen worden ist. Dann wird die Zugehörigkeit von Vorstandsmitgliedern sogar zu empfehlen sein. Fehlen Vorschriften über die Beschlussfassung des Organs in der Satzung, so gelten die gesetzlichen Bestimmungen über die Beschlussfassung der Mitgliederversammlung und den Stimmrechtsausschluss entsprechend (Sauter/Schweyer/Waldner, Rz. 310).

2. Revisoren/Kassenprüfer

a) Allgemeines

737 Im Vereinsrecht des BGB ist eine regelmäßige Prüfung der Geschäftsführung nicht vorgesehen. Gleichwohl finden solche Prüfungen bei fast allen Vereinen in unterschiedlichem Umfang statt. Dazu sind sog. Revisoren, Rechnungs- oder Kassenprüfer berufen. Zur Kassenprüfung gibt es wenig Literatur. Eingehend zur Kassenprüfung und Revision in gemeinnützigen Vereinen hat in letzter Zeit aber Uffeln Stellung genommen (vgl. den Beitrag unter: http://www.kanzlei-uffeln.de/ku/vr/Aufsatz%20Kassenpruefung%20und%20Revision%20in%20 gemeinnuetzigen%20Vereinen.pdf; s. auch Lehmann, Die Kassenprüfung im Verein, VB 10/2016 S. 13 ff. [Grundlagen der Kassenprüfung] und VB 11/2016 S. 8 ff. [Empfehlungen für die praktische Prüfung]).

738 Grds. wird es ausreichen, wenn nur ein Prüfer vorgesehen ist. Allerdings sind i. d. R. in der Praxis zwei Prüfer üblich und auch zu empfehlen. Die Prüfer sind i. d. R. **nicht Vereinsorgan,** auch wenn ihre Bestellung in der Satzung vorgesehen ist. Sie können aber in der Satzung die Stellung eines Vereinsorgans erhalten. Dann gelten die Ausführungen bei Rz. 733 ff. entsprechend.

739 Die Geschäfts-/Kassenprüfung kann in der **Satzung** ausdrücklich vorgesehen sein. Sie kann aber auch generell oder von Fall zu Fall durch die **Mitgliederversammlung angeordnet** werden, wenn diese z. B. die Revisoren oder die Kassenprüfer wählt (VB 10/2016 S. 13). Mit der Prüfung können, wenn die Satzung das nicht ausschließt, auch Nichtmitglieder beauftragt werden, nicht jedoch Mitglieder des zu überprüfenden Vereinsorgans selbst.

b) Gegenstand und Umfang der Kassenprüfung

740 Gegenstand und Umfang der Kassenprüfung bestimmt, wenn die **Satzung** keine ausdrückliche Regelung enthält, die **Mitgliederversammlung**. Je nach

dem Umfang der vorgesehenen Prüfung bestimmen sich die **Rechte** und **Pflichten** der **Prüfer** (VB 10/2016 S. 13, 14 ff.):

Bei **kleineren Vereinen,** bei denen i. d. R. nur Kassenprüfer/Rechnungsprüfer gewählt werden, wird sich die **Prüfung** i. d. R. auf die Feststellung der Übereinstimmung der Ausgabe- und Einnahmebelege mit dem **Kassenbestand** beschränken (BGH, NJW-RR 1988 S. 745, 749). Es kann aber auch eine umfassende Revision der Geschäftsführung vorgesehen sein. I. d. R. werden aber keine hohen Anforderungen an die Kassenführung gestellt werden und Eigenbelege grds. ausreichen (OLG Brandenburg, Urteil v. 28. 5. 2008 – 7 U 176/07; zu allem VB 10/2016 S. 13, 14 ff. und VB 11/2016 S. 8).

741

Handelt es sich – wie meist bei **größeren Vereinen** – um eine umfassende **Revision der Geschäftsführung,** müssen sich die Prüfer vom Gang der Geschäfte des Vereins durch Einsichtnahme in die Bücher und Buchungsunterlagen unterrichten (vgl. dazu Reichert u.a., Rz. 2658 ff.; s. auch Lehmann, Die Kassenprüfung im Verein). Sie haben zu prüfen, ob die **Bücher ordnungsgemäß geführt** werden und mit dem Jahresabschluss übereinstimmen. Diesen haben sie zu überprüfen. Es reichen Stichproben in den Büchern aus, wenn kein Grund zur umfassenden Prüfung besteht (zu allem VB 10/2016 S. 13, 14 ff. und VB 11/2016 S. 8 ff.).

742

Zur Erfüllung ihres Auftrags können die Prüfer in alle Bücher, Schriften und Bestände des Vereins **Einsicht nehmen** (VB 10/2016 S. 13, 14 ff.); ggf. können sie dazu auch von anderen Stellen Auskünfte einholen, z. B. vom Finanzamt. Ihnen ist von den Vereinsorganen umfassend Auskunft zu erteilen. Der Vorstand darf die Prüfer bei der Erfüllung der ihnen übertragenen Aufgaben nicht behindern. Von den Prüfern ist ein **Prüfbericht zu erstellen,** den sie in der Mitgliederversammlung vorzutragen haben. Darin müssen sie mitteilen, wie und in welchem Umfang sie die Geschäftsführung geprüft haben und ob wesentliche Beanstandungen zu machen waren (zu den Rechten und Pflichten der Prüfer s. Uffeln, a. a. O.; VB 10/2016 S. 13, 14 ff. und VB 11/2016 S. 8). Der Prüfbericht ist **Grundlage** für die **Entlastung** z. B. des Vorstands (vgl. dazu Rz. 683). Den entsprechenden Antrag haben die Prüfer in der Mitgliederversammlung zu stellen (vgl. auch Rz. 428).

743

Checkliste

744

Eine **Prüfung** könnte etwa die nachfolgenden Punkte umfassen (entnommen dem „Leitfaden für die Kassenprüfung" auf http://www.ehrenamt-im-sport.de; zu allem VB 10/2016 S. 13 ff. und VB 11/2016 S. 8 ff).

Folgende Fragen helfen bei der **Kontrolle** der **Buchhaltung**:

▶ Wurden die Beschlüsse der Mitgliederversammlung und des Vorstands umgesetzt?

▶ Sind die damit verbundenen finanziellen Verpflichtungen eingehalten worden?

▶ Wurde bei zustimmungspflichtigen Handlungen die Zustimmung der verantwortlichen Gremien eingeholt?

▶ Gibt es „Nebenkassen", die in der Buchhaltung nicht enthalten sind?

▶ Ordnungsgemäße Kassenführung?

Die Korrektheit der **Buchführung** kann durch folgende stichprobenartige Fragen überprüft werden:

▶ Gibt es Belege für Einnahmen und Ausgaben?

▶ Stimmen die Aktiv- und die Passivseite der Buchführung überein?

▶ Sind Zahlungen an Mitglieder zu Recht erfolgt? Liegen Verträge oder Beschlüsse vor?

▶ Wurden Sachspenden besonders gekennzeichnet?

▶ Stimmen die Beträge der Spendenquittungen (Kopien) mit den gebuchten Beträgen überein?

▶ Wurden bei Anschaffungen günstige Angebote ausgewählt?

▶ Lag ein triftiger Grund für diese Entscheidung vor, wenn nicht das günstigste Angebot gewählt wurde?

▶ Sind unnötige Ausgaben angefallen (z. B. Säumnisgebühren)?

XII. Haftung des Vereins, insbesondere für seine Organe nach § 31 BGB

1. Allgemeines

a) Allgemeine Voraussetzungen der Haftung

Der Verein ist für den Schaden verantwortlich, den der Vorstand, ein Mitglied 745 des Vorstands oder ein anderes **verfassungsmäßig berufenes Organ** durch eine rechtsgeschäftliche oder tatsächliche Handlung in Ausübung der ihm übertragenen Tätigkeit einem anderen zufügt (sog. **Organhaftung** des § 31 BGB; wegen der Einzelheiten s. insbesondere Reichert u.a., Rz. 3480 ff. m. w. N. und Küpperfahrenberg, a. a. O., S. 23 ff.; Röcken, VB 2/2017 S. 11 ff.). Da dem Verein das Handeln seiner verfassungsgemäß berufenen Vertreter als eigenes Handeln zugerechnet wird, haftet der Verein nach § 31 BGB nicht für fremdes, sondern **für eigenes Verschulden.** Seine Haftung greift überall dort ein, wo auch eine natürliche Person schadensersatzpflichtig wäre. Diese Haftung gilt auch zugunsten von **Vereinsmitgliedern(Nichtmitgliedern** (zur Haftung bei Gefälligkeiten s. Rz. 773 ff.). Bei der Haftung nach § 31 BGB handelt es sich um die sog. **Außenhaftung** im Gegensatz zur Innenhaftung, die die Haftung des Vorstands oder anderen Organmitgliedern oder Organen gegenüber dem Verein betrifft (vgl. dazu Rz. 584 ff.).

BEISPIELE: ▶ Unerlaubte Handlungen, Verletzung von Verkehrssicherungspflichten (s. dazu Rz. 747 ff.), Schlechterfüllung von Verträgen, Verschulden bei Vertragsschluss, Verzug, Unmöglichkeit, Gefährdungshaftung, z. B. im Straßenverkehr als Halter eines Pkw.

Voraussetzung für die Haftung des Vereins ist immer eine zum **Schadensersatz** 746 **verpflichtende Handlung** eines verfassungsgemäß berufenen **Organs.**

BEISPIELE: ▶

- ▶ Die **Verletzung** von **Mitgliedschaftsrechten** (vgl. Rz. 278 ff.) durch den Vorstand begründet Schadensersatzpflichten, für die der Verein nach § 31 BGB haftet. Dabei kann eine Verletzung von Mitgliedschaftsrechten auch in einem rechtswidrigen Ausschluss aus dem Verein liegen (LG Arnsberg, Beschluss v. 27. 3. 2013 – 3 S 6/13; zum Vereinsausschluss Rz. 593 ff.).

- ▶ Versteht ein Vereinsvorsitzender ein Schreiben eines Mitglieds, das aus dem Verein nicht austreten will, als Austrittserklärung, so kann dies nicht als Pflichtverletzung angesehen werden, wenn aufgrund der Diktion des Schreibens sowie einer bereits zuvor bestehenden angespannten Situation zwischen dem Vereinsmitglied und anderen Mitgliedern eine Interpretation als Austrittserklärung nicht völlig fernliegend ist.

- ▶ Vom Vereinsheim geht eine **Ruhestörung** aus; Störer ist der Verein, nicht der Vorstand (LG Hamburg, Urteil v. 13.12.2017 – 321 S 65/16, VB 6/2018 S. 3).

▶ Der **Vorstand** versäumt z. B. im **Winter,** vor dem Vereinshaus zu **streuen.** Auf dem glatten Bürgersteig bricht sich ein Passant ein Bein.

▶ Der Vorstand oder das verfassungsmäßig berufene Organ (s. aber auch Rz. 767) ist insbesondere für die Einhaltung der sog. **Verkehrssicherungspflicht** verantwortlich. Das kann besonders für Sportvereine von Bedeutung sein (zum Haftungsausschluss s. Rz. 766).

HINWEIS:

Die Haftung des Vereins kann sehr weit gehen. Es empfiehlt sich deshalb für den Verein, sich vor den Haftungsrisiken durch entsprechende (Haftpflicht-)Versicherungen zu schützen. Dabei ist genau darauf zu achten, dass die gewünschte Sicherung durch den Abschluss der Versicherung auch erreicht wird (vgl. die Fallgestaltung bei OLG Köln, zfs 2001 S. 323 zum Umfang des Versicherungsschutzes für beförderte Sportler und ihre Begleiter). Im Bereich des Sports bestehen sog. Sportversicherungsverträge zwischen den jeweiligen Landessportbünden und Versicherungsgesellschaften. Über deren Inhalt kann man sich beim jeweiligen Landessportbund als auch im Internet informieren (zur Haftpflichtversicherung für Vorstände von Sportvereinen und -verbänden s. auch Küpperfahrenberg in: Vieweg (Hrsg.), Perspektiven des Sportrechts, 2005; zu Gruppenversicherungen eines Vereins für seine Mitglieder s. auch noch Goetze, VB 12/2015 S. 6 f.).

---

b) Verletzung der Verkehrssicherungspflicht

747 Da die **Verkehrssicherungspflicht** von erheblicher praktischer Bedeutung ist, sollen hier einige **Beispiele** aus der Rechtsprechung der letzten Zeit dargestellt werden.

748 Grds. trifft den Verein die **Pflicht, die Benutzer** vor **Gefahren** zu schützen, die über das übliche Risiko bei der **Benutzung** einer Anlage, insbesondere einer **Sportanlage,** hinausgehen, vom Benutzer nicht vorhersehbar und nicht ohne Weiteres erkennbar sind (OLG Frankfurt/Main, MDR 2011 S. 725 = SpuRt 2011 S. 162 für Verkehrssicherungspflichten des Veranstalters von Bundesliga[fuß-ball]spielen; LG Gießen, SpuRt 2010 S. 80; zuletzt OLG Hamm, MDR 2014 S. 776 = NJW-RR 2014 S. 804 = SpuRt 2014 S. 170 = ZStV 2015 S. 17; zur Haftung des [Sport]Vereins als Veranstalter eingehend Röckrath, SpuRt 2003 S. 189 [besondere Berücksichtigung des Bergsports]; Weher, JR 2005 S. 485 und umfassend zur zivilrechtlichen Haftung der Veranstalter und Ausrichter satzungsgemäßer Sportwettkämpfe Vieweg/Röhl, SpuRt 2010 S. 56). Im Rahmen einer Sportveranstaltung bestehen die Verkehrssicherungspflichten gegenüber den Sportlern und gegenüber den Zuschauern (OLG Frankfurt/Main, a. a. O.; LG Gießen, a. a. O.). Die Verpflichtungen obliegen auch nicht nur einem Sportdachverband als eigentlichem Wettkampfveranstalter, sondern auch einem ausrichtenden örtlichen Sportverein (LG Gießen, a. a. O.). Ein Sportverband, dem der ein Sport-

ereignis veranstaltender Sportverein angehört, wird aber nicht alleine durch die Erwähnung auf der Eintrittskarte Veranstalter und damit auch nicht verkehrssicherungspflichtig (OLG Koblenz, NJW-RR 2001 S. 526); zur Eigenschaft als Veranstalter bei einer Kommune, die einem Verein die Durchführung einer Veranstaltung überlässt und sich selbst nur als „Schirmherr" bezeichnet OLG Rostock (OLGR Rostock 2004 S. 302).

BEISPIELE ZUR VERKEHRSSICHERUNGSPFLICHT:

- ► für **Eishockeyveranstaltung** (OLG Nürnberg, MDR 2015 S. 1132 = NJW-RR 2016 S. 33 = SpuRt 2016 S. 78 [Verletzung eines Besuchers durch einen aus dem Spielfeld herausgeschlagenen Eishockeypuck]),

- ► für die Organisatoren einer **Fahrradtour**, die der Verein für seine Mitglieder veranstaltet (OLG Hamm, MDR 2014 S. 776 = NJW-RR 2014 S. 804 = SpuRt 2014 S. 170 = ZStV 2015 S. 17 [Stichwort: Sicherungspflicht für Nachzügler?]).

- ► für Flugplatz eines **Flugsportvereins** zum Segelflugbetrieb (BGH, NJW-RR 1991 S. 281),

- ► für Verkehrssicherungspflicht hinsichtlich eines **Hüpfkissens** in einer **Freizeitanlage**/Erforderlichkeit von Warnhinweisen (OLG München, Urteil v. 18.3.2015 – 20 U 3360/14),

- ► für den Umfang der Verkehrssicherungspflichten eines **Moto-Cross-Anlagen-Betreibers** (OLG Schleswig, DAR 2015 S. 266 = NJW-RR 2015 S. 925 = NZV 2015 S. 449 [Stichwort: kein Einsatz von Streckenposten bei freiem Training]),

- ► für **Tennisverein** (OLG Bamberg, VersR 2004 S. 484 = zfs 2004 S. 487),

- ► für Sportplatz eines **Turn-** und Sportvereins (BGH, NJW-RR 1991 S. 668),

- ► für Sportanlage eines **Fußballvereins** (LG Hannover, NJW-RR 1987 S. 1507; LG Detmold, Urteil v. 20. 10. 2010 – 12 O 172/09 [abirrender Ball, durch den ein vorbeifahrender Motorradfahrer zum Sturz kommt]), für Unebenheit in Treppenstufe Verletzung jedoch verneint, wenn das Stadion erkennbar nicht in gutem Erhaltungszustand ist (OLG Brandenburg, Urteil v. 14. 12. 2010 – 2 U 25/09),

- ► zur (strafrechtlichen) Verantwortlichkeit des Trainers eines Jugend-Fußballmannschaft bei Verletzung eines Spielers beim „Aufwärmen" in einer Spielpause eines **Hallen-Fußballturniers** (OLG Hamm, SpuRt 2016 S. 214; LG Detmold, Urteil v. 16. 9. 2015 – 4 Ns 41 Js 489/13 (72/15); AG Detmold, SpuRt 2015 S. 177; dazu Kudlich/Vieweg, SpuRt 2015 S. 138),

- ► zu den Sorgfaltspflichten eines ehrenamtlichen Übungsleiters (OLG Hamburg, SpuRt 2015 S. 17 = ZStV 2016 S. 52),

- ► für Veranstalter von Bundesligafußballspiel betreffend Schutz vor (explodierenden) **Feuerwerkskörpern** – allerdings für „Rasenpfleger" (OLG Frankfurt/Main, MDR 2011 S. 725 = SpuRt 2011 S. 162),

- ► keine Verletzung der Verkehrssicherungspflicht durch einen **Fußballverein** durch Ablegen eines tragbaren Fußballtors außerhalb des Spielfelds in einem Abstand von 4,5 m (OLG Koblenz, MDR 2012 S. 1287 = ZMR 2013 S. 495),

► für Verkehrssicherungspflichtverletzung betreffend Besucher einer **Karnevalsveranstaltung** in einer Schützenhalle (AG Meschede, Urteil v. 13.5.2015 – 6 C 411/13 [Stichwort: Hörschaden]),

► für die Veranstaltung eines **Kinderfußballturniers** (OLG Saarbrücken, NJW-RR 2006 S. 1165 = SpuRt 2006 S. 253),

► für eine **Kunstturnmeisterschaft** (LG Gießen, SpuRt 2010 S. 80 für Sturzunfall eines Kunstturners von einem unsachgemäß aufgestellten bzw. kontrollierten Ringgerüst),

► keine Verkehrssicherungspflicht hinsichtlich der Vermeidung eines **Attentats**, wenn es bislang weltweit noch zu keinem Attentatsversuch gekommen ist (LG Hamburg, NJW 1997 S. 2606 [betr. Tennisturnier; Fall „Monica Seles"]),

► für den Veranstalter eines „**Public-Viewing-Events**", der für die Sicherheit von stehenden Zuschauern auf einer Sitztribüne verantwortlich ist (OLG Hamm, Urteil v. 4. 7. 2011 – 9 U 44/10, zugleich auch zum Mitverschulden des Zuschauers),

► für die Veranstaltung eines **Rosenmontagszugs** (OLG Koblenz, MDR 2014 S. 405),

► allgemein für den Betreiber einer **Skipiste** (OLG Stuttgart, NJW-RR 2010 S. 684 = NZV 2010 S. 396 = SpuRt 2010 S. 160),

► bei Rennveranstaltungen im **Skirennen-** und **Motorsport** s. Fritzweiler, SpuRt 1994 S. 131; König, SpuRt 1994 S. 112; Pichler, SpuRt 1994 S. 53,

► bei einer **Trampolinanlage** (BGH, NJW 2008 S. 3775 = SpuRt 2009 S. 32),

► **Vereinsfest** (OLG Köln, VersR 1989 S. 815),

► zur Haftung des Sportveranstalters für **gewalttätige Zuschauerübergriffe** (LG München, SpuRt 2006 S. 21 m. Anm. Breuker) und zum Schadensersatz bei **Zuschauerausschreitungen** (OLG Rostock, NJW 2006 S. 1819 = SpuRt 2006 S. 249 m. Anm. Kempf; vgl. auch noch OLG Frankfurt/Main, MDR 2011 S. 725 = SpuRt 2011 S. 162 für Abbrennen von Feuerwerkskörpern),

► für einen **Volkswanderverein** (OLG Saarbrücken, NJW-RR 2005, 1336), der bei einer winterlichen Volkswanderung vereiste Wegeflächen, die entweder als solche ohne Weiteres erkennbar sind oder die auch von den Verantwortlichen des Vereins bei einer Kontrollbegehung nicht erkannt werden können, weder vom Eis befreien noch auf diese durch besondere Schilder hinweisen muss,

► für eine **Wildwasserrutschbahn** (OLG München, VersR 1994 S. 997),

► zum Umfang der Verkehrssicherungspflicht des Betreibers eines **Hallenschwimmbads** (OLG Düsseldorf, SpuRt 1995 S. 68; OLG Koblenz, SpuRt 1996 S. 98),

► für Verkehrssicherungspflicht des Betreibers einer **Turnhalle** gegenüber dem Teilnehmer einer in dem Gebäude durchgeführten Veranstaltung (Chorprobe; OLG Nürnberg, NJWE-VHR 1997 S. 165 [kein unangemessen glatter Fußboden im Eingangsbereich]),

► für **Streupflicht** eines Kleingartenvereins (OLG Schleswig, SchlHA 2010 S. 110, das davon ausgeht, dass die Haftung des Vereins gegenüber Vereinsmitgliedern ausgeschlossen sein kann, wenn der Verein versucht hat, die Streupflicht im Rahmen einer Gartenordnung auf seine Mitglieder zu übertragen),

► zur Verkehrssicherungspflicht gehört **auch**, dass z. B. Maßnahmen gegen das Umstürzen von (Kleinfeld-)Toren getroffen werden, und zwar auch für den Fall der bestimmungswidrigen **Benutzung** durch Schaukeln an der Querlatte (OLG Celle, NJW 1995 S. 2642 [Ls.] = NJW-RR 1995 S. 984 = SpuRt 1996, 173; s. auch OLG Hamm, SpuRt 2016 S. 214; LG Detmold, Urteil v. 16. 9. 2015 – 4 Ns 41 Js 489/13 (72/15); AG Detmold, SpuRt 2015 S. 177).

HINWEIS:

Die Verkehrssicherungspflicht für den Zustand einer Anlage einschließlich der Einrichtung besteht auch dann, wenn der Eigentümer und Betreiber der Anlage, z. B. einer Turnhalle, diese an einen Dritten vermietet hat, ohne dabei die Verkehrssicherungspflicht ausdrücklich dem Dritten zu übertragen (OLG Nürnberg, NJW-RR 2001 S. 1106 = SpuRt 2001 S. 109).

Wird die Verkehrssicherungspflicht nicht erfüllt und kommt dadurch z. B. ein Zuschauer oder Teilnehmer bei einer Sportveranstaltung zu Schaden, kann das für den Vorstand auch zu strafrechtlichen Folgen (§§ 222, 230 StGB) führen (vgl. dazu z. B. LG Waldshut-Tiengen. NJW 2002 S. 153; s. auch OLG Hamburg, a. a. O.; OLG Hamm, a. a. O.).

Zuschauer und **Unbeteiligte** sind durch **Absperrmaßnahmen, Schutzgitter** und **Sicherheitszonen** vor den Gefahren zu **schützen**, die normalerweise mit dem Sportbetrieb zusammenhängen und aus denen sich die naheliegende Möglichkeit der Verletzung fremder Rechtsgüter ergibt. Danach hat die Rechtsprechung (vgl. BGH, NJW 1984 S. 801; OLG Nürnberg, MDR 2015 S. 1132 = NJW-RR 2016 S. 33 = SpuRt 2016 S. 78; s. auch LG Freiburg, VersR 1981 S. 1139) den Veranstalter eines **Eishockey**-Bundesligaspiels für verpflichtet gehalten, dafür Sorge zu tragen, dass Zuschauer nicht durch hinaus geschleuderte Pucks verletzt werden. Eine entsprechende Verpflichtung ist bei einem **Hallenfußball**-**turnier** für einen abirrenden Fußball hingegen verneint worden (OLG Schleswig, r+s 1995 S. 457; LG Trier, VersR 1964 S. 879; a. A. LG Detmold, Urteil v. 20. 10. 2010 – 12 O 172/09 für Motorradsturz durch abirrenden Ball]; AG Grevenbroich, NJW-RR 1987 S. 987). Ein (Fußball-)Sportplatz muss auch nicht durch 6 m hohe Fangzäune entlang des gesamten Sportplatzes gesichert werden (AG Erfurt, NZV 2009 S. 296 für Sportplatz einer Gemeinde). Ein **Fußball-verein**, der nach gewonnenem Aufstiegsspiel die Tore zum **Stadioninnenraum öffnen** lässt und damit einer großen Menschenmenge ermöglicht, auf das Spielfeld zu stürmen, muss aber durch seinen Ordnungsdienst verhindern, dass jugendliche Fans auf den Trainerunterstand klettern und diesen dadurch umkippen (OLG Düsseldorf, SpuRt 1994 S. 146 = VersR 1996 S. 79). 749

Der verkehrssicherungspflichtige Verein ist **nicht gehalten**, für **alle denkbaren Möglichkeiten** eines Schadenseintritt Vorsorge zu treffen (OLG Koblenz, MDR 2014 S. 405 für die Veranstaltung eines Rosenmontagszugs). Ein Hundesport-verein muss auch nicht seine Mitglieder überwachen und kontrollieren, ob 750 diese eine Tierhalterhaftpflichtversicherung abgeschlossen haben (LG Bonn, Urteil v. 29.8.2016 – 13 O 393/15).

751   Ein Tennisanlagenbetreiber/**Tennissportverein** haftet auch dann unter dem Aspekt einer Verletzung der Verkehrssicherungspflicht, wenn er beim Aufstellen von **Werbeträgern** aus massivem Eisen, die eine erhebliche Stolper- und Verletzungsgefahr darstellen, nicht gegen die Regeln des Tennisverbands verstoßen hat (OLG Bamberg, VersR 2004 S. 484 = zfs 2004 S. 487).

752   Duldet ein (Sport)Verein auf seinem Gelände **Freizeitveranstaltungen** muss er dafür sorgen, dass dadurch Anlieger auf Nachbargrundstücken nicht gefährdet werden (LG Coburg, Urteil v. 25. 10. 2005 – 14 O 652/05; OLG Bamberg, Beschluss v. 13. 2. und 13. 3. 2006 – 6 U 71/05 [Vorbeugung der Gefahr eines von einem Lagerfeuer ausgehenden Brandes infolge von Funkenflug und Säuberung der Feuerstelle von übrig gebliebenen Holzstücken]).

753   **Keinen** Ersatzanspruch begründen **Gefahrenursachen**, mit denen nach den Umständen zu rechnen ist (OLG Köln, OLG-Report Köln 1996 S. 3 [für Zustand eines auf einem Wiesengelände gelegenen **Abreiteplatzes** bei einem ländlichen Reitturnier]), oder wenn sich bei der Verletzung nur das allgemeine Lebensrisiko verwirklicht (OLG Hamm, NJW-RR 1996 S. 596 [für eine Verletzung bei einem „Spiel ohne Grenzen"; im Übrigen auch keine vertragliche Haftung, da es sich bei dem Verletzten um einen zahlenden Zuschauer handelte, der zunächst nicht die Absicht einer Teilnahme an dem Wettbewerb hatte]; OLG Stuttgart, NJW 1996 S. 1352 [für Haftung eines **alpinistischen Vereins** wegen eines Bergunfalls infolge Ausrutschen eines Teilnehmers einer Seilschaft, durch das die gesamte Seilschaft mitgezogen worden ist] und Vorinstanz LG Stuttgart, SpuRt 1995 S. 216 m. Anm. Fritzweiler, SpuRt 1995 S. 221; vgl. auch BGH, NJW 2005 S. 981 = NZG 2005 S. 357und Weber, JR 2005 S. 485). Für den Umfang der erforderlichen Sicherheitsvorkehrungen ist in Betracht zu ziehen, dass insbesondere **Kinder** und **Jugendliche** dazu neigen, Vorschriften und Anordnungen nicht zu beachten und sich unbesonnen verhalten. Daher muss die Verkehrssicherungspflicht je nach Lage des konkreten Einzelfalls auch die Vorbeugung gegenüber solchem missbräuchlichen Verhalten umfassen (BGH, NJW 2004 S. 1449; OLG Saarbrücken, NJW-RR 2006 S. 1165 = SpuRt 2006 S. 253 m. w. N.).

c) Haftungsausschluss/Entlastung

754   Die Haftung des Vereins kann nach § 40 BGB gegenüber Dritten durch die **Satzung nicht vollständig ausgeschlossen** werden (anders für Mitglieder; s. auch unten Rz. 755 ff.). Ob ein zumindest **teilweiser Ausschluss** zulässig ist, ist in Rechtsprechung und Literatur umstritten.

> **HINWEIS:**
>
> Nicht erlassen werden kann nach § 276 Abs. 3 BGB jedenfalls die Haftung für Vorsatz.

In der **Rechtsprechung** wird vertreten, dass die Haftung für **leichte Fahrlässig-** **755**
keit in der **Satzung** ausgeschlossen werden kann (LG Karlsruhe, VersR 1987
S. 1024; s. auch LG Bielefeld, NJWE-VHR 1997 S. 264 [für Tierhalterhaftung bei
einem Zucht-, Reit- und Fahrverein]; so wohl auch OLG Celle, OLGR 2002
S. 244), ein Haftungsausschluss für grobe Fahrlässigkeit wird hingegen abgelehnt (AG Bückeburg, NJW-RR 1991 S. 1107). Die überwiegende Auffassung in
der Literatur sieht den Haftungsausschluss insgesamt als unzulässig an (vgl.
u.a. Reichert u.a., Rz. 3540 ff. m. w. N.; Küpperfahrenberg, a. a. O., S. 68 ff.; s.
aber auch Palandt/Ellenberger, § 31 Rz. 12 [leichte Fahrlässigkeit zulässig,
grobe Fahrlässigkeit nicht]).

> **HINWEIS:**
>
> Die Frage ist damit offen, so lange nicht der BGH entschieden hat. In der Vereinssat-
> zung sollte daher zur Sicherheit auf eine entsprechende Regelung verzichtet werden.

Möglich ist aber ein **vertraglicher Haftungsausschluss** für fahrlässiges Handeln **756**
der Vereinsorgane (s. auch Reichert u.a., Rz. 3543; Küpperfahrenberg, a. a. O.,
S. 89 ff.), jedoch ebenfalls nicht für vorsätzliches (§ 276 Abs. 3 BGB). Auf jeden
Fall gilt aber der Grundsatz der Berücksichtigung des **Mitverschuldens** des Geschädigten (§ 254 BGB; OLG Nürnberg, NJWE-VHR 1997 S. 165; zum Mitverschulden auch BGH, MDR 2011 S. 292 = VersR 2011 S. 407 und OLG Hamm,
Urteil v. 22. 9. 2009 – 9 U 11/09 – für die Teilnahme an von einem Reitverein
angebotenen therapeutischen Reiten und Urteil v. 4. 7. 2011 – 9 U 44/10 für
die Teilnahme an einem „Public-Viewing-Event").

Ist der Verein Halter eines Tieres, z. B. eines Reitpferdes bei Reitvereinen, kann **757**
die **Tierhalterhaftung** eingreifen (§ 833 BGB). Dann stellt sich ggf. aber auch
das Problem der **Entlastung** nach § 833 Satz 2 BGB. Die setzt voraus, dass das
Tier „dem Beruf, der Erwerbstätigkeit oder dem Unterhalt des Tierhalters zu
dienen bestimmt ist". Die obergerichtliche Rechtsprechung geht insoweit bei
juristischen Person wie Vereinen, die Tierhalter sind, für die Auslegung des
Merkmals davon aus, dass grds. an die Stelle des Berufs die Aufgaben treten,
die für die juristische Person/Verein durch ihre Zweckbestimmung gegeben
sind (so schon OLG Celle, VersR 1972 S. 469). Allerdings ist es nicht ausreichend, um die Entlastungsmöglichkeit des § 833 Satz 2 BGB zu eröffnen (BGH,
NJW 1982 S. 1589 = MDR 1982 S. 841), dass z. B. die von einem Verein gehaltenen Pferde, die grds. sog. Luxustiere i. S. des § 833 BGB sind, nur „auch"
einem erwerbswirtschaftlichen Nebenzweck dienen. Erforderlich ist dafür viel-

mehr, dass der Tierhalter/Verein das Pferd nicht (nur) zur Ausübung des Reitsports nutzt, sondern seine hauptsächliche Zweckbestimmung gerade dem Erwerb dient (BGH, NJW 1986, 2501 = zfs 1986, S. 357; MDR 2011 S. 292 = VersR 2011 S. 407; OLG Hamm, Urteil v. 22. 9. 2009 – 9 U 11/09). Auch werden nach der Rechtsprechung des BGH Tiere, die ein Verein zu einem Gebrauch durch seine Mitglieder hält, nicht als Nutztiere angesehen, wenn deren Gebrauch – wären die Mitglieder selbst Tierhalter – nicht die Voraussetzungen des § 833 Satz 2 BGB erfüllte. Das gilt z. B. für die von einem Verein gehaltenen Reitpferde, die den sportlichen Zwecken der Mitglieder zu dienen bestimmt sind. Die Pferde werden dadurch, dass die Haftung auf den Verein verlagert ist, nicht zu Nutztieren i. S. des § 833 Satz 2 BGB (BGH, NJW 1982 S. 763 = zfs 1982 S. 161). Entscheidend ist nicht schon, dass ein Verein die Tiere zur Erfüllung seiner satzungsgemäßen Zwecke einsetzt, sondern es kommt darauf an, ob diese Zwecke der Einnahmeerzielung dienen (BGH, NJW 2011 S. 1961 = MDR 2011 S. 292 = VersR 2011 S. 407; OLG Hamm, a. a. O.). Nur dann läge auch eine von § 833 Satz 2 BGB erfasste Zweckbestimmung vor, was bei einem Verein aber i. d. R. nicht der Fall ist.

d) Haftung für Hilfskräfte

758   Keine Frage der Haftung des Vereins aus § 31 BGB ist die nach der Haftung für Hilfskräfte. Bei der Haftung aus Vertrag kommen hier **Erfüllungsgehilfen (§ 278 BGB)**, z. B. Beschäftigte in einer Vereinsgaststätte, die auch von Vereinsfremden besucht werden kann, bei der Haftung wegen unerlaubter Handlungen **Verrichtungsgehilfen (§ 831 BGB)**, z. B. Platzwart eines Sportvereins, in Betracht.

> **HINWEIS:**
>
> Für Vertragsverletzungen der von den Organen bestellten Hilfskräfte haftet der Verein nach den Grundsätzen des Fremdverschuldens gemäß § 278 BGB. Für unerlaubte Handlungen einer von einem Organ wirksam beauftragten Hilfskraft haftet der Verein nach § 831 BGB hingegen nur, wenn die Hilfskraft widerrechtlich gehandelt, einen Schaden verursacht hat und bei sorgfältiger Auswahl, Aufsicht und Zurverfügungstellung fehlerfreier Arbeitsmittel der Schaden nicht entstanden wäre.

759   Als **Beispiele** aus der Rechtsprechung der letzten Zeit ist hinzuweisen u.a. auf:

▶ **Therapieleiter** einer Therapie zur Heilung von Drogenabhängigen ordnet an, dass die Teilnehmer ohne Sicherheitsvorkehrungen einen mehr als 6 m hohen Baum besteigen (OLG Frankfurt/Main, SpuRt 1994 S. 93),

▶ hinsichtlich des grundsätzlichen Umfangs der **Aufsichtspflicht** von Betreuern eines **Ferienlagers**, der die Betreuer genügen, wenn sie Verhaltensregeln aufstellen, deren Einhaltung kontrollieren und bei Regelverstößen Strafmaßnahmen durchsetzen (OLG Hamm, r+s 1995 S. 60); nicht ausreichend ist es allerdings, wenn zu Beginn eines Ferienlagers eine allgemeine Belehrung gegeben wird, keine strafbaren Handlungen zu begehen (LG Landau, NJW 2000 S. 2904),

► zur notwendigen Betreuung der während eines auswärtigen Turniers auswärts untergebrachten jugendlichen Mitglieder eines Sportvereins; **mündliches Alkoholverbot** ohne Kontrolle reicht nicht aus (OLG Hamm, OLGR Hamm 1996 S. 117),

► ggf. **Sicherungspflichten** der Organisatoren für die Teilnehmer einer Fahrradtour, die der Verein veranstaltet (OLG Hamm, MDR 2014 S. 776 = NJW-RR 2014 S. 804 = SpuRt 2014 S. 170 = ZStV 2015 S. 17 [keine zusätzliche Sicherung für „Nachzügler"]).

2. Wer ist verfassungsmäßig berufener Vertreter?

Der **Begriff** des verfassungsmäßig berufenen Vertreters wird **weit ausgelegt.** 760 Nach § 31 BGB haftet der Verein zunächst für den Vorstand insgesamt, ein (einzelnes) Mitglied des Vorstands, sowie nach h. M. auch für die Mitgliederversammlung, den Aufsichtsrat oder andere **Vereinsorgane**, wie z. B. Aufsichtsrat, Disziplinarausschuss, nicht aber für Schiedsrichter oder Vereinsschiedsgerichte (Palandt/Ellenberger, § 31 Rz. 5; Reichert u.a., Rz. 3495, 3502). Verfassungsmäßig berufener Vertreter ist daneben weiter insbesondere der **besondere Vertreter** i. S. des § 30 BGB (vgl. dazu Rz. 721 ff.). Darüber hinaus ist der Kreis der Personen, für den der Verein nach § 31 BGB haftet, von der **Rechtsprechung erheblich ausgeweitet** worden (vgl. BGH, NJW 1968 S. 391). Verfassungsmäßig berufene Vertreter sind danach nämlich nicht nur Personen, deren Tätigkeit in der Satzung des Vereins vorgesehen ist. Auch brauchen sie nichtrechtsgeschäftliche Vertretungsmacht zu haben und müssen nicht innerhalb eines Aufgabenbereichs der geschäftsführenden Verwaltungstätigkeit des Vereins handeln (vgl. BGH, NJW 1977 S. 2259 = MDR 1978 S. 41; NJW 1998 S. 1854, 1856 = MDR 1998 S. 638; s. auch Röcken, VB 2/2017 S. 11 f.).

HINWEIS:

Für die Stellung eines „verfassungsmäßigen Vertreters" i. S. von § 31 BGB genügt es vielmehr, wenn dem Vertreter durch die allgemeine Betriebsregelung und Handhabung bedeutsame, wesensmäßige Funktionen der juristischen Person zur selbständigen, eigenverantwortlichen Erfüllung zugewiesen sind, dass er also den Verein auf diese Weise repräsentiert.

BEISPIELE: ▶ Je nach der Organisation des Vereins können verfassungsmäßig berufene Vertreter i. S. des § 31 BGB sein:

▶ der Geschäftsführer des Vereins;

▶ der Leiter einer Vereinsgeschäftsstelle;

▶ der Leiter einer Vereinsabteilung z. B. bei einem Sportverein, der Leiter bestimmter vereinseigener Einrichtungen (Sportzentren, Schwimmbad);

▶ der Vorstand einer unselbständigen Untergliederung oder Fachgruppe eines Gesamtvereins und sonstige Personen mit verantwortungsvollen Funktionen, die sie für die Öffentlichkeit als Repräsentanten des Vereins erscheinen lassen (Sauter/Schweyer/Waldner, Rz. 292; s. auch Palandt/Ellenberger, § 31 Rz. 9; Reichert u.a., Rz. 3498 ff. m. w. N.).

3. Handeln „in Ausführung der zustehenden Verrichtung"

761   Der Vorstand oder ein anderes Vereinsorgan muss bei der schädigenden Handlung in **„amtlicher"** Eigenschaft, eben als Vorstand oder Vereinsorgan und nicht als Privatperson gehandelt haben. Zwischen seinem Aufgabenkreis und der schädigenden Handlung muss ein **sachlicher,** nicht bloß ein zufälliger zeitlicher und örtlicher **Zusammenhang** bestehen. Ein **Beispiel** für sog. Handeln „bei Gelegenheit" ist der von einem Vorstandsmitglied bei Erledigung einer Angelegenheit für den Verein ausgeübte Diebstahl. Dafür haftet der Verein nicht.

762   Nicht erforderlich für die Haftung ist, dass die Handlung durch die Vertretungsmacht des Vorstands oder des anderen Vereinsorgans **gedeckt** war. § 31 BGB erstreckt sich auch und gerade auf solche Fälle, in denen das Organ seine **Vertretungsmacht überschritten** hat. Allerdings darf sich das Vereinsorgan nicht so weit von seinem Aufgabenkreis entfernt haben, dass es für einen Außenstehenden erkennbar außerhalb des allgemeinen Rahmens der ihm übertragenen Aufgaben gehandelt hat (BGH, NJW 1998 S. 1854 = MDR 1998 S. 638). Der Verein haftet auch nicht für die Verpflichtung des vollmachtlosen Vertreters nach § 179 BGB (BGH, NJW 1986 S. 2939, 2941 = MDR 1986 S. 1013). Der Verein haftet ebenfalls nicht aus Pflichtverletzung (§§ 280, 311 Abs. 2), wenn die schuldhafte Pflichtverletzung allein im vertretungsmachtlosen Handeln besteht (z. B. unterlassene Aufklärung des Vertragspartners über die Grenzen der Vertretungsmacht; s. Soergel/Hadding, § 31 Rz. 24).

BEISPIELE: ▶ 1. Eine Bank, die als Privatbank e. V. mit einem Kunden über die Anlage von Geld verhandelt, ist zur sorgfältigen Beratung und Betreuung verpflichtet. Sie haftet, wenn ein Filialleiter die ihm anvertrauten Kundengelder veruntreut. Die Handlung des Filialleiters ist unerlaubte Handlung, so dass der Verein schon aus diesem Grund haftet. Auf die Vertretungsmacht kommt es nicht an (BGH, NJW 1977 S. 2260). Gehaftet wird auch, wenn der Filialleiter einen Kunden durch Täuschung zur Darlehensgewährung an einen anderen veranlasst, um dessen Schuldsaldo bei der Bank zu verringern (BGH, NJW-RR 1990 S. 484).

2. Die Satzung eines Vereins verbietet dem Vorstand, sich selbst Darlehen zu bewilligen und Wechsel zu akzeptieren. Diese Beschränkung wurde im Vereinsregister eingetragen. Akzeptiert der Vorstand nun für den Verein einen Wechsel, haftet der Verein nicht. Hier kann sich der Dritte nur an den Vorstand persönlich als „Vertreter ohne Vertretungsmacht" nach § 179 BGB halten, da er die ihm auferlegte Beschränkung der Vertretungsmacht überschritten hat (BGH, NJW 1986 S. 2939, 2941 = MDR 1986 S. 1013). Er kann sich, wenn vom Vorstand kein Schadensersatz zu erlangen ist, nach h. M. nicht an den Verein halten (BGH, NJW 1980 S. 116).

3. Ist im Beispiel 2 die Beschränkung nicht im Vereinsregister eingetragen, haftet der Verein. Der Vorstand handelt, obwohl an sich verboten, in dem ihm – als grds. unbeschränkt vertretungsbefugten Organ – zugewiesenen Geschäftsbereich.

4. In Anwendung dieser Grundsätze haftet der Verein auch für eine zu Unrecht ausgewiesene Umsatzsteuer, wenn die fehlerhafte Rechnung von einem nicht vertretungsberechtigten, aber im Rahmen seiner üblichen Zuständigkeiten handelnden Abteilungsleiter ausgestellt wurde (Hess. FG, EFG 2003 S. 1423).

Der Verein haftet auch, wenn lediglich **eines von** mehreren gesamtvertretungs-   763
berechtigten **Mitgliedern** des Vorstands gehandelt hat. Schon das Verschulden eines Vorstandsmitglieds genügt, um eine Haftung des Vereins zu begründen. Das gilt auch, wenn ein gesamtvertretungsberechtigtes Vorstandsmitglied die Unterschrift eines Mitzeichnungsberechtigten fälscht.

> **BEISPIEL:** ▶ Vorstand A und B eines Schützenvereins e. V. sind gesamtvertretungsberechtigt. A beantragt ohne Wissen des B bei der C-Bank ein Darlehen. Dabei fälscht er ebenso die Unterschrift des B wie bei der Empfangsbestätigung für den Darlehensbetrag, den er für sich verwendet. Der Schützenverein e. V. haftet für die unerlaubte Handlung (BGH, NJW 1986 S. 1104; OLG München, NJW-RR 1991 S. 672; a. A. früher BGH, BB 1967 S. 856).

Schließlich kann sich auch ein **Vorstandsmitglied**, das einen **Schaden erlitten**   764
hat, auf die Haftung des Vereins nach § 31 BGB berufen, wenn es im Vorstand nicht selbst für das schadensstiftende Ereignis verantwortlich ist (BGH, NJW 1978 S. 2390; NJW 1984 S. 1884).

> **BEISPIEL:** ▶ A ist Vorstandsmitglied eines Sportvereins, der auf dem vereinseigenen Sportplatz eine Kantine betreibt. Nach der Geschäftsverteilung im Vorstand ist A für die Kantine, insbesondere für die Einweisung des Personals in die Benutzung von technischen Geräten, nicht zuständig. A bestellt sich in der Kantine eine Tasse Kaffee. Serviert wird ihm eine Tasse, die mit Reinigungsflüssigkeit gefüllt ist, die aus der Kaffeemaschine noch nicht abgelassen war. Erleidet A infolge des Trinkens dieser Flüssigkeit Verletzungen, haftet ihm gemäß § 31 BGB der Verein, wenn das zuständige Vorstandsmitglied das Personal nicht genügend eingewiesen und beaufsichtigt hat.

765　Im Übrigen hat jedes Vereinsmitglied Anspruch darauf, dass der Vorstand sein **Mitgliedschaftsrecht** nicht **verletzt**. Geschieht das, so begründet dies Schadensersatzpflichten, für die der Verein nach § 31 BGB haftet (BGH, NJW 1984 S. 1884; OLG Schleswig, OLGR Schleswig 2002 S. 457 [Schadensersatzanspruch nach einem Vereinsausschluss]; LG Arnsberg, Beschluss v. 27.3.2013 – 3 S 6/13 [unwirksamer Vereinsausschluss]; zur Haftungsprivilegierung des Vorstands s. Rz. 589 ff.).

> **BEISPIEL:** ▶ A ist Mitglied des B-Vereins. Er gehört außerdem dessen Vorstand als Vorsitzender an. Wegen Unstimmigkeiten schließt der Vorstand A aus dem Verein aus. Gegen den Ausschluss geht A mit Hilfe eines Rechtsanwalts vor. Die ihm dadurch entstehenden Kosten kann er vom Verein ersetzt verlangen; denn der Vorstand hat seine Mitgliedschaftsrechte verletzt, da er für den Ausschluss des Vorsitzenden A nicht zuständig war. Das war, auch wenn die Satzung allgemein dem Vorstand das Recht zur Ausschließung von Vereinsmitgliedern gibt, die Mitgliederversammlung (BGH, a. a. O.).

766　Der Verein haftet auch, wenn einem Mitglied die **satzungsmäßigen Leistungen verweigert** werden, z. B. die Teilnahme an Vereinswettbewerben (BGH, NJW 1990 S. 2877 [für Yachtregatta] mit Besprechung von Götz, JuS 1995 S. 106; vgl. auch BGH, NJW-RR 2000 S. 758 [Verweigerung der Eintragung in das vom Verein geführte Zuchtbuch]) oder bei einer Schlechtleistung (BGH, NJW 1988 S. 1030 [für Lohnsteuerhilfeverein]). Anspruchsgrundlage kann neben §§ 823 Abs. 1, 31 BGB auch § 280 Abs. 1 BGB sein (BGH, a. a. O.).

4. Haftung wegen eines Organisationsmangels

767　Die Rechtsprechung hat den Anwendungsbereich des § 31 BGB noch durch die Lehre vom Organisationsmangel **ausgedehnt**. Danach ist der Verein verpflichtet, den Gesamtbereich seiner Tätigkeit so zu organisieren, dass für alle wichtigen Aufgabengebiete (s. Rz. 721 ff.) ein **verfassungsmäßiger Vertreter** zuständig ist. Ist das nicht der Fall, wird ein Organisationsmangel angenommen, für den der Verein verantwortlich ist. Ist mit der wichtigen Aufgabe lediglich eine Person ohne leitende Stellung beauftragt worden, kann sich der Verein nicht wie sonst bei Handlungen eines „Verrichtungsgehilfen" damit entlasten, dass er bei der Auswahl der betreffenden Person die im Verkehr erforderliche Sorgfalt beachtet habe (§ 831 BGB; s. auch oben Rz. 758).

> **BEISPIEL:** ▶ Für einen andauernden verkehrsgefährdenden Zustand, wenn etwa ein an einer belebten Straße gelegener Fußballplatz nicht genügend gegen hohe Bälle abgesichert ist, muss ein verfassungsmäßig berufener Vertreter des Vereins die Verantwortung tragen. Hat diese nur ein „normaler" Platzwart, liegt ein Organisationsmangel vor (BGH, NJW 1960 S. 252). In Betracht kommt die Zuständigkeit eines „besonderen Vertreters".

Hat der Verein seine Organisationspflicht erfüllt, haftet er nur nach den allgemeinen Vorschriften der §§ 278, 831 BGB. Für (unerlaubte) Handlungen seiner Angestellten hat er daher nur einzustehen, wenn einer der Vereinsvertreter eine Pflicht verletzt hat, z. B. die zur (Dienst-)Aufsicht (s. auch Rz. 758 ff.).

5. Eigene Haftung der Organe

a) Haftung gegenüber dem Verein

Das **Vereinsorgan haftet** dem **Verein** für von ihm angerichtete Schäden aus einer positiven Vertragsverletzung der im Innenverhältnis zugrunde liegenden Auftragsvorschriften (BGH, NJW 1987 S. 1077 [für Vorstand einer AG]; eingehend zur persönlichen Haftung des Vorstands gegenüber dem Verein Küpperfahrenberg, a. a. O., S. 195 ff.; vgl. zuletzt auch BGH, NJW 2008 S. 1589 = MDR 2008 S. 395 zur Haftung des Vorstands eines Sportvereins wegen des Abschlusses von Spielerverträgen, die der Verein nicht erfüllen kann). Das Vereinsorgan haftet **grds.** für **jedes Verschulden** (BGH, WPM 1975 S. 467 für die Genossenschaft; LG Bonn, NJW-RR 1995 S. 1435).

768

Diese Haftung ist insbesondere bei einem **ehrenamtlich** unentgeltlich tätigen Vereinsorgan in der Vergangenheit als zu weit angesehen worden. Die Rechtsprechung hat versucht, hier mit einem **Ersatz- oder Freistellungsanspruch** gegenüber dem Verein zu helfen und über §§ 27 Abs. 3 a.F., 670 BGB die Grundsätze über den innerbetrieblichen Schadensausgleich entsprechend angewendet (BGH, NJW 1984 S. 789). War eine ausdrückliche Vereinbarung nicht vorhanden, so musste das Organmitglied den Schaden so weit tragen, wie es bei unmittelbarer Schädigung des Vereins von diesem hätte in Anspruch genommen werden können. Das OLG Stuttgart (SpuRt 2004 S. 31) hat diesen Freistellungsanspruch entsprechend den Grundsätzen des innerbetrieblichen Schadensausgleichs einem ehrenamtlich Tätigen auch dann gewährt, wenn der Verein für das Mitglied freiwillig eine Haftpflichtversicherung abgeschlossen hatte, der Schadensersatzanspruch aber die Versicherungssumme überstieg. Das hat der BGH, in vollem Umfang bestätigt (BGH, NJW 2005 S. 981 = NZG 2005 S. 357).

769

An der Stelle haben das „Gesetz zur Erleichterung **elektronischer Anmeldungen** zum Vereinsregister und anderer vereinsrechtlicher Änderungen" v. 24. 9. 2009 (BGBl I S. 3145) und das „Gesetz zur **Stärkung** des **Ehrenamtes**" v. 21. 3. 2013 (vgl. BGBl I S. 556) eine Entlastung gebracht. Beim **ehrenamtlichen** oder nur gegen eine geringfügige Vergütung tätigen **Organmitglied** und beim „besonderen Vertreter" ist die Haftung nach § 31a BGB auf Vorsatz und grobe Fahr-

770

lässigkeit begrenzt. Die damit zusammenhängenden Fragen sind dargestellt bei Rz. 596 ff. und bei Rz. 744. Außerdem ist jetzt durch das „Gesetz zur **Stärkung** des **Ehrenamtes**" v. 21. 3. 2013 (vgl. BGBl I S. 556) in § 31b BGB eine Haftungsprivilegierung für Vereinsmitglieder vorgesehen, die unentgeltlich/ehrenamtlich für den Verein tätig werden (vgl. dazu Rz. 310 ff.).

HINWEIS:

In Betracht kommen kann auch eine Haftung des Vorstands/Vereinsvorsitzenden für Steuerschulden des Vereins (zuletzt BFH, NJW 1998 S. 3374 m. w. N. und FG Münster, EFG 2002 S. 1134; wegen der Einzelheiten s. Rz. 584 ff.).

---

b) Persönliche Haftung gegenüber dem Geschädigten

771 Dem **Geschädigten haften** neben dem Verein alle **verfassungsmäßigen Vertreter**, die eine **unerlaubte Handlung** begangen haben, persönlich als Gesamtschuldner. Das kann z. B. über § 823 Abs. 2 BGB der Fall sein, wenn der Vorstand einen Betrug (§ 263 StGB) oder eine Untreue (§ 266 StGB) begangen hat. Die neuere Rechtsprechung geht hier sehr weit und nimmt eine Garantenstellung der Vereinsrepräsentanten für die ihnen übertragenen organisatorischen Aufgaben an (BGH, NJW 1990 S. 976; zur Haftung auch Altmeppen, ZIP 1995 S. 881). Im Innenverhältnis ist das Organ dem Verein bei Delikten kraft Gesetzes nach § 840 Abs. 2 BGB, sonst nach Maßgabe des Anstellungsverhältnisses oder der Vorschriften über den Auftrag, ausgleichspflichtig (zur Haftung des Vorstands bei Verletzung der Pflicht zur rechtzeitigen Stellung des Antrags auf Eröffnung des Insolvenzverfahrens s. Rz. 610 ff.).

c) Haftung für Vertragsverletzungen

772 Bei **Vertragsverletzungen** haftet das handelnde **Organ neben** dem **Verein** i. d. R. **nicht**, da Vertragspartner immer der Verein ist (zur – verneinten – Rechtsscheinshaftung des Vorsitzenden eines eingetragenen Vereins bei einmaligem Weglassen des Zusatzes e. V. bei Abschluss eines Vertrags OLG Celle, NJW-RR 1999 S. 1052). Etwas anderes gilt nur dann, wenn in der Vertragsverletzung zugleich auch eine unerlaubte Handlung (z. B. Betrug, § 263 StGB, oder Untreue, § 266 StGB) liegt oder Verschulden bei Vertragsschluss (jetzt §§ 280 Abs. 1, 311 Abs. 2, 3 i. V. mit § 241 BGB) anzunehmen ist. Das kommt namentlich in Betracht, wenn das Organ wirtschaftlich betrachtet gleichsam in eigener Sache tätig geworden ist. Ein eigenes wirtschaftliches Interesse des Vereinsorgans reicht für diese Annahme aber noch nicht aus, ggf. aber, wenn er die persönliche Gewähr für die Seriosität und Erfüllung eines Vertrags übernimmt (vgl. dazu Palandt/Ellenberger, § 276 Rz. 93 ff., 97 m. w. N.). Nach Sauter/

Schweyer/Waldner (Rz. 292b) kann auch für **Schirmherren**, die eine Empfehlung für Vereine oder Vereinsveranstaltungen geben, eine eigene Haftung in Betracht kommen. Erwogen wird, die entsprechende Anwendung des zur Prospekthaftung entwickelten Gedankens des Vertrauensschutzes, wenn der Schirmherr sich nicht ausreichend über den Verein/die Vereinsveranstaltung, die er empfiehlt, erkundigt hat.

6. Haftung des Vereins bei Gefälligkeiten?

In der Praxis häufiger sind sicherlich die Fragen, die mit der Haftung des Vereins zusammenhängen, wenn ehrenamtliche Helfer bei einer Tätigkeit für den Verein zu Schaden gekommen sind. Das kann z. B. der Fall sein, wenn diese bei einer Vereinsveranstaltung aushelfen, insbesondere aber auch, wenn diese Fahrdienste erbringen.

> **BEISPIEL:** Eine Großmutter, die nicht Vereinsmitglied ist, bringt ihre Enkelin mit dem Pkw zu einem Sportwettkampf/Hallenkreismeisterschaft. Sie erleidet auf dem Weg einen Verkehrsunfall. Die Großmutter macht gegenüber dem Verein Kostenersatz für eine Zahnbehandlung und den Ersatz einer Brille sowie Schmerzensgeld geltend. Die Versicherung des Vereins lehnt die Erfüllung der Ansprüche ab, weil die Großmutter als ein Nichtmitglied keinen Versicherungsschutz genieße und auch die Anforderungen an eine offiziell eingesetzte Helferin nicht erfüllt gewesen seien. Die Großmutter fragt, ob sie den Verein in Anspruch nehmen kann.

In diesen Fällen scheidet eine Haftung des Vereins über § 31 BGB aus. In Betracht kommt **nur ein Schadensersatz-/Aufwendungsersatzanspruch analog § 670 BGB**. Der wird allerdings von der **Rechtsprechung** des BGH verneint (vgl. BGHZ 206 S. 254 = NJW 2015 S. 2880 = SpuRt 2015 S. 255 = ZStV 2016 S. 55; a. A. OLG Celle, ZStV 2015 S. 12). Danach muss zwischen einem Auftrags- und einem Gefälligkeitsverhältnis unterschieden werden. Ob jemand für einen anderen – hier den Verein – ein Geschäft i. S. des § 662 BGB (Auftrag) besorgt oder jemandem nur eine (außerrechtliche) Gefälligkeit erweist, hängt nach der Rechtsprechung des BGH vom Rechtsbindungswillen ab. Eine vertragliche Bindung wird danach vor allem dann vorliegen, wenn für den Leistungsempfänger – den Verein – wesentliche Interessen wirtschaftlicher Art auf dem Spiel stehen und er sich auf die Leistungszusage verlässt oder wenn der Leistende an der Angelegenheit ein eigenes rechtliches oder wirtschaftliches Interesse hat. Ist das nicht der Fall, kann dem Handeln der Beteiligten nur unter besonderen Umständen ein rechtlicher Bindungswillen zugrunde gelegt werden. I. d. R. wird ein solcher **Bindungswille** deshalb beim sog. Gefälligkeitshandeln des täglichen Lebens, bei Zusagen im gesellschaftlichen Bereich u.a. zu **verneinen** sein. Die Abgrenzung erfolgt unter Berücksichtigung u.a. der Art der Tätigkeit, ihrem

773

774

Grund und Zweck, ihrer wirtschaftlichen und rechtlichen Bedeutung für den Auftraggeber, der Umstände, unter denen sie erbracht wird und der dabei entstehenden Interessenlage der Parteien. Gefälligkeiten des täglichen Lebens oder vergleichbare Vorgänge erfüllen deshalb regelmäßig nicht den Tatbestand der §§ 677 ff. BGB (vgl. Röcken, MDR 2016 S. 1067 ff.).

775 Zur **Abgrenzung** wird man also **fragen** müssen: **Wem gegenüber** wird die Tätigkeit erbracht? War es vorrangig eine Gefälligkeit gegenüber dem Vereinsmitglied, ändert sich an dem Charakter der Tätigkeit als Gefälligkeit nichts dadurch, dass sie ggf. auch im Interesse des Vereins lag. Von Bedeutung ist auch, ob der Fahrtkostenersatz zahlte. Etwas anderes gilt, wenn das ehrenamtliche Nichtmitglied ausdrücklich vom Verein beauftragt wurde. Dann können bei Schäden Aufwandsersatzansprüche entstehen, auch wenn der Verein den Schaden nicht verschuldet hat.

> **HINWEIS:**
>
> Vereine sollten für die Fälle, in denen eine Haftung in Betracht kommen kann, eine Versicherung abschließen oder Aufwandsersatzansprüche vertraglich ausdrücklich ausschließen (zur Versicherung Goetze, VB 12/2015 S. 6 f.).
>
> Vereine haben – zumindest nicht gegenüber Nichtmitgliedern – keine Hinweispflicht, dass ggf. eine Versicherung nicht besteht (vgl. BGHZ 206 S. 254 = NJW 2015 S. 2880 = SpuRt 2015 S. 255 = ZStV 2016 S. 55; a.A. OLG Celle, ZStV 2015 S. 12).

XIII. Zusammenschluss mehrerer Vereine

1. Allgemeines

Großvereine haben meist Untergliederungen, die i. d. R. regional, manchmal   776
aber auch fachlich aufgeteilt sind. Zum Zusammenschluss mehrerer Vereine
kann es insbesondere auch kommen, wenn verschiedene Vereine den gleichen
oder einen ähnlichen Zweck verfolgen. Für die **Ausgestaltung** derartiger Glie-
derungen lassen die §§ 21 ff. BGB den Beteiligten **weitgehend Freiheit** (s. aber
auch Rz. 848; aus der Literatur s. dazu König, Der Verein im Verein, 1992; Heermann, Die Geltung von Verbandssatzungen gegenüber mittelbaren Mitgliedern und Nichtmitgliedern, NZG 1999 S. 325; Oschütz, Zur Rechtsstellung der
Vereinssparte, SpuRt 2008 S. 97). In der Praxis kommen vor allem folgende
Organisationsformen vor, wobei die Übergänge fließend sein können.

2. Vereinsverband

Beim Vereinsverband handelt es sich um einen **Zusammenschluss von selb-**   777
ständigen Vereinen zur Verfolgung gemeinsamer Zwecke (eingehend zum Vereinsverband Sauter/Schweyer/Waldner, Rz. 323 ff.; Stöber/Otto, Rz. 1191 ff.;
Reichert u.a., Rz. 5668 ff.). Der Verband kann als rechtsfähiger oder nichtrechtsfähiger Verein organisiert sein. Entsprechendes gilt für die Mitgliedsvereine.

Der Vereinsverband wird i. d. R. **von Vereinen gegründet.** Meist sind auch nur   778
diese Mitglieder beim Vereinsverband. Möglich ist aber, dass die Mitglieder der
(Mitglieds-)Vereine Verbandsmitglieder werden, wenn die Verbandssatzung
dies zulässt. Bei der Gründung des Vereinsverbands werden die Mitgliedsvereine durch ihren jeweiligen Vorstand in vertretungsberechtigter Zahl von Vorstandsmitgliedern vertreten. Diese nehmen auch die Mitgliedschaftsrechte der
Mitgliedsvereine wahr, wenn die Verbandssatzung keine andere Regelung
trifft, z. B. durch Einrichtung der Mitgliederversammlung als Versammlung
von Delegierten der Mitgliedsvereine (zur Bindung an die Satzung übergeordneter Verbände durch sog. dynamische Verweisungsklauseln Heermann, ZHR
174 S. 250 ff.). Unzulässig ist eine Regelung in einer Vereinssatzung, mit der
Organschaftsrechte, wie z. B. Stimm- und Wahlrechte, von einem Vereinsmitglied, das eine juristische Person/Verein ist, auf die ihm angeschlossenen Un-
ternehmen/Untergliederungen, die insoweit jeweils den Status eines ordentlichen Mitglieds erhalten sollen, übertragen werden. Die dadurch bewirkte
Vervielfachung des abgespaltenen Stimmrechts führt nicht nur zu einer Un-
gleichbehandlung der übrigen ordentlichen Mitglieder, sondern unter Umständen sogar zu ihrer Entrechtung (OLG Stuttgart, NZG 2010 S. 753 = Rpfleger
2010 S. 519 = FGPrax 2010 S. 255).

779 Wer die **Mitgliedschaft** in einem verbandsangehörigen Verein erwirbt, wird damit nicht ohne Weiteres auch Mitglied des Verbands. Hierfür ist erforderlich, dass die Verbandssatzung bestimmt, dass der Erwerb der Mitgliedschaft im Mitgliedsverein zugleich die Mitgliedschaft im Verband begründet, und außerdem, dass sich auch aus der Satzung des Mitgliedsvereins die **Doppelmitgliedschaft** ergibt, dass also jedes Vereinsmitglied zugleich Mitglied des Verbands ist (BGH, NJW 1958 S. 1867; 1959 S. 379). Eine solche satzungsmäßig doppelte Grundlage ist vor allem auch deshalb erforderlich, wenn der Verband gegenüber den Mitgliedern der nachgeordneten Vereine Strafgewalt haben soll, etwa zur Verhängung einer Vereinsstrafe. Denn der Verband ist nicht befugt, Mitglieder aus den Mitgliedervereinen auszuschließen (BGH, NJW 1958 S. 1867; zur **Beitragspflicht** eines Landesverbands gegenüber seinem Dachverband BGH, NZG 2013 S. 671; allgemein zu Beiträgen in Vereinen und Verbänden Orth/Houf, SpuRt 2014 S. 226).

780 Im Übrigen wird man – falls keine Regelung in den Satzungen erfolgt ist – dem Verband nur in dem Bereich **Vereinsstrafgewalt** zuerkennen können, in dem eine – auch vom Mitglied wahrgenommene – Beziehung zwischen Verband und Mitglied besteht (Sauter/Schweyer/Waldner, Rz. 324; vgl. auch BGHZ 128 S. 93 = NJW 1995 S. 583 [Reiterliche Vereinigung]; Haas/Adolphsen, NJW 1995 S. 2146, Haas/Prokop, JR 1998 S. 45 [zur Autonomie der Sportverbände und der Rechtsstellung von Athleten; zur Verhängung von Vereinsstrafen gegen Nichtmitglieder Rz. 212 f.; zur Bindung an Verbandsrecht in der Verbandshierarchie Pfister, SpuRt 1996 S. 48). Ein Verbandsmitglied kann sich den Satzungsregelungen des Verbands und damit der Strafgewalt aber auch dadurch unterwerfen, indem es am Spielbetrieb teilnimmt (BGH, a. a. O.; LG Bremen, SpuRt 2014 S. 174).

3. Gesamtverein

a) Allgemeines

781 Beim Gesamtverein, auch Hauptverein oder Zentralverein, handelt es sich nicht notwendigerweise um den Zusammenschluss mehrerer Vereine. Ein Gesamtverein kann auch dadurch entstehen, dass der Verein wegen gewachsenen Umfangs die Vereinsgeschäfte nicht mehr bewältigen kann und deshalb bestimmte Aufgaben des Vereins auf örtliche Geschäftsbereiche verteilt werden. Diese sog. **Untergliederungen** sind **Teile der Gesamtorganisation**. Mitglieder des Gesamtvereins sind dann die einzelnen Mitglieder, nicht die Untergliederungen. Die Untergliederungen können rechtlich unselbständig sein (s. LG Bremen, Rpfleger 1989 S. 202 m. w. N.), sie können aber auch die Stellung eines

rechtsfähigen oder nichtrechtsfähigen Vereins besitzen (BGH, NJW 1984 S. 2223; NJW 2008 S. 69 = SpuRt 2008 S. 70 = NZG 2008 S. 826; OLG Düsseldorf, Urteil v. 13. 10. 2016 – 15 U 3/16; OLG Frankfurt/Main, Urteil v. 27. 2. 2014 – 15 U 94/13; zur Auslegung der Satzung eines Hauptvereins betreffend die Stellung von Zweigvereinen als Untergliederungen in dem Gesamtverein OLG Frankfurt/Main, a. a. O.). Im Einzelnen gilt:

b) Zweigverein

Soll die Untergliederung die **Rechtsstellung** eines **Vereins** haben, sog. **Zweigverein,** müssen alle (rechtlichen) Voraussetzungen für das Vorhandensein eines (selbständigen) Vereins erfüllt sein. Das setzt voraus, dass die Unterorganisation eigene Aufgaben selbständig wahrnimmt, eine körperschaftliche Verfassung besitzt, einen eigenen Namen führt und vom Wechsel der Mitglieder unabhängig ist (BGH, NJW 1984 S. 2223). Nicht notwendig ist, dass die Untergliederung über eine eigene Satzung verfügt. Die Verfassung kann sich aus der Satzung des Gesamtvereins ergeben (BGH, a. a. O.; wegen der Einzelheiten s. Sauter/Schweyer/Waldner, Rz. 329). Wird allerdings in der **Satzung** eines **Zweigvereins** auf die Satzung des **Gesamtvereins verwiesen,** so ist dies nur zulässig, wenn die Verweisung widerspruchsfrei und verständlich gefasst ist und sie sich auf bestimmte einzelne Vorschriften der in Bezug genommenen Satzung bezieht (OLG Hamm, Rpfleger 1988 S. 28). Eine **allgemeine Bezugnahme reicht** also **nicht** aus.

782

> **HINWEIS:**
> Verfügt die Untergliederung über eigene, nicht vom Gesamtverein eingesetzte Organe, eine selbständige Kassenführung sowie über eine eigene Mitgliederversammlung, spricht dies für eine Einstufung als Zweigverein, der rechtlich selbständig ist.

So sind von der Rechtsprechung **beispielsweise** eingestuft worden:

783

▶ Kreisverwaltung der **ÖTV** (OLG Düsseldorf, NJW-RR 1986 S. 1506),

▶ Ortsverband der **CSU** (OLG Bamberg, NJW 1982 S. 895),

▶ Ortsgruppe der DLRG (BGH, NJW 1984 S. 2223),

▶ Ortsverein der SPD (LG Frankfurt/Main, NJW 1979 S. 1661),

▶ Tennisabteilung eines Sportvereins (LG Regensburg, NJW-RR 1988 S. 184).

Die **Mitglieder** des **Zweigvereins** sind immer auch **Mitglieder** des **Gesamtvereins.** Der Zweigverein selbst ist i. d. R. nicht Mitglied des Gesamtvereins. Die Mitgliedschaft im Gesamtverein wird durch den Beitritt zum Zweigverein erworben (BGH, NJW 1979 S. 1402).

784

c) Abteilungen

785 Zu **unterscheiden** vom Zweigverein ist die **unselbständige Untergliederung** eines Vereins, z. B. in Form einer Abteilung. Diese hat keine vereinsmäßige Verfassung (wegen der Einzelheiten s. Sauter/Schweyer/Waldner, Rz. 330 m. w. N.; vgl. BGH, NJW 2008 S. 69, 73 f. = SpuRt 2008 S. 70 = NZG 2007 S. 826;). Der in der Praxis häufigste Fall ist der der unselbständigen **Abteilung** von mitgliederstarken **Sportvereinen**, also z. B. Fußballabteilung, Tennisabteilung usw. Die Abteilung ist im BGB nicht geregelt. Ob und wie Abteilungen eingerichtet werden, richtet sich im Zweifel nach der Satzung. Der Vereinszweck eines Sportvereins, durch sorgfältige Pflege des Sports zur körperlichen Ertüchtigung seiner Mitglieder beizutragen sowie durch den Sport Zusammengehörigkeit unter seinen Mitgliedern zu fördern, setzt jedoch nicht zwingend voraus, dass der Verein zur Ausübung einer bestimmten Sportart, wie z. B. Rudern, eine entsprechende Abteilung unterhält (BGH, NZG 2013 S. 466 = MDR 2013 S. 607 = NJW-RR 2013 S. 604; vgl. auch noch für Schieß- und Bogensports OLG Nürnberg, Rpfleger 2016 S. 159 = NZG 2016 S. 155 [Ls.]). Die Auflösung einer solchen Abteilung verstößt im Regelfall auch nicht gegen die vereinsrechtliche Treuepflicht (BGH, a. a. O.). Zwingende Voraussetzung für die Abteilungsbildung ist eine Satzungsregelung aber nicht. Ist in der Satzung eine Regelung nicht vorgesehen, kann der Vorstand die Bildung einer Abteilung – ggf. nach Weisung der Mitgliederversammlung – beschließen. Untersagt diese die Bildung einer Abteilung, hat die Abteilungsgründung zu unterbleiben.

786 Die Abteilung/Untergliederung ist **unselbständig**, sie tritt nach außen nur im Namen des Gesamtvereins auf, der allein berechtigt und verpflichtet sein kann/wird. Der **Leiter** einer unselbständigen Untergliederung kann ohne in der Satzung vorgesehene Vertretungsmacht für den Gesamtverein nur aufgrund einer **Vollmacht** des **Vorstands** des Gesamtvereins handeln (Sauter/Schweyer/Waldner, Rz. 330). Bestellt also der Leiter einer Abteilung ohne Vertretungsmacht Waren für seine Abteilung, muss er persönlich den Kaufpreis bezahlen. Dabei kann offen bleiben, ob die Bestellung im Namen des Vereins oder im Namen der Abteilung erfolgt ist. Im ersten Fall haftet der Abteilungsleiter nach § 179 Abs. 1 BGB, weil er für den Verein keine Vertretungsmacht besaß, im zweiten Fall nach § 54 Satz 2 BGB, falls es sich bei der Abteilung um einen nicht rechtsfähigen Verein innerhalb des Gesamtvereins handelt oder nach § 179 Abs. 1 BGB analog, falls die Abteilung nur ein unselbständiger Teil des Vereins ist (BGH, NZG 2013 S. 672). Ist der Abteilungsleiter allerdings in der Satzung des Gesamtvereins zum **"besonderen Vertreter"** gemäß § 30 BGB bestellt worden, so besitzt er für alle Geschäfte, die gewöhnlich bei der Untergliederung anfallen, Vertretungsmacht für den Gesamtverein.

Früher ging man davon aus, dass die unselbständige Untergliederung anders   787
als der Zweigverein kein **Vermögen** erwerben könne und auch nicht **parteifähig** sei. Alles, was sie besitze, sei Eigentum des Gesamtvereins. Die Untergliederung könne als solche weder klagen noch verklagt werden. Das sieht der
BGH inzwischen (zumindest teilweise) anders. In seiner Entscheidung v.
2. 7. 2007 (NJW 2008 S. 69 = SpuRt 2008 S. 70 = BB 2007 S. 2310 = NZG 2007
S. 826; vgl. auch BGH, NZG 2013 S. 466 = MDR 2013 S. 607 = NJW-RR 2013
S. 604) hat er eine Vereinssparte eines Sportvereins, und zwar die Ruderabteilung, als nicht rechtsfähigen Verein (vgl. dazu Rz. 945 ff.) angesehen, der aktiv
parteifähig sei und daher gegen den Gesamtverein klagen könne. In derselben
Entscheidung hat der BGH zudem ausgeführt, dass die Untergliederung auch
eigenes Vermögen haben könne (BGH, a. a. O.). Die Einordnung richtet sich
danach, ob die Untergliederung die Verfassung eines Vereins besitzt, ob also
eine auf Dauer angelegte Aufgabenerfüllung durch eine eigene, dafür handlungsfähige, mit einer gewissen wirtschaftlichen Selbständigkeit ausgestattete
körperschaftliche Organisation festgestellt werden kann, die von der Identität
ihrer Mitglieder unabhängig ist. Liegen diese Voraussetzungen vor, kommt der
Abteilung eines eingetragenen Hauptvereins die Rechtsform des nichtrechtsfähigen Vereins zu (so auch BGH, NJW 2008 S. 69 = SpuRt 2008 S. 70 = BB 2007
S. 2310 = NZG 2007 S. 826; Palandt/Ellenberger, Einf. v. § 21 Rz. 24).

Die Fragen lassen sich anhand folgender **Checkliste prüfen** (vgl. AG Moers,   788
Urteil v. 27. 3. 2013 – 563 C 237/11):

► Ist die Abteilung körperschaftlich organisiert?

► Verfügt sie ggf. über einen eigenen Abteilungsvorstand mit ggf. Abteilungsleiter, Stellvertreter, Geschäftsführer, Kassierer und/oder Jugendleiter?

► Werden regelmäßig Vorstandssitzungen abgehalten, in denen die Angelegenheiten der Abteilung durch Vorstandsbeschlüsse geregelt werden?

► Ist die Abteilung von ihrem jeweiligen Mitgliederbestand unabhängig?

► Verfügt sie ggf. über eine eigene Abteilungskasse und ist finanziell selbständig? Erhält sie ggf. ein Budget vom Hauptverein, das sie in eigener Verantwortlichkeit selbständig für ihre Zwecke verwalten und einsetzen kann?

Ob ein Zweigverein oder eine unselbständige Untergliederung vorliegt, kann   789
nur im **Einzelfall** unter **Berücksichtigung sämtlicher Umstände** entschieden
werden. Besonderes Gewicht haben die oben erwähnte Organisation sowie
der organisatorische Aufbau des Gesamtvereins. Als unselbständige Untergliederungen sind beispielsweise angesehen worden:

- ▶ Bezirksleitungen der IG-Metall (BAG, AP Nr. 5 zu § 36 ZPO),

- ▶ Handballabteilung eines **Sportvereins** (KG, OLGZ 1983 S. 272; vgl. aber BGH, NJW 2008 S. 69 = SpuRt 2008 S. 70 = BB 2007 S. 2310 = NZG 2007 S. 826; NZG 2013 S. 466 = MDR 2013 S. 607 = NJW-RR 2013 S. 604 [Ruderabteilung]; AG Moers, Urteil v. 27. 3. 2013 – 563 C 237/11 [Fußballabteilung eines Sportvereins]),

- ▶ Ortsverband der **CDU** (LG Bonn, NJW 1976 S. 810 wegen fehlender Satzungsgewalt; zur Parteifähigkeit des Bezirksverbands einer politischen Partei s. § 3 PartG).

790 Aufgaben und Organe der Abteilungen im Rahmen des Gesamtvereins werden durch die **Satzung** des „Gesamtvereins" festgelegt, eine eigene Satzung haben Abteilungen nicht. Diese kann/sollte bestimmen, ob die Abteilung

- ▶ z. B. einen eigenen **Leiter** wählt, der ggf. auch Mitglied des Gesamtvorstands des Vereins sein kann, und in welchem Verfahren dieser gewählt wird,

- ▶ eigene **Mitgliedsbeiträge** (vgl. Rz. 136 ff.) erheben kann und/oder, ob sie einen Teil der an den Verein zu zahlenden Mitgliedsbeiträge erhält,

- ▶ selbst **Mitglieder** aufnehmen und/oder ausschließen kann,

- ▶ berechtigt ist, ggf. eigene **Versammlungen** abzuhalten,

- ▶ **wann** und **durch wen** die Abteilung **aufgelöst** werden kann (zur Auflösung einer Abteilung BGH, NZG 2013 S. 466 = MDR 2013 S. 607 = NJW-RR 2013 S. 604).

HINWEIS:

Eine Abteilung hat nicht die Möglichkeit, die Satzung des Gesamtvereins zu ändern. Sie hat auch keine – mit einem Mitglied vergleichbare – Sonderstellung im Verein. Deswegen kann sie auch keine Feststellungsklage führen, um z. B. Beschlüsse der Mitgliederversammlung anzufechten. Das können Abteilungen nur über ihre Mitglieder – nicht als Abteilung selbst (BGH, NZG 2013 S. 466 = MDR 2013 S. 607 = NJW-RR 2013 S. 604).

791 Wird der **Hauptverein aufgelöst**, wird immer auch die Abteilung aufgelöst. Eine **Fortführung** der Abteilung kann grds. nur durch Neugründung eines eigenen Vereins erfolgen. Es besteht auch kein Rechtsanspruch auf eine Vermögensnachfolge. Wollen Abteilungsmitglieder den Verein fortführen, sollte zuerst die Neugründung eines Vereins aus der Abteilung heraus erfolgen. Zwischen Hauptverein und neuem Verein können dann die Regelungen über die Vermögensnachfolge getroffen werden. Das ist vor allem dann von Bedeutung, wenn der Hauptverein gemeinnützig ist. Sein Restvermögen darf dann nur an

einen anderen gemeinnützigen Verein gehen. Der neue Verein sollte also eingetragen sein und die (vorläufige) Gemeinnützigkeit haben (vgl. dazu Rz. 989). Dann kann er vom Hauptverein als „Anfallsberechtigter" eingesetzt werden (vgl. dazu Rz. 863).

XIV. Beendigung des Vereins

1. Allgemeines

792 Folgende Beendigungsgründe sind zu unterscheiden: die Auflösung (Rz. 793 ff.) und das Erlöschen des Vereins (Rz. 808 f.) sowie der Verlust der Rechtsfähigkeit (Rz. 863 ff.).

2. Auflösung durch Beschluss der Mitgliederversammlung

a) Abweichende Satzungsregelung

793 Nach § 41 Satz 1 BGB kann der Verein durch **Beschluss** der Mitgliederversammlung aufgelöst werden.

> HINWEIS:
>
> Dieses Recht kann den Mitgliedern durch die Satzung nicht genommen werden.

794 Inwieweit das **Auflösungsrecht** in der Satzung neben der Mitgliederversammlung noch einem **weiteren Vereinsorgan**, z. B. dem Vorstand, oder sogar einem Dritten, z. B. einem Verband, dem der Verein angehört, eingeräumt werden kann, ist streitig. Teilweise wird es als zulässig angesehen, wenn einzelnen Mitgliedern, z. B. Gründungsmitgliedern, ein Widerspruchsrecht eingeräumt (Sonderrecht; vgl. dazu Rz. 295 ff.) oder die Zustimmung eines anderen Vereinsorgans vorgesehen wird (Palandt/Ellenberger, § 41 Rz. 5; KG, OLGZ 1968 S. 200, 206). Zutreffend dürfte es jedoch sein, die Entscheidung über die Auflösung wegen ihrer Bedeutung **insgesamt allein** der **Mitgliederversammlung** zuzusprechen (so Sauter/Schweyer/Waldner, Rz. 387; Reichert u.a., Rz. 3989; OLG Stuttgart, NJW-RR 1986 S. 995).

795 Etwas anderes wird in Rechtsprechung und einem Teil der Literatur angenommen, wenn die Satzung für die Wirksamkeit der Auflösung die **Genehmigung** eines dem Verein nicht angehörenden **Dritten** fordert. Dies wird als zulässig angesehen (s. unten auch BayObLG, NJW 1980 S. 1756 [für einen sog. kirchlichen Verein]; so auch Sauter/Schweyer/Waldner, Rz. 391 m. w. N.; a. A. Stöber/Otto, Rz. 1120; s. auch OLG Köln, NJW 1992 S. 1048). Argumentiert wird damit, dass es sich bei einem solchen Genehmigungsvorbehalt um die Ausnutzung der Regelung des § 41 Satz 2 BGB handele, wonach eine andere Regelung zur Beschlussfassung über die Auflösung zulässig ist.

b) Abstimmungsmehrheit

796 Der **Beschluss** der Mitgliederversammlung, den Verein aufzulösen, bedarf nach dem **BGB** einer **Mehrheit** von **drei Vierteln** der „abgegebenen Stimmen"; inso-

weit ist die Formulierung durch das VereinsRÄndG klargestellt worden (vgl. dazu auch Rz. 479 ff.). Darunter ist nach den allgemeinen Regeln (s. Rz. 479 ff.) eine Mehrheit von drei Vierteln der abgegebenen gültigen Stimmen zu verstehen. Stimmenthaltungen und ungültige Stimmen bleiben also außer Betracht.

Die **Satzung** kann etwas **anderes** bestimmen (vgl. § 40 BGB). Sie kann die Auflösung durch Festlegung einer größeren Mehrheit oder durch das Erfordernis eines einstimmigen Beschlusses oder die Zustimmung sämtlicher Vereinsmitglieder erschweren. Die Auflösung kann aber auch erleichtert werden, indem z. B. eine geringere Mehrheit oder die einfache Mehrheit der abgegebenen gültigen Stimmen in der Satzung festgesetzt wird. Für das Letztere genügt aber nicht die allgemeine Formulierung, Beschlüsse würden mit einfacher Mehrheit gefasst (OLG Hamm, NJW-RR 1990 S. 532, 534). Möglich dürfte es auch sein, wenn die Satzung bestimmt, dass der Auflösungsbeschluss statt in einer Mitgliederversammlung durch schriftliche Zustimmung aller Vereinsmitglieder gefasst werden kann (Sauter/Schweyer/Waldner, Rz. 390 m. w. N. auch zur a. A.). 797

Die **Auflösung** muss zur Eintragung ins **Vereinsregister angemeldet** werden. 798

c) Rückgängigmachung des Auflösungsbeschlusses

Der von der Mitgliederversammlung gefasste **Auflösungsbeschluss** kann wieder **rückgängig** gemacht werden, solange die Liquidation (vgl. dazu Rz. 829 ff.) noch nicht beendet ist. Ist das der Fall, ist der Verein endgültig nicht mehr existent, so dass der Verein durch Rücknahme des Auflösungsbeschlusses nicht „wieder aufleben" kann. 799

Erforderlich zur Rücknahme eines Auflösungsbeschlusses ist ein Beschluss der **Mitgliederversammlung**, der deutlich macht, dass der Verein entgegen dem ursprünglichen Beschluss fortbestehen soll. Die dazu erforderliche Mitgliederversammlung wird von den Liquidatoren einberufen. Sie muss zugleich auch über die Wahl eines neuen Vorstands beschließen (Stöber/Otto, Rz. 1122). 800

> **HINWEIS:**
>
> Für den Beschluss zur Rücknahme der Auflösung ist m. E. zumindest die für die Auflösung vorgesehene Stimmenmehrheit als Mehrheit zu fordern (so auch Sauter/ Schweyer/Waldner, Rz. 394; Palandt/Ellenberger, § 41 Rz. 7). Anderenfalls käme man zu dem m. E. widersinnigen Ergebnis, dass ggf. der Auflösungsbeschluss mit einer geringeren Mehrheit zurückgenommen werden könnte, als für seinen Erlass erforderlich war (a. A. Stöber/Otto, a. a. O. [nach § 32 Abs. 1 Satz 3 BGB nur die einfache Mehrheit der erschienenen Mitglieder, da nicht die Satzung geändert werde, sondern lediglich die Funktion des Vereins]).

801 Eine auf **politischen Druck** beschlossene Vereinsauflösung ist **unwirksam** (BGHZ 19 S. 51, 58; OLG Jena, NJW-RR 1994 S. 698 = Rpfleger 1994 S. 217 [für in der NS-Zeit – 1935 – aufgelöste Freimaurer-Loge]). Ein so „aufgelöster" Verein kann **wieder aufleben**, wenn die alten Mitglieder sich mit der Auflösung des Vereins nicht abfinden und nach Beseitigung des politischen Drucks sofort wieder zusammenkommen, um den Verein unverändert fortzusetzen (BGHZ 19 S. 51 ff.; OLG Jena, a. a. O.). Andererseits kann aber auch in dem Umstand, dass sich die Mitglieder nach Wegfall des politischen Drucks mit der Auflösung abfinden, eine Bestätigung des Auflösungsbeschlusses liegen (BGH, a. a. O.; OLG Jena, a. a. O.).

3. Auflösung durch Zeitablauf

802 Der Verein wird aufgelöst durch Ablauf der in der Satzung festgelegten **Zeitdauer,** ohne dass es eines besonderen Auflösungsbeschlusses bedarf. Die Mitgliederversammlung kann jedoch die **Fortsetzung** des Vereins **beschließen.** Dazu ist nur eine Änderung der Satzungsbestimmung über die Zeitdauer des Vereins erforderlich (vgl. Sauter/Schweyer/Waldner, Rz. 393).

4. Auflösung durch Erreichen des Vereinszwecks?

803 Die Satzung kann die Auflösung des Vereins bei Erreichen des Vereinszwecks vorsehen. Dazu wurde früher in der Literatur vertreten, dass dann mit Erreichen des Zwecks der Verein von selbst ohne Beschluss der Mitgliederversammlung aufgelöst sei. In der neueren Rechtsprechung wird es jedoch **nicht** mehr **allein** als **Auflösungsgrund** angesehen, wenn der Vereinszweck erreicht oder seine Erreichung unmöglich geworden ist (BGHZ 49 S. 178). Auch wenn die Satzung für diese Fälle eine Auflösung vorsieht, muss vielmehr der Eintritt des Auflösungsgrunds durch die Mitgliederversammlung festgestellt werden (so auch Palandt/Ellenberger, § 41 Rz. 6 m. w. N.). Dasselbe gilt, wenn infolge der Veränderung der tatsächlichen Verhältnisse die Durchführung des satzungsmäßigen Vereinszwecks unmöglich wird.

BEISPIEL:▶ Die Satzung sieht als Vereinszweck eines (Förder-)Vereins das Erreichen einer bestimmten Liga durch einen Sportverein vor. Ist der Verein dann in diese aufgestiegen, löst sich der (Förder-)Verein nicht automatisch auf. Dazu bedarf es noch eines ausdrücklichen Beschlusses der Mitgliederversammlung.

5. Exkurs: Ruhender Verein

804 Von der Auflösung des Vereins zu unterscheiden ist das sog. „Ruhen des Vereins", zu dem es häufig kommt, wenn Mitgliederschwund eintritt (vgl. Rz. 808 f.,

822) oder die vorhandenen Mitglieder kein Interesse mehr an den Vereinsaktivitäten haben. Dann stellt sich die Frage, ob ggf. der Verein **„ruhend" gestellt** werden kann und welche Folgen eintreten (vgl. VB 3/2016 S. 2). Dazu gilt:

Ist die Frage nicht in der Satzung geregelt – was i. d. R. der Fall sein dürfte –,   805
gibt es eine **gesetzliche Grundlage** für ein Ruhen des Vereins im BGB **nicht.** Soll
der Verein grds. fortbestehen, gibt es also **keine besonderen Meldepflichten** an
das Vereinsregister gibt. Dieses überwacht auch die laufende Tätigkeit des Vereins nicht. Das bedeutet, dass das Ruhen des Vereins lediglich **vereinsintern**
geregelt werden muss. Das gilt auch für die Mitgliederversammlung, für die
ein regelmäßiger Turnus allenfalls in der Satzung bestimmt ist (vgl. Rz. 364).
Das Einstellen der Tätigkeit des Vereins berührt aber grundlegende Fragen des
Vereinslebens. Dazu gehören z. B. die Beitragspflicht oder die Neuwahl des
Vorstands bzw. die turnusgemäße Durchführung von Mitgliederversammlungen. Der Verein könnte diesen Turnus durch eine Satzungsänderung verlängern oder die Mitgliederversammlung nur bei Bedarf einberufen.

Um die auftretenden Fragen eindeutig zu klären, sollte der Verein seine Satzung ändern, und zwar dahin, dass – auf Beschluss der Mitgliederversammlung
– ein Ruhen des Vereins ermöglicht wird und für diesen Fall Einzelregelungen
getroffen werden, z. B. zum Aussetzen der Beitragszahlungen und/oder Verzicht auf Mitgliederversammlungen. Damit der Verein bei Wiederaufnahme
der Tätigkeit nicht ohne gesetzliche Vertretung dasteht, sollte besonders auf
die Amtsperiode des Vorstands geachtet werden. Außerdem sollte Vorsorge
getroffen werden, dass auch in der Ruhezeit unverzichtbare Verwaltungsaufgaben erfüllt werden.

BEISPIEL FÜR EINE SATZUNGSFORMULIERUNG: Eine Satzungsregelung könnte etwa wie folgt
lauten (vgl. VB 3/2016 S. 2):

„Auf Beschluss der Mitgliederversammlung kann die Vereinstätigkeit für einen von
der Mitgliederversammlung zu bestimmenden Zeitraum, der aber nicht mehr als ...
Jahre betragen darf, ruhen. Für diesen Zeitraum werden keine Mitgliedsbeiträge erhoben. Die Wahlperiode des bei Fassung des Ruhensbeschlusses amtierenden Vorstands verlängert sich bis zum Ende des Zeitraum, in dem die Vereinstätigkeit ruht."

HINWEIS:

Stellt der Verein seine Tätigkeit längere Zeit ein, besteht die Gefahr, dass das Finanzamt
wegen eines Verstoßes gegen § 63 Abs. 1 AO die Gemeinnützigkeit entzieht (vgl. dazu
auch VB 3/2017 S. 18). Der Verein sollte sich deswegen unbedingt mit dem Finanzamt
abstimmen, bevor er seine Tätigkeit ruhen lässt.

Die Gemeinnützigkeit kann bei Wiederaufnahme der Tätigkeit erneut beantragt werden (zur Wiedererlangung s. VB 9/2016 S. 14 ff.).

6. „Fusion"/Verschmelzung von Vereinen

806 **Bis zum 1. 1.** 1995 war die „Fusion" von Vereinen nur dadurch zu erreichen, dass einer oder beide Vereine sich auflöste(n) und die Mitglieder des einen (aufgelösten) Vereins in den anderen Verein eintraten oder – bei Auflösung beider Vereine – ein dritter Verein neu gegründet wurde. Dabei musste das Vermögen der oder des aufgelösten Vereins im Wege der Einzelübertragung auf den anderen/neuen Verein übertragen werden (BAG, ZIP 1989 S. 1019; OLG Hamburg, MDR 1972 S. 236).

807 Die Rechtslage hat sich mit Inkrafttreten des Gesetzes zur Bereinigung des **Umwandlungsgesetzes** ab 1. 1. 1995 geändert. Seitdem ist auch Vereinen – allerdings in beschränktem Umfang – die Möglichkeit der **Verschmelzung** eröffnet, und zwar sowohl im Wege der Verschmelzung durch **Aufnahme** als auch durch **Neugründung.** Dazu ist auf Folgendes hinzuweisen (wegen der Einzelheiten s. die eingehende Darstellung bei Limmer (Hrsg.), Handbuch der Unternehmensumwandlung, 4. Aufl. 2012 [im Folgenden kurz: Limmer, Rz.], insbesondere auch die Vertrags-/Antragsmuster Rz. 1257 ff.; eingehend Reichert u.a., Rz. 4423 ff.; Stöber/Otto, Rz. 1061 ff. und Katschinski, Die Verschmelzung von Vereinen, 1999):

► **Voraussetzung** für die Beteiligung eines rechtsfähigen Vereins an einer Verschmelzung ist nach § 99 Abs. 1 UmwG, dass die **Vereinssatzung** oder landesrechtliche Vorschriften **nicht entgegenstehen.**

► Nach § 99 Abs. 2 Alt. 1 UmwG können eingetragene Vereine **nur** andere **eingetragene Vereine aufnehmen,** wirtschaftliche Vereine (§ 22 BGB, s. Rz. 47) können sich nur als übertragende Vereine an einer Verschmelzung beteiligen (zur Verschmelzung durch Neugründung s. Limmer, Abschnitt 2: Einzelfälle der Verschmelzung, F. Verschmelzung von Vereinen, Rz. 1246 ff.), er kann andere Vereine nicht durch Verschmelzung aufnehmen.

► **Erforderlich** für die Verschmelzung ist ein **Verschmelzungsvertrag,** für den die allgemeinen Regeln des Umwandlungsrechts gelten (s. §§ 5 ff. UmwG; vgl. dazu Limmer, Abschn. 2, a.a.O., Rz. 1214 ff.).

► Der **Vorstand** des Vereins hat nach § 8 UmwG einen ausführlichen schriftlichen **Verschmelzungsbericht** zu erstatten (zum Inhalt s. Limmer, Abschn. 2, a.a.O., Rz. 1224).

► Bei einem wirtschaftlichen Verein ist nach § 100 UmwG der Verschmelzungsvertrag immer durch sog. Verschmelzungsprüfer zu **prüfen.** Bei einem Idealverein ist diese Prüfung nur erforderlich, wenn mindestens 10% der

Mitglieder dies schriftlich verlangen (zum Verfahren und zum Inhalt s. Limmer, Abschn. 2, a.a.O., Rz. 357 ff., 1225 ff.).

▶ Über die **Verschmelzung entscheidet** nach § 13 Abs. 1 Satz 2 UmwG die **Mitgliederversammlung**. Für deren Einberufung gelten die **allgemeinen Regeln**. Von der Einberufung an sind gemäß § 101 UmwG im Geschäftsraum des Vereins bestimmte **Schriftstücke auszulegen,** aus denen sich jedes Mitglied über die geplante Verschmelzung informieren kann. Nach § 101 Abs. 2 UmwG ist auf Verlangen jedem Mitglied unverzüglich kostenlos eine Abschrift dieser Unterlagen zu erteilen.

▶ Nach § 103 UmwG bedarf der **Verschmelzungsbeschluss** der Mitgliederversammlung einer **Mehrheit** von 3/4 der abgegebenen Stimmen. Hier ist durch das VereinsRÄndG eine Anpassung erfolgt. Insoweit gelten daher die Ausführungen bei Rz. 479 ff. entsprechend. Enthaltungen und ungültige Stimmen werden also nicht berücksichtigt. Die Satzung kann eine größere Mehrheit und weitere Erfordernisse bestimmen (Limmer, Abschnitt 1: Grundlagen der Verschmelzung, H. Verschmelzungsbeschlüsse, Rz. 425). Die Ausführungen zu Rz. 223 ff. und 840 gelten entsprechend. § 33 Abs. 1 Satz 2 BGB, wonach zur Änderung des Zwecks des Vereins die Zustimmung aller Mitglieder erforderlich ist, ist auf einen solchen Beschluss nicht analog anzuwenden (OLG Hamm, NZG 2013 S. 388). Es besteht keine Regelungslücke (vgl. OLG Hamm, a. a. O.). Entsprechend zu Rz. 224 wird man auch die Frage entscheiden müssen, inwieweit die Zustimmung und/oder Genehmigung Dritter für die Verschmelzung erforderlich sein kann/darf. Der Verschmelzungsbeschluss ist nach § 13 Abs. 3 UmwG notariell zu beurkunden (s. dazu Limmer, Abschn. 1, a.a.O., Rz. 440 ff.).

▶ Für die Mitgliederversammlung, auf der die Verschmelzung beschlossen werden soll, gelten im Übrigen die **allgemeinen Regeln** (s. oben Rz. 406 ff.). Gemäß § 102 UmwG sind in ihr die gleichen Unterlagen auszulegen, die bereits seit der Einberufung in den Geschäftsräumen des Vereins ausliegen.

▶ Gemäß §§ 16, 17 bzw. § 104 UmwG ist die **Verschmelzung anzumelden** und bekanntzumachen, ihre **Eintragung** erfolgt gemäß §§ 19, 20, 104 UmwG.

▶ Nach § 2 Nr. 1 UmwG werden die **Mitglieder** des übertragenden Vereins Mitglieder des übernehmenden Vereins.

▶ Soll für den aufnehmenden Verein z. B. in der Mitgliederversammlung sogleich ein neuer **Vorstand gewählt** werden, wird man m. E. die Mitglieder des übertragenden Vereins bereits bei der Wahl des neuen Vorstands mitstimmen lassen können, auch wenn die Eintragung der Verschmelzung nach § 20 UmwG noch nicht erfolgt ist. Ist die Zustimmung zum Verschmelzungsvertrag von beiden Vereinen erteilt, hat das Mitglied des übertragenden Vereins bereits eine Mitgliedschaft im aufnehmenden Verein – aufschiebend bedingt durch die Eintragung – erhalten. Diese Sicht entspricht der Auffassung in Rechtsprechung und Literatur zur Satzungsänderung (vgl. Rz. 230), die davon ausgeht, dass nach einer Satzungsänderung aufgrund der neuen Satzung Beschlüsse gefasst werden können, diese aber erst mit Eintragung der Satzungsänderung wirksam werden (vgl. dazu Palandt/Ellenberger, § 71 Rz. 1; vgl. auch Sauter/Schweyer/Waldner, Rz. 397b a. E.).

7. Erlöschen des Vereins

808 Der Verein erlischt ohne vorherige Auflösung, wenn **alle Mitglieder** durch **Tod**, **Austritt** oder aus **sonstigen Gründen weggefallen** sind, da der Verein als Personenvereinigung ohne Mitglieder undenkbar ist (BGH, NZM 2005 S. 475; OLG Köln, NJW-RR 1999 S. 336). Dem steht es gleich, wenn die Mitglieder sich jahrelang als solche nicht mehr betätigt und den Vereinszweck endgültig aufgegeben haben (BGH, WPM 1976 S. 686). Der Verein erlischt dann ohne Weiteres (KG, Rpfleger 2004 S. 497). Ist wenigstens noch ein Mitglied vorhanden, bleibt der Verein bis zum Eingreifen des Registergerichts (§ 73 BGB: Entziehung der Rechtsfähigkeit) bestehen (OLG Zweibrücken, FGPrax 2006 S. 229).

809 Auch beim Erlöschen des Vereins muss über das noch vorhandene **Vereinsvermögen** entschieden werden. Die Abwicklung findet entsprechend § 45 BGB statt. Sie wird aber nicht durch einen Liquidator vorgenommen, sondern durch einen vom Amtsgericht gemäß § 1913 BGB bestellten Pfleger (OLG Köln, NJW-RR 1996 S. 989 und NJW-RR 1999 S. 336; LG Frankenthal, Rpfleger 1991 S. 503 m. w. N. aus der Rechtsprechung des BGH).

8. Verbot des Vereins

810 Das Erlöschen des Vereins kann auch durch Verbot des Vereins und Einziehung seines Vermögens gemäß §§ 3, 4, 11 Abs. 2 VereinsG eintreten. Das Verbot kommt in Betracht, wenn die Zwecke oder die Tätigkeit des Vereins Strafgesetzen zuwiderläuft oder er sich gegen die verfassungsmäßige Ordnung oder den Gedanken der Völkerverständigung richtet (s. dazu BVerwG, NJW 1989 S. 993 [„Hell's Angels"]).

9. Auflösung durch Eröffnung des Insolvenzverfahrens

811 Nach § 42 Abs. 1 Satz 1 BGB wird der Verein durch die **Eröffnung** des Insolvenzverfahrens und mit der Rechtskraft des Beschlusses, durch den die Eröffnung

des Insolvenzverfahrens mangels Masse abgewiesen worden ist, aufgelöst. Die **Satzung** kann bestimmen, dass der Verein im Falle der Eröffnung des Insolvenzverfahrens als **nichtrechtsfähiger Verein fortbesteht** (§ 42 Abs. 1 Satz 3 BGB; zu den Auswirkungen des Insolvenzverfahrens auf das Vereinsregister s. Wentzel, Rpfleger 2011 S. 334 ff.).

Der Auflösungsgrund „Ablehnung der Eröffnung des Insolvenzverfahrens mangels Masse" ist durch das VereinsRÄndG in das BGB aufgenommen worden (vgl. BT-Drucks. 16/12813 S. 11), um den Verein an die juristischen Personen des **Handelsrechts anzugleichen** (vgl. z. B. § 60 Abs. 1 Nr. 5 GmbHG). Damit ist auch der Widerspruch beseitigt, dass ein überschuldeter/zahlungsunfähiger Verein, der noch nicht einmal mehr die finanziellen Mittel zur Deckung der Verfahrenskosten hat, nicht aufgelöst wurde, während ein Verein, dessen Mittel dazu noch ausreichten, nach § 42 Abs. 1 Satz 1 BGB a. F. aufgelöst wurde. |812

HINWEIS:

Das Insolvenzverfahren findet im Fall der Zahlungsunfähigkeit (§ 17 InsO) und im Fall der Überschuldung (§ 19 InsO; vgl. dazu Rz. 610 ff.) statt.

Während des Insolvenzverfahrens übt der **Insolvenzverwalter** die **Rechte** des Vereins aus, er hat das Verwaltungs- und Verfügungsrecht über das Vereinsvermögen. Die Vereinsorgane bleiben aber trotz des Insolvenzverfahrens bestehen. Den Antrag auf Eröffnung des Insolvenzverfahrens kann jeder Gläubiger, jedes Vorstandsmitglied und jeder Liquidator stellen, §§ 14, 15 InsO. Wird der Eröffnungsbeschluss auf die Beschwerde des Vereins vom Beschwerdegericht aufgehoben, gilt die Auflösung als nicht eingetreten (wegen der Einzelheiten zur Pflicht des Vorstands bei Überschuldung Antrag auf Eröffnung des Insolvenzverfahrens zu stellen s. Rz. 610 ff.; dort auch zur Haftung wegen Verletzung der Insolvenzantragspflicht). |813

Wird das **Insolvenzverfahren** später auf Antrag des Schuldners **eingestellt** oder nach der Bestätigung eines Insolvenzplans, der den Fortbestand des Vereins vorsieht, aufgehoben, kann die **Mitgliederversammlung** die **Fortsetzung** des Vereins beschließen (§ 42 Abs. 1 Satz 2 BGB). |814

10. Verlust der Rechtsfähigkeit

Gründe für den Verlust der Rechtsfähigkeit können sein: |815

Die Rechtsfähigkeit kann durch **Verzicht** verloren gehen. Wenn der Verein auf die Rechtsfähigkeit verzichtet, besteht er als nichtrechtsfähiger Verein fort. |816

> **HINWEIS:**
>
> Da das zu Schwierigkeiten führen kann, wenn der Verein z. B. Eigentümer von Grundstücken ist – der nichtrechtsfähige Verein ist nicht grundbuchfähig (s. Rz. 896) –, sollte in diesen Fällen nicht auf die Rechtsfähigkeit verzichtet werden.

817 Für den Verzicht auf die Rechtsfähigkeit ist der **Beschluss** der Mitgliederversammlung erforderlich. Dieser Beschluss muss nicht mit der für eine Auflösung erforderlichen Mehrheit, sondern mit der für eine Satzungsänderung notwendigen gefasst werden (s. Sauter/Schweyer/Waldner, Rz. 401; eingehend Schäfer, Der Verzicht auf die Rechtsfähigkeit des eingetragenen Vereins, RNotZ 2008 S. 22), da der Beschluss den Verein als Personenverband bestehen lassen und nur seine Rechtsform ändern will.

818 Die durch die Eintragung in das Vereinsregister erlangte Rechtsfähigkeit geht ferner verloren, wenn der Verein gemäß § 395 FamFG **von Amts wegen** im Vereinsregister **gelöscht** wird. Das kommt insbesondere in Betracht, wenn ein Verein eingetragen ist, dessen Zweck nach der Satzung auf einen wirtschaftlichen Geschäftsbetrieb gerichtet ist (s. Rz. 59 f.), oder wenn die Eintragung durch Täuschung des Registergerichts herbeigeführt wurde (vgl. auch Rz. 819 ff.).

> **BEISPIEL:** ➤ Sechs Personen wollen einen e. V. gründen. Es gelingt ihnen nicht, ein siebtes Mitglied zu finden (§ 56 BGB). Bei der Anmeldung wird deshalb das Registergericht über die Zahl der Mitglieder getäuscht.

11. Verlust der Rechtsfähigkeit durch Entziehung/ Amtslöschung

a) Amtslöschung

819 Nach § 43 Abs. 1 und 2 BGB a. F. konnte bis zum Inkrafttreten des VereinsRÄndG am 30. 9. 2010 (vgl. oben Rz. 2) jedem Verein die Rechtsfähigkeit entzogen werden, wenn er durch einen gesetzeswidrigen Beschluss der Mitgliederversammlung oder durch gesetzwidriges Verhalten des Vorstands das **Gemeinwohl gefährdete** oder wenn der Verein, dessen Zweck nach der Satzung nicht auf einen wirtschaftlichen Geschäftsbetrieb gerichtet ist, **wirtschaftliche Zwecke verfolgte**. Diese Regelung ist durch das VereinsRÄndG für den eingetragenen Verein gestrichen worden. § 43 BGB n. F. gilt jetzt nur noch für den wirtschaftlichen Verein i. S. des § 22 BGB (vgl. dazu oben Rz. 49 ff.). Diesem kann die Rechtsfähigkeit entzogen werden, wenn er einen anderen als den in der Satzung bestimmten Zweck verfolgt.

820 Für **eingetragene** (nicht wirtschaftliche) **Vereine** gilt jetzt die Regelung in **§ 395 FamFG**. Unterhalten sie satzungswidrig einen wirtschaftlichen Geschäfts-

betrieb, werden sie von Amts wegen im Vereinsregister gelöscht, und zwar unabhängig davon, ob sich bereits aus der Satzung ergab, dass der Verein auf einen wirtschaftlichen Geschäftsbetrieb gerichtet war (OLG Schleswig, Rpfleger 1990 S. 304; BezG Chemnitz, DtZ 1994 S. 158, jeweils zum früheren Recht; vgl. aber auch OLG Brandenburg, Beschluss v. 8. 7. 2014 – 7 W 124/13 [Garagenverein]; Beschluss v. 4. 8. 2014 – 7 W 83/14 [Kindergartenverein]), oder ob der Verein erst nachträglich den satzungswidrigen Geschäftsbetrieb aufgenommen hat (BT-Drucks. 16/13542 S. 19; vgl. dazu Rz. 60 und s. dazu LG Hanau, NJW-RR 2002 S. 102 zum alten Recht). Teilweise wird aber davon ausgegangen (vgl. OLG Brandenburg, a. a. O.; BezG Chemnitz, a. a. O.), dass die Amtslöschung bei einem wirtschaftlichen Verein, wie z. B. einem Garagenverein (§ 22 BGB; vgl. Rz. 65) nur in Betracht kommt, wenn durch die Eintragung schutzwürdige Interessen der Vereinsmitglieder oder Dritter verletzt werden oder wenn ein besonderes öffentliches Interesse an der Löschung des Vereins besteht (s. auch BayObLGZ 1978 S. 87). Das hat u.a. das OLG Brandenburg (a. a. O.), der seit inzwischen fast 20 Jahren im Vereinsregister eingetragen war, verneint und dem **Bestandsinteresse** des Vereins **Vorrang** eingeräumt (ebenso OLG Brandenburg, Beschluss v. 4. 8. 2014 – 7 W 83/14 für einen seit zehn Jahren bestehenden Kindergartenverein). Zur Amtslöschung führen kann im Übrigen auch eine Verletzung der gegenüber dem Registergericht bestehenden Pflichten (vgl. dazu auch OLG Brandenburg, Beschluss v. 8. 7. 2014 – 7 W 124/13). Eine gelegentliche Versäumung der rechtzeitigen Mitteilung des aktuellen Vorstands nach Veränderungen, insbesondere anlässlich des Ablaufs der satzungsgemäßen Zeit seiner Bestellung, ist aber nicht ausreichend, um im Rahmen der Ermessensentscheidung nach § 395 FamFG eine Löschung eines wirtschaftlichen Vereins zu rechtfertigen (OLG Brandenburg, a. a. O.).

Die Amtslöschung erfolgt nach § 395 FamFG durch das **Registergericht**; das Verfahren richtet sich nach § 395 Abs. 2, 3 FamFG i. V. mit §§ 394 Abs. 2 Satz 1 und 2, 393 Abs. 3 bis 5 FamFG (zur Amtslöschung Röcken, VB 11/2013 S. 15 ff.). 821

b) Entziehung

Das Amtsgericht entzieht die Rechtsfähigkeit hingegen, wenn die **Zahl der Vereinsmitglieder unter drei** gesunken ist (§ 73 BGB). Die Entziehung erfolgt auf Antrag des Vorstands (s. **Muster** Rz. 1104) und, wenn der Antrag nicht binnen drei Monaten gestellt wird, von Amts wegen nach Anhörung des Vorstands. 822

> HINWEIS:
>
> Um sich Gewissheit über die Zahl der Vereinsmitglieder zu verschaffen, kann das Gericht gemäß § 72 BGB jederzeit vom Vorstand die Einreichung einer von ihm unterschriebenen Bescheinigung über die Zahl der Vereinsmitglieder verlangen.

823　Der **Beschluss,** durch den die Rechtsfähigkeit entzogen wird, ist dem Vorstand zuzustellen. Gegen den Beschluss kann binnen zwei Wochen ab Zustellung Beschwerde zum Landgericht eingelegt werden (§ 58 FamFG, § 11 Abs. 1 RPflG). Gegen eine Entscheidung des Landgerichts ist ggf. die Rechtsbeschwerde zum BGH gegeben, wenn das Landgericht als Beschwerdegericht die Rechtsbeschwerde zugelassen hat (vgl. §§ 70 ff. FamFG).

12.　Wer erhält das Vereinsvermögen?

824　Mit der Auflösung des Vereins oder der Entziehung der Rechtsfähigkeit fällt das **Vermögen an** die in der **Satzung bestimmten Personen.** Auf diese geht das Vermögen, mit Ausnahme des Anfalls an den Fiskus, jedoch nicht automatisch über. Sie erwerben vielmehr nur einen schuldrechtlichen Anspruch auf Übertragung des Vermögens, das nach Befriedigung der Vereinsgläubiger übrig bleibt. Der **Anfall des Vereinsvermögens** ist in den §§ 45 ff. BGB geregelt. Sie gelten für alle Fälle der Auflösung des Vereins und des Verlusts der Rechtsfähigkeit.

825　Wer **Anfallsberechtigter** ist, bestimmt die **Satzung** oder das nach der Satzung zuständige Vereinsorgan. Das Anfallrecht eines Dritten kann jederzeit durch eine Satzungsänderung aufgehoben werden, und zwar auch noch im Liquidationsverfahren. Bei einem nicht auf einen wirtschaftlichen Geschäftsbetrieb gerichteten Verein – Idealverein – steht der Mitgliederversammlung auch ohne ausdrückliche Bestimmung in der Satzung die Regelung des Anfalls zu. Allerdings kann in diesem Fall das Vermögen nur einer öffentlichen Anstalt oder Stiftung zugewiesen werden.

826　Fehlt es an einer **Bestimmung** des Anfallsberechtigten, fällt das Vermögen, wenn der Verein nach seiner Satzung ausschließlich den Interessen seiner Mitglieder diente, an die zur Zeit der Auflösung oder der Entziehung der Rechtsfähigkeit vorhandenen **Mitglieder** zu gleichen Teilen, anderenfalls an den Fiskus des Landes, in dessen Gebiet der Verein seinen Sitz hatte (§ 45 BGB). Sind die anfallsberechtigten Mitglieder nicht zu ermitteln, so sind sie in entsprechender Anwendung des § 50 BGB öffentlich zur Anmeldung aufzufordern.

827　Fällt das Vereinsvermögen an den **Fiskus,** findet eine Liquidation nicht statt (s. Rz. 828). Fällt es nicht an den Fiskus, muss eine Liquidation gemäß § 47 BGB stattfinden (s. Rz.829).

13.　Anfall an den Fiskus

828　Fällt das Vermögen an den Fiskus, findet **kein Liquidationsverfahren** statt. Vielmehr gehen Vermögen und Schulden des Vereins durch **Gesamtrechtsnach-**

folge auf den Fiskus über. Es finden die Vorschriften über eine dem Fiskus als gesetzlichen Erben zufallende Erbschaft entsprechende Anwendung (§§ 46, 1922, 1967 BGB). Der Fiskus kann den Erwerb nicht ausschlagen. Gegen den Fiskus als Nachfolger in das Vereinsvermögen und von ihm kann ein Recht erst geltend gemacht werden, wenn das Nachlassgericht den Fiskus als Anfallsberechtigten festgestellt hat. Vorher können also Vereinsgläubiger ihre Ansprüche nicht geltend machen. Der Fiskus haftet im Übrigen nur **mit dem übernommenen Vereinsvermögen** (§ 2011 BGB, § 780 ZPO). Nach § 46 Satz 2 BGB hat der Fiskus das Vermögen tunlichst in einer den Zwecken des Vereins entsprechenden Weise zu verwenden.

14. Liquidationsverfahren/Liquidatoren

Eine **Liquidation muss** stattfinden, wenn das **Vermögen nicht** an den **Fiskus** fällt. Das Liquidationsverfahren dient dem Schutz der Gläubiger und der Anfallsberechtigten.   829

> **HINWEIS:**
>
> Ist der Verein vermögenslos, kann die Liquidation entfallen. Es endet dann seine Existenz (Reichert u.a., Rz. 4127 f.; Stöber/Otto, Rz. 1129). Die Pflicht, die Liquidatoren anzumelden, muss der Verein aber trotzdem erfüllen (vgl. OLG Düsseldorf, NZG 2013 S. 1185 = VB 10/2013 S. 1 [Ls.]). Der Vorstand hat in diesem Falle die Anmeldung der Liquidatoren und ihrer Vertretungsmacht mit der Erklärung zu verbinden, dass es an einem verteilungsfähigen Vereinsvermögen fehlt und dass zugleich durch die Liquidatoren die Beendigung des Vereins angemeldet wird (OLG Düsseldorf, a. a. O.).

Die Liquidation erfolgt **durch den Vorstand**, jedoch können zu **Liquidatoren**   830
auch andere Personen bestellt werden. Für deren **Bestellung** sind die für die Bestellung des Vorstands geltenden Vorschriften maßgebend. Die Mitglieder des Vorstands sind verpflichtet, das Amt der Liquidatoren zu übernehmen, sofern nicht andere Personen bestellt werden (§ 48 Abs. 1 Satz 1 BGB). Die Liquidatoren können durch die Mitgliederversammlung wieder abberufen und durch andere ersetzt werden. Zum Liquidator kann auch eine andere juristische Person bestellt werden, etwa eine Steuerberatungsgesellschaft.

Nach § 48 Abs. 2 BGB haben die **Liquidatoren** die **rechtliche Stellung** des **Vor**   831
stands, soweit sich nicht aus dem Zweck der Liquidation etwas anderes ergibt. Sie vertreten also den Verein während der Liquidation gerichtlich und außergerichtlich und führen die Geschäfte. Die Geschäftsführung kann ihnen weder durch die Satzung noch durch die Mitgliederversammlung entzogen werden, diese kann aber Weisungen erteilen (Sauter/Schweyer/Waldner, Rz. 409).

> **HINWEIS:**
>
> Die Vertretungsmacht der Liquidatoren beschränkt sich auf die Geschäfte, die dem Zweck der Liquidation, nämlich das Vereinsvermögen flüssig zu machen, dienen. Ist der Vorstand in der Satzung von den Beschränkungen des § 181 BGB (Insichgeschäft; s. Rz. 565) befreit, gilt das auch für die Liquidatoren (OLG Zweibrücken, Rpfleger 1998 S. 476 [für GmbH]).

832 Sind **mehrere Liquidatoren** tätig, gilt abweichend von § 28 BGB der Grundsatz **einstimmiger Beschlussfassung** und Gesamtvertretung (§ 48 Abs. 3 BGB). Bei mehreren Liquidatoren hängt die wirksame Vertretung nicht von einer vorherigen Beschlussfassung ab. Die Satzung oder der Bestellungsbeschluss können eine andere Vertretungsregelung bestimmen (zur Eintragung Rz. 834).

833 Während der Liquidation **besteht** der Verein **weiter**. Nach h. M. ist er aber in seiner **Rechtsfähigkeit** durch den Liquidationszweck **begrenzt**, d. h. sie besteht nur, soweit es darum geht, das Vereinsvermögen flüssig zu machen (Palandt/Ellenberger, § 49 Rz. 4 m. w. N. auch zur a. A.; vgl. dazu BGH, WPM 2001 S. 1005 = ZIP 2001 S. 889 [einem Sportverein verbleibt die Befugnis, das übertragbare Teilnahmerecht seiner Mannschaften am sportlichen Wettbewerb einer Bundesliga zu verwerten]). Geschäfte, die auf eine Wiederaufnahme der Vereinstätigkeit abzielen, z. B. Anmietung von Räumen für eine neue Vereinsgeschäftsstelle, sind nicht möglich. Auch der Beitritt neuer Mitglieder ist nicht möglich, wohl aber der Austritt eines Mitglieds unter Einhaltung der entsprechenden Satzungsbestimmungen. Die Liquidation kann dadurch beendet werden, dass das zuständige Vereinsorgan die Reaktivierung des Vereins beschließt, wenn die Liquidation auf einem Auflösungsbeschluss der Mitgliederversammlung beruht (LG Frankenthal, Rpfleger 1955 S. 106).

834 Die **Liquidatoren** sind im Vereinsregister **einzutragen** (§ 76 Abs. 1 BGB). Die Anmeldung erfolgt durch den (alten) Vorstand, und zwar sowohl dann, wenn er selbst Liquidator ist, als auch dann, wenn andere Personen zu Liquidatoren bestellt sind (OLG Hamm, NJW-RR 1990 S. 532; Palandt/Ellenberg, § 76 Rz. 1; Sauter/Schweyer/Waldner, Rz. 433; Beyme, NWB 2014 S. 2858; a.A. Stöber/Otto, Rz. 1219); später durch die Liquidatoren in öffentlich beglaubigter Form (s. Rz. 40; zur Anmeldung beim vermögenslosen Verein OLG Düsseldorf, NZG 2013 S. 1185 = VB 10/2013 S. 1 [Ls.]). Die Eintragung gerichtlich bestellter Liquidatoren erfolgt von Amts wegen. Gemäß § 76 Abs. 2 BGB ist nach den Änderungen durch das VereinsRÄndG nicht mehr nur die von der gesetzlichen Regelung abweichende Vertretungsbefugnis zur Eintragung ins Vereinsregister anzumelden, sondern auch die, die der gesetzlichen Regelung in § 48 Abs. 3 BGB entspricht.

15. Aufgaben der Liquidatoren

Die Liquidatoren haben die laufenden Geschäfte des Vereins zu beendigen, die   835
Forderungen einzuziehen, das übrige Vermögen in Geld umzusetzen, die Gläubiger zu befriedigen und den Überschuss den Anfallberechtigten auszuhändi-
gen (§ 49 Abs. 1 Satz 1 BGB). Zur Beendigung schwebender Geschäfte dürfen
sie auch **neue Geschäfte** eingehen (§ 49 Abs. 1 Satz 2 BGB). Es muss jedoch ein
Zusammenhang zwischen dem alten und dem neuen Geschäft bestehen: Das
neue Geschäft darf nur zu dem Zweck eingegangen werden, um das alte Geschäft überhaupt oder vorteilhafter erledigen zu können.

> **BEISPIEL:** Reparatur einer beschädigten Maschine, die zur Ausführung eines alten
> Geschäfts benötigt wird.
>
> Die Liquidatoren sind weiter **verpflichtet, die Forderungen einzuziehen,** und zwar
> auch gegen Vereinsmitglieder, z. B. aus Beitragsrückständen. Sie dürfen Zuwendun-
> gen, z. B. aus Erbschaft oder Schenkung, annehmen, wenn sie dem Liquidationszweck
> dienen. Erlaubt ist also die Annahme zur Tilgung von Verbindlichkeiten des Vereins,
> nicht hingegen, wenn die Zuwendung auf eine Wiederaufnahme der Vereinstätigkeit
> zielt.

Die **Gläubiger** des Vereins sind von den Liquidatoren zu **befriedigen** (§ 49 Abs. 1   836
Satz 1 BGB). Zu diesem Zweck muss die Auflösung des Vereins oder die Entziehung der Rechtsfähigkeit öffentlich bekannt gemacht werden (vgl. § 50 BGB).
Dabei sind die Gläubiger zur Anmeldung ihrer Ansprüche aufzufordern. In welcher Zeitung oder Zeitschrift die öffentliche **Bekanntmachung** zu erfolgen hat,
bestimmt zunächst die Satzung. Ist in dieser eine entsprechende Regelung
nicht enthalten, so ist die Bekanntmachung in dem Blatt zu veröffentlichen,
das für die Bekanntmachungen des Amtsgerichts bestimmt ist, in dessen Bezirk der Verein seinen Sitz hat (§ 50a BGB). Die Vorschriften über die Bekanntmachung sind **zwingend**. Sie muss auch dann erfolgen, wenn der Verein kein
verwertbares Vermögen besitzt. Meldet sich ein bekannter Gläubiger trotz Aufforderung nicht, so ist der geschuldete Betrag, wenn die allgemeinen Voraussetzungen für eine Hinterlegung nach § 372 BGB gegeben sind, für den Gläubiger zu hinterlegen (§ 52 Abs. 1 BGB).

Ergibt sich nach der Anmeldung von Ansprüchen eine Überschuldung des Ver-   837
eins, müssen die Liquidatoren die Eröffnung des **Insolvenzverfahrens beantragen** (§ 42 Abs. 2 Satz 1 BGB; s. oben Rz. 610 ff.). Verzögern sie die Antragstellung schuldhaft, sind sie den Gläubigern für den daraus entstehenden
Schaden verantwortlich.

Nach Befriedigung der Gläubigerforderungen müssen die Liquidatoren den   838
Überschuss an die Anfallberechtigten **auskehren** (§ 49 Abs. 1 Satz 1 BGB).

Nach § 51 BGB darf die Verteilung jedoch nicht vor Ablauf eines Jahres nach der Bekanntmachung der Auflösung des Vereins oder der Entziehung der Rechtsfähigkeit erfolgen. Ist nach Ablauf dieses Jahres die Liquidation noch nicht beendet, so sind auch dann noch sich meldende Gläubiger zu befriedigen. Haben dennoch schon Anfallberechtigte Vereinsvermögen erhalten, können die Liquidatoren dies zurückfordern.

839 Die Liquidation endet mit der Auskehrung des Vermögens an die Berechtigten. Dann haben die Liquidatoren noch die Verpflichtung, der **Mitgliederversammlung** eine **Schlussrechnung** zu erteilen (§§ 48 Abs. 2, 27 Abs. 3 BGB). Sie haben anschließend auch ein Recht auf Entlastung (Sauter/Schweyer/Waldner, Rz. 418). Die **Beendigung** der **Liquidation** ist ins **Vereinsregister einzutragen.** Die entsprechende Anmeldung ist von den Liquidatoren vorzunehmen. Nach der Beendigung der Liquidation hört der Verein auf zu bestehen. Für ihn kann niemand mehr handeln. Auch die Parteifähigkeit entfällt, eine noch anhängige Klage ist als unzulässig abzuweisen (BGH, NJW 1979 S. 1592). Ist der Verein von einem früheren Arbeitnehmer auf Feststellung der Unwirksamkeit einer fristlosen Kündigung verklagt worden, besteht der Verein aber bis zur Erledigung dieses Rechtsstreits weiter (BAG, NJW 1982 S. 1831 [bereits liquidierte GmbH]).

HINWEIS:

Nicht geregelt ist im Vereinsrecht, ob die Bücher und Schriften des Vereins nach Beendigung der Liquidation noch aufzubewahren sind. Man wird insoweit wohl die Vorschriften im GmbHG und GenG über die Aufbewahrung der Bücher und Schriften entsprechend anwenden müssen. Diese sind daher zehn Jahre aufzubewahren. Es empfiehlt sich, in der letzten Mitgliederversammlung hierüber einen Beschluss zu fassen, insbesondere zu der Frage, wer die Bücher und Schriften verwahrt.

XV. Vereinsregister

1. Verfahren

a) Allgemeines

Das **Vereinsregister** wird grds. bei dem **Amtsgericht** geführt, in dessen Bezirk   840
der Verein seinen Sitz hat. Es können allerdings die Vereinssachen aus mehreren Gerichtsbezirken bei einem Amtsgericht zusammengefasst werden. Innerhalb eines Amtsgerichts ist für sämtliche Vereinssachen der Rechtspfleger zuständig, der bei seinen Entscheidungen an das Gesetz gebunden ist. Nach
§ 55a BGB, der durch das Gesetz zur Vereinfachung und Beschleunigung regis-
terrechtlicher und anderer Verfahren in das BGB aufgenommen worden ist,
besteht die Möglichkeit, ein maschinelles Vereinsregister mit automatisierter
Datei **(EDV)** sowie ein Abrufverfahren einzurichten (wegen der Einzelheiten s.
die Ausführungen zu § 55a BGB bei Palandt/Ellenberger und die VereinsregisterVO v. 10. 2. 1999 [BGBl I S. 147]). Diese Möglichkeit ist mit dem Vereins-
RÄndG durch eine Änderung der VereinsregisterVO erweitert worden. Danach
können Vereinsregisteranmeldungen z. B. in elektronischer Form eingereicht
werden, sofern es in dem entsprechen Bundesland des registerführenden Gerichts eine gemäß § 14 Abs. 4 FamFG erlassene Rechtsverordnung gibt (vgl.
wegen der Einzelheiten BT-Drucks. 16/12813 S. 15 ff.; Terner, DNotZ 2010 S. 5,
6 ff.; Schöpflin, Beck-OK, § 55a Rz. 1 ff.).

> **HINWEIS:**
>
> Nach wie vor bedarf die Registeranmeldung aber nach § 77 BGB der öffentlichen Be-
> glaubigung, und zwar unabhängig davon, ob sie in Papierform oder elektronisch erfolgt
> (zum Verfahren Terner, a. a. O.; vgl. auch Rz. 849 ff.).

Rechtserzeugende (**konstitutive**) **Wirkung** hat eine Eintragung ins Vereinsregis-   841
ter nur für die Erlangung der Rechtsfähigkeit (§ 21 BGB) und die Satzungsänderung (§ 71 BGB); im Übrigen haben die Eintragungen nur kundmachende (deklaratorische) Bedeutung.

> **BEISPIEL:** ▶ Der Vorstand ist Vorstand allein aufgrund der Bestellung durch das zustän-
> dige Organ. Die gemäß § 64 BGB notwendige Eintragung in das Vereinsregister hat
> für die Wirksamkeit der Bestellung keine Bedeutung.

b) Rechtsmittel

Gegen die Entscheidung des zuständigen Rechtspflegers ist die **Beschwerde**   842
das zulässige Rechtsmittel (§ 11 Abs. 1 RPflegerG i. V. mit § 58 FamFG). Es
gelten die (allgemeinen) Vorschriften der §§ 58 ff. FamFG; der Beschwerdefüh-
rer muss insbesondere die Beschwerdebefugnis haben, also in (s)einem mate-

riellen Recht betroffen sein (BGH, NZG 2012 S. 633 = Rpfleger 2012 S. 445 = FGPrax 2012 S. 169). Die **Beschwerdefrist** beträgt also **einen Monat** (§ 63 Abs. 1 FamFG); sie beginnt mit der schriftlichen Bekanntgabe der ablehnenden Entscheidung an den Verein (§ 63 Abs. 3 FamFG). Die Beschwerde ist beim Amtsgericht durch Einreichung einer Beschwerdeschrift oder zur Niederschrift der Geschäftsstelle einzulegen (vgl. wegen der Einzelheiten § 64 FamFG). Wird die Beschwerde zurückgewiesen, so kann diese Entscheidung nach §§ 70 ff. FamFG ggf. mit der **Rechtsbeschwerde** angegriffen werden. Auch hier gilt eine **Einlegungsfrist** von **einem Monat**. Die Rechtsbeschwerde ist an besondere Zulässigkeitsvoraussetzungen gebunden (vgl. § 70 FamFG).

2. Prüfungskompetenz

843 Das Amtsgericht hat **kein Recht,** in das **innere Vereinsleben einzugreifen.** Bis auf die Fälle der §§ 29, 37, 73 BGB übt es grds. nur eine registrierende Tätigkeit aus (zur eingeschränkten Prüfungskompetenz des Vereinsregistergerichts bei Satzungsänderungen vgl. OLG Düsseldorf, FGPrax 2010 S. 43 = Rpfleger 2010 S. 271 für Zweifel an der Einhaltung von Erfordernissen bei der Einladung zur Mitgliederversammlung; zur Inhaltskontrolle von Vereinssatzungen s. auch Fleck, Rpfleger 2009 S. 58 ff.). Es kontrolliert nicht die Arbeit der Vereinsorgane. Im Allgemeinen besagen die Eintragungen im Vereinsregister daher nur, dass in formgerechter Weise bestimmte Vorgänge, die sich im Verein zugetragen haben, zur Eintragung angemeldet wurden. Ob diese Erklärungen und die hierauf erfolgten Einträge den Tatsachen entsprechen, beweist das Register nicht. Dem Rechtspfleger steht aber ein gewisses **sachliches Prüfungsrecht** zu. Wenn er Anlass zu Bedenken gegen die materielle Richtigkeit und Wirksamkeit der angemeldeten Vorgänge und Beschlüsse hat, hat er gemäß § 26 FamFG sogar die Pflicht zur Prüfung und zu Ermittlungen. Der vollen materiellen Prüfungsbefugnis unterliegen aber nur die sich aus dem Vereinsrecht ergebenden **Mindestanforderungen** an die körperschaftliche Organisation, den Zweck des Vereins und an die Einhaltung der in den §§ 56 bis 59 BGB genannten formellen Eintragungsvoraussetzungen, wobei aber der Inhalt der zu treffenden Regelungen freigestellt ist (OLG Hamm, NJW-RR 1995 S. 119; Beschluss v. 12. 8. 2010 – 15 W 377/09; OLG Köln, NJW-RR 1994 S. 1547; s. auch Rz. 45). Das Registergericht darf aber z. B. die Satzung nicht einer Zweckmäßigkeitsprüfung zu unterziehen. Es hat die Satzung nur daraufhin zu überprüfen, ob sie den gesetzlichen Erfordernissen entspricht und in ihr alle Rechtsverhältnisse des Vereins ohne Gesetzesverstoß geregelt sind. Insoweit hat es im Falle einer Neufassung der Satzung weitergehend nicht nur die geänderten Bestimmungen, sondern die gesamte Satzung zu überprüfen; dabei können auch unveränderte Rege-

lungen, die bei der Voreintragung nicht beanstandet wurden, nunmehr auf ihre inhaltliche Zulässigkeit überprüft und ggf. als unzulässig zurückgewiesen werden (OLG Nürnberg, NZG 2016 S. 112 = MDR 2016 S. 85 = NJW-RR 2016 S. 153 = Rpfleger 2016 S. 162). Der Prüfungsbefugnis des Registergerichts unterliegen im Hinblick auf die Satzungsautonomie des Vereins allerdings nicht solche Regelungen der Satzung, die lediglich vereinsinterne Bedeutung haben (OLG Hamm, NZG 2010 S. 1114 = NJW-RR 2011 S. 39). Der Rechtspfleger darf auch nicht für alle tatsächlichen Voraussetzungen **urkundliche Nachweise** verlangen, im Allgemeinen wird er sich mit der Erklärung der gehörig legitimierten Beteiligten begnügen müssen (s. OLG Köln, NJW 1989 S. 173).

3. Vertrauensschutz des Vereinsregisters

Das Vereinsregister gewährt einen anderen Vertrauensschutz als das Grundbuch. Dessen Inhalt gilt im rechtsgeschäftlichen Verkehr zugunsten eines Gutgläubigen als richtig (§ 892 BGB). Einen solchen Rechtssatz gibt es beim Vereinsregister nicht; dieses hat nur sog. „negative Publizität". Hier **schützt** § 68 BGB denjenigen, der **gutgläubig** oder in nicht vorwerfbarer Unkenntnis des Registerinhalts mit dem **„bisherigen Vorstand"** eine Rechtshandlung **vornimmt.** Die Vorschriften sind auf **„besondere Vertreter"** entsprechend anzuwenden (zum Begriff s. Rz. 721 ff.) sowie auf Liquidatoren, die nach § 48 Abs. 2 BGB die rechtliche Stellung des Vorstands haben (Sauter/Schweyer/Waldner, Rz. 429 a. E.; Schöpflin, Beck-OK, § 68 Rz. 9). 844

BEISPIEL: Ist der bisherige Vorstand noch im Vereinsregister eingetragen und nimmt er ein Rechtsgeschäft für den Verein vor, z. B. Kündigung oder Abschluss eines Vertrags, kann sich der Verein nicht darauf berufen, der Vorstand sei nicht mehr im Amt und deshalb sei das Rechtsgeschäft unwirksam.

Der gutgläubige Dritte kann sich aber **nicht** – unter Berufung auf § 68 BGB – darauf verlassen, dass der eingetragene **Vorstand ordnungsgemäß bestellt** worden ist. Darauf erstreckt sich der Vertrauensschutz ebenso wenig (BayObLGZ 1986 S. 528) wie darauf, dass der Vorstand nicht (inzwischen) geisteskrank (geworden) ist (BGH, NJW 1991 S. 2566 [für GmbH]; Sauter/Schweyer/Waldner, Rz. 429). Auch reicht es für die wirksame Erteilung einer Prozessvollmacht nicht aus, wenn die Vorstandsmitglieder nur im Vereinsregister verzeichnet sind (KGR 2006 S. 615), da bei der Beurteilung der Prozessfähigkeit, also der ordnungsgemäßen gesetzlichen Vertretung einer Partei, nicht nur auf den Schein des Registers abgestellt werden kann. 845

Dritter i. S. von § 68 BGB ist jeder, der nicht unmittelbar von der Eintragung als Vorstand, Liquidator oder besonderer Vertreter betroffen ist (Schöpflin, Beck- 846

OK, § 68 Rz. 3). Dritter kann nach h. M. auch ein Vereinsmitglied sein, wenn es sich um Ansprüche oder Verpflichtungen gegen den Verein handelt, z. B. um die Zahlung des Vereinsbeitrags an ein ehemaliges Vorstandsmitglied (Soergel/ Hadding, § 68 Rz. 7; Palandt/Ellenberger, § 68 Rz. 2; Staudinger/Habermann § 68 Rz. 6; Schöpflin, Beck-OK, a. a. O.; a. A. MüKo-BGB/Reuter, § 68 Rz. 3, der eine vergleichbare Interessenlage zu einem außenstehendem Dritten verneint).

847 Der Dritte darf von der eingetretenen Änderung zudem **keine Kenntnis** haben. Ist die Änderung im Vorstand bereits im Vereinsregister eingetragen, kann sich der Verein nach § 68 Satz 2 BGB dann nicht auf die Änderung berufen, wenn der Vertragspartner sie nicht kennt und seine Unkenntnis auch nicht auf Fahrlässigkeit beruht. **Fahrlässig** handelt insoweit derjenige, der es vor Abschluss eines Rechtsgeschäfts mit dem Verein unterlassen hat, das Vereinsregister einzusehen oder durch einen Beauftragten einsehen zu lassen. Etwas anderes gilt, wenn bei Abschluss des Rechtsgeschäfts ein beglaubigter Auszug aus dem Vereinsregister vorgelegt wird, der die für den Verein handelnden Personen noch als Vorstand ausweist, während in Wirklichkeit ihr Vorstandsamt bereits beendet ist.

848 Gemäß § 70 BGB erstreckt sich der Vertrauensschutz des Vereinsregisters im dargelegten Sinn auch auf **Satzungsbestimmungen**, die den Umfang der Vertretungsmacht des Vorstands beschränken oder die Vertretungsmacht des Vorstands abweichend von § 26 Abs. 2 Satz 1 BGB regeln. Ein Verhandlungspartner des Vereinsvorstands muss also eine Beschränkung der Vertretungsmacht grds. gegen sich gelten lassen, wenn er sie zwar nicht gekannt hat, sie aber durch Einsicht ins Vereinsregister hätte kennen können (Schöpflin, Beck-OK, § 70 Rz. 3; OLG Köln, BB 1999 S. 1186 [Ls.] = OLGR Köln 1999 S. 169).

> **BEISPIEL:** ▸ Nach der Satzung bedarf der Vorstand für Rechtsgeschäfte über 5.000 € der Zustimmung der Mitgliederversammlung. Diese Bestimmung ist entgegen § 64 BGB nicht in das Vereinsregister eingetragen. Kauft der Vorstand nun einen Pkw für 6.000 € ohne Zustimmung der Mitgliederversammlung, kann sich der Verein gegenüber dem Verkäufer, der diese Satzungsbestimmung nicht kannte, nicht darauf berufen, dass die Zustimmung der Mitgliederversammlung nicht vorliegt und der Vertrag deshalb unwirksam ist.

4. Anmeldungen zum Vereinsregister

849 Zur Eintragung ins Vereinsregister **anzumelden sind**: der **Verein**, der **Vorstand** (i. S. des BGB), jede Änderung des Vorstands, die Liquidatoren, **Beschränkungen** der **Vertretungsmacht** von Vorstand und Liquidatoren, **Satzungsänderungen**, Auflösung des Vereins. Eine einmal zurückgenommene Anmeldung zum Vereinsregister, wie z. B. das Ausscheiden des alten und Eintritt des neuen 1. Vor-

sitzenden, kann bei unveränderter Sachlage wiederholt werden (OLG Düsseldorf, MDR 2015 S. 1312 = NZG 2015 S. 1321 = NJW-RR 2016 S. 43 = Rpfleger 2016 S. 105).

HINWEIS:

Die Wiederwahl von Vorstandsmitgliedern braucht nicht angemeldet zu werden. Angemeldet werden müssen aber Änderungen im Vorstand (i. S. des § 26 BGB), bei denen zwar die Vorstandsmitglieder dieselben bleiben, aber die Vorstandsämter wechseln.

Die Anmeldung bedarf der **Schriftform**. Die Unterschriften müssen von einem **850** Notar **öffentlich beglaubigt** werden. Die Anmeldung kann auch durch einen Bevollmächtigten vorgenommen werden. Dann muss die Vollmacht notariell beglaubigt sein. Zur Vornahme der Anmeldungen beim mehrgliedrigen Vorstand s. Rz. 38 f. (s. auch Sauter/Schweyer/Waldner, Rz. 433 f.). Die Anlagen zur Anmeldung müssen aufgrund der Änderungen durch das VereinsRÄndG nur noch in einfacher Abschrift eingereicht werden (zur Form des ggf. beizufügenden Protokolls der Mitgliederversammlung s. Rz. 435 ff.).

5. Einsicht in und Auszüge aus dem Vereinsregister

Die **kostenfreie Einsicht** in das Vereinsregister ist jedem während der Dienst- **851** stunden des Amtsgerichts ohne Weiteres gestattet, ohne dass er ein besonderes Interesse nachweisen muss (§ 79 Abs. 1 Satz 1 BGB). Denn das Vereinsregister ist öffentlich und hat gerade den Zweck, die Verhältnisse im Verein jederzeit für Dritte leicht feststellbar zu machen (wegen der Einzelheiten vgl. §§ 8, 16 VRV; für das maschinell geführte Register s. § 31 VRV).

Von den Registereintragungen und von den Akten kann sich jeder **Abschriften** **852** anfertigen. Von den Eintragungen ins Vereinsregister können, auch ohne Nachweis eines besonderen Interesses, von jedermann Abschriften gefordert werden, die auf Verlangen zu beglaubigen sind. Von den vom Verein zum Vereinsregister eingereichten Urkunden, z. B. der Satzung, können Abschriften aber nur gefordert werden, wenn ein berechtigtes Interesse glaubhaft gemacht wird (§ 13 Abs. 3 FamFG). Das dürfte z. B. vorliegen, wenn der Vorstand Mitgliedern die Aushändigung einer Satzung in der gültigen Fassung verweigert oder wenn das Original der Gründungsatzung bzw. ggf. später erfolgte Änderungen beim Verein nicht mehr vorliegen. Nach § 79 Abs. 2 BGB ist die Einrichtung eines sog. **automatisierten Abrufverfahrens** aus einem maschinell geführten Vereinsregister (§ 55a BGB; s. Rz. 840) zulässig, wenn der Abruf von Daten die nach § 79 Abs. 1 BGB zulässige Einsicht nicht überschreitet und die Zulässigkeit der Abrufe auf der Grundlage einer Protokollierung nicht kontrolliert werden kann (wegen der Einzelheiten s. Palandt/Ellenberger, § 79 Rz. 3 ff.).

853 Schließlich ist noch darauf hinzuweisen, dass Behörden gegenüber der Nachweis, dass der Vorstand aus den im Vereinsregister eingetragenen Personen besteht, durch ein **Zeugnis des Amtsgerichts über die Eintragung** geführt wird (§ 69 BGB). Dieses Zeugnis kann aber auch für Privatpersonen von Bedeutung sein. Lässt sich nämlich eine Privatperson vor Abschluss eines Rechtsgeschäfts mit dem Verein dieses Zeugnis des Amtsgerichts vorlegen, ist i. d. R. der Vorwurf fahrlässiger Unkenntnis von der fehlenden Vertretungsmacht (s. Rz. 843 ff.) nicht berechtigt, wenn die in dem Zeugnis genannten Personen tatsächlich nicht mehr Vorstand des Vereins sind.

6. Festsetzung eines Zwangsgelds

854 Nach § 78 BGB hat das Amtsgericht das Recht, die Vorstandsmitglieder und die Liquidatoren durch die Festsetzung eines Zwangsgelds dazu anzuhalten, ihre gesetzlichen Pflichten gegenüber dem Amtsgericht zu erfüllen. Die Festsetzung eines Zwangsgelds kommt insbesondere in Betracht, wenn das Amtsgericht gesetzlich vorgeschriebene Handlungen erzwingen will. Das sind die **Anmeldungen** von Änderungen des Vorstands, von Satzungsänderungen, der Auflösung des Vereins sowie der Liquidatoren und der für sie besonders bestimmten Vertretungsmacht sowie vom Gesetz abweichende Bestimmungen über ihre Beschlussfassung.

855 Das Zwangsgeldverfahren wird beim mehrgliedrigen Vorstand i. S. des § 26 BGB **gegen alle Vorstandsmitglieder** betrieben, unabhängig davon, wie in der Satzung die Vertretungsmacht der Vorstandsmitglieder abweichend von der gesetzlichen Regelung ausgestaltet ist. Ist eine Anmeldung von einem – nicht ausreichenden – Teil der Vorstandsmitglieder bereits vorgenommen worden, so darf das Zwangsgeldverfahren nur gegen die übrigen Vorstandsmitglieder betrieben werden.

> **BEISPIEL:** ▶ Der A-Verein hat eine Satzungsänderung beschlossen. Der Vorstand des Vereins besteht aus B, C und D, die den Verein nur gemeinsam vertreten können. Die Satzungsänderung wird zur Eintragung angemeldet von den Vorstandsmitgliedern B und C. D lehnt die Teilnahme an der Anmeldung ab, weil er mit der Satzungsänderung nicht einverstanden ist. Das Zwangsgeldverfahren kann nur noch gegen ihn betrieben werden.

856 Geregelt ist das Zwangsgeldverfahren in den §§ 388 Abs. 2, 391 FamFG. Es richtet sich gegen die Vorstandsmitglieder und Liquidatoren **persönlich,** nicht etwa gegen den Vorstand als Vereinsorgan oder gegen den Verein als solchen

(OLG Jena, Beschluss v. 16. 3. 2015 – 3 W 579/14; LG Lübeck, SchlHAnz 1984 S. 115). Das Zwangsgeld selbst kann daher auch nicht aus dem Vermögen des Vereins beigetrieben werden. Es ist vielmehr von den Vorstandsmitgliedern oder Liquidatoren aus dem **eigenen Vermögen** zu entrichten. Dasselbe gilt für die Kosten des Verfahrens. Das Zwangsgeld beträgt nach Art. 6 EGStGB 5 bis 1.000 €.

Eingeleitet wird das **Verfahren** durch die Androhung eines bestimmten Zwangsgeldes, wenn nicht innerhalb einer bestimmten Frist die gesetzlich vorgeschriebene Handlung vorgenommen wird (§ 388 FamFG). Gegen diese Androhung kann Einspruch erhoben werden (§ 390 FamFG). Ist er begründet, wird die Androhungsverfügung aufgehoben (§ 390 Abs. 3 FamFG). Ist er unbegründet, wird er durch Beschluss verworfen und das angedrohte Zwangsgeld festgesetzt, wenn die notwendige Handlung nicht inzwischen vorgenommen worden ist (§ 390 Abs. 4 FamFG). Hiergegen kann gemäß § 391 FamFG innerhalb eines Monats ab Bekanntgabe (§§ 58 ff. FamFG) Beschwerde eingelegt werden, die auch noch nach Zahlung des Zwangsgeldes zulässig ist. Gegen die Beschwerdeentscheidung steht den Beteiligten dann noch das Rechtsmittel der Rechtsbeschwerde zum BGH zu, wenn diese vom zuständigen Landgericht in der Beschwerdeentscheidung zugelassen worden ist (§§ 70 ff. FamFG). 857

XVI. Betreuungsverein/Vereinsbetreuer

1. Allgemeines

858 Bis zum Erlass des sog. Betreuungsgesetzes v. 12. 9. 1990 (BGBl I S. 2002) gab es über Volljährige gemäß §§ 1896 bis 1908 a. F. BGB die Vormundschaft. Mit Inkrafttreten des Betreuungsgesetzes am 1. 1. 1992 ist an deren Stelle das Rechtsinstitut der Betreuung getreten. Da nach § 1897 Abs. 2 BGB auch ein (anerkannter) Betreuungsverein i. S. des § 1908f BGB als Betreuer bestellt werden kann, soll hier ein kurzer **Überblick** über die sog. Vereinsbetreuung gegeben werden. Wegen der Einzelheiten ist im Übrigen auf die einschlägige Literatur zu verweisen (s. die Nachweise bei Palandt/Götz, vor § 1896 Rz. 1; die Zusammenstellung in FamRZ 1992 S. 35, sowie die Übersichten zur Entwicklung des Betreuungsrechts von Dodegge, zuletzt u.a. in NJW 2017 S. 2655 ff. mit Verweisen zu den vorhergehenden Übersichten).

2. Betreuer als Beistand

859 Die Betreuung ist **staatlicher Beistand** in Form von tatsächlicher und Rechtsfürsorge (Palandt/Götz, vor § 1896 Rz. 1 m. w. N.). **Voraussetzung** für die Bestellung eines Betreuers ist nach § 1896 Abs. 1 BGB, dass ein Volljähriger aufgrund einer psychischen Krankheit oder einer körperlichen, geistigen oder seelischen Behinderung seine Angelegenheiten ganz oder teilweise nicht besorgen kann. Ist das der Fall, bestellt das Vormundschaftsgericht auf seinen Antrag oder von Amts wegen einen Betreuer. Dem Betreuer wird ein **bestimmter Aufgabenkreis** zugewiesen. Die Betreuung kann also vom Umfang her Totalbetreuung sein, sie kann sich aber auch als sog. Teilbetreuung auf bestimmte Aufgaben beschränken, z. B. auf die Vermögenssorge, auf Unterhaltsfragen, auf Gesundheitsfürsorge usw. (wegen der Einzelheiten s. Palandt/Götz, § 1896 Rz. 18 ff.). Die Betreuung wird nicht unbefristet angeordnet, sondern muss einen Endzeitpunkt enthalten. Die Höchstdauer beträgt nach § 295 Abs. 2 FamFG sieben Jahre. Danach kann aber eine erneute Betreuung angeordnet werden (vgl. Palandt/Götz, § 1896 Rz. 26).

3. Anerkennung als Betreuungsverein

860 § 1897 Abs. 1 BGB sieht grds. die Betreuung durch eine Einzelperson vor. Nach § 1900 Abs. 1 BGB kann jedoch auch ein anerkannter Betreuungsverein i. S. des § 1908f BGB als Betreuer bestellt werden. Für die Anerkennung als Betreuungsverein müssen nach § 1908f BGB folgende **Voraussetzungen** erfüllt sein:

► Es muss sich um einen **rechtsfähigen Verein** handeln.

► Der Verein muss eine ausreichende Zahl **professioneller Betreuer** haben, die er beaufsichtigt, weiterbildet und gegen Schäden, die diese anderen im Rahmen ihrer Tätigkeit zufügen können, angemessen versichert (vgl. wegen der Einzelheiten Palandt/Götz, § 1908f Rz. 3 m. w. N.).

► Der Verein muss außerdem **ehrenamtliche Mitarbeiter haben**, die Betreuungen übernehmen. Diese muss er in ihre Aufgaben einführen, fortbilden und beraten.

► Die **Bundesländer** können nach § 1908f Abs. 3 BGB **weitere Voraussetzungen** für die Anerkennung als Betreuungsverein aufstellen. Von diesen Möglichkeiten haben inzwischen alle Bundesländer Gebrauch gemacht (vgl. zu den Landesausführungsgesetzen Dodegge, NJW 1992 S. 1936 f.; NJW 1993 S. 2353 f.; NJW 1994 S. 2383 f.; NJW 2000 S. 2704; s. auch den Überblick von Winterstein, BtPrax 1995 S. 194 ff.).

Für das **Verfahren** der **Anerkennung** gilt: Die Anerkennung als Betreuungsverein erfolgt durch die nach dem jeweiligen Landesrecht dafür zuständige Behörde, und zwar durch Verwaltungsakt. Sie gilt für das jeweilige Bundesland und kann auf einzelne Landesteile beschränkt werden. Die Anerkennung ist nach § 1908f Abs. 2 Satz 2 BGB widerruflich und kann unter Auflagen (z. B. Einstellung weiterer Mitarbeiter) erteilt werden. Die näheren Einzelheiten sind den jeweiligen Landesgesetzen zu entnehmen. **861**

4. Bestellung des Betreuungsvereins/des Vereinsbetreuers

Grds. wird die **Betreuung** nach § 1897 Abs. 1 BGB von (natürlichen) Einzelpersonen durchgeführt. Nach § 1897 Abs. 2 BGB kann dazu **auch** der Mitarbeiter eines anerkannten Betreuungsvereins (s. Rz. 860), der dort ausschließlich oder teilweise als Betreuer tätig ist, als **sog. Vereinsbetreuer** bestellt werden. Dieser ist/bleibt jedoch Einzelbetreuer (Palandt/Götz, § 1897 Rz. 5 ff. m. w. N.; zum Begriff BayObLG, BtPrax 1994 S. 135). Für die Bestellung des Mitarbeiters als Betreuer ist die Einwilligung des Vereins erforderlich (§ 1897 Abs. 2 Satz 1 BGB) und die Bereiterklärung des Vereinsbetreuers (BayObLG, BtPrax 1994 S. 135). Bei der Auswahl des Betreuers hat der Betroffene nach § 1897 Abs. 4 BGB ein Vorschlagsrecht, das sich aber nur auf natürliche Personen, also nicht auf den Betreuungsverein, bezieht (BayObLG, FamRZ 1999 S. 52; zur Auswahl des Betreuers s. auch noch BayObLG, FGPrax 1998 S. 180 = FamRZ 1999 S. 50; OLG Stuttgart, BtPrax 1999 S. 110). **862**

Nur wenn der zu Betreuende durch eine oder mehrere (Einzel-)Personen nicht hinreichend betreut werden kann, kann gemäß § 1900 Abs. 1 BGB ein Betreuungsverein selbst als Betreuer bestellt werden. Der Verein überträgt nach § 1900 Abs. 2 Satz 1 BGB dann die Wahrnehmung der Betreuung einzelnen Personen, was jedoch an der Rechtsstellung des Vereins als Betreuer nichts ändert.

5. Vergütung des Vereinsbetreuers

863   Anerkannt ist aufgrund einer Entscheidung des BVerfG, dass die umfängliche nebenberufliche Betreuertätigkeit als **Berufsbetreuung** im Nebenberuf zu vergüten ist (BVerfG, NJW 1999 S. 1621 = FamRZ 1999 S. 568). Für die Vergütungsfragen (vgl. allgemein dazu Palandt/Götz, § 1836 BGB Rz. 1 ff. m. w. N.; Karmasin, FamRZ 1999 S. 348; Zimmermann, FamRZ 1999 S. 630 ff.; Küsgen, BtPrax 2000 S. 242), die durch das 2. Betreuungsrechtsänderungsgesetz (vgl. dazu Dodegge, NJW 2005 S. 1896) neu geregelt worden sind, gilt: Nur bei **berufsmäßiger Amtsführung** besteht ein Vergütungsanspruch, dessen Einzelheiten sich aus dem Vormünder- und Betreuervergütungsgesetz ergeben, §§ 1908i Abs. 1, 1836 Abs. 1 Satz 1 bis 3 BGB. Einen neuen Standort im Gesetz haben die Regelungen zur ausnahmsweisen Vergütung eines ehrenamtlichen Vormunds/Betreuers, zu den Voraussetzungen der berufsmäßigen Ausübung des Amts, zur Vergütungsbewilligung und Leistung aus der Staatskasse bei Mittellosigkeit sowie zum Erlöschen der Ansprüche in den § 1836 Abs. 2 BGB, §§ 1, 2 VBVG n. F. gefunden (zur Steuerbefreiung für ehrenamtliche Betreuer s. § 3 Nr. 26b EStG).

XVII. Vereinssponsoring – Ein Überblick

1. Allgemeines

Angesichts immer leerer werdender öffentlicher Kassen und eines dadurch immer weiter steigenden Finanzbedarfs der Bereiche Kultur und Sport **steigt** die **Bedeutung** von Sponsoren. Dies gilt insbesondere im Bereich der Sportvereine, die heute ihre Kosten häufig mit Mitgliedsbeiträgen und Zuschauereinnahmen allein nicht mehr decken können. So sollen z. B. im Jahr 1994 rund 1,5 Milliarden € für Sportsponsoring aufgewendet worden sein, wovon rund 60% auf das Sponsoring von Sportvereinen entfallen sein sollen (s. Reichert u.a., Rz. 2822).

864

Wegen der immer mehr zunehmenden Bedeutung der mit dem Sponsoring zusammenhängenden Fragen soll auch hier darauf in einem Überblick kurz eingegangen werden. Zur Vertiefung ist auf die zu den Rechtsfragen vorliegende **Literatur** zu verweisen: s. insbesondere Bruhn/Mehlinger, Rechtliche Gestaltung des Sponsoring, Band I, 2. Aufl. 1995, Band II, 2. Aufl. 1999; Heuer, Kulturfinanzierung durch Sponsoring – steuerliche Konsequenzen beim Sponsor und Gesponserten, DStR 1996 S. 1789; Weiand, Wirtschaftliche und rechtliche Grundlagen des Kommunikationsinstruments Sponsoring, DStR 1996 S. 1897 ff.; Mehlinger, Sportsponsoring, SpuRt 1996 S. 54 f.; Humberg, Sportstättensponsoring – Die Namensrechte bei Sportstätten (sog. Namingrights), JR 2005 S. 89; ders., Die Möglichkeit zur außerordentlichen Kündigung eines Sportsponsoringvertrages aufgrund Dopings, JR 2005 S. 271; Grotz, Zur Betrugsstrafbarkeit des gesponserten und gedopten Sportlers, SpuRt 2005 S. 93; Weiand, Form, Inhalt und Abschluss von Sportsponsoringverträgen, SpuRt 1997 S. 90; Nesemann, Vertragsstrafen in Sponsoringverträgen im Zusammenhang mit Doping, NJW 2007 S. 2083; Krekel, Zulässige Public-Viewing-Events bei Einbindung von Sponsoren, SpuRt 2006 S. 59; Bergmann, Sportsponsoring und Kartellrecht, SpuRt 2009 S. 202; Säcker, Gesetzliche und satzungsmäßige Grenzen für Spenden und Sponsoringmaßnahmen in der Kapitalgesellschaft, BB 2009 S. 282; Brehm, Turniersponsoring im Amateurgolfsport, CaS 2009, 80; Heermann, Ausschließlichkeitsbindungen in Sponsoringverträgen aus kartellrechtlicher Sicht, CaS 2009 S. 226; Bock/Borrmann, Vorteilsannahme (§ 331 StGB) und Vorteilsgewährung (§ 333 StGB) durch Kultursponsoring?, ZJS 2010 S. 625; Grunewald, Sportsponsoring und Schenkungsrecht, ZGS 2010 S. 164; Kuhlen, Sponsoring und Korruptionsstrafrecht, JR 2010 S. 148; Herzog/Hoch/Laustetter, „Schmutziges Geld" und Geldwäsche im Fußballsport, SpuRt 2010 S. 90; Alvermann, Sponsoring und Steuern, AG 2013 S. 867; Carle, Sponsoring – Steuerliche Behandlung, ErbStB 2011 S. 296; Wittneben, Millionen für den guten Namen, SpuRt 2011 S. 151; Gasten, Umsatzsteuerliche Behandlung des Sponsoring unter Berücksichtigung

865

der aktuellen Rechtsprechung, Forum Steuerrecht 2011 S. 105; Nagel, Sponsoring und Vermarktungsrechte der Sportler und der Verbände, CaS 2012 S. 55; Orth, Sportrecht ist Wirtschaftsrecht, KSzW 2013 S. 211; Cherkeh, Absicherung von Sponsoren durch wirksame Vertragsstrafen bei Dopingvergehen, KSzW 2013 S. 238; Lambertz, Die außerordentliche Kündigung von Sponsoringverträgen, KSzW 2013 S. 242; Röhr, Fünf goldene Regeln für den perfekten Sponsoring-Vertrag, VB 5/2013 S. 15 ff.; Holzhäuser/Karlin, Werbung mit Fußballspielern bei konkurrierenden Sponsoringverträgen, GRURPrax 2015 S. 139; Keßler, Doping und Sponsoring – Zivilrechtliche Haftung des gedopten Sportlers gegenüber dem Sponsor unter Berücksichtigung der Beweisproblematik, npoR 2015 S. 89; von Oertzen/Zapf, Sponsoring von gemeinnützigen Stiftungen und Organisationen – aktuelle Entwicklungen bei Geber und Bedachten, StB 2016 S. 296; Hörmann, Spende oder Sponsoring Abgrenzung aus ertrag- und umsatzsteuerlicher Sicht, npoR 2016 S. 153.

866 Mit den **allgemeinen Fragen** des Sponsorings, insbesondere aus der Sicht des Mittelstands, befasst sich der „Sponsoring-Kompass" von Brückner/Schormann, 1996. Er bringt leicht nachvollziehbare Antworten auf Fragen, wie: Welche Formen des Sponsorings sind möglich, mit welchem Kosten- und Organisationsaufwand ist zu rechnen? Außerdem gibt er Tipps zur Vertragsgestaltung und auch Hinweise zur Pressearbeit. Hinzuweisen ist außerdem noch auf Brückner, So machen Sie Ihren Verein erfolgreich. Presse- und Öffentlichkeitsarbeit – Sponsoring – Fundraising, erschienen 1996 sowie auf Weiand/Poser/Backes, Der Sponsoringvertrag, 4. Aufl. 2010.

2. Begriffsbestimmung

867 Die Begriffe Sponsor und Sponsoring entstammen dem anglo-amerikanischen Rechtskreis und bedeuten u.a. auch **Geldgeber.** Rechtlich handelt es sich beim Sponsoring um ein **atypisches Vertragsverhältnis**, an dem zwei oder mehr Partner beteiligt sind (zum Sponsoringvertrag s. auch BGHZ 117 S. 353 = NJW 1992 S. 2089; NJW 1992 S. 2690). Der Sponsor will mit Hilfe des Gesponserten i. d. R. den Bekanntheitsgrad seines Produkts oder seiner Dienstleistung steigern. Er verspricht daher dem Gesponserten eine wirtschaftliche Unterstützung in Form von Geld oder geldwerten Leistungen. Dafür verpflichtet sich der Gesponserte i. d. R., zugunsten des Sponsors Werbeverpflichtungen zu übernehmen, indem er z. B. Einrichtungen oder Gegenstände zur Nutzung als Werbefläche zur Verfügung stellt oder aber auch Personen, im Sportbereich z. B. Spieler.

868 Beim Sponsorvertrag handelt es sich also um einen **gegenseitigen Vertrag**, der Sponsor und Gesponserten wechselseitig verpflichtet (Bruhn/Mehlinger, a. a. O.,

Band I S. 5 ff.). Das Sponsoring ist **abzugrenzen** vom Mäzenatentum. Während der Sponsor für seine Unterstützung immer eine Gegenleistung verlangt, gewährt der Mäzen seine finanzielle Unterstützung selbstlos. Dem Mäzen geht es i. d. R. um die Förderung des anderen, während beim Sponsor die eigene Imageverbesserung im Vordergrund steht. Für ihn bilden auch Steuervergünstigungen einen wichtigen Anreiz, sich für sein Engagement zu entscheiden (zu den **steuerlichen Fragen** s. eingehend Schleder, Rz. 852 ff.; Gasten, Forum Steuerrecht 2011 S. 105 und BFHE 219 S. 558 = DStR 2008 S. 505; zur Besteuerung von „Hospitality-Leistungen" s. VB 2/2013 S. 6 ff.; zum Spendensammeln eines Sponsors VB 9/2013 S. 8 ff.; s. schließlich Rz. 869).

3. Formen des Sponsoring

Das Sponsoring kann sowohl **sach-** als auch **personenbezogen** gestaltet werden (s. Rz. 871). Entscheidend ist in beiden Fällen, dass der Gesponserte dem Sponsor die rechtliche Möglichkeit zur Werbung mit den Gegenständen oder Personen verschafft (Reichert u.a., Rz. 2820). Beim **sachbezogenen Sponsoring** ist es erforderlich, dass der Gesponserte die Befugnis hat, dem Sponsor die zur Werbung bestimmten Gegenstände zu überlassen, er also z. B. Eigentümer/Nutzungsberechtigter der Stadionbanden ist. Möglich ist es auch, dem Sponsor das Namensrecht zu überlassen (zum Namensrechtvertrag bei Sportstätten s. Klingmüller, SpuRt 2002 S. 59). Für das **personenbezogene Sponsoring** ist die Zustimmung der in die Werbung einbezogenen Person, i. d. R. des Sportlers, erforderlich, da dessen Persönlichkeitsrechte betroffen sind (vgl. wegen der Einzelheiten Reichert u.a., Rz. 2837 ff.; s. auch BGH, NJW 1979 S. 2203 m. w. N., wonach es sich die Spieler der Fußballbundesliga als Personen der Zeitgeschichte gefallen lassen müssen, auch ohne ihre Einwilligung der Öffentlichkeit im Bild vorgestellt zu werden). Das gilt auch für die sog. Werbung am Mann (Reichert u.a., Rz. 2839). 869

In Betracht kommt z. B. folgendes **sachbezogenes Sponsoring** (vgl. BFHE 219 S. 558 = DStR 2008 S. 505; zur steuerlichen Behandlung Schleder, Rz. 858 ff.): 870

▶ bei einem Sportverein die sog. **Bandenwerbung,**

▶ die Werbung auf den **Sportflächen,** auf der **Sportbekleidung** und der Sportausrüstung,

▶ die Werbung in **Vereinszeitschriften,** auf **Eintrittskarten** usw. (zur Körperschaftsteuerpflicht BFH, a. a. O.),

▶ die Werbung auf (Vereins-)**Fahrzeugen,**

▶ das Sponsern einer **ganzen Veranstaltung,** indem z. B. deren Kosten ganz oder teilweise übernommen werden.

871 **Personenbezogenes Sponsoring** kann dadurch erreicht werden, dass die **Vermarktung des Namens** eines bestimmten Künstlers oder Sportlers dem Sponsor überlassen wird, wofür der Gesponserte eine finanzielle Unterstützung erhält (zur kommerziellen Nutzung des Namens von Sportlern s. Kusulis/Wichert, SpuRt 2008 S. 53; vgl. auch noch Nagel, CaS 2012 S. 55). Möglich ist aber auch die im sportlichen Bereich häufig anzutreffende Variante, dass der Sponsor den gesponserten Verein in der Weise unterstützt, dass **Spieler Arbeitnehmer** des Betriebs des Sponsors werden, dieser sie auch entlohnt, die Spieler aber nicht im Betrieb tätig sind, sondern dem Verein in vollem Umfang zur Verfügung stehen (zur umsatzsteuerlichen Behandlung des Sponsoring Drescher, SpuRt 2001 S. 237 und Gasten, Forum Steuerrecht 2011 S. 105 ff.; zur Rückzahlungspflicht von Vorschüssen und Darlehen nach Vertragsbeendigung OLG Frankfurt/Main, SpuRt 2004 S. 64; zur Ersatzpflicht bezahlter Ausbildungskosten bei Nichterreichen des gewünschten Ausbildungserfolgs eines Nachwuchssportlers Resch, SpuRt 2008 S. 28).

> HINWEIS:
>
> Immer häufiger werden in der letzten Zeit ganze Sportstätten gesponsert. Im Gegenzug gegen eine Beteiligung an den beträchtlichen Bau- oder Renovierungskosten erhält der Sponsor hier das Recht, den Namen der Sportstätte zu bestimmen. Der Berechtigte verzichtet also auf sein Recht zur Benennung der Sportstätte. Umstritten ist, wie diese Konstellation rechtlich zu qualifizieren ist. Vertreten werden die Einordnung der Verträge als Kauf, Pacht oder auch als Vertrag eigener Art (vgl. dazu eingehend Humberg, JR 2005 S. 89).

4. Auswirkungen auf den inneren Vereinsbereich

872 I. d. R. ist am Sponsoring die **Mitgliederversammlung** des Vereins **kaum beteiligt** (Reichert u.a., Rz. 2823), da die damit zusammenhängenden Fragen in den Zuständigkeitsbereich der Vereinsverwaltung fallen und damit dem Vorstand obliegen. Die Mitgliederversammlung kommt mit Fragen des Sponsoring daher meist nur insoweit in Berührung, als einzelne Mitglieder den Vorstand im Zusammenhang mit dem von ihm abzugebenden Geschäftsbericht (vgl. dazu Rz. 640 f.) dazu befragen, und soweit der Haushalt des Vereins Sponsoreneinnahmen aufweist, über die berichtet und beraten wird. Der **Abschluss** des **Sponsorvertrags** gehört ebenso zum Aufgabenbereich des **Vorstands** wie dessen spätere praktische Durchführung.

> HINWEIS:
>
> Wegen der ggf. weitgehenden Folgen für den Verein ist auf die (zivilrechtliche) Ausgestaltung von Sponsorverträgen große Sorgfalt zu verwenden (dazu Kolvenbach, AnwBl 1998 S. 289 ff.; Röhr, VB 5/2013 S. 15; zum Sponsoringvertrag auch Weiand/Poser, Der Sponsoringvertrag, 3. Aufl. 2005).

Beim **Abschluss** des Vertrags wird der Verein gemäß § 26 Abs. 2 Satz 1 BGB   873
durch den **Vorstand vertreten** (zu vorvertraglichen Fragen beim Sponsoring
s. Schimke, SpuRt 1997 S. 160).

I. d. R. will der (Haupt-)**Sponsor** zumindest bei größeren (Sport-) Vereinen auf das   874
Vereinsleben und die anstehenden Entscheidungen einen bestimmenden **Einfluss ausüben**. Das wird meist dadurch erreicht, dass er sich in den **Vorstand
wählen** lässt. Dann kann er, selbst wenn er nicht 1. Vorsitzender des Vereins
ist, auf die im Vorstand zu treffenden Entscheidungen Einfluss nehmen. Es gibt
aber auch noch **andere** (vereinsrechtlich zulässige) **Möglichkeiten** des Sponsors,
auf das Vereinsleben Einfluss zu nehmen (s. Reichert u.a., Rz. 2823). So kann der
Sponsor zur Bedingung für seine Unterstützung machen, dass (nur) von ihm
benannte Personen in das Vorstandsamt gewählt werden oder maßgebliche Entscheidungen des Vereins in einem Beirat getroffen werden, auf dessen Zusammensetzung der Sponsor Einfluss hat. Auch kann sich der Sponsor die (Mit-)Ent-
scheidung bei bestimmten Maßnahmen (Einstellung/Entlassung von Spielern,
Trainern oder Managern/Geschäftsführern) vorbehalten. Die **rechtliche Grenze**
der vereinsrechtlichen Gestaltungsfreiheit ist da zu ziehen, wo die Geschicke
des Vereins ausschließlich vom Sponsor bestimmt werden und die (übrigen) Mitglieder des Vereins keinen nennenswerten Einfluss bei der Willensbildung des
Vereins mehr haben (OLG Celle, NJW-RR 1995 S. 1273).

Im Zusammenhang mit dem Sponsoring taucht immer wieder auch die Frage   875
auf, inwieweit **Mitglieder verpflichtet** sind/sein können, für den Verein **Sportkleidung** mit **Werbung zu tragen**.

> **HINWEIS:**
>
> Dazu gilt: Die Satzung – eines Sportvereins – kann nicht nur die Pflicht zum Training
> und zur Teilnahme an Wettkämpfen festlegen (vgl. Rz. 117), sondern auch die Pflicht,
> für den Verein Sportkleidung mit Werbung zu tragen oder an den Spielen/Wettkämp-
> fen teilzunehmen (Reichert u.a., Rz. 2837 ff.).

Satzungsmäßig kann/muss auch festgelegt werden, wenn der Spieler als Ver-   876
einsmitglied verpflichtet sein soll, dem Verein zu gestatten, dass dieser bestimmte **Persönlichkeitsrechte** des Vereinsmitglieds **vermarkten** darf. Die Festlegung dieser Pflichten muss so gestaltet sein, dass der Pflichtenkreis auch
ohne juristische Beratung erkennbar ist (BGH, NJW 1967 S. 1268 ff.). Nach
Reichert (a. a. O.) wird eine Verpflichtung zur Werbung nicht allein durch den
Umstand begründet, dass etwa einem beitretenden (Vereins-)Mitglied bekannt
war, dass dieser Verein seit jeher Trikotwerbung für einen Sponsor betrieben
hat (a. A. Bruhn/Mehlinger, a. a. O., Band II S. 21).

877　Bei einem **minderjährigen Vereinsmitglied** muss der gesetzliche Vertreter i. d. R. hinsichtlich der Beteiligung des Minderjährigen an Werbemaßnahmen nicht gesondert befragt werden. Weiß er bei der Zustimmung zum Vereinsbeitritt, dass in der Mannschaft, in der der gesetzlich Vertretene spielt/spielen soll, Sportkleidung mit Werbung getragen wird, so ist im Allgemeinen die Zustimmung dazu bereits erteilt. Soll jedoch der Minderjährige zu Werbemaßnahmen verpflichtet werden, die bei der Zustimmung zum Vereinsbeitritt nicht vorhersehbar waren, muss der gesetzliche Vertreter zustimmen (Reichert u.a., Rz. 2842).

5. Sponsoring und Verbandsrecht

878　Sind am Sponsoring neben Vereinen auch (deren) Verbände beteiligt, ergibt sich eine Reihe von **vereinsrechtlichen Fragen**, die hier nicht dargestellt werden können. Dabei kann es sich um die Zulässigkeit der Prüfung von Sponsoring-Verträgen bei der Lizenzierung handeln (vgl. Reichert u.a., Rz. 2826), um Vermarktungsbeschränkungen für Mitgliedsvereine durch Regelungen des Verbands (Reichert u.a., Rz. 2827 ff.) sowie um die Befugnis von Sportfachverbänden zum Abschluss von Sponsoring-Verträgen (Reichert u.a., Rz. 2833; vgl. auch noch zur Ablehnung der Zustimmung auf Aufnahme eines Handballvereins in den Landessportbund wegen Aufnahme des Sponsornamens in den Vereinsnamen OLG Frankfurt/Main, CaS 2009 S. 152).

XVIII. Veranstaltung von Reisen durch den Verein

Häufig werden von Vereinen (auch) Reisen veranstaltet, so z. B. von einem   879
Sportverein, der für die Auswärtsspiele seiner Fußballmannschaft einen Bus
mietet und die Unterkunft bucht, oder von einem Skiverein, der Fahrt, Hotel
und Liftpass in einer Reise für seine Mitglieder anbietet. **Fraglich** ist, inwieweit
auf diese oder vergleichbare Veranstaltungen das **Reiserecht** der §§ 651a ff.
BGB anzuwenden ist. Das ist besonders für die in § 651k Abs. 4 BGB vorgesehene sog. Insolvenzsicherung von Bedeutung. Besteht nämlich eine Insolvenz-
sicherungspflicht und wird diese nicht erfüllt, kann nach § 147b GewO eine
Geldbuße bis 5.000 € festgesetzt werden.

Wegen der ggf. für Vereine bestehenden Pflicht zur Ausgabe eines sog. Siche-   880
rungsscheins gemäß § 651k Abs. 4 BGB ist m. E. wie folgt zu **unterscheiden**:

► Die **Pflicht** zur Ausgabe eines Sicherungsscheins besteht **nicht**, wenn die
  §§ 651a ff. BGB von vornherein nicht zur Anwendung kommen. Das ist der
  Fall, wenn der **Verein nicht Reiseveranstalter** i. S. des § 651a BGB ist. Das
  dürfte bei einer reinen Selbstorganisation einer Gruppenreise durch ein Vereinsmitglied, welches an dieser Fahrt selbst teilnimmt, der Fall sein; in diesem Fall liegt eine BGB-Gesellschaft nach § 705 BGB vor (OLG Stuttgart,
  NJW 1996 S. 1352; Führich, Reiserecht, 7. Aufl. 2015, Rz. 76, 469 f.; s. auch
  Palandt/Sprau, vor § 651a Rz. 5 m. w. N.).

► Ist der **Verein** hingegen **Reiseveranstalter** i. S. des § 651a Abs. 1 BGB, weil er
  nämlich zwei auf die Reise bezogene Leistungen erbringt (z. B. Beförderung
  und Unterkunft; Unterkunft und Sport; Tagesausflug mit Besichtigungspro-
  gramm, OLG Celle, RRa 2002 S. 159) [s. zum Begriff auch Führich, a. a. O.,
  Rz. 77 m. w. N. und Palandt/Sprau, § 651a Rz. 5]), ist er **grds.** zur **Ausgabe**
  eines **Sicherungsscheins** verpflichtet, wenn nicht eine der nachstehenden
  Ausnahmen eingreift.

Nach § 651k Abs. 6 Nr. 1 BGB besteht eine **erste Ausnahme** dann, wenn es sich   881
nur um die gelegentliche und nicht gewerbliche Organisation einer (Pauschal-)
Reise handelt.

Was unter „**gelegentlich**" zu verstehen ist, regelt das Gesetz nicht. In der Ge-   882
setzesbegründung wird davon ausgegangen, dass **ein oder zwei Veranstaltungen im Jahr** noch gelegentlich sind. Werden von einem Verein mehr Reisen
angeboten, ist das also nicht mehr nur „gelegentlich". Von „gelegentlich"
kann aber auch dann nicht mehr gesprochen werden, wenn im Voraus ein
Jahresprogramm für die durchzuführenden Reisen festgelegt wird (vgl. BT-
Drucks. 12/5354 S. 13; Palandt/Sprau, § 651k Rz. 9). Wer dafür wirbt, handelt

i. d. R. nicht gelegentlich (s. auch Führich, VersR 1995 S. 1138). In diesen Fällen sind also auch Vereine nicht von der Pflicht zur Ausgabe eines Sicherungs-scheins befreit. Führich, a. a. O., plädiert dafür, das Merkmal „gelegentlich" im Interesse der von gemeinnützigen Einrichtungen veranstalteten Reisen i. S. von „unregelmäßig" zu verstehen. Dafür dürfte jedoch unter Berücksichtigung der deutlichen Ausführungen in den Gesetzesmaterialien kein Raum sein.

883 Weitere Voraussetzung ist, dass der Verein **nicht gewerblich** handelt, es sich also nicht um eine zum Zwecke der Gewinnerzielung ausgeübte Tätigkeit han-delt (Führich, a. a. O., Rz. 470). Davon wird bei (nicht-wirtschaftlichen) Vereinen i. d. R. auszugehen sein, so dass dann die Verpflichtung zur Ausstellung eines Sicherungsscheins entfällt.

> HINWEIS:
>
> Grds. wird zu empfehlen sein, dass der Verein in den Fällen der Veranstaltung einer Reise eine entsprechende Versicherung, die für einen verhältnismäßig geringfügigen Preis zu erhalten ist, abschließt.
>
> Hinzuweisen ist auch noch darauf, dass das Vorliegen der Voraussetzungen für eine Ausnahme nach § 651k Abs. 6 Nr. 1 BGB nicht dazu führt, dass der Verein von den übrigen reiserechtlichen Vorschriften der §§ 651a bis 651i BGB befreit ist. Diese gelten vielmehr auch dann, wenn der Verein nur „gelegentlich" Reisen veranstaltet (Führich, a. a. O., Rz. 469 f. m. w. N.).

884 Nach § 651k Abs. 6 Nr. 2 BGB besteht eine **zweite Ausnahme** von der Insol-venzsicherungspflicht für (Tages-)Reisen, die nicht länger als 24 Stunden dau-ern, keine Übernachtung einschließen und nicht mehr als 75 € kosten.

B. Der nicht eingetragene Verein

Bei Vereinsgründungen, aber auch bei Vereinen, die bereits längere Zeit ohne   885
Eintragung in das Vereinsregister existieren, stellt sich die Frage, **welche wesentlichen Unterschiede** zwischen einem eingetragenen und einem nicht eingetragenen Verein mit „ideeller" Zweckbestimmung bestehen und ob es sinn-
voll/notwendig ist, ggf. einen „e. V." zu gründen bzw. den Verein ins
Vereinsregister eintragen zu lassen. Die folgenden Ausführungen sollen helfen,
diese Entscheidung zu erleichtern.

I. Allgemeines

Der nicht eingetragene Verein ist ebenso wie der eingetragene eine auf Dauer   886
angelegte Verbindung einer größeren Anzahl von Personen zur Errichtung eines gemeinsamen Zwecks, die nach ihrer Satzung **körperschaftlich** organisiert
ist, einen Gesamtnamen führt und einen wechselnden Mitgliederbestand aufweist. Dem nicht eingetragenen Verein **fehlt** lediglich die (gesetzliche) **Rechtsfähigkeit**, d. h. er besitzt keine eigene Rechtspersönlichkeit, kann also i. d. R.
nicht selbständig Träger von Rechten und Pflichten sein.

In der **Literatur** vertritt allerdings inzwischen im Anschluss an BGHZ 146 S. 341   887
= NJW 2001 S. 1056 die **h. M.**, dass auch der nichtrechtsfähige Verein **rechtsfähig** ist (K. Schmidt, NJW 2001 S. 993, 1002 f.; Palandt/Ellenberger, § 54 Rz. 7).
Der Gesetzeswortlaut des § 54 Satz 1 BGB – „Vereine, die nicht rechtsfähig
sind" – bedeutet danach nur, dass nichtrechtsfähige Vereine mangels Eintragung oder staatlicher Konzessionierung keine juristischen Personen sind (Soer-
gel/Hadding, § 54 Rz. 16). Dem nichtrechtsfähigen Verein komme aber als Gesamthandsgemeinschaft grds. eigene Rechtssubjektivität zu, er selbst sei
Träger von Rechten und Pflichten und nicht etwa – wie von der früher h. M.
angenommen – die Mitglieder unter der Kollektivbezeichnung des Vereins (krit.
ablehnend zur h. M. Schöpflin, Beck-OK, § 54 Rz. 20 ff. m. w. N.).

Auf den nicht eingetragenen Verein finden nach dem Wortlaut des § 54 BGB   888
die **Vorschriften** über die **BGB-Gesellschaft** (§§ 705 ff. BGB) **Anwendung.** Der
nicht eingetragene Verein ist selbst aber keine BGB-Gesellschaft. Der entscheidende Unterschied ist, dass die Gesellschaft nach §§ 705 ff. BGB keinen wechselnden Mitgliederbestand hat, während der nichtrechtsfähige Verein vom
Wechsel seiner Mitglieder unabhängig ist und über Vereinsorgane wie Vorstand und Mitgliederversammlung verfügt (zur Abgrenzung zwischen BGB-Gesellschaft, OHG und nichtrechtsfähigem Verein s. OLG Köln, OLG-Report Köln
1996 S. 105). Bis auf die Rechtsfähigkeit unterscheidet den nicht eingetrage-

nen Verein vom eingetragenen Verein nichts. Nach h. M. in Literatur und Rechtsprechung (vgl. Palandt/Ellenberger, § 54 Rz. 1 m. w. N.; Stöber/Otto, Rz. 1493 ff.) ist die Verweisung auf die Vorschriften über die Gesellschaft deshalb zumindest überholt (vgl. auch Rz. 887). Palandt/Ellenberger (a. a. O.) sieht darin sogar einen Verstoß gegen Art. 9 GG. Auf den nicht eingetragenen Verein wird daher das **Vereinsrecht** des **BGB** angewendet, mit Ausnahme der Vorschriften, die die Rechtsfähigkeit voraussetzen (Palandt/Ellenberger, § 54 Rz. 1; zur Zinsbesteuerung bei einem nichtrechtsfähigen Verein s. Rz. 1089). Es bleibt jedoch ein **Freiraum** für individuelle Regelungen, der Zwischenformen zwischen nichtrechtsfähigem Verein und Gesellschaft, auf die teilweise Vereinsrecht und Gesellschaftsrecht anzuwenden ist, gestattet (vgl. BGH, NJW 1979 S. 2304 [zur Rechtsanwendung bei Austritt eines Mitglieds aus einer Werbegemeinschaft und zugleich auch zur Anwendung des § 39 Abs. 2 BGB bei nichtrechtsfähigen Vereinen]).

889   Als nichtrechtsfähige Vereine angesehen hat die Rechtsprechung z. B.:

▶ Arbeitgeberverbände und Gewerkschaften (vgl. BGHZ 50 S. 328),

▶ die **Heilsarmee** (RAG, JW 1935 S. 2228),

▶ **Kartelle** und Syndikate (RGZ 82 S. 295),

▶ Ordensniederlassungen (RGZ 97 S. 123),

▶ **politische Parteien,** wenn sie nicht im Vereinsregister eingetragen waren, für die aber in erster Linie die Vorschriften des ParteienG gelten,

▶ **Parlamentsfraktionen** von politischen Parteien (OLG Schleswig, NVwZ-RR 1996 S. 103; ArbG Berlin, NJW 1990 S. 535),

▶ Studentenverbindungen (RGZ 78 S. 135),

▶ **Untergliederungen** von Großvereinen (s. Rz. 776 ff.),

▶ Waldinteressengemeinschaften (BGHZ 25 S. 312).

II. Besonderheiten gegenüber dem eingetragenen Verein

1. Stellung im Rechtsverkehr

a) Partei- und Prozessfähigkeit

Der nicht eingetragene Verein ist nach dem BGB **nicht rechtsfähig** (s. aber oben Rz. 886 ff.). Deshalb war er früher auch nicht berechtigt, unter dem Vereinsnamen in bürgerlich-rechtlichen Streitigkeiten Klagen zu erheben und Prozesse **aktiv** zu führen. Als klagebefugt wurde nur die **Gesamtheit der Mitglieder**, die in der Klageschrift einzeln genannt werden mussten, angesehen. Dieses Fehlen der aktiven Parteifähigkeit führte zu erheblichen Schwierigkeiten. Bei mitgliedsstarken Vereinen mit erheblich fluktuierender Mitgliedschaft war es nämlich praktisch ausgeschlossen, alle Mitglieder in der Klageschrift anzuführen. Deshalb waren Rechtsprechung und Literatur sich in den letzten Jahren zunehmend einig, im Wege der richterrechtlichen Rechtsfortbildung auch allen nichtrechtsfähigen Vereinen **die aktive Parteifähigkeit** zuzuerkennen (vgl. zuletzt BGH, NJW 2008 S. 69 = SpuRt 2008 S. 70 = NZG 2007 S. 826; NZG 2013 S. 466 = MDR 2013 S. 607 = NJW-RR 2013 S. 604 [Ruderabteilung]; KG, MDR 2003 S. 1197; AG Moers, Urteil v. 27. 3. 2013 – 563 C 237/11 [Fußballabteilung eines Sportvereins]; AG Witzenhausen, NJW-RR 2003 S. 614, jeweils m. w. N.). 890

Insoweit ist durch das VereinsRÄndG aber eine gesetzliche Änderung eingetreten. § 50 Abs. 2 ZPO ist dahin erweitert worden, dass der nichtrechtsfähige Verein jetzt auch **aktiv parteifähig** ist (vgl. dazu BT-Drucks. 16/12813 S. 15). In Prozessen, die gegen den nichtrechtsfähigen Verein geführt werden, konnte der Verein im Übrigen auch schon in der Vergangenheit gemäß § 50 Abs. 2 a. F. ZPO unter seinem Namen verklagt werden (sog. **passive Parteifähigkeit**). Dasselbe gilt, wenn gegen den nicht rechtsfähige Verein die Zwangsvollstreckung betrieben werden soll (§ 735 ZPO) sowie im Falle eines Insolvenzverfahrens nach der Insolvenzordnung (§ 11 Abs. 1 Satz 2 InsO). 891

> HINWEIS:
>
> Der nichtrechtsfähige Verein hat in Zivilverfahren also inzwischen insgesamt die Stellung eines eingetragenen, rechtsfähigen Vereins (§ 50 Abs. 2 ZPO).

Für die **übrigen Verfahren** gilt: Für verwaltungsgerichtliche Streitigkeiten ist der nichtrechtsfähige Verein nach § 61 Nr. 2 VwGO in allen Bereichen aktiv und passiv parteifähig (OVG Lüneburg, NJW 1979 S. 735). Entsprechendes gilt gemäß § 70 Nr. 2 SGG, § 58 FGG und § 10 ArbGG für sozialgerichtliche, steuerrechtliche und arbeitsrechtliche Verfahren. 892

b) Wechsel/Scheck-, Konto- und Erbfähigkeit

893 Wegen der fehlenden Rechtsfähigkeit (vgl. aber oben Rz. 779 ff.) ist der nicht eingetragene Verein grds. auch **nicht wechsel-/scheckfähig**. D. h., er kann an sich weder einen Wechsel ausstellen noch akzeptieren (= annehmen) noch indossieren (= übertragen) oder Rechte daraus herleiten. Die h. M. geht jedoch inzwischen davon aus, dass der nicht eingetragene Verein **wechsel-/scheckfähig** ist (vgl. u.a. Palandt/Ellenberger im Hinblick auf die Entscheidung des BGH zur Rechtsfähigkeit der GbR, NJW 2001 S. 1056 und unter weiterem Hinweis auf BGH, NJW 1997 S. 2754; s. auch noch BGH, NJW 1998 S. 376 und Reichert u.a., Rz. 5147; Sauter/Schweyer/Waldner, Rz. 624). Nach Palandt/Ellenberger (§ 54 Rz. 9) haftet das Vereinsvermögen als Sondervermögen und daneben gemäß § 54 Satz 2 BGB der Handelnde, wenn von einem Vertretungsberechtigten im Namen des nichtrechtsfähigen Vereins ein Wechsel gezeichnet wird.

894 Im Bankrecht wurde vertreten, dass der nicht eingetragene Verein kein eigenes Bankkonto haben kann, sondern ein Bankkonto auf den Namen aller oder einiger Vereinsmitglieder errichtet werden muss (Reichert u.a., Rz. 5145 m. w. N.). Allerdings wird inzwischen in der vereinsrechtlichen Literatur die **Kontofähigkeit** des nichtrechtsfähigen Vereins bejaht (Reichert u.a., Rz. 5146 m. w. N.).

895 Ebenso verhält es sich mit der **Erbfähigkeit.** Sie ist früher verneint worden. Der nicht eingetragene Verein konnte also nicht zum Erben eingesetzt werden (Sauter/Schweyer/Waldner, Rz. 496; schon früher a. A. Palandt/Ellenberger, § 54 Rz. 9 und Palandt/Edenhofer, § 1923 Rz. 7). Daran wird im Hinblick auf die Entscheidung des BGH, NJW 2001 S. 1056 nicht mehr festgehalten (vgl. auch Reichert u.a., Rz. 5139 ff.; Sauter/Schweyer/Waldner, Rz. 624; s. auch FG Münster, EFG 2007 S. 1037). Ein nicht eingetragener Verein kann also zum Erben eingesetzt werden (Palandt/Edenhofer, § 1923 Rz. 7).

c) Eintragung im Grundbuch

896 Ein **wesentlicher Unterschied** zwischen dem eingetragenen und dem nicht eingetragenen Verein besteht an sich im Bereich des Grundbuchs. Während der eingetragene Verein ins Grundbuch eingetragen werden kann, ist die **Eintragung** des nichtrechtsfähigen Vereins **als Grundstückseigentümer** oder Inhaber eines Grundpfandrechts oder eines sonstigen dinglichen Rechts, z. B. einer Grunddienstbarkeit (Wegerecht), grds. **unzulässig.** Vielmehr müssten als Berechtigte an sich alle Vereinsmitglieder mit dem Vermerk eingetragen werden, dass ihnen das betreffende Recht als Mitgliedern des – namentlich zu bezeichnenden – nichtrechtsfähigen Vereins „zur gesamten Hand" zusteht. Die Eintragung nur auf den Vereinsnamen ist von der Rechtsprechung bisher ausdrück-

lich noch nicht gebilligt worden (vgl. aus früherer Zeit BayObLG, NJW 2003 S. 70; OLG Zweibrücken, NJW-RR 1986 S. 181; LG Hagen, Rpfleger 2007 S. 26), von der Literatur wird sie jedoch z. T. befürwortet (vgl. Palandt/Ellenberger, § 54 Rz. 8 m. w. N.; Reichert u.a., Rz. 5142 ff. m. w. N.; Ott, NJW 2003 S. 1223 in der Anm. zu BayObLG, a. a. O.; vgl. auch BGH, NJW 2006 S. 3716 zur Eintragungsfähigkeit der GbR als Eigentümerin im Grundbuch; ablehnend Schöpflin, Beck-OK, § 54 Rz. 28 f.). Der nicht rechtsfähige Verein wäre nach der Rechtsprechung also auf die Einschaltung eines Treuhänders angewiesen oder er muss sich in das Vereinsregister eintragen lassen.

> **HINWEIS:**
>
> Inzwischen hat der BGH jedoch die Grundbuchfähigkeit einer GbR bejaht (vgl. BGHZ 179 S. 102 = NJW 2009 S. 594 = Rpfleger 2009 S. 141). Damit dürfte jetzt davon auszugehen sein, dass grds. auch nicht eingetragene Vereine als Grundstückseigentümer eingetragen werden können, wenn die Namen der Mitglieder im Zeitpunkt der Eintragung beigefügt werden (§ 47 Abs. 2 GBO; s. auch Soergel/Hadding, § 54 Rz. 18; LG Berlin, Rpfleger 2003 S. 291; ablehnend Schöpflin, a. a. O. m. w. N.).
>
> Da damit jeder Mitgliederwechsel eine Grundbuchberichtigung erfordert, empfiehlt sich aber wohl noch immer die Umwandlung in einen rechtsfähigen Verein, wenn der nichtrechtsfähige Verein ein Grundstück erwerben will (so ausdrücklich auch Schöpflin, a. a. O.).

2. Satzung

Die Satzung legt ebenso wie beim rechtsfähigen Verein die Organisation des nichtrechtsfähigen Vereins fest. Die für den eingetragenen Verein geltenden Vorschriften sind weitgehend **entsprechend anzuwenden**: Es gelten die Vorschriften über den Vorstand (§§ 26, 28 BGB; s. dazu Rz. 509 ff.), die über die Mitgliederversammlung (§§ 32 ff. BGB; s. dazu Rz. 316 ff.), ebenso die über die Mitgliedschaft (§§ 35 bis 38 BGB; s. dazu Rz. 270 ff.) sowie die Grundsätze über die Vereinsstrafe (s. dazu Rz. 388 f.), den Ausschluss (s. dazu Rz. 170 ff.) und auch die Regeln über die Aufnahmepflicht (s. dazu Rz. 117 ff.) sowie über den Austritt (s. dazu Rz. 123 ff.). Bei Vereinigungen im Grenzbereich zwischen Gesellschaft und nichtrechtsfähigem Verein (z. B. Werbegemeinschaft) ist der an sich zwingende § 39 Abs. 2 BGB jedoch abdingbar (BGH, NJW 1979 S. 2305).

897

Die Satzung des nichtrechtsfähigen Vereins bedarf **keiner Form**. Deshalb kann auch eine langjährig angewandte Vereinsübung als beschlossener Satzungsbestandteil angesehen werden. So kann z. B. wenn die Mitgliederversammlung immer in der ersten Hälfte des Jahres einberufen worden ist, inzwischen eine entsprechende Verpflichtung bestehen, auch wenn dieser Termin nicht ausdrücklich in der Satzung festgelegt ist. Hat die Satzung Lücken, sind diese

898

durch Auslegung und entsprechende Anwendung der Vereinsvorschriften des BGB zu schließen. Für eine Heranziehung der Vorschriften des Gesellschaftsrechts ist i. d. R. kein Raum.

3. Rechte und Pflichten der Mitglieder

899 Die Mitglieder des nichtrechtsfähigen Vereins haben grds. die gleichen Rechte und Pflichten wie die des rechtsfähigen Vereins (s. Rz. 278 ff.; Schöpflin, Beck-OK, § 54 Rz. 51 ff. m. w. N.). Folge der fehlenden Rechtsfähigkeit ist aber an sich, dass **Träger** der dem Verein zugehörigen **Rechte** und **Pflichten** nicht der nicht eingetragene Verein ist, sondern die **Vereinsmitglieder** als sog. **Gesamthandsgemeinschaft** sind. Dieser Begriff ist dem Recht der BGB-Gesellschaft entnommen. Er bedeutet, dass das Vereinsvermögen allen Mitgliedern gemeinsam, und zwar jedem zu 100%, aber zusammen mit sämtlichen anderen Mitgliedern gehört. Es besitzt nicht etwa jedes Vereinsmitglied einen Pro-Kopf-Bruchteil, über den es frei verfügen könnte. Bei zehn Vereinsmitgliedern ist also nicht jedes Mitglied zu 1/10 am Vereinsvermögen beteiligt, sondern allen zusammen gehört das Vereinsvermögen gemeinsam.

900 In der **Literatur** wird aber heute unter Hinweis auf die Entscheidung des BGH zur Rechtsfähigkeit der GbR (BGH, NJW 2001 S. 1056) davon ausgegangen, dass nicht die Vereinsmitglieder, sondern der **Verein Träger** des **Aktiv-** und **Passivvermögens** ist (s. dazu Palandt/Ellenberger, § 54 Rz. 7 [andere Ansicht überholt]; auch Reichert u.a., Rz. 5217 ff. m. w. N.; K. Schmidt, NJW 2001 S. 1002; Schöpflin, Beck-OK, § 54 Rz. 51 f.; s. auch FG Münster, EFG 2007 S. 1037). Das Vereinsmitglied hat danach keinen Anteil am Vereinsvermögen, der ggf. übertragbar oder pfändbar wäre. Tritt ein Mitglied in den nichtrechtsfähigen Verein ein, muss es nicht ausdrücklich am Vereinsvermögen durch (Eigentums-)Übertragung beteiligt werden. Vielmehr findet ein automatischer Erwerb durch sog. **Anwachsung** statt (Palandt/Ellenberger, § 54 Rz. 7).

> **HINWEIS:**
>
> Das ausscheidende Mitglied des nichtrechtsfähigen Vereins hat auch über § 54 Satz 1 BGB keinen Anspruch gemäß § 738 Abs. 1 Satz 2 BGB gegen die im Verein verbleibenden Mitglieder auf anteilige Auszahlung aus der Vereinskasse (AG Grevenbroich, NJW-RR 2001 S. 967; so auch schon RGZ 143 S. 212, 213; s. auch BGH, NJW 1979 S. 2304); ggf. dennoch der Vereinskasse entnommene Beträge müssen gemäß §§ 812 ff. BGB erstattet werden.

901 Die Mitglieder des Vereins haben gegeneinander Ansprüche auf Mitwirkung an der **Verwirklichung** des **Vereinszwecks**, z. B. auf Beitragszahlung. Diese Ansprüche werden aber nicht von den einzelnen Mitgliedern, sondern ausschließlich

durch die Vereinsorgane wahrgenommen. Die Ansprüche verwandeln sich also in Ansprüche gegen den Vorstand auf Pflichterfüllung. Der Vorstand ist Vertreter der Gesamthandsgemeinschaft, d. h. er macht für die Vereinsmitglieder die Ansprüche, z. B. auf Zahlung der Vereinsbeiträge gegen einzelne Vereinsmitglieder, geltend.

Schließlich ist noch darauf hinzuweisen, dass das **Namensrecht** des Vereins nicht diesem als eigenständiger Rechtspersönlichkeit zusteht, sondern wegen fehlender Rechtsfähigkeit den Mitgliedern als Gesamthandsgemeinschaft (s. aber oben Rz. 899). Der nichtrechtsfähige Verein genießt aber ebenso wie der rechtsfähige Verein über § 12 BGB Namensschutz (s. auch Rz. 98).   902

4. Vorstand des Vereins

Der nichtrechtsfähige Verein ist kein rechtlich selbständiges Gebilde. Deshalb ist ein nach der Satzung vorgesehener Vorstand auch **nicht Organ** des Vereins, durch das der Verein handelt, **sondern** der Vorstand ist **Bevollmächtigter** der Gesamtheit der Mitglieder des Vereins (Stöber/Otto, Rz. 1519; Soergel/Hadding, § 54 Rz. 21 ff.). Er kann aufgrund seiner Bevollmächtigung über das Vereinsvermögen verfügen und die Vereinsmitglieder gegenüber Dritten verpflichten, indem er Verträge abschließt. Für den Vorstand gelten grds. die gleichen Regeln wie für den Vorstand des eingetragenen Vereins (s. Rz. 509 ff.). Für ihn gilt insbesondere auch die Haftungsbeschränkung aus § 31a BGB (Schöpflin, Beck-OK, § 31a Rz. 2; vgl. dazu Rz. 586 ff.). Ist in der Satzung keine abweichende Regelung getroffen, geschieht die **Willensbildung** im Vorstand i. d. R. **mehrheitlich.**   903

Da die Vereinsmitglieder für die vom Vorstand eingegangenen Verbindlichkeiten grds. auch mit ihrem eigenen Vermögen haften (s. Rz. 911), ist die **Beschränkung der Vertretungsmacht** des Vorstands des nicht eingetragenen Vereins von besonderer Bedeutung.   904

HINWEIS:

Die Vereinssatzung kann – und es empfiehlt sich, dies zu tun – die Vertretungsmacht des Vorstands dahin beschränken, dass die Mitglieder nur mit ihrem Anteil am Vereinsvermögen haften (so auch Stöber/Otto, Rz. 1540).

Es kann auch eine entsprechende **Vereinbarung** mit dem **Vertragspartner** getroffen werden. Ist das nicht geschehen und enthält die Satzung die Beschränkung der Vertretungsmacht nicht, ist nach h. M. in Rechtsprechung und Literatur die Haftung der Vereinsmitglieder gleichwohl auf das Vereinsvermögen beschränkt, weil dies immer von den Mitgliedern bzw. dem Vorstand gewollt   905 und den Gläubigern bekannt sein wird (BGH, NJW 1979 S. 2304). Eine Beschränkung der Vertretungsmacht wirkt gegenüber Dritten auch ohne besondere Bekanntmachung (zur Anwendbarkeit des § 54 Satz 2 BGB auf Verträge zwischen dem Verein und einem seiner Mitglieder vgl. BGH, NJW-RR 2003 S. 1265). Die §§ 68, 70 BGB, die die Eintragung im Vereinsregister und die sich daraus ergebenden Folgen regeln, gelten beim nicht eingetragenen Verein naturgemäß gerade nicht.

906   Nach § 29 kann ein **Notvorstand** bestellt werden (Schöpflin, Beck-OK, § 54 Rz. 50; für entsprechende Anwendung LG Berlin, NJW 1970 S. 1047, 1048; Reichert u.a., Rz. 5176 m. w. N.; Palandt/Ellenberger, § 29 Rz. 1 und § 54 Rz. 6; a. A. RGZ 147 S. 121, 124; zum Notvorstand Rz. 712 ff).

5. Mitgliederversammlung

907   Auch der nichtrechtsfähige Verein hat eine Mitgliederversammlung. Zu ihren **Rechten** und **Pflichten** ist ebenfalls auf die Ausführungen zur Mitgliederversammlung des eingetragenen Vereins zu verweisen (s. Rz. 316 ff.). Ebenso wie die Mitgliederversammlung des eingetragenen Vereins ist die des nicht eingetragenen Vereins auf Verlangen einer Minderheit der Vereinsmitglieder einzuberufen. § 37 BGB gilt auch hier. Anzuwenden ist auch § 37 Abs. 2 BGB, wonach das Amtsgericht die Mitglieder, die das Verlangen auf Einberufung gestellt haben, zur Einberufung ermächtigen kann, wenn dem Verlangen nicht entsprochen wird (h. M., vgl. LG Heidelberg, NJW 1975 S. 1661). Zuständig ist das Amtsgericht, in dessen Bezirk der nichtrechtsfähige Verein seinen Sitz hat.

6. Auflösung

908   Für den nichtrechtsfähigen Verein gelten die gleichen Erlöschens- und Auflösungsgründe wie für den rechtsfähigen Verein (s. dazu Rz. 792 ff.). Während der eingetragene Verein als juristische Person mit nur einem **Mitglied** weiter bestehen kann, sind für einen nicht rechtsfähigen aber **mindestens zwei** erforderlich. Die nach Gesellschaftsrecht weiter möglichen Auflösungsgründe, wie Kündigung oder Tod eines Mitglieds, finden trotz der Verweisung in § 54 BGB keine Anwendung auf den nichtrechtsfähigen Verein.

909   Da der nichtrechtsfähige Verein i. d. R. nur mit dem Vereinsvermögen haftet, muss nach Auflösung des Vereins entsprechend § 47 BGB eine **Liquidation** stattfinden (so die wohl h. M.; s. Palandt/Ellenberger, § 54 Rz. 14 m. w. N.). Es müssen also die Verbindlichkeiten des Vereins erfüllt und danach der Überschuss verteilt werden. Es kann in der Satzung ein Anfallsberechtigter be-

stimmt werden, an den das Restvermögen auszukehren ist. Die mit der Abwicklung betrauten Personen haften wie die Liquidatoren des rechtsfähigen Vereins entsprechend § 53 BGB.

7. Haftung des Vereins

Allgemein wird heute davon ausgegangen, dass der nichtrechtsfähige Verein als Rechtssubjekt **selbst Vertragspartner** und Schuldner sein kann. Den Gläubigern haftet das Vereinsvermögen unabhängig vom Mitgliederwechsel (Soergel/Hadding, § 54 Rz. 22; vgl. auch § 50 Abs. 2 BGB, § 735 ZPO). Vertreten wird der Verein durch den Vorstand oder sonstige Vertretungsberechtigte (vgl. auch AG Moers, Urteil v. 27. 3. 2013 – 563 C 237/11).

910

8. Haftung der Vereinsmitglieder

Für die Haftung der Vereinsmitglieder aus **Vertragsschulden** gilt an sich Folgendes: Da der nichtrechtsfähige Verein keine juristische Person ist, kann er an sich auch nicht für die Schulden haften, die seine „Organe" verursacht haben (vgl. aber Rz. 910). Vielmehr haften danach an sich die **Vereinsmitglieder** gemäß §§ 421, 427 BGB für vertragliche Verbindlichkeiten als Gesamtschuldner, d. h. jeder auf die volle Höhe. Zur Sicherung der Gläubiger erstreckt sich diese Haftung grds. auf das **gesamte private Vermögen** der Mitglieder neben ihrem ideellen Anteil am Vereinsvermögen (vgl. auch Schöpflin, Beck-OK, § 54 Rz. 32 ff.).

911

Auf die Haftung für **unerlaubte Handlungen** ist nach jetzt h. M. § 31 BGB entsprechend anzuwenden, wenn der Vorstand oder ein anderer besonderer Vertreter für den Verein tätig war. Durch § 31 BGB wird lediglich eine Haftung des Vereinsvermögens, nicht aber eine Haftung der Mitglieder persönlich begründet (vgl. Palandt/Ellenberger, § 54 Rz. 12 m. w. N.). Auch soweit der Verein wegen des Verhaltens eines Verrichtungsgehilfen, der z. B. vom Vorstand beauftragt worden ist, aus § 831 BGB in Anspruch genommen wird, haftet ausschließlich das Vereinsvermögen. Die Mitglieder brauchen sich also nicht zu entlasten.

912

Wegen dieser ggf. weiten Haftung der Vereinsmitglieder (vgl. Rz. 911) würde niemand Mitglied eines nichtrechtsfähigen Vereins werden. Deshalb kann die Haftung für Vertragsschulden auf das Vereinsvermögen beschränkt werden. Das geschieht entweder durch entsprechende **Beschränkung** der Vertretungsmacht des Vorstands in der Satzung, wonach dann der Vorstand nur bis zur Höhe des Vereinsvermögens verpflichten kann, oder durch ausdrückliche Ver-

913

einbarung mit dem Gläubiger. Die Rechtsprechung verweist zudem auf die körperschaftliche Organisation und lässt die Mitglieder eines nichtrechtsfähigen Idealvereins nicht persönlich für die Verbindlichkeiten des Vereins haften (so schon BGHZ 50 S. 326, 329; OLG Schleswig, NVwZ-RR 1996 S. 103 [für Verbindlichkeiten von Fraktionen]; BGH, NJW-RR 2003 S. 1265 und Schöpflin, Beck-OK, § 54 Rz. 32 ff. m. w. N. zur insoweit übereinstimmenden Literaturmeinung).

914 Für die Haftung für **unerlaubte Handlungen** gilt § 31 BGB, wenn der Vorstand oder ein anderer besonderer Vertreter für den Verein tätig war (vgl. oben Rz. 912).

9. Eigene Haftung des Handelnden

915 Unabhängig von der Haftung des Vereinsvermögens haftet daneben bei **unerlaubten Handlungen** nach den §§ 823 ff. BGB der **Handelnde** dem Geschädigten ggf. persönlich.

> **BEISPIEL:** ▶ Bei einem Unfall in der Vereinsgaststätte, der auf Verschulden des Vorstands beruht, haftet nicht nur der Verein mit dem Vereinsvermögen, sondern auch der Vorstand persönlich mit seinem Privatvermögen.

916 Nach § 54 Satz 2 BGB haftet außerdem aus einem **Rechtsgeschäft**, das im Namen des nichtrechtsfähigen Vereins einem Dritten gegenüber vorgenommen wird, der **Handelnde persönlich** (zur Anwendbarkeit des § 54 Satz 2 BGB auf Verträge zwischen dem Verein und einem seiner Mitglieder vgl. BGH, NJW-RR 2003 S. 1265; AG Moers, Urteil v. 27. 3. 2013 – 563 C 237/11). Das gilt aber nicht für **Gerichtskosten**, die der Verein aus einem Gerichtsverfahren schuldet (BVerwG, NVwZ-RR 2000 S. 60 m. w. N. auch zur a. A.). **Handeln mehrere**, z. B. bei einem mehrgliedrigen Vorstand, haften diese dem Dritten als Gesamtschuldner, also jeder auf die volle Vertragssumme. Diese persönliche Haftung ist von der Stellung des Handelnden im Verein unabhängig. Sie entsteht auch dann, wenn der Handelnde vertretungsberechtigt ist und sein Handeln den Verein verpflichtet. Gleichgültig ist auch, ob der Handelnde Vereinsmitglied ist oder nicht und ob die Mitglieder nach der Satzung nur beschränkt mit ihrem Anteil am Vereinsvermögen haften. Entscheidend ist allein, dass er **nach außen hin für den Verein** auftritt. Eine Ausnahme gilt nur dann, wenn der Handelnde vertraglich mit dem Dritten seine persönliche Haftung ausgeschlossen oder beschränkt hat. Eine stillschweigende Haftungsfreistellung gibt es hier ebenso wenig wie den Ausschluss dieser Haftung durch die Satzung.

BEISPIEL: ► Nach § 54 Satz 2 BGB haften die Vorstandsmitglieder, die bei Abschluss eines Vertrags für den Verein aktiv mitgewirkt haben, nicht jedoch jene Vorstandsmitglieder, die zwar im Vorstand den Abschluss des Vertrags mit beschlossen haben, dann aber nach außen nicht tätig geworden sind.

HINWEIS:

Bei Abschluss des Vertrags müssen die handelnden Vorstandsmitglieder ihre persönliche Haftung ausschließen. Es empfiehlt sich etwa folgende Vereinbarung: „Aus dem Kaufvertrag und allen sich ggf. daraus ergebenden Ansprüchen wird ausschließlich der ... Verein berechtigt und verpflichtet. Die persönliche Haftung des für den Verein Handelnden aus § 54 Satz 2 BGB wird ausgeschlossen."

10. Haftung bei Umwandlung in einen eingetragenen Verein

Ist der nichtrechtsfähige Verein nur als Durchgangsstadium gedacht, liegt also ein sog. **Vorverein** vor (s. Rz. 36 f.), übernimmt der spätere eingetragene Verein sämtliche Rechte und Pflichten. Die persönliche Haftung des Handelnden nach § 54 Satz 2 BGB, der für den Vorverein aufgetreten ist, **erlischt**, wenn der Verein rechtsfähig wird (OLG Celle, NJW 1976 S. 806).   917

BEISPIEL: ► Der Vorstand des nichtrechtsfähigen Vereins schließt für diesen einen Mietvertrag ab. Zahlt der Verein nach Eintragung ins Vereinsregister und damit erlangter Rechtsfähigkeit die Miete nicht, haftet der Vorstand des nichtrechtsfähigen Vereins nicht nach § 54 Satz 2 BGB.

Die persönliche Haftung des Handelnden erlischt allerdings nur in den Fällen, in denen der Verein zur Zeit des Rechtsgeschäfts die Erlangung der Rechtsfähigkeit bereits anstrebt, die satzungsmäßigen Voraussetzungen dafür geschaffen sind und es zur Erlangung der Rechtsfähigkeit nur noch an der Eintragung fehlt (OLG Düsseldorf, MDR 1984 S. 489).   918

BEISPIEL: ► Wird vom Vorstand eines nichtrechtsfähigen Vereins 2009 ein Darlehen aufgenommen, aber erst 2011 die Eintragung des Vereins ins Vereinsregister in die Wege geleitet, erlischt mit der Eintragung nicht die persönliche Haftung des Vorstands für das Darlehen.

11. Nichtrechtsfähiger oder rechtsfähiger Verein?

Die oben aufgeführten Punkte geben einen Überblick über die praktisch wichtigsten **Unterschiede** zwischen einem rechtsfähigen und einem nichtrechtsfähigen Idealverein. Diese sind **nicht mehr sehr groß**. Allgemein lässt sich festhalten, dass ein Idealverein mit kleinem oder mittlerem Mitgliederbestand, der keinen Grundstückserwerb anstrebt und bei dem die ggf. persönliche Haftung   919 des für den Verein Handelnden nicht gescheut wird, auch ohne Eintragung ins Vereinsregister und sich daraus ergebender Rechtsfähigkeit auskommen kann.

HINWEIS:

Will der Verein allerdings ein Grundstück erwerben, sollte er wegen der nach h. M. immer noch nicht voll gegebenen Grundbuchfähigkeit des nichtrechtsfähigen Vereins (s. Rz. 896) die Eintragung ins Vereinsregister in die Wege leiten. Dasselbe gilt, wenn die Geschäftstätigkeit des Vereins einen solchen Umfang annimmt, dass die persönliche Haftung des für den Verein Handelnden nicht mehr hinnehmbar ist.

C. Vereine und Steuerrecht

I. Allgemeines

Die folgenden Ausführungen geben nur einen **Überblick** über die verhältnis- 920
mäßig komplizierten gesetzlichen Bestimmungen zu Vereinen im Steuerrecht.
Vorstandsmitglieder, insbesondere Kassierer/Schatzmeister, werden nicht umhin können, die aus der nachfolgenden Darstellung gewonnenen Kenntnisse
zu vertiefen. Das gilt insbesondere auch deshalb, weil sie ggf. persönlich haften, wenn sie für den Verein ihre steuerlichen Pflichten nicht erfüllen (BFH,
BStBl 1980 II S. 375; NJW 1998 S. 3374; s. dazu auch Ehlers, NJW 2011 S. 2689
und noch Rz. 578, 1071). Ggf. müssen sie sogar mit der Einleitung strafrecht-
licher Ermittlungsverfahren rechnen (dazu Rz. 1074).

Zur **Vertiefung** bietet sich die ausführliche Darstellung von Schleder, Steuer- 921
recht der Vereine, 11. Aufl. 2015, an. Außerdem ist aus der Reihe „Das Finanz-
ministerium des Landes NRW informiert" die Broschüre „Vereine und Steuern",
Stand Mai/2015, zu empfehlen. Sie kann im Internet unter https://www.fi-
nanzverwaltung.nrw.de/de/vereine-steuern-arbeitshilfe-fuer-vereinsvorstaen-
de-und-mitglieder auch als Webarchiv gedownloaded werden. Übersehen
sollte man auch nicht die (weiteren) Informationsmöglichkeiten im **Internet**.
So stehen unter https://broschueren.nordrheinwestfalendirekt.de weitere
Broschüren zur Vereinsbesteuerung zum kostenfreien Download bereit. Unter
www.vereinsknowhow.de kann ein − kostenloser − sog. Vereinsinfobrief bestellt werden, der in loser Reihenfolge aktuell über Änderungen im Vereinsrecht, und zwar insbesondere auch zu steuerrechtlichen Problemen, informiert. Hinzuweisen ist schließlich noch auf die im IWW-Verlag Nordkirchen
monatlich erscheinende Zeitschrift „Vereinsbrief", die knapp, aber verständlich, auch über steuerrechtliche (Vereins-)Fragen informiert.

II. Gemeinnützigkeit

1. Allgemeines

922 Es lassen sich kaum sämtliche Lebensbereiche, in denen sich Bürger zu Vereinen zusammengeschlossen haben, aufzählen. Die Spannweite der Aktivitäten reicht vom Sport über Brauchtum, karitative Hilfe, bildende Künste bis hin zum Umweltschutz. Während das Zivilrecht zwischen rechtsfähigen eingetragenen und nichtrechtsfähigen Vereinen unterscheidet, kommt es für die steuerrechtliche Behandlung der Vereine nicht darauf an, ob es sich um einen eingetragenen oder nicht eingetragenen Verein handelt. Für die Frage, ob und in welchem Umfang Steuern zu entrichten sind, sind vielmehr der Vereinszweck und die **Betätigung** des Vereins **entscheidend. Mildtätige** und **kirchliche** Vereine (s. Rz. 951 ff.) werden im Steuerrecht im Wesentlichen wie die **gemeinnützigen** behandelt.

923 Für die steuerrechtliche Behandlung der Vereine sind das **Vereinsförderungsgesetz** v. 18.12.1989 (BGBl I S. 2212; s. dazu Sauer, NJW 1990 S. 1028) und die Vorschriften des sog. Gemeinnützigkeitsrechts im Abschnitt „Steuerbegünstigte Zwecke" der Abgabenordnung (§§ 51 bis 68 AO) von überragender Bedeutung (zur gesetzlichen Entwicklung Schleder, Rz. 69 ff.). Die mit der Gemeinnützigkeit verbundenen Steuervergünstigungen sind im Übrigen in den Einzelsteuergesetzen geregelt.

> **HINWEIS:**
>
> Erhebliche Änderungen bei der Vereinsbesteuerung sind ab dem 1.1.2007 durch das Gesetz zur weiteren Stärkung des bürgerschaftlichen Engagements v. 10.10.2007 (BGBl I S. 2332) eingetreten. Die Änderungen waren für gemeinnützige Körperschaften, Spender und Ehrenamtliche von erheblicher Bedeutung und haben zu Verbesserungen gegenüber dem früher geltenden Recht (vgl. zu den Änderungen u.a. Schleder [9. Aufl.], Rz. 59; Überblick bei Fischer, Das Gesetz zur weiteren Förderung des bürgerschaftlichen Engagements, NWB F. 2 S. 9439; Tiedtke/Möllmann, Reform des Spenden- und Gemeinnützigkeitsrecht – Die Reform zur weiteren Stärkung des bürgerschaftlichen Engagements, NJW 2007 S. 3321; Koss, Die Besteuerung von Vereinen, NWB F. 2 S. 9809, 9818 ff.; Nacke, Neuregelung des Spenden- und Gemeinnützigkeitsrechts, DStZ 2008 S. 445).
>
> Das „Gesetz zur Stärkung des Ehrenamtes" v. 21.3.2013 (vgl. BGBl I S. 556) hat dann nochmals Änderungen im Steuerrecht der Vereine gebracht (vgl. dazu u.a. Hanke/Tybussek, NWB 2012 S. 718 ff.; Emser, NWB 2013 S. 908 ff.; Schleder, Rz. 70/1). Diese betreffen z. B. die Verlängerung der Mittelverwendungsfrist (vgl. Rz. 963 ff.), die Behandlung von Rücklagen (Rz. 966 ff.), das Anerkennungsverfahren (vgl. Rz. 925 ff.). Diese sind weitgehend am 1.1.2013 in Kraft getreten, einige allerdings erst am 1.1.2014 (vgl. die Synopse in VB 3/2013 S. 1 f.).

Zur Auslegung der Vorschriften der AO haben die obersten Finanzbehörden 924
des Bundes und der Länder allgemeine Verwaltungsanweisungen herausgegeben, von denen insbesondere der **Anwendungserlass zur AO** zu nennen ist. Er
war mit Schreiben des BMF v. 2.1.2008 (BStBl 2008 I S. 26) insgesamt neu
gefasst und an das „**Gesetz zur weiteren Stärkung des bürgerschaftlichen Engagements**" v. 10.10.2007 angepasst worden. Mit BMF-Schreiben v. 10.9.2002
(BStBl I S. 867) wurden die früheren Anweisungen zum Abschnitt „Steuerbegünstigte Zwecke" grundlegend überarbeitet und mit Schreiben des BMF v.
21.4.2008 (IV C 4 – S 0171/07/0038, BStBl 2008 I S. 582; vgl. auf http://vereins-
knowhow.de/kurzinfos/aeao.htm) an die Änderungen des Gesetzes zur weiteren Stärkung des bürgerschaftlichen Engagements angepasst (vgl. im Übrigen wegen weiterer Quellen Schleder, Rz. 63, 64). Weitere Änderungen
erfolgten mit BMF, Schreiben v. 17.1.2012 – BStBl 2012 I S. 82. Die Anpassung
des AEAO an die seit dem 29.3.2013 aufgrund des Ehrenamtsstärkungsgeset-
zes geltende Rechtslage erfolgte mit BMF-Schreiben v. 31.1.2014 (Az: IV A 3 – S
0062/14/10002; vgl. dazu Emser, NWB 2014 S. 1285 ff.). Zuletzt ist der AEAO
durch BMF, Schreiben v. 26.1.2016 (BStBl 2016 I S. 155) novelliert und an die
neuere Rechtsprechung zur Gemeinnützigkeit angepasst worden (vgl. dazu Lei-
chinger, NWB 2016 S. 928 ff.; Winheller/Dzionsko, ZStV 2016 S. 108 ff.). Außerdem gibt es zu Einzelfragen der Gemeinnützigkeit BMF-Schreiben, auf die
nachfolgend, soweit sie nicht überholt sind, jeweils im Sachzusammenhang
hingewiesen wird.

HINWEIS:

Die BMF-Schreiben werden i. d. R. noch vor der Veröffentlichung im BStBl auf der Internetseite des BMF (www.bundesfinanzministerium.de) unter den Steuern/Steuerarten
im Internet eingestellt.

---

2. Anerkennungsverfahren

a) Allgemeines

Ein **besonderes Verfahren** über die Anerkennung der Gemeinnützigkeit gibt es 925
nicht (s. auch Schleder, Rz. 729 ff.; Pfeffer, VB 8/2013 S. 14 ff.; zum Entzug der
Gemeinnützigkeit s. Rz. 978 f.). Das örtlich zuständige Finanzamt entscheidet
bei der jeweiligen Steuerart, ob die Steuervergünstigungen wegen der Förderung gemeinnütziger Zwecke gewährt werden. In der Praxis ist die Körper-
schaftsteuerveranlagung von besonderer Bedeutung: Die bei der **Körperschaftsteuer** getroffene **Entscheidung** wird i. d. R. bei allen anderen Steuerarten
übernommen.

926　Das Finanzamt stellt, wenn es einen Verein als gemeinnützig ansieht, entweder einen Körperschaftsteuerfeststellungsbescheid aus oder erklärt in einem Körperschaftsteuerbescheid, mit dem Steuern für einen wirtschaftlichen Geschäftsbetrieb festgesetzt werden, dass der Verein im Übrigen wegen der Förderung gemeinnütziger Zwecke von der Körperschaftsteuer befreit ist. Dieser Bescheid bedeutet die **Anerkennung der Gemeinnützigkeit.**

> **HINWEIS:**
>
> Es empfiehlt sich, bei der Vereinsgründung die (neue) Satzung an einer Mustersatzung, die die Gemeinnützigkeitsvorschriften beachtet (vgl. dazu Rz. 1089), auszurichten und die Satzung vor der Beschlussfassung mit dem Finanzamt zu besprechen (vgl. BFH, npoR 2018 S. 118 = VB 6/2018 S. 1; Schleder, Rz. 716 ff.; zur Satzung eines Fördervereins VB 8/2016 S. 10, 12 f.). Denn die Anerkennung der Gemeinnützigkeit hat, wie die nachfolgenden Ausführungen zeigen werden, erhebliche finanzielle Folgen für den Verein (s. Rz. 934).

927　Die **Satzungsbestimmungen** müssen auch so **bestimmt** sein, dass die Voraussetzungen der Gemeinnützigkeit allein aufgrund der Satzung geprüft werden können (§ 60 Abs. 1 AO; Schleder, Rz. 716 ff.). Satzungen genügen aber schon dann der gesetzlichen Regelung in § 60 Abs. 1 Satz 2 AO, wenn sie unabhängig vom Aufbau und vom genauen Wortlaut der Mustersatzung die bezeichneten Festlegungen, nämlich die Verpflichtung zur ausschließlichen und unmittelbaren Verfolgung förderungswürdiger Zwecke sowie die Verwendung des Begriffs „selbstlos" enthalten (BFH, npoR 2018 S. 118 = VB 6/2018 S. 1; FG Hessen, npoR 2018 S. 19). Die Bezugnahme auf die Satzung einer anderen Organisation reicht aber nicht (BFH, BB 1989 S. 1476; BB 1992 S. 2208 für die Satzung eines Motorsportclubs mit bloßem Hinweis auf ADAC-Satzung; zu funktionalen und regionalen Untergliederungen s. Schleder, Rz. 112 ff.).

928　Hinzuweisen ist auch darauf, dass ein Verein, der einen gemeinnützigen Zweck fördert, nur dann auch als gemeinnützig behandelt werden kann, wenn er auch die **übrigen Voraussetzungen** der AO für die Gemeinnützigkeit erfüllt, also seine Satzung den Anforderungen der §§ 59, 60 AO genügt (s. dazu Rz. 73 ff. und Schleder, Rz. 716 ff.), er die Zwecke selbstlos (s. dazu Rz. 954 f. und Schleder, Rz. 442 ff.) und nicht nur einen fest abgeschlossenen Personenkreis fördert (s. dazu Rz. 937 ff. und Schleder, Rz. 130 ff.).

> **HINWEIS:**
>
> Die aus gemeinnützigkeitsrechtlichen Gründen erforderlichen Satzungsregelungen ergeben sich aus der (Teil-)Mustersatzung bei Rz. 1089, die auf die Anlage 1 zu § 60 AO des Anwendungserlasses zur Abgabenordnung – angepasst an das BMF- Schreiben v. 21.4.2008 (BStBl 2008 I S. 582) – zurückgeht (vgl. auch Rz. 1089). Von Bedeutung ist hier insbesondere die Beachtung des Grundsatzes des Vermögensbindung (§ 55 Abs. 1 Nr. 4 AO) und der Wegfall von § 60 Abs. 2 AO a. F.

Für Vereine, die nach dem 31. 12. 2008 gegründet worden sind, ist vorgeschrieben, dass ihre Satzung die in der Mustersatzung bezeichneten Festlegungen enthalten muss. Es empfiehlt sich, die Formulierungen der „Mustersatzung" wortgleich zu übernehmen und ggf. lediglich vom Aufbau und hinsichtlich der Reihenfolge abzuweichen. Zwingend erforderlich ist die wörtliche Übernahme der Mustersatzung aber nicht (BFH, npoR 2018 S. 118 = VB 6/2018 S. 1; FG Hessen, npoR 2018 S. 19).

Für (Alt-)Vereine, deren Satzungen den Neuregelungen noch nicht entsprachen, waren zunächst Übergangsregelungen vorgesehen, die mehrfach verlängert worden sind. Diese sind inzwischen ausgelaufen, so dass die Altvereine – sofern das immer noch nicht geschehen ist – unbedingt eine Satzungsänderung vornehmen müssen, um die Satzung an die Neuregelung anzupassen.

Kleinere Vereine, bei denen nicht jährlich wegen wirtschaftlicher Betätigungen Steuern festzusetzen sind, werden normalerweise nur **im Abstand von drei Jahren überprüft**. Entsprechend erhalten sie auch nur alle drei Jahre einen Körperschaftsteuerfeststellungsbescheid. Dieser gilt dann während des gesamten Zeitraums als Nachweis der Gemeinnützigkeit (vgl. auch § 63 Abs. 5 AO).   929

b) Feststellungsbescheid/Vorläufige Bescheinigung

Die Feststellung darüber, ob die Satzung einer Körperschaft die Voraussetzungen der §§ 51, 59, 60 und 61 AO einhält, wird ab 29.3.2013 aufgrund der Änderungen (zum früheren Recht s. Voraufl. Rz. 824) durch das „Gesetz zur Stärkung des Ehrenamtes" v. 21.3.2013 (vgl. BGBl I S. 556) jetzt gemäß § 60a AO durch **Feststellungsbescheid** gesondert festgestellt (vgl. auch Emser, NWB 2013 S. 908, 911). Diese Feststellung hat von Amts wegen bei der Veranlagung zur Körperschaftsteuer zu erfolgen, wenn bisher noch keine Feststellung getroffen wurde. Der Verein hat aber auch die Möglichkeit, diese Feststellung zu beantragen. Diese Beantragung kann auch außerhalb des normalen Veranlagungsverfahrens erfolgen.   930

HINWEIS:

Vorliegende vorläufige Bescheinigungen, die aufgrund des alten Rechts erteilt worden sind, müssen nicht durch den neuen Feststellungsbescheid ersetzt werden (BMF, Schreiben v. 7.11.2013 – IV C 4 – S 2223/07/0018:005).

Die Feststellung ist **bindend** für die Besteuerung der Körperschaft und die der Steuerpflichtigen, die dieser Körperschaft Spenden oder Mitgliedsbeiträge zugewandt haben. Ein Entfallen der Bindungswirkung wird durch eine Änderung oder Aufhebung der Rechtsvorschriften, auf denen die Feststellung beruht, ausgelöst (§ 60a Abs. 3 AO).   931

932   Der Feststellungsbescheid ist immer dann **aufzuheben**, wenn eine Änderung in den rechtlichen und tatsächlichen Verhältnissen eintritt. Die Aufhebung erfolgt dann mit Wirkung vom Zeitpunkt der Änderung der Verhältnisse (§ 60a Abs. 4 AO). Materielle Fehler im Feststellungsbescheid über die Satzungsmäßigkeit können mit Wirkung ab dem Kalenderjahr beseitigt werden, das auf die Bekanntgabe der Aufhebung der Feststellung folgt (§ 60a Abs. 5 AO).

> **HINWEIS:**
>
> Vereine sollten auch weiterhin bei jeder Satzungsänderung das Finanzamt kontaktieren, die neue Satzung vorlegen und einen neuen Antrag nach § 60a AO stellen (s. auch Emser, NWB 2013 S. 908, 912). Auch im Falle einer Rechtsänderung empfiehlt es sich, die Satzung anzupassen, wenn dies notwendig ist, und einen neuen Antrag nach § 60a AO zu stellen.

c) Rechtsmittel

933   Wenn das Finanzamt die Gemeinnützigkeit nicht anerkennt, teilt es dies als Erläuterung in einem Körperschaftsteuerbescheid mit. Der Verein kann diesen Bescheid dann mit den üblichen Rechtsbehelfen **Einspruch** und **Klage** anfechten (vgl. dazu Schleder, Rz. 1567 ff.).

3. Bedeutung der Gemeinnützigkeit

934   Die Anerkennung der Gemeinnützigkeit hat folgende (günstige) **steuerliche Folgen** für den Verein (vgl. dazu Schleder, Rz. 96 ff. und Brete/Thomsen, Praxisrelevante Hinweise für Amateurfußballvereine zum Gemeinnützigkeitsrecht, SpuRt 2008 S. 11; zu den Auswirkungen auf die Eintragungsfähigkeit bei einem Kindergartenverein BGH, NJW 2017 S. 1943 = MDR 2017 S. 709):

▶ **Befreiung** der Zweckbetriebe von der Körperschafts- und Gewerbesteuer;

▶ **Befreiung** von der Grund- und Erbschaft-/Schenkungsteuer, Kapitalverkehrsteuer;

▶ **Steuerfreiheit** der wirtschaftlichen Geschäftsbetriebe, die keine Zweckbetriebe sind, von der Körperschafts- und Gewerbesteuer, wenn die Einnahmen insgesamt 35.000 € brutto im Jahr nicht übersteigen (eine Anhebung auf 45.000 € ist im Gespräch);

▶ **Besteuerung** der Umsätze der Zweckbetriebe mit dem **ermäßigten** Steuersatz bei der Umsatzsteuer;

▶ **Steuerfreiheit** nach § 3 Nr. 26 EStG für Aufwandsentschädigungen bis 2.400 € im Jahr bei bestimmten nebenberuflichen Tätigkeiten im gemeinnützigen Bereich.

► Für andere als die in § 3 Nr. 26 EStG genannten nebenberuflich ausgeübten Tätigkeiten in einem gemeinnützigen Verein wird ab 1.1.2007 ein Freibetrag gewährt (sog. **Ehrenamtspauschale** des § 3 Nr. 26a EStG). Der beträgt ab 1.1.2013 aufgrund der Änderungen durch das „Gesetz zur **Stärkung des Ehrenamtes**" v. 21.3.2013 (vgl. BGBl I S. 556) **720 €**.

► Darüber hinaus ist ein gemeinnütziger Verein unter bestimmten zusätzlichen Voraussetzungen zum Empfang von **Spenden** berechtigt, die beim Spender **steuerlich abziehbar** sind (vgl. dazu im Einzelnen unten Rz. 1075 ff.).

► Schließlich werden gemeinnützigen Vereinen häufig auch im außersteuerlichen **Bereich Vergünstigungen** gewährt. So ist die Gemeinnützigkeit Voraussetzung für die Mitgliedschaft in ebenfalls gemeinnützigen Spitzen- oder Dachverbänden, z. B. als Sportverein im Deutschen Sportbund, oder sie ist Voraussetzung für die Zuteilung öffentlicher Zuschüsse oder für die Befreiung von staatlichen Gebühren und Kosten.

4. Voraussetzungen der Gemeinnützigkeit

a) Allgemeines

Die Gewährung der Steuervergünstigungen ist vom Gesetzgeber **nicht** dem **Ermessen** des **Finanzamts überlassen** worden, sondern er hat in der AO die Voraussetzungen genau umschrieben. Danach ist nach § 51 AO allgemeine Voraussetzung für die Gewährung der Steuervergünstigungen, dass es sich um eine **Körperschaft** i. S. des KStG handelt, was bedeutet, dass auch nichtrechtsfähige Vereine begünstigt sind. Der Verein muss **ausschließlich** und **unmittelbar** (§§ 56, 57 AO) **gemeinnützige** (§ 52 AO), **mildtätige** (§ 53 AO) oder **kirchliche** (§ 54 AO) Zwecke verfolgen. Gemäß §§ 59, 63 AO müssen die Satzung und die tatsächliche Geschäftsführung den Voraussetzungen der §§ 51 ff. AO entsprechen. Der erforderliche Nachweis ist durch ordnungsgemäße Aufzeichnungen und einen sog. Tätigkeitsbericht gegenüber dem Finanzamt zu erbringen (Anwendungserlass AO zu § 63 AO).

935

Weitere Einzelheiten, insbesondere auch Hinweise auf die Rechtsprechung des BFH, enthält der **Anwendungserlass zur AO** in seiner jeweils gültigen Fassung (s. oben Rz. 922). Der Anwendungserlass ist eine Verwaltungsanweisung, die eine einheitliche Anwendung der Vorschriften der AO und damit auch des steuerlichen Gemeinnützigkeitsrechts durch die Behörden der Finanzverwaltung sicherstellen soll.

936

b) Förderung der Allgemeinheit

937   Nach der allgemeinen Definition in § 52 Abs. 1 AO dient ein Verein gemeinnützigen Zwecken, wenn seine Tätigkeit darauf gerichtet ist, die **Allgemeinheit** auf materiellem, geistigem und sittlichem Gebiet **selbstlos** zu **fördern** (zur Förderung der Allgemeinheit s. auch Rz. 66 und Schleder, Rz. 130 ff.; BFH, BFH/NV 2017 S. 882 = npoR 2017 S. 207 [Allgemeinzugänglichkeit einer Kunstsammlung]).

aa) Mitgliedschaft für jedermann

938   Förderung der Allgemeinheit bedeutet, der Verein darf **nicht nur** einem kleinen, **begrenzten Kreis** dienen. Der Kreis, dem die Förderung zugutekommt, darf auch nicht ein fest abgeschlossener Personenkreis sein. Die Mitgliedschaft auf Personen mit bestimmtem Geschlecht oder anderen Eigenschaft zu beschränken, ist nur zulässig, wenn die Leistungen des Vereins ohnehin nur dieser Zielgruppe zugutekommen können. Es muss also ein in der Natur der Sache liegender Grund gegeben sein, um die Leistungen auf diese Zielgruppe zu beschränken (vgl. FG Düsseldorf, EFG 2015 S. 1632 [Freimaurerloge nicht gemeinnützig, wenn/weil nach der Satzung nur Männer Mitglied sein können] und dazu Theuffel-Werhahn, ZStV 2016 S. 94 ff.). Daher erfüllt z. B. eine Betriebssportgemeinschaft, die lediglich auf die Förderung der Belegschaft eines Unternehmens ausgerichtet ist, nicht das Merkmal der Förderung der Allgemeinheit, es sei denn, nach der Satzung können auch Personen Mitglied werden, die nicht zur Belegschaft gehören (Schleder, Rz. 132). Entsprechendes gilt für Betriebskindergärten. Der Mitgliederkreis darf auch nicht infolge örtlicher oder beruflicher Abgrenzung „dauernd nur klein sein". In der **Praxis** wird unterschieden, ob der Verein im Wesentlichen seine Mitglieder fördert, wie z. B. ein Sportverein (s. Rz. 939 f.), oder ob seine Tätigkeit nach außen gerichtet ist. Im ersten Fall muss der Erwerb der **Mitgliedschaft** grds. für **jedermann** möglich sein. Ein vorübergehender Aufnahmestopp, weil etwa die Kapazitäten der vereinseigenen (Sport-)Einrichtungen erschöpft sind, ist aber zulässig. Bei einem Verein, dessen gemeinnützige **Tätigkeit nach außen gerichtet** ist, d. h. anderen Personen als den Mitgliedern zugutekommt, darf der **Kreis** der geförderten Personen **nicht fest abgeschlossen** oder infolge seiner Abgrenzung dauernd nur klein sein. Auf den Zugang zur Mitgliedschaft und die Höhe der **Mitgliedsbeiträge** und **Umlagen** kommt es bei einem solchen Verein **nicht** an (Schleder, Rz. 162).

bb) Aufnahmegebühr

939   Eine **unzulässige Begrenzung** des Mitgliederkreises kann dadurch eintreten, dass durch **hohe Aufnahmegebühren** oder Mitgliedsbeiträge der Allgemeinheit

der Zugang zum Verein praktisch verwehrt wird. Das hat in der Praxis insbesondere bei Golfclubs Bedeutung (zur Gemeinnützigkeit von Golfclubs Vogt, SpuRt 2004 S. 149; zur Umsatzsteuerpflicht und BFH/NV 2013 S. 665 [verneint, da „kein Umsatz"]). Zu der Problematik hat der Anwendungserlass zur AO in Nr. 1 ff. zu § 52 AO (BMF, Schreiben v. 31.1.2014, BStBl I 2014 S. 291) Stellung genommen. Im Einzelnen gilt (vgl. im Übrigen eingehend Schleder, Rz. 136 ff. und Vogt, a. a. O.; zu Sport und Steuern s. auch Jachmann, SpuRt 2004 S. 190):

Bei (Sport-)Vereinen wird eine Förderung der Allgemeinheit noch angenommen, wenn die **Beiträge** und Umlagen zusammen im Durchschnitt **1.023 €** je Mitglied und Jahr und die **Aufnahmegebühr** für die im Jahr aufgenommenen Mitglieder im Durchschnitt **1.534 €** nicht übersteigen. Daneben darf der Verein zusätzlich eine **Investitionszulage** erheben, und zwar höchstens **5.113 €** innerhalb von zehn Jahren je Mitglied, wobei die Mitglieder die Möglichkeit haben müssen, die Zahlung der Umlage auf bis zu zehn Jahren zu verteilen (vgl. Nr. 1.2 AEAO zu § 52 AO Wallenhorst, DStR 1997 S. 479). Das gilt auch dann, wenn nicht der Höchstbetrag verlangt wird. Die Umlage muss für die Finanzierung konkreter Investitionsvorhaben verwendet werden. Werden im Zusammenhang mit der Aufnahme **Darlehen** gewährt, bleiben solche mit einem Zinssatz von 5,5% oder mehr unberücksichtigt. Von Darlehen mit geringerem Zinssatz wird der Zinsverzicht als zusätzlicher Mitgliedsbeitrag erfasst, das Darlehen selbst unberücksichtigt; ggf. muss abgezinst werden (wegen der Einzelheiten s. Nr. 1.3.1.5 AEAO zu § 52 AO und Schleder, Rz. 139; zur nicht abzugsfähigen Eintrittsspende, die in der Form geleistet wird, dass auf die Rückzahlung eines einem Golfclub gegebenen Darlehens verzichtet wird, FG Düsseldorf, EFG 1995 S. 710; s. auch BFH, NJW 1997 S. 3047). **Kosten** für den zur **Erlangung** der **Spielberechtigung** notwendigen Erwerb von Geschäftsanteilen an einer Gesellschaft, die neben dem Verein besteht und die die Sportanlagen errichtet oder betreibt, sind mit Ausnahme des Agios nicht als zusätzliche Aufnahmegebühren zu erfassen (Nr. 1.3.1.6 AEAO zu § 52 AO).

940

HINWEIS:

Die Höchstgrenzen für Aufnahmegebühren und Mitgliedsbeiträge gelten nicht für Vereine, die Privatschulen betreiben oder unterstützen (Nr. 4 zu § 52 AO des Anwendungserlasses). Bei Kindergärten wird – trotz der manchmal hohen Beträge für internationale Kindergärten – eine Förderung der Allgemeinheit ohne Rücksicht auf die Höhe der Beträge unterstellt.

cc) Spenden

Auch „**Spenden**" können, wenn sie nicht freiwillig geleistet werden, bei der Berechnung der Aufnahmegebühr mit herangezogen werden. Um Spenden i. S.

941

des § 10b Abs. 1 Satz 1 EStG handelt es sich nur bei solchen Aufwendungen, die **freiwillig** und unentgeltlich i. S. von **fremdnützig** geleistet werden. Dass die Aufwendungen „gruppennützig" sind, reicht nicht aus (BFH, NJW 2007 S. 110). Der Anwendungserlass zur AO geht davon aus, dass es sich bei Zahlungen im Zusammenhang mit der Aufnahme in den Verein nicht (mehr) um Spenden, sondern um Pflicht-/Sonderzahlungen handelt und diese dann bei der Berechnung der durchschnittlichen Aufnahmegebühr zu berücksichtigen sind, wenn mehr als 75% der neu eintretenden Mitglieder neben der offiziellen Aufnahmegebühr gleiche oder ähnlich hohe Sonderzahlungen leisten (vgl. wegen der Einzelheiten den Anwendungserlass zur AO Nr. 1.3.1.7 zu § 52 AO und Schleder, Rz. 153 ff.; zur Auswirkung von Spenden auf die Gemeinnützigkeit eines Golfclubs s. FG Schleswig, EFG 1996 S. 604; zusammenfassend zur Gemeinnützigkeit eines Golfclubs BFH, DStR 1997 S. 1679; Offerhaus/Augstein, SpuRt 2001 S. 225 mit Modellen und Hinweisen, wie ggf. der freiwillige Charakter einer Zuwendung gewahrt bleiben kann).

HINWEIS:

Bei „Zwangsspenden", bei denen es sich in Wahrheit um verkappte Aufnahmegebühren handelt, für die aber dennoch Spendenbescheinigungen ausgestellt und von den Spendern/Neumitgliedern beim Finanzamt eingereicht werden, muss mit einem steuerstrafrechtlichen Ermittlungsverfahren gerechnet werden (s. PStR 1999 S. 211).

---

dd) Beteiligungsmodell

942 In der Praxis ist bei Sportvereinen auch das sog. **Beteiligungsmodell** nicht selten. Bei diesem müssen sich die neuen Mitglieder verpflichten, Anteile an einer neben dem Verein bestehenden Kapital- oder Personengesellschaft, der die (Sport-)Anlage gehört, zu zeichnen oder von ihr sog. Nutzungsrechte zur Erlangung der Spielberechtigung in dem Verein zu erwerben. Nach früherer Auffassung der Finanzverwaltung waren dann die Aufwendungen für den Erwerb der Gesellschaftsanteile oder der Spielberechtigung als zusätzliche Gebühren für die Aufnahme in den Verein zu erfassen. Der BFH hat aber mit Urteil v. 23.7.2003 (I R 41/03, DStR 2003 S. 2067 m. Anm. Vogt, SpuRt 2004 S. 149) entschieden, dass solche Aufwendungen mit Ausnahme des Agios nicht als zusätzliche Aufnahmegebühren zu behandeln sind, weil insoweit nur eine Vermögensumschichtung vorliegt. Daran ist der AEAO in Nr. 1.3.1.6 zu § 52 AO angepasst worden.

HINWEIS:

Ein Sportverein kann mangels Unmittelbarkeit aber nicht als gemeinnützig behandelt werden, wenn die Mitglieder die Sportanlagen des Vereins nur bei Erwerb einer Nutzungsberechtigung von einer neben dem Verein bestehenden Kapital- oder Personengesellschaft nutzen dürfen (Nr. 1.3.1.6 AEAO zu § 52 AO).

---

ee) Verstoß gegen Recht und Gesetz

Eine **Förderung** der Allgemeinheit liegt dann **nicht** vor, wenn der Verein bei   943
seiner Tätigkeit gegen Recht und Gesetz oder gegen die **guten Sitten verstößt,**
z. B. wenn er mit unwahren Behauptungen um Spenden wirbt. Auch ein Frei-
körperkulturverein ist nicht gemeinnützig (Niedersächsisches FG, Urteil v.
14.5.1991 – VI 375/88). Der Gemeinnützigkeit steht es hingegen nicht entgegen, wenn die Zwecke eines Umwelt- oder Naturschutzvereins gegen die
Planungen von Behörden gerichtet sind, z. B. gegen den Bau einer geplanten
Straße oder eines Flughafens oder gegen die Ansiedlung eines Industrie-
betriebs. Bei einem Verein, der seine gemeinnützigen Zwecke nur im **Ausland**
verwirklicht, z. B. ein Entwicklungshilfeverein, muss eine Förderung der Allgemeinheit im Inland festgestellt werden können. Diese wird u.a. darin gesehen, dass die Tätigkeit des Vereins positive Rückwirkung auf die Bevölkerung
im Inland hat (Schleder, Rz. 173; vgl. dazu jetzt aber FG Köln, EFG 2016 S. 653
[Anerkennung eines Spendenabzugs für eine Spende an einen rumänischen
Verein, der nach inländischen Maßstäben als gemeinnützig anzuerkennen wäre; Az. der Revision BFH – X R 5/16; dazu auch VB 5/2016 S. 14 f.). Politische
Zwecke, wie Beeinflussung der politischen Meinungsbildung, Förderungen politischer Parteien usw. zählen grds. nicht zu den gemeinnützigen Zwecken (wegen der Einzelheiten s. unten Rz. 945).

Kritisch kann für den Verein die **Übertragung** der **Mitglieder- und Spendenwer-**   944
bung an **gewerbliche Unternehmer** werden. Dies nicht nur wegen des darin
möglicherweise liegenden Verstoßes gegen das Gebot der Selbstlosigkeit
(s. Rz. 954 f.). Es können auch die manchmal unseriösen Praktiken der Werbeunternehmen, wenn sie reißerische Methoden anwenden oder hohe Vermitt-
lungsgebühren verschweigen, unter Umständen als ein dem Verein zuzurech-
nender Verstoß gegen die guten Sitten gewertet werden (s. OLG München,
NJW 1996 S. 263; OLG Stuttgart, NJW 1985 S. 1401 [die Werbegesellschaft
sollte einen erheblichen Teil des von dem geworbenen Mitglied zu zahlenden
Beitrags, und zwar 49% des ersten, 18% des zweiten sowie 15% des in den
Folgejahren zu entrichtenden Jahresbeitrags erhalten]; BGH, NJW 1995 S. 539
[zur Frage, wann ein strafbares Verhalten der unlauteren Werber vorliegt]).

c) Gemeinnützige Zwecke

aa) Katalog des § 52 Abs. 2 AO

Ab 1.1.2007 enthält nach den Änderungen durch das „Gesetz zur weiteren Stär-   945
kung des bürgerschaftlichen Engagements" (BGBl I S. 2332) **§ 52 Abs. 2 Satz 1**
AO eine detaillierte und weitgehend abgeschlossene **Aufzählung** der **gemein-**

nützigen Zwecke. Diese ist an die Stelle des § 52 Abs. 2 Nr. 1 bis 3 AO a. F. i. V. mit der Anlage 1 zu § 48 Abs. 2 EStDV getreten. In § 10b Abs. 1 EStG und den entsprechenden Vorschriften im KStG und GewStG zum Spendenabzug wird jetzt nur noch auf die AO verwiesen. Daraus folgt, dass für alle als gemeinnützig anerkannten Zwecke auch steuerbegünstigt gespendet werden kann.

946 In die Aufzählung in § 52 Abs. 2 Satz 1 AO wurden alle früher in der Anlage 1 zu § 48 Abs. 2 EStDV aufgeführten Zwecke **übernommen.** Nach § 52 Abs. 2 Satz 2 AO kann, sofern der vom Verein verfolgte Zweck nicht unter Satz 1 fällt, aber die Allgemeinheit auf materiellem, geistigem oder sittlichem Gebiet entsprechend selbstlos gefördert wird, dieser Zweck für gemeinnützig erklärt werden (krit. zur **„Öffnungsklausel"** Nacke, DStZ 2008 S. 445, 451 f.; zum Verfahren bei Anwendung der Öffnungsklausel s. Schreiben der OFD Koblenz v. 11.1.2010 – S 0171 A – St 33 1 und BFH, BFH/NV 2017 S. 926 = SpuRt 2018 S. 40; BFH/NV 2017, 928 = SpuRt 2017, 216; FG Köln, BB 2014 S. 342 [Ls.; Förderung von Turnierbridge]). Nach Auffassung des BFH (a.a.O.) folgt aus der Generalklausel des § 52 Abs. 1 AO und einem Vergleich mit dem in § 52 Abs. 2 Satz 1 Nr. 21 AO genannten Katalogzweck „Schach", dass auch die Förderung von „Turnierbridge" für gemeinnützig zu erklären ist. Das BFH, Urteil v. 9.2.2017 (V R 69/14, BFH/NV 2017 S. 926 = SpuRt 2018 S. 40) geht mit dem FG Köln (a. a. O.) davon aus, dass eine Erweiterung der sog. privilegierten Freizeitzwecke des § 52 Abs. 2 Satz 1 Nr. 23 AO allerdings nicht in Betracht kommt (vgl. dazu auch VB 3/2014 S. 3 ff. und VB 6/2017 S. 10 ff.). Trotz der „Kann"-Formulierung handelt es sich um eine gebundene Entscheidung der Behörde (FG Köln, a. a. O.; Nacke, a. a. O.). Der Anspruch auf Anerkennung neuer Zwecke ist gerichtlich also voll überprüfbar (vgl. auch VB 3/2014 S. 7 ff.).

947 Als **gemeinnützige Zwecke** kommen u.a. in Betracht (s. im Übrigen § 52 Abs. 2 Satz 1 AO bei Rz. 945; s. auch das ABC bei Schleder, Rz. 268 ff.) die Förderung:

► von **Wissenschaft** und **Forschung** sowie der **Religion** (vgl. BFH/NV 2005 S. 1741 [die Wertvorstellungen und Ziele einer Religionsgemeinschaft dürfen nicht im Widerspruch zur Wertordnung des GG stehen]),

► der **Bildung** und **Erziehung**,

► des **Sports** (einschl. Schach; zum Sportbegriff eingehend Schleder, Rz. 231 ff. m. w. N.; Jachmann, SpuRt 2004 S. 190; vgl. auch BFHE 217 S. 314 = SpuRt 2008 S. 171 [das Zurverfügungstellen von vereinseigenen Flugzeugen durch den Verein zur Nutzung durch die Mitglieder ist keine sportliche Veranstaltung]; zu Tanz als Sport s. zuletzt FG Baden-Württemberg, Urteil v. 30.4.2015 – 12 K 2582/12 m. w. N. [Anerkennung setzt nicht voraus, dass Tanz auf einem gewissen Niveau betrieben wird]; vgl. auch EuGH, npoR 2018 S. 25 = SpuRt 2018 S. 25, wonach „Denksport" kein Sport im eigentlichen Sinne ist),

▶ der **Jugend-** und **Altenhilfe** (zur Gemeinnützigkeit von Seniorenhilfevereinen s. OFD Frankfurt, Verfügung v. 9.4.2001 – S 0171 A – 124 – St II 12 mit Mustersatzung; zur Definition der Altenhilfe s. § 71 SGB XII),

▶ des **Umwelt-, Landschafts-** und **Denkmalschutzes,**

▶ von **Kunst** und **Kultur,** der **Völkerverständigung** und **Entwicklungshilfe,** des Heimatgedankens (wegen der weiteren Zwecke s. Rz. 945 und die umfassende **alphabetische Zusammenstellung** bei Schleder, Rz. 268 ff.).

> **HINWEIS:**
>
> Politische Zwecke, wie z. B. die Beeinflussung der politischen Meinungsbildung oder die Unterstützung und Förderung politischer Parteien, zählen nicht zu den gemeinnützigen Zwecken. Ein gemeinnütziger Verein muss sich aber nicht jeder politischen Betätigung enthalten. Sie ist unschädlich, wenn die gemeinnützige Tätigkeit nach den Verhältnissen im Einzelfall zwangsläufig mit einer politischen Zielsetzung verbunden ist und die unmittelbare Einwirkung auf die politischen Parteien und die staatliche Willensbildung gegenüber der Förderung des gemeinnützigen Zwecks weit in den Hintergrund tritt (BFH, BStBl 1984 II S. 844 für einen Verein von Atomkraftgegnern; BFH, BFH/NV 2017 S. 1344 = npoR 2017 S 256; vgl. auch Schleder, Rz. 169 ff.). Auch schließt eine gewisse Beeinflussung der politischen Meinungsbildung die Gemeinnützigkeit nicht aus (vgl. zur Abgrenzung BFH/NV 2011 S. 1113; 2017 S. 1344 = npoR 2017 S 256; FG Düsseldorf, EFG 2010 S. 1287). Allerdings ist es für die Gemeinnützigkeit schädlich, wenn ein Verein in seiner Selbstdarstellung im Internet umfänglich zu politischen Themen Stellung bezieht, die nichts mit seinem satzungsmäßigen Zweck zu tun haben (BFH, a. a. O.). Zur Prüfung darf die Selbstdarstellung des Vereins auf seiner Internetseite herangezogen werden.

bb) Insbesondere: Sport

Für alle **Sportvereine** ist wichtig, dass insbesondere die Förderung des Sports   948
zu den gemeinnützigen Zwecken gehört (s. auch Schleder, Rz. 231 ff.; Brete/
Thomsen, SpuRt 2008 S. 11). Zum Sport in diesem Sinne gehört **stets** der **Amateursport** (zum bezahlten Sport s. Rz. 949).

> **HINWEIS:**
>
> Für die Anerkennung von Sportvereinen als gemeinnützig ist nicht (mehr) erforderlich, dass körperliche Ertüchtigung durch Leibesübungen betrieben wird (s. auch Rz. 950). Ausreichend ist nach neuerer Rechtsprechung vielmehr auch die bloße Eignung der betriebenen Sportart zur körperlichen Ertüchtigung (BFH, DStR 1998 S. 113 [für Motorsport]; zuletzt FG Baden-Württemberg, Urteil v. 30.4.2015 – 12 K 2582/12 m. w. N. [für Tanz]). Es ist auch nicht erforderlich, dass die geförderte Sportart weder unfallträchtig noch umweltbelastend ist.

949   Die Förderung des **bezahlten Sports** ist hingegen **kein gemeinnütziger Zweck.** Es steht der Gemeinnützigkeit aber nicht entgegen, wenn ein Sportverein neben dem unbezahlten auch den bezahlten Sport fördert. Sportliche Veranstaltungen eines gemeinnützigen Sportvereins, an denen bezahlte Sportler teilnehmen, sind jedoch unter Umständen als steuerpflichtige wirtschaftliche Geschäftsbetriebe zu behandeln (s. Rz. 989 ff.).

950   Ein wesentliches Element des Sports ist die **körperliche Ertüchtigung,** ausreichend ist aber die Eignung dazu (zu Sport und Steuern s. Jachmann, SpuRt 2004 S. 190). Zum Sport in diesem Sinne gehört nach Auffassung des FG Köln (SpuRt 2010 S. 41) auch Pilates, Body Forming und Powergymnastik; ebenso wird der Motorsport in allen seinen Erscheinungsformen als Sport angesehen (BFH, a. a. O.). Auch **Tanzen, Billard,** einschließlich Pool-Billard, **Kegeln** und **Darts** werden als Sport gewertet, die Anerkennung setzt nicht voraus, dass der Tanz auf einem gewissen Niveau betrieben wird (FG Baden-Württemberg, Urteil v. 30.4.2015 – 12 K 2582/12 m. w. N. für Tanzen). Die Vereine können auch nur dann als gemeinnützig anerkannt werden, wenn sie den jeweiligen Sport **turnier-** und **wettkampfmäßig** betreiben und die Pflege der Geselligkeit nicht im Vordergrund ihrer Tätigkeit steht (vgl. aber FG Baden-Württemberg, a. a. O., wonach ein bestimmtes Niveau des Tanzes nicht vorausgesetzt wird). Kein Sport ist hingegen Tischfußball (OFD Frankfurt v. 26.9.2007 – S 0171 A – 170 – St 53; vgl. aber FG Hessen, Urteil v. 23.6.2010 – 4 K 501/09 [Revision BFH – I R 64/10 zurückgenommen], das Tischfußball in der Form des wettkampfmäßigen Drehstangen-Tischfußballs als gemeinnützig angesehen hat; s. dazu Töggele, Der Drehstangen-Tischfussball („Töggele") im Steuerrecht, npoR 2011 S. 15). Auch Denksportarten, wie das Skat-, Bridge- oder Go-Spiel, zählen nicht dazu, da es an einer körperlichen Ertüchtigung fehlt. Verneint wird auch die Gemeinnützigkeit von **Paintball-,** Gotcha- und ähnlichen Vereinen (FG Rheinland-Pfalz, DStRE 2015 S. 294 [(Turnier)Paintball ist nicht gemeinnützig]; s. Erlass des FM Mecklenburg-Vorpommern v. 1.4.1999 – IV 320 – S 0172 – 29/99) oder vom Grillen/der **Grillkultur** (FG Baden-Württemberg, EFG 2017 S. 1). Eine Ausnahme gilt kraft ausdrücklicher gesetzlicher Regelung (vgl. die Fiktion in § 52 Abs. 2 Nr. 21 AO) für das **Schachspiel,** so dass Schachvereine oder Sportvereine mit Schachabteilungen gemeinnützig sein können. Entsprechendes gilt für „Turnierbridge" (BFH, BFH/NV 2017 S. 926 = SpuRt 2018 S. 40; BFH/NV 2017, 928 = SpuRt 2017, 216; vgl. dazu auch FG Köln, BB 2014 S. 342 [Ls.; Förderung von Turnierbridge]; VB 3/2014 S. 3 ff. und Rz. 947; vgl. auch EuGH, npoR 2018 S. 25 = SpuRt 2018 S. 25, wonach „Denksport" kein Sport im eigentlichen Sinne ist).

d) Mildtätige Zwecke

Ein Verein verfolgt nach § 53 AO mildtätige Zwecke, wenn seine Tätigkeit darauf   951
gerichtet ist, Personen selbstlos zu unterstützen, die infolge ihres körperlichen,
geistigen oder seelischen Zustands auf die **Hilfe anderer** angewiesen oder die
wirtschaftlich hilfsbedürftig sind (vgl. Schleder, Rz. 425 ff.). Die Abgrenzung zu
den gemeinnützigen Zwecken ist im Einzelfall schwierig, z. B. kann die Förderung der Altenpflege sowohl mildtätig als auch gemeinnützig sein (vgl. zur Gemeinnützigkeit von Seniorenhilfevereinen OFD Frankfurt in der Verfügung v.
9.4.2001 – S 0171 A – 124 – St II 12 mit Mustersatzung). Sie war in der Vergangenheit vor allem deshalb von Bedeutung, weil der Abzugssatz für Spenden zur
Förderung mildtätiger Zwecke unter Umständen 10% des Gesamtbetrags der
Einkünfte betrug, während er bei gemeinnützigen Zwecken auf 5% beschränkt
war. Diese Unterscheidung ist durch das Gesetz zur weiteren Stärkung des bürgerschaftlichen Engagements v. 10.10.2007 (BGBl I S. 2332) jedoch entfallen.

Die **Grenzen** der **Hilfsbedürftigkeit** sind in § 53 Nr. 2 AO festgelegt. Durch das   952
„Gesetz zur Stärkung des Ehrenamtes" v. 21.3.2013 (vgl. BGBl I S. 556) ist der
Nachweis der Hilfsbedürftigkeit vereinfacht worden. Die wirtschaftliche Hilfebe-
dürftigkeit wird bei Empfängern von Wohngeld, Kindergeld, ALG II und Sozialgeld
mit Hilfe des jeweiligen Leistungsbescheids, der für den Unterstützungszeitraum
maßgeblich ist, oder mit Hilfe der Bestätigung des Sozialleistungsträgers geführt
(zur steuerlichen Behandlung von Tafeln VB 6/2016 S. 11).

> **HINWEIS:**
> Auf Antrag des Vereins kann auf einen Nachweis der wirtschaftlichen Hilfebedürftigkeit
> verzichtet werden, wenn aufgrund der besonderen Art der gewährten Unterstützungs-
> leistung sichergestellt ist, dass nur wirtschaftlich hilfebedürftige Personen im vorste-
> henden Sinne unterstützt werden.

e) Kirchliche Zwecke

Eine Förderung kirchlicher Zwecke liegt nur vor, wenn der Verein eine Religi-   953
onsgemeinschaft (die eine juristische Person des öffentlichen Rechts ist) ist,
also eine der **großen Kirchen** fördert. Das kann z. B. durch Unterhaltung von
Gotteshäusern, Ausbildung von Geistlichen, Erteilung von Religionsunterricht
oder Verwaltung des Kirchenvermögens geschehen. Die Tätigkeit der Kirchen
selbst ist keine Förderung kirchlicher Zwecke.

5. Selbstlosigkeit

Das in § 55 AO geregelte Gebot der Selbstlosigkeit ist eine der zentralen Vor-   954
schriften des Gemeinnützigkeitsrechts. Selbstlosigkeit ist fast mit Gemeinnüt-

zigkeit gleichzusetzen. Das Gebot der Selbstlosigkeit (vgl. Schleder, Rz. 442 ff.) **verlangt**: Der Verein darf **nicht** in erster Linie **eigenwirtschaftliche Zwecke** fördern. Er darf also nicht auf die Vermehrung eigenen Vermögens oder auf die Förderung der Erwerbstätigkeit seiner Mitglieder gerichtet sein, wie das z. B. bei Berufsverbänden der Fall sein kann (vgl. wegen der Einzelheiten Schleder, Rz. 456; zur Kooperation mit Unternehmen im Rahmen von Marketingaktionen Goetze, VB 5/2015 S. 12 f.). Die in dem Zusammenhang früher im AEAO vertretene sog. „**Geprägetheorie**" ist inzwischen von der Finanzverwaltung aufgegeben worden (vgl. dazu eingehend Schleder, Rz. 446 ff.; Hanke/Tybussek, NWB 2012 S. 717 f., 721 ff. jeweils m. w. N.). Entscheidend ist (jetzt), dass Vermögensverwaltung und wirtschaftliche Geschäftsbetriebe, die nicht Zweckbetriebe sind, im Rahmen einer Gesamtschau nicht zum Selbstzweck werden dürfen (BFH/NV 2007 S. 1601). Etwas anderes kann gelten, wenn der Geschäftsbetrieb wegen des steuerbegünstigten Zwecks betrieben wird, indem er z. B. der Beschaffung von Mitteln zur Erfüllung der steuerbegünstigten Aufgaben dient (BFH, a. a. O.; Schleder, Rz. 452; Wallenhorst, DStR 2009 S. 717 ff.).

> **HINWEIS:**
>
> Das bedeutet, dass auch ein Sportverein (nach wie vor noch) gemeinnützig sein kann, der zwar den Großteil seiner Einnahmen durch die steuerpflichtigen Veranstaltungen seiner sog. ersten Mannschaft erzielt (Bundesliga), dessen Hauptteil seiner Aktivitäten dennoch im gemeinnützigen Bereich, etwa bei den Jugendmannschaften, liegt (zu Fördervereinen s. Rz. 975).

955 Die **Mittel** des Vereins dürfen **nur für die satzungsmäßigen gemeinnützigen Zwecke verwendet** werden, d. h., dass etwaige **Verluste** der steuerpflichtigen wirtschaftlichen Geschäftsbetriebe i. d. R. nicht aus den anderen Mitteln des Vereins ausgeglichen werden dürfen. Nach der **Rechtsprechung** des BFH ist der Ausgleich eines Verlusts nur noch dann unschädlich für die Gemeinnützigkeit, wenn der Verlust auf einer Fehlkalkulation beruht und der Verein bis zum Ende des Wirtschaftsjahres, das dem Verlustentstehungsjahr folgt, dem ideellen Bereich wieder Mittel in entsprechender Höhe zuführt (BFH, NJW 1997 S. 1462; BFH/NV 2009 S. 1837; krit. Schauhoff, DStR 1998 S. 701).

956 Dazu hat dann auch die **Finanzverwaltung** im AEAO in Nr. 4 bis 8 zu § 55 AO Stellung genommen und sich der Auffassung des BFH im Grundsatz angeschlossen (vgl. auch Schleder, Rz. 467). In mehreren Punkten wird jedoch **milder** verfahren, als der BFH es vorgesehen hat. Von besonderer Bedeutung sind dabei die von der Finanzverwaltung angewendeten **Fristen**: So ist eine Verwendung von Mitteln des ideellen Bereichs für den Ausgleich eines Verlusts nicht anzunehmen, wenn dem ideellen Bereich in den sechs vorangegangenen Jah-

ren Gewinne der steuerpflichtigen wirtschaftlichen Geschäftsbetriebe in mindestens gleicher Höhe zugeführt worden sind. Für den Ausgleich von Anlaufverlusten mit dafür zulässig verwendbaren Mitteln hat der Verein drei Jahre Zeit (wegen weiterer Einzelheiten vgl. Schleder, Rz. 467 a. E.). Zudem ist beim Aufbau eines neuen Betriebs eine Verwendung von Mitteln des ideellen Bereichs für den Ausgleich von Verlusten auch dann unschädlich, wenn mit Anlaufverlusten zu rechnen war.

Der Verein darf einen Teil seiner Mittel für die **allgemeine Verwaltung** (Kosten der Vereinsgeschäftsstelle, Geschäftsführung usw.) verwenden (Schleder, Rz. 481 ff.). Die Verwaltungsausgaben müssen sich aber in einem **angemessenen Rahmen** halten, wobei es auf den Einzelfall ankommt. Insbesondere zu hohe Gehalts- und Aufwandszahlungen sind im Interesse des Erhalts der Gemeinnützigkeit zu vermeiden (vgl. VB 1/2018 S. 6 ff.; VB 3/2018 S. 5 ff.; VB 4/2018 S. 4 ff.; zur Zahlung eines zu hohen/unangemessenen Geschäftsführergehalts bei einer gGmbH FG Mecklenburg-Vorpommern, EFG 2017 S. 1137 = npoR 2017 S. 265). Entscheidend sind Größe des Vereins, der geförderte Zweck und auch, ob es sich um einen gerade neu gegründeten Verein handelt (vgl. zu allem Schleder, Rz. 482 ff. und BFH, NJW 1999 S. 310). Ein Anteil der Verwaltungskosten von 50% der Gesamtausgaben des Vereins ist jedoch nicht mehr angemessen (BFH, a. a. O.). Etwas anderes kann in der Gründungs- und Aufbauphase, die vom BFH (a. a. O.) mit vier Jahren angesetzt wird, gelten (vgl. aber Nr. 18 AEAO zu § 55 Abs. 1 Nr. 1 [entscheidend Umstände des Einzelfalls]. Ein Verstoß gegen die Selbstlosigkeit kann auch vorliegen, wenn der Verein die **Mitglieder-** und **Spendenwerbung** an **gewerbliche Unternehmer überträgt**. Insoweit ist es früher nicht beanstandet worden, wenn der Verein im Jahr nicht mehr als 10% der Mitgliedsbeiträge für die Werbung neuer Mitglieder verwendete (vgl. auch BFH, BFH/NV 2003 S. 1025). Diese Sondergrenze ist von der Finanzverwaltung inzwischen aufgegeben worden. Es gelten also die allgemeinen Regeln.

957

Es darf **kein Mitglied Zuwendungen** aus den Mitteln des Vereins erhalten (zur Selbstlosigkeit bei einem Car-Sharing-Verein FG Köln, EFG 2005 S. 1234; zur Beitragsermäßigungen VB 2/2017 S. 9). Ausgenommen sind **geringfügige Aufmerksamkeiten** (vgl. R 73 LStR), wie sie im Rahmen der Betreuung von Mitgliedern allgemein üblich sind, z. B. kleine Geschenke anlässlich eines besonderen Geburtstags oder langer Vereinszugehörigkeit (zu geselligen Veranstaltungen des Vereins s. § 58 Nr. 8 AO; vgl. wegen der Zulässigkeit Schleder, Rz. 489 f.). Das Verbot gilt auch nicht für den **Ersatz nachgewiesenen Aufwands**, der dem Mitglied für den Verein entstanden ist (Schleder, Rz. 495; s. aber VB 1/2018 S. 6 ff.; VB 3/2018 S. 5 ff.; VB 4/2018 S. 4 ff und Rz. 649 ff.). Die Überlassung von Sportkleidung, wenn diese nur für den Verein genutzt wird, wird ebenfalls

958

nicht erfasst (vgl. VB 7/2015 S. 18). Der Verein darf mit seinen Mitgliedern im Übrigen auch Arbeitsverträge abschließen, z. B. als Trainer, Sportler oder als Hilfskräfte bei Veranstaltungen, sofern sie klare Vereinbarungen enthalten und die Vergütung nicht überhöht ist.

> **HINWEIS:**
>
> Nach Nr. 23 AEAO zu § 55 Abs. 1 Nr. 3 sind pauschale Zahlungen an ein Vorstands-mitglied im Rahmen der 2006 eingeführten Ehrenamtspauschale nur dann für die Ein-stufung des Vereins als gemeinnützig folgenlos, wenn sie durch Satzungsregelung aus-drücklich zugelassen sind (zu Einzelheiten s. das Schreiben des BMF v. 14.10.2009 – IV C 4 – S 2121/07/0010). Anderenfalls verstößt der Verein gegen das Gebot der Selbstlosig-keit. In dem Schreiben wird zudem festgestellt, dass darunter grds. auch ein pauschaler Aufwendungsersatz fällt und auch die sog. Rückspende oder der Verzicht auf Auszah-lung des Anspruchs als Vergütung im steuerrechtlich relevanten Sinne angesehen wird (ähnlich auch bereits im Schreiben v. 22.4.2009 [IV C 4 – S 2121/07/0010] und dazu Alvermann, SpuRt 2009 S. 112; zu den steuerlichen Folgen noch BFH/NV 2001 S. 1536).

959 Für **Ablösesummen** beim Vereinswechsel von **Amateursportlern** gelten Sonder-regelungen (vgl. Nr. 39 und 40 AEAO zu § 67a AO). Ablösezahlungen an einen anderen Sportverein für die Übernahme eines Sportlers sind – steuerrechtlich – uneingeschränkt zulässig, wenn sie aus einem Zweckbetrieb i. S. des § 67a Abs. 1 AO geleistet werden. Ansonsten dürfen lediglich die Ausbildungskosten für den den Verein wechselnden Amateursportler gezahlt werden. Eine der-artige Kostenerstattung wird bei Zahlungen bis zu 2.557 € je Sportler ohne Weiteres angenommen werden.

960 Die **Mitglieder** dürfen bei ihrem **Ausscheiden** oder bei Auflösung des Vereins **nicht mehr** als ihre **eingezahlten Kapitalanteile** oder den gemeinen Wert ihrer geleisteten Sacheinlagen zurückerhalten.

961 Der Verein darf **keine Person** durch Ausgaben, die seinem Zweck fremd sind, oder durch unverhältnismäßig **hohe Vergütungen begünstigen,** und das Ver-mögen des Vereins darf bei seiner Auflösung oder Aufhebung oder bei Wegfall seines bisherigen Zwecks nur für steuerbegünstigte Zwecke verwendet werden **(Grundsatz der Vermögensbindung** [§ 55 Abs. 1 Nr. 4 AO]; BFH/NV 2015 S. 235 [Weitergabe von Mitteln an eine Körperschaft, obwohl an die nach der Satzung nicht hätte abgeführt werden dürfen]; zur Gemeinnützigkeitsschädlichkeit von Beiträgen an einen nicht gemeinnützigen Dachverband FG Baden-Württem-berg, EFG 2015 S. 1851; zu allem eingehend Schleder, Rz. 510 ff.).

> **HINWEIS:**
>
> § 61 Abs. 3 AO sieht bei (schweren) Verstößen gegen das Gebot der Vermögensbindung schwerwiegende Sanktionen vor (vgl. dazu z. B. BFHE 231 S. 28 = DStR 2011 S. 20). Bei einer Aufhebung der Satzungsvorschrift über die Vermögensbindung gilt der Verein von

Anfang an als nicht gemeinnützig. Steuern, die in den letzten zehn Jahren vor der Änderung der Vorschrift entstanden sind, werden nacherhoben. Diese Folge tritt auch ein, wenn bei der tatsächlichen Geschäftsführung gegen die Satzungsvorschrift über die Vermögensbindung verstoßen wird.

Die vorstehenden Voraussetzungen für die Selbstlosigkeit müssen **bereits in** der **Satzung** des Vereins **festgelegt** sein (s. Rz. 73 ff.; 927). Auch muss gemäß § 63 AO die tatsächliche Geschäftsführung mit der Satzung im Einklang stehen (dazu BFH/NV 2015 S. 235). Den Nachweis darüber hat der Verein durch ordnungsgemäße Aufzeichnungen über sämtliche Einnahmen und Ausgaben zu führen. Die tatsächliche Geschäftsführung umfasst auch die Ausstellung steuerlicher Spendenbescheinigungen. Missbräuche auf diesem Gebiet, z. B. durch die Ausstellung von Gefälligkeitsbescheinigungen, stellen einen Verstoß gegen die Selbstlosigkeit dar.

962

6. Zeitnahe Mittelverwendung

a) Grundsatz

Ein gemeinnütziger Verein muss grds. **sämtliche** vereinnahmten **Mittel,** insbesondere Mitgliedsbeiträge, Spenden, Vermögenserträge, Gewinne aus Zweckbetrieben oder steuerpflichtigen wirtschaftlichen Geschäftsbetrieben, laufend (**zeitnah**) für die satzungsmäßigen Zwecke verwenden. Die vereinnahmten Mittel sollen nicht auf die „hohe Kante" gelegt werden und so nur mit ihren Erträgen dem steuerbegünstigten Zweck dienen (zur zeitnahen Mittelverwendung eingehend VB 3/2013 S. 5 ff. und VB 5/2017 S. 3 ff.). Das gilt auch für Fördervereine (s. VB 8/2016 S. 10, 13). Die Verwendung ist im Allgemeinen noch als zeitnah anzusehen, wenn die in einem Geschäftsjahr eingenommenen Mittel spätestens in den auf den Zufluss folgenden **zwei Kalenderoder Wirtschaftsjahren** tatsächlich für die satzungsmäßigen Ziele verwendet werden (jetzt § 55 Abs. 1 Nr. 5 Satz 3 AO). Die früher geltende Einjahresfrist ist durch das „Gesetz zur Stärkung des Ehrenamtes" v. 21.3.2013 (vgl. BGBl I S. 556) um ein Jahr auf zwei Jahre verlängert worden. Ein summarischer Nachweis der zeitnahen Mittelverwendung reicht aus (BFH, BFH/NV 2017 S. 1344 = npoR 2017 S. 256).

963

HINWEIS:

Es gilt das Zufluss- und Abflussprinzip. Es ergibt sich also ggf. ein Zeitraum von fast drei Jahren, innerhalb dessen die Mittel verwendet werden müssen.

Nach Nr. 29 AEAO zu § 55 Abs. 1 Nr. 5 AO gilt/galt das für alle Mittel, die nach dem 31.12.2011, also auch schon vor Inkrafttreten der Neuregelung des § 55 Abs. 1 Nr. 5 AO am 1.1.2014, vereinnahmt worden sind.

BEISPIEL: ▶ Eine im Februar 2017 eingenommene Spende muss der Verein, dessen Wirtschaftsjahr dem Kalenderjahr entspricht, i. d. R. bis spätestens zum 31.12.2019 für seine steuerbegünstigten Zwecke ausgeben (vgl. aber Rz. 964).

b) Verwendung von Spenden

964 Zu den zeitnah zu verwendenden Mitteln gehören grds. auch Spenden, die jedoch nach § 62 Abs. 3 AO in folgenden Fällen **ausnahmsweise** zur Erhöhung des Vermögens verwendet, d. h. **gespart,** werden dürfen (zu den Vermögenzuführungen VB 11/2014 S. 10 ff.; vgl. aber jetzt zur „Spendenhaftung" wegen nicht zeitnaher Verwendung von Spenden FG Hamburg, EFG 2016 S. 534; Revision BFH – X R 13/15):

▶ bei einer Einzelzuwendung erklärt der Spender ausdrücklich, dass sie zur Erhöhung des Vermögens bestimmt ist (sog. Zustiftung);

▶ bei Spenden aufgrund eines **Spendenaufrufs** auch ohne ausdrückliche Erklärung des Spenders, wenn aus dem Spendenaufruf ersichtlich ist, dass die Beträge zur Aufstockung des Kapitals des Vereins erbeten werden;

▶ **Zuwendungen von Todes wegen**, wenn der Erblasser eine Verwendung für den laufenden Unterhalt nicht vorschreibt;

▶ Sachzuwendungen, die ihrer Natur nach der **Vermögensbildung** dienen, wenn z. B. einem Verein ein Mietwohngrundstück geschenkt wird.

965 Eine Zuführung der Mittel zum Vermögen ist auch dann zulässig, wenn das Vermögen **unmittelbar** dem begünstigten Satzungszweck dient.

BEISPIELE: ▶

▶ Ein steuerbegünstigtes Altenheim finanziert aus seinen Mitteln einen neuen Bettentrakt.

▶ Ein gemeinnütziger Sportverein finanziert eine neue Sportanlage oder erweitert vorhandene Sportstätten.

c) Bildung von Rücklagen

966 Eine weitere **Ausnahme** vom Grundsatz der zeitnahen Mittelverwendung ist die Bildung von Rücklagen, die unmittelbar in der AO geregelt ist (vgl. wegen der Einzelheiten Schleder, Rz. 561 ff.). Die Regelung war früher in § 58 Nr. 6 und 7 AO a. F. enthalten; diese Regelung ist durch das „Gesetz zur Stärkung des Ehrenamtes" v. 21. 3. 2013 (vgl. BGBl I S. 556) zum 1.1.2014 aufgehoben worden. Die Regelungen zu Rücklagen- und Vermögensbildung sind u.a. aus Gründen der besseren Übersichtlichkeit nun in § 62 AO enthalten (vgl. auch VB 4/2103 S. 5 ff.). Teilweise ist die alte Regelung übernommen worden, zum

Teil sind Änderungen vorgenommen worden. Im Einzelnen gilt für die in der Praxis wesentlichen Rücklagen (vgl. im Übrigen noch § 62 Abs. 1 Nr. 4 AO und dazu VB 12/2014 S. 8 ff.):

HINWEIS:

Die Gründe sowohl für die Bildung einer zweckgebundenen Rücklage (vgl. Rz. 966 f.) als auch einer freien Rücklage (vgl. Rz. 969) sind dem zuständigen Finanzamt im Einzelnen darzulegen und zu erläutern. Die Bildung einer unzulässigen Rücklage kann zum Verlust der Gemeinnützigkeit führen (VB 7/2014 S. 13 ff.).

Nach **§ 62 Abs. 1 Nr. 1 AO** (früher: § 58 Nr. 6 AO a. F.) ist es zulässig, die Mittel nicht sofort auszugeben, sondern sie zunächst einer **zweckgebundenen Rücklage** zuzuführen. Voraussetzung dieser Rücklagenbildung ist aber, dass ohne sie die satzungsmäßigen Zwecke nachhaltig nicht erfüllt werden können. Die Mittel müssen für **bestimmte Vorhaben** angesammelt werden, für deren Durchführung bereits **konkrete Zeitvorstellungen** bestehen (zur zweckgebundenen Rücklage s. Schleder, Rz. 555 ff.; VB 8/2014 S. 7 ff.; zum Zeitpunkt der Rücklagenbildung s. Rz. 971). 967

BEISPIELE:

- ► Zulässig sind bei einem Sportverein Rücklagen für die Errichtung, Erweiterung oder **Instandsetzung** einer Sportanlage.
- ► Zulässig sind Rücklagen für **periodisch wiederkehrende Ausgaben**, z. B. Löhne, Gehälter und Mieten, in Höhe des Mittelbedarfs für eine angemessene Zeitperiode oder für wiederkehrende Ausgaben zur Erfüllung des satzungsmäßigen Zwecks, z. B. Gewährung von Stipendien.
- ► Zulässig sind auch Rücklagen für die **Pflege des Vermögens**, also z. B. für eine demnächst erforderliche Reparatur an einem geerbten Mietwohngrundstück.

Verhältnismäßig neu ist die, in **§ 62 Abs. 1 Nr. 2 AO** erstmals gesetzlich normiert, sog. **Wiederbeschaffungsrücklage**, die früher nur im AEAO geregelt war (vgl. dazu Emser, NWB 2013 S. 908, 913; VB 4/2013 S. 5, 13 f.; VB 9/2014 S. 7 ff.). Bei ihr handelt es sich um einen Sonderfall der zweckgebundenen Rücklage, bei der lediglich der gegenüber dem Finanzamt zu führende Nachweis erleichtert ist. Nach § 62 Abs. 1 Nr. 2 AO können Vereine ihre Mittel einer Rücklage für Wiederbeschaffung zuführen, wenn die Wiederbeschaffung von Wirtschaftsgütern durch den Verein beabsichtigt ist. Diese Absicht ist dem Finanzamt nachzuweisen. Die Höhe der Zuführungen bemisst sich nach der regulären Höhe der Absetzungen für Abnutzung. Sind höhere Zuführungen für die beabsichtigte Wiederbeschaffung notwendig, ist dies auch möglich. Die Notwendigkeit ist allerdings ebenfalls gegenüber dem Finanzamt nachzuweisen. 968

BEISPIEL (NACH EMSER, A. A. O.). Der Sportverein V hat einen neuen Mini-Van gekauft, mit dem in Zukunft die Sportler zu Sportveranstaltungen und Wettkämpfen transportiert werden sollen. Damit ist schon jetzt klar, dass eine Wiederbeschaffung beabsichtigt und notwendig ist. Es stellt sich jedoch heraus, dass der Mini-Van auf Dauer zu klein ist. Daher wird beschlossen, einen größeren Kleinbus zu kaufen. Entsprechende Mittel werden in die Rücklage eingestellt. Diese übersteigen die Beträge, die aufgrund der Absetzungen für Abnutzung für den Mini-Van eingestellt werden können. Gegenüber dem Finanzamt kann der Verein nachweisen, dass ein größeres Auto erforderlich ist. Die Einstellung der höheren Beträge in die Rücklage ist zulässig.

969 Die **freie Rücklage** ist nun in **§ 62 Abs. 1 Nr. 3 AO** (früher § 58 Nr. 7a AO a. F.) geregelt (vgl. dazu VB 10/2014 S. 8 ff.). Danach darf ein Verein – wie schon in der Vergangenheit – höchstens **ein Drittel des Überschusses** der Einnahmen über die Unkosten aus Vermögensverwaltung und darüber hinaus bis zu **10%** seiner sonstigen zeitnah zu verwendenden Mittel einer freien Rücklage zuführen. Diese **freie Rücklage** braucht, solange der Verein besteht, nicht aufgelöst zu werden (arg. § 62 Abs. 2 Satz 2 AO). Die in die Rücklage eingestellten Mittel können auch dem Vermögen zugeführt werden.

HINWEIS:

Wird die Höchstgrenze für die Zuführung zu der freien Rücklage in einem Jahr nicht voll ausgeschöpft, so ist nach der (Neu-)Regelung in § 62 Abs. 2 Nr. 3 Satz 2 AO eine Nachholung in den beiden Jahren zulässig (VB 10/2014 S. 8, 9 f. mit Beispiel). Das war früher nicht erlaubt.

BEISPIEL: Der Verein hätte im Jahr 2017 eine freie Rücklage von 20.000 € bilden können. Tatsächlich stellt er jedoch nur 15.000 € ein. In den nächsten beiden Jahren kann er zusätzlich zu dem für das jeweilige Jahr zulässigen Betrag nach § 62 Abs. 1 Nr. 3 Satz 1 AO insgesamt noch 5.000 € in die freie Rücklage einstellen. Ob er die 5.000 € schon im Jahr 2018 in die freie Rücklage des Jahres 2018 einstellt oder den Betrag auf 2018 und 2019 Jahre aufteilt, bleibt ihm überlassen (Emser, NWB 2013 S. 808, 913).

970 In § 58 Nr. 3 AO ist schließlich durch das „Gesetz zur Stärkung des Ehrenamtes" v. 21.3.2013 (vgl. BGBl I S. 556) eine sog. **Vermögensausstattungsrücklage** eingefügt worden. Danach kann „eine Körperschaft ihre Überschüsse der Einnahmen über die Ausgaben aus der Vermögensverwaltung, ihre Gewinne aus den wirtschaftlichen Geschäftsbetrieben ganz oder teilweise und darüber hinaus höchstens 15% ihrer sonstigen nach § 55 Abs. 1 Nr. 5 AO zeitnah zu verwendenden Mittel einer anderen steuerbegünstigten Körperschaft oder einer juristischen Person des öffentlichen Rechts zur Vermögensausstattung zuwenden. Die aus den Vermögenserträgen zu verwirklichenden steuerbegünstigten Zwecke müssen den steuerbegünstigten satzungsmäßigen Zwecken der zuwendenden Körperschaft entsprechen (vgl. dazu eingehend VB 4/2013 S. 10 ff.).

§ 62 Abs. 2 AO regelt, bis zu welchem **Zeitpunkt** eine Rücklage zu **bilden** ist   971
und wann eine **Auflösung** zu erfolgen hat. Danach sind Rücklagen innerhalb
der Frist des § 55 Abs. 1 Nr. 5 Satz 3 AO zu bilden, also spätestens in den auf
den Zufluss der Mittel folgenden zwei Kalender- oder Wirtschaftsjahren. Entfällt der Grund für die Rücklagenbildung, ist die Rücklage unverzüglich aufzulösen (zur Auflösung von Rücklagen VB 3/2015 S. 10 ff.). Die dann frei werdenden Mittel sind innerhalb der Frist des § 55 Abs. 1 Nr. 5 Satz 3 AO zur
Verwirklichung steuerbegünstigter Zwecke zu verwenden (zu Mittelverwen-
dungsrechnungen VB 1/2015 S. 10 ff.; VB 2/2015 S. 9 ff.; VB 4/2017 S. 3 ff.;
VB 5/2017 S. 3 ff.).

d) Darlehensvergabe durch den Verein

Aus den Mitteln, die der Verein nicht zeitnah für seine gemeinnützigen Zwecke   972
verwenden muss, also freie Rücklage (vgl. Rz. 969) und Vermögenszuführungen
nach § 62 Abs. 1 Nr. 4 AO), darf er ohne Weiteres Darlehen vergeben (s. Schleder, Rz. 502; VB 9/2016 S. 18). Als zulässig wird es auch angesehen, wenn ein
Verein aus zeitnah zu verwendenden Mitteln zinslose oder zinsgünstige Darlehen vergibt, die der unmittelbaren Verwirklichung seiner steuerbegünstigten
Zwecke dienen, wie z. B. darlehensweise Vergabe von **Stipendien**. Auch die
Vergabe von Darlehen an andere gemeinnützige Körperschaften ist zulässig,
wenn diese dann die Mittel zeitnah verwenden.

7. Ausschließlichkeit

Gemeinnützig ist ein Verein nur, wenn er **ausschließlich** gemeinnützige Zwecke   973
fördert (vgl. wegen der Einzelheiten Schleder, Rz. 521 ff.). Das ist z. B. aber auch
dann der Fall, wenn in der Satzung neben dem gemeinnützigen Zweck z. B. als
weiterer Vereinszweck „Förderung der Kameradschaft" genannt wird. Die Nennung dieses an sich nicht gemeinnützigen Zwecks (BFHE 78 S. 54) schadet nicht,
wenn sich aus der Satzung ergibt, dass damit lediglich eine Verbundenheit der
Vereinsmitglieder angestrebt wird, die aus der im Übrigen ausschließlich verfolg-
ten Vereinstätigkeit folgt (BFH, NJW 1999 S. 2463). Der gemeinnützige Zweck
darf also **nicht nur ein Teil** unter anderen Vereinszwecken sein.

Zulässig ist aber die Unterhaltung eines steuerpflichtigen **wirtschaftlichen Ge-**   974
schäftsbetriebs, soweit diese wirtschaftliche Betätigung nicht Selbstzweck ist.
Entsprechendes gilt für gesellige Veranstaltungen des Vereins. Es ist daher z. B.
Tanzsport nur dann gemeinnützig, wenn er turnier- und sportmäßig betrieben
wird und die Pflege der Geselligkeit von untergeordneter Bedeutung ist.

8. Unmittelbarkeit

975 Der Verein muss seine Zwecke grds. unmittelbar selbst verfolgen (vgl. wegen der Einzelheiten Schleder, Rz. 526 ff. und Schunk, npoR 2016 S. 53). Es genügt nicht, wenn er sich nur von Fall zu Fall zur Unterstützung anderer Vereine oder Institutionen entschließt. Die Gemeinnützigkeit ist aber nicht dadurch gefährdet, dass der Verein **Hilfspersonen** einschaltet, wenn nach den Umständen des Falls, insbesondere nach den rechtlichen und tatsächlichen Beziehungen, die zwischen dem Verein und der Hilfsperson bestehen, das Wirken der Hilfsperson wie eigenes Wirken des Vereins anzusehen ist (§ 57 Abs. 1 Satz 2 AO; vgl. dazu auch BFH, BFH/NV 2010 S. 1371). Nach AEAO zu § 57 AO, Nr. 2 kommen nach Auffassung der Finanzverwaltung als Vertragsform Arbeits-, Dienst- oder Werkverträge in Betracht. A. A. ist insoweit das Niedersächsische FG in seinem Urteil v. 8.4.2010 (6 K 139/09). Die einschränkende Auslegung des § 57 AO (AEAO zu § 57 AO, Nr. 2), gehe zu weit. Entscheidend sei im Gemeinnützigkeitsrecht nicht eine Weisungsgebundenheit der Hilfsperson, sondern allein der Umstand, ob die Tätigkeit mit dem Willen der übergeordneten Körperschaft erfolge, was letztlich nur dann der Fall sei, wenn die Tätigkeit jedenfalls hinsichtlich ihres Ziels im Wesentlichen durch die Körperschaft veranlasst sei. Vereinsmitglieder, die im Auftrag des Vereins/Vorstands Tätigkeiten ausüben, wie z. B. eine Veranstaltung organisieren, die der Beschaffung von Mitteln dient (Fördervereinsfest), sind aber keine Hilfspersonen in diesem Sinne. Hilfspersonen sind vielmehr nur „Dritte", die nach Weisung des Vereins einen konkreten Auftrag ausführen, den an sich der Verein zur Erfüllung seiner satzungsmäßigen Zwecke selbst erledigen müsste.

976 Ausdrücklich **anerkannt** sind aber folgende **mittelbare Maßnahmen** zur Förderung anderer Einrichtungen (vgl. auch Schleder, Rz. 530 ff.):

► das **Zurverfügungstellen** von eigenen **Arbeitskräften** einschließlich Arbeitsmitteln an andere für steuerbegünstigte Zwecke, z. B. der Schwestern oder der Sanitäter des DRK einschließlich Krankenwagen bei einer Sportveranstaltung (vgl. dazu auch BFH, BFH/NV 2010 S. 1371),

► die **Überlassung** von eigenen **Räumen** oder Anlagen, wie Sportstätten, an andere steuerbegünstigte Vereine zur Benutzung für deren steuerbegünstigte Zwecke,

► das Beschaffen von Mitteln für die steuerbegünstigten Zwecke anderer Körperschaften, wenn ein solcher Zweck in der Satzung ausdrücklich festgelegt ist (**Fördervereine**, Spendensammelvereine, s. Schleder, Rz. 123 ff.; vgl. auch § 58 Nr. 1 AO).

Die Körperschaft, für die der Förderverein die Mittel beschafft, musste bis zum 20.12.2000 nicht gemeinnützig sein. Da die (alte) Regelung in § 58 Nr. 1 AO zunehmend dazu missbraucht wurde, inländischen, nicht gemeinnützigen Körperschaften durch die Gründung eines Fördervereins dennoch eine mittelbare Empfangsberechtigung für steuerlich abziehbare Spenden zu verschaffen, ist der **Anwendungsbereich** der **Vorschrift eingeschränkt** worden. Sie gilt jetzt nur, wenn die Körperschaft, für die der Förderverein die Mittel beschafft, selbst auch gemeinnützig ist (s. VB 8/2016 S. 10). Ist diese Körperschaft in Deutschland nicht unbeschränkt steuerpflichtig, hat sie also im Inland weder Sitz noch Geschäftsleitung, muss der Förderverein, ggf. mit Hilfe der ausländischen Empfängerkörperschaft, ausreichend nachweisen, dass die Mittel für gemeinnützige Zwecke ausgegeben wurden. **977**

BEISPIELE:

▶ Ein **inländischer Förderverein** sammelt Spenden für einen **ausländischen Verein**, z. B. für das Türkische Rote Kreuz. Der Förderverein kann dann gemeinnützig sein/anerkannt werden, wenn er dem Finanzamt anhand geeigneter Unterlagen nachweist, dass das Türkische Rote Kreuz die ihm vom Förderverein zur Verfügung gestellten Mittel für nach deutschem Steuerrecht gemeinnützige Zwecke ausgegeben hat.

▶ Ein **Golfverein** erhebt sehr hohe Aufnahmegebühren und wird deshalb nicht als gemeinnützig anerkannt. In der Vergangenheit konnte er einen Förderverein gründen, der die vereinnahmten, steuerlich abziehbaren Spenden an ihn weitergeben konnte. Das ist nach dem 20.12.2000 nicht mehr möglich, da der Golfverein selbst nicht gemeinnützig ist.

9. Entzug der Gemeinnützigkeit

Die Gemeinnützigkeit kann dem Verein entzogen werden. Das wird häufig/i. d. R. der Fall sein, wenn **schwere Satzungsmängel** vorliegen, schwere **Fehler** bei der **tatsächlichen Geschäftsführung** des Vereins gemacht werden (dazu u.a. BFH/NV 2015 S. 235 [Weitergabe von Mitteln an eine Körperschaft, obwohl an die nach der Satzung nicht hätte abgeführt werden dürfen]; zum Ruhen des Vereins s. Rz. 804 ff.) oder gegen **Vermögensbindungspflichten** des Vereins **verstoßen** wird (vgl. Rz. 963 ff.). Der Entzug der Gemeinnützigkeit kann nur für das Jahr, für den der Mangel festgestellt worden ist, erfolgen. Er kann sich aber auch, was bei Satzungsmängeln häufig der Fall ist, auf längere Zeiträume erstrecken (vgl. zu allem VB 9/2016 S. 14 ff.). Darüber hinaus kommt auch ein „Ausstieg" des Vereins aus der Gemeinnützigkeit in Betracht (vgl. dazu Goetze, VB 1272016 S. 7 ff.). **978**

Die Gemeinnützigkeit kann später neu beantragt und dann **wieder erteilt** werden (vgl. auch dazu VB 9/2016 S. 14 ff.). **979**

III. Tätigkeitsbereiche eines gemeinnützigen Vereins

1. Allgemeines

980 Vereine sind zur Finanzierung ihrer Aufgaben auf die verschiedensten Geldquellen angewiesen. Außer Zuschüssen und Mitgliedsbeiträgen können Erträge aus mehr oder weniger erheblicher wirtschaftlicher Betätigung anfallen. Die **Einnahmen** eines Vereins sind **teilweise insgesamt steuerfrei**. Soweit sich Vereine aber wirtschaftlich betätigen, sind die Einkünfte u.a. aus Wettbewerbsgründen nur teilweise oder in bestimmten Grenzen steuerfrei.

981 Das Gemeinnützigkeitsrecht unterscheidet nach dem Grad der Beteiligung des Vereins am Wirtschaftsverkehr (Außenwirkung) oder der Höhe der Einnahmen **vier Tätigkeitsbereiche**, und zwar

► den steuerfreien ideellen Bereich (s. Rz. 983),

► die steuerbegünstigte Vermögensverwaltung (s. Rz. 984),

► den steuerbegünstigten wirtschaftlichen Geschäftsbetrieb (Zweckbetrieb; s. Rz. 985),

► und den steuerpflichtigen wirtschaftlichen Geschäftsbetrieb (s. Rz. 990).

> **HINWEIS:**
>
> Für Anlagevermögen gilt: Stellt der Verein ein Wirtschaftsgut her oder schafft er es an, muss er dieses grds. einer der vier Tätigkeitsbereich zuordnen (VB 10/2014 S. 3). Für Grundstücke und Grundstücksteile hängt die Zurechnung allerdings davon ab, in welchem Bereich das Grundstück/die Anlage anteilig genutzt wird.

982 Die **komplizierte Abgrenzung** der vier Bereiche sollen die folgenden Ausführungen verständlicher machen (wegen der Einzelheiten s. Schleder, Rz. 582 ff.).

2. Ideeller Vereinsbereich

983 Zu den Einnahmen im ideellen Bereich, die **von allen Steuern befreit** sind, gehören insbesondere **echte Mitgliedsbeiträge** und Aufnahmegebühren (vgl. Rz. 136 ff.), die nach Art und Höhe in der Satzung festgelegt oder durch ein satzungsmäßig bestimmtes Organ festgesetzt sind, sofern ihre Höhe und die Zweckbestimmung den allgemeinen Anforderungen der Gemeinnützigkeit gerecht werden, **Zuschüsse** von Bund, Land und Gemeinde oder anderen öffentlichen Körperschaften und Spenden, Schenkungen, Erbschaften und Vermächtnisse. **Sonderentgelte**, z. B. für die Benutzung vereinseigener Anlagen, etwa einer Tennishalle, zählen hierzu **nicht**.

3. Vermögensverwaltung

Die steuerbegünstigte Vermögensverwaltung umfasst Einkünfte aus Kapital-   984
vermögen, wie **Zinsen** aus **Bank- und Sparguthaben**, Wertpapiererträge usw.
und Einkünfte aus **Vermietung** und Verpachtung (zur Vermögensverwaltung
s. Schleder, Rz. 597 ff.). Im Einzelnen kann die Abgrenzung zwischen Vermögensverwaltung und wirtschaftlichem Geschäftsbetrieb schwierig sein (vgl.
BFHE 219 S. 558 = SpuRt 2009 S. 39 = DStR 2008 S. 505 zur Körperschaftsteuer-
pflichtigkeit von Sponsorengeldern, die der Verein dafür erhält, dass der Sponsor in der Vereinszeitung Werbeanzeigen schaltet und bei Vereinsveranstaltungen die Vereinsmitglieder über sponsorenbezogene Themen informieren kann).

BEISPIELE:

1. **Verpachtet** der Verein die **Vereinsgaststätte** oder eine Kantine an einen Pächter,
   so gehört der Pachtzins zu den begünstigten Einnahmen aus Vermietung und
   Verpachtung. Betreibt er dagegen dieselbe Einrichtung in eigener Regie, also
   durch Angestellte oder Vereinsmitglieder, handelt es sich um einen steuerpflichtigen wirtschaftlichen Geschäftsbetrieb, auch wenn sich das Angebot nur an die
   Mitglieder richtet (zu Vereinsgaststätten VB 6/2016 S. 3 ff.).

2. Ähnlich verhält es sich mit dem **Inseratengeschäft** in Vereinszeitschriften oder
   Programmheften: Überträgt der Verein diese Tätigkeit gegen Entgelt einem Wer-
   beunternehmen, sind die Einnahmen für ihn steuerfrei, anderenfalls werden sie
   als steuerpflichtige gewerbliche Einnahmen behandelt (vgl. auch BFHE 219 S. 558
   = SpuRt 2009 S. 39 = DStR 2008 S. 505; zur umsatz- und ertragssteuerlichen
   Behandlung von Publikationen im Verein VB 7/2016 S. 3 ff.).

3. Die Vermietung eines Sportplatzes oder einer Turnhalle gehört zur steuerfreien
   Vermietung und Verpachtung, wenn es sich um eine **Dauervermietung** handelt.
   Die laufende kurzfristige Vermietung, bei der der Verein für die jederzeitige Be-
   nutzbarkeit Sorge zu tragen hat, z. B. die kurzfristige Vermietung von Sportstätten an Vereinsmitglieder, gilt hingegen als steuerpflichtiger wirtschaftlicher Geschäftsbetrieb, ggf. als steuerbegünstigter Zweckbetrieb.

4. Auch die entgeltliche Übertragung des Rechts zur Nutzung von Werbeflächen in
   vereinseigenen oder gemieteten Sportstätten **(Bandenwerbung)** sowie von Laut-
   sprecheranlagen zu Werbezwecken kann Vermögensverwaltung sein. Voraussetzung ist jedoch, dass dem Werbeunternehmen als Pächter ein angemessener
   Gewinn verbleibt (vgl. wegen der Einzelheiten Schleder, Rz. 875 ff.).

5. Die entgeltliche Nutzung von **Werbeflächen** auf Sportkleidung, z. B. auf Trikots,
   Schuhen oder Helmen, ist dagegen stets als steuerpflichtiger wirtschaftlicher Ge-
   schäftsbetrieb anzusehen (zur Werbung auf Sportveranstaltungen BFHE 219
   S. 558 = SpuRt 2009 S. 39 = DStR 2008 S. 505).

4. Zweckbetrieb

a) Allgemeines

985 Die **allgemeinen Voraussetzungen** für das Vorliegen eines Zweckbetriebs, dessen Einkünfte und Vermögen **steuerfrei** bleiben, sind in **§ 65 AO** geregelt. Danach ist eine wirtschaftliche Betätigung, die über den Rahmen der bloßen Vermögensverwaltung hinausgeht, ein Zweckbetrieb, wenn sie der unmittelbaren Verwirklichung der gemeinnützigen Satzungszwecke dient, die wirtschaftliche Betätigung für die **Zweckverwirklichung unentbehrlich** ist und der Verein nicht mehr als unbedingt notwendig in Wettbewerb/**Konkurrenz** mit anderen Steuerpflichtigen tritt (vgl. dazu zuletzt BFH/NV 2013 S. 89; BFHE 250 S. 312 = DB 2015 S. 2553 = BFH/NV 2015 S. 1752; FG Köln, EFG 2015 S. 1634 [**Hofläden**, die ausschließlich Bewohnern spezieller (stationärer) Einrichtungen eine Auswahl an Dingen des täglichen Bedarfs samt Alkohol für ein "Selbstkontrolliertes Trinken" anbieten und die Bewohner mit Blick auf eine Wiedereingliederung beschäftigen, können Zweckbetriebe sein]; zu Behindertenwerkstätten BMF, Schreiben v. 25.4.2016 – III C 2 – S 7242-a/09/10005). Das ist z. B. beim Verkauf einer Vereinszeitschrift, die über die satzungsmäßigen Aktivitäten des Vereins berichtet, der Fall (zu Publikationen im Verein VB 7/2016 S. 3 ff.). Die **Vermietung** von **Sportanlangen** und Sportgeräten an Mitglieder ist Zweckbetrieb, wird dagegen an Nichtmitglieder vermietet, sind die Einnahmen dem steuerpflichtigen wirtschaftlichen Geschäftsbetrieb zuzuordnen (vgl. AEAO zu § 67a, Nr. 12 und VB 2/2015 S. 3 f.; allgemein zur Überlassung von Vereinsanlagen und -geräten VB 2/2016 S. 4 ff.). Auch dann, wenn z. B. bei der Sammlung und Veräußerung von Altkleidern nicht die unentgeltliche Weitergabe, sondern der Weiterverkauf im Vordergrund steht, liegt ein Zweckbetrieb nicht mehr vor (BFH, NJW 1992 S. 3319). Auch das „Carsharing" ist kein Zweckbetrieb, so dass die entsprechenden Umsätze nicht dem ermäßigten Umsatzsteuersatz nach § 12 Abs. 2 Nr. 8a UStG unterliegen (BFHE 221 S. 536 = DStR 2008 S. 1688). Der Verkauf von Karnevalsorden ist ebenso nicht als Zweckbetrieb angesehen worden (FG Köln, EFG 2012 S. 1693) wie die Veranstaltung einer Kostümparty in der Karnevalswoche (BFHE 255 S. 513 = BFH/NV 2017 S. 510 = DB 2017 S. 469; a.A. FG Köln, EFG 2015 S. 1781; s. auch VB 9/2016 S. 13); etwas anderes gilt für die unentgeltliche Abgabe von Karnevalsorden (FG Köln, EFG 2012 S. 1693). Auch Personalüberlassung kann zum steuerpflichtigen Geschäftsbetrieb werden, so z. B., wenn bei Sportveranstaltungen nicht der Sanitätsdienst als solcher übernommen wird, sondern nur Personal und Sachmittel zur Verfügung gestellt werden (OFD Hannover, Verfügung v. 29.5.2006 – S 0184-15-StO 255). Ob die **Kongressveranstaltung** eines Vereins, der die Förderung der Open-Source-Software bezweckt, ein Zweckbetrieb ist, wenn die Hauptplattform für die Verbreitung und

den Informationsaustausch das Internet ist, ist in der Rechtsprechung nicht eindeutig geklärt (vgl. dazu BFH, Urteil v. 21.6.2017 – V R 34/16, VB 11/2017 S. 3 f.; verneint von FG Köln, EFG 2016 S. 1236). Kein Zweckbetrieb sind **Pferdepensionen** (BFH/NV 2017 S. 63) und der **Ligabetrieb** eines Sportverbands (BFH, BFHE 250 S. 312 = DB 2015 S. 2553 = BFH/NV 2015 S. 1752 und dazu BMF, Schreiben v. 2.12.2016 – III C 2 – S 7242-a/16/100002; zu Jugendreisen als begünstigter Zweckbetrieb s. FG Köln, EFG 2017 S. 1378).

b) Sonderregelungen

Für bestimmte wirtschaftliche Betätigungen gibt es Sonderregelungen, die in den **§§ 66, 67, 67a und 68 AO** enthalten sind und den allgemeinen Bestimmungen des § 65 AO vorgehen. Die dort genannten Einrichtungen, wie z. B. Krankenhäuser, Kindergärten und Lotterien, sind stets Zweckbetriebe (vgl. im Übrigen Rz. 985; wegen der Einzelheiten s. Schleder, Rz. 613 ff. und VB 1/2014 S. 8 ff.; zu Zusatzleistungen von Krankenhäusern VB 7/2016 S. 17 und zur Medikamentenabgabe BFHE 243 S. 180 = DB 2013 S. 2898 = BFH/NV 2014 S. 203; FG Köln, DStRE 2017 S. 370; zu Hotelbetrieben BFHE 255 S. 216 = BFH/NV 2017 S. 80; FG Köln, EFG 2015 S. 1119; zu Jugendreisen als begünstigter Zweckbetrieb s. FG Köln, EFG 2017 S. 1378; zu sportlichen Veranstaltungen s. unten Rz. 999 ff. und zur Zweckbetriebseigenschaft von Sozialkaufhäusern Schreiben des LfSt Bayern v. 30.6.2010 – S 0184.2.1-6/33 St 31). Die Zweckbetriebseigenschaft muss, vor allem, wenn die Leistungen auch an Nichtbegünstigte erbracht werden, ggf. nachgewiesen werden (vgl. § 53 AO; zur Erfüllung der Nachweispflicht BFHE, a. a. O. [Familienhotel als ggf. steuerbegünstigte Einrichtung der Wohlfahrtspflege]; VB 1/2016 S. 9). In dem Zusammenhang hat der BFH die früher angewendete 10%-Bagatellgrenze für die Leistungserbringung an Nichtbegünstigte inzwischen aufgegeben (BFHE 255 S. 293 = BFH/NV 2017 S. 139 [Umsatzsteuersatzermäßigung für Jugendherbergen gilt nicht für Leistungen an allein reisende Erwachsene] und dazu Löding-Hasenkamp, ZStV 2016 S. 201). 986

Das gilt auch für kulturelle **Einrichtungen** wie Museen, Theater und kulturelle Veranstaltungen wie Konzerte und Ausstellungen, unabhängig von der Höhe der erzielten Überschüsse. 987

Der **Verkauf** von **Speisen** und **Getränken** gehört aber **nicht** zu den kulturellen Einrichtungen und Veranstaltungen (s. die ausdrückliche Regelung in § 68 Nr. 7 AO). Insoweit ist immer ein steuerpflichtiger wirtschaftlicher Geschäftsbetrieb gegeben. Die Einnahmen müssen also ggf. versteuert werden. Das hat vor allem für der Allgemeinheit zugängliche Cafeterien und Kioske von Krankenhäusern, Altenheimen und Jugendzentren Bedeutung (vgl. u.a. BFH, DB 1990 S. 2050). 988

Wird für den Besuch einer kulturellen Veranstaltung mit Bewirtung ein einheitlicher Eintrittspreis bezahlt, so ist dieser in einen Entgeltanteil für den Besuch der Veranstaltung und für die Bewirtungsleistungen aufzuteilen (zum Begriff der kulturellen Veranstaltung s. auch BFH, BB 1994 S. 1851 und BMF, Schreiben v. 10.7.1995 – IV B 7 – S 0184 – 10/95: Es kann auch dann eine kulturelle Veranstaltung vorliegen, wenn ein Kulturverein in Erfüllung seiner Satzungszwecke im Rahmen einer Veranstaltung einer anderen Person oder Körperschaft eine sportliche oder kulturelle Darbietung erbringt).

Ein wirtschaftlicher Geschäftsbetrieb ist ab 1.1.1990 auch die gesellige Veranstaltung, für die vom Verein Eintrittsgeld erhoben wird, z. B. ein Vereinsfest für die Mitglieder (vgl. Einzelheiten bei Schleder, Rz. 801 f.; s. auch die Info des BayLfSt auf https:/www.finanzamt.bayern.de/informationen/steuerinfos/zielgruppen/Verein/Merkballt_Festveranstaltungen-2016.pdf).

5. Wirtschaftlicher Geschäftsbetrieb

a) Grundsatz

989 Um einen steuerpflichtigen wirtschaftlichen Geschäftsbetrieb handelt es sich, wenn sich der Verein über den Rahmen der Vermögensverwaltung hinaus **nachhaltig wirtschaftlich** betätigt, dadurch Einnahmen erzielt und kein Zweckbetrieb vorliegt (§§ 14, 65 AO; vgl. auch Rz. 59 ff.; zum Zweckbetrieb Rz. 985 ff.).

990 Steuerpflichtige **wirtschaftliche Geschäftsbetriebe** sind z. B. (s. im Übrigen Schleder, Rz. 677 ff.; zur Ausgliederung wirtschaftlicher Geschäftsbetriebe s. Wewel/Tönnes, DStR 1998 S. 274):

► **sportliche Veranstaltungen**, die nicht als Zweckbetrieb zu behandeln sind (vgl. dazu Rz. 999 ff.),

► Verkauf von Speisen und Getränken,

► **gesellige Veranstaltungen**, für die Eintrittsgeld erhoben wird,

► (stundenweise) Vermietung von Sportanlagen und Sportgeräten an Nichtmitglieder (vgl. dazu auch AEAO zu § 67a Nr. 12),

► **Vereinsgaststätten**, Clubhäuser, Kantinen usw.,

► **Werbung** in eigener Regie,

► **Verkauf von Sportartikeln**,

► Herausgabe einer **Vereinszeitschrift gegen Entgelt**,

► **Sammlung** und Verwertung von **Altmaterialien** zur Mittelbeschaffung (BFH, NJW 1992 S. 3319),

► Veranstaltung von **Basaren, Flohmärkten und Straßenfesten** (zu steuerlichen Behandlung von Festveranstaltungen s. die Info des BayLfSt auf

https:/www.finanzamt.bayern.de/informationen/steuerinfos/zielgruppen/
Verein/Merkballt_Festveranstaltungen-2016.pdf),

► **Totalisatorbetrieb** eines Pferderennvereins (zur Umsatzsteuer beim Pferde-
rennverein s. auch BMF, Schreiben v. 6.3.1995 – IV C 3 – S 7242 a – 4/95).

HINWEIS:

Im Zusammenhang mit Bannerwerbung auf einer Website ist auf ein ertragsteuerliches
Risiko hinzuweisen. Bringt der Verein nämlich auf seiner Website über das Logo eines
Sponsors hinaus einen Hinweis auf den Sponsor an, etwa als Link oder als Banner, liegt
darin eine Werbeleistung des Vereins, die zur Annahme eines steuerpflichtigen wirtschaftlichen Geschäftsbetriebes führt (vgl. auch FM Bayern, Erlass v. 11.2.2000 – 33 S
0183 – 12/14 – 59 239, DStR 2000 S. 594; Wengel, Der Sportverein im Steuerrecht, StuB
2001 S. 642, 648).

---

b) Besteuerungsgrenze

Die Gewinne aus steuerpflichtigen wirtschaftlichen Geschäftsbetrieben unterlie- 991
gen **grds. der Körperschafts- und der Gewerbesteuer** (s. Rz. 1006, 1009; wegen
der Einzelheiten Schleder, Rz. 682 ff.). Die Besteuerungsgrenze des § 64 Abs. 3
AO enthebt jedoch die meisten Vereine der Steuerpflicht. Denn seit dem
1.1.1990 braucht ein gemeinnütziger Verein keine (Körperschaft-)Steuer mehr
zu zahlen, wenn die Bruttoeinnahmen, also die Einnahmen einschließlich der
Umsatzsteuer, aller steuerpflichtigen wirtschaftlichen Geschäftsbetriebe einen
bestimmten Betrag im Jahr nicht übersteigen. Das sind nach den Änderungen
durch Gesetz zur weiteren Stärkung des bürgerschaftlichen Engagements v.
10.10.2007 (BGBl I S. 2332) **35.000 €.** Es ist eine Anhebung auf 45.000 € geplant.

Bei der **Prüfung**, ob die Besteuerungsgrenze überschritten ist, werden die Ein- 992
nahmen im ideellen Bereich, aus der steuerfreien Vermögensverwaltung und
die Einnahmen aus einem Zweckbetrieb, also z. B. aus sportlichen Veranstaltungen i. S. des § 67a Abs. 1 AO nicht berücksichtigt.

BEISPIEL: ► Der Verein hat folgende Einnahmen:

Mitgliedsbeiträge	5.000 €
Vermietung einer Turnhalle	13.500 €
Einnahmen eines Sportfests	10.000 €
selbst betriebene Vereinsgaststätte	7.500 €

insgesamt somit zwar 36.000 €, aber dennoch keine Steuerpflicht, da bei der Prüfung
der Besteuerungsgrenze die Mitgliedsbeiträge und die Einnahmen aus der Vermietung der Turnhalle (weil Vermögensverwaltung), sowie des Sportfests (weil Zweckbetrieb), unberücksichtigt bleiben.

Liegen die Einnahmen aus wirtschaftlichen Betätigungen über 35.000 €, unterliegen sie insgesamt der Körperschaftsteuer. Es wird also nicht nur der 35.000 € übersteigende Betrag versteuert. Im Übrigen bleibt jedoch die Steuerfreiheit des gemeinnützigen Vereins erhalten. Eine Anhebung der Grenze auf 45.000 € ist geplant.

c) Gewinnermittlung bei Überschreiten der Besteuerungsgrenze

993 Wird die Besteuerungsgrenze überschritten, sollte zweckmäßigerweise für jeden steuerpflichtigen wirtschaftlichen Geschäftsbetrieb eine Gewinnermittlung durchgeführt werden. Die zusammengefassten Ergebnisse werden dann der Berechnung der (Körperschaft-)Steuer zugrunde gelegt.

994 Für die Gewinnermittlung (wegen der Einzelheiten s. Schleder, Rz. 713, 770 ff.; wegen der Besonderheiten der Gewinnermittlung beim wirtschaftlichen Geschäftsbetrieb „Werbung" s. Schleder, Rz. 870 ff.; s. auch noch Kock/Wallenfels, ZStV 2016 S. 111) genügt allgemein die **Überschussermittlung**, bei der die Betriebseinnahmen und Betriebsausgaben des Einzelbetriebs oder der Veranstaltung gegenübergestellt werden. Inzwischen hat der BFH zum **Betriebsausgabenabzug** bei gemischten Aufwendungen Stellung genommen. Danach können vorrangig durch den ideellen (außersteuerlichen) Bereich eines Sportvereins, wie z.B. den Spielbetrieb) veranlasste Aufwendungen, die durch einen Gewerbebetrieb, wie z.B. die Werbung, mitveranlasst sind, anteilig dem gewerblichen Bereich zuzuordnen sein (BFHE 248 S. 535 = DB 2015 S. 1019 = BFH/NV 2015 S. 900). Die gewerbliche Mitveranlassung kann aber nur berücksichtigt werden, wenn objektivierbare zeitliche oder quantitative Kriterien für die Abgrenzung der Veranlassungszusammenhänge vorhanden sind. Sind die ideellen und gewerblichen Beweggründe untrennbar ineinander verwoben, ist nur der primäre Veranlassungszusammenhang zu berücksichtigen (BFH, a. a. O.). **Bilanzen** mit Gewinn- und Verlustrechnungen sind nur erforderlich, wenn nach dem zusammengefassten Ergebnis aller steuerpflichtigen wirtschaftlichen Geschäftsbetriebe der Gesamtgewinn 30.000 € oder der Umsatz 350.000 € übersteigt und das Finanzamt den Verein zur Bilanzierung aufgefordert hat.

995 **Betriebseinnahmen** sind **alle Einnahmen**, die im Rahmen des wirtschaftlichen Geschäftsbetriebs anfallen, wie Eintrittsgelder oder Einnahmen aus dem Verkauf von Speisen und Getränken. Betriebsausgaben sind alle Aufwendungen, die durch den wirtschaftlichen Geschäftsbetrieb veranlasst sind, z. B. Ausgaben für Personal, Waren, Telefon, Porto usw. Fiktive Kosten für unentgeltliche Mitarbeit von Vereinsmitgliedern sind keine Betriebsausgabe. Es ist jedoch eine angemessene Bezahlung von Vereinsmitgliedern zulässig, auch wenn das Mitglied dem Verein die erhaltene Vergütung anschließend zurückspendet.

Eine **Erleichterung** gilt für die Besteuerung von **Werbeeinnahmen anlässlich sportlicher Veranstaltungen**, die Zweckbetriebe sind. Hier wird zugelassen, dass nach § 64 Abs. 6 AO ein Teil der Veranstaltungskosten von den Werbeeinnahmen abgezogen wird. Die abziehbaren Veranstaltungskosten können pauschal mit 25% der Werbeeinnahmen angesetzt werden (s. Schleder, Rz. 713). Das gilt aber nicht für nicht steuerbegünstigte Vereine (BFHE 248 S. 535 = DB 2015 S. 1019 = BFH/NV 2015 S. 900; zur Gewinnpauschalierung bei Werbeeinnahmen jetzt auch FG Münster, Urteil v. 22.3.2017 – 9 K 518/14 K, VB 6/2017 S. 6 – Az. der Revision – I R 27/17). 996

Eine weitere Erleichterung besteht für **Altmaterialsammlungen**. Die Überschüsse aus Altmaterialsammlungen (Lumpen, Altpapier, Schrott) außerhalb einer ständig dafür vorgesehenen Verkaufsstelle können in Höhe des branchenüblichen Gewinns geschätzt werden. Er ist mit 5% für Altpapier und 20% für sonstiges Altmaterial anzusetzen (s. im Übrigen Schleder, Rz. 696 ff. und FG Thüringen, EFG 2015 S. 874 [Schätzung des Gewinns aus der Sammlung und Verwertung von Zahnaltgold]). Einnahmen und Ausgaben sind gemäß AEAO zu § 64 Nr. 34, gesondert aufzuzeichnen, da nur so sichergestellt ist, dass die Höhe der Einnahmen nachvollziehbar ausgewiesen und sichergestellt ist, dass eine Versteuerung bei Überschreiten der Grenze gemäß § 64 Abs. 3 AO stattfindet (FG Thüringen, a. a. O.; zu weiteren Einzelheiten VB 9/2015 S. 7 ff.). 997

d) Verluste des steuerpflichtigen wirtschaftlichen Geschäftsbetriebs

Die steuerpflichtigen wirtschaftlichen Geschäftsbetriebe müssen **auf Dauer** gesehen zumindest **kostendeckend** arbeiten. Sie dürfen keine Dauerverluste erwirtschaften, denn für deren Ausgleich kämen dann nur noch solche Mittel in Betracht, die gesetzlich für die Verwendung zu satzungsmäßigen Zwecken vorgesehen sind. Damit würde gegen den Grundsatz der Selbstlosigkeit verstoßen, was den Verlust der Anerkennung der Gemeinnützigkeit zur Folge hätte. Ein gelegentlicher Ausgleich eines Verlusts aus gebundenen Mitteln lässt aber die Gemeinnützigkeit unberührt (s. auch Rz. 954). 998

HINWEIS:

Allerdings sollten die Vereine bei Verlusten des steuerpflichtigen wirtschaftlichen Geschäftsbetriebs Vorsicht walten lassen. Der BFH hat in seinem Urteil v. 1.7.2009 (BFH/NV 2009 S. 1837) die Gemeinnützigkeitsschädlichkeit von Verlusten u.a. damit begründet, dass der Verein die verlustbringende Tätigkeit (Gastwirtschaft eines Schützenvereins) fortgesetzt hatte, obwohl abzusehen war, dass nicht mehr mit Gewinnen zu rechnen war. Jedenfalls ab dem Zeitpunkt, als absehbar war, dass zeitnah keine Überschüsse mehr erzielt werden würden, hätte nach Auffassung des BFH der Betrieb eingestellt werden müssen.

e) Sonderregelungen für sportliche Veranstaltungen

999 Bis zum 1.1.1990 galt für sportliche Veranstaltungen in § 67a AO eine komplizierte Sonderregelung. Diese ist durch die mit dem VereinsförderungsG eingeführte **Zweckbetriebsgrenze** des § 67a Abs. 1 AO vereinfacht worden.

1000 Eine **sportliche Veranstaltung** ist die organisatorische Maßnahme eines Sportvereins, die es aktiven Sportlern, nicht nur Mitgliedern des Vereins, ermöglicht, Sport zu treiben (BFH, DStR 1997 S. 107; BFHE 248 S. 535 = DB 2015 S. 1019 = BFH/NV 2015 S. 900 [Ligabetrieb eines Dachverbands keine sportliche Veranstaltung]; zum Begriff der sportlichen Veranstaltung auch BFH, BStBl 1994 II S. 886 [Schauauftritt eines Formationstanzclubs bei einer anderen Veranstaltung als sportliche Veranstaltung/Zweckbetrieb] und dazu BMF, Schreiben v. 10.7.1995 – IV B 7 – S 0184 – 10/95, sowie BFH, BStBl 1998 II S. 154; vgl. auch BFHE 217 S. 314 = SpuRt 2008 S. 171 [das Zurverfügungstellen von vereinseigenen Flugzeugen durch den Verein zur Nutzung durch die Mitglieder ist keine sportliche Veranstaltung] und ähnlich BFHE 219 S. 287 = NJW 2008 S. 1471 = SpuRt 2008 S. 168 für das Zurverfügungstellen einer Golfanlage für die Mitglieder eines Golfclubs sowie HFR 2012 S. 784 für die Nutzungsüberlassung von Sportgegenständen; FG München, Urteil v. 29.1.2015 – 14 K 1553/12 [Schießübungen an einem Schießstand]).

1001 Es gelten folgende **Grundzüge: Übersteigen** die Einnahmen eines Sportvereins aus seinen sportlichen Veranstaltungen einschließlich Umsatzsteuer insgesamt **nicht** (ab 1.1.2013) **45.000 €** im Jahr, werden alle sportlichen Veranstaltungen als **steuerfreier Zweckbetrieb** behandelt. Wird die Grenze überschritten, gelten alle Veranstaltungen als steuerpflichtiger wirtschaftlicher Geschäftsbetrieb (zur Sonderstellung der Sportvereine im Steuerrecht eingehend Madl, BB 1997 S. 1126 ff.; Schauhoff/Fischer, Der Sportverein im Steuerrecht, Non Profit Law Yearbook 2002 S. 199; Schleder, Rz. 623 ff.; s. auch noch Brete/Thomsen, SpuRt 2008 S. 11).

1002 Zu den **Einnahmen** aus Sportveranstaltungen gehören neben den Eintrittsgeldern auch Startgelder, Meldegebühren, Unkostenbeiträge, Einnahmen aus dem Verkauf von Programmheften, Festschriften sowie **auch Ablösesummen** für die Freigabe von Sportlern (zu Letzterem s. Schleder, Rz. 625). **Nicht** dazu gehören die Einnahmen aus **Werbung** oder dem Verkauf von Speisen und Getränken oder die Einnahmen aus Vermietung von Sportstätten. Sportveranstaltungen sind auch Sportunterricht (Sportkurse und -lehrgänge) für Mitglieder und Nichtmitglieder, ferner Trimmveranstaltungen oder Volkswettbewerbe. Es ist für die Zweckbetriebsgrenze unerheblich, wenn neben unbezahlten auch bezahlte Sportler bei den Veranstaltungen eingesetzt werden.

In **Einzelfällen** kann die Anwendung der Zweckbetriebsgrenze für einen Sport-   1003
verein auch **ungünstig** sein:

▶ Das ist einmal der Fall, wenn **gleichzeitig** die Einnahmen aus sportlichen
Veranstaltungen die Zweckbetriebsgrenze übersteigen, der Verein keine bezahlten Sportler (s. Rz. 1005) einsetzt, bei den sportlichen Veranstaltungen
Überschüsse erwirtschaftet werden und Verluste aus anderen steuerpflichtigen wirtschaftlichen Geschäftsbetrieben, mit denen die Überschüsse verrechnet werden können, nicht vorhanden sind. In diesem Fall unterliegen
die Überschüsse der **Besteuerung**.

▶ Das ist außerdem der Fall, wenn bei den sportlichen Veranstaltungen Verluste erwirtschaftet werden, die auf Dauer nicht mit Überschüssen aus anderen wirtschaftlichen Geschäftsbetrieben abgedeckt werden können. Hier
wäre die Gemeinnützigkeit **gefährdet**, da die steuerpflichtigen wirtschaftlichen Geschäftsbetriebe keine Dauerverluste erwirtschaften und gebundene
Mittel zur Verlustabdeckung nicht verwendet werden dürfen (vgl. BFH/
NV 2009 S. 1837 für die Gaststätte eines Schützenvereins).

Um diese Nachteile zu vermeiden, können Sportvereine jeweils für fünf Jahre   1004
auf die Zweckbetriebsgrenze verzichten und die gesetzliche Regelung des
§ 67a Abs. 3 AO wählen. Wird von diesem **Wahlrecht** Gebrauch gemacht, sind
sportliche Veranstaltungen eines Sportvereins ein Zweckbetrieb, wenn kein
bezahlter Sportler teilnimmt und der Verein keine vereinsfremden Sportler
selbst oder in Zusammenwirken mit einem Dritten für die Teilnahme an der
Veranstaltung bezahlt.

> HINWEIS:
> An die Erklärung ist der Verein dann aber für fünf Jahre gebunden.

Bezahlte Sportler sind Sportler des Vereins, die für ihre sportliche Betätigung   1005
oder als Werbeträger vom Verein oder von Dritten Vergütungen oder andere
Vorteile erhalten, die über eine Aufwandsentschädigung hinausgehen. Nach
AEAO zu § 67a Nr. 32 sind Zuwendungen der Sportvereine an ihre aktiven
Sportler **bis zu 400 €** je Monat im Jahresdurchschnitt, höhere Beträge nur bei
Einzelnachweis der gesamten Aufwendungen des Sportlers, als **unschädliche
Aufwandsentschädigung** anzusehen. Nicht angerechnet werden Zuwendun-
gen der Stiftung Deutsche Sporthilfe, Frankfurt, und der Sporthilfe Berlin.

> HINWEIS:
> Diese Regelung gilt nur für eigene Sportler des Vereins, nicht aber für Zahlungen an
> vereinsfremde Sportler. Jede Zahlung an einen vereinsfremden Sportler, die über eine
> Erstattung des tatsächlichen Aufwands hinausgeht, führt zum Verlust der Zweck-

betriebseigenschaft der Veranstaltung (vgl. dazu auch AEAO zu § 67a Nr. 26, und § 67a Abs. 3 Nr. 2 AO).

Schwarzgeldzahlungen können zum Verlust der Gemeinnützigkeit führen (BFH, Urteil v. 27.9.2001 – V R 17/99). Ein Sportler des Vereins gilt auch dann als bezahlt, wenn er von einem Dritten, z. B. von einem „Sponsor", für die Ausübung des Sports oder für Werbeleistungen Vergütungen erhält.

1006 Wird auf die Anwendung der Zweckbetriebsgrenze **verzichtet**, sind sportliche Veranstaltungen, bei denen **bezahlte** Sportler **mitwirken, stets** steuerpflichtige **wirtschaftliche Geschäftsbetriebe**. Diese schließen die Gemeinnützigkeit nicht aus, wenn die Vergütungen oder anderen Vorteile für die Sportler ausschließlich aus wirtschaftlichen Geschäftsbetrieben, die nicht Zweckbetriebe sind, oder von Dritten geleistet werden (§ 58 Nr. 9 AO).

HINWEIS:

Gerade bei sportlichen Veranstaltungen sollten sich die Verantwortlichen des Vereins im Hinblick auf die steuerlichen Fragen mit dem AEAO zu § 67a befassen, da in diesem die Regelung des § 67a AO ausführlich erläutert wird.

IV. Einzelne Steuerarten

1. Körperschaftsteuer

Grds. sind gemeinnützige, mildtätige und kirchliche Vereine von der Körperschaftsteuer **befreit**. Überschreiten jedoch die Einnahmen aus allen steuerpflichtigen wirtschaftlichen Geschäftsbetrieben die Besteuerungsgrenze, unterliegt der zusammengefasste Gewinn gemäß § 5 Abs. 1 Nr. 9 KStG der Körperschaftsteuer. Die Frage nach der Körperschaftsteuer ist für Vereine von besonderer Bedeutung. Die damit zusammenhängenden Fragen können hier aus Platzgründen nicht dargestellt werden. Insoweit ist auf die eingehende Darstellung bei Schleder, Rz. 761 ff. zu verweisen (vgl. zur (Körperschafts)Steuererklärung VB 7/2015 S. 4). Hingewiesen werden soll hier nur auf die Einnahmen, welche ein gemeinnütziger Verein ohne Belastung mit Körperschafts- und Gewerbesteuer (vgl. dazu Rz. 1009) haben kann. Das sind: 1007

► **Mitgliedsbeiträge,**

► **Spenden,**

► **Zuschüsse** aus öffentlichen Mitteln, aus Toto- und Lottogeldern,

► **Schenkungen,** Erbschaften, Vermächtnisse,

► **Erträge** der Vermögensverwaltung (s. dazu Rz. 984),

► **Erträge** aus dem Verkauf von Grundstücken, Einrichtungsgegenständen usw., soweit die Gegenstände nicht zu einem steuerpflichtigen Betrieb gehören,

► **Erträge** aus Zweckbetrieben (vgl. dazu Rz. 985),

► **Erträge** aus steuerpflichtigen wirtschaftlichen Geschäftsbetrieben gemeinnütziger Körperschaften, wenn die Bruttoeinnahmen daraus die Besteuerungsgrenze von insgesamt 35.000 €/Jahr nicht übersteigen oder wenn das Einkommen den Freibetrag von 5.000 € nicht übersteigt.

Vom steuerpflichtigen Einkommen wird bei der Berechnung der Körperschaftsteuer ein Freibetrag von 5.000 € abgezogen. Der Freibetrag wird unabhängig von der Höhe des Einkommens stets gewährt. Der **Körperschaftsteuersatz** beträgt ab 1.1.2008 noch 15%. Ab 1.1.1995 haben körperschaftsteuerpflichtige Vereine auch den sog. **Solidaritätszuschlag** in der jeweils gültigen Höhe von der festgesetzten Körperschaftsteuer zu zahlen.   1008

2. Gewerbesteuer

Gewerbesteuer fällt nur in den Bereichen an, die auch der Körperschaftsteuer unterliegen. Für gemeinnützige Vereine bedeutet das, dass die Einnahmen im   1009 ideellen Bereich, aus der Vermögensverwaltung und aus Zweckbetrieben (gewerbe-)**steuerfrei** bleiben. Der steuerpflichtige **wirtschaftliche Geschäftsbetrieb** ist hingegen auch gewerbesteuerpflichtig (wegen der Einzelheiten zur Gewerbesteuer s. Schleder, Rz. 981 ff.).

1010   Bei der Gewerbesteuer gilt auch die **Besteuerungsgrenze**, d. h. ein Verein braucht keine Gewerbesteuer zu zahlen, wenn die Einnahmen aller steuerpflichtigen wirtschaftlichen Geschäftsbetriebe einschließlich Umsatzsteuer insgesamt 35.000 € im Jahr – nicht übersteigen. Überschreiten die Einnahmen die Besteuerungsgrenze, unterliegt der Verein mit seinen wirtschaftlichen Geschäftsbetrieben der Gewerbesteuer (§ 2 Abs. 3 GewStG).

1011   Der **Gewerbeertrag** bleibt **bis zu 5.000 € steuerfrei.** Nur für den darüber hinausgehenden Gewerbeertrag wird der Steuermessbetrag nach dem Gewerbeertrag mit 3,5% ermittelt.

1012   Die Gewerbesteuer wird von der Gemeinde nach ihrem jeweiligen Gewerbesteuerhebesatz auf der Grundlage des vom Finanzamts einheitlich festgestellten **Gewerbesteuermessbetrags** errechnet. Ab 1.1.2008 gilt eine einheitliche Steuermesszahl von 3,5% (§ 11 Abs. 2 GewStG).

3. Umsatzsteuer

a) Unternehmereigenschaft des Vereins

1013   Vereine sind insoweit Unternehmer i. S. des UStG, als ihre Tätigkeit darauf gerichtet ist, **nachhaltig** zur **Erzielung** von **Einnahmen** entgeltliche Lieferungen oder sonstige Leistungen auszuführen (zur Unternehmereigenschaft von eingetragenen Vereinen Schleder, Rz. 1027 ff.; Steinbrücker/Bundschuh, DStR 1999 S. 1296). Nachhaltigkeit besteht z. B. schon dann, wenn ein Musikverein jährlich ein Musikfest veranstaltet und dabei Eintrittsgeld erhebt (wegen der Einzelheiten zur Umsatzsteuer s. Schleder, Rz. 1016 ff.). Unternehmerische Tätigkeit ist aber nicht die Wahrnehmung der Interessen der Mitglieder (BFH, DStR 2015 S. 425 = BFH/NV 2015 S. 364)

1014   Es wird zwischen dem **unternehmerischen** und dem **nichtunternehmerischen** Bereich **unterschieden** (vgl. auch Schleder, Rz. 1027 f.), und zwar wie folgt:

▶ Einnahmen im **ideellen Tätigkeitsbereich** gemeinnütziger Vereine ohne Entgeltcharakter, wie z. B. echte **Mitgliedsbeiträge**, Spenden, öffentliche **Zuschüsse** und Schenkungen, gehören zum nichtunternehmerischen Bereich und sind deshalb **nicht umsatzsteuerpflichtig** (zu den Einzelheiten der steuerlichen Behandlung von Mitgliedsbeiträgen s. Abschnitt 1.4

UStAE; zu Zuschüssen s. aber auch BFH, BB 2015 S. 2147 = BFH/NV 2015 S. 1535 [Zuschüsse für Leistungen der Arbeitsförderung als unechte Zuschüsse]). Hierzu zählen auch sog. Hilfsgeschäfte, die der Betrieb des nichtunternehmerischen Vereinsbereichs mit sich bringt, wie z. B. der Verkauf eines gebrauchten Kfz oder von Einrichtungsgegenständen des Vereinsheims. Etwas anderes gilt für sog. **unechte Mitgliedsbeiträge.** Davon spricht man, wenn der Verein gegenüber den Mitgliedern Leistungen, die den Sonderbelangen der einzelnen Mitglieder dienen, erbringt und dafür Beiträge entsprechend der tatsächlichen oder vermuteten Inanspruchnahme enthält; dann liegt ein Leistungsaustausch vor und der Verein ist ggf. insoweit Unternehmer (BFH/NV 1993 S. 204; BFHE 217 S. 314 = SpuRt 2008 S. 271; FG Berlin-Brandenburg, Urteil v. 10.5.2012 – 5 K 5347/09; FG Düsseldorf, EFG 2008 S. 167; vgl. auch BFHE 219 S. 287 = NJW 2008 S. 1471 = SpuRt 2008 S. 168; zur Mindestbemessungsgrundlage s. VB 3/2015 S. 6 ff. und § 10 Abs. 5 UStG). Aufnahmegebühren in einen Verein sind keiner steuerbaren Umsätze (BFH/NV 2013 S. 665; dazu Abs. 15a Abschnitt 1.1. UStAE). Das gilt auch dann, wenn ein Verein auf seine Mitgliedsbeiträge Umsatzsatzsteuer erhebt (BMF, Schreiben v. 12.12.2013 – IV D 3 – S 7015/13/10001).

► Bei der **Aufteilung** der **Mitgliedsbeiträge** in echte und unechte orientiert man sich i. d. R. am besten an der Verwaltungspraxis. Nach R 43 Abs. 1 und R 44 Abs. 1 der Körperschaftsteuer-Richtlinien ist bei Haus- und Grundeigentümervereinen, Mietervereinen und Obst- und Gartenbauvereinen eine Aufteilung von 20% zu 80% vorzunehmen. Entsprechend wird man bei sonstigen sog. Selbsthilfevereine, die ihren Mitgliedern auch wirtschaftliche Vorteile gewähren, vorgehen können (vgl. dazu auch FG München, Urteil v. 19.7.2010 – 7 K 462/08).

► Zum **unternehmerischen Bereich** gehören grds. alle Einnahmen aus wirtschaftlichem **Geschäftsbetrieb**, aus **Zweckbetrieb** und **Vermögensverwaltung.** Das sind also z. B. die Einnahmen aus einer selbst betriebenen Vereinsgaststätte, aus Sportveranstaltungen, dem Zeitschriften- oder Programmverkauf, der Werbung an der Bande oder am Trikot, der Ablösung von Sportlern und allen kulturellen und geselligen Veranstaltungen gegen Eintrittsgeld, sowie z. B. auch aus dem Verkauf von Angelkarten durch einen Angelsportverein oder aus der Veräußerung von Gegenständen, wenn sie für sich allein gesehen nachhaltig ist (BFH, BStBl II 1994 S. 57; zum tauschähnlichen Umsatz zwischen dem eine Zeitschrift herausgebenden Verein und dem von ihm beauftragten Verlag BFH/NV 2013 S. 326).

Diese nationale Rechtslage steht nach dem Urteil des EuGH v. 21.3.2002 (C-174/00, Kennemer Golf & Country Club, BFH/NV 2002 Beilage 3 S. 95) auf dem Prüfstand. In diesem Urteil hat der EuGH entschieden, dass die Jahresbeiträge eines Sportvereins Gegenleistung für eine Leistung des Vereins sind, wenn diese Leistungen von dem einzelnen Mitglied individuell in Anspruch genommen werden können. Das Bestehen eines Leistungsaustauschs soll nicht davon abhängen, ob die Mitglieder die Sportanlage tatsächlich nutzen. Die entsprechenden Leistungen können nach Auffassung des EuGH aber weitgehend von der Umsatzsteuer befreit werden. Soweit dies zulässig ist, ändert sich aufgrund des Urteils für die gemeinnützigen Vereine praktisch nichts. Ob keine Umsatzsteuer abfällt, weil Leistungen nicht steuerbar oder steuerfrei sind, ist nebensächlich. Problematisch ist aber, dass nicht alle Leistungen, die in Deutschland bisher als nicht steuerbar behandelt wurden, nach der MwSt-System-Richtlinie von der Umsatzsteuer befreit werden dürfen. Die Prüfung, wie das nationale Recht aufgrund des Urteils des EuGH geändert werden muss, ist noch nicht abgeschlossen (Schleder, Rz. 1041; vgl. zu dieser Problematik auch u.a. Alvermann, UStB 2003 S. 48; Prugger, DStR 2002 S. 238; Fischer, FR 2006 S. 1001).

Der BFH hat sich inzwischen der Auffassung des EuGH angeschlossen (vgl. BFHE 245 S. 397 = DStR 2014 S. 1539 = BFH/NV 2014 S. 1470; DB 2007 S. 2238; offen gelassen in BFHE 219 S. 287 = NJW 2008 S. 1471 = SpuRt 2008 S. 168; vgl. jetzt aber die Vorlage im BFH, Urteil v. 21.6.2018 – V R 20/17 im Hinblick auf EuGH, BFH/NV 2017 S. 558 und dazu VB 8/2018 S. 3). Die Finanzverwaltung setzt diese Rechtsprechung aber nicht um (vgl. Goetze, VB 10/2015 S. 8 ff.)

b) Steuerbefreiungen

aa) Allgemeines

1015 Bei Vereinen sind von den zahlreichen Befreiungsvorschriften insbesondere folgende Umsatzsteuerbefreiungen von **Bedeutung** (vgl. auch § 4 UStG):

► **Veräußerung von Grundstücken**, da diese unter das GrEStG fallen,

► ggf. **kulturelle Leistungen** (vgl. § 4 Nr. 20 UStG; dazu Koch, NWB 2014 S. 760; Goetze, VB 7/2014 S. 9 ff., VB 9/2014 S. 15 ff. m.w.N. und VB 8/2014 S. 12 ff. [Stichwort: amtliche Bescheinigung]),

► Umsätze aus **Lotterie-** und **Rennwetteinnahmen**, die unter das Rennwett- und LotterieG fallen,

► nach der Rechtsprechung des BFH nicht die entgeltliche **Personalüberlassung** (BFH, BFH/NV 2016 S. 792; a.A. FG Münster, EFG 2015 S. 161; s. auch VB 1/2015, 16 f.),

► nach **§ 4 Nr. 23 UStG** die Gewährung von Beherbergung, Beköstigung und der üblichen Naturalleistungen durch Einrichtungen, wenn sie überwiegend Jugendliche für Erziehungs-, Ausbildungs- oder Fortbildungszwecke oder für

Zwecke der Säuglingspflege bei sich aufnehmen, wie z.B. **Kindergärten**, **Schullandheime** usw., soweit die Leistungen an die Jugendlichen oder an die bei ihrer Erziehung, Ausbildung, Fortbildung oder Pflege tätigen Personen ausgeführt werden (vgl. dazu BMF, Schreiben v. 26.1.2017 – III C 3 – S 7181/13/10001; VB 3/2017 S. 1 und OFD Frankfurt/Main, Schreiben v. 14.1.2014 – S 7181 A – 4 – St 16).

► **Vermietung und Verpachtung** von Grundstücken/Sportanlagen, Gebäuden und Räumen in Gebäuden (s. dazu *Schleder*, Rz. 1075 ff.; FG Bremen, Urteil v. 10.8.2016 – 2 K 4/15 [1] [Kegelbahnen]; zur umsatzsteuerlichen Behandlung der stundenweisen Überlassung von Sportanlagen auch Dziadkowski/ Robisch, DStR 1997 S. 771). Um eine Vermietung handelt es sich nicht, wenn Einzelpersonen die Benutzung z. B. eines Sportplatzes, einer Eissporthalle oder eines Schwimmbads im Rahmen des allgemeinen Sport- bzw. Badebetriebs gegen Eintrittsgeld gestattet wird. Dies sind umsatzsteuerpflichtige Leistungen aus Verträgen besonderer Art. Werden auch Betriebsvorrichtungen mietweise überlassen, ist der Umsatz nur insoweit steuerfrei, als er auf das Grundstück entfällt. Die auf die Betriebsvorrichtung entfallende Miete oder Pacht ist dagegen steuerpflichtig.

BEISPIEL: ► Wird die Vereinsgaststätte einschließlich der Einrichtung für einen monatlichen Pachtzins von 1.500 € an einen Gastwirt verpachtet, wovon 1.000 € auf die Gaststätte und 500 € auf die Einrichtung entfallen, so sind 500 € umsatzsteuerpflichtig.

► **Wohlfahrtsleistungen** von gemeinnützigen, mildtätigen oder kirchlichen Vereinen,

► Umsätze aus der Unterhaltung von **Theatern**, Orchestern, Chören, botanischen und zoologischen Gärten etc.,

► Gewährung von Beherbergung, Beköstigung und der üblichen Naturalleistungen durch Vereine, wenn sie überwiegend **Jugendliche** für Erziehungs-, Ausbildungs- oder Fortbildungszwecke bei sich **aufnehmen** (§ 4 Nr. 23 UStG; vgl. dazu BFHE 223 S. 381, wonach die Beherbergung und Verköstigung von Jugendlichen für ca. eine Woche in einem Urlaubsaufenthalt mit Freizeitangebot und Freizeitgestaltung den Ausnahmetatbestand nicht erfüllt),

► Vorträge, Kurse und andere Veranstaltungen **wissenschaftlicher** oder belehrender Art sowie andere **kulturelle und sportliche Veranstaltungen** (zum Begriff BFH/NV 2007 S. 2213; HFR 2012 S. 784 [nicht nur Nutzungsüberlassung von Sportgegenständen bzw. -anlagen; zu Tanzkursen s. BFH/NV 2006 S. 1599; s. auch FG Niedersachsen, StE 2008 S. 279 [Erteilung von Golf-Einzelunterricht durch einen Golfclub ist keine sportliche Veranstaltung i. S.

von § 4 Nr. 22b UStG]); eine Hallenvermietung ist keine „sportliche Veranstaltung" (BFH, HFR 2012 S. 784; vgl. dazu Koch, NWB 2014 S. 760; Goetze, VB 7/2014 S. 9 ff., VB 9/2014 S. 15 ff. m.w.N),

▶ **sportliche Veranstaltungen** (zum Begriff s. oben Rz. 947, 999), soweit das Entgelt in Teilnehmergebühren besteht (§ 4 Nr. 22b UStG; vgl. auch BFHE 245 S. 397 = DStR 2014 S. 1539 = BFH/NV 2014 S. 1470 und jetzt die Vorlage im BFH, Urteil v. 21.6.2018 – V R 20/17 im Hinblick auf EuGH, BFH/NV 2017 S. 558 und dazu VB 8/2018 S. 3), worunter aber nicht Gebühren für die Vermietung von Sportanlagen und Geräten fallen (vgl. BFHE 191 S. 434; HFR 2012 S. 784; s. auch FG München, Urteil v. 29.1.2015 – 14 K 1553/12 [Teilnahmegebühren für Schießübungen an einem Schießstand]). In dem Zusammenhang ist darauf hinzuweisen, dass nach neuerer Rechtsprechung die Überlassung von Sportgeräten und -anlagen aber nach EU-Recht (Art. 131 der Richtlinie 2006/112/EG) befreit sein kann (vgl. dazu BFHE 221 S. 451; FG Köln, EFG 2008 S. 892).

bb) Steuerbefreiung für Tätigkeitsvergütung?

1016 Gemäß § 4 Nr. 26 Buchst. b UStG ist die **ehrenamtliche Tätigkeit** von der **Umsatzsteuer befreit**, wenn das Entgelt für diese Tätigkeit nur in Auslagenersatz und einer angemessenen Entschädigung für Zeitversäumnis besteht. Diese wird aus Vereinfachungsgründen, z.B. an ehrenamtliche Vorstandsmitglieder – eine Satzungsgrundlage vorausgesetzt (s. Rz. 649 ff.) –, häufig als eine pauschale Tätigkeitsvergütung bzw. Aufwandsentschädigung im Monat bezahlt. Die Umsatzsteuerfreiheit ist für Vereine insoweit von besonderer Bedeutung, als sie regelmäßig nicht vorsteuerabzugsberechtigt sind (Engelsing/Lüke, Praxishandbuch der Berufs- und Wirtschaftsverbände, 2008, S. 137). Demzufolge wäre für sie die in Rechnung zu stellende Umsatzsteuer ein zusätzlicher Kostenfaktor.

1017 Zur potenziellen Umsatzsteuerpflicht von Tätigkeitsvergütung in Vereinen hat inzwischen die **Finanzverwaltung** Stellung genommen, und zwar in Abschnitt 4.26.1 Abs. 4 Satz 2 ff. sowie in folgenden BMF-Schreiben, nämlich zunächst im Schreiben v. 2.1.2012 – IV D 3 – S 7185/09/10001, das dann durch das BMF, Schreiben v. 27.3.2013 – IV D 3 – S 7185/09/10001-04 konkretisiert worden ist, sowie zuletzt im Schreiben v. 29.8.2014 – IV D 3 – S – 7185/09/ 10001 – 04, VB 11/2014 S. 5 (zur Problematik auch Engelsing/Schmidt, NWB 2012 S. 643 ff.). Danach gilt:

▶ Das Ehrenamt darf **nicht hauptberuflich** ausgeübt werden. Die Tätigkeit wird nicht dadurch ehrenamtlich, wenn sie neben einem Hauptberuf ausgeübt wird.

► Von der Umsatzsteuer bleibt gemäß § 4 Nr. 26 Buchst. b UStG die Vergütung für eine ehrenamtliche Tätigkeit **befreit**, wenn nur eine **angemessene Entschädigung** für Zeitversäumnis gezahlt wird (zum Begriff „Ehrenamt" s. Abschnitt 4.26.1 Abs. 1 UStAE und BFH, DB 2008 S. 2117 = BFH/NV 2008 S. 1777; VB 5/2013 S. 5).

► Die **Angemessenheit** beurteilt sich nach den Verhältnissen des Einzelfalls. Als angemessen und damit von der Finanzverwaltung nicht beanstandet werden i. d. R. Entschädigungen, die folgende Voraussetzungen erfüllen (vgl. aber BMF, Schreiben v. 29.8.2014 – IV D 3 – S – 7185/09/10001 – 04, VB 11/2014 S. 5):

– Es werden nicht mehr als 50 €/Stunde vergütet.

– Die Vergütung für die ehrenamtlichen Tätigkeiten beträgt nicht mehr als 17.500 €/Jahr.

– Die Vergütung erfolgt nach tatsächlichem Zeitaufwand und nicht durch z. B. monatliche Pauschalen. Der tatsächliche Zeitaufwand muss nachvollziehbar dokumentiert werden.

► Eine Entschädigung durch eine **laufend gezahlte pauschale** bzw. **monatliche** oder jährlich laufend gezahlte pauschale Vergütung führt zur Nichtanwendung von § 4 Abs. 26 Buchst. b UStG. Sämtliche für diese Tätigkeit gezahlten Vergütungen – auch soweit sie daneben in Auslagenersatz oder einer Entschädigung für Zeitaufwand bestehen – unterliegen dann der Umsatzsteuer (Engelsing/Schmidt, NWB 2012 S. 643, 644).

► Die **Zahlung pauschaler Entschädigungen** soll aber dann unschädlich sein, wenn diese gemäß Vertrag, Satzung oder Beschluss eines laut Satzung hierzu befugten Vereinsorgans – unter Angabe einer konkreten Anzahl an Tätigkeitsstunden pro Woche/Monat/Jahr – geregelt sind und die vorstehenden Betragsgrenzen (50 €/Tätigkeitsstunde sowie 17.500 €/Jahr) nicht überschreiten. Wegen der Unsicherheit sollte eine pauschale Vergütung nach Möglichkeit vermieden werden.

► (Bloßer) **Auslagenersatz** bleibt **steuerfrei**. Eine Erstattung der tatsächlich entstandenen Kosten fließt nicht in die Berechnung der Betragsgrenzen ein. Den Begriff „Auslagenersatz" wird man entsprechend der Lohnsteuer-Richtlinien verstehen müssen. Er umfasst sämtliche i. S. der Richtlinien angefallene Kosten. Hierunter zählen sowohl der pauschale Kilometersatz für Kraftwagen i. H. von 0,30 €, als z. B. auch die in den Lohnsteuer-Richtlinien geregelten Pauschbeträge für Verpflegungsmehraufwendungen (BMF, Schreiben v. 27.3.2013 – IV D 3 – S 7185/09/10001-04).

Diese Vorgaben der Finanzverwaltung führen ggf. zu Handlungsbedarf bei den Vereinen, denn – soll die Umsatzsteuerbefreiung des § 4 Abs. 26 Buchst. b UStG greifen –

▶ müssen die ehrenamtlich Tätigen ihre Tätigkeit für den Verein zeitlich festhalten und dokumentieren,

▶ muss das zuständige Vereinsorgan – im Zweifel die Mitgliederversammlung (s. Rz. 649 ff.) – festlegen, was eine Zeitstunde „kostet".

1018   Den Umgang mit den Regelungen der Finanzverwaltung verdeutlichen folgende (entnommen Engelsing/Schmidt, NWB 2012 S. 644, 654) **Beispiele:**

BEISPIEL 1: ▶ Die Satzung des Vereins enthält folgende Regelung: Die Vorstandsmitglieder des Vereins erhalten eine Tätigkeitsvergütung von 5 € pro Stunde. Weitere ehrenamtliche Betätigungen gibt es nicht. Der Vergütungsanspruch ist auf 20 Stunden im Monat begrenzt. Die Vorstandsmitglieder erhalten gemäß ihrer Zeiterfassung 5 € pro Stunde und maximal 100 € im Monat umsatzsteuerfrei ausbezahlt.

Nach Engelsing/Schmidt (NWB 2012 S. 643, 644) ist diese Entschädigung nach § 4 Nr. 26 Buchst. b UStG von der Umsatzsteuer befreit.

BEISPIEL 2: ▶ Es wird eine monatliche Tätigkeitsvergütung/Aufwandsentschädigung i. H. von 500 € gewährt. Seitens der Vereinsführung wird dokumentiert, dass die 14-tägigen Sitzungen 10 Stunden/Monat betragen. Daneben führen die einzelnen Vorstandsmitglieder Listen über ihren weiteren Zeitaufwand. Diese betragen je nach Person zwischen 5 und 10 Stunden im Monat.

Die Entschädigung je Tätigkeitsstunde liegt somit zwischen 25 und 33 € und insgesamt bei 6.000 € im Jahr.

Nach Engelsing/Schmidt (NWB 2012 S. 643, 644) ist auch diese Entschädigung nach § 4 Nr. 26 Buchst. b UStG von der Umsatzsteuer befreit. Der tatsächliche Zeitaufwand wird nachvollziehbar dokumentiert; die Pauschalierung erfolgt aus Vereinfachungsgründen seitens des Vereins, ohne die quantitativen Vorgaben zu verletzen. Da dieses Ergebnis aber Abschnitt 4.26.1 Abs. 4 UStAE nicht eindeutig zu entnehmen ist, ist Vorsicht geboten.

BEISPIEL 3: ▶ Ein Vorstandsmitglied ist in mehreren Vereinen ehrenamtlich tätig. Er erhält von drei Vereinen jeweils eine Entschädigung für Zeitversäumnis von 5.500 €/Jahr entsprechend Abschnitt 4.26.1 Abs. 4 UStAE. Ein Verein erhöht seine Entschädigung auf 7.000 €.

Die Vorgaben der Finanzverwaltung werden nicht erfüllt; nach ihrer Auffassung sind alle drei Entschädigungszahlungen der Umsatzbesteuerung zu unterwerfen. Die Entschädigung erhöht sich je Verein um 1.045 € bzw. 1.330 € an zu zahlender Umsatzsteuer.

Der Verein muss bei seinen ehrenamtlich Tätigen nachfragen und ggf. entsprechend dokumentieren, ob sie für weitere Organisationen ehrenamtlich tätig sind. Die Gesamtvergütung für diese Tätigkeiten darf 17.500 € pro Person und Jahr nicht übersteigen.

c) Steuersätze

aa) Allgemeines

Umsätze von gemeinnützigen Vereinen unterliegen grds. dem **ermäßigten** 1019
Steuersatz von zurzeit **7%**, wenn die Umsätze im Rahmen eines Zweckbetriebs
oder der Vermögensverwaltung ausgeführt werden. Im Übrigen gilt der **normale Steuersatz** von zurzeit **19%**.

Grundlage für die **Steuerberechnung** ist das Entgelt ohne Umsatzsteuer, das 1020
der Verein für die vereinbarte Leistung erhält. Ist die Umsatzsteuer im Preis
enthalten und nicht offen ausgewiesen, so ist die Umsatzsteuer herauszurechnen. Die Umsatzsteuer beträgt 6,54% des Bruttoumsatzes, wenn der ermäßigte
Steuersatz von 7% anzuwenden ist und 15,97% des Bruttoumsatzes bei der
Anwendung des Steuersatzes von 19%.

> **BEISPIEL:** Ein gemeinnütziger Sportverein erzielt u.a. die folgenden Umsätze, bei denen die Umsatzsteuer nicht getrennt ausgewiesen wurde: Einnahmen aus dem Verkauf von Eintrittskarten zu sportlichen Veranstaltungen im Zweckbetrieb 750 € und Einnahmen aus dem Verkauf von Getränken in der Vereinsgaststätte 500 €. Die Umsatzsteuer beträgt: 6,54% von 750 € (ermäßigter Steuersatz von 7%) = 49,05 € und 15,97% von 500 € = 79,85 €.

bb) Insbesondere gastronomische Leistungen

Ein besonderes Augenmerk ist auf die Frage der Umsatzsteuer beim **Verkauf** 1021
von **Speisen** und **Getränken** zu richten. Dieser Bereich gehört zu den häufigsten nicht zweckbezogenen wirtschaftlichen Tätigkeiten in Vereinen (vgl. dazu
Rz. 985). In der Praxis stellt sich dann die Frage nach dem Umsatzsteuersatz
(vgl. dazu auch BMF, Schreiben v. 20.3.2013 – IV D 2 – S 7100/07/10050-06 mit
Hinweisen und der Erläuterung von Einzelfällen sowie Abschnitt 3.6 UStAE;
dazu eingehend auch Rondorf, NWB 2013 S. 2076 ff.). Insoweit gilt:

I. d. R. müssen **gastronomische Leistungen** dem steuerpflichtigen **wirtschaftlichen Geschäftsbetrieb** zugeordnet werden. Nur in Sonderfällen liegt ein 1022
Zweckbetrieb vor (z. B. bei Kinder- und Jugendhilfeeinrichtungen, Jugendherbergen, Bildungs- oder Wohlfahrteinrichtungen). Hier gilt dann der ermäßigte
Umsatzsteuersatz von 7%, wenn nicht eine Steuerbefreiung greift (vgl. dazu
Rz. 1015; zum Umsatzsteuersatz für Zweckbetriebe BFHE 255 S. 293 = BFH/
NV 2017 S. 139 [Umsatzsteuer für gemeinnützige Jugendherbergen] und dazu
Löding-Hasenkamp, ZStV 2016 S. 201; BFH/NV 2017 S. 63 [Pferdepensionen]).
Im Übrigen gilt beim Verkauf von Speisen als Lieferung von Lebensmitteln der
ermäßigte Umsatzsteuersatz von 7%, wenn kein Verzehr vor Ort erfolgt. Die
Abgabe von Speisen und Getränken zum Verzehr „an Ort und Stelle" ist hin-

gegen eine „sonstige Leistung", für die der Regelsteuersatz von 19% anfällt. Die Unterscheidung wird man wie folgt treffen können: Grds. liegt ein Verzehr an Ort und Stelle vor, wenn die Speisen und Getränke nach den Umständen der Abgabe dazu bestimmt sind, an einem Ort verzehrt zu werden, der mit dem Abgabeort in einem räumlichen Zusammenhang steht und besondere Vorrichtungen für den Verzehr an Ort und Stelle (vor allem Tische und Stühle) bereitgehalten werden. Diese „Verzehrumsätze" werden nämlich als eine Gesamtheit von einzelnen Leistungen betrachtet (Zubereiten, Servieren usw.) und nicht mehr als bloße „Lieferung". Zur Abgrenzung folgende

1023 **Faustregeln:**

▶ Bei einem **Imbissstand** unterliegen die Umsätze dem Regelsteuersatz, wenn er über eine Verkaufstheke und Ablagebretter verfügt, weil davon auszugehen ist, dass der Verkauf zum Verzehr an Ort und Stelle stattfindet.

▶ In **Fußballstadien/Sporthallen** geht die Finanzverwaltung von einer räumlichen Trennung aus, wenn nicht in Verbindung mit dem Verkauf der Speisen besondere Vorrichtung zum Verzehr an Ort und Stelle bereitgehalten werden – etwa in Form eigener Plätze in gastronomischen Bereich. Tribünenplätze gelten dabei nicht als „besondere Vorrichtungen" (BMF, Schreiben v. 29.3.2010 – IV S 2 – S 7100/07/10050). Für den Verkauf an einem Imbissstand zur Mitnahme der Speisen und Getränke auf den Platz gilt also der ermäßigte Steuersatz. Das gilt auch dann, wenn zwar Tische und Stühle vorhanden sie, sie aber nicht vom Betreiber des Imbissstands bereitgestellt wurden (BFH/NV 2011 S. 1927; s. auch EuGH, DStR 2011 S. 515).

▶ Das Gleiche gilt für **Programmkinos** und **Theater**: Speisen und Getränke werden hier nur dann zum Verzehr an Ort und Stelle abgegeben, wenn besondere Verzehrvorrichtungen vorhanden sind. Die Bestuhlung in Kinos, **Sporthallen** und **Stadien** ist nicht als Verzehreinrichtung anzusehen, wenn keine zusätzlichen Vorrichtungen vorhanden sind, die den bestimmungsgemäßen Verzehr der Speisen und Getränke an Ort und Stelle ermöglichen. Getränkehalter, die das bloße Abstellen eines Getränks ermöglichen, sind keine zusätzlichen Vorrichtungen in diesem Sinne.

d) Vorsteuer

1024 Von der berechneten Umsatzsteuer kann der Verein die ihm von anderen Unternehmern in Rechnung gestellte Umsatzsteuer (sog. **Vorsteuer) abziehen,** wenn diese Vorsteuer auf Lieferungen und Leistungen entfällt, die den unternehmerischen Bereich des Vereins betreffen (wegen der Einzelheiten s. Schleder, Rz. 1120 ff. mit Beispielen). Betrifft die Vorsteuer den nichtunternehmerischen Bereich, kann sie ggf. nicht abgezogen werden (so zur Begrenzung/Aufteilung des Vorsteuerabzugs bei geringer unternehmerischer Tätigkeit FG München, EFG 2013 S. 1532; zur Vorsteueraufteilung bei unternehmerischer Tätigkeit/Zuschuss BFH, DStR 2015 S. 425 = BFH/NV 2015 S. 364 und bei einem Vereinszeitschrift mit einem Werbeanteil FG Köln, EFG 2015 S. 863). Nach der Rechtsprechung einiger Finanzgerichte werden bei der Ermittlung der Bemessungsgrundlage Spenden und echte Zuschüsse noch berücksichtigt (vgl. FG Berlin-Brandenburg, Urteil v. 10.5.2012 – 5 K 5347/09 und FG Sachsen, Urteil v. 13.12.2012 – 6 K 1010/10).

BEISPIELE: ▶ Die **Anschaffung** von **Sportgeräten** und **Büromaterial** für allgemeine Vereinszwecke betrifft den nichtunternehmerischen Bereich, die darauf entfallende Vorsteuer kann nicht abgezogen werden. Werden hingegen für eine Vereinsgaststätte Getränke eingekauft, die den unternehmerischen Bereich betreffen, kann die Vorsteuer abgezogen werden (zum Vorsteuerabzug eines Profifußballvereins bei Rechnungen von Spielervermittlern BFHE 243 S. 41 = DB 2013 S. 2429 [nur, wenn der Verein und nicht etwa der betreffende Spieler Empfänger der in Rechnung gestellten Leistungen ist]; vgl. dazu Rondorf, NWB 2014 S. 102).

Der Tennisverein erstellt ein **Vereinsheft** mit einem Werbeanteil. Die Vorsteuern aus den Kosten zur Erstellung des Vereinshefts können nur anteilig zum Abzug gebracht werden, weil diese nicht ausschließlich mit den steuerpflichtigen Werbeumsätzen des Vereins in Zusammenhang stehen, sondern gleichermaßen Eingang in die dem ideellen Bereich des Vereins zuzuordnenden Artikel über das Vereinsleben gefunden haben (FG Köln, EFG 2015 S. 863). Geeigneter Schätzungsmaßstab für die Aufteilung des Vorsteuerabzugs aus der Herstellung des Vereinshefts kann die Seitenzahl des dem unternehmerischen Bereich zuzuordnenden und des dem nichtunternehmerischen Bereich zuzuordnenden Heftteils sein (FG Köln, a. a. O.).

Der Vorsteuerabzug entfällt außerdem, wenn der Verein unter die sog. **Kleinunternehmerregelung** fällt und von der Umsatzsteuererhebung freigestellt ist (s. Schleder, Rz. 1152 ff.). Das ist der Fall, wenn die steuerpflichtigen Einnahmen einschließlich des Eigenverbrauchs zuzüglich der darauf entfallenden Steuer aus der gesamten unternehmerischen Betätigung des Vereins im vorangegangenen Kalenderjahr **17.500 €** nicht überstiegen und im laufenden Kalenderjahr voraussichtlich **50.000 €** nicht übersteigen werden. 1025

Für **kleinere steuerbegünstigte Vereine** wird die Ermittlung der abziehbaren Vorsteuerbeträge darüber hinaus ggf. wesentlich vereinfacht. Steuerbegünstigte Vereine, deren umsatzsteuerpflichtiger Vorjahresumsatz (Netto-Einnahmen) 35.000 € nicht überschritten hat, können ihre abziehbaren Vorsteuern nach § 23a UstG statt im Einzelnachweis nach einem **Durchschnittssatz** berechnen. Der beträgt 7% der steuerpflichtigen Umsätze. Ein weiterer Vorsteuerabzug ist dann ausgeschlossen (wegen der Einzelheiten s. Schleder, Rz. 1122 ff.). 1026

e) Umsatzsteuererklärung

1027 Der Verein muss grds. seine steuerpflichtigen **Umsätze**, getrennt nach Steuersätzen, und die steuerfreien Umsätze sowie Vorsteuern aufzeichnen. Die Umsätze sind dem Finanzamt auf den amtlich vorgeschriebenen Vordrucken bei einer Steuerschuld im Vorjahr von über 7.500 € monatlich, sonst vierteljährlich anzumelden. Zugleich ist die **selbst errechnete Umsatzsteuer**-Schuld zu entrichten.

> HINWEIS:
>
> Bei einer Vorjahres-Steuerschuld bis zu 1.000 € entfällt regelmäßig – auf Antrag – die Pflicht zur Abgabe von Voranmeldungen (§ 18 Abs. 2 Satz 4 UStG). Unberührt bleibt die Pflicht zur Abgabe von Jahressteuererklärungen.

4. Grund- und Grunderwerbsteuer

a) Grundsteuer

1028 Die **Grundsteuer** ist eine Gemeindesteuer. Sie kann für alle Grundstücke, Grundstücksteile und Gebäude anfallen.

1029 Für gemeinnützige, mildtätige und kirchliche Vereine gelten allerdings **weitreichende Steuerbefreiungen**, wenn die Grundstücke steuerbegünstigten Zwecken einschließlich Zweckbetrieben dienen (wegen der Einzelheiten Schleder, Rz. 1350 ff.). Bei gemeinnützigen Sportvereinen sind nicht nur die Sportanlagen und Sportplätze einschließlich der Zuschauertribünen, sondern auch Unterrichts- und Ausbildungsräume, Übernachtungs-, Umkleide- oder Erfrischungsräume, Gerätedepots, Schutzhütten von Bergsteiger- oder Wandervereinen und Aufenthaltsräume befreit (Schleder, Rz. 1354 ff.).

1030 Grundstücke, die für steuerpflichtige **wirtschaftliche Geschäftsbetriebe** genutzt werden, sind **grundsteuerpflichtig**. Dies gilt auch für Sportveranstaltungen, die als steuerpflichtige wirtschaftliche Geschäftsbetriebe zu behandeln sind. Eine Ausnahme gilt, wenn es sich um Anlagen handelt, die überwiegend von Amateur- und Jugendmannschaften zu Trainingszwecken oder zu Amateursportveranstaltungen ohne Eintrittsgeld verwendet werden.

b) Grunderwerbsteuer

1031 Seit 1983 müssen auch Vereine für Grunderwerbe **Grunderwerbsteuer** entrichten. Sie wird auf Grundlage des GrEStG erhoben und ist eine Ländersteuer. Je nach Bundesland beträgt der Steuersatz zwischen 3,5% (vgl. z.B. Bayern und Sachsen) und 6,5% (Schleswig-Holstein, Nordrhein-Westfalen, Saarland, Brandenburg und Thüringen) der Bemessungsgrundlage. Die Grunderwerbsteuer beträgt 3,5%. Nach § 3 Nr. 2 GrEStG kann die Steuerpflicht bei einer Schenkung aber ggf. entfallen.

Der Übergang des Vermögens eines aufgelösten Vereins auf einen aus einer früheren Vereinsabteilung neu gegründeten Verein unterliegt gemäß § 1 Abs. 1 Nr. 1 GrEStG der Grunderwerbsteuer. Eine Ausnahme von der Besteuerung aufgrund einer Schenkung scheidet aus, wenn die Zuwendung nicht freigiebig, sondern aufgrund satzungsmäßiger Verpflichtung erfolgt (FG Düsseldorf, EFG 2012 S. 536).

5. Vermögensteuer

Ab dem 1.1.1997 wird Vermögensteuer **nicht mehr** erhoben.   1032

6. Erbschaft- und Schenkungsteuer

Erhält ein rechtsfähiger Verein Grundvermögen, Kapitalvermögen oder sons-   1033
tige Vermögensgegenstände durch Erbfall, Vermächtnis oder Schenkung, hat
er Erbschaft- oder Schenkungsteuer zu entrichten, falls die Zuwendung
20.000 € übersteigt (zur bejahten Erbfähigkeit des nichtrechtsfähigen Vereins
s. FG Münster, EFG 2007 S. 1037). Der Steuersatz ist progressiv gestaltet und
reicht in der Steuerklasse III, in die Vereine einzuordnen sind, von 30% bis
75.000 € auf bis zu 50% bei über 26.000.000 €.

Bestimmte Zuwendungen an **nicht gemeinnützige Vereine** sind von der Steuer-   1034
pflicht befreit. Das folgt aus § 16 Abs. 1 Nr. 5 ErbStG (Zuwendung bis zur Höhe
von 20.000 €) und aus § 18 ErbStG für Mitgliedsbeiträge bis zu 300 €. Die Grenzen beziehen sich auf alle innerhalb von zehn Jahren geleistete Zuwendungen.

Für **gemeinnützige Vereine** ist jeder Vermögenserwerb **steuerfrei**, es sei denn,   1035
der Verein würde innerhalb von zehn Jahren nach dem Empfang die Steuerbe-
günstigung verlieren und das Vermögen nicht für begünstigte Zwecke verwenden (§ 13 Abs. 1 Nr. 16b ErbStG). Nach Auffassung des FG Niedersachsen sind
Zuwendungen in den steuerpflichtigen Geschäftsbetrieb eines Vereins auch
dann schenkungssteuerpflichtig, wenn die Zuwendung dem Verein nicht unmittelbar zugutkommt, sondern der Sponsor damit Kosten trägt, die sonst der
Verein zu tragen hätte (FG Niedersachsen, EFG 2016 S. 1096 für Gehaltszah-
lungen an Fußballspieler durch Sponsoren aufgrund eines Scheinbeschäfti-
gungsverhältnissen; Revision eingelegt, BFH – II R 46/15).

7. Kraftfahrzeugsteuer

Auf den Verein kann ein Kraftfahrzeug zugelassen sein, so dass der Verein   1036
dann der Kraftfahrzeugsteuer unterliegt.

1037 Das Kraftfahrzeugsteuerrecht kennt **keine besonderen Befreiungsvorschriften** für Vereine. Auch ist das Halten von Fahrzeugen für gemeinnützige, mildtätige und kirchliche Vereine nicht allgemein von der Kraftfahrzeugsteuer befreit.

1038 Von den **allgemeinen Befreiungsvorschriften** dürften für die Vereine folgende Befreiungen von Bedeutung sein: das Halten von nicht dem Zulassungsverfahren unterliegenden Spezialanhängern zur Beförderung von Sportgeräten oder Tieren für Sportzwecke sowie das Halten von Fahrzeugen, solange sie ausschließlich bei Unglücksfällen, im Rettungsdienst oder zur Krankenbeförderung verwendet werden und die Fahrzeuge als für diese Zwecke bestimmt äußerlich erkennbar und nach ihrer Bauart und Einrichtung den bezeichneten Verwendungszwecken angepasst sind.

8. Lotteriesteuer

1039 Veranstaltet ein Verein Lotterien, kann Lotteriesteuer anfallen. Sie beträgt **16 2/3%** des Nennwerts der Lose (zu Einnahmen aus Lotterie s. auch VB 1/ 2014 S. 8 ff. und VB 8/2015 S. 14 f. sowie OFD Niedersachsen, Schreiben v. 26.2.2015 – 5 St 171).

1040 Eine Lotterie in Form einer **Tombola** ist **steuerfrei**, wenn der Gesamtpreis der Lose 650 € nicht übersteigt und keine Bargeldgewinne ausgeschüttet werden oder wenn eine Ausspielung, die von der zuständigen Behörde genehmigt ist, ausschließlich gemeinnützigen, mildtätigen oder kirchlichen Zwecken dient und der Gesamtpreis der Lose 40.000 € nicht übersteigt.

9. Vergnügungssteuer

1041 Die Vergnügungssteuer ist eine örtliche Steuer, die von den Gemeinden auf der Grundlage von Landesgesetzen erhoben wird. Besteuert werden grds. die in den Gemeinden veranstalteten Vergnügungen, die in den jeweiligen Vergnügungssteuergesetzen aufgeführt sind. Für die **meisten Veranstaltungen**, die bei gemeinnützigen Vereinen häufig vorkommen, gibt es jedoch aus Gründen der Kulturpflege, der Förderung des Sports und anderer im öffentlichen Interesse gelegener Erwägungen **Steuerbefreiungen** (zur Vergnügungssteuerpflicht bei Vereinen mit Räumen mit Spielhallenausstattung s. OVG Münster, NVwZ-RR 1999 S. 794).

HINWEIS:

Für welche Veranstaltungen Vergnügungssteuer anfällt, kann bei der zuständigen Gemeinde erfragt werden.

10. Lohnsteuer

a) Verein als Arbeitgeber

Beschäftigt ein Verein einen **hauptberuflichen Geschäftsführer** oder in seinen 1042 Einrichtungen, z. B. in seiner Vereinsgaststätte oder in seiner Geschäftsstelle, Arbeitskräfte gegen Entgelt, ist er Arbeitgeber und hat die **lohnsteuer- und sozialversicherungsrechtlichen Bestimmungen** zu beachten (vgl. dazu u.a. Plagemann/Plagemann/Hesse, NJW 2015 S. 439). Das ist für den Verein deshalb so wichtig, weil unter bestimmten Voraussetzungen das Finanzamt bzw. der Sozialversicherungsträger den Verein und die verantwortlichen Vorstandsmitglieder persönlich als Haftungsschuldner in Anspruch nehmen kann (vgl. Rz. 1071 f.; Valentin, EFG 2002 S. 1137 in der Anm. zu FG Münster, EFG 2002 S. 1134; Ehlers, NJW 2011 S. 2689 ff.). Auch gerät der Vorstand, der lohnsteuerrechtliche Bestimmungen nicht beachtet, schnell in den Verdacht der Steuerhinterziehung und läuft Gefahr, dass gegen ihn ein steuerstrafrechtliches Ermittlungsverfahren eingeleitet wird (vgl. dazu Flore/Burmann, PStR 1999 S. 208). Eine ehrenamtliche Tätigkeit begründet keine Sozialversicherungspflicht (BSG, npoR 2018 S. 35).

Der Verein als Arbeitgeber hat deshalb u.a. die **Pflicht**, den **Steuerabzug** vom 1043 Arbeitslohn vorzunehmen und die einbehaltene Lohn- und Kirchensteuer sowie den Solidaritätszuschlag an das Finanzamt abzuführen. Der Verein muss die Lohnsteuer nach Maßgabe der Besteuerungsmerkmale des Arbeitnehmers (Steuerklasse, Familienstand und Zahl der Kinderfreibeträge) berechnen. Der Verein muss außerdem die **Sozialversicherungsbeiträge** abführen.

b) Wer ist Arbeitnehmer?

aa) Selbständige/nichtselbständige Tätigkeit

Für die Beantwortung der Frage, wer Arbeitnehmer ist, kommt es wesentlich 1044 darauf an, ob die Tätigkeit gegenüber dem Verein selbständig oder **nicht selbständig** ausgeübt wird.

Ob eine selbständige Tätigkeit ausgeübt wird oder nicht, hängt in erster Linie 1045 von der Vertragsgestaltung und ihrer **praktischen Durchführung** ab. Das Finanzamt wird im Allgemeinen der Entscheidung der Beteiligten folgen. Haben die Beteiligten ihre Beziehungen zueinander jedoch nicht eindeutig geregelt, orientiert sich das Finanzamt an folgenden Merkmalen:

Eine **nicht selbständige Tätigkeit** kommt in Betracht, wenn der Beschäftigte dem 1046 Verein „seine Arbeitskraft schuldet". Das ist insbesondere der Fall, wenn der Verein hinsichtlich der Art und Weise der Ausführung der Tätigkeit weisungsbefugt ist, sich also z. B. der Vorstand eines Sportvereins gegenüber dem Trainer ein Mitspracherecht an Trainingsinhalten und -zeiten gesichert hat und/oder eine Vergütungsfortzahlung bei Ausfallzeiten vereinbart worden ist (vgl. zu allem LSG NRW, Urteil v. 28.6.2007 – L 16 (14) R 124/06; LSG Berlin-Brandenburg, Urteil v. 21.2.2014 – L 1 KR 460/12; LSG Baden-Württemberg, Urteil v. 30.7.2014 – L 5 R 4091/11 und Urteil v. 17.7.2015 – L 4 R 1570/12; SG Hamburg, Urteil v. 8.8.2017 – S 40 U 231/15, VB 5/2018 S. 1 [auch wenn von einem Dritten gezahlt wird]; zur Sportlern s. VB 9/2014 S. 11 ff. und 10/2014 S. 11 ff.). Von Bedeutung kann auch sein, wenn eine Tätigkeit übernommen wird, die einen Teil des Geschäftsbetriebs des Vereins ausmacht, was z. B. der Fall sein kann, wenn der Beschäftigte durchschnittlich mehr als sechs Wochenstunden für den Verein tätig ist. Schließlich ist auch darauf abzustellen, ob Sozialversicherungspflicht besteht, der Verein Urlaub gewährt oder die Vergütung während des Urlaubs oder bei Krankheit weiter bezahlt **(Entgeltfortzahlung)**. Schließlich kann es auch darauf ankommen, ob ein unternehmerisches Risiko übernommen wird und ggf. für die Nutzung von Anlagen des Vereins Aufwendungsersatz geleistet wird (vgl. SG Würzburg, Urteil v. 6.7.2010 – S 2 R 4087/10 für die Frage der Sozialversicherungspflicht einer Reitpädagogin). Auch die Höhe einer ggf. gezahlten Vergütung kann eine Rolle spielen. Tragen die Einnahmen wesentlich zum (Familien-)Einkommen bei, wird man von Arbeitnehmereigenschaft ausgehen können. Die Grenze dürfte etwa im Bereich der Minijobgrenze zu ziehen sein.

BEISPIELE FÜR ARBEITNEHMER:

▶ Nach der Rechtsprechung des BSG (NZA-RR 2002 S. 494 = NZA 2002 S. 82) i. d. R. **bezahlte Vorstandsmitglieder**, da grds. eine Bindung des Vorstands an Weisungen der Mitgliederversammlung besteht (vgl. Rz. 636), es sei denn, die Satzung stellt den Vorstand weitgehend von Weisungen der Mitgliederversammlung frei und der Vorstand ist auch sonst nicht durch feste Arbeitszeiten und die Benutzung von Räumen und Ausstattung des Vereins eingebunden (zum bezahlten Vorstand als Arbeitnehmer VB 9/2016 S. 9 ff.; zur Sozialversicherungspflicht Plagemann/Plagemann/Hesse, NJW 2015 S. 439 m. w. N. aus der Rechtsprechung des BSG; Wickert, NWB 2014 S. 1586), dabei sind für die rechtliche Einstufung als Selbständiger oder Beschäftigter die Bezeichnung als „Honorarvertrag" und der Hinweis, das Verhältnis sei selbständig, ebenso unerheblich wie ein geringer zeitlicher Umfang oder eine zeitliche Befristung der Tätigkeit oder eine Förderung durch eine Kommune (LSG Thüringen, Urteil v. 29.4.2014 – L 6 R 1224/12; s. auch noch LAG Hamm, Beschluss v. 5.3.2018 – 2 Ta 451/17, VB 6/2018 S. 2),

▶ Personen, die in einem festen Anstellungsverhältnis zum Verein stehen, z. B. Hausmeister, auch die dafür vorgehaltenen Ersatzkräfte (LSG Berlin-Brandenburg, Urteil v. 21.2.2014 – L 1 KR 460/12),

▶ Beschäftigte innerhalb eines vom Verein selbst unterhaltenen wirtschaftlichen Geschäftsbetriebs, z. B. Köche und Kellner in einer Vereinsgaststätte,

▶ Personen, die für die Verwirklichung des satzungsmäßigen Vereinszwecks haupt- und nebenberuflich verpflichtet werden, z. B. Trainer und Übungsleiter bei Sportvereinen (vgl. dazu LSG NRW, Urteil v. 28.6.2007 – L 16 (14) R 124/06; LSG Berlin-Brandenburg, Urteil v. 21.2.2014 – L 1 KR 460/12; LSG Baden-Württemberg, Urteil v. 30.7.2014 – L 5 R 4091/11),

▶ Personen, die als Sportler dem Sportverein ihre Arbeitskraft für eine Zeitdauer, die eine Reihe von sportlichen Veranstaltungen umfasst, gegen Entgelt zur Verfügung stellen, z. B. Teilnahme an Trainings- und Sportveranstaltungen (VB 9/2014 S. 11 ff. und 10/2014 S. 11 ff.; s. noch SG Leipzig, Urteil v. 7.7.2014 – S 23 U 20/11 [hohe „Aufwandsentschädigung" begründet Arbeitsverhältnis]).

Kein Arbeitsverhältnis liegt vor, wenn der Verein jemandem nur die tatsächlich entstandenen Kosten ersetzt, die dieser für den Verein aufgewendet hat (steuerfreier **Auslagenersatz** nach § 3 Nr. 50 EStG). Dies gilt insbesondere für die Erstattung von Reise-, Fahrtkosten und den Auslagenersatz für Telefongespräche (wegen der Einzelheiten s. Schleder, Rz. 1201 ff.; s. aber für hohe Aufwandsentschädigung SG Leipzig, Urteil v. 7.7.2014 – S 23 U 20/11). Das wird i. d. R. auch für Ehrenamtliche gelten. So hat das LAG Sachsen entschieden, dass bei ehrenamtlich Tätigen, auch bei einer dauerhaften Tätigkeit, regelmäßig kein Arbeitsverhältnis vorliegt (ZStV 2012 S. 109 für Mitarbeiter in der Telefonseelsorge, deren monatliche Aufwandsentschädigung 30 € betrug). 1047

Die obigen Ausführungen gelten **grds. auch** für **Sportler** (wegen der Einzelheiten s. Schleder, Rz. 1211 ff.; vgl. auch Brete/Thomsen, SpuRt 2008 S. 11, 15 f. und VB 2/2013 S. 3 ff. zu „steuerfreien" Leistungen für Amateursportler; VB 5/2018 S. 8 ff.; zur Sozialversicherungspflicht von Sportlern VB 9/2014 S. 11 ff. und 10/2014 S. 11 ff.; SG Hamburg, Urteil v. 8.8.2017 – S 40 U 231/15, VB 5/2018 S. 1). Die Angehörigen von Profimannschaften sind danach regelmäßig Arbeitnehmer ihrer Vereine, für andere Sportler kommt es auf die Umstände des Einzelfalls an. Eine weisungsgebundene Eingliederung i. S. eines Arbeitsverhältnisses ist bei einem Sportler, wie z.B. einem Fußballspieler gegeben, wenn sich dieser gegenüber dem Sportverein zur Erbringung (fußball)sportlicher Tätigkeiten nach Weisungen des Vereins verpflichtet, typischerweise gegen Zahlung eines Arbeitsentgelts (vgl. LSG Bremen, Urteil v. 12.11.2013 – L 4 KR 383/13 B ER). Bei kleineren und mittleren Vereinen werden die Voraussetzungen für die Annahme eines Arbeitsverhältnisses i. d. R. nicht vorliegen. Die Erstattung von Auslagen und Reisekosten begründet auch bei Sportlern kein Arbeitsverhältnis (VB 2/2013 S. 3 ff.; vgl. auch LSG Bremen, a. a. O. und SG Leipzig, Urteil v. 7.7.2014 – S 23 U 20/11 [hohe „Aufwandsentschädigung" begründet Arbeitsverhältnis]. Nach der Rechtsprechung des BFH (BB 1993 S. 719 = DB 1993 S. 1017) liegt bei Amateursportlern (Fußballspieler) nur dann ein Arbeitsverhältnis vor, wenn der Sportler im Zusammenhang mit sei- 1048 ner Betätigung Zahlungen erhält, die nicht nur ganz unwesentlich höher sind als die ihm entstandenen Aufwendungen (zur Besteuerung von Zahlungen und Aufwandsentschädigungen an Schiedsrichter s. OFD Frankfurt, Schreiben v. 24.2.2012 – S 2257 A-19-St 218).

1049   Eine **selbständige Tätigkeit** kommt in Betracht, wenn die aufgeführten Merkmale einer nicht selbständigen Tätigkeit (vgl. Rz. 1044) nicht vorliegen, insbesondere, wenn die Tätigkeit für den Verein in der Woche nicht mehr als sechs Stunden dauert.

> **BEISPIELE FÜR SELBSTÄNDIG TÄTIGE (S. AUCH RZ. 1054):** ►

- ► **Trainer** und Übungsleiter von Turn- und Sportvereinen (vgl. u.a. LSG Baden-Württemberg, Urteil v. 30.7.2014 – L 5 R 4091/11 und Urteil v. 17.7.2015 – L 4 R 1570/12);
- ► **Chorleiter** und Leiter von Kapellen bei Gesang- und Musikvereinen, wenn der Umfang ihrer Tätigkeit durchschnittlich sechs Stunden in der Woche nicht übersteigt;
- ► **Musiker**, die nur gelegentlich, z. B. anlässlich einer Vereinsveranstaltung, verpflichtet werden;
- ► **Pächter** von Vereinsgaststätten.

bb) Vereinsmitglieder

1050   **Vereinsmitglieder**, deren Tätigkeit bei besonderen Anlässen eine bloße **Gefälligkeit** oder eine gelegentliche Hilfeleistung darstellt, die als Ausfluss persönlicher Verbundenheit und nicht zu Erwerbszwecken erbracht wird, sind **nicht** als **Arbeitnehmer** anzusehen (vgl. auch oben Rz. 773 ff.). Das ist z. B. dann der Fall, wenn sich Vereinsmitglieder bei einer Vereinsfeier zu Arbeiten zur Verfügung stellen oder bei sportlichen Veranstaltungen als Helfer einspringen und dafür eine Vergütung erhalten, die über die tatsächlich entstandenen Kosten nicht hinausgeht (Auslagenersatz). Etwas anderes gilt, wenn die Vereinsmitglieder für ihre Tätigkeit entlohnt werden.

1051   In diesem Zusammenhang ist aber darauf hinzuweisen, dass die Mitglieder die ihnen zustehende Vergütung sogleich an den Verein zurückspenden können (wegen der Einzelheiten s. Schleder, Rz. 1422 ff.; zu sog. Aufwandsspenden s. auch Rz. 1080 ff.). Insoweit wird von den Finanzämtern nicht beanstandet, wenn die Mitglieder nur auf die Auszahlung des Lohns verzichten (s. dazu aber BFH, BB 1991 S. 470 = NJW 1991 S. 1256).

1052   Vereine müssen für **kostenlos geleistete Eigenarbeit** ihrer Mitglieder auch **keine Pflichtbeiträge** zur gesetzlichen **Unfallversicherung** entrichten. Das gilt auch bei Bauarbeiten des Vereins, die nicht gewerbsmäßig ausgeführt werden

(s. zu allem auch Ernst, SpuRt 1994 S. 230). Sie können diese aber freiwillig versichern und sollten das auch tun. Anderenfalls sind die Mitglieder nicht unfallversichert. Entscheidend ist, ob die erbrachte Tätigkeit außerhalb des Rahmens liegt, der durch Vereinssatzung, Beschluss des zuständigen Vereinsorgans oder allgemeine Vereinsübung bestimmt ist. Ist das nicht der Fall, besteht auch kein Versicherungsschutz (vgl. dazu und zur Abgrenzung BSG, Urteil v. 23.4.2015 – B 2 U 5/14 R [Vertragssportler mit über das Spielen hinausgehenden Verpflichtungen]; LSG Berlin-Brandenburg, Urteil v. 27.8.2015 – L 2 U 147/13; SG Fulda, Urteil v. 19.1.2010 – S 4 U 5/08 und SG Hamburg, Urteil v. 1.9.2012 – S 40 U 288/11, jeweils m. w. N. aus der Rechtsprechung des BSG).

BEISPIELE:

▶ Die Mitgliederversammlung eines Kleingartenvereins beschließt, dass jedes Mitglied beim Bau eines Vereinsheims ohne Bezahlung 50 Pflichtarbeitsstunden leisten oder ersatzweise für jede Stunde 15 € zahlen muss. Die Bauarbeiten werden hier allein aufgrund der Vereinsmitgliedschaft geleistet, so dass keine arbeitnehmerähnlichen Beschäftigungsverhältnisse entstehen, damit kein Unfallversicherungsschutz besteht und damit auch keine Beiträge zur Unfallversicherung zu zahlen sind (BSG, Urteil v. 24.1.1992 – 2 RU 3/91; ähnlich SG Fulda, a. a. O. für den [ehrenamtlichen] Helfer bei der Vorbereitung eines Vereinsfestes).

▶ Eine Umweltschutzaktivistin erleidet beim Aufhängen eines Banners erhebliche Verletzungen. Kein Versicherungsschutz, weil der Vereinszweck insbesondere vorsah, auf die globalen Umweltprobleme aufmerksam zu machen (SG Hamburg, a. a. O.).

Die **unentgeltliche Ausübung** eines **Ehrenamts**, z. B. als Vereinsvorsitzender, begründet ebenfalls **kein Arbeitsverhältnis** (s. auch BSG, npoR 2018 S. 35). Dies gilt auch dann, wenn dem ehrenamtlich Tätigen die tatsächlich entstandenen Kosten wie Telefongebühren, Reisekosten, Portokosten usw. ersetzt werden. Seit 2005 können sich die sog. gewählten Ehrenamtsträger – also Vorstandsmitglieder und andere satzungsmäßig bestellte Organ(-mitglieder) des gemeinnützigen Vereins – aber bei der Verwaltungs-Berufsgenossenschaft für einen geringen Betrag freiwillig in der **gesetzlichen Unfallversicherung** gegen die Folgen von Arbeits- sowie Wegeunfällen versichern. Diese Versicherungsmöglichkeit ist 2008 auf beauftragte Ehrenamtsträger ausgeweitet worden. Möglich ist eine Sammelanmeldung (vgl. § 6 SGB VII). 1053

HINWEIS:

Werden an Vorstandsmitglieder und andere Vereinsmitglieder pauschale Zahlungen geleistet, wird ggf. angenommen, dass nicht nur Aufwand ersetzt, sondern auch Arbeitsleistung vergütet wird (s. zum „Entgelt" für Vorstandsmitglieder auch Rz. 649 ff.; 1016 ff.). Es liegen dann Einnahmen vor, die zu versteuern sind, allerdings können Aufwendungen als Werbungskosten geltend gemacht werden. Von steuerpflichtigen Einkünften ist in Anlehnung an § 22 Nr. 3 EStG aber nur dann auszugehen, wenn der

Aufwendungsersatz und andere Vergütungen im Kalenderjahr die als Werbungskosten abziehbaren Aufwendungen um mehr als 256 € übersteigen.

Die entsprechenden Regelungen in der Satzung/Vereinbarung sollten deutlich zum Ausdruck bringen, dass es sich bei Zahlungen nur um Aufwendungsersatz und nicht um „pauschalen" Lohn handelt.

c) Sonderregelungen für Übungsleiter und vergleichbare Personen

1054   Für Übungsleiter und vergleichbare Personen gibt es eine **Sonderregelung**: Nebenberuflich tätige Übungsleiter werden **i. d. R. nicht als Arbeitnehmer** des Vereins angesehen, wenn sie im Jahresdurchschnitt nicht mehr als ein Drittel des Zeitumfangs einer vergleichbaren Haupttätigkeit, also **nicht mehr als 12 Stunden in der Woche** für den Verein tätig sind (wegen der Einzelheiten u.a. VB 11/2016 S. 3 ff; s. auch OFD Frankfurt/Main, Schreiben v. 25.11.2015 – S 2245 A – 2 – St 213 (14 Stunden]). Sie beziehen dann Einnahmen aus einer selbständigen Arbeit i. S. des § 18 Abs. 1 EStG, es sei denn, es ist ausdrücklich ein Arbeitsverhältnis vereinbart worden (s. aber BSG, SGb 2002 S. 208, wonach eine sonst keine Erwerbstätigkeit ausübende Sportlehrerin, die für einen Sportverein an einem Abend in der Woche drei Stunden als Übungsleiterin Gymnastikkurse durchführt, abhängig beschäftigt ist).

> **HINWEIS:**
>
> Es ist dem Verein zu empfehlen, in Verträgen mit Übungsleitern und vergleichbaren Personen, die wöchentliche Arbeitszeit genau festzulegen. Beläuft sie sich auf weniger als sechs Wochenstunden, sollte der Verein die Lehrkraft darauf hinweisen, dass sie Einnahmen aus selbständiger Arbeit bezieht, die sie auf jeden Fall gegenüber dem Finanzamt erklären muss. Damit ist dann die von den Lehrkräften gegenüber dem Finanzamt häufig erhobene „Nettolohneinrede" abgeschnitten, die sonst ggf. dazu führen kann, dass der Verein zusätzlich zu der vereinbarten Vergütung auch noch die Lohnsteuer zahlen muss (Schleder, S. 299).

1055   Die nebenberuflich **tätigen Übungsleiter**, wie z. B. Sporttrainer, Chorleiter und Dirigenten, Ausbilder, Erzieher, **Betreuer** oder Personen mit einer vergleichbaren nebenberuflichen Tätigkeit (wie die Lehr- und Vortragstätigkeit im Rahmen der allgemeinen Bildung und Ausbildung, z. B. Kurse an Volkshochschulen, Erste-Hilfe-Kurse) sowie die Personen, die nebenberuflich künstlerisch z. B. als Organist oder Orchestermusiker tätig sind oder nebenberuflich zur Pflege alter, kranker oder behinderter Menschen eingesetzt werden, können nach § 3 Nr. 26 EStG **Vergütungen** für die genannten Tätigkeiten **bis zur Höhe von 2.400 € im Kalenderjahr** (bis zum 31.12.2012 2.100 €) von der **Einkommensteuer/Lohnsteuer befreit** erhalten (zur „Aufstockung" durch die Ehrenamtspauschale s. Rz. 1059). Das Halten von Vorträgen zu speziellen Themen mit teilweiser rechtspolitischer Ausrichtung und das Halten von Vorträgen in der Weise einer Fortbildungsmaßnahme für Fachanwälte sind keine Tätigkeiten i. S. des § 3 Nr. 26 EstG (FG Köln, Urteil v. 19.10.2017 – 15 K 2006/16). Vortragtätigkeiten sind nicht „nebenberuflich" i. S. des § 3 Nr. 26 EStG oder § 3 Nr. 26a EStG, wenn erhebliche Berührungspunkte und Überschneidungen zu einer hauptberuflichen Tätigkeit als Hochschulprofessor bestehen und die Vortragsveranstaltungen auch Ausfluss der hauptberuflichen Fähigkeiten und Expertise des Steuerpflichtigen sind, oder wenn die Vortragtätigkeiten Teil einer weiteren hauptberuflichen selbständigen Tätigkeit sind und diese erhebliches wirtschaftliches und auch zeitliches Gewicht hat und in höherem Maße zur Bestreitung des Lebensunterhalts als die Professorentätigkeit beiträgt (FG Köln, a. a. O.).

Voraussetzung ist, dass die nebenberufliche Tätigkeit zur **Förderung gemeinnütziger, mildtätiger oder kirchlicher Zwecke** ausgeübt wird. Die Steuerbefreiung wird auch für eine Tätigkeit in einem Zweckbetrieb gewährt, nicht hingegen für eine Tätigkeit in einem steuerpflichtigen wirtschaftlichen Geschäftsbetrieb. Das gilt auch, wenn durch Überschreitung der Zweckbetriebsgrenze (vgl. dazu Rz. 999) beispielsweise sämtliche sportliche Veranstaltungen, auch Amateursportveranstaltungen, bei denen die Tätigkeit ausgeübt wird, als wirtschaftlicher Geschäftsbetrieb behandelt werden (zur Übungsleiterpauschale eingehend Schleder, Rz. 1270 ff.).   1056

Als nebenberufliche Tätigkeit wird auch die Tätigkeit von Personen angesehen, die **keine bezahlte Hauptbeschäftigung** ausüben, wie Hausfrauen, Studenten und Rentner. Bei Anwendung des § 3 Nr. 26 EStG besteht insoweit keine Pflicht des Vereins zum Lohnsteuerabzug. Der Arbeitnehmer muss allerdings gegenüber dem Verein schriftlich erklären, dass er die Begünstigung nicht schon anderweitig in Anspruch genommen hat. Der Verein muss diese Erklärung zum Lohnkonto nehmen.   1057

HINWEIS:

Fallen im Zusammenhang mit der Übungsleitertätigkeit Kosten an, wie z. B. Fahrtkosten, die die vom Verein gezahlte „Vergütung" übersteigen, stellt sich die Frage, ob diese Werbungskosten voll als Verlust, also auch mit dem die „Vergütung" übersteigenden Teil abgezogen werden und mit anderen Einnahmen verrechnet werden können. Das wird in der Rechtsprechung bejaht (vgl. BFH, DB 2018 S. 867 = DStR 2018 S. 782; vgl. auch schon FG Brandenburg, Urteil v. 5.12.2007 – 7 K 3121/05; FG Rheinland-Pfalz, EFG 2011 S. 1596; FG Thüringen, EFG 2015 S. 2163; s. auch Klare, StW 2012 S. 31; Nacke, DStZ 2008 S. 445, 446; Schoor, VW 2011 S. 1339; zum Reisekostenrecht ab 1.1.2014 BMF, Schreiben v. 30.9.2013 – IV C 5 – S 2353/13/10004).

Der Gewährung des „Übungsleiterfreibetrags" steht es im Übrigen nicht entgegen, wenn ein **festangestellter Mitarbeiter** im Verein eine **Nebentätigkeit**   1058 ausübt (FG Düsseldorf, EFG 2012 S. 1313; LSG Baden-Württemberg, Urteil v. 24.4.2015 – L 4 R 1621/14). Allerdings muss die Nebentätigkeit getrennt vertraglich geregelt und vergütet werden und darf nicht zwingend mit der Haupttätigkeit verbunden sein. Die Nebentätigkeit muss sich klar von der Haupttätigkeit abgrenzen lassen.

BEISPIELE:

► In einem Sportverein ist der hauptamtliche Platzwart zugleich auch Trainer einer Jugendmannschaft und erhält dafür die Übungsleiterpauschale.

► Die pädagogische Mitarbeiterin mit festem Arbeitsvertrag einer gemeinnützigen Einrichtung zur Kinder- und Jugendhilfe wird neben ihrer vormittäglichen Haupttätigkeit, wie Betreuung während der Mahlzeiten, Hausaufgaben usw.) noch teilweise für zusätzliche Projekte am Nachmittag eingesetzt, wobei maximal zwei Projekte/Woche mit einem Arbeitsumfang von ca. vier Stunden/Woche betreut werden (Fallgestaltung nach OLG Düsseldorf, EFG 2012 S. 1313).

► Neben einer versicherungspflichtigen (Haupt-)Tätigkeit als angestellter Sportlehrer wird eine Tätigkeit als Übungsleiter bei demselben Sportverein ausgeübt (LSG Baden-Württemberg, Urteil v. 24.4.2015 – L 4 R 1621/14).

d) Ehrenamtspauschale

1059   Durch das Gesetz zur weiteren Stärkung des bürgerschaftlichen Engagements v. 10.10.2007 (BGBl. I S. 2332) ist rückwirkend zum 1.1.2007 in § 3 Nr. 26a EStG ein **Freibetrag** für alle entgeltlich und nebenberuflich ausgeübte Tätigkeiten im Dienst oder Auftrag einer Körperschaft des öffentlichen Rechts oder gemeinnützigen Körperschaft zur Förderung steuerbegünstigter Zwecke von zunächst 500 €/Jahr eingeführt worden. Dieser ist durch das „Gesetz zur Stärkung des Ehrenamtes" v. 21.3.2013 (vgl. BGBl I S. 556) ab 1.1.2013 auf **720 €/Jahr** erhöht worden (allgemein zur Vergütung ehrenamtlicher Tätigkeit VB 10/2016 S. 5 ff.; zu einem Mustervertrag für ehrenamtliche Tätige vb.iww.de, Abruf-Nr. 373545690). zur Anwendung s. Erlass zur Ehrenamtspauschale BMF, Schreiben v. 21.11.2014 – IV C 4 – S 2121/07/0010: 032, BStBl 2014 I S. 1581; zu allem auch Schleder, Rz. 1297 ff.)

1060   Dieser Freibetrag gilt grds. für **alle Tätigkeiten** im gemeinnützigen Bereich, die vom Übungsleiterfreibetrag sowie der steuerfreien Aufwandspauschale für Zahlungen aus öffentlichen Kassen (§ 3 Nr. 12 EStG) nicht erfasst werden. Er ist dem Übungsleiterfreibetrag nachempfunden. Es fehlt nur die Begrenzung auf bestimmte Tätigkeiten oder Personengruppen (vgl. BMF, Schreiben v. 21.11.2014 – IV C 4 – S 2121/07/0010: 032, BStBl 2014 I S. 1581).

1061   Es handelt sich bei dieser „Pauschale" um einen **echten Freibetrag** mit der Wirkung, dass für Einnahmen, die der Steuerpflichtige für seine nebenberufliche Tätigkeit im gemeinnützigen Bereich erhält, bis zur Höhe von 720 € im Jahr keine Lohn- oder Einkommensteuer anfällt. Die „Pauschale" ist seit dem 1.1.2008 auch **sozialversicherungsfrei**. Wenn die tatsächlichen Aufwendungen, die im Zusammenhang mit der nebenberuflichen Tätigkeit anfallen, den Betrag von 720 € übersteigen, werden diese anstelle des Freibetrags berücksichtigt. Sie müssen aber dann in voller Höhe – nicht nur der den Freibetrag übersteigende Teil – nachgewiesen oder glaubhaft gemacht werden. Der Freibetrag wirkt sich auch nur bis zur Höhe der Einnahmen aus der nebenberuflichen Tätigkeit aus. Ein Abzug von anderen steuerpflichtigen Einnahmen aus einer anderen hauptberuflichen Tätigkeit oder einer anderen nebenberuflichen Tätigkeit ist nicht zulässig. Er kann auch dann nur einmal in Anspruch genommen werden, wenn mehrere nach § 3 Nr. 26a EStG begünstigte Tätigkeiten ausgeübt werden.

HINWEIS:

Werden unterschiedliche Tätigkeiten beim selben oder einem anderen Verein ausgeübt, können Übungsleiterfreibetrag und Ehrenamtspauschale ggf. gemeinsam/zusätzlich genutzt werden (vgl. dazu Schleder, Rz. 1296 mit Beispielen in Rz. 1297; u.a. BMF, Schreiben v. 21.11.2014 – IV C 4 – S 2121/07/0010: 032, BStBl 2014 I S. 1581). Voraussetzung ist aber, dass die Tätigkeiten nebenberuflich ausgeübt werden, voneinander trennbar sind, gesondert vergütet werden und die dazu getroffenen Vereinbarungen eindeutig sind (vgl. dazu auch Nacke, DStZ 2008 S. 445, 447).

Den Freibetrag erhalten u.a. alle Personen, die sich **nebenberuflich** im Dienst oder Auftrag einer **gemeinnützigen Einrichtung** betätigen. Ausgeschlossen sind Tätigkeiten in einem steuerpflichtigen wirtschaftlichen Geschäftsbetrieb (vgl. Rz. 989). Ob der Freibetrag auch für Vergütungen an Amateursportler gilt, ist in der Rechtsprechung noch nicht geklärt, wird aber von der Finanzverwaltung verneint (vgl. BMF, Schreiben v. 21.11.2014 – IV C 4 – S 2121/07/0010: 032, BStBl 2014 I S. 1581). Zahlungen an diese entsprechen aber nicht dem eigentlichen Sinn der Ehrenamtspauschale. Die sog. Rückspende (vgl. Rz. 1080 f.) ist aber zulässig (vgl. LT-Drucks. Baden-Württemberg 14/2611).

1062

BEISPIELE: ► **für** die Gewährung des Freibetrags sind u.a. (weitere Beispiele bei Schleder, Rz. 1297):

► Tätigkeiten als Vorstandsmitglied,

► Schatzwart, Kassenwart,

► Schriftführer,

► Platzwart oder Ordner bei einem Sportverein,

► Bürokraft bei einem gemeinnützigen Verein,

► Amateursportler, ggf. künstlerische Tätigkeiten (vgl. Schreiben OFD Frankfurt/ Main v. 30.4.2009 – S 2245 A-2-St 213),

nicht hingegen

- ▶ Verkäufer von Speisen oder Getränken, auch wenn der Verkauf im Zusammenhang mit einer sportlichen oder kulturellen Veranstaltung stattfindet,

- ▶ Trainer einer Mannschaft, deren sportliche Veranstaltungen steuerpflichtig sind,

- ▶ Helfer einer politischen Partei, da diese nicht gemeinnützig ist (vgl. im Übrigen die aktualisierte Liste im Schreiben der OFD Frankfurt/Main v. 21.1.2010 – S 2245 A-2-St 213).

> **HINWEIS:**
>
> Enthält eine Vereinssatzung ggf. (immer noch) eine Regelung, dass der Vorstand ehrenamtlich tätig ist (vgl. Rz. 649 ff.), verstößt die Zahlung von pauschalen Aufwandsentschädigungen an Vorstandsmitglieder gegen das Vereinsrecht und gegen § 55 AO (Gebot der Selbstlosigkeit; vgl. oben Rz. 954). Falls auch diese Vereine den Freibetrag ausnutzen wollen, um ihren Vorstandsmitgliedern steuerfreie Vergütungen zukommen zu lassen, müssen sie erst die Satzung ergänzen/ändern oder sich die Zahlung von pauschalen Aufwandsentschädigungen zumindest von der Mitgliederversammlung genehmigen lassen (Schleder, Rz. 1304 ff.; s. auch noch Rz. 1016 ff.).

e) Mindestlohn

1063 Das seit dem 1. 1. 2015 geltende **Mindestlohngesetz (MiLoG) gilt** grds. auch für **Vereine.** Sie müssen die Vorgaben des MiLoG vor allem dann beachten, wenn der Verein als Arbeitgeber anzusehen ist (s. oben Rz. 1042 ff.). Die damit zusammenhängenden Fragen sind vielfältig und komplex. Sie können hier aus Platzgründen nicht dargestellt werden. Es wird daher verwiesen auf: Goetze, VB 9/2014 S. 3 ff.; VB 3/2015 S. 4 betreffend den Mindestlohn im Sportverein; Wickert, NWB 2015 S. 758 ff. zu Zweifelsfragen; Goetze, VB 12/2014 S. 3 ff., und in VB 11/2014 S. 14 ff. zu praktischen Hinweisen, sowie auf Grambow, ZStV 2015 S. 81 und auf Meurer, npoR 2015 S. 101. Von Bedeutung ist, dass nach § 22 Abs. 3 MiLoG **ehrenamtliche Tätige vom MiLoG nicht betroffen** sind (vgl. dazu Goetze, VB 8/2014 S. 3 ff.; zur Einstufung durch die VBG s. VB 5/2015 S. 8 ff.). Ungeklärt ist bislang wie das MiLoG auf (Amateur)**Sportler** anzuwenden ist (vgl. dazu Goetze, VB 2/2015 S. 5 ff. und VB 3/2015 S. 4 ff.). Entscheidend ist hier, ob ein Arbeitsverhältnis zum Verein besteht (vgl. dazu oben die Rz. 1042 ff.).

f) Freistellung von der Besteuerung bei geringfügig Beschäftigten

1064 Seit dem 1.4.1999 ist die steuerliche Behandlung der geringfügigen Beschäftigungsverhältnisse neu geregelt. Das sind die Beschäftigungsverhältnisse, bei denen das monatliche Entgelt **450 €/Monat** nicht übersteigt; mehrere Beschäftigungsverhältnisse werden zusammengerechnet. Die damit zusammenhängenden Fragen sind komplex und können hier nur im **Überblick** dargestellt werden. Zur Vertiefung verweise ich auf die eingehenden Ausführungen von Schleder, Rz. 1250 ff. Im Einzelnen gilt:

► Eine **geringfügige Beschäftigung** liegt vor, wenn das Arbeitsentgelt regelmäßig 450 € im Monat nicht übersteigt.

► Entgelte aus **mehreren geringfügigen Beschäftigungsverhältnissen** werden zusammengerechnet. Wird die Grenze von 450 € überschritten, gelten die Sonderregelungen nicht. Neben einer versicherungspflichtigen Hauptbeschäftigung kann der Arbeitnehmer nur ein begünstigtes geringfügiges Beschäftigungsverhältnis (das erste) ausüben.

► An die **Rentenversicherung** ist zwingend ein **pauschaler Arbeitgeberbeitrag** von (derzeit) 15% zu zahlen.

> **HINWEIS:**
>
> Ab 1.1.2013 sind neu abgeschlossene Minijobs rentenversicherungspflichtig. Der Arbeitnehmer erlangt, wenn er zusätzlich einen eigenen Beitrag von (derzeit) 3,9% abführt, einen vollen Leistungsanspruch. Minijobber, die in ihrem Minijob vor dem 1.1.2013 versicherungsfrei in der Rentenversicherung waren, bleiben es auch weiterhin.

Neben dem pauschalen Beitrag zur Rentenversicherung muss der Arbeitgeber/ Verein i. d. R. einen pauschalen Beitrag von **13%** des Bruttoarbeitsentgelts an die **Krankenversicherung** zahlen. Davon ist er befreit, wenn der geringfügig Beschäftigte nicht **gesetzlich** krankenversichert ist.   **1065**

Außerdem fällt eine **pauschale Lohnsteuer** von **2%** an, die auch schon Kirchensteuer und Solidaritätszuschlag enthält.   **1066**

Schließlich entstehen Umlagen für den Ausgleich der Arbeitgeberaufwendungen bei Krankheit und bei **Mutterschaft** sowie Beiträge zur Unfallversicherung. Über Letzteres informiert die jeweilige Berufsgenossenschaft.   **1067**

> **HINWEIS:**
>
> Die pauschalen Abgaben sind an die Einzugsstelle der Bundesknappschaft/Verwaltungsstelle, Cottbus, zu zahlen, die auch über die Höhe der oben angegebenen Umlagen informiert. Diese übersendet zudem Vordrucke und steht für Informationen u.a. unter www.minijob-zentrale.de zur Verfügung.

g) Pauschalierung der Lohnsteuer

Eine weitere Erleichterung besteht in der Möglichkeit zur Pauschalierung der Lohnsteuer für eine gelegentliche kurzfristige oder für eine regelmäßige, aber **geringfügige Tätigkeit**, wenn der Arbeitslohn bestimmte Grenzen nicht über-   **1068** steigt. In Betracht kommt diese Möglichkeit bei denjenigen Beschäftigten, deren Beschäftigungsdauer 18 zusammenhängende Arbeitstage nicht übersteigt und deren Arbeitslohn während der Beschäftigung durchschnittlich 62 € je Arbeitstag nicht übersteigt (kurzfristige Beschäftigung). Nicht zulässig ist die Lohnsteuerpauschalierung bei Arbeitnehmern, deren Lohn durchschnittlich mehr als 12 €/Arbeitsstunde beträgt (Schleder, Rz. 1260 ff.). Bei kurzfristiger Beschäftigung beträgt die pauschale Lohnsteuer dann 25% des Arbeitslohns, bei geringfügiger Beschäftigung 20%.

HINWEIS:

Bei Übungsleitern u.a., für die die Sonderregelung des § 3 Nr. 26 EStG gilt (s. Rz. 1054 ff.), besteht die Möglichkeit, für die den steuerfreien Betrag von 2.400 € übersteigende Vergütung die Lohnsteuerpauschalierung anzuwenden.

11. Kapitalertragsteuer/Zinsabschlag/Abgeltungsteuer

1069 Das Unternehmenssteuerreformgesetz 2008 hat mit Wirkung **ab** dem **1.1.2009** die Besteuerung von Kapitaleinkünften im privaten Bereich neu gestaltet. Diese werden anstelle des persönlichen Einkommensteuersatzes mit einem pauschalen Steuersatz von 25% zuzüglich Solidaritätszuschlag und ggf. Kirchensteuer besteuert. Mit der Erhebung dieser Steuer ist die Einkommensteuer auf Kapitaleinkünfte grds. abgegolten (daher **Abgeltungsteuer**). Für Vereine haben sich durch die Einführung der Abgeltungsteuer gegenüber der früheren Regelung (vgl. dazu 8. Aufl., Rz. 513 ff.) keine wesentlichen Änderungen ergeben. Die Kapitalertragsteuer beträgt ab 2009, auch für Einkünfte, die früher dem Zinsabschlag unterlegen haben, 25%. Den Begriff des Zinsabschlags gibt es nicht mehr. Auf die Erhebung der Kapitalertragsteuer wird wie bisher bei Vorlage einer NV-Bescheinigung oder dem Nachweis der Gemeinnützigkeit verzichtet. Die Erstattung von einbehaltener Kapitalertragsteuer nach § 44a Abs. 4 und 7 EStG ist nach wie vor möglich. An die Stelle des Sparerfreibetrags von 750 € und dem Werbungskostenpauschbetrag von 51 € ist auch hier der einheitliche Sparer-Pauschbetrag von 801 € getreten (vgl. auch Schleder, Rz. 950 ff.).

12. Künstlersozialversicherung

1070 Hinzuweisen ist schließlich noch auf die ggf. bestehende Abgabepflicht des Vereins an die Künstlersozialkasse. Diese kann immer dann bestehen, wenn der Verein **Künstler beschäftigt** bzw. **beauftragt**. Das kann z.B. der Fall sein, wenn ein Webdesigner die Vereinshomepage pflegt (vgl. dazu SG Dortmund, Urteil v. 25.2.2011 – S 34 R 321/08) oder der Grafiker für den Verein die

Vereinszeitschrift gestaltet und/oder Werbeflyer erstellt. Eine Abgabepflicht kommt auch in Betracht, wenn der Verein **künstlerische Leistungen verwertet**. Die mit der Künstlersozialversicherung zusammenhängenden Fragen sind eingehend dargestellt bei Röcken, VB 4/2015 S. 13 ff. (s. auch Holthaus, ZStV 2015 S. 112; Jürgensen, Praxishandbuch Künstlersozialabgabe, 2016).

V. Haftung für Steuerschulden

1071 Der rechtsfähige Verein wird gerichtlich und außergerichtlich durch seinen **Vorstand** i. S. des § 26 BGB vertreten. Dieser hat als für den Verein handelndes Organ auch die dem Verein obliegenden **steuerlichen Pflichten** zu **erfüllen**. Das bedeutet insbesondere, dass er dafür sorgen und darauf achten muss, dass die anfallenden Steuern rechtzeitig und vollständig gezahlt werden. Dies gilt für den Vorstand des nichtrechtsfähigen Vereins ebenso.

1072 Kommt der Vorstand vorsätzlich bzw. grob fahrlässig diesen ihm als gesetzlichem Vertreter obliegenden Verpflichtungen des Vereins nicht nach, **haftet** er **persönlich** für die steuerlichen Verbindlichkeiten des Vereins (wie z. B. Lohnsteuer, Umsatzsteuer; zur Spendenhaftung vgl. aber FG Saarland, Urteil v. 7.12.2016 – 2 K 1072/14, VB 6/2017 S. 4; zur Haftung für Steuerschulden Ehlers, NJW 2011 S. 2689, 2691 f.; zur Haftung des Vorstands wegen Steuerhinterziehung nach § 71 AO Pohl, npoR 2016 S. 209). Die Haftung folgt aus § 69 AO i. V. mit §§ 34 Abs. 1, 26 BGB. Das gilt auch, wenn der Vorstand nicht – wie etwa ein angestellter GmbH-Geschäftsführer – entgeltlich und hauptberuflich, sondern nur ehrenamtlich für den Verein tätig ist, da es nicht darauf ankommt, in welchem Umfang der Vorstand für den Verein tätig wird (BFH, NJW 1998 S. 3374, 3375; vgl. auch FG Münster, EFG 2002 S. 1134 m. Anm. Valentin, EFG 2002 S. 1137). Der BFH geht davon aus, dass die Verletzung steuerrechtlicher Pflichten im Allgemeinen grobe Fahrlässigkeit indiziert (BFH, a. a. O.). Damit entfällt der Freistellungsanspruch nach § 31a Abs. 2 BGB. (vgl. Rz. 589 ff.). Im Ergebnis bedeutet dies, dass der Vorstand dafür sorgen muss, dass die Steuererklärungen und Steueranmeldungen aufgrund ordnungsgemäßer Aufzeichnungen fristgerecht und richtig abgegeben werden und die Steuern pünktlich, entsprechend den Zahlungsterminen, gezahlt werden. Darüber hinaus hat der Vorstand für den richtigen Umgang mit Spenden und die Abwendung der Gefahren einer nachträglichen Aberkennung der Gemeinnützigkeit zu sorgen (Ehlers, a. a. O.; zur Spendenhaftung Rz. 1085).

HINWEIS:

Die Haftung des Vereinsvorsitzenden wird grds. auch nicht dadurch ausgeschlossen, dass die Erfüllung der steuerlichen Pflichten einem Dritten (z. B. dem 2. Vorsitzenden) übertragen wird. Denn hinsichtlich der ordnungsgemäßen Erledigung der steuerlichen Angelegenheiten durch den beauftragten Dritten trifft grds. den Vereinsvorsitzenden eine Überwachungspflicht. Das gilt jedenfalls dann, wenn der Vorsitzende Anlass hatte, an der ordnungsgemäßen Erledigung der steuerlichen Verpflichtungen durch den Dritten zu zweifeln (BFH, a. a. O.) Auf jeden Fall müssen die Vorstandsmitglieder klar regeln, wer für die steuerlichen Belange des Vereins zuständig sein soll (vgl. FG Saarland, Urteil v. 7.12.2016 – 2 K 1072/14, VB 6/2017 S. 4, wonach die Vollmachtsvergabe an einen

„Geschäftsführer" den Vorstand nicht von der steuerlichen Haftung entlastet; vgl. auch Rz. 578 und Unger, NJW 2009 S. 3269 ff.).

Die Haftung bezieht sich auch auf Zeiträume vor der Bestellung (BFH/NV 1993 S. 143; Ehlers, NJW 2011 S. 2689, 2691). Hat also z. B. der frühere Vorstand unzutreffend oder pflichtwidrig keine Steuererklärung abgegeben und bemerkt dies der neu bestellte Vorstand, so haftet er ebenfalls für die verkürzten Steuerbeträge, falls er seine Feststellungen nicht unverzüglich der Finanzverwaltung anzeigt (BFH, a. a. O.).

Der Vorstand haftet **neben dem Verein** persönlich für alle Ansprüche aus dem Steuerschuldverhältnis. Die Haftung umfasst **auch** die infolge der Pflichtverletzung zu zahlenden Säumniszuschläge. Das Erlöschen der Vertretungsmacht infolge des Ausscheidens aus dem Vorstandsamt schließt im Übrigen eine Inanspruchnahme wegen schuldhafter Pflichtverletzung während der Amtszeit nicht aus.   1073

Neben der steuerrechtlichen Haftung ist immer auch die **strafrechtliche Verantwortlichkeit** zu beachten. Werden die steuerlichen Pflichten nicht erfüllt, kommt ggf. eine Strafbarkeit wegen Steuerhinterziehung nach §§ 370 ff. AO in Betracht (vgl. zu Ermittlungsverfahren gegen Sportvereine wegen Abgabe unrichtiger Lohnsteuer-Anmeldungen Flore/Burmann, PStR 1999 S. 208 ff.; zur Steuerhinterziehung im Sportverein auch Braun, PStR 2006 S. 202).   1074

HINWEIS:

Es kann daher nur dringend empfohlen werden, alle Einnahmen, wie z. B. die aus den ggf. betriebenen wirtschaftlichen Geschäftsbetrieben, die aus Vermietung von Vereinslokalen usw. in ihrer tatsächlich entstandenen Höhe gegenüber dem Finanzamt zu erklären (zu typischen Fehlern bei gemeinnützigen Vereinen s. die Zusammenstellung in PStR 1999 S. 225 ff. und PStR 2006 S. 202).

VI. Steuerliche Behandlung von Spenden an Vereine und von Mitgliedsbeiträgen

1. Allgemeines

1075 Neben den unmittelbaren Steuerbegünstigungen hat der Gesetzgeber in Form des sog. Spendenabzugs einen beachtlichen **steuerlichen Anreiz** zur Finanzierung gemeinnütziger, mildtätiger oder kirchlicher Vereine geschaffen. Bestimmte freiwillige Zuwendungen (Spenden) und ggf. auch Mitgliedsbeiträge kann der Spender bei seiner Einkommen-, Lohn- oder Körperschaftsteuererklärung als Sonderausgaben abziehen, so dass sie sich als **Steuerermäßigung** auswirken. Das Spendenrecht ist durch das Gesetz zur weiteren Stärkung des bürgerschaftlichen Engagements v. 10.10.2007 in erheblichen Punkten neu gestaltet worden. Diese Änderungen dienen der Vereinfachung und führen zu einer höheren Abziehbarkeit von Zuwendungen. Die Änderungen sind rückwirkend zum 1.1.2007 in Kraft getreten. Es gelten folgende Grundzüge (eingehend Schleder, Rz. 1401 ff. m. w. N. aus der Literatur; zu den Änderungen s. u.a. auch Richter/Eichler, FR 2007 S. 1037 und Fischer, NWB F. 2 S. 9439, 9441 ff.; Hanke/Tybussek, NWB 2012 S. 718 ff.; Hüttemann, FR 2012 S. 241 und DB 2012 S. 250; Nacke, DStZ 2008 S. 445 ff., der sich kritisch zu den Neuregelungen äußert):

> HINWEIS:
>
> Nach der Rechtsprechung einiger Obergerichte verstößt die Beschränkung des Abzugs auf Spenden an gemeinnützige inländische Körperschaften gegen EU-Recht (vgl. EuGH, NJW 2009 S. 823; s. dazu jetzt auch FG Köln, EFG 2016 S. 653 [Anerkennung eines Spendenabzugs für eine Spende an einen rumänischen Verein, der nach inländischen Maßstäben als gemeinnützig anzuerkennen wäre; Az. der Revision BFH – X R 5/16; dazu auch VB 5/2016 S. 14 f.).

2. Begünstigte Zuwendungen

1076 Nach § 10b EStG sind Zuwendungen (Spenden und Mitgliedsbeiträge) zur Förderung **mildtätiger, kirchlicher, religiöser, wissenschaftlicher und der als besonders förderungswürdig anerkannten gemeinnützigen Zwecke** als Sonderausgaben abziehbar. Der **Abzugsbetrag** war früher grds. begrenzt auf 5% des Gesamtbetrags der Einkünfte und erhöhte sich für wissenschaftliche, mildtätige und als besonders förderungswürdig anerkannte kulturelle Zwecke auf 10%. Er beträgt ab 1.1.2007 **einheitlich 20%**. Zu den begünstigten Spenden gehören sowohl **Geld- als auch Sachleistungen**, nicht aber Nutzungsüberlassungen oder Dienstleistungen. Der Wert unentgeltlicher Arbeitsleistungen für Vereine ist also nicht als Spende abziehbar (zu den weiteren Einzelheiten s. Schleder, Rz. 1405 ff.).

HINWEIS:

Nutzungs- und Leistungsspenden, Preisnachlässe u. Ä. lassen sich aber in abzugsfähige Geldspenden umwandeln. Die Leistung darf dann dem Verein z.B. nicht kostenlos zur Verfügung gestellt werden, sondern gegen Bezahlung. Der „Spender" kann dann das erhaltene Geld an den Verein zurückspenden (s. auch Schleder, Rz. 1422 ff.). Entsprechend ist bei „Preisnachlässen" zu Verfahren.

Vom Spendenabzug ebenfalls nicht ausgeschlossen sind auch tatsächlich aus dem Vermögen des Spenders abgeflossene und für den Verein erbrachte Aufwendungen **(sog. Aufwandsspenden)**, z. B. Betriebskosten für Pkw, Telefonkosten, Auslagen für Porto und Schreibmaterial. Diese sind abziehbar, wenn der Spender einen durch Vertrag oder Satzung des Vereins eingeräumten **Rechtsanspruch** auf Erstattung der Aufwendungen hat. Dieser muss ernsthaft bestehen. Das ist zumindest zweifelhaft bei einem mittellosen Verein oder wenn der Anspruch unter der gleichzeitigen Bedingung des Verzichts auf den Anspruch eingeräumt wird. Wesentliche Indizien für die Ernsthaftigkeit von Ansprüchen auf Aufwendungsersatz oder auf eine Vergütung sind die zeitliche Nähe der Verzichtserklärung zur Fälligkeit des Anspruchs und die wirtschaftliche Leistungsfähigkeit des Zuwendungsempfängers. Die Verzichtserklärung wird dann noch als zeitnah angesehen, wenn bei einmaligen Ansprüchen innerhalb von drei Monaten und bei Ansprüchen aus einer regelmäßigen Tätigkeit innerhalb eines Jahres nach Fälligkeit des Anspruchs der Verzicht erklärt wird. Zu den Anforderungen der steuerlichen Anerkennung sog. Aufwandsspenden an gemeinnützige Vereine hat das BMF in den Schreiben v. 7.6.1999 – IV C 4 – S 2223 – 111/99, BStBl 1999 I S. 591; v. 25.11.2014 – IC C 4 – S 2223/07/0010 :005, BStBl. I 2014 S. 15, Letzteres ergänzt durch Schreiben v. 24.8.2016 – IV C 4 S 2223/07/0010 :007, ausführlich Stellung genommen. Wegen der Einzelheiten wird darauf verwiesen (zum Umgang mit Aufwandsspenden eingehend auch VB 1/2014 S. 3 ff., VB 1/2015 S. 4 ff. und VB 10/2016 S. 4). Nach dem BMF-Schreiben v. 2.6.2000 (BStBl I S. 592) muss der Verein in der Bestätigung der Zuwendung einer sog. Aufwandsspende angeben, dass es sich um den Verzicht auf die Erstattung von Aufwendungen handelt. Er muss die zutreffende Höhe des Ersatzanspruchs auch im Einzelnen begründen können (s. dazu Schleder, Rz. 1425; s. schließlich auch noch FG München, EFG 2009 S. 1823).

1077

Wenn der Verein eine Gegenleistung für die Zuwendung erbringt, fehlt es an dem **Erfordernis der Unentgeltlichkeit**. So liegt keine Spende vor, wenn ein Verein mit Werbeaufschrift versehene Sportkleidung erhält oder sich verpflichtet, bei bestimmten Sportveranstaltungen Sportgeräte oder -kleidung eines bestimmten Herstellers zu verwenden. Bei sog. „Eintrittsspenden" betreffend Veranstaltungen wird es i. d. R. auch an der „Uneigennützigkeit" fehlen (FG

1078

Thüringen, EFG 2015 S. 1473 für ein von einer politischen Partei veranstaltetes Rockkonzert; zu „Eintrittsspenden" VB 1/2016 S. 7 ff. und 10/2017 S. 13 ff.). Jede irgendwie geartete Gegenleistung kann für einen Spendenabzug schädlich sein, der gewährte Vorteil muss also nicht unbedingt wirtschaftlicher Natur sein (BFH, BFH/NV 2015 S. 853). Auch bei Teilentgeltlichkeit fehlt der Zuwendung insgesamt die „Unentgeltlichkeit" (BFH, a. a. O.).

1079   Die Zuwendung muss **freiwillig** geleistet werden, d. h., es darf keine rechtliche oder sonstige Verpflichtung zur Leistung der Spende bestehen (zur Freiwilligkeit bei einer „Erblasserspende"/Anlassspenden FG Düsseldorf, EFG 2017 S. 460 und dazu VB 10/2017 S. 10 ff.). Unschädlich sind aber rechtliche Verpflichtungen zur Zahlung einer Spende, wenn sie freiwillig eingegangen sind. Eine abzugsfähige Spende liegt auch nicht vor, wenn aus Anlass des Beitritts zu einem Verein ein Darlehen geleistet und zugleich auf dessen Rückzahlung verzichtet wurde (FG Düsseldorf, EFG 1995 S. 710 [für Golfclub]; vgl. auch BFHE 214 S. 378 = BFH/NV 2006 S. 2339 = NJW 2007 S. 110) oder, wenn es sich tatsächlich nicht um eine – freiwillige – Spende handelt, sondern um eine versteckte Aufnahmegebühr (zur Beitrittsspende s. BFH, NJW 1997 S. 3047; BFHE 214 S. 378 = BFH/NV 2006 S. 2339 = NJW 2007 S. 110; zur Unentgeltlichkeit, zum Eigennutz und zur Freiwilligkeit s. auch OFD Frankfurt, Rundverfügung v. 6.5.2008 – 52223 A – 119 – St 216; s. auch Rz. 939 f. und zur Beitrittsspende VB 4/2016 S. 3 f.).

3. Begünstigte Zwecke

1080   Steuerlich abziehbar sind Zuwendungen (Spenden und Mitgliedsbeiträge) zur Förderung gemeinnütziger, mildtätiger und kirchlicher Zwecke i. S. der §§ 52, 53 und 54 AO. Alle Vereine, die wegen der Förderung dieser Zwecke nach § 5 Abs. 1 Nr. 9 KStG von der Körperschaftsteuer befreit sind, sind **automatisch** auch zum Empfang steuerbegünstigter **Zuwendungen berechtigt.**

4. Spendenabzug von Mitgliederbeiträgen

1081   Mitgliedsbeiträge, Umlagen und Aufnahmegebühren an einen **Teil** der **gemeinnützigen Vereine** sind **nicht abziehbar** (vgl. Schleder, Rz. 1412 ff.). Das ergibt sich unmittelbar aus § 10b Abs. 1 Satz 2 EStG. Genannt sind dort **folgende Zwecke:**

► Förderung des Sports,

► Förderung kultureller Betätigungen, die in erster Linie der Freizeitgestaltung dienen (z. B. in Musik- und Theatervereinen),

► Förderung der Heimatpflege und Heimatkunde (§ 52 Abs. 2 Nr. 22 AO),

▶ Förderung der nach § 52 Abs. 2 Nr. 23 AO gemeinnützigen Zwecke. Hierzu gehört u.a. die Förderung der Tier- und Pflanzenzucht, des Funkens (einschließlich CB-Funk) und des Baus und Betriebs von Flug-, Schiffs- und Automodellen.

5. Spendenbestätigung/Zuwendungsbestätigung

Voraussetzung für die steuerliche Abziehbarkeit ist **grds.** die Vorlage einer **förmlichen**, von einer zeichnungsberechtigten Person unterschriebenen Zuwendungs- bzw. Spendenbestätigung. Das **Muster** der Spendenbestätigung eines gemeinnützigen Vereins ist in Rz. 1106 abgedruckt. Es gelten die Vorgaben des BMF, Schreiben v. 30.8.2012 – IV C 4 – S 2223/07/0018 005, das auch einen Vordruck für eine Sammelbestätigung über Geldzuwendungen/Mitgliedsbeträge (vgl. Rz. 1106 f.) enthält, und Schreiben v. 7.11.2013 – IV C 4 – S 2223/07/0018 005, das die Zuwendungsbestätigung an den Rechtszustand 1.1.2013 angepasst. hat. Die BMF-Schreiben stehen auf der Homepage des BMF und können dort gedownloaded werden (vgl. auch noch VB 13/2013 S. 4 und VB 3/2017 S. 3 ff.). 1082

HINWEIS:

Inzwischen ist in § 50 Abs. 2 EStDV, der durch das „Gesetz zur Modernisierung des Besteuerungsverfahrens" v. 18.6.2016 (BGBl I S. 1679) geändert worden ist, eine elektronische Zuwendungsbestätigung vorgesehen. Die entsprechenden Änderungen sind am 1.1.2017 in Kraft getreten. Bis wann die praktische Umsetzung erfolgt, ist unklar. Sie soll schrittweise erfolgen und bis 2022 abgeschlossen sein (VB 8/2016 S. 1 und VB 3/2017 S. 3 ff.).

Bei Spenden zur Linderung der Not in Katastrophenfällen oder bei einer **200 €** nicht übersteigenden Spende/einem Mitgliedsbeitrag ist nach § 50 Abs. 2 ESt-Durchführungsverordnung der steuerliche Nachweis seit dem 1.1.2013 deutlich einfacher (sog. **vereinfachter Zuwendungsnachweis**). Als Beleg genügt der Kontoauszug bzw. der PC-Ausdruck beim Online-Banking, der Beleg des Spendenempfängers ist nicht mehr erforderlich. Angegeben werden müssen Name und Kontonummer oder ein sonstiges Identifizierungsmerkmal des Auftraggebers und des Empfängers, der Betrag, der Buchungstag sowie die tatsächliche Durchführung der Zahlung. Es genügen die üblichen Angaben auf einem Kontoauszug oder PC-Ausdruck bei Online-Banking. Da der Beleg des Empfängers nicht (mehr) erforderlich ist, muss aus der Überweisung auch nicht mehr die Steuerbefreiung des Empfängers oder der Verwendungszweck hervorgehen. Es genügt, wenn zweifelsfrei erkennbar ist, dass die Zahlung auf das Konto des steuerbegünstigten Empfängers ging (vgl. auch VB 3/2017 S. 3 ff.). 1083

1084 Die Spendenbescheinigung schafft **keinen Vertrauenstatbestand** (Niedersächsisches FG, Urteil v. 2.11.1994 – VIII 403/94), bei nachträglichem Wegfall der Gemeinnützigkeit kann daher eine Berichtigung des Steuerbescheids des Spenders erfolgen (s. aber § 10b Abs. 4 EStG und dazu Rathke/Ritter, NWB 2012 S. 3373 ff.).

6. Haftung der Vereinsvertreter

1085 Nach § 10b Abs. 4 EStG darf der Spender auf die **Richtigkeit** der Bestätigung über Spenden und Mitgliedsbeiträge **vertrauen** (zum Umfang des Vertrauensschutzes FG Düsseldorf, EFG 2017 S. 460). Darauf baut die ebenfalls in § 10b Abs. 4 Satz 2 und 3 EStG normierte **Haftung** für die wegen der Gewährung des Vertrauensschutzes entgangene Steuer auf. Danach haftet nach den Änderungen durch das „Gesetz zur Stärkung des Ehrenamtes" v. 21.3.2013 (vgl. BGBl I S. 556; vgl. dazu VB 4/2103 S. 16 ff.; Rathke/Ritter, NWB 2012 S. 3373 ff.), wer vorsätzlich oder grob fahrlässig (vgl. dazu FG Niedersachsen, EFG 2015 S. 904)

► eine **unrichtige Spendenbescheinigung** ausstellt (Ausstellerhaftung) oder

► **veranlasst**, dass Zuwendungen **nicht** zu den in der Bestätigung angegebenen **steuerbegünstigten Zwecken** verwendet werden (Veranlasserhaftung) oder die Spendenmittel **nicht zeitnah** verwendet werden (FG Hamburg, EFG 2016 S. 534; Revision BFH – X R 13/15).

1086 Unrichtig ist eine Spendenbestätigung u.a. dann, wenn sie Zuwendungen ausweist, die Entgelt für Leistungen sind (BFH, NJW 2000 S. 1063 [für Zuwendungen an einen Schulförderverein einer Schule, deren Träger das Schulgeld so niedrig angesetzt hatte, dass der normale Betrieb der Schule nur durch die Zuwendungen der Eltern der Schüler an den Förderverein aufrechterhalten werden konnte]; FG Niedersachsen, EFG 2015 S. 904 [Spendenbescheinigung für Arbeitsleistungen]). Die entgangene Steuer wird stets pauschal mit 30% der Spende angesetzt. Die **Ausstellerhaftung** trifft grds. nur den Verein, nicht aber den Vertreter des Vereins. Dieser haftet nur, wenn er außerhalb des ihm zugewiesenen Wirkungskreises gehandelt hat (BFHE 199 S. 162 = BFH/NV 2002 S. 1220 = BStBl 2003 II S. 128; dazu Schießl, SpuRt 2004 S. 53). Auch bei der **Veranlasserhaftung** wird grds. vorrangig der Verein in Anspruch genommen. Der Vorstand haftet erst, wenn die Inanspruchnahme des Vereins erfolg- bzw. aussichtslos ist (§ 10b Abs. 4 Satz 4 EStG; zu allem Rathke/Ritter, NWB 2012 S. 3373 ff.).

VII. Sponsoring und Steuern

An dieser Stelle kann aus Platzgründen nur auf Folgendes hingewiesen werden (vgl. auch Schleder, Rz. 848 ff.; zur Abgrenzung von Spende oder Sponsoring aus ertrag- und umsatzsteuerlicher Sicht Hörmann, npoR 2016 S. 153): Bei den steuerrechtlichen Fragen ist zu unterscheiden: 1087

▶ Für den **Sponsor** steht im Vordergrund, inwieweit seine Leistungen als Betriebsausgabe oder Werbungskosten absetzbar sind, bei den Gesponserten die Frage nach der Versteuerung der erzielten Einnahmen. Es gilt der Grundsatz: Die Aufwendungen für das Sponsoring werden beim Sponsor dann als Betriebsausgabe anerkannt, wenn sie in einem tatsächlichen oder wirtschaftlichen Zusammenhang mit dem Betrieb stehen. Entscheidend ist, ob sie mit dem Ziel bereitgestellt werden, eine unternehmerische Gegenleistung zu erhalten.

▶ Beim Verein liegt i. d. R. in der bezahlten Werbung für einen Unternehmer und/oder dessen Produkte ein steuerpflichtiger wirtschaftlicher Geschäftsbetrieb (vgl. dazu Rz. 989; s. auch BFH, DStR 2008 S. 505) vor. Den wird man auf jeden Fall dann annehmen müssen, wenn der Unternehmer seine Zahlungen als Betriebsausgabe behandelt. Damit sind die (Werbe-)Einnahmen i. d. R. zu versteuern (wegen der Einzelheiten s. Schleder, Rz. 869 ff.; s. auch Rz. 993).

Hinzuweisen ist in diesem Zusammenhang auch auf das BMF-Schreiben zur ertragsteuerlichen Behandlung des Sponsoring v. 18.2.1998 – IV B 2 – S 2144 – 40/98 und IV B 7 – S 0183 – 62/98, BStBl 1998 I S. 212, das den **Sponsoring-Erlass** des BMF v. 9.7.1997 ersetzte (s. auch NJW 1997 S. 3425; s. auch BMF, Schreiben v. 10. 9.2002, BStBl I S. 867, durch das die Verwaltungsanweisungen zur steuerlichen Behandlung der Sponsoring-Einnahmen bei gemeinnützigen Empfängerkörperschaften in den Anwendungserlass zur AO übernommen worden sind (vgl. Nr. 7 bis 10 zu § 64 AO).   1088

D. Anhang

Muster für Satzungen, Protokolle, Einladungen, Anträge u.a.

I. Aus steuerlichen Gründen notwendige Satzungsbestimmungen

§ 1

1089 Der – ... (Verein) mit Sitz in ... verfolgt ausschließlich und unmittelbar – gemeinnützige – mildtätige – kirchliche – Zwecke (nicht verfolgte Zwecke streichen) im Sinne des Abschnitts „Steuerbegünstigte Zwecke" der Abgabenordnung.

Zweck des Vereins ist ... (z. B. die Förderung von Wissenschaft und Forschung, Jugend- und Altenhilfe, Erziehung, Volks- und Berufsbildung, Kunst und Kultur, Landschaftspflege, Umweltschutz, des öffentlichen Gesundheitswesens, des Sports, Unterstützung hilfsbedürftiger Personen).

Der Satzungszweck wird verwirklicht insbesondere durch ... (z. B. Durchführung wissenschaftlicher Veranstaltungen und Forschungsvorhaben, Vergabe von Forschungsaufträgen, Unterhaltung einer Schule, einer Erziehungsberatungsstelle, Pflege von Kunstsammlungen, Pflege des Liedguts und des Chorgesangs, Errichtung von Naturschutzgebieten, Unterhaltung eines Kindergartens, Kinder-, Jugendheims, Unterhaltung eines Altenheims, eines Erholungsheims, Bekämpfung des Drogenmissbrauchs, des Lärms, Förderung sportlicher Übungen und Leistungen).

§ 2

Der Verein ist selbstlos tätig; er verfolgt nicht in erster Linie eigenwirtschaftliche Zwecke.

§ 3

Mittel des Vereins dürfen nur für die satzungsmäßigen Zwecke verwendet werden. Die Mitglieder erhalten keine Zuwendungen aus Mitteln des Vereins.

§ 4

Es darf keine Person durch Ausgaben, die dem Zweck des Vereins fremd sind, oder durch unverhältnismäßig hohe Vergütungen begünstigt werden.

§ 5

Bei Auflösung oder Aufhebung des Vereins oder bei Wegfall steuerbegünstigter Zwecke fällt das Vermögen des Vereins

1. an – den – die – das – ... (Bezeichnung einer juristischen Person des öffentlichen Rechts oder eines anderen steuerbegünstigten Vereins), – der – die – das – es unmittelbar und ausschließlich für gemeinnützige, mildtätige oder kirchliche Zwecke zu verwenden hat.

oder

2. an eine juristische Person des öffentlichen Rechts oder eine andere steuerbegünstigte Körperschaft zwecks Verwendung für ... (Angabe eines bestimmten gemeinnützigen, mildtätigen oder kirchlichen Zwecks, z. B. Förderung von Wissenschaft und Forschung, Erziehung, Volks- und Berufsbildung, der Unterstützung von Personen, die im Sinne von § 53 der Abgabenordnung wegen ... bedürftig sind, Unterhaltung des Gotteshauses in ...).

WEITERE HINWEISE:

Bei Betrieben gewerblicher Art von juristischen Personen des öffentlichen Rechts, bei den von einer juristischen Person des öffentlichen Rechts verwalteten unselbständigen Stiftungen und bei geistlichen Genossenschaften (Orden, Kongregationen) ist folgende Bestimmung aufzunehmen:

§ 3 Abs. 2

„Der – die – das . . . . erhält bei Auflösung oder Aufhebung des Vereins oder bei Wegfall steuerbegünstigter Zwecke nicht mehr als – seine – ihre eingezahlten Kapitalanteile und den gemeinen Wert seiner – ihrer – geleisteten Sacheinlagen zurück."

II. Einfache Vereinssatzung

§ 1 Name und Sitz

1090 Der Verein führt den Namen „Harmonie" mit dem Zusatz „e. V." nach Eintragung und hat seinen Sitz in München. Der Verein ist in das Vereinsregister des Amtsgerichts München einzutragen.

§ 2 Zweck

Zweck des Vereins ist die Pflege der Geselligkeit. Mittel zur Erreichung des Vereinszwecks sind insbesondere regelmäßige Zusammenkünfte mit musikalischen und sonstigen künstlerischen Darbietungen.

§ 3 Mitgliedschaft

Mitglieder des Vereins können alle volljährigen Personen werden, wenn sie um die Aufnahme schriftlich beim Vorstand des Vereins nachsuchen. Lehnt der Vorstand den Aufnahmeantrag ab, so steht dem Betroffenen die Berufung zur Mitgliederversammlung zu. Diese entscheidet endgültig.

§ 4 Beendigung der Mitgliedschaft

Die Mitgliedschaft endet durch Tod, Austrittserklärung oder Ausschluss. Der Austritt erfolgt durch schriftliche Erklärung gegenüber dem Vorstand. Über den Ausschluss beschließt die Mitgliederversammlung mit einer Mehrheit von drei Vierteln der anwesenden Mitglieder.

§ 5 Mitgliedsbeiträge

Von den Mitgliedern werden Beiträge erhoben. Die Höhe des Jahresbeitrags wird in der Mitgliederversammlung bestimmt.

§ 6 Organe des Vereins

Organe des Vereins sind Vorstand und Mitgliederversammlung.

§ 7 Vorstand

Der Vorstand des Vereins besteht aus dem 1. Vorsitzenden, dem 2. Vorsitzenden, dem Kassierer und dem Schriftführer. Der Verein wird gerichtlich und außergerichtlich durch den 1. und 2. Vorsitzenden je allein vertreten.

(Anmerkung: Bei zwei Vorstandsmitgliedern ist es auf jeden Fall zweckmäßig zu bestimmen, dass jeder alleinvertretungsberechtigt ist)

§ 8 Amtsdauer und Beschlussfassung des Vorstands

Der Vorstand wird von der Mitgliederversammlung auf die Dauer von zwei Jahren, vom Tag der Wahl an gerechnet, gewählt. Der Vorstand bleibt jedoch auch nach Ablauf seiner Amtszeit bis zur Neuwahl des neuen Vorstands im Amt.

Der Vorstand fasst seine Beschlüsse in Vorstandssitzungen, die vom Vorsitzenden oder vom stellvertretenden Vorsitzenden schriftlich, fernmündlich oder telegrafisch einberufen werden.

§ 9 Mitgliederversammlung

Mindestens einmal im Jahr, möglichst zu Beginn des Kalenderjahres, findet eine ordentliche Mitgliederversammlung statt. Sie beschließt vor allem über die Beiträge, die Entlastung und Wahl des Vorstands und über Satzungsänderungen. Eine außerordentliche Mitgliederversammlung ist auf Verlangen eines Drittels der Mitglieder einzuberufen. Die Einberufung zu Mitgliederversammlungen geschieht durch den Vorstand mit einer Frist von einer Woche schriftlich unter Bekanntgabe der Tagesordnung. Die Tagesordnung kann durch Mehrheitsbeschluss der Mitgliederversammlung in der Sitzung ergänzt oder geändert werden; dies gilt nicht für Satzungsänderungen.

Die Mitgliederversammlung fasst ihre Beschlüsse mit der Mehrheit der erschienenen Mitglieder. Stimmenthaltungen und ungültige Stimmen bleiben außer Betracht.

§ 10 Beurkundung der Beschlüsse der Vereinsorgane

Über die Beschlüsse des Vorstands und der Mitgliederversammlung ist eine Niederschrift aufzunehmen, die vom Vorsitzenden oder seinem Stellvertreter und vom Schriftführer oder einem von der Versammlung gewählten Protokollführer zu unterzeichnen ist.

§ 11 Auflösung

Die Auflösung kann nur in einer besonderen, zu diesem Zweck mit einer Frist von einem Monat einzuberufenden außerordentlichen Mitgliederversammlung mit einer Mehrheit von drei Vierteln der erschienenen Mitglieder beschlossen werden.

Die Versammlung beschließt auch über die Art der Liquidation und die Verwertung des verbleibenden Vermögens.

Vorstehende Satzung wurde am ... errichtet.

(Es folgen die Unterschriften von allen Personen, die in der Gründerversammlung dem Verein beigetreten sind. Mindestens sieben Unterschriften sind erforderlich)

III. Ausführliche Satzung eines gemeinnützigen Vereins

III. Ausführliche Satzung eines gemeinnützigen Vereins

Satzung der Musikschule Adorf e. V.   1091

§ 1 Name und Sitz

(1) Der Verein trägt den Namen „Musikschule Adorf e. V.".

(2) Der Verein hat seinen Sitz in Adorf.

(3) Der Verein soll in das Vereinsregister beim Amtsgericht Astadt eingetragen werden.

§ 2 Zweck des Vereins

s. oben Rz. 1089

§ 3 Gewinnverwendung und Begünstigungsverbot

s. oben Rz. 1089

§ 4 Mitgliedschaft

(1) Mitglied des Vereins kann jede voll geschäftsfähige, natürliche Person und juristische Person werden. Der Antrag auf Aufnahme in den Verein ist an den Vorstand zu richten, der über die Aufnahme beschließt.

(2) Der Mitgliedsbeitrag wird durch die Mitgliederversammlung festgesetzt.

(3) Die Mitgliedschaft endet

a) durch Tod oder – bei juristischen Personen – durch Auflösung,

b) durch Austritt,

c) durch Ausschluss,

d) durch Streichung in der Mitgliederliste.

Der Austritt aus dem Verein erfolgt durch schriftliche Erklärung gegenüber dem Vorstand mit einer Frist von drei Monaten zum Ende eines Kalenderjahres. Der Ausschluss ist nur aus wichtigem Grund mit und ohne Einhaltung einer Frist durch Beschluss des Vorstands möglich. Gegen den Beschluss des Vorstands kann binnen einer Frist von einem Monat nach Zugang der Ausschlusserklärung Einspruch bei der Mitgliederversammlung eingelegt werden.

459

Bis zur Entscheidung der Mitgliederversammlung ruhen die Rechte des Mitglieds. Die Streichung aus der Mitgliederliste erfolgt durch den Vorstand. Sie kann erfolgen, wenn das Mitglied mit seinem Mitgliedsbeitrag länger als drei Monate in Verzug ist und trotz Mahnung den Rückstand nicht innerhalb von zwei Wochen ausgeglichen hat. In der Mahnung muss das Mitglied auf die bevorstehende Streichung aus der Mitgliederliste hingewiesen werden.

§ 5 Organe des Vereins

Organe des Vereins sind:

a) die Mitgliederversammlung,

b) der Vorstand.

§ 6 Mitgliederversammlung

(1) Die Mitgliederversammlung besteht aus den Vereinsmitgliedern.

(2) Mindestens einmal im Jahr findet eine ordentliche Mitgliederversammlung statt, und zwar im ersten Halbjahr. Die Aufgaben der Mitgliederversammlung sind:

1. die Wahl des Vorstands,

2. Entscheidung über die Berufung eines ausgeschlossenen Mitglieds,

3. Entgegennahme des Jahresberichts und der Jahresrechnung,

4. Entlastung des Vorstands,

5. Wahl der Rechnungsprüfer,

6. Änderung der Satzung,

7. Auflösung des Vereins.

(3) Die Mitgliederversammlung wird vom Vorsitzenden des Vorstands oder seinem Stellvertreter mit einer Frist von 14 Tagen unter Angabe der Tagesordnung schriftlich eingeladen. Jedes Mitglied kann bis zum 5. Tage vor der Mitgliederversammlung Anträge zur Tagesordnung stellen. Sie ist einzuberufen, wenn 1/3 der Mitglieder dieses verlangen. Die Tagesordnung kann durch Mehrheitsbeschluss der Mitgliederversammlung in der Sitzung ergänzt oder geändert werden; dies gilt nicht für Satzungsänderungen.

Jedes Mitglied kann sich mit schriftlicher Vollmacht durch ein anderes Mitglied vertreten lassen.

(4) Der Vorsitzende des Vorstands oder sein Stellvertreter leiten die Versammlung.

(5) Bei der Abstimmung hat jedes Mitglied eine Stimme. Stimmenthaltungen gelten als ungültige Stimmen.

(6) Die Beschlüsse der Mitgliederversammlung werden mit einfacher Mehrheit der gültigen Stimmen gefasst. Beschlüsse über Satzungsänderungen und Auflösung des Vereins bedürfen einer 2/3-Mehrheit der gültigen Stimmen. Bei Wahlen ist derjenige gewählt, der die meisten Stimmen auf sich vereinigt.

(7) Über die Beschlüsse der Mitgliederversammlung ist ein Protokoll anzufertigen, das vom Sitzungsleiter und von einem anderen Vorstandsmitglied gegenzuzeichnen ist. Das Protokoll ist in der nächsten Mitgliederversammlung zu verlesen und zur Abstimmung zu bringen.

§ 7 Vorstand

(1) Der Vorstand besteht aus dem Vorsitzenden, seinem Stellvertreter, dem Schatzmeister, dem Schriftführer und fünf Beisitzern. Der Vorstand wird auf zwei Kalenderjahre gewählt, jedoch bleiben die Vorstandsmitglieder so lange im Amt, bis ein Nachfolger gewählt ist, allerdings längstens sechs Monate über den Ablauf der Amtszeit hinaus. Scheidet ein Mitglied des Vorstands vorzeitig, z. B. durch Rücktritt oder Tod, aus, ist das Ersatzmitglied des Vorstands nur für die restliche Amtsdauer des Ausgeschiedenen gewählt.

(2) Mitglied im Vorstand mit beratender Stimme ist der jeweilige Leiter der Schule, falls ein solcher bestellt ist. Der Gemeindedirektor der Gemeinde Adorf oder ein von ihm Beauftragter nehmen mit beratender Stimme an den Vorstandssitzungen teil.

(3) Die Mitglieder sind grds. ehrenamtlich tätig. Sie erhalten keine Vergütungen. Auslagen werden aber erstattet, soweit diese nicht den Rahmen des Üblichen übersteigen.

Die Mitgliedersammlung kann jedoch mit einfacher Stimmenmehrheit beschließen, dass den Vorstandsmitgliedern für diejenigen Tätigkeiten, die über den üblichen Aufgabenkreis des Vereinsvorstands hinausgehen:

a) Entschädigung für den tatsächlichen nachgewiesenen Aufwand

b) angemessene Abgeltung des Zeitaufwands

gezahlt wird.

(4) Der Vorsitzende oder sein Stellvertreter vertritt den Verein gerichtlich und außergerichtlich.

(5) Der Vorstand entscheidet mit Stimmenmehrheit. Bei Stimmengleichheit gibt die Stimme des Vorsitzenden den Ausschlag.

(6) Dem Vorstand obliegt die Leitung des Vereins, die Ausführung der Beschlüsse der Mitgliederversammlung und die Verwaltung des Vereinsvermögens. Er ist befugt, Musiklehrer einzustellen und zu entlassen. Er kann einen Leiter der Musikschule und einen Geschäftsführer bestellen.

(7) Der Vorsitzende ruft bei Bedarf, oder wenn zwei Vorstandsmitglieder es begehren, eine Vorstandssitzung unter Angabe der Tagesordnung ein. Er leitet die Vorstandssitzung. Über die Sitzungen ist ein Protokoll durch den Schriftführer anzufertigen und von ihm und dem Vorsitzenden zu unterschreiben.

(8) Der Vorstand beschließt die Gebührenordnung für den Musikunterricht. Er beschließt weiter eine Schulordnung.

§ 8 Geschäftsjahr

Das Geschäftsjahr des Vereins ist das Kalenderjahr.

§ 9 Auflösung des Vereins

Bei Auflösung oder Aufhebung des Vereins oder bei Wegfall seines bisherigen Zwecks fällt das Vermögen des Vereins an die Gemeinde Adorf, die es unmittelbar und ausschließlich für gemeinnützige Zwecke im Sinne der Satzung zu verwenden hat.

Errichtet zu Adorf, den ...

(Unterschriften von mindestens sieben Mitgliedern)

IV. Besonders ausführliche Satzung eines gemeinnützigen Vereins

(nach Sauter/Schweyer/Waldner, Rz. 628)   1092

§ 1 Name, Sitz, Geschäftsjahr

Der Verein führt den Namen „Verein zur Förderung körperbehinderter Kinder" und soll in das Vereinsregister eingetragen werden; nach der Eintragung führt er den Zusatz „e. V.".

Der Verein hat seinen Sitz in München.

Das Geschäftsjahr des Vereins ist das Kalenderjahr.

§ 2 Zweck des Vereins

Zweck des Vereins ist die Förderung körperbehinderter Kinder. Der Verein verfolgt ausschließlich und unmittelbar gemeinnützige Zwecke im Sinne des Abschnitts „Steuerbegünstigte Zwecke" der Abgabenordnung.

Der Satzungszweck wird verwirklicht insbesondere durch folgende Maßnahmen:

► Beratung der Eltern und der sonstigen Erziehungsberechtigten körperbehinderter Kinder;

► Einflussnahme auf die Errichtung von Spezialbehandlungszentren durch die Gebietskörperschaften;

► Aufklärung der Öffentlichkeit über die Probleme des körperbehinderten Kindes.

Der Verein ist selbstlos tätig; er verfolgt nicht in erster Linie eigenwirtschaftliche Zwecke.

Mittel des Vereins dürfen nur für die satzungsmäßigen Zwecke verwendet werden. Die Mitglieder erhalten keine Gewinnanteile und in ihrer Eigenschaft als Mitglieder auch keine sonstigen Zuwendungen aus den Mitteln des Vereins. Es darf keine Person durch Ausgaben, die dem Zweck des Vereins fremd sind, oder durch unverhältnismäßig hohe Vergütungen begünstigt werden.

Bei Auflösung des Vereins oder bei Wegfall seines bisherigen Zwecks fällt das Vermögen des Vereins an das Bayerische Rote Kreuz mit der Bestimmung, es unmittelbar und ausschließlich für die Förderung des öffentlichen Gesundheitswesens zu verwenden.

Alle Inhaber von Vereinsämtern sind ehrenamtlich tätig. Jeder Beschluss über die Änderung der Satzung ist vor dessen Anmeldung beim Registergericht dem zuständigen Finanzamt vorzulegen.

§ 3 Erwerb der Mitgliedschaft

Mitglied des Vereins kann jede volljährige Person werden. Über den schriftlichen Antrag entscheidet der Vorstand. Der Antrag soll den Namen, das Alter, den Beruf und die Anschrift des Antragstellers sowie die Angabe enthalten, ob er Vater (Mutter) eines körperbehinderten Kindes ist; ggf. ist das Alter des Kindes anzugeben.

Gegen den ablehnenden Bescheid des Vorstands, der mit Gründen zu versehen ist, kann der Antragsteller Beschwerde erheben. Die Beschwerde ist innerhalb eines Monats ab Zugang des ablehnenden Bescheids schriftlich beim Vorstand einzulegen. Über die Beschwerde entscheidet die nächste ordentliche Mitgliederversammlung.

§ 4 Beendigung der Mitgliedschaft

Die Mitgliedschaft endet

a) mit dem Tod des Mitglieds;

b) durch freiwilligen Austritt;

c) durch Streichung von der Mitgliederliste;

d) durch Ausschluss aus dem Verein.

Der freiwillige Austritt erfolgt durch schriftliche Erklärung gegenüber einem Mitglied des Vorstands. Er ist nur zum Schluss eines Kalenderjahres unter Einhaltung einer Kündigungsfrist von drei Monaten zulässig.

Ein Mitglied kann durch Beschluss des Vorstands von der Mitgliederliste gestrichen werden, wenn es trotz zweimaliger Mahnung mit der Zahlung des Beitrags im Rückstand ist. Die Streichung darf erst beschlossen werden, nachdem seit der Absendung des zweiten Mahnschreibens drei Monate verstrichen und die Beitragsschulden nicht beglichen sind. Die Streichung ist dem Mitglied mitzuteilen.

Ein Mitglied kann, wenn es gegen die Vereinsinteressen gröblich verstoßen hat, durch Beschluss des Vorstands aus dem Verein ausgeschlossen werden. Vor der Beschlussfassung ist dem Mitglied unter Setzung einer angemessenen Frist Gelegenheit zu geben, sich persönlich vor dem Vorstand oder schriftlich zu rechtfertigen. Eine schriftliche Stellungnahme des Betroffenen ist in der

Vorstandssitzung zu verlesen. Der Beschluss über den Ausschluss ist mit Gründen zu versehen und dem Mitglied mittels eingeschriebenen Briefes bekannt zu machen. Gegen den Ausschließungsbeschluss des Vorstands steht dem Mitglied das Recht der Berufung an die Mitgliederversammlung zu. Die Berufung muss innerhalb einer Frist von einem Monat ab Zugang des Ausschließungsbeschlusses beim Vorstand schriftlich eingelegt werden. Ist die Berufung rechtzeitig eingelegt, so hat der Vorstand innerhalb von zwei Monaten die Mitgliederversammlung zur Entscheidung über die Berufung einzuberufen. Geschieht das nicht, gilt der Ausschließungsbeschluss als nicht erlassen. Macht das Mitglied von dem Recht der Berufung gegen den Ausschließungsbeschluss keinen Gebrauch oder versäumt es die Berufungsfrist, so unterwirft es sich damit dem Ausschließungsbeschluss mit der Folge, dass die Mitgliedschaft als beendet gilt.

§ 5 Mitgliedsbeiträge

Von den Mitgliedern werden Beiträge erhoben. Die Höhe des Jahresbeitrags und dessen Fälligkeit werden von der Mitgliederversammlung bestimmt. Mitglieder, die den Vorstand ermächtigen, den Betrag durch Abbuchung von ihrem Konto einzuziehen, erhalten einen Nachlass von 5%.

Ehrenmitglieder sind von der Beitragspflicht befreit.

§ 6 Organe des Vereins

Organe des Vereins sind

a) der Vorstand,

b) der Beirat,

c) die Mitgliederversammlung.

§ 7 Vorstand

Der Vorstand des Vereins besteht aus dem Vorsitzenden, dem stellvertretenden Vorsitzenden, dem Schatzmeister und dem Schriftführer.

Der Verein wird gerichtlich und außergerichtlich durch zwei Mitglieder des Vorstands, darunter der Vorsitzende oder der stellvertretende Vorsitzende, vertreten. Rechtsgeschäfte mit einem Geschäftswert über 3.000 € sind für den Verein nur verbindlich, wenn die Zustimmung des Beirats hierzu schriftlich erteilt ist.

Die Mitglieder des Vorstands sind grds. ehrenamtlich tätig. Sie erhalten keine Vergütungen. Auslagen werden aber erstattet, soweit diese nicht den Rahmen des Üblichen übersteigen.

Die Mitgliedersammlung kann jedoch mit einfacher Stimmenmehrheit beschließen, dass den Vorstandsmitgliedern für diejenigen Tätigkeiten, die über den üblichen Aufgabenkreis des Vereinsvorstands hinausgehen:

a) Entschädigung für den tatsächlichen nachgewiesenen Aufwand

b) angemessene Abgeltung des Zeitaufwands

gezahlt wird.

§ 8 Zuständigkeit des Vorstands

Der Vorstand ist für alle Angelegenheiten des Vereins zuständig, soweit sie nicht durch die Satzung einem anderen Vereinsorgan zugewiesen sind. Er hat vor allem folgende Aufgaben:

1. Vorbereitung der Mitgliederversammlungen und Aufstellung der Tagesordnungen;

2. Einberufung der Mitgliederversammlung;

3. Ausführung der Beschlüsse der Mitgliederversammlung;

4. Aufstellung eines Haushaltsplans für jedes Geschäftsjahr; Buchführung; Erstellung eines Jahresberichts;

5. Aufstellung von Richtlinien für den Betrieb der vereinseigenen Behandlungsstätten;

6. Abschluss und Kündigung von Arbeitsverträgen;

7. Beschlussfassung über Aufnahme, Streichung und Ausschluss von Mitgliedern.

Der Vorstand ist verpflichtet, in allen wichtigen Angelegenheiten die Meinung des Beirats einzuholen.

§ 9 Amtsdauer des Vorstands

Der Vorstand wird von der Mitgliederversammlung auf die Dauer von zwei Jahren, vom Tage der Wahl an gerechnet, gewählt; er bleibt jedoch bis zur Neuwahl des Vorstands im Amt. Jedes Vorstandsmitglied ist einzeln zu wählen. Wählbar sind nur Vereinsmitglieder. Der Vorsitzende und der stellvertretende Vorsitzende sollen ein Facharzt für Orthopädie sein. Scheidet ein Mitglied des Vorstands während der Amtsperiode aus, so wählt der Vorstand ein Ersatzmitglied für die restliche Amtsdauer des Ausgeschiedenen.

§ 10 Beschlussfassung des Vorstands

Der Vorstand fasst seine Beschlüsse im Allgemeinen in Vorstandssitzungen, die vom Vorsitzenden, bei dessen Verhinderung dem stellvertretenden Vorsitzenden, schriftlich, fernmündlich oder telegrafisch einberufen werden. In jedem Fall ist eine Einberufungsfrist von einer Woche einzuhalten. Einer Mitteilung der Tagesordnung bedarf es nicht. Der Vorstand ist beschlussfähig, wenn mindestens zwei Vorstandsmitglieder, darunter der Vorsitzende oder der stellvertretende Vorsitzende, anwesend sind. Bei der Beschlussfassung entscheidet die Mehrheit der abgegebenen gültigen Stimmen. Bei Stimmengleichheit entscheidet die Stimme des Leiters der Vorstandssitzung. Die Vorstandssitzung leitet der Vorsitzende, bei dessen Verhinderung der stellvertretende Vorsitzende. Die Beschlüsse des Vorstands sind zu Beweiszwecken in ein Beschlussbuch einzutragen und vom Sitzungsleiter zu unterschreiben. Die Niederschrift soll Ort und Zeit der Vorstandssitzung, die Namen der Teilnehmer, die gefassten Beschlüsse und das Abstimmungsergebnis enthalten.

Ein Vorstandsbeschluss kann auf schriftlichem Wege gefasst werden, wenn alle Vorstandsmitglieder ihre Zustimmung zu der zu beschließenden Regelung erklären.

Die Vereinigung mehrerer Vorstandsämter in einer Person ist unzulässig.

§ 11 Beirat

Der Beirat besteht aus fünf Mitgliedern. Er wird auf die Dauer von drei Jahren, vom Tage der Wahl an gerechnet, von der Mitgliederversammlung gewählt; er bleibt jedoch bis zur Neuwahl des Beirats im Amt. Jedes Mitglied des Beirats ist einzeln zu wählen. Wählbar sind nur Vereinsmitglieder, die dem Verein mindestens zwei Kalenderjahre angehören, dies gilt nicht für die ersten Mitglieder des Beirats nach der Gründung des Vereins. Drei Mitglieder des Beirats sollen Erziehungsberechtigte körperbehinderter Kinder sein. Vorstandsmitglieder können nicht zugleich Mitglieder des Beirats sein.

Der Beirat hat die Aufgabe, den Vorstand in wichtigen Vereinsangelegenheiten zu beraten. Er unterrichtet sich durch Abhaltung von Sprechstunden oder in sonst geeigneter Weise über die Angelegenheiten der Vereinsmitglieder und macht dem Vorstand Vorschläge für die Geschäftsführung. Bei Rechtsgeschäften mit einem Geschäftswert von mehr als 3.000 € beschließt er, ob dem Rechtsgeschäft zugestimmt wird.

Mindestens einmal im Vierteljahr soll eine Sitzung des Beirats stattfinden. Der Beirat wird vom Vorsitzenden oder vom stellvertretenden Vorsitzenden des Vereins schriftlich, fernmündlich oder telegrafisch mit einer Frist von mindestens einer Woche einberufen. Einer Mitteilung der Tagesordnung bedarf es nicht. Der Beirat muss einberufen werden, wenn mindestens zwei Beiratsmitglieder die Einberufung schriftlich vom Vorstand verlangen. Wird dem Verlangen innerhalb einer Frist von zwei Wochen nicht entsprochen, sind die Beiratsmitglieder, die die Einberufung des Beirats vom Vorstand verlangt haben, berechtigt, selbst den Beirat einzuberufen.

Zu den Sitzungen des Beirats haben alle Vorstandsmitglieder Zutritt, auch das Recht zur Diskussion, aber kein Stimmrecht. Die Vorstandsmitglieder sind von den Sitzungen des Beirats zu verständigen. Die Sitzungen des Beirats werden vom Vorsitzenden, bei dessen Verhinderung vom stellvertretenden Vorsitzenden des Vereins geleitet; ist auch dieser verhindert, leitet das Beiratsmitglied die Sitzung, das am längsten dem Verein angehört. Im Zweifelsfall bestimmen die erschienenen Beiratsmitglieder den Sitzungsleiter.

Der Beirat bildet seine Meinung durch Beschlussfassung. Bei der Beschlussfassung entscheidet die Mehrheit der abgegebenen gültigen Stimmen.

Scheidet ein Mitglied des Beirats vorzeitig aus, so wählt der Beirat für die restliche Amtsdauer des ausgeschiedenen Mitglieds ein Ersatzmitglied.

Die Beschlüsse des Beirats sind zu Beweiszwecken in ein Beschlussbuch einzutragen und vom jeweiligen Sitzungsleiter zu unterschreiben.

§ 12 Mitgliederversammlung

In der Mitgliederversammlung hat jedes Mitglied – auch ein Ehrenmitglied – eine Stimme. Zur Ausübung des Stimmrechts kann ein anderes Mitglied schriftlich bevollmächtigt werden. Die Bevollmächtigung ist für jede Mitgliederversammlung gesondert zu erteilen. Ein Mitglied darf jedoch nicht mehr als drei fremde Stimmen vertreten.

Die Mitgliederversammlung ist ausschließlich für folgende Angelegenheiten zuständig:

1. Genehmigung des vom Vorstand aufgestellten Haushaltsplans für das nächste Geschäftsjahr; Entgegennahme des Jahresberichts des Vorstands; Entlastung des Vorstands;

2. Festsetzung der Höhe und der Fälligkeit des Jahresbeitrags;

3. Wahl und Abberufung der Mitglieder des Vorstands und des Beirats;

4. Beschlussfassung über Änderung der Satzung und über die Auflösung des Vereins;

5. Beschlussfassung über die Beschwerde gegen die Ablehnung des Aufnahmeantrags sowie über die Berufung gegen einen Ausschließungsbeschluss des Vorstands;

6. Ernennung von Ehrenmitgliedern.

In Angelegenheiten, die in den Zuständigkeitsbereich des Vorstands fallen, kann die Mitgliederversammlung Empfehlungen an den Vorstand beschließen. Der Vorstand kann seinerseits in Angelegenheiten seines Zuständigkeitsbereichs die Meinung der Mitgliederversammlung einholen.

§ 13 Einberufung der Mitgliederversammlung

Mindestens einmal im Jahr, möglichst im letzten Quartal, soll eine ordentliche Mitgliederversammlung stattfinden. Sie wird vom Vorstand unter Einhaltung einer Frist von zwei Wochen schriftlich unter Angabe der Tagesordnung einberufen. Die Frist beginnt mit dem auf die Absendung des Einladungsschreibens folgenden Tag. Das Einladungsschreiben gilt dem Mitglied als zugegangen, wenn es an die letzte vom Mitglied dem Verein bekannt gegebene Adresse gerichtet ist. Die Tagesordnung setzt der Vorstand fest. Die Tagesordnung kann durch Mehrheitsbeschluss der Mitgliederversammlung in der Sitzung ergänzt oder geändert werden; dies gilt nicht für Satzungsänderungen.

§ 14 Beschlussfassung der Mitgliederversammlung

Die Mitgliederversammlung wird vom Vorsitzenden, bei dessen Verhinderung vom stellvertretenden Vorsitzenden oder einem anderen Vorstandsmitglied geleitet. Ist kein Vorstandsmitglied anwesend, bestimmt die Versammlung den Leiter. Bei Wahlen kann die Versammlungsleitung für die Dauer des Wahlgangs und der vorhergehenden Diskussion einem Wahlausschuss übertragen werden.

Der Protokollführer wird vom Versammlungsleiter bestimmt; zum Protokollführer kann auch ein Nichtmitglied bestimmt werden.

Die Art der Abstimmung bestimmt der Versammlungsleiter. Die Abstimmung muss schriftlich durchgeführt werden, wenn ein Drittel der bei der Abstimmung anwesenden stimmberechtigten Mitglieder dies beantragt.

Die Mitgliederversammlung ist nicht öffentlich. Der Versammlungsleiter kann Gäste zulassen. Über die Zulassung der Presse, des Rundfunks und des Fernsehens beschließt die Mitgliederversammlung.

Die Mitgliederversammlung ist beschlussfähig, wenn mindestens ein Drittel sämtlicher Vereinsmitglieder anwesend ist. Bei Beschlussunfähigkeit ist der Vorstand verpflichtet, innerhalb von vier Wochen eine zweite Mitgliederversammlung mit der gleichen Tagesordnung einzuberufen; diese ist ohne Rücksicht auf die Zahl der erschienenen Mitglieder beschlussfähig. Hierauf ist in der Einladung hinzuweisen.

Die Mitgliederversammlung fasst Beschlüsse im Allgemeinen mit einfacher Mehrheit der abgegebenen gültigen Stimmen; Stimmenthaltungen bleiben daher außer Betracht. Zur Änderung der Satzung ist jedoch eine Mehrheit von drei Vierteln der abgegebenen gültigen Stimmen, zur Auflösung des Vereins eine solche von vier Fünfteln erforderlich. Eine Änderung des Zwecks des Vereins kann nur mit Zustimmung aller Mitglieder beschlossen werden. Die schriftliche Zustimmung der in der Mitgliederversammlung nicht erschienenen Mitglieder kann nur innerhalb eines Monats gegenüber dem Vorstand erklärt werden.

Für Wahlen gilt Folgendes: Hat im ersten Wahlgang kein Kandidat die Mehrheit der abgegebenen Stimmen erreicht, findet eine Stichwahl zwischen den Kandidaten statt, welche die beiden höchsten Stimmenzahlen erreicht haben. Gewählt ist dann derjenige, der die meisten Stimmen auf sich vereinigt.

Über die Beschlüsse der Mitgliederversammlung ist ein Protokoll aufzunehmen, das vom jeweiligen Versammlungsleiter und dem Protokollführer zu unterzeichnen ist. Es soll folgende Feststellungen enthalten: Ort und Zeit der Versammlung, Person des Versammlungsleiters und des Protokollführers, Zahl der erschienenen Mitglieder, Tagesordnung, die einzelnen Abstimmungsergebnisse und die Art der Abstimmung. Bei Satzungsänderungen soll der genaue Wortlaut angegeben werden.

§ 15 Nachträgliche Anträge zur Tagesordnung

Jedes Mitglied kann bis spätestens eine Woche vor dem Tag der Mitgliederversammlung beim Vorstand schriftlich beantragen, dass weitere Angelegenheiten nachträglich auf die Tagesordnung gesetzt werden. Der Versammlungsleiter hat zu Beginn der Mitgliederversammlung die Tagesordnung entsprechend zu ergänzen. Über Anträge auf Ergänzung der Tagesordnung, die erst in der Mitgliederversammlung gestellt werden, beschließt die Mitgliederversammlung. Zur Annahme des Antrags ist eine Mehrheit von drei Vierteln der abgegebenen gültigen Stimmen erforderlich.

§ 16 Außerordentliche Mitgliederversammlungen

Der Vorstand kann jederzeit eine außerordentliche Mitgliederversammlung einberufen. Diese muss einberufen werden, wenn das Interesse des Vereins es erfordert oder wenn die Einberufung von einem Drittel aller Mitglieder schriftlich unter Angabe des Zwecks und der Gründe vom Vorstand verlangt wird. Für die außerordentliche Mitgliederversammlung gelten die §§ 12, 13, 14 und 15 entsprechend.

§ 17 Auflösung des Vereins und Anfallberechtigung

Die Auflösung des Vereins kann nur in einer Mitgliederversammlung mit der in § 14 festgelegten Stimmenmehrheit beschlossen werden. Sofern die Mitgliederversammlung nichts anderes beschließt, sind der Vorsitzende und der stellvertretende Vorsitzende gemeinsam vertretungsberechtigte Liquidatoren. Die vorstehenden Vorschriften gelten entsprechend für den Fall, dass der Verein aus einem anderen Grund aufgelöst wird oder seine Rechtsfähigkeit verliert.

Die vorstehende Satzung wurde in der Gründungsversammlung vom ... errichtet.

(Es folgen die deutlichen Unterschriften der dem Verein in der Gründungsversammlung beigetretenen Personen; mindestens sind sieben Unterschriften erforderlich.)

V. Satzung für einen Sportverein

1093 *(entnommen www.vereinsknowhow.de)*

§ 1 Name, Sitz und Geschäftsjahr

1. Der Verein führt den Namen: ...

   und hat seinen Sitz in: ...

   Er wurde am ... gegründet und soll in das Vereinsregister beim Amtsgericht eingetragen werden.

2. Das Geschäftsjahr ist das Kalenderjahr.

§ 2 Zweck und Gemeinnützigkeit

1. Der Verein verfolgt ausschließlich und unmittelbar gemeinnützige Zwecke im Sinne des Abschnitts „Steuerbegünstigte Zwecke" der Abgabenordnung. Zweck des Vereins ist die Förderung des Sports.

2. Der Satzungszweck wird insbesondere verwirklicht durch:

   a) die Abhaltung von geordneten Sport- und Spielübungen bei (hier bitte die Sportarten einsetzen wie Fußball, Handball, Turnen etc.)

   b) die Durchführung von sportlichen Veranstaltungen

   c) Einsatz von sachgemäß vorgebildeten Übungsleiter/innen.

3. Der Verein ist selbstlos tätig; er verfolgt nicht in erster Linie eigenwirtschaftliche Zwecke.

4. Mittel des Vereins dürfen nur für die satzungsgemäßen Zwecke verwendet werden. Die Mitglieder erhalten keine Zuwendungen aus Mitteln des Vereins.

5. Es darf keine Person durch Ausgaben, die dem Zweck des Vereins fremd sind oder durch unverhältnismäßige hohe Vergütungen begünstigt werden.

§ 3 Mitgliedschaft in den Verbänden

Der Verein ist Mitglied im

a) Landessportbund Hessen e. V.

b) zuständigen Landesverband

c) zuständigen Spitzenverband des DSB

§ 4 Farben und Auszeichnungen

1. Die Farben des Vereins sind: ...

2. Jedes Mitglied hat das Recht zum Erwerb und zum Tragen des Vereins-Abzeichens.

§ 5 Mitgliedschaft

1. Der Verein führt als Mitglieder:

   a) ordentliche Mitglieder (ab dem 18. Lebensjahr)

   b) Kinder (bis inkl. 13 Jahre)

   c) Jugendliche (14 bis17 Jahre)

   d) Ehrenmitglieder

2. Mitglied des Vereins kann jeder ohne Rücksicht auf Beruf, Rasse und Religion werden.

3. Der Antrag um Aufnahme in den Verein hat schriftlich zu erfolgen. Jugendliche im Alter unter 18 Jahren können nur mit schriftlicher Zustimmung der gesetzlichen Vertreter aufgenommen werden.

4. Der Vorstand entscheidet über die Aufnahme.

5. Die Mitgliedschaft endet:

   a) durch Austritt, der nur schriftlich für den Schluss eines Kalenderjahres zulässig und spätestens sechs Wochen zuvor zu erklären ist;

   b) durch Streichung aus dem Mitgliederverzeichnis, wenn ein Mitglied neun Monate mit der Entrichtung der Vereinsbeiträge in Verzug ist und trotz erfolgter schriftlicher Mahnung diese Rückstände nicht bezahlt oder sonstige finanzielle Verpflichtungen dem Verein gegenüber nicht erfüllt hat;

   c) durch Ausschluss bei vereinsschädigendem Verhalten, der durch den Vorstand zu beschließen ist. Dem Auszuschließenden ist Gelegenheit zur Stellungnahme zu geben. Der Ausschlussbeschluss ist dem Auszuschließenden schriftlich mit Begründung bekannt zu geben. Gegen den Ausschlussbeschluss kann der Auszuschließende schriftlich die nächste Mitgliederversammlung anrufen, die endgültig entscheidet.

6. Mit dem Ausscheiden aus dem Verein erlöschen alle Rechte und Pflichten gegenüber dem Verein. Im Falle des Ausschlusses dürfen Auszeichnungen nicht weiter getragen werden.

7. Es ist ein Mitgliedsbeitrag zu zahlen. Art, Höhe und Fälligkeit legt die Mitgliederversammlung fest.

§ 6 Organe des Vereins

Die Organe des Vereins sind:

a) die Mitgliederversammlung

b) der Vorstand

c) die Jugendversammlung

§ 7 Mitgliederversammlung

1. Die Mitgliederversammlung wird durch den Vorstand einberufen.

2. Die ordentliche Mitgliederversammlung soll in den drei ersten Monaten des Kalenderjahres stattfinden.

3. Die Einladung zu einer Mitgliederversammlung hat spätestens zwei Wochen vorher schriftlich zu erfolgen.

4. Die Tagesordnung soll enthalten

   a) Bericht des Vorstands;

   b) Entlastung des Vorstands;

   c) Neuwahl des Vorstands;

   d) Bestätigung des Jugendwarts, der Jugendwartin, des Jugendsprechers, die von der Jugendversammlung gewählt sind;

   e) Wahl von zwei Kassenprüfern;

   f) Veranstaltungskalender;

   g) Haushaltsvoranschlag;

   h) Anträge;

   i) Verschiedenes.

5. Der Vorsitzende oder sein Vertreter leiten die Versammlung.

6. Über die Versammlung hat der Schriftführer eine Niederschrift aufzunehmen, die vom Leiter der Versammlung und vom Schriftführer zu unterzeichnen ist. Die gefassten Beschlüsse sind wörtlich in die Niederschrift aufzunehmen.

7. Beschlüsse werden mit einfacher Mehrheit der abgegebenen Stimmen gefasst (Enthaltungen zählen nicht mit).

8. Satzungsänderungen können nur mit 2/3 Stimmenmehrheit beschlossen werden. Über die Auflösung des Vereins beschließt die Mitgliederversammlung mit einer Mehrheit von 3/4 der abgegebenen Stimmen.

9. Außerordentliche Versammlungen finden statt, wenn das Interesse des Vereins es erfordert oder auf schriftlich begründeten Antrag von mindestens 20% der Mitglieder.

   Außerordentlichen Versammlungen stehen die gleichen Befugnisse zu, wie den ordentlichen.

§ 8 Vorstand

1. Der Vorstand besteht aus:

   der/dem 1. Vorsitzenden;

   der/dem 2. Vorsitzenden;

   dem/der Schatzmeister/in;

   dem/der Schriftführer/in,

   dem/der Pressewart/in;

   dem/der Sportwart/in;

   dem/der Jugendwartin;

   dem/der Frauenwartin;

   dem/der Jugendsprecher/in.

2. Der Vorstand beschließt über die Verteilung einzelner Aufgaben.

3. Vorstand im Sinne des § 26 BGB sind der 1. Vorsitzende, der 2. Vorsitzende, der Schatzmeister. Hiervon sind jeweils zwei gemeinsam zur Vertretung des Vereins berechtigt.

4. Die Wahl des Vorstands erfolgt für zwei Jahre. Der Vorstand bleibt bis zur Neuwahl eines anderen Vorstands im Amt.

5. Beim Ausscheiden von einzelnen Vorstandsmitgliedern kann sich der Vorstand bis zur nächsten Mitgliederversammlung durch Vorstandsbeschluss aus der Reihe der Mitglieder ergänzen.

6. Die Mitglieder des Vorstands sind grds. ehrenamtlich tätig. Sie erhalten keine Vergütungen. Auslagen werden aber erstattet, soweit diese nicht den Rahmen des Üblichen übersteigen.

   Die Mitgliederversammlung kann jedoch mit einfacher Stimmenmehrheit beschließen, dass den Vorstandsmitgliedern für diejenigen Tätigkeiten, die über den üblichen Aufgabenkreis des Vereinsvorstands hinausgehen:

a) Entschädigung für den tatsächlichen nachgewiesenen Aufwand

b) angemessene Abgeltung des Zeitaufwands

gezahlt wird.

§ 9 Eigenständigkeit der Vereinsjugend

1. Zur Vereinsjugend gehören alle Kinder und Jugendliche bis 18 Jahre sowie die gewählten und berufenen Mitarbeiter und Mitarbeiterinnen der Vereinsjugendarbeit.

   Die Vereinsjugend führt und verwaltet sich im Rahmen dieser Satzung und der Jugendordnung selbständig. Sie entscheidet über die ihr zur Verfügung gestellten Mittel in eigener Zuständigkeit.

2. Sie wird geleitet durch einen Jugendausschuss. Dieser wird in einer Jugend-vollversammlung gewählt. Jugendwart und/oder Jugendwartin, bei Bedarf auch ein Jugendsprecher oder eine Jugendsprecherin, vertreten die Interessen der Jugend im Vorstand.

   Alles Weitere regelt eine Jugendordnung, die von der Jugend zu entwerfen ist und durch eine Mitgliederversammlung mit einfacher Mehrheit bestätigt werden muss.

§ 10 Ordnungen

1. Der Vorstand beschließt und verändert mit absoluter Mehrheit eine Geschäftsordnung des Vereins.

2. Die Mitgliederversammlung bestätigt die von der Vereinsjugend vorgelegte Jugendordnung.

3. Außerdem sind Turnier- und Sportordnungen, Wettkampfbestimmungen und Schiedsordnungen der zuständigen Fachverbände für die Mitglieder des Vereins verbindlich.

4. Die unter 1. und 3. aufgeführten Ordnungen sind nicht Bestandteil dieser Satzung.

§ 11 Auflösungsbestimmung

1. Für den Beschluss, den Verein aufzulösen, ist eine 3/4-Mehrheit der in der Mitgliederversammlung anwesenden Mitglieder erforderlich. Der Beschluss kann nur nach rechtzeitiger Ankündigung in der Einladung zur Mitgliederversammlung gefasst werden.

2. Bei Auflösung des Vereins oder bei Wegfall der steuerbegünstigten Zwecke fällt das Vermögen des Vereins an … (Bezeichnung einer juristischen Person des öffentlichen Rechts oder einer anderen steuerbegünstigten Körperschaft)

   – der – die – das – es unmittelbar und ausschließlich für gemeinnützige, mildtätige oder kirchliche Zwecke zu verwenden hat,

   alternativ

   an eine juristische Person des öffentlichen Rechts oder eine andere steuerbegünstigte Körperschaft zwecks Verwendung für … (Angabe eines bestimmten gemeinnützigen, mildtätigen oder kirchlichen Zwecks).

   Ort, Datum …

VI. Geschäftsordnung des Vorstands

1094 *Geschäftsordnung für den Vorstand der Musikschule Adorf e. V.*

§ 1 Einberufung

Der Vorsitzende ruft bei Bedarf, oder wenn zwei Vorstandsmitglieder es begehren, eine Vorstandssitzung unter Angabe der Tagesordnung schriftlich oder in sonst geeigneter Weise ein.

§ 2 Ladungsfrist

Die Ladungsfrist soll mindestens eine Woche betragen. In dringenden Fällen kann auf die Ladungsfrist verzichtet werden.

§ 3 Tagesordnung

1. Der Vorsitzende setzt nach Rücksprache mit dem Schulleiter die Tagesordnung fest. Sie muss alle Anträge enthalten, die bis zum Einladungstag schriftlich eingegangen sind.
2. Die Tagesordnung kann in der Sitzung durch Beschluss des Vorstands erweitert werden.

§ 4 Sitzungsverlauf

1. Der Vorsitzende, bei dessen Verhinderung sein Stellvertreter, leitet die Sitzung.
2. Nur Vorstandsmitglieder können Anträge stellen.
3. Anträge zur Geschäftsordnung können jederzeit gestellt werden.

§ 5 Öffentlichkeit

1. Die Sitzungen des Vorstandes sind nicht öffentlich.
2. Beschluss und Beratungsergebnisse sind vertraulich zu behandeln, insbesondere sind die geltenden Bestimmungen des Datenschutzgesetzes zu beachten.
3. Der Vorstand kann durch Beschluss für bestimmte Tagesordnungspunkte die Öffentlichkeit herstellen.

§ 6 Befangenheit

1. An Beratungen und Beschlüssen über Gegenstände, an denen einzelne Mitglieder des Vorstands, direkt oder indirekt, persönlich beteiligt sind, dürfen diese nicht teilnehmen. Die Betroffenen haben dieses dem Vorsitzenden unaufgefordert mitzuteilen.

2. Im Zweifelsfall entscheidet der Vorstand über die Ausschließung.

§ 7 Abstimmung

1. Stimmberechtigt sind alle gewählten Mitglieder des Vorstands, soweit sie nicht nur beratende Stimme haben.

2. Die Stimmabgabe erfolgt durch Handzeichen, es sei denn, dass Antrag auf geheime Abstimmung gestellt wird.

3. Der Vorstand entscheidet mit Stimmenmehrheit. Bei Stimmengleichheit gibt die Stimme des Vorsitzenden den Ausschlag.

4. Über Anträge zur Geschäftsordnung ist sofort, ohne Aussprache, abzustimmen.

5. In Angelegenheiten der Musikschule, die keinen Aufschub dulden, entscheidet der Vorsitzende mit einem weiteren Vertreter des Vorstands.

   Soweit Belange der Gemeinde berührt werden, ist diese vorher zu beteiligen.

   Die Entscheidung ist in der nächsten Vorstandssitzung zur Genehmigung vorzulegen.

§ 8 Niederschrift

Über den Verlauf der Sitzung ist vom Protokollführer eine Niederschrift zu fertigen.

§ 9 Ausschüsse

1. Der Vorstand bildet zur Arbeitsteilung folgende Ausschüsse:

   a) Organisation und Presse

   b) Finanzen

   c) Einkauf

   d) Raumfragen

e) Werbung und Konzerte

f) Bewerbungen und Einstellungen.

2. Bei Bedarf können weitere Ausschüsse gebildet werden.

3. Die Ausschüsse haben keine Entscheidungsbefugnisse. Sie bereiten anstehende Entscheidungen vor und bringen sie als Beschlussvorlage in den Vorstand ein.

4. Die Ausschüsse unterstützen und beraten den Leiter der Musikschule bei seiner Tätigkeit.

§ 10 Inkrafttreten

Diese Geschäftsordnung tritt mit Wirkung vom 1.1.2019 in Kraft.

VII. Gründungsprotokoll

Niederschrift über die Gründung des Vereins Musikschule Adorf e. V. 1095

Heute, am 10. November 2018, 18.00 Uhr, erschienen im Sitzungssaal des Verwaltungsgebäudes der Gemeinde Adorf, Bergstraße 8, die aus der beigefügten Anwesenheitsliste ersichtlichen 31 Personen zur Beschlussfassung über die Gründung eines Vereins Musikschule Adorf.

Der Gemeindedirektor Th. begrüßte die Erschienenen und erläuterte den Zweck der Versammlung. Durch Zuruf wurden Herr Th. zum Versammlungsleiter und Herr H. als Protokollführer gewählt; sie nahmen beide die Ämter an.

Herr Th. schlug sodann folgende weitere Tagesordnung vor:

1. Aussprache über die Gründung eines Musikschulvereins

2. Beratung und Feststellung der Vereinssatzung

3. Wahlen

a) des Vorstands

b) des Vorsitzenden und seines Stellvertreters

4. Weitere Verfahrensschritte

Gegen diese Tagesordnung wurde kein Widerspruch erhoben.

Der Protokollführer verteilte einen Satzungsentwurf, der im Einzelnen durchgegangen und erörtert wurde.

Der anliegenden Fassung der Satzung stimmten alle Gründungsmitglieder durch Handzeichen zu. Herr Th. stellte fest, dass damit der Verein Musikschule gegründet ist und forderte alle Gründungsmitglieder auf, ihren Beitritt durch Unterzeichnung der Satzung zu bestätigen. Daraufhin unterzeichneten diese die Satzung.

Die Wahl der Vorstandsmitglieder wurde unter Leitung von Herrn Th. durchgeführt. Zu Vorstandsmitgliedern wurden gewählt:

Herr K. (Vorsitzender), Herr G. (stellv. Vorsitzender), Herr L. (Schatzmeister), Frau M. (Schriftführerin), Frau R., Frau V., Frau Sch. (Beisitzer auf 3 Jahre), Herr F., Herr B. (Beisitzer auf 2 Jahre)

Alle Gewählten erklärten, dass sie die Wahl annehmen.

Sodann wurden die nächsten Schritte für die Aufnahme der Vereinstätigkeit erörtert. Es wurde durch Handzeichen einstimmig beschlossen, dass der Vorstand bis zur Eintragung des Vereins in das Vereinsregister neben der Bestellung eines Leiters der Musikschule nur die Rechtsgeschäfte vornehmen soll, die zur Erlangung der Rechtsfähigkeit des Vereins erforderlich sind.

Der Mitgliedsbeitrag wurde einstimmig auf 25 € pro Monat festgesetzt.

Herr Th. schloss um 21.00 Uhr die Versammlung.

Adorf, den 10. November 2018

gez. H. gez. Th. gez. K.

VIII. Einladung zu einer Mitgliederversammlung

An alle Mitglieder der Musikschule Adorf e. V.   1096

Adorf, den 17. Februar 2019

Sehr geehrte Damen und Herren,

zur 9. ordentlichen Mitgliederversammlung der Musikschule Adorf e. V. lade ich gemäß § 6 Abs. 3 der Satzung herzlich ein. Sie findet statt

am Donnerstag, dem 7. März 2019, um 20.00 Uhr, in Adorf, Kirchplatz 20, Landgasthof Meier.

Tagesordnung:

1. Verlesung und Beschluss über die Niederschrift der letzten Mitgliederversammlung

2. Bericht des Vorstands

3.1 Bericht der Schatzmeisterin

3.2 Verlesung des Kassenprüfers

3.3 Entlastung des Vorstands

4. Vorstandswahlen

4.1 Wahl des/der 2. Vorsitzenden

4.2 Wahl des/der Schatzmeisters(in) (dazu Erläuterung unten)

4.3 Wahl von 3 Beisitzern/innen

5. Wahl eines Kassenprüfers

6. Bericht des Musikschulleiters

7. Verschiedenes

Nach § 6 Abs. 3 der Satzung können Anträge zur Ergänzung der Tagesordnung bis zum 2. März 2019 gestellt werden.

Zum Tagesordnungspunkt 4.2 ist auf Folgendes hinzuweisen: Die Schatzmeisterin wird während der Mitgliederversammlung ihr Amt zur Verfügung stellen, um eine Neuwahl zu ermöglichen. Dadurch soll der von der Satzung vorgesehene Rhythmus, der durch die Vorstandswahlen auf der außerordentlichen Mitgliederversammlung am 25. 11. 2017 verloren gegangen ist, wiedergewonnen werden.

Der Vorstand schlägt bereits jetzt für das Amt des Schatzmeisters ebenso wie für die übrigen Vorstandsposten Wiederwahl vor.

Mit freundlichen Grüßen

D. B., 1. Vorsitzender

IX. Einladung zu einer zweiten Mitgliederversammlung nach beschlussunfähiger erster Versammlung

An alle Mitglieder der Musikschule Adorf e. V.   1097

Adorf, den 1. April 2019

Sehr geehrte Damen und Herren,

zur 7. ordentlichen Mitgliederversammlung der Musikschule Adorf e. V. lade ich erneut herzlich ein. Sie findet statt

am Dienstag, dem 18. April 2019, um 20.00 Uhr, in Adorf, Kirchplatz 20, Landgasthof Meier.

Tagesordnung: Hier sind dieselben Tagesordnungspunkte aufzuführen wie in der ersten Einladung.

Die für den 7. März 2019 einberufene Mitgliederversammlung war nach § … der Satzung nicht beschlussfähig, da zu wenig Mitglieder erschienen waren. Das macht nun die Abhaltung einer zweiten Mitgliederversammlung erforderlich. Ich weise ausdrücklich darauf hin, dass diese nun auf den 18. April 2019 einberufene Mitgliederversammlung nach der Satzung ohne Rücksicht auf die Zahl der erschienenen Mitglieder beschlussfähig ist.

(Im Übrigen bleibt es bei dem Inhalt der 1. Einladung.)

Mit freundlichem Gruß

D. B., 1. Vorsitzender

X. Einladung zu einer Mitgliederversammlung mit Satzungsänderung

1098 *An alle Mitglieder der Musikschule Adorf e. V.*

Adorf, den 17. Februar 2019

Sehr geehrte Damen und Herren,

zur 9. ordentlichen Mitgliederversammlung der Musikschule Adorf e. V. lade ich gemäß § 6 Abs. 3 der Satzung herzlich ein. Sie findet statt

am Donnerstag, dem 7. März 2019, um 20.00 Uhr, in Adorf, Kirchplatz 20, Landgasthof Meier.

Tagesordnung:

Hier sind die Tagesordnungspunkte aufzuführen (s. dazu Rz. 374 ff.), darunter u.a.: z. B.

6. Antrag des Vorstands auf Satzungsänderung: Ergänzung von § 7 Abs. 1 der Satzung (s. untenstehende Gegenüberstellung).

Begründung des Satzungsänderungsantrags:

§ 7 Abs. 1 der Satzung lautet bisher:

Der Vorstand besteht aus dem Vorsitzenden, seinem Stellvertreter, dem Schatzmeister und dem Schriftführer. Der Vorstand wird auf zwei Jahre gewählt ...

Der Vorstand bittet die Mitgliederversammlung, § 7 Abs. 1 der Satzung folgenden Wortlaut zu geben: Der Vorstand besteht aus dem Vorsitzenden, seinem Stellvertreter, dem Schatzmeister und dem Schriftführer. Der Vorstand wird auf zwei Jahre gewählt, jedoch bleiben die Vorstandsmitglieder solange im Amt, bis sie wiedergewählt oder ein Nachfolger gewählt ist.

Die Einfügung von Satz 2 2. Halbsatz erscheint notwendig, da das Amt des Vorstands nach dem Vereinsrecht mit Ablauf der in der Satzung festgesetzten Amtszeit erlischt. Da sie sich nicht automatisch verlängert, ist der Verein mit Ablauf der Amtszeit des Vorstandes grundsätzlich ohne Vorstand. Dem begegnet die oben genannte Einfügung.

Mit freundlichen Grüßen D. B., 1. Vorsitzender

XI. Protokoll einer Mitgliederversammlung mit Vorstandswahl und Satzungsänderung

Protokoll der Mitgliederversammlung am 7.3.2019 im Hotel „Waldesruh" in Adorf, Südstraße 36   1099

Beginn der Versammlung um 19.45 Uhr.

Der Vorsitzende, Herr D. B., eröffnete die Versammlung und begrüßte die anwesenden Mitglieder. Er stellte den fristgemäßen Eingang der Einladung und die Beschlussfähigkeit der Versammlung fest. Anträge zur Tagesordnung lagen nicht vor.

TOP 1 – Verlesung und Beschluss über die Niederschrift der letzten Mitgliederversammlung

Die Niederschrift der Mitgliederversammlung vom 7. 3. 2018 wurde von der Schriftführerin, M. H., verlesen und ohne Einwände von den Anwesenden akzeptiert.

TOP 2 – Bericht des Vorstands

Herr D. B. teilte mit, dass der Musikschulverein per 15.2.2019 167 Mitglieder zählt. Das sind 19 mehr als im Vorjahr, aber bei 460 Schülern leider immer noch sehr wenig.

Im vergangenen Jahr hielt der Vorstand 11 Vorstandssitzungen und mehrere Ausschusssitzungen ab.

Auch in diesem Jahr finden wieder vier Schlosskonzerte statt. Erstmals werden hierzu Abonnements angeboten.

2019 fanden verschiedene Aktivitäten statt: Gemeinschaftskonzerte mit der Musikschule Weiler in Bedorf und in Weiler, Weihnachtsmarkt und Eröffnungskonzert am Vorabend, Klassenvorspiele und verschiedene Konzerte.

In der Verwaltung werden zurzeit eine sozialversicherte Halbtagskraft und eine Aushilfskraft für die Buchhaltung beschäftigt.

Der Musikschulleiter, Herr M., hat fristgerecht zum 31.12.2018 gekündigt. Die Stelle wurde zum 15.1.2019 in der Fachzeitschrift „Neue Musikzeitung" ausgeschrieben, worauf 42 Bewerbungen eingegangen sind. Fünf Bewerber kamen in die engere Auswahl und wurden zu einem Vorstellungsgespräch eingeladen.

Die Gemeinde hat 2018 einen Zuschuss von 60.000 € und 10.800 € zweckgebunden für die Schlosskonzerte zugesteuert. Herr D. B. sprach seinen Dank aus, nicht zuletzt auch für die Übernahme der Porto- und Telefonkosten.

TOP 3.1 – Bericht des Schatzmeisters

Die Schatzmeisterin O. erläuterte die von ihr erstellte Gewinn- und Verlustrechnung, die allen Mitgliedern mit der Einladung zugegangen war. Danach konnte die Musikschule eine Rücklage von 10.000 € bilden und einen Überschuss von 1.644 € erwirtschaften.

TOP 3.2 – Verlesung des Kassenprüfberichts und

TOP 3.3 – Entlastung des Vorstands

Herr F. verlas den Kassenprüfbericht und empfahl, dem Vorstand Entlastung zu erteilen.

– *Entlastung erfolgte mit 12 Stimmenthaltungen.*

TOP 4 – Vorstandswahlen

Frau M. E. und Frau E. R. wurden zu Stimmzählerinnen benannt.

Es waren 31 stimmberechtigte Mitglieder anwesend, zehn wurden durch schriftliche Vollmachten vertreten (= 41).

Es wurde in geheimer Wahl abgestimmt.

TOP 4.1 – Wahl des 1. Vorsitzenden

Wie schon in der Einladung erklärt, soll durch Neuwahlen der in § 7 Abs. 1 der Satzung vorgesehene Rhythmus bei den Vorstandswahlen wiederhergestellt werden.

Herr D. B. trat aus diesem Grund von seinem Amt als 1. Vorsitzender zurück.

Der 2. Vorsitzende, Herr G., übernahm die Leitung der Versammlung. Er bedankte sich bei Herrn D. B. für die in der kurzen Zeit bereits geleistete Arbeit und die gute Zusammenarbeit innerhalb des Vorstands.

Er schlug Herrn D. B. zur Wiederwahl vor.

– *Ergebnisse: 37 ja, 4 Enthaltungen*

Herr D. B. nahm die Wahl an und übernahm wieder die Leitung der Versammlung.

TOP 4.2 – Wahl des Schriftführers

Die Schriftführerin M. H. legte aus dem schon vom Vorsitzenden erläuterten Grund ihr Amt als Schriftführerin nieder.

Der Vorstand schlug Frau H. zur Wiederwahl vor.

- *Ergebnis: 37 ja, 4 Enthaltungen*

Frau H. nahm die Wahl an.

TOP 4.3 – Wahl von zwei Beisitzern

Die Wahl eines Beisitzers wurde turnusmäßig fällig. Herr F. wurde in Abwesenheit zur Wiederwahl vorgeschlagen. Sein schriftliches Einverständnis mit Kandidatur und Wahl lag vor.

- *Ergebnis: 37 ja, 2 nein, 2 Enthaltungen*

Herr D. stellte ebenfalls aus dem oben genannten Grund sein Amt als Beisitzer zur Verfügung.

Herr D. wurde ebenfalls zur Wiederwahl vorgeschlagen.

- *Ergebnis: 35 ja, 6 nein*

Herr D. nahm die Wahl an.

TOP 5 – Wahl eines Kassenprüfers

Herr F. schied turnusmäßig als Kassenprüfer aus. Herr D. B. sprach ihm Dank für sein Engagement aus.

Die Versammlung schlug Herrn F. zur Wiederwahl vor.

- *Ergebnis: 36 ja, 2 nein, 2 Enthaltungen*

Herr F. nahm die Wahl an.

TOP 6 – Antrag des Vorstands auf Satzungsänderung: Ergänzung und Streichung in § 7 Abs. 1 der Satzung

Der Vorsitzende erklärte die Gründe, die die Änderung des § 7 Abs. 1 der Satzung erforderlich machen.

Der Vorstand beantragte, § 7 Abs. 1 der Satzung folgenden Wortlaut zu geben:

„Der Vorstand besteht aus dem Vorsitzenden, seinem Stellvertreter, dem Schatzmeister, dem Schriftführer und fünf Beisitzern. Der Vorstand wird auf zwei Kalenderjahre gewählt, jedoch bleiben die Vorstandsmitglieder solange im Amt, bis sie wiedergewählt oder ein Nachfolger gewählt ist. Scheidet ein Mitglied des Vorstands vorzeitig, z. B. durch Rücktritt oder Tod, aus, ist das

Ersatzmitglied des Vorstands nur für die restliche Amtsdauer des Ausgeschiedenen gewählt."

– *Ergebnis: 37 ja, 4 nein*

Herr D. B. stellte fest, dass damit § 7 Abs. 1 der Satzung folgenden Wortlaut hat:

„Der Vorstand besteht aus dem Vorsitzenden, seinem Stellvertreter, dem Schatzmeister, dem Schriftführer und fünf Beisitzern. Der Vorstand wird auf zwei Kalenderjahre gewählt, jedoch bleiben die Vorstandsmitglieder solange im Amt, bis sie wiedergewählt oder ein Nachfolger gewählt ist. Scheidet ein Mitglied des Vorstands vorzeitig, z. B. durch Rücktritt oder Tod, aus, ist das Ersatzmitglied des Vorstands nur für die restliche Amtsdauer des Ausgeschiedenen gewählt."

TOP 7 – Verschiedenes

Es erfolgten keine Wortmeldungen.

Ende der Versammlung um 21.00 Uhr.

Adorf, den 20.3.2019

D. B.	A. G.	M. H.
1. Vorsitzender	2. Vorsitzender	Schriftführerin

XII. Antrag auf Bestellung eines Notvorstands gemäß § 29 BGB

(Der Antrag kann schriftlich oder zu Protokoll der Geschäftsstelle des zuständigen Amtsgerichts gestellt werden; notarielle Beglaubigung der Unterschrift ist nicht erforderlich) 1100

An das

Amtsgericht Astadt

Postfach

Betr.: Bestellung eines Notvorstands gemäß § 29 BGB für Musikschule Astadt e. V. Aktenzeichen: VR ...

Sehr geehrte Damen und Herren,

ich bin als Schriftführerin Mitglied des Vorstands der Musikschule Adorf e. V. Nach § 7 der Satzung besteht der Vorstand aus einem Vorsitzenden, dem Stellvertreter, dem Schatzmeister und dem Schriftführer. Der 1. Vorsitzende, der Stellvertreter und der Schatzmeister sind im Anschluss an die Vorstandssitzung vom 7.3.2019 von ihren Ämtern zurückgetreten. Kopien der schriftlichen Rücktrittserklärungen füge ich der Anlage bei.

Nach § 6 der Satzung muss nunmehr eine Mitgliederversammlung einberufen werden. Dazu bin ich allein nicht in der Lage, da nach § 7 der Satzung immer zwei Vorstandsmitglieder gemeinsam den Verein vertreten. Die zurückgetretenen Vorstandsmitglieder weigern sich, noch eine Mitgliederversammlung einzuberufen.

Ich beantrage deshalb, den Bürgermeister Herrn K. M., der Mitglied des Vereins ist und das Vertrauen der anderen Mitglieder genießt, zum Vorstand zu bestellen.

In der Anlage ist eine Erklärung von Herrn Müller beigefügt, dass er bereit ist, das Amt eines Notvorstands zu übernehmen.

Mit freundlichem Gruß

(Unterschrift)

XIII. Minderheitsverlangen gemäß § 37 BGB an den Vorstand auf Einberufung einer außerordentlichen Mitgliederversammlung mit einer bestimmten Tagesordnung

1101 Adorf, den 2. März 2019

Herrn D. B.

Die unterzeichneten Mitglieder beantragen hiermit von Ihnen als Vorstand des Vereins „Musikschule Adorf e. V." in Adorf gemäß § … der Satzung, binnen eines Monats eine außerordentliche Mitgliederversammlung mit der Tagesordnung „Abberufung des Schatzmeisters und Neuwahl" einzuberufen. Zur Begründung ist auf Folgendes hinzuweisen:

Der Schatzmeister Fritz Meier ist als Hauptkassierer der Spar- und Darlehenskasse O. tätig. Aus der Tagespresse ist uns bekannt geworden, dass er dort fristlos entlassen worden ist, weil ihm Unterschlagungen nachgewiesen werden konnten. Wir befürchten, dass es auch bei der Kassenführung unseres Vereins zu Unregelmäßigkeiten kommen könnte. Wir weisen darauf hin, dass die Kassenprüfer bereits im vergangenen Jahr einige Belege und die Art und Weise der Kassenführung bemängelt haben.

Unseres Erachtens ist nun eine außerordentliche Mitgliederversammlung erforderlich, um den Mitgliedern Gelegenheit zu geben, zu entscheiden, ob Herr Fritz Meier als Schatzmeister des Vereins noch tragbar ist.

Unterschriften der erforderlichen Anzahl von Mitgliedern (s. Rz. 338 ff.)

XIV. Schriftlicher Antrag der Mitglieder an das Amtsgericht auf Ermächtigung zur Selbstberufung der Mitgliederversammlung gemäß § 37 BGB

Adorf, den 20.4.2019   1102

An das

Amtsgericht Astadt

Betr.: Musikschule Adorf e. V. – VR ...

Die unterzeichneten Mitglieder der „Musikschule Adorf e. V." haben am 2. März 2019 an den Vorstand des Vereins, Herrn D. B., Grüne Wiese 3, Adorf, das schriftliche Verlangen gestellt, binnen eines Monats eine außerordentliche Mitgliederversammlung mit der Tagesordnung „Abberufung des Schatzmeisters und Neuwahl" einzuberufen. Die Gründe für das Verlangen sind aus dem an den Vorstand gerichteten Schreiben vom 2. März 2019, von dem eine Kopie anliegt, zu entnehmen. Diesem Verlangen ist der Vorstand bis heute nicht nachgekommen.

Die Unterzeichneten beantragen deshalb, sie selbst zur Einberufung der außerordentlichen Mitgliederversammlung mit der angegebenen Tagesordnung zu ermächtigen.

Nach unserem Kenntnisstand besteht der Verein derzeit aus 177 Mitgliedern. In der Satzung ist die Einberufung der Mitgliederversammlung auf Verlangen einer Minderheit nicht geregelt, so dass also die gesetzliche Regelung in § 37 BGB eingreift. Danach reicht ein Zehntel der Mitglieder aus, um das Verlangen zu stellen. Da insgesamt x (s. Rz. 338) Mitglieder diesen Antrag unterzeichnen, sind die formellen Voraussetzungen zur Ermächtigung durch das Gericht gegeben.

(Unterschriften)

XV. Vollmacht zur Vertretung in der Mitgliederversammlung, wenn nach der Satzung Vertretung gestattet ist

1103   Hiermit erteile ich Herrn F. M., Adorf, Ringstr. 7, Vollmacht, mich in der Mitgliederversammlung am ... der Musikschule Adorf e. V. zu vertreten und meine Mitgliedschaftsrechte, insbesondere mein Stimmrecht, für mich auszuüben. Das Stimmrecht ist unbeschränkt.

Die Vollmacht darf nicht auf einen anderen übertragen werden.

Adorf, den ...(Unterschrift)

XVI. Antrag an das Amtsgericht auf Entziehung der Rechtsfähigkeit gemäß § 73 BGB

(eine notarielle Beglaubigung der Unterschrift ist nicht erforderlich)   1104

Adorf, den ...

An das Amtsgericht Astadt

Betr.: Musikschule Adorf e. V. (Aktenzeichen VR . . .)

Der Verein „Musikschule Adorf e. V." besteht einschließlich meiner Person nur noch aus zwei Mitgliedern. Ich bin einzelvertretungsberechtigtes Vorstandsmitglied.

Ich beantrage, dem Verein die Rechtsfähigkeit zu entziehen. Das zweite Mitglied ist . . .

Karl Schulz

XVII. Schiedsgerichtsordnung

1105   *(siehe das Muster bei Sauter/Schweyer/Waldner, Rz. 658)*

XVIII.   Muster der Spendenbestätigungen eines gemeinnützigen Vereins

(s. § 50 Abs. 2 EStDV bei Rz. 1089 und BMF, Schreiben v. 7. 11. 2013 – IV C 4 – S   1106 2223/07/0018: 005 BStBl 2013 I S. 1333)

1. Sachzuwendung

Aussteller (Bezeichnung und Anschrift der steuerbegünstigten Einrichtung)

Bestätigung über Sachzuwendungen
im Sinne des § 10b des Einkommensteuergesetzes an eine der in § 5 Abs. 1 Nr. 9 des Körperschaftsteuergesetzes bezeichneten Körperschaften, Personenvereinigungen oder Vermögensmassen

Name und Anschrift des Zuwendenden:

Wert der Zuwendung - in Ziffern	- in Buchstaben	Tag der Zuwendung:

Genaue Bezeichnung der Sachzuwendung mit Alter, Zustand, Kaufpreis usw.

☐   Die Sachzuwendung stammt nach den Angaben des Zuwendenden aus dem Betriebsvermögen. Die Zuwendung wurde nach dem Wert der Entnahme (ggf. mit dem niedrigeren gemeinen Wert) und nach der Umsatzsteuer, die auf die Entnahme entfällt, bewertet.

☐   Die Sachzuwendung stammt nach den Angaben des Zuwendenden aus dem Privatvermögen.

☐   Der Zuwendende hat trotz Aufforderung keine Angaben zur Herkunft der Sachzuwendung gemacht.

☐   Geeignete Unterlagen, die zur Wertermittlung gedient haben, z. B. Rechnung, Gutachten, liegen vor.

☐   Wir sind wegen Förderung (Angabe des begünstigten Zwecks / der begünstigten Zwecke) ....
nach dem Freistellungsbescheid bzw. nach der Anlage zum Körperschaftsteuerbescheid des Finanzamtes ....
StNr...................., vom .... für den letzten Veranlagungszeitraum .... nach § 5 Abs. 1 Nr. 9 des Körperschaft steuergesetzes von der Körperschaftsteuer und nach § 3 Nr. 6 des Gewerbesteuergesetzes von der Gewerbesteuer befreit.

☐   Die Einhaltung der satzungsmäßigen Voraussetzungen nach den §§ 51, 59, 60 und 61 AO wurde vom Finanzamt........................,
StNr. .... mit Bescheid vom........... nach § 60a AO gesondert festgestellt. Wir fördern nach unserer Satzung (Angabe des begünstigten Zwecks / der begünstigten Zwecke) ....

Es wird bestätigt, dass die Zuwendung nur zur Förderung (Angabe des begünstigten Zwecks /der begünstigten Zwecke)

verwendet wird.

(Ort, Datum und Unterschrift des Zuwendungsempfängers)

Hinweis:
Wer vorsätzlich oder grob fahrlässig eine unrichtige Zuwendungsbestätigung erstellt oder veranlasst, dass Zuwendungen nicht zu den in der Zuwendungsbestätigung angegebenen steuerbegünstigten Zwecken verwendet werden, haftet für die entgangene Steuer (§ 10b Abs. 4 EStG, § 9 Abs. 3 KStG, § 9 Nr. 5 GewStG).

Diese Bestätigung wird nicht als Nachweis für die steuerliche Berücksichtigung der Zuwendung anerkannt, wenn das Datum des Freistellungsbescheides länger als 5 Jahre bzw. das Datum der Feststellung der Einhaltung der satzungsmäßigen Voraussetzungen nach § 60a Abs. 1 AO länger als 3 Jahre seit Ausstellung des Bescheides zurückliegt (§ 63 Abs. 5 AO).

497

2. Mitgliedsbeitrag/Geldzuwendung

Aussteller (Bezeichnung und Anschrift der steuerbegünstigten Einrichtung)

Bestätigung über Geldzuwendungen/Mitgliedsbeitrag

im Sinne des § 10b des Einkommensteuergesetzes an eine der in § 5 Abs. 1 Nr. 9 des Körperschaftsteuergesetzes bezeichneten Körperschaften, Personenvereinigungen oder Vermögensmassen

Name und Anschrift des Zuwendenden:

Betrag der Zuwendung - in Ziffern	- in Buchstaben	Tag der Zuwendung:

Es handelt sich um den Verzicht auf Erstattung von Aufwendungen   Ja ☐   Nein ☐

☐   Wir sind wegen Förderung (Angabe des begünstigten Zwecks / der begünstigten Zwecke) ....
nach dem Freistellungsbescheid bzw. nach der Anlage zum Körperschaftsteuerbescheid des Finanzamtes ....
StNr....................., vom .... für den letzten Veranlagungszeitraum .... nach § 5 Abs. 1 Nr. 9 des Körperschaftsteuergesetzes von der Körperschaftsteuer und nach § 3 Nr. 6 des Gewerbesteuergesetzes von der Gewerbesteuer befreit.

☐   Die Einhaltung der satzungsmäßigen Voraussetzungen nach den §§ 51, 59, 60 und 61 AO wurde vom Finanzamt........................,
StNr. .... mit Bescheid vom.......... nach § 60a AO gesondert festgestellt. Wir fördern nach unserer Satzung (Angabe des
begünstigten Zwecks / der begünstigten Zwecke) ....

Es wird bestätigt, dass die Zuwendung nur zur Förderung (Angabe des begünstigten Zwecks / der begünstigten Zwecke)

verwendet wird.

Nur für steuerbegünstigte Einrichtungen, bei denen die Mitgliedsbeiträge steuerlich nicht abziehbar sind:

☐   Es wird bestätigt, dass es sich nicht um einen Mitgliedsbeitrag handelt, dessen Abzug nach § 10b Abs. 1 des Einkommensteuergesetzes
ausgeschlossen ist.

(Ort, Datum und Unterschrift des Zuwendungsempfängers)

Hinweis:

Wer vorsätzlich oder grob fahrlässig eine unrichtige Zuwendungsbestätigung erstellt oder veranlasst, dass Zuwendungen nicht zu den in der
Zuwendungsbestätigung angegebenen steuerbegünstigten Zwecken verwendet werden, haftet für die entgangene Steuer (§ 10b Abs. 4 EStG, § 9
Abs. 3 KStG, § 9 Nr. 5 GewStG).

Diese Bestätigung wird nicht als Nachweis für die steuerliche Berücksichtigung der Zuwendung anerkannt, wenn das Datum des Freistellungsbescheides länger als 5 Jahre bzw. das Datum der Feststellung der Einhaltung der satzungsmäßigen Voraussetzungen nach § 60a Abs. 1
AO länger als 3 Jahre seit Ausstellung des Bescheides zurückliegt (§ 63 Abs. 5 AO).

3. Sammelbestätigung

Aussteller (Bezeichnung und Anschrift der steuerbegünstigten Einrichtung)

Sammelbestätigung über Geldzuwendungen/Mitgliedsbeiträge
im Sinne des § 10b des Einkommensteuergesetzes an eine der in § 5 Abs. 1 Nr. 9 des Körperschaftsteuergesetzes bezeichneten Körperschaften, Personenvereinigungen oder Vermögensmassen

Name und Anschrift des Zuwendenden:

Gesamtbetrag der Zuwendung - in Ziffern	- in Buchstaben	Zeitraum der Sammelbestätigung:

☐ Wir sind wegen Förderung (Angabe des begünstigten Zwecks / der begünstigten Zwecke) ....
nach dem Freistellungsbescheid bzw. nach der Anlage zum Körperschaftsteuerbescheid des Finanzamtes ....
StNr........................, vom .... für den letzten Veranlagungszeitraum .... nach § 5 Abs. 1 Nr. 9 des
Körperschaftsteuergesetzes von der Körperschaftsteuer und nach § 3 Nr. 6 des Gewerbesteuergesetzes von der Gewerbesteuer befreit.

☐ Die Einhaltung der satzungsmäßigen Voraussetzungen nach den §§ 51, 59, 60 und 61 AO wurde vom Finanzamt........................,
StNr. .... mit Bescheid vom.......... nach § 60a AO gesondert festgestellt. Wir fördern nach unserer Satzung (Angabe des
begünstigten Zwecks / der begünstigten Zwecke) ....

Es wird bestätigt, dass die Zuwendung nur zur Förderung (Angabe des begünstigten Zwecks / der begünstigten Zwecke)

verwendet wird.

Nur für steuerbegünstigte Einrichtungen, bei denen die Mitgliedsbeiträge steuerlich nicht abziehbar sind:
☐ Es wird bestätigt, dass es sich nicht um einen Mitgliedsbeitrag handelt, dessen Abzug nach § 10b Abs. 1 des Einkommensteuergesetzes ausgeschlossen ist

Es wird bestätigt, dass über die in der Gesamtsumme enthaltenen Zuwendungen keine weiteren Bestätigungen, weder formelle Zuwendungsbestätigungen noch Beitragsquittungen oder Ähnliches ausgestellt wurden und werden.

Ob es sich um den Verzicht auf Erstattung von Aufwendungen handelt, ist der Anlage zur Sammelbestätigung zu entnehmen.

(Ort, Datum und Unterschrift des Zuwendungsempfängers)

Hinweis:
Wer vorsätzlich oder grob fahrlässig eine unrichtige Zuwendungsbestätigung erstellt oder veranlasst, dass Zuwendungen nicht zu den in der Zuwendungsbestätigung angegebenen steuerbegünstigten Zwecken verwendet werden, haftet für die entgangene Steuer (§ 10b Abs. 4 EStG, § 9 Abs. 3 KStG, § 9 Nr. 5 GewStG).

Diese Bestätigung wird nicht als Nachweis für die steuerliche Berücksichtigung der Zuwendung anerkannt, wenn das Datum des Freistellungsbescheides länger als 5 Jahre bzw. das Datum der Feststellung der Einhaltung der satzungsmäßigen Voraussetzungen nach § 60a Abs. 1 AO länger als 3 Jahre seit Ausstellung des Bescheides zurückliegt (§ 63 Abs. 5 AO).

Anlage zur Sammelbestätigung

Datum der Zuwendung	Art der Zuwendung (Geldzuwendung/Mitgliedsbeitrag)	Verzicht auf die Erstattung von Aufwendungen (ja/nein)	Betrag

Gesamtsumme _____ €

XIX. Muster eines Vertrags für eine geringfügige Beschäftigung

Mustervertrag für eine geringfügige Beschäftigung 1107

Zwischen ... (im Folgenden: Firma/Verein) ... (Anschrift) und ... (im Folgenden: Arbeitnehmer) ... (Anschrift) wird folgender Arbeitsvertrag geschlossen:

§ 1 Beginn des Arbeitsverhältnisses/der Tätigkeit

Frau/Herr ... wird mit Wirkung ab dem ... als ... in ... eingestellt.[1] Der Vertrag wird auf unbestimmte Zeit geschlossen.

Der Verein/die Firma behält sich vor, dem Arbeitnehmer eine andere zumutbare Tätigkeit zu übertragen.

§ 2 Probezeit/Kündigung

Die ersten sechs Monate gelten als Probezeit.[2] Während dieser Zeit kann das Arbeitsverhältnis beiderseits mit einer Frist von zwei Wochen gekündigt werden. Nach Ablauf der Probezeit kann das Arbeitsverhältnis von beiden Parteien unter Einhaltung der gesetzlichen Kündigungsfristen gekündigt werden. Eine Verlängerung der gesetzlichen Kündigungsfristen gilt für beide Vertragsparteien.

Beide Vertragsparteien haben ein Recht zur außerordentlichen Kündigung, wenn das Arbeitsverhältnis wegen gesetzlicher Änderungen sozialversicherungspflichtig wird.

Die Kündigung hat schriftlich zu erfolgen.[3]

§ 3 Arbeitszeit[4]

Die regelmäßige wöchentliche Arbeitszeit beträgt neun Stunden an ... Tagen zu je ... Stunden, und zwar an folgenden Tagen: ...

---

1 Jeder Vertrag sollte mit der Erwähnung seines Gegenstands beginnen. Auch bei geringfügig Beschäftigten empfiehlt sich eine genaue Beschreibung der auszuübenden Tätigkeit, ggf. in einer gesonderten Stellenbeschreibung. Die Tätigkeitsbeschreibung sollte mit einer Umsetzungsklausel verbunden werden.

2 Gemäß § 622 Abs. 3 BGB kann während einer vereinbarten Probezeit, längstens für die Dauer von sechs Monaten, das Arbeitsverhältnis mit einer Frist von zwei Wochen gekündigt werden.

3 Seit dem 1. 5. 2000 bedürfen Kündigungen von Gesetzes wegen zu ihrer Wirksamkeit der Schriftform (§ 623 BGB).

4 Eine kurzfristige Beschäftigung (Saisonarbeit, die zwei Monate oder 50 Arbeitstage im Jahr nicht überschreitet) bleibt grds. unabhängig von Arbeitsentgelt versicherungsfrei.

§ 4 Vergütung

Die Vertragsparteien sind sich einig, dass es sich bei der vorliegenden Beschäftigung um eine geringfügige Beschäftigung im Sinne des Sozialversicherungsrechts handelt und die jeweils geltenden gesetzlichen Grenzen zu beachten sind.

Der Arbeitnehmer erhält eine monatliche Vergütung von ... € brutto (höchstens: 450 €). Die Vergütung ist jeweils am Monatsende fällig und wird auf ein der Firma anzugebendes Konto überwiesen.

§ 5 Sozialversicherung[1]

Das Arbeitsverhältnis ist beitragspflichtig zur Kranken- und Rentenversicherung. Die zu entrichtenden Pauschalbeiträge von zurzeit insgesamt 23% werden vom Arbeitgeber übernommen und an die zuständige Krankenkasse abgeführt.

§ 6 Hinweis zur gesetzlichen Rentenversicherung[2]

Der Arbeitnehmer wird darauf hingewiesen, dass er in der gesetzlichen Rentenversicherung die Stellung eines versicherungspflichtigen Arbeitnehmers erwerben kann, wenn er nach § 5 Abs. 2 Satz 2 SGB VI auf die Versicherungsfreiheit durch Erklärung gegenüber dem Arbeitgeber verzichtet.

§ 7 Besteuerung

Der Arbeitgeber führt unter Verzicht auf die Vorlage einer Lohnsteuerkarte einen Pauschsteuersatz von 2% an das zuständige Finanzamt ab.

---

1 Das bei einer geringfügigen Beschäftigung erzielte Arbeitsentgelt führt in der gesetzlichen Renten- und Krankenversicherung nicht zur Versicherungspflicht. In der Krankenversicherung zahlt der Arbeitgeber aber grds. für geringfügige Beschäftigungsverhältnisse einen Arbeitgeberanteil in Höhe von 11% auf das Bruttoarbeitsentgelt (§ 249b SGB V). Den Beschäftigten erwächst daraus aber kein Anspruch auf Leistungen. Für Geringverdiener, die in der gesetzlichen Krankenversicherung nicht versichert sind, wird kein pauschaler Arbeitgeberbeitrag erhoben. In der gesetzlichen Rentenversicherung zahlt der Arbeitgeber einen Arbeitgeberanteil/Pauschalbeitrag in Höhe von 12% auf das Bruttoarbeitsentgelt (vgl. dazu ausführlich NWB F. 27 S. 5613).

2 Geringfügig Beschäftigte haben die Möglichkeit, den Arbeitgeberbeitrag zur Rentenversicherung (12% des Bruttoarbeitsentgelts) auf den vollen Beitragssatz aufzustocken (§ 5 Abs. 2 Satz 2 SGB VI). Der Verzicht auf die Versicherungsfreiheit ist schriftlich und einheitlich bei mehreren geringfügigen Beschäftigungen gegenüber dem Arbeitgeber zu erklären. Die Wahrnehmung dieser Option bewirkt, dass ein versicherungspflichtiges Beschäftigungsverhältnis vorliegt und dass vollwertige Pflichtbeitragszeiten erworben werden. Gemäß § 2 Abs. 1 NachwG besteht bei geringfügigen Beschäftigungen die Hinweispflicht, dass der Arbeitnehmer in der gesetzlichen Rentenversicherung die Stellung eines versicherungspflichtigen Arbeitnehmers erwerben kann.

§ 8 Urlaub[1]

Der Arbeitnehmer hat Anspruch auf ... Werktage Urlaub. Die Lage des Urlaubs ist mit dem Verein abzustimmen. Im Eintritts- und Austrittsjahr hat der Arbeitnehmer Anspruch auf anteiligen Urlaub in Höhe von 1/12 je vollem Beschäftigungsmonat.

Der Urlaub ist im laufenden Kalenderjahr zu nehmen. Nicht genommener Urlaub wird nach den gesetzlichen Vorschriften auf das folgende Kalenderjahr übertragen. Bis 31. 3. des Folgejahrs nicht genommener Resturlaub verfällt ersatzlos.

§ 9 Arbeitsverhinderung[2]

Im Falle einer krankheitsbedingten oder aus sonstigen Gründen veranlassten Arbeitsverhinderung hat der Arbeitnehmer den Verein unverzüglich unter Angabe der Gründe zu informieren. Dauert die Arbeitsverhinderung infolge Arbeitsunfähigkeit länger als drei Kalendertage, hat der Arbeitnehmer eine ärztliche Bescheinigung über das Bestehen der Arbeitsunfähigkeit sowie deren voraussichtliche Dauer spätestens am darauf folgenden Arbeitstag vorzulegen. Die Bescheinigung kann von dem Verein auch verlangt werden, wenn die Krankheit weniger als drei Tage dauert. Dauert die Arbeitsunfähigkeit länger als in der Bescheinigung angegeben, muss der Arbeitnehmer spätestens am zweiten Kalendertag nach Ablauf der alten Bescheinigung eine Folgebescheinigung vorlegen.

---

1 Jeder geringfügig beschäftigte Arbeitnehmer hat wie alle anderen Arbeitnehmer Anspruch auf bezahlten Urlaub, § 1 BUrlG. Der Urlaubsanspruch besteht in entsprechendem Umfang wie bei einem vollzeitbeschäftigten Arbeitnehmer. Ist ein geringfügig beschäftigter Arbeitnehmer regelmäßig an weniger Arbeitstagen einer Woche als ein vollzeitbeschäftigter Arbeitnehmer beschäftigt, lässt sich die Urlaubsdauer entsprechend der Zahl der für ihn maßgeblichen Arbeitstage ermitteln. Legt man also beispielsweise als Urlaubsdauer eines vollzeitbeschäftigten Arbeitnehmers 25 Arbeitstage zugrunde und unterstellt man, der geringfügig beschäftigte Arbeitnehmer arbeitet regelmäßig an zwei Arbeitstagen pro Woche, ergibt sich für den geringfügig Beschäftigten ein anteiliger Urlaubsanspruch von zehn Arbeitstagen (25 : 5 x 2 = 10). Ist die regelmäßige Arbeitszeit eines geringfügig Beschäftigten auf einen Zeitraum verteilt, der mit einer Kalenderwoche nicht übereinstimmt, muss für die Umrechnung eines nach Arbeitstagen bemessenen Urlaubsanspruchs auf längere Zeitabschnitte, ggf. auf ein Kalenderjahr, abgestellt werden.

2 Nach dem Entgeltfortzahlungsgesetz (EFZG) haben auch kurzfristig und geringfügig Beschäftigte ohne Einschränkung Anspruch auf Entgeltfortzahlung im Krankheitsfall (nach vierwöchiger ununterbrochener Dauer des Arbeitsverhältnisses). Der Arbeitnehmer ist aufgrund gesetzlicher Regelung verpflichtet, den Arbeitgeber in Fällen der Arbeitsunfähigkeit unverzüglich zu informieren. Ferner muss ein Nachweis über die Arbeitsunfähigkeit erbracht werden (§ 5 EFZG). Gefordert ist dabei eine unverzügliche mündliche, telefonische oder telegrafische Mitteilung, die auch durch Angehörige oder Arbeitskollegen erfolgen kann. Eine Arbeitsunfähigkeitsbescheinigung muss nach § 5 EFZG grds. erst dann vorgelegt werden, wenn die Erkrankung länger als drei Tage dauert. Nach § 5 Abs. 1 Satz 3 EFZG kann der Arbeitgeber die Bescheinigung auch schon früher fordern.

§ 10 Verschwiegenheitspflicht

Der Arbeitnehmer wird über alle betrieblichen Angelegenheiten, die ihm im Rahmen oder aus Anlass seiner Tätigkeit für den Verein bekannt geworden sind, Stillschweigen bewahren. Dies gilt auch für die Zeit nach Beendigung des Arbeitsverhältnisses.

§ 11 Weitere Beschäftigungen

Der Arbeitnehmer versichert ausdrücklich, derzeit keiner weiteren Beschäftigung und somit auch keiner weiteren geringfügigen Beschäftigung nachzugehen. Er verpflichtet sich, jede weitere Aufnahme einer Beschäftigung dem Verein/der Firma unverzüglich mitzuteilen.[1] Der Arbeitnehmer wurde ausdrücklich darauf hingewiesen, dass die Aufnahme einer weiteren geringfügigen Beschäftigung zur Sozialversicherungs- und Lohnsteuerpflicht auch des vorliegenden Arbeitsverhältnisses führen kann.

Bei Verstoß gegen diese Mitteilungspflicht ist der Arbeitnehmer verpflichtet, eventuelle Ansprüche der Sozialversicherungsträger und des Finanzamtes an den Verein/die Firma auszugleichen.

Der Arbeitnehmer verpflichtet sich, seinen Sozialversicherungsausweis für die Dauer des Beschäftigungsverhältnisses beim Arbeitgeber zu hinterlegen.[2]

§ 12 Ausschlussklausel

Alle Ansprüche aus dem Arbeitsverhältnis müssen beidseitig spätestens innerhalb von drei Monaten nach Fälligkeit schriftlich geltend gemacht werden. Nicht rechtzeitig geltend gemachte Ansprüche sind verfallen.

---

1 Grundsätzlich kann dem Arbeitnehmer nicht untersagt werden, weiteren Beschäftigungen nachzugehen, es sei denn, der Arbeitnehmer würde in einem Konkurrenzunternehmen einer zusätzlichen Beschäftigung nachgehen oder seine Arbeitsleistung durch die Mehrfachbelastung nicht mehr ordnungsgemäß erbringen können. Hinsichtlich geringfügiger Beschäftigungen besteht jedoch die Besonderheit, dass, wenn neben der geringfügigen Beschäftigung noch eine weitere Beschäftigung ausgeübt wird, die Vergütungen der einzelnen Beschäftigungen zusammenzurechnen sind. Übersteigt dann das Gesamtentgelt die Geringfügigkeitsgrenzen, unterliegen alle Beschäftigungen der Versicherungspflicht, selbst wenn sie für sich betrachtet versicherungsfrei wären.

2 Auch geringfügig Beschäftigte müssen einen Sozialversicherungsausweis beim Arbeitgeber vorlegen. Für Beschäftigungen im Rahmen der Geringfügigkeitsgrenzen ist die Möglichkeit gegeben zu vereinbaren, dass der Arbeitgeber den Sozialversicherungsausweis in Verwahrung nimmt (§ 99 Abs. 3 SGB IV).

§ 13 Zeugnis[1]

Nach Beendigung der Beschäftigung erhält der Arbeitnehmer ein Zeugnis, aus dem sich Art und Dauer der Beschäftigung sowie, falls gewünscht, eine Beurteilung von Führung und Leistung des Arbeitnehmers ergeben.

§ 14 Sonstiges

Änderungen der persönlichen Verhältnisse des Arbeitnehmer sind, soweit sie für das Arbeitsverhältnis von Bedeutung sind, der Firma unverzüglich mitzuteilen. Alle Erklärungen, die der Verein/die Firma dem Arbeitnehmer an seinen zuletzt mitgeteilten Wohnsitz übermittelt, gelten als wirksam zugegangen.

Nebenabreden außerhalb dieses Arbeitsvertrages sind nicht getroffen worden. Ergänzungen und Änderungen des Vertrags bedürfen zu ihrer Rechtswirksamkeit der Schriftform. Dieses Formerfordernis kann weder mündlich noch stillschweigend aufgehoben oder außer Kraft gesetzt werden.

Eine etwaige Unwirksamkeit einzelner Vertragsbestimmungen berührt die Wirksamkeit der übrigen Bestimmungen nicht. Die Vertragsparteien verpflichten sich, für die unwirksame Bestimmung eine neue Vereinbarung zu treffen, die der unwirksamen Bestimmung im Ergebnis wirtschaftlich möglichst nahe kommt.

(Ort, Datum)

(Verein)   (Arbeitnehmer)

---

1 Für geringfügig Beschäftigte besteht auch ein Zeugnisanspruch über Art und Dauer der Beschäftigung. Auf Wunsch des Arbeitnehmers ist das Zeugnis auf die Beurteilung von Führung und Leistung zu erstrecken, wenn die Dauer der Beschäftigung eine Beurteilung möglich macht bzw. der Arbeitgeber in der Lage ist, eine verlässliche Beurteilung abzugeben.

XX. Merkblatt zum Datenschutz im Verein nach der DSGVO

1108   *herausgegeben vom Landesbeauftragten für den Datenschutz Baden-Württemberg, Königstraße 10a, 70173 Stuttgart (Telefon 0711/615541-0, Telefax 0711/615541-15, E-Mail: poststelle@lfd.bwl.de)*

– Stand: 25. Mai 2018 –

Das Merkblatt ist im Internet unter https://www.lda.bayern.de/media/info_bw_verein.pdf frei abrufbar.

XXI. Muster einer Einwilligungserklärung

Der für die Veröffentlichung verantwortliche Vereinsvorstand ist auf der Grundlage der DSGVO verpflichtet, alle Maßnahmen zur Gewährleistung des Datenschutzes zu ergreifen. Angesichts der besonderen Eigenschaften von Online-Verfahren (insbesondere Internet), kann dieser den Datenschutz jedoch nicht umfassend garantieren. Daher nimmt das Vereinsmitglied die Risiken für eine Persönlichkeitsverletzung zur Kenntnis, und ist sich bewusst, dass die personenbezogenen Daten auch in Staaten abrufbar sind, die keine der der Bundesrepublik Deutschland vergleichbaren Datenschutzbestimmungen kennen.

Ferner ist nicht garantiert dass:

► die Daten vertraulich bleiben,

► die inhaltliche Richtigkeit fortbesteht,

► die Daten nicht verändert werden können.

Das Vereinsmitglied kann seine Einwilligung jederzeit widerrufen.

Der Unterzeichner bestätigt, das Vorstehende zur Kenntnis genommen zu haben und erlaubt dem Verein folgende Daten zu speichern:

Allgemeine Daten	Spezielle Daten von Funktionsträgern
Vorname	Anschrift
Zuname	Telefonnummer
Fotografien	Faxnummer
eigene	E-Mail Adresse
fremde	
sonstige Daten	

(z. B. Leistungsergebnisse, Lizenzen, Mannschaftsgruppe)

(bitte ankreuzen)

....

Diese Daten werden nur zu Vereinszwecken verwendet. Eine Weitergabe erfolgt an den Dachverband ... zur Ermittlung der dort versicherten Mitglieder. Zudem werden die Daten zur Versendung der Vereinszeitschrift übermittelt an ... Mit diesem ist ein die Vorgaben der DSGVO beachtenden Auftragsvergabevertrag geschlossen.

1109

Ort und Datum: *Unterschrift:*

...   ...

(Bei minderjährigen Unterschrift eines Erziehungsberechtigten)

XXII. Beispiel für eine Datenschutzerklärung im Rahmen einer Vereinssatzung

Grundregel: Formulieren Sie genau, welche Informationen Ihrer Mitglieder Sie verarbeiten wollen!   1110

Datenschutzerklärung

1. Mit dem Beitritt eines Mitglieds nimmt der Verein seine Adresse, sein Alter und seine Bankverbindung auf. Diese Informationen werden in dem vereinseigenen EDV-System/in den EDV-Systemen des ersten und zweiten Vorsitzenden, des Kassenwarts ... gespeichert. Jedem Vereinsmitglied wird dabei eine Mitgliedsnummer zugeordnet. Die personenbezogenen Daten werden dabei durch geeignete technische und organisatorische Maßnahmen, wie z.B. Passwörter und Verschlüsselung, vor der Kenntnisnahme Dritter geschützt.

Sonstige Informationen und Informationen über Nichtmitglieder werden von dem Verein intern nur verarbeitet, wenn sie zur Förderung des Vereinszwecks nützlich sind (z. B. Speicherung von Telefon- und Faxnummern einzelner Mitglieder) und keine Anhaltspunkte bestehen, dass die betroffene Person ein schutzwürdiges Interesse hat, das der Verarbeitung entgegensteht.

2. Als Mitglied des ... (Landessportverband und sonstige Verbände mit Adresse einsetzen) ist der Verein verpflichtet, seine Mitglieder an den Verband zu melden. Übermittelt werden dabei Name, Alter und Vereinsmitgliedsnummer (sonstige Daten); bei Mitgliedern mit besonderen Aufgaben (z. B. Vorstandsmitglieder) die vollständige Adresse mit Telefonnummer, Mailadresse sowie der Bezeichnung ihrer Funktion im Verein. Im Rahmen von Ligaspielen oder Turnieren meldet der Verein Ergebnisse (z. B. bei Fußball: Torschützen) und besondere Ereignisse (z. B. Fußball: Platzverweise usw.) an den Verband.

3. Pressearbeit

Der Verein informiert die Tagespresse sowie die ... (Namen der Zeitungen und Zeitschriften einsetzen, die informiert werden) über Turnierergebnisse und besondere Ereignisse. Solche Informationen werden überdies auf der Internetseite des Vereins veröffentlicht.

Das einzelne Mitglied erklärt sich mit diesen Veröffentlichungen einverstanden. Das einzelne Mitglied kann jederzeit gegenüber dem Vorstand einer solchen Veröffentlichung widersprechen und sein Einverständnis widerrufen. Im Falle des Widerspruchs/Widerrufs unterbleiben in Bezug auf das widersprechende Mitglied weitere Veröffentlichungen. Personenbezogene Daten des widersprechenden Mitglieds werden von der Homepage des Vereins entfernt. Der

Verein benachrichtigt ... (Namen der Verbände einsetzen, denen der Verein angehört) von dem Widerspruch des Mitglieds.

4. Weitergabe von Mitgliedsdaten an Vereinsmitglieder

Der Vorstand macht besondere Ereignisse des Vereinslebens, insbesondere die Durchführung und die Ergebnisse von Turnieren sowie Feierlichkeiten am schwarzen Brett des Vereins bekannt. Dabei können personenbezogene Mitgliederdaten veröffentlicht werden. Das einzelne Mitglied kann jederzeit gegenüber dem Vorstand einer solchen Veröffentlichung widersprechen. Im Falle des Widerspruchs unterbleibt in Bezug auf das widersprechende Mitglied eine weitere Veröffentlichung am schwarzen Brett.

Der Vorstand macht besondere Ereignisse des Vereinslebens, insbesondere die Durchführung und die Ergebnisse von Turnieren sowie Feierlichkeiten in der Vereinszeitschrift bekannt. Das einzelne Mitglied kann jederzeit gegenüber dem Vorstand einer solchen Veröffentlichung widersprechen. Im Falle des Widerspruchs unterbleibt in Bezug auf das widersprechende Mitglied eine weitere Veröffentlichung, mit Ausnahme von Ergebnissen aus Ligaspielen und Vereinsturnierergebnissen.

Mitgliederverzeichnisse werden nur an Vorstandsmitglieder und sonstige Mitglieder ausgehändigt, die im Verein eine besondere Funktion ausüben, welche die Kenntnis der Mitgliederdaten erfordert. Macht ein Mitglied geltend, dass er die Mitgliederliste zur Wahrnehmung seiner satzungsmäßigen Rechte benötigt, händigt der Vorstand die Liste nur gegen die schriftliche Versicherung aus, dass die Adressen nicht zu anderen Zwecken verwendet werden.

5. Der Verein hat ein Kooperationsabkommen mit ... (Name des kooperierenden Unternehmens) abgeschlossen. Er übermittelt einmal im Jahr eine vollständige Liste der Mitglieder an ... (Name des kooperierenden Unternehmens), die den Namen, die Adresse und das Geburtsjahr enthält.

Das Mitglied ist mit dieser Übermittlung einverstanden. Das Mitglied kann der Übermittlung widersprechen; im Falle eines Widerspruchs werden seine personenbezogenen Daten auf der zu übermittelnden Liste geschwärzt.

6. Beim Austritt werden Name, Adresse und Geburtsjahr des Mitglieds aus der Mitgliederliste gelöscht.

Personenbezogene Daten des austretenden Mitglieds, die die Kassenverwaltung betreffen, werden gemäß der steuergesetzlichen Bestimmungen bis zu zehn Jahre ab der schriftlichen Bestätigung des Austritts durch den Vorstand aufbewahrt.

...

Einwilligungserklärung:

Die vorstehenden Bestimmungen des § ... der Vereinssatzung habe ich gelesen und willige in die dort vorgesehenen Datenverarbeitungsvorgänge ein.

Ort, Datum Unterschrift

(ggf. Unterschrift eines gesetzlichen Vertreters)

STICHWORTVERZEICHNIS

Die Zahlen verweisen auf die Randnummern.